戦争・植民地支配とアーカイブズ——1

戦時国際法と帝国日本

安藤正人——［著］

War, Colonial Rule and Archives, Vol.1
Wartime International Law and Imperial Japan
Masahito Ando

東京大学出版会

War, Colonial Rule and Archives, Vol.1:
Wartime International Law and Imperial Japan

Masahito Ando

University of Tokyo Press, 2024
ISBN 978-4-13-020351-7

はしがき

　本書は，2007年8月にロンドン大学に提出した，アーカイブズ学に関する筆者の学位請求論文 "Treatment of records and archives in the Japanese colonies and occupied territories in Asia during the Second World War and its aftermath"（第二次世界大戦前後アジアの日本植民地ならびに占領地における記録とアーカイブズの取扱い）を下敷きとし，大幅に筆を加えてまとめたものである．予想外の大部になったので，全体を2巻に分けて刊行することにした．本書は，その第1巻である．

　序章で詳しく記すように，本書はもともと，序章と終章を除き，4部12章から構成されている．第1巻に収録したのはその前半で，序章のほか，第Ⅰ部「戦争とアーカイブズをめぐる国際関係」3章と，第Ⅱ部「植民地支配とアーカイブズ」3章の計6章である．もとの第3部「日本占領下アジアにおけるアーカイブズ」4章と，第4部「日本の敗戦とアーカイブズ」2章，ならびに終章については，あらためて『戦争・植民地支配とアーカイブズ2──アジアの日本軍政と敗戦』として刊行する．

　なお本書「目次」の後に，参考として第2巻の章立てを掲げておいた．もともと全12章が一体なので，本書序章の「4．本研究の課題と構成」でも，第1巻所収の章とともに，第2巻に回した後半6章について簡単に内容を紹介している．あわせて参照されたい．

　筆者は，1977年から2008年までの31年間，国立大学共同利用機関国文学研究資料館の付属施設である史料館（通称「国立史料館」，2004年の法人化により「アーカイブズ研究系」と改称）に在職し，日本近世近代史料の調査と研究に携わった．その間，1986年にロンドン大学ユニバシティコレッジ図書館・アーカイブズ・情報学大学院に留学し，それを機にアーカイブズ学の研究に取り組むようになった．本書はそのうち，近現代アーカイブズ史に関する研究成果を集成したものである．筆者が本研究に着手したきっかけや，その後の研究の経緯については，第2巻の「あとがき」で書くので，重複を避けるためここでは割愛させていただきたい．

それにしても，博士論文の提出からここまで，17年もかかってしまった．ようやく刊行できたとはいえ，少々色あせてしまっているのではないか危惧している．実際，この間の史料公開状況や近現代史研究の進展には，まことに著しいものがある．しかも，インターネットとデジタルアーカイブズの急速な発展のおかげで，史料や研究文献の探索と入手は，以前とは比較にならないほど簡便になった．筆者も，できるだけ新しい情報を入手して研究に活かそうと，毎日パソコンに向かった．そうすると，もともと不案内な分野であることも手伝って，検索するたびに，国内外の未知の論文や史料が新旧とり混ぜ出現する．嬉しい悲鳴ではあるのだが，そのうち，どこでキリをつければよいのか，だんだんわからなくなってきた．しかし，いつまでも続けるわけにはいかない．このあたりで一度立ち止まり，これまでの成果を整理して世に問うことも研究者として大切だろうと思い直し，ちょうど区切りのいい年齢になったのを機に，本書を刊行することにした次第である．本来ならば，最後にもう一度海外所在史料の補足的な確認調査をしたかったのだが，新型コロナウイルスの世界的流行や個人的事情のため，それも叶わなかった．そのような状況なので，本書で使用した史料と参照した先行研究に，まだまだ多くの不備があることは十分に自覚している．その点ご寛恕のうえ，ご批判をいただければ幸いである．

　本研究の遂行と，本書の刊行にあたっては，多くの方々のお世話になった．とりわけ，ご著書掲載の図版の転載をお許し下さった宮嶋博史氏と，校正など最終段階の作業でずいぶんお手伝いいただいた和田華子，芹澤良子，秋山淳子，市川大祐，坂口貴弘，阿久津美紀の各氏に，お礼を申し上げたい．また東京大学出版会，とくに同出版会の山本徹氏には，かくも厄介な本の出版を引き受けていただき，心から感謝している．

目　次

　　はしがき　i
　　凡　　例　ix

序章　「失われた記憶」——アーカイブズ史のまなざし …………………… 1

1. アーカイブズの喪失と流出　1
2. アーカイブズと歴史認識，人権，民主主義　5
3. アーカイブズ学とアーカイブズ史　8
4. 本研究の課題と構成　15

第Ⅰ部　戦争とアーカイブズをめぐる国際関係

第1章　国際法におけるアーカイブズの地位
　　　　——戦時国際法を中心に ……………………………………………… 33

1. はじめに　33
2. 武力紛争時における文書・記録ならびにアーカイブズの取扱いに関する国際法の発展　38
   - 2.1 概　観（38）
   - 2.2 第1期　1648年ウェストファリア条約から1815年ウィーン議定書まで（39）
     ［2.2.1　ウェストファリア条約（1648年）（39）／2.2.2　パリ条約（1783年）（48）／2.2.3　ウィーン議定書（1815年）（49）／2.2.4　小括（52）］
   - 2.3 第2期　1863年リーバー規則から1880年オックスフォード・マニュアルまで（54）
     ［2.3.1　リーバー規則（1863年）（54）／2.3.2　ブリュッセル会議宣言（1874年）（61）／2.3.3　オックスフォード・マニュアル（1880年）（65）／2.3.4　小括（70）］
   - 2.4 第3期　1899年/1907年ハーグ陸戦条約から1943年ロンドン宣言まで（71）
     ［2.4.1　ハーグ陸戦条約（1899/1907年）（71）／2.4.2　ベルサイユ条約（1919年）ほか第一次世界大戦の講和諸条約（75）／2.4.3　ベロット規則（1923年）（85）／2.4.4　レーリヒ協約（1935年）とロンドン宣言（1943年）（90）／2.4.5　小括（93）］
   - 2.5 第4期　1954年ハーグ文化財保護条約とその後（93）
3. 外交文書の地位と公文書の国家承継等に関する国際法と国際慣例　98

3.1 外交文書の地位に関する国際法と国際慣例（98）
　　［3.1.1 1961年外交関係に関するウィーン条約以前の状況（98）／3.1.2 外交関係に関するウィーン条約（1961年），領事関係に関するウィーン条約（1963年）（103）］
3.2 公文書の国家承継等に関する国際法と国際慣例（109）
　　［3.2.1 国外流出文書の返還問題をめぐるユネスコ事務局長報告書（1978年）（110）／3.2.2 国家財産，アーカイブズ，負債についての国家承継に関するウィーン条約（1983年）（113）］
4. おわりに——第二次世界大戦期の到達点　116

補論 1　敵産管理法制とアーカイブズ　　121

1. はじめに　121
2. 英国の対敵通商法と敵産管理　123
3. 在豪日系企業記録の接収とオーストラリアの敵産管理法制　125
4. 在米日系企業記録の接収と米国の敵産管理法制　129
5. 日本の敵産管理法制とアーカイブズ　132
   5.1 本国および植民地（132）
   5.2 中国および南方占領地（134）
   　　［5.2.1 戦利品関係規則（134）／5.2.2 敵産管理制度の導入（141）／5.2.3 敵産管理制度の展開（146）］
   5.3 フランス領インドシナおよびタイ（153）
   5.4 文書・記録の押収と敵産管理法制との関係（155）
   5.5 小　括（160）
6. おわりに　161

補論 2　戦争とアーカイブズをめぐる日本の国際法認識　163

1. はじめに　163
2. 第二次世界大戦期以前　164
3. 第二次世界大戦期　171
4. おわりに　179

第 2 章　第二次世界大戦期における在外公館文書をめぐる日英の確執　　181

1. はじめに　181
2. 戦前における英国の在外公館文書管理　182
   2.1 戦間期の在外公館文書をめぐる施策（182）
   2.2 開戦前ヨーロッパの状況と「戦争指令」（183）

2.3 開戦前アジアにおける状況（188）
3. 戦前における日本の在外公館文書管理　192
　　3.1 戦間期の在外公館文書をめぐる施策（192）
　　3.2 開戦前後における在外公館文書の状況（195）
4. アジア太平洋戦争の開戦と在外公館文書の捜索・押収　200
　　4.1 日本側による英国在外公館文書の捜索と押収（200）
　　　［4.1.1 捜索と押収の根拠法令（200）／4.1.2 日本国内および植民地における事例（202）／4.1.3 中国の日本軍占領地とフランス領インドシナにおける事例（212）／4.1.4 タイ国における事例（231）］
　　4.2 英国による日本在外公館文書の捜索と押収（239）
　　　［4.2.1 英国国内の日本在外公館（239）／4.2.2 英国植民地における事例（243）／4.2.3 連合国軍事占領地における事例（247）］
5. 考察とまとめ　253
　　5.1 国際法と国際慣例の発展段階（254）
　　5.2 在外公館文書をめぐる日英確執の性格（256）
　　　［5.2.1 開戦前の日英確執（256）／5.2.2 開戦後の不可侵権（257）／5.2.3 外交使節退去後の不可侵権（258）／5.2.4 利益保護国への委託（260）／5.2.5 領土内と占領地内（261）／5.2.6 外交使節機関と領事機関（262）］
6. おわりに　263

第3章　1940年上海土地記録問題をめぐる日本と欧米諸国 ‥ 265

1. はじめに　265
2. 上海土地記録問題の発生　267
　　2.1 上海の土地行政と土地記録（267）
　　2.2 土地記録問題の発生と経過（270）
3. 上海土地記録問題をめぐる相関関係　276
　　3.1 上海特別市政府（277）
　　3.2 上海共同租界工部局参事会（280）
　　3.3 上海領事団（284）
　　3.4 英　国（287）
　　3.5 米　国（294）
　　3.6 日　本（295）
　　3.7 中国国民政府（重慶）（298）
4. 土地記録の引渡し　299
　　4.1 土地記録引渡しの経緯（299）
　　4.2 土地記録引渡しに対する反応（301）
　　4.3 上海特別市政府における土地記録の整理（304）
5. 前上海市政府財政局記録の押収　304
6. おわりに　306

第 II 部　植民地支配とアーカイブズ

第 4 章　日本の植民地支配と「植民地アーカイブズ政策」…… 313

1. はじめに　313
2. 「植民地アーカイブズ政策」の背景　316
   2.1 明治政府の文書・記録政策（316）
   〔2.1.1 記録保存から文書管理へ（316）／2.1.2 修史から史料編纂へ（320）／2.1.3 小括（321）〕
   2.2 植民地における文書・記録政策（321）
3. 「植民地アーカイブズ政策」とその特徴　324
   3.1 「文装的武備」論と植民地調査活動（324）
   3.2 植民地調査活動のカテゴリー（326）
   3.3 植民地調査活動の概観（328）
4. 台湾における調査活動とアーカイブズ　330
   4.1 日本の台湾領有と初動調査（330）
   4.2 戸口調査とアーカイブズ（333）
   4.3 土地調査とアーカイブズ（335）
   4.4 旧慣調査とアーカイブズ（342）
   4.5 史料編纂とアーカイブズ（348）
5. 満洲における調査活動とアーカイブズ　353
   5.1 「満洲国」成立前の調査活動とアーカイブズ（353）
   〔5.1.1 満鉄調査部の設置と初期調査活動（353）／5.1.2 関東州における調査活動（361）〕
   5.2 「満洲国」成立後の調査活動とアーカイブズ（364）
   〔5.2.1 満鉄経済調査会の活動と「満洲産業開発五カ年計画」（364）／5.2.2 関東軍、「満洲国」の土地調査（369）／5.2.3 関東軍の兵要地誌調査（382）／5.2.4 華北・華中における調査とアーカイブズ（390）〕
6. おわりに　406

第 5 章　「満洲国旧記整理処」
——望まれざる「植民地アーカイブズ事業」…… 409

1. はじめに　409
2. 旧記統一管理令の背景　412
   2.1 調査活動と記録認識（412）
   2.2 文化政策と記録認識（415）
   2.3 「満洲産業開発五カ年計画」と旧記統一管理令（419）
3. 旧記統一管理令の発令　420
   3.1 旧記統一管理令の提案（420）
   3.2 旧記統一管理令と関連指令（424）

4. 旧記整理処の活動　429
   4.1 旧記整理処の組織変遷（429）
   4.2 旧記の収集と整理（431）
     ［4.2.1 受入数の変遷と「第一期工作」（431）／
     4.2.2 補充調査と追加収集（434）／4.2.3 収蔵旧記の全体像（437）］
   4.3 旧記の利用と目録（439）
     ［4.3.1「分類目録」の要望と構想（439）／4.3.2 旧記の業務的価値と利用（444）
     ／4.3.3 旧記の学術的価値と利用（447）］
5. 旧記整理処のその後　454
   5.1 旧記整理処の将来構想（454）
   5.2 旧記整理処の戦後（456）
6. おわりに　459

第6章　朝鮮総督府統治下の「植民地アーカイブズ事業」…… 465

1. はじめに　465
2. 土地調査事業とアーカイブズ　467
   2.1 韓国統監府支配期の土地調査事業準備過程（467）
     ［2.1.1 李朝時代の土地・徴税関係記録（467）／2.1.2 地税徴収制度の改革と
     帳簿システムの改変（470）／2.1.3 土地調査事業の準備と土地記録（477）］
   2.2 朝鮮総督府統治期の土地調査事業実施過程（488）
     ［2.2.1 土地調査事業の開始と土地記録（488）／2.2.2 新帳簿システムの構築
     とアーカイブズ（498）］
3. 旧慣調査事業とアーカイブズ　504
   3.1 韓国統監府の旧慣調査と図書・記録収集事業（504）
   3.2 朝鮮総督府の旧慣調査と図書・記録収集事業（507）
     ［3.2.1 取調局（507）／3.2.2 参事官室（509）／3.2.3 中枢院（515）／3.2.4 朝
     鮮総督府学務局，京城帝国大学附属図書館（516）］
4. 史料編纂事業とアーカイブズ　517
   4.1 中枢院による『朝鮮半島史』の編纂（517）
   4.2 朝鮮史編纂委員会による図書・記録の調査と収集（520）
   4.3 朝鮮史編修会による図書・記録の調査と収集（537）
   4.4 小　括（547）
5. おわりに　551

図表一覧　556
索　引
　人名索引　557
　事項索引　561
　条約・法規・指令索引　575
　欧文索引　579

〔参考〕『戦争・植民地支配とアーカイブズ 2　アジアの日本軍政と敗戦』目次

第Ⅰ部　日本占領下アジアにおけるアーカイブズ

第1章　日中戦争期における図書・文書の押収
　　　　──「占領地区図書文件接収委員会」を中心に

　　1．はじめに　／2．華北・華中における日本軍の情報活動と図書・文書の押収　／3．「占領地区図書文件接収委員会」の活動　／4．「中支建設資料整備委員会」の活動　／5．アジア太平洋戦争期における「華中興亜資料調査所」の活動　／6．おわりに

第2章　日本軍政の「占領地アーカイブズ政策」とその影響
　　　　──英領マラヤ・シンガポールを中心に

　　1．はじめに　／2．日本のアジア占領と軍政　／3．開戦期における文書・記録の押収と避難　／4．日本軍政の「占領地アーカイブズ政策」　／5．日本軍政がアーカイブズに与えた影響──英国による戦後の調査から　／6．おわりに

第3章　南方軍政の調査活動とアーカイブズ

　　1．はじめに　／2．開戦前の「南方調査」　／3．「南方調査」第1期　／4．「南方調査」第2期　／5．南方科学委員会の設置と調査活動の軍事化／6．おわりに

第4章　日本占領下香港における記録とアーカイブズ

　　1．はじめに──香港占領政策の基本方針　／2．日本敗戦時香港のアーカイブズ状況　／3．香港占領地総督部の支配政策と記録管理　／4．記録・図書の押収と散逸──その他の事例　／5．おわりに

第Ⅱ部　日本の敗戦とアーカイブズ

第5章　日本敗戦前後アジアにおける連合国の文化財・アーカイブズ保護活動

　　1．はじめに　／2．文化財・アーカイブズの保護──ヨーロッパ戦線の場合　／3．東南アジア文化財の保護をめぐる英国の関与　／4．東アジア文化財の保護をめぐる米国と英国の関与　／5．おわりに

第6章　日本敗戦前後における連合国の日本アーカイブズ押収活動

　　1．はじめに　／2．捕獲日本文書処理体制の整備　／3．日本アーカイブズ押収作戦の準備　／4．日本アーカイブズ押収作戦の実施　／5．おわりに

終章　歴史認識の相互理解はアーカイブズの共有から
　　　　──アジアにおけるアーカイブズ・ネットワーク形成の課題

凡　　例

1. 年号は，年表と引用史料中を除き，原則として西暦とした．
2. 引用史料中の漢字は原則として新字体に直したが，固有名詞など旧字体のままにした場合がある．また異字や書き換え字については，あえて統一せず，原文通り残した場合がある．
3. 外国語史料の日本語訳は，とくに断らない限り筆者による仮訳である．
4. 条約，法令，規則ならびに特別な組織の名称は，原則として各章の初出に限り「　」を付け，外国のものに原語を付記した．
5. 中国東北部を意味する地域呼称としての「満洲」については，煩雑を避けるため「　」を付けないで表記したが，「満洲国」についてはカッコ付きで表記した．
6. 引用史料中，姓のみの人名や難読地名，ならびに文意がわかりにくい箇所などについて，［　］により補記を行った場合がある．
7. 引用史料を読みやすくするため，原史料にはないコンマやピリオドを書き加えた場合がある．
8. 外国人名は，中国人名を除いて原則としてカタカナで記し，初出に限りアルファベットまたは漢字を併記した．
9. 史料の出典注記のうち，国立公文書館アジア歴史資料センター Japan Center for Asian Historical Records（JACAR）のデジタルアーカイブズが提供している史料の場合は，原則として，JACAR Ref.（レファレンス番号），史料名，シリーズ名，所蔵機関名の順に記した．
   （例）JACAR Ref.: A15110074800，「徴発令制定」（「公文類聚」第6編・明治15年第14巻）（国立公文書館）
10. アジア歴史資料センター以外の史料の出典注記は，原則として，史料名，シリーズ名，レファレンス番号，所蔵機関名の順である．ただし同じ史料，同じシリーズを再度引用した時は，記述事項を適宜省略した．
11. 英語文献・史料の引用注記には，英国式表記と米国式表記が混在している．
12. インターネットを利用して入手した情報を直接引用した時は，出所の URL と参照日を注記した．ただし，国際機関，政府機関，大学，図書館，公文書館等の公的機関が公開・提供している資料のデジタル画像を利用した場合は，いちいち URL と参照日を記さなかった．

序章

「失われた記憶」
——アーカイブズ史のまなざし——

1. アーカイブズの喪失と流出

　忘れられない2枚の写真がある．

　1つは，1991年から1995年にかけてのクロアチア紛争で砲撃を受け破壊された，クロアチアのシサク歴史文書館ペトリンジャ分館の写真である．2階建ての伝統的な石造建築物だが，壁には大きな穴が開き，無数の弾痕も見える．窓枠はすべて焼け落ちて，内部は真っ黒に焼け焦げている．この写真を提供してくれたクロアチア国立公文書館のアーキビストの話によると，敵対するセルビア人部隊は，まず通常爆弾で屋根や壁に穴を開け，そこからわざわざ焼夷弾を書庫内に撃ち込んで，厖大な資料を焼き尽くそうとしたという．

　もう1枚は，生々しい銃痕が残る土地台帳の写真で，同じクロアチアのオシエク歴史文書館の所蔵史料である．書庫の中で銃を乱射したのであろうか，焼け焦げてはいないものの，銃弾で斜めに切り裂かれた姿が痛々しい．戦争がいかに無惨に記録を破壊し，人々の記憶を傷つけるかを無言で訴えているかのようである．

　港千尋は『記憶——「創造」と「想起」の力』の中で，戦争においては，図書館や寺院など「都市の記憶を蓄えている場所」が，しばしば組織的な攻撃の対象になると指摘している[1]．相手民族の精神的抹殺をも図ろうとする民族間紛争の場合，図書館，博物館，アーカイブズなどの文化施設や，教会，寺院などの宗教施設への組織的攻撃はとくに顕著であったと思われる．2枚の写真が示すクロアチアの惨状は，その典型であろう．

　1）　港千尋『記憶——「創造」と「想起」の力』（講談社，1996年），183頁．

20世紀はまさに戦争の世紀であった．それは，20世紀がアーカイブズ受難の世紀でもあったということだ．2度の世界大戦をはじめとする大小の武力紛争，それに伴う軍事占領，また帝国主義列強による植民地支配，それから独裁主義や全体主義による自国民への圧政と差別．ありとあらゆる反平和的な状況が地球上を覆い，その中で無数の文書や記録が略奪，押収，破壊されたり，流出したりした．文書や記録の略奪，押収，破壊，流出は，偶発的な発生のほか，軍事作戦上や占領行政上の要請で行われることが多かったと思われるが，ユーゴ紛争の事例のように，相手民族の精神的拠り所であるという理由で，アーカイブズや図書館，博物館などの文化施設や，宗教施設を，意図的に攻撃の標的に加えることも少なくなかった．20世紀の先例としては，第一次，第二次世界大戦の2度にわたるドイツ軍のルーバン大学図書館攻撃がよく知られている[2]．

　戦闘中の直接被害ではないが，敗者が証拠隠滅を図って自らの記録を抹殺する行為も，戦争には付きものである．あるいは，戦争が引き起こすアーカイブズ消滅の最大の原因かもしれない．アジア太平洋戦争終結時に，日本政府や日本軍が国内や植民地，占領地で実行した記録廃棄がまさにそれである．近年も2003年に勃発したイラク戦争の際に，バグダッドのイラク国立公文書館が保存していた政府記録を，フセイン政権が自ら焼却処分した事実が，米国の調査チームによって報告されている[3]．

　第二次世界大戦の後，ヨーロッパやアジアでのアーカイブズ被害を憂えたアーカイブズ専門職（アーキビスト）やアーカイブズ学研究者たちが，再びその悲劇を繰り返すまいと，1948年にユネスコの協力で国際組織を結成した．これが「国際アーカイブズ評議会」（International Council on Archives, ICA）である．ICAは，アーカイブズを人々の記憶の源泉であるとともに，個人の権利を守る拠り所でもあると位置づけ，国際協力のもとでアーカイブズの保存と活用を進めることが世界平和と民主主義のために不可欠である，と設立の目的を述べている．創立6年後の1954年には，「国際博物館会議」（International Council of Museums, ICOM），

---

[2]　ヴォルフガング・シヴェルブシュ（福本義憲訳）『図書館炎上――二つの世界大戦とルーヴァン大学図書館』（叢書ウニベルシタス，法政大学出版局，1992年）；リチャード・オヴェンデン（五十嵐加奈子訳）『攻撃される知識の歴史――なぜ図書館とアーカイブは破壊され続けるのか』（柏書房，2022年），147-160頁．

[3]　Gail Fineberg, "Surviving War: Library Sends a Team to Aid Iraqi Librarians", *Information Bulletin, December 2003*, Library of Congress, 2003, pp. 298-305.

「国際図書館連盟」(International Federation of Library Associations and Institutions, IFLA)などとともに「武力紛争の際の文化財の保護に関する条約」(ハーグ文化財保護条約)の制定に貢献している.

1994年には,ユネスコがICAやIFLAなどの協力で,20世紀の戦争や自然災害による図書館と文書館の被害に関する世界規模のアンケート調査を実施した.皮肉にも,ユーゴ紛争でまさに図書館や文書館への攻撃が続いていた時期にあたる.調査の結果は,1996年に『世界の記憶:失われた記憶——20世紀に破壊された図書とアーカイブズ』としてまとめられている[4].

このユネスコ・レポートには,105か国から過去90余年間のアーカイブズ被害情報が寄せられている.ただ比較的大規模な被害に限られており,その中で被害の原因が特定できているのは,合計1,291件にとどまっている.20世紀という長い時間と,戦争や紛争の世界的広がり,さらにはあらゆる種類の自然災害が地球上の各地で無数に発生した事実を考えると,この数字が九牛の一毛に過ぎないことは明白であり,この種の調査の限界を示している.それでも,原因別・地域別の分類表示を見ると,大体の傾向を読み取ることは可能である.

アーカイブズの被災原因の主たるものは,やはり「武力紛争」と「占領軍の押収」で,アジア,ヨーロッパ,太平洋などの地域に目立つ.たとえばアジアでは,合計134件のうち占領軍の押収による被害は1%に過ぎないが,42%が武力紛争による破壊や損傷と報告されている.これに対し,火災や洪水など自然災害による被害は23%である.またヨーロッパでは,1,050件の合計件数のうち,武力紛争によるものが25%,占領軍の押収によるものが8%となっており,この2つを合わせると,自然災害による被害(35%)とほぼ同率となる[5].報告書は,被害の時期や場所,被害の状況などを1件ごとに細かく記していないので,詳しいことはわからないが,アジア地域と太平洋地域における武力紛争によるアーカイブズ被害のかなりの部分は,おそらく第二次世界大戦期の被害で,日本が関わっている事例が少なからず含まれていると推定される.

ユネスコがICAの協力のもと実施したもう1つの興味深い世界的調査に,「アーカイバル・クレーム」(archival claim)に関する調査がある.戦争や植民地

---

4) UNESCO, *Memory of the World: Lost Memory — Library and Archives destroyed in the Twentieth Century,* UNESCO, Paris, 1996.
5) 同上,p. 29., Table 1995/2 (questions B3 and C3)

支配,さらには戦後の占領支配や植民地からの新国家独立など,さまざまな政治的変動によって国外に流出した文書・記録を,「移動アーカイブズ」(migrated archives) あるいは「移転アーカイブズ」(displaced archives) と呼ぶ.いずれも,元の場所から別の場所へ移されたアーカイブズという意味だが,本書では「流出アーカイブズ」という用語を使うことにしたい.これまで世界の多くの国々が国外流出アーカイブズの所有権を主張し,その返還を求めてアクションを起こしてきた.これがアーカイバル・クレーム(所有権にもとづく流出アーカイブズの返還要求)である.アーカイバル・クレームは,時に大きな外交問題に発展することもある.よくあげられるのは,ケニアの英国に対する,あるいはインドネシアのオランダに対する植民地期アーカイブズの返還要求などである[6].日本政府も,本書第2巻第6章で触れるように,戦後米国が接収してワシントンに送った公文書の返還を1950年代以降数度にわたって要求し,実際に返還されている.日本政府にその認識があったかどうかはわからないが,これも国際的にいうアーカイバル・クレームの一例といえよう.

ユネスコとICAによるアーカイバル・クレームの国際調査は,1996年に83か国を対象にアンケート調査の形で実施され,その分析結果が,ユネスコの研究レポートとして公表されている[7].それによれば,24か国が25か国に対して合計61件のアーカイバル・クレームを提起中であると回答している.かなり多い件数ともいえるが,このアンケートには54もの国が答えておらず,必ずしも実態を反映していないと思われる.ちなみに,アジアでは中国と日本の2か国だけが回答している.日本は,どこの国に対してもアーカイバル・クレームは行っていないし,どの国からもクレームを受けていないと答えている.また中国は,ロシアと英国に対してのみ,それぞれ1件のアーカイバル・クレームを提起中と回答している.

日本が関係するアーカイバル・クレームがゼロ件というのは驚きを禁じえない.米国接収文書の返還要求は一応解決済みとされているし,しかも日本国内からの流出問題なのでさておくとしても,アジア太平洋の旧日本植民地や占領

---

6) Charles Kecskemeti, *Archival Claims: preliminary study on the principles and criteria to be applied in negotiations*(PGI-77/WS/1), UNESCO, Paris, 1977.

7) Leopold Auer, *Disputed archival claims. Analysis of an international survey: A RAMP Study,* UNESCO, Paris, 1998.

地域から日本国内に持ち込まれたことが明らかな文書や記録がすべて返還済みとは思えない．おそらく多くの場合，調査不足で実態を十分に明らかにできないために，これまで問題が表面化してこなかったに過ぎないか，あるいは実際には返還要求を受けているにもかかわらず，あえてそれを通常のアーカイバル・クレームと認めない立場をとっていたのではないか[8]．

ユネスコの2つのレポートは，20世紀の戦争や植民地支配，あるいは戦後の植民地独立などの過程で発生したアーカイブズ問題がどのようなものであるかを世界規模で示した．それとともに，問題を解決して，国の壁を越えた民主的かつ科学的なアーカイブズ利用体制を構築するためには，戦時や植民地支配下における記録の作成・管理システムはもとより，そのもとで発生したアーカイブズの略奪，押収，流出，破壊などの事実を，より具体的かつ実証的に明らかにしていく研究努力が必要であることをも示している．

2．アーカイブズと歴史認識，人権，民主主義

アジア太平洋戦争の終結から，間もなく80年が経とうとしている．戦争の惨禍を繰り返さないためには，国の壁を越えて戦争の記憶を広く共有することが不可欠である．しかし，自ら戦争体験を語ることのできる人は，もはやごく少数に限られている．このような中で戦争の記憶を受け継いでいくためには，歴史の証拠である記録を掘り起こし，同時に証言を記録化するなどして，アーカイブズを守っていくことが，これまで以上に重要になっている．

記録保存の大切さを考える際のひとつの象徴のような存在として，ユネスコが制定した「世界の記憶」（Memory of the World）登録制度がある．日本からもこれまでに，東寺百合文書やシベリア抑留者引揚記録などが認定されているが，いま広島の市民団体が，原爆関係記録の登録を目指している[9]．他方，中国に

---

[8] 実際，たとえば韓国は回答国に含まれていないが，日本に対し戦後一貫してアーカイブズを含む流出文化財の返還を求めてきた．日本は1965年の「文化財および文化協力に関する日本国と大韓民国との間の協定」によって，文化財返還問題は解決済みとの立場だが，韓国側からの要求を受け，2006年に「朝鮮王朝実録」，2011年に「儀軌」などのアーカイブズや図書を返還（日本政府は「引渡し」と表現）している．

[9] 「原爆文学『記憶遺産に』 広島の市民団体日記など5点で再挑戦」（『中国新聞』，2021年9月15日）．

よる南京事件関係記録の登録や韓国などの「慰安婦」関係記録の登録申請に対しては，日本の一部の人たちが非難を繰り返している．いずれにしても戦争関係の記録が，近年，従来にも増して大きな議論の的となっている．

南京事件や「慰安婦」関係の記録は，日本とアジア近隣諸国との間に横たわる「歴史問題」の焦点のひとつであり続けている．2001 年に文部科学省が某社の歴史教科書に検定合格の決定を下したとき，韓国や中国などアジアの隣国から，この教科書は日本のアジア侵略を正当化し，歴史を歪曲するものだという厳しい批判の声が巻き起こった．とりわけ，南京大虐殺や「慰安婦」問題など，日本軍が行った戦争犯罪についての記述が問題とされた．

日本政府は，韓国や中国との歴史共同研究を通じて摩擦解消の道を探ろうとした．しかし，第二次世界大戦終結 60 周年にあたる 2005 年に，首相を含む一部の政治家や学者から再び日本の戦争責任を軽視または否定するような発言が繰り返され，近隣諸国からの批判が再燃した．事態をさらに悪化させたのが，その後の安倍晋三首相の発言である．彼は「慰安婦」問題をめぐる質問に答え，証拠となる資料を見たことがないという理由で，日本軍による強制性を否定した．この発言は，国内外からの新たな批判を呼び起こし，2007 年 7 月 30 日には，米国議会下院において，多数の女性を軍隊に強制連行したことについて，日本政府の正式謝罪を求める決議が採択された．

戦争犯罪の証拠となるような記録は，日本敗戦時にかなり徹底的に処分されたといわれている．そのため，「慰安婦」関係資料の残存状況も決して良いわけではない．しかし，仮に記録が見つからない，あるいは少数しか残っていないとしても，そのことを根拠に事実を否定しようとする議論は，明らかに問題のすり替えであり，そもそも論理的に成り立たない．その点をもっと糺すべきであったと思う．ただ，敗戦時の記録廃棄の経緯や，焼却された記録の内容については，実証的に十分明らかにされるに至っていないことも事実であり，そのことが安倍首相発言のような非論理的主張を許しているともいえる．

日本とアジア近隣諸国，とりわけ韓国との歴史摩擦は，「慰安婦」問題だけでなく，労働者の強制徴用（徴用工）に対する補償問題などの形でも表れており，この場合もやはり，記録の喪失や散逸が大きな壁となっている．

戦争は，生命と財産に多大な損害を与えるだけでなく，記憶の源泉であり歴史の証拠であるアーカイブズを破壊し，人々の記憶を傷つける．日本とアジア

太平洋の近隣諸国との間に横たわる歴史認識上のギャップは，アーカイブズの喪失が主な起因のひとつだと考える．そうだとすれば，この事態を招いた日本の責任は大きく，アーカイブズの喪失と流出に関する事実の解明は，ほかならぬ日本のアーキビストや歴史研究者に課せられた課題だといわねばならない．

　次に留意すべきことは，「慰安婦」問題や「徴用工」問題がまさにそうであるように，アーカイブズは単に歴史を知るための史料であるにとどまらず，現に生存している人々の人権保護に深く関係しているという点である．別の例をもうひとつあげると，これも 20 年前のことになるが，中国残留日本人孤児の帰国事業が盛んだった頃，2004 年 6 月 22 日の『朝日新聞』に，「『私は日本人』帰りたい——戸籍確認できぬ元開拓団男児，中国から訴え 21 年」という記事が掲載されたことがある[10]．当時 64 歳になる梁延文さん（日本名花井勝一）という人の話である．この男性は，まだ 3 歳だった 1943 年頃，両親と姉とともに満洲に移住．敗戦時の混乱で父親が行方不明となり，母親は子供と生きるためやむなく貧しい中国農民と再婚した．その母と姉もすでに亡く，残された男性は，自分は日本人だと 21 年間も訴え続けているが，厚生労働省は，戸籍など証拠となる記録が見つからないという理由で訴えを認めず，男性はいまだに帰国を果たせない，というのが記事の内容である．出身地もわかっているようなので，戸籍でなくても，1943 年頃の住民の名が記されている 1 片の公文書が地元に保存されていれば，この人の身元証明はそれほど困難ではないはずである．しかし，それすら保存されていなかったのか，あるいは保存されていても未整理で利用できる状態でなかったのか，何の証拠記録も提供されなかった．日本の行政アーカイブズがいかに貧困かを改めて思い知らされると同時に，アーカイブズ保存の目的の第一が，このような事態が発生したときに直ちに対応できるような，まさに人権保護のための資料整備にあることを確認させられる記事であった．

　これに類似する事例は，元ハンセン病患者の療養所入所記録がないために補償が滞った問題や，広島・長崎の被ばく者認定の際に原爆被害調査の記録が問題になった事例，また最近では，特別養子縁組の記録が廃棄されたために自分の出生について事実を知ることができない人の話など，記録の不在が人権侵害

---

10)　『朝日新聞』2004 年 6 月 22 日東京版夕刊.

につながる事例は数多く報告されている．国や地方公共団体のアーカイブズ・システムの充実が望まれるゆえんである．

またアーカイブズは，改めて強調するまでもなく，民主主義の最も大事な基盤のひとつである．公文書の紛失や改ざんが相次いだことをきっかけに，日本でもようやく 2009 年に「公文書の管理に関する法律」（公文書管理法）が制定された．そこでは，公文書が民主主義を支え人権を守る国民共有の財産であることが高らかに宣言され，崇高な目標が掲げられている．しかしその後も財務省の公文書改ざんなど，民主主義の根幹を揺るがす事件が跡を絶たず，この法律の実効性が問われている．

3．アーカイブズ学とアーカイブズ史

公私の組織体や個人が過去に生み出した記録は，歴史の証拠として，また人権や民主主義を守る土台として重要なだけでなく，これをアーカイブズとして適切に保存・管理すれば，あらゆる分野の学術研究はもとより，行政運営や企業経営，さまざまな芸術・文化・教育活動の資源として，広く市民社会に活かすことができる．過去の記録だけでなく，現代の記録も将来のアーカイブズとして重要である．この場合は，膨大な発生記録の中から何をアーカイブズとして残すのか，適切な選別が不可欠となる．

このようなアーカイブズの保存・活用体制を実現するためには，第 1 に，過去から現代に至るあらゆる媒体の記録について，情報学的，社会学的，史料学的，その他さまざまな観点からの研究が求められる．第 2 に，記録を選別，保存，管理し，公開利用に供するための具体的システムをどう構築するかについて，理論と技術両方の側面から実践的研究を進める必要もある．この 2 つの課題を追究するのが，「アーカイブズ学」（archival science, archive studies）と呼ばれる学問分野である．アーカイブズ学は，その実践的かつ公共的な性格からいって，アーカイブズ機関などでアーカイブズの調査，整理，保存，公開等の専門的職務を担うアーキビストこそ，主たる担い手になるのにふさわしい．デジタル情報社会の広がりによって私たちを取り巻く記録環境が劇的に変化している現在，アーカイブズの適切な選別，保存，管理，利用は，従来よりもはるかに複雑な問題となっており，アーカイブズ学とアーキビストに課せられている任

務は，より大きくなっている[11]．

　ところで先にも述べたように，20世紀の戦争や植民地支配，あるいは戦後の植民地独立などの過程で，記録がどのように作成・使用され，さらには，略奪や廃棄などによって失われてきたかを歴史的に明らかにすることは，いまなお世界的な課題である．とくにアジア近隣諸国との歴史問題を抱える日本にとっては，極めて重要な課題として残っている．本研究は，そのような問題関心から，第二次世界大戦期の日本の植民地と占領地に焦点を絞り，植民地統治や占領地行政の過程でアーカイブズ，とりわけ旧政権記録や地域資料がどのように取り扱われたのか，またそれが現地のアーカイブズ状況にどのような変化をもたらし，地域の人々の記憶と歴史にいかなる影響を与えたのかを，できるだけ具体的に考えようとするものである．

　このような研究は，「アーカイブズ史」(archival history) と呼ばれる研究分野に属する．アーカイブズ史とは，一般的にいえば，戦時・平時を問わず，およそ人間社会に存在する（存在した）あらゆる組織体や個人が，その活動の中で，いかなる記録を作成し，どのようなシステムのもとで活用し，また保存あるいは廃棄してきたか，ということを実証的に明らかにする研究分野である．アーカイブズ史は，歴史学の一分野として見ることもできる．その場合，アーカイブズ史の目的は，国家や地方自治体，あるいは企業や社会集団，さらには家や個人などを対象に，記録管理やアーカイブズ保存の仕組みと歩みを分析することを通じて，それぞれの組織や個人が果たした役割を歴史的に位置づける試みに資することである，といえようか．近年，かかる研究は，古代の正倉院文書から現代の行政公文書まで，従来の古文書学や史料学の範囲を越える「記録管理史」的研究として，日本の歴史学の中で一定の広がりを見せつつある．ここでは，その研究動向を詳しく論じる余裕はないので，日本におけるアーカイブズ史研究の牽引車的役割を担ってきた国文学研究資料館アーカイブズ研究系

---

11) アーカイブズ学の概説書としてわかりやすいのは，Jackie Bettington ほか編, *Keeping Archives* 3rd Edition（Australian Society of Archivists Inc., 2008）である．日本語文献としては，さしあたり，全国歴史資料保存利用機関連絡協議会編『日本のアーカイブズ論』（岩田書院，2003 年），国文学研究資料館史料館編『アーカイブズの科学』上・下巻（柏書房，2003 年）をあげておく．最近の理論的動向を知るには，スー・マケミッシュ，マイケル・ピゴット，バーバラ・リード，フランク・アップウォード編著（安藤正人ほか訳）『アーカイブズ論――記録のちからと現代社会』（明石書店，2019 年），同編著『続・アーカイブズ論――記録のしくみと情報社会』（明石書店，2023 年）がある．

（旧「史料館」）の刊行物のほか，近年の研究成果のごく一端を注で触れるにとどめたい[12]．しかしいずれにしても，記録管理やアーカイブズが，国家や企業体にとって組織経営の根幹を成してきたことを考えると，歴史学におけるアーカイブズ史への学問的関心は，もっと高いものであってよい．

それはともかく，アーカイブズ学の立場からいうと，アーカイブズ史には，歴史学上の目的にとどまらない，独自の実践的・公共的な研究目的がある．本研究が対象とする，戦争や植民地支配に関わるアーカイブズを主に念頭に置いて述べると，次の3点を指摘することができる．

第1は，記録群の「本来的一体構造」（archival integrity）の再構築である．私たちが史料としてふつう目にするのは，特定の組織体や個人が生み出した記録群の一部分であって，その背後には，さまざまな経緯で廃棄されたり他所に分散させられたりした記録が存在する．武力紛争時の略奪，押収や国外流出は，その主な要因のひとつである．そのような場合，発生母体である組織体の記録管理システムを分析し，さらには保存と廃棄，あるいは流出等の歴史を解明すること，言い換えれば，当該記録群に関わる背景＝「コンテクスト」（context）情報を，総合的に明らかにすることによって，失われたものを含む，記録群がもともと有していた全体像を見いだしていく，これが記録群の本来的一体構造の再構築作業である．複数の国や地域，機関に，分散して保存されていることが判明した場合は，それぞれの関連性を明らかにし，双方のアーキビストが協力して情報の統合化を図る必要もある．残存記録の位置づけは，こうした研究作業を通じて初めて可能になる．また仮に，ある国や地域や機関が保存するアーカイブズが断片的で不完全だったとしても，他所に同出所記録が保存されて

---

[12] 国文学研究資料館アーカイブズ研究系（旧「史料館」）による研究成果としては，高木俊輔・渡辺浩一編著『日本近世史料学研究――史料空間論への旅立ち』（北海道大学図書刊行会，2000年），国文学研究資料館編『藩政アーカイブズの研究――近世における文書管理と保存』（岩田書院，2008年），国文学研究資料館アーカイブズ研究系編『中近世アーカイブズの多国間比較』（岩田書院，2009年），国文学研究資料館『近世大名のアーカイブズ資源研究――松代藩・真田家をめぐって』（思文閣出版，2016年）などがある．その他の近年の研究成果として，安藤正人・久保亨・吉田裕編『歴史学が問う公文書の管理と情報公開――特定秘密保護法下の課題』（大月書店，2015年），上島有『中世アーカイブズ学序説』（思文閣出版，2015年），坂口貴弘『アーカイブズと文書管理――米国型記録管理システムの形成と日本』（勉誠出版，2016年），佐藤孝之・三村昌司編『近世・近現代文書の保存・管理の歴史』（勉誠出版，2019年），熊本史雄『史料で読み解く日本史3 近代日本の外交史料を読む』（ミネルヴァ書房，2020年），渡邉佳子『近代日本の統治機構とアーカイブズ――文書管理の変遷を踏まえて』（樹村房，2021年）などがある．

いれば，情報を統合することによって欠損部分を補い合うこともできる．

　第2に，アーカイブズを利用に供するための情報提供がある．一般的には，記録発生母体である組織体や個人の構造と機能を反映した体系的目録を編成，記述することが中心的な作業になる．その際，個々の文書のリスト以上に重要なのが，組織構造の変遷や個人の履歴，記録発生と管理のメカニズム，アーカイブズ保存と廃棄の経緯など，目録編成の根拠となるコンテクスト情報をアーカイブズ史研究にもとづいて記述することである．科学的で利便性の高い目録を提供するための必須作業であり，アーカイブズ学が歴史学と一線を画する一番重要な実践目標といえるかもしれない．記録群の一部ではなく，全体を対象として整理と目録編成の実務を担うアーキビストにそれを期待するゆえんである[13]．

　第3点としては，戦争や植民地支配に関わる特定的な研究課題ではあるが，先に述べたアーカイバル・クレームなど，アーカイブズの保存や管理をめぐる紛争の解決にアーカイブズ史研究が必須であること，さらに，いまなお世界各地で続いている，あるいは将来起こりうる武力紛争や圧政の脅威からアーカイブズを守り，不法な押収や国外流出の発生を防ぐために，アーカイブズ史研究にもとづいた共通理解や指針が必要なことをあげておきたい．すでに「武力紛争の際の文化財の保護に関する条約」（ハーグ文化財保護条約）はあるが，過去の戦争や植民地支配下におけるアーカイブズ被害についての理解は，まだまだ不十分だと思うからである．

　20世紀の植民地支配や戦争，とりわけ第二次世界大戦期とその後のアーカイブズ史に関するアーカイブズ学的研究は，先に触れたユネスコの2度にわたる国際的な調査研究をはじめとして，1990年代以降，ヨーロッパやアメリカで著しい進展を見せている．そのいくつかを紹介すると，たとえば1995年にワシ

---

13) 歴史学とアーカイブズ学の関係については，安藤正人「提言：歴史学とアーカイブズ学の課題（聞き手：小川千代子・宮間純一）」（『歴史学研究』No. 967，2018年2月，「シリーズ　歴史家とアーキビストの対話・第3回」）を参照されたい（一部本書第2巻終章で引用）．なお『歴史学研究』は，2017年2月号（No. 954）から2022年9月号（No. 1026）まで，「シリーズ　歴史家とアーキビストの対話」を合計11回掲載しており，林博史「軍事史料調査の経験からアーカイブズと史料調査について考える」（シリーズ第5回，第980号，2019年2月），佐々木真「戦争と軍事をめぐるアーカイブズの現状と課題」（同前）など本研究に関係の深い論考も含まれている．これを機に，アーキビストが行う史料整理や目録記述の土台となるアーカイブズ学上の知見について，歴史研究者の学問的理解が深まることを期待している．

ントンで開かれた国際アーカイブズ評議会 ICA の「国際アーカイブズ円卓会議」(International Conference of the Round Table on Archives, CITRA) は，会議のテーマとして「戦争，アーカイブズ，そして国家礼譲」を掲げ，多くの研究報告と討論が行われている[14]．2001 年には，ナチス・ドイツとソ連の支配のもとで流出と返還を繰り返したウクライナのアーカイブズを中心に，戦争に起因するアーカイブズ問題を幅広く論じたパトリシア・ケネディ・グリムステッド Patricia Kennedy Grimsted の『戦利品と帝国——ウクライナのアーカイブズ遺産，第二次世界大戦，そして返還をめぐる国際政治』が出版された[15]．このようなテーマを扱ったアーカイブズ史としては，初の本格的な研究成果である．

その後も，この問題を扱った国際会議や出版が続き，2002 年には英国のリバプール大学アーカイブズ学研究センターで，「政治的抑圧とアーカイブズ」と題する国際研究集会が開催された．この研究集会の報告集は，アメリカアーキビスト協会から出版されている[16]．また，2003 年以来，不定期に開かれている「記録とアーカイブズの歴史国際会議」(International Conference on the History of Records and Archives, I-CHORA) でも，しばしば戦争や植民地支配，その他，圧政や差別のもとでのアーカイブズ問題を題材とした研究報告が行われている．その一部は，国際的な研究誌 *Archival Science*（Springer 社発行）に掲載されている．

近年は，社会学的な見方をも取り入れながら，アーカイブズを単に組織や個人の活動の手段や結果ととらえるのではなく，記録する行為（アーカイビング archiving）そのものを人間行動の中心に据えて考え直そうとする動向も顕著であり，アーカイブズ史研究にも影響を与えている．たとえばエリック・ケテラール Eric Ketelaar は，そのような観点から，過去の抑圧や差別における，あるいは逆に抑圧や差別からの解放における記録・アーカイブズの「社会的なちから」について，新たな考察を行っている[17]．

ヨーロッパや米国に比べると，アジア太平洋地域におけるこの問題に関する

---

14) International Council on Archives (ICA), "Proceedings of the XXXIth International Conferences of the Round Table on Archives: War, Archives and the Comity of Nations, Washington 1995", *CITRA 1993-1995*, International Council on Archives, Dordrecht, 1998.

15) Patricia Kennedy Grimsted, *Trophies of War and Empire: The Archival Heritage of Ukraine, World War II, and the International Politics of Restitution*（Harvard Papers in Ukrainian Studies）, Harvard University Press, 2001.

16) Margaret Procter, Michael Cook, Caroline Williams, eds., *Political Pressure and the Archival Record*, Society of American Archivists, 2005.

アーカイブズ史的研究成果は少なかったといわざるを得ない。もとより、戦前のアジア進出にともなう日本の海外調査活動についての関心は高い[18]。植民地史研究者や軍政史研究者も、本書の中で随時紹介するように、日本統治下アジア太平洋地域の植民地官庁文書や軍政関係資料、それに進出日本企業の記録などについて、熱心な所在調査とそれにもとづく歴史研究を進め、多くの資料集を刊行してきた。これらの地域を対象とするオーラル・ヒストリーへの取組みも、大きな成果をあげている[19]。ただそれらの関心の中心は、どちらかといえば日本関係資料に置かれ、植民地・占領地の旧政権文書や現地の地域アーカイブズが、日本統治下でどのような運命をたどったのかという問題はそれほど重視されてこなかったように思われる。

　一方、日本統治下のアジアにおける図書館史については、図書館学研究者などによる比較的多くの研究成果がある[20]。それらによれば、日本の植民地や占領地の各所で、とりわけ戦時占領下の中国において、軍の命令や協力のもとに、日本人図書館員や研究者が現地の図書館、学校、研究機関などから、図書や資料を大規模かつ組織的に接収したことが明らかになっている。これらの研究は図書を中心にしているが、文書や記録などアーカイブズの接収や破壊について触れている部分もあり、アーカイブズ史研究にとっては貴重な情報である。

　2000年代に入ると、2001年のアジア歴史資料センターの開設や、2002-2006年度文部科学省21世紀COEプログラム「史資料ハブ地域文化研究拠点プロジェクト」（東京外国語大学）[21]などを機に、近現代資料へのアーカイブズ学的関心が急速に高まり、資料保存・管理論や、各国アーカイブズ史の比較研究などが

---

17) エリック・ケテラール（安藤正人訳）「レコードキーピングと社会的なちから」（前掲スー・マケミッシュ，マイケル・ピゴット，バーバラ・リード，フランク・アップウォード編著『アーカイブズ論』，219-249頁）．
18) たとえば，『岩波講座・「帝国」日本の学知』第6巻「地域研究としてのアジア」（岩波書店，2006年）所収の諸論文など．
19) たとえば，インドネシア日本占領期史料フォーラム編『証言集──日本占領下のインドネシア』（龍渓書舎，1991年），井村哲郎編『満鉄調査部──関係者の証言』（アジア経済研究所，1996年），「日本の英領マラヤ・シンガポール占領期史料調査」フォーラム編『インタビュー記録　日本の英領マラヤ・シンガポール占領（1941-45年）』（龍渓書舎，1998年）など．
20) 松本剛『略奪した文化──戦争と図書』（岩波書店，1993年），岡村敬二『遺された蔵書──満鉄図書館・海外日本図書館の歴史』（阿吽社，1994年），加藤一夫・河田いこひ・東條文規『日本の植民地図書館──アジアにおける日本近代図書館史』（社会評論社，2005年），鞆谷純一『日本軍接収図書──中国占領地で接収した図書の行方』（大阪公立大学共同出版会，2011年）など．詳しくは本書第2巻第1章，第2章を参照．

行われるようになった．国文学研究資料館アーカイブズ研究系の「東アジアを中心としたアーカイブズ資源研究プロジェクト」(2004-2009年度)はその一例である[22]．

　筆者自身も，国文学研究資料館アーカイブズ研究系在職中から，そこを拠点にして一連の科学研究費補助金によるアーカイブズ史研究プロジェクトを主宰してきた．年度順にあげると，「第二次世界大戦期アジアにおける文書記録史料の略奪・廃棄・流出等に関する調査」(1999-2000年度基盤研究(A))，「旧日本植民地・占領地におけるアーカイブズ政策と記録伝存過程の研究」(2002-2004年度基盤研究(A))，「朝鮮総督府文書を中心とした旧植民地関係史料の共用化に関するアーカイブズ学的研究」(2005-2008年度基盤研究(A))，「旧日本植民地・占領地関係資料ならびに原爆関係資料のアーカイブズ学的研究」(2009-2012年度基盤研究(A))，「国際コンソーシアムによる『原爆放射線被害デジタルアーカイブズ』の構築に関する研究」(2013-2016年度基盤研究(A))がある．科研プロジェクトの研究成果は数多いが，1つだけ例示すると，『アーカイブズ学研究』に「リレー企画：帝国の拡大とアーカイブズ」として連載された諸論文がある[23]．

　科学研究費補助金によるアーカイブズ史関連の共同研究プロジェクトは，ほかにもいくつか重要なものがある．とくに「歴史情報資源活用システムと国際的アーカイブズネットワークの基盤構築に向けての研究」(2003-2006年度基盤研究(A)，研究代表者：学習院大学高埜利彦)は，アーカイブズ史研究の分野にとどまらず，日本アーカイブズ学会の設立(2004年)や学習院大学大学院人文科学研究科アーカイブズ学専攻の設置(2008年)の下地を作ったという点でも，大きな役割を果たした．次に述べる「在豪日系企業記録プロジェクト」は，この科研から生まれたものである．

---

21) 同プロジェクトの研究成果は『史資料ハブ——地域文化研究』No. 1-No. 9 (2003-2007年)などを参照のこと．なお，東京外国語大学はプロジェクト終了後，「史資料ハブ地域文化研究拠点」を開設し，活動を続けている．
22) 研究成果として，国文学研究資料館アーカイブズ研究系編『日韓近現代歴史資料の共用化へ向けて——アーカイブズ学からの接近』(国文学研究資料館，2005年)があり，朝鮮総督府文書の問題を中心に，金翼漢，李炅龍，林雄介，加藤聖文，辻弘範，李昇輝らの報告論文が掲載されている．
23) 『アーカイブズ学研究』No. 20 (2014年5月)，No. 22 (2015年6月)，No. 23 (2015年12月)加藤聖文，鈴江英一，高江洲昌哉，崔元奎，金慶南の論考が掲載されている．

「在豪日系企業記録プロジェクト」は，アジア太平洋戦争開戦時にオーストラリア政府が接収し，近年までオーストラリア国立公文書館が所蔵していた在豪日系企業の厖大な戦前記録を対象に，2003 年から 14 年間にわたって調査，研究，ならびにガイド作成を実施したアーカイブズ・プロジェクトである．筆者が代表をつとめ，2019 年に成果を公表した[24]．日本が植民地や占領地で押収した現地アーカイブズではなく，逆に連合国側に接収された事例ではあるが，戦時における民間記録の接収という世界各地で頻発した事象について，アーカイブズ史的な観点から比較研究を可能にする素材を提供できたと考えている．

近年の日本におけるアーカイブズ史研究，とりわけ戦争と植民地支配に関わるアーカイブズ史研究の動向としてとりあげるべきものは，ほかにもいくつかある．それらについては，本書の各章で必要に応じ引用することにし，ここでは，日本の歴史学界が戦時期アーカイブズ史研究の重要性を強く認識するに至ったことを示す記念碑的な文献という意味で，『歴史評論』2011 年 11 月の特集「戦争と平和のアーカイブズ」をあげるにとどめておきたい[25]．

4. 本研究の課題と構成

前項で述べたアーカイブズ史の 3 点の研究目的を念頭に置いて，また欧米や日本における近年のアーカイブズ史や関連研究の成果にもとづきながら，本研究では，20 世紀に日本の植民地支配や軍事占領のもとに置かれたアジア太平洋の国々や地域を対象に，現地の文書・記録やアーカイブズがどのような状況に置かれていたのか，またいかなる取扱いを受けたのか，その一端を明らかにしていきたい．

---

24) 在豪日系企業記録プロジェクト編『オーストラリア国立公文書館旧蔵日系企業記録ガイド』(2019 年 3 月)．同年 10 月刊行の第 2 版（電子版のみ）は国立公文書館のウェブサイトで閲覧できる．なお，安藤正人「『オーストラリア国立公文書館旧蔵日系企業記録ガイド』の刊行について」(『アーカイブズ学研究』No. 32, 2020 年 6 月) を参照のこと．

25) 歴史科学協議会『歴史評論』739 号，特集「戦争と平和のアーカイブズ」(校倉書房，2011 年 11 月)．収載論文は，高橋博子「原爆・核実験被害関係資料の現状──ABCC・米軍病理学研究所・米原子力委員会」，和田華子「太平洋戦争の開戦と在豪日系企業記録」，加藤聖文「歴史記録としての戦争体験──口述記録の証拠性と公開性をめぐって」，安藤正人「沖縄県伊江島の反戦平和アーカイブズ──阿波根昌鴻資料調査会の活動」，前川佳遠理「日本軍占領下『蘭領東インド』の記憶と記録──オランダにおける『戦争の遺産』の記録化プロジェクト」．

具体的な研究課題は，本来，大きく分けて次の2つがあると考えられる．第1はまさに，現地の文書・記録やアーカイブズの運命をたどること，すなわち日本の植民地統治機関や占領地軍政当局が，旧政権の統治記録や，地元の地域アーカイブズに対し，どのような処置をとったのか，とりわけ破壊，略奪，押収等により消失や流出などの事態を招いている場合は，その経緯をできるだけ詳細に明らかにすることである．筆者の関心は，もともとこの点にあり，本研究の重点は，この課題に置かれている．

　第2は，日本の植民地統治機関ならびに占領地軍政当局が，自らの支配行政に関する文書・記録をどのように管理したのか，そのシステムを解明することである．それが植民地統治機関や占領地軍政当局にとって，組織運営と行政活動の基礎であったからだけではなく，旧政権文書や現地歴史記録などに対する処置が，植民地統治機関・占領地軍政当局の記録管理システムにもとづいて，あるいはそれとの関わりで実施された場合もあると考えられるからである．

　本研究では，筆者の力量不足から，第2の研究課題についてはわずかな成果しかあげられなかった．その弱点を補うものとして，この分野の研究動向に触れると，台湾総督府に関しては，中京大学社会科学研究所が1980年代から台湾に現存する台湾総督府文書の組織的調査・整理事業を継続してきたことに伴って，総督府の文書管理制度がかなり詳細に明らかにされている．筆者は台湾現地調査の機会がなかったため，台湾植民地を本格的研究の対象とはしていないが，文書管理制度については，本書第4章で言及している[26]．

　朝鮮総督府の文書管理については，管見の限り，朝鮮総督府文書を所蔵している韓国国家記録院や韓国国史編纂委員会の研究者を中心に，ある程度の研究が行われている[27]．また満洲については，満鉄調査部の組織や機能をめぐる研究は多いものの，「満洲国」の行政機能，とりわけ文書管理や記録保存のシステムについては，史料の残存状況や利用環境の問題もあり，研究成果は限定的なものにとどまっていると思われる[28]．

　東南アジアや香港，ならびにその他の中国の日本軍占領地における軍政組織の場合も，同様に，文書や記録の管理システムに関する研究蓄積は少ない．

---

[26] 本書第4章「2.2　植民地における文書・記録政策」．
[27] 同上．
[28] 同上．

以上のような限界に加え，第1の研究課題についても幾多の問題，とくに史料上の困難が存在する．植民地統治機関ならびに占領地軍政当局による，旧政権記録や地域アーカイブズの収集や廃棄，とりわけ違法な略奪，損壊，国外流出は，圧政状況のもとで執行された強権的行為であり，被害者側はもとより，実行当事者側にも経緯を正確に記述した記録が残りにくいからである．加えて，日本敗戦時には，植民地統治機関や軍政当局による組織的な記録廃棄が行われた．したがって本研究では，戦後の被害調査報告や関係者の証言記録など，二次的な史料に多くを頼らざるを得なかった．また本研究は，主として，1990年代後半から2000年代にかけて英国，韓国，中国，マレーシア，米国などで筆者が収集した史料に依拠しており，日本国内での史料収集は，もともと限定的なものであった．2010年頃から，アジア歴史資料センターのデジタルアーカイブズを利用して，できるだけ多くの国内史料を探索し，研究の欠を補う努力はしたが，不十分なままに終わっていることを断っておかねばならない．

本研究はもともと，序章と終章を除いて全12章から構成され，これを次の4部に分けていた．

第1部　戦争とアーカイブズをめぐる国際関係
第2部　植民地支配とアーカイブズ
第3部　日本占領下アジアにおけるアーカイブズ
第4部　日本の敗戦とアーカイブズ

しかし分量が予想外に大部になったため，全体を2巻に分割し，第1巻である本書には序章のほか，第1部と第2部の合計6章を収載することにした．後半の第3部・第4部の計6章と終章については，『戦争・植民地支配とアーカイブズ2——アジアの日本軍政と敗戦』として刊行する．ただ，このように2巻に分割することにしたものの，第1巻と第2巻は研究構成上，本来一体的なものなので，以下では第2巻に回す第3部と第4部の内容も合わせて，短く紹介することにしたい．

第1巻第I部「戦争とアーカイブズをめぐる国際関係」では，本研究が関心の中心を置く，第二次世界大戦期の日本統治下アジアにおけるアーカイブズ取扱いの問題をとりあげる前提として，アーカイブズ問題を取り巻く国際環境，とりわけ国際法や国際慣例上，アーカイブズ問題がどのような位置を占めて表れるかを考察する．

まず第1章「国際法におけるアーカイブズの地位——戦時国際法を中心に」では，武力紛争時における記録やアーカイブズの取扱いに関する国際法と国際慣例の歴史的発展過程を，17世紀に遡って検証する．記録やアーカイブズをめぐる戦後処理の問題は，早くは1648年のウェストファリア条約に見られるが，戦時国際法上で押収や保護についての原則が固まるのは，19世紀以降のことである．

　記録やアーカイブズは，美術品や図書，歴史的記念物と同様の文化財としての側面と，国・地方公共団体・民間企業等の組織体記録としての側面との二面性を持っているため，そのどちらを重視するかによって，国際法や国際慣例上のとりあげられ方も異なっている．また，国家など公的起源を持つアーカイブズと，企業など民間起源のアーカイブズの間にも，国際法・国際慣例上の地位に差異が生じている．さらに，同じ公的アーカイブズでも，在外公館の文書については，外交特権の一部としての不可侵権が，国際慣例によって古くから認められている．本章では，このように，複線的な視点から武力紛争時における記録やアーカイブズの取扱いに関する国際法と国際慣例の発展について検討し，第二次世界大戦期にどのようなレベルにまで到達していたかを論じている．

　なお，武力紛争時における敵国アーカイブズの押収等については，国際法上の原則に加え，「敵産管理法」「対敵通商法」などの国内法規が大きく関係していたため，これについて補論1として検討した．また補論2として，戦争とアーカイブズをめぐる国際法や国際慣例に対する日本の認識と対応の問題について，本論とは別に考察した．

　第2章「第二次世界大戦期における在外公館文書をめぐる日英の確執」では，ケーススタディとして，アジア太平洋戦争開戦時に日本と英国との間で繰り広げられた在外公館文書の捜索・押収合戦をとりあげる．在外公館の記録やアーカイブズは，外交文書として国の公文書の中でも国際慣例上特別な地位を認められていたが，第二次世界大戦時に交戦国の在外公館文書が実際どのような運命をたどったのかについては，必ずしも詳細な事実が知られていない．本章では，まず第二次世界大戦開戦前に英国政府が在外公館文書の保護や廃棄について，どのような事前措置をとったのかを明らかにし，日本側についても同様の検討を行う．次いで，アジア太平洋戦争開戦後，東京の英国大使館をはじめとする日本国内の英国在外公館，ならびに日本の植民地や占領地に所在する英国

在外公館に対し，日本側が行った文書やアーカイブズの捜索・押収行為について，主として英国外務省記録によりながら，具体的状況を整理する．同様の行為は，英国側もロンドンその他の日本在外公館に対して行っており，その結果，両国の間で中立国を介した非難と抗議の応酬が繰り広げられることになる．その過程で示される日英両国政府の見解や主張を比較分析することによって，武力紛争時における外交文書の取扱いをめぐる国際法や国際慣例が，当時どのような形で認識されていたのか，また現実の戦争状況の中で実際にはどのように運用されていたのかを知ることができる．

第3章「1940年上海土地記録問題をめぐる日本と欧米諸国」は，ケーススタディの2例目として，1937年11月11日に日本軍が上海を占領し，上海市政府が撤退した際，同政府土地局が上海共同租界工部局に土地行政記録312箱を預託したことに起因する，国際的なアーカイブズ紛争をとりあげる．この事件は，現地の日本当局と日本の指導で新設された上海特別市政府が，工部局参事会に土地記録の引渡しを要求したのに対し，欧米勢力，とりわけ英米両国がこれに抵抗して事態が紛糾し，1940年をピークに同年7月まで2年半余りにわたって，上海共同租界を舞台に，確執を繰り広げたものである．

この事件の種となっている土地記録は，一地方政府の行政記録であり，引渡し要求の主体も上海特別市政府であったことから，表面上はあくまで中国の国内問題であった．事件の過程で，国際法や国際慣例との関連が議論の俎上にのぼっていないのは，そのためであろう．しかしながら，日本と欧米諸国，とりわけ英米両国との，本国政府をも巻き込んだ国際問題に発展していること，さらには，重慶の中国国民政府と南京汪精衛政権の代理戦争的な側面もあったと見られることなどから，この事件は，戦争に起因する国際的なアーカイブズ紛争の一例として，検討に値する貴重な素材であると考える．また，本件の土地記録は国外流出文書ではないが，上海特別市政府による引渡し要求は，一種の「アーカイバル・クレーム」と見ることもできるように思う．

本章では，以上のような観点から，事件の詳細な経緯と，事件に関係した諸機関ならびに各国政府の対応を分析し，「戦争とアーカイブズ」をめぐる国際関係考察の一助にすることを試みている．

次に第II部「植民地支配とアーカイブズ」では，アジア太平洋戦争開戦以前の時期を中心に，日本が植民地統治の強化を図るため，台湾，中国東北（満

洲），朝鮮半島で実施した，旧政権行政記録や地域資料の調査・収集活動を検討する．

　第4章「日本の植民地支配と『植民地アーカイブズ政策』」は第II部の総論である．洋の東西を問わず，植民地宗主国となった列強国は，植民地統治体制の構築と強化のため，旧来の制度や慣習はもちろん，社会，経済から自然環境に至るまで，あらゆる分野を対象にした植民地の調査研究に力を入れるのが常であった．また植民地住民の人心掌握のため，文化政策を重視し，教育施設や厚生施設などの充実に努めた．日本の場合も，後藤新平の「文装的武備」論に代表されるように，早くから文化政策を植民地統治の土台に据えようという姿勢が鮮明であり，そのための基礎作業として調査活動が重視された．植民地調査活動の基本形は，台湾における土地調査や旧慣調査を通じて形づくられ，中国東北や朝鮮半島での植民地経営に受け継がれていく．最も大規模かつ組織的な調査を実施したのが満鉄調査部であることはよく知られている．

　植民地調査活動の中で，旧政権の行政記録や地域の民間資料，すなわちアーカイブズ資料の調査と収集は，最も枢要な部分を占めた．これらのアーカイブズは，学術的・文化的な史料であるにとどまらず，いうまでもなく，軍事上あるいは行政上必要な情報資源としても収集の対象となった．本書では，日本の植民地統治機関がこのような文化的・軍事的・行政的意図を持って，旧政権記録や民間資料を計画的かつ組織的に調査・収集しようとした施策を，仮に「植民地アーカイブズ政策」，また「植民地アーカイブズ政策」にもとづいて実施した事業を「植民地アーカイブズ事業」と呼ぶことにしたい．近代的なアーカイブズ・システムにおいて，「アーカイブズ政策」（archival policy）とは本来，行政や企業などの組織体が社会に対して公示する，自らの記録の保存・公開方針を意味する．日本の植民地統治機関が，そのような意味でのアーカイブズ政策を持っていなかったことはいうまでもないが，旧政権記録や地域の民間資料に対する植民地統治機関の姿勢に焦点を当て，その特徴を浮かび上がらせるため，あえて「　」を付けて「植民地アーカイブズ政策」と呼ぶことにした．なお，「植民地アーカイブズ」（colonial archives）という用語も，学問上すでに広く使用されており，一般的には植民地政庁自体の行政アーカイブズを意味する．本書で「植民地アーカイブズ」という場合は，それとは異なり，主として地元に残存する旧政権記録や民間資料を指している．本書の用語法は独特かつ限定的な

ので，その点留意されたい．

　第4章では，「植民地アーカイブズ政策」の背景を，明治政府の文書・記録政策に遡って考察した後，台湾と満洲における「植民地アーカイブズ政策」の実践としての戸口調査，土地調査，旧慣調査などの事業を分析している．加えて，植民地ではないが，日中戦争開戦前後から本格化する，日本軍や満鉄調査部による華北・華中調査についても，植民地調査活動との連続性が強いものとして，第4章の中で論及した．

　第5章「『満洲国旧記整理処』——望まれざる『植民地アーカイブズ事業』」では，日本の「植民地アーカイブズ事業」の最も代表的な事例と考えられる「満洲国旧記整理処」をとりあげる．「満洲国」は事実上日本の植民地として日本人官僚が政府の実権を握っていたが，「建国」5年後の1937年5月に国務院訓令「旧記ノ統一管理ニ関スル件」(旧記統一管理令)を発布し，領土全域から膨大な量の「旧記」(「満洲国建国」以前の行政文書)を奉天の国立図書館に設けた「旧記保管処」(のち「旧記整理処」と改称)に送らせて集中管理する大事業を断行する．旧記統一管理令に明記されているように，この事業は，地方の官公署などが保管する過去の行政文書を1か所に集中保管して，行政・学術の両面から「満洲国」の「建国」事業に活用しようという意図を持っていた．日本国内でもかつて類例を見ない大規模な事業で，満鉄の鉄道輸送を使って，「満洲国」全土の380を超す機関から，最終的には350万件にのぼる「旧記」が収集されたという．典型的な「植民地アーカイブズ事業」だといってよい．またその活動は，関係者を通じて戦後日本のアーカイブズにも影響を与えた可能性がある．旧記整理処の活動記録は中国の档案館に残存していると推測され，将来の研究進展が期待される．

　第6章「朝鮮総督府統治下の『植民地アーカイブズ事業』」では，第4章で割愛した朝鮮植民地の問題をとりあげる．検討の対象とするのは，土地調査事業，旧慣調査事業，史料編纂事業の3つで，韓国統監府支配期に遡り，調査の過程で図書や記録がどのように収集されたかを検証する．日本は，1905年に韓国を保護国化して韓国統監府を設置すると，李氏朝鮮時代の土地記録を収集して土地制度の改革に着手するほか，旧慣調査と称して，法制度から商事慣行，民俗風習に至るまであらゆる分野の古記録を調査・収集し，植民地化に向けての準備事業を開始する．1910年の併合による植民地化以降，これらの調査事

業と記録収集事業は，朝鮮総督府のもとで本格化する．土地調査事業と旧慣調査事業においても大々的な旧政権期記録の収集が実行され，その意味でこの2つの事業も朝鮮総督府による「植民地アーカイブズ事業」の一環と見ることができるが，「植民地アーカイブズ事業」として最も組織的に実行されたのは，朝鮮総督府中枢院が主導した修史事業と，それに伴う文書・記録の調査・収集であった．この事業は，1922年に中枢院に設置された「朝鮮史編纂委員会」（1925年に「朝鮮史編修会」として改組・拡充される）が，『朝鮮史』編纂を目的に実行したもので，道，郡，面など朝鮮全土の地方行政庁に保管公文書の調査と目録の提出が命ぜられるとともに，民間所在記録についても大規模な調査が行われた．「満洲国旧記整理処」のように記録類の集中管理を図ったものではないが，本事業によって地方行政庁の行政文書保存体系が大きく変わったと考えられるほか，民間記録の移動や廃棄も進んだと見られることから，「植民地アーカイブズ事業」のひとつの形として，朝鮮半島のアーカイブズ状況に与えた影響は小さくなかったと思われる．

　以上が第1巻の内容であるが，続いて第2巻に掲載する後半の2つの部，「日本占領下アジアにおけるアーカイブズ」と「日本の敗戦とアーカイブズ」について述べる．部と章の番号は以下のように付け直す予定である．

　第I部「日本占領下アジアにおけるアーカイブズ」（もとの第3部）は，日中戦争とアジア太平洋戦争下の中国占領地ならびに東南アジア占領地において，日本軍が占領地行政の遂行のためにとった，旧政権記録や現地民間資料の活用方策と，それにもとづく事業を，第1巻第II部にならって仮に日本軍政の「占領地アーカイブズ政策」「占領地アーカイブズ事業」ととらえ，その実相を明らかにする試みである．

　まず第1章「日中戦争期における図書・文書の押収──『占領地区図書文件接収委員会』を中心に」として，1937年12月に上海派遣軍特務部が満鉄上海事務所，東亜同文書院，上海自然科学研究所と図って設置した「占領地区図書文件接収委員会」に焦点を当てる．同委員会は，日本軍や満鉄調査部などが以前から華北・華中で展開してきた情報活動を前提に，文化資源の保護を名目として，上海，南京などの文化施設や学術教育機関から多数の図書を押収する．その数は南京だけで約65万冊にのぼっている．組織名からわかるように，同委員会は「文件」すなわち文書をもターゲットにしており，実際，南京の国民

政府機関などから大量の档案（アーカイブズ）を押収している．日本軍の「占領地アーカイブズ政策」を検証する上で，最も重要な活動事例のひとつである．また，アジア太平洋戦争期に東南アジア各地の占領地で展開された，「南方調査」に伴う文化施設や図書・記録の押収の先例になった可能性もあり，その点も注目されるところである．なお本章では，後継組織である「中支建設資料整備委員会」や，アジア太平洋戦争期の「華中興亜資料調査所」の活動にも触れている．

　第2章「日本軍政の『占領地アーカイブズ政策』とその影響——英領マラヤ・シンガポールを中心に」は，時系列を優先したため第1章の後に置いたが，第Ⅰ部全体の総論としての意味をも持たせている．すなわち，最初にアジア太平洋戦争期における日本の占領政策の基本方針を確認し，その上で占領地域の文書・記録に対する押収等の取扱い方針，言い換えれば日本軍政の「占領地アーカイブズ政策」がどのように形づくられてくるかを，陸軍の占領計画文書などから考察した．

　後半では，英領マラヤ・シンガポールを事例に，まず日本軍侵攻時に実行された英国植民地政権側のアーカイブズ避難作戦をとりあげた．次いで，占領後の軍政実施過程において，日本軍が英国植民地期の行政記録を押収し，軍政業務に直接利用している実態を，マレーシア国立公文書館に残存している日本軍政期文書などから明らかにした．最後に，英国マラヤ軍政部と英国植民地省が戦後に実施した調査の資料から，日本軍政の「占領地アーカイブズ政策」がマラヤの住民記録や土地記録の保存状況に与えた影響を考察した．

　第3章「南方軍政の調査活動とアーカイブズ」は，東南アジア日本軍政の「占領地アーカイブズ政策」が事業として具体化した主要なひとつともいえる，いわゆる「南方調査団」の活動を中心に検討を加えたものである．重要国防資源の獲得を主な目的として南方作戦を展開した日本軍は，戦前からさまざまな形で調査活動を行って東南アジアを中心とする「南方」に関する情報を収集していたが，開戦後，英米蘭植民地の広い地域に占領地が拡大すると，旧植民地政庁の公文書や自然科学系を中心とする研究機関の図書・文献の確保に乗り出し，これを軍政に活用しようと試みた．最初は昭南島（シンガポール）の昭南博物館（ラッフルズ博物館）を拠点にした，少人数の研究者による調査が中心であったが，1943年に入ると，日本国内や満洲の大学・調査機関から多人数の

研究者が動員され，東南アジア各地の占領地に軍政部付属の調査団として派遣された．本章では，これを「南方調査」第1期，「南方調査」第2期として，それぞれの活動内容を分析している．

第4章「日本占領下香港における記録とアーカイブズ」は，香港占領地総督部の統治下に置かれた英国植民地香港のケーススタディである．ここでは，英国軍政部と英国植民地省が1946年と1948年に行った調査から，戦後のアーカイブズ残存状況を概観した後，香港占領地総督部が実施した不動産政策と人口疎散政策に着目し，土地家屋関係記録と住民関係記録に与えた影響を考察している．また後半では，香港捕獲審検裁判所記録など，日本軍による押収と戦後の回収が問題となっている事例をいくつかとりあげるとともに，図書の押収についても関連史料の検討を行った．

第2巻第II部「日本の敗戦とアーカイブズ」（もとの第4部）は，ここまでの各章と異なり，第二次世界大戦末期ならびに日本敗戦後における連合国側の「アーカイブズ政策」をとりあげる．アジア太平洋戦争後半期，連合国側はヨーロッパ戦線での経験と実績を踏まえ，文化財やアーカイブズを戦争被害，とりわけ日本軍による略奪・破壊・押収行為から守るため，さらには連合国側の攻撃による被害を避けるため，東南アジアや中国において積極的な保護策に着手している．一方で連合国は，日本の敗戦直後から，戦勝国として日本国内の官公庁などから大量の文書・記録を押収して米国に送るとともに，世界各地でも日本の在外公館アーカイブズを押収している．このような戦中・戦後における連合国側の「アーカイブズ政策」を明らかにして日本のそれと比較することは，戦争とアーカイブズの関係を総合的に考察する上で重要である．また，連合国側のアーカイブズに関する被害調査や保護活動を検討することを通じて，日本が行った押収行為の一端を具体的に明らかにできる可能性もある．以上のような意味で，連合国側の「アーカイブズ政策」の分析は，アジア太平洋地域のアーカイブズ史にとって，重要な課題のひとつである．

第5章「日本敗戦前後アジアにおける連合国の文化財・アーカイブズ保護活動」では，まず英国マラヤ軍政部「史跡・美術品・アーカイブズ部」(Monuments, Fine Arts and Archives Branch, MFAA/Malaya) を中心とした東南アジアでの活動状況を見る．MFAAは，ヨーロッパにおいて，ナチス・ドイツに略奪された文化財やアーカイブズを回復するため活躍したことが知られているが，東南アジアで

も小規模ながら同様の活動が試みられたことは注目される．次に，中国文化財の保護をめぐる動きについて，中国の「戦区文物保存委員会」ならびに米国の「ロバーツ委員会」の活動を中心に見ていきたい．

第6章「日本敗戦前後における連合国の日本アーカイブズ押収活動」では，全体を「捕獲日本文書処理体制の整備」，「日本アーカイブズ押収作戦の準備」，「日本アーカイブズ押収作戦の実施」の3期に分けて考察を行う．まず第1期では，捕獲日本文書処理機関としてのワシントン・ドキュメント・センター（WDC）を中心に，戦後の日本アーカイブズ押収作戦に備えた連合国側の体制整備状況を探る．第2期では，日本敗戦後の日本アーカイブズ押収に関する連合国の方針策定と具体的な準備過程を検証する．最後の第3期では，日本国内の状況もさることながら，比較的知られていない海外の日本在外公館におけるアーカイブズの押収について，若干の紹介を試みる予定である．

最後にまとめとして，終章「歴史認識の相互理解はアーカイブズの共有から——アジアにおけるアーカイブズ・ネットワーク形成の課題」を置いている．そこでは，本研究が20世紀アジアの日本植民地・占領地におけるアーカイブズの喪失や移動について，いくつかの重要な事実を発掘，ないしは再発掘し，関連史料を提示できたことを成果としてあげつつ，アーカイブズ学上ないしアーカイブズ史上の研究課題として何が残されているかを改めて整理する．そして，それら残された研究課題の解決のためには，国の壁を越えた研究機関と研究者の協同，とりわけアーカイブズ機関とアーキビストの共同研究や専門的連携が重要であることを主張する．最後に，将来的にはこれを土台として，アジア全域にわたるアーカイブズ・ネットワークを構築し，誰もが自由にアクセスできる開かれたアーカイブズ利用システムを作ることが，日本とアジア近隣諸国との相互理解を進めるための最も確実な道であることを述べて本研究の結論としている．

〔付記〕「アーカイブズ」という用語について

「アーカイブズ」（あるいは「アーカイブ」）は，日本でも近年，保存記録や保存データの意味で，あるいは記録を保存する施設や，主としてコンピュータ内のデータ保存場所を表す用語として，広く使われるようになってきた．本書では，この用語を頻繁に使用しているが，アーカイブズ学上の基本的な考え方に

依拠しているので，ここで簡単に説明しておきたい．

　欧米世界でいうところの「アーカイブズ」（英米：archives，仏：archives，独：archiv）は，語源をたどれば古代ギリシャにまで遡ることのできる古い言葉だが，アーカイブズ学上の定義は，論者や国によって若干の違いがある．近年，とくに電子記録の普及が契機となって，新たな意味づけが加えられたり，ある意味合いが強調されるようになったりしているので，時代的な変化にも留意しなければならない．ここでは，定義をめぐる議論に深入りするつもりはないが，さいわいスー・マケミッシュ Sue McKemmish が，何人かの定義をとりあげて考察を加えているので[29]，それを参考に，筆者なりの考えをまとめておきたい．

　アーカイブズは，一般的には歴史的・文化的に価値ある記録文書とのみ受け取られがちだが，最も重要な側面は，個人であれ組織であれ，何らかの目的を持った行為や業務の産物という点にある．そのため，誰が何のためにという記録発生の「コンテクスト」(context) と，個々の文書ではなく記録群としての「本来的一体構造」(archival integrity) がとりわけ重視される．この考え方は，19世紀末には確立しているが，英国のアーカイブズ学者ヒラリー・ジェンキンソン Hilary Jenkinson は次のように表現している[30]．

　　アーカイブズとは，公私を問わず，時代を問わず，あらゆる種類の事業遂行の過程で，その自然なる結果として蓄積され，かつ，当該事業の責任者またはその後継者によって，参照のために自らのもとで後々まで保存されるドキュメントをいう．

　ここでは，アーカイブズが業務の産物であると同時に，新たな業務のために当事者によって保存，活用される組織資源であることが強調されている．
　現代を代表するアーカイブズ学者のひとりデイビッド・ベアマン David Bearman

29）　スー・マケミッシュ（安藤正人訳）「痕跡──ドキュメント，レコード，アーカイブ，アーカイブズ」（前掲スー・マケミッシュ，マイケル・ピゴット，バーバラ・リード，フランク・アップウォード編著（安藤正人ほか訳）『アーカイブズ論』，46-53 頁．原著は，Sue McKemmish, Michael Piggott, Barbara Read and Frank Upward, eds., *Archives: Recordkeeping in Society*, Charles Sturt University, 2005）．

30）　Hilary Jenkinson, "The English Archivist: A New Profession", in *Selected Writings of Sir Hilary Jenkinson*, Gloucester, Alan Sutton, 1980, p. 237, originally published 1948（前掲スー・マケミッシュほか編著『アーカイブズ論』，46-47 頁所収の引用による）．

の定義は次の通りである[31]．

> アーカイブズとは，組織活動の過程で生み出される記録化された業務行為(トランザクション)のうち，持続的な証拠価値を有するもののことである．組織のなかで生成または受領されたほかのあらゆる情報からアーカイブズを区別する基準は，次の通りである．
> ・アーカイブズは業務行為の記録であること．
> ・アーカイブズは，当該組織の使命を反映した活動や機能を記録したものであり，偶発的なものではないこと．
> ・アーカイブズは，証拠としての継続的価値のゆえに保存されるものであること．

この定義はジェンキンソンの定義をさらに精緻にしたものといえるが，とくに「持続的な証拠価値」を強調していることが特徴的である．ここでいう「証拠価値」とは，単に業務を跡づける情報が正確かつ豊富に記録されていて史料的価値が高いということだけではなく，近年しばしば耳にする"アカウンタビリティ"，すなわち，組織体が自らの行為について，証拠を明示して社会への説明責任を果たすための，記録そのものに備わった証拠性を意味している．

アーカイブズの証拠価値が，組織体のアカウンタビリティにとどまらず，時に人権保護や損害補償など，社会正義の実現に活かされるものでもあることは，多くの事例が証明している．そういう意味で，アーカイブズは，社会全体の共有資源でもある．この点について，マケミッシュとフランク・アップウォード Frank Upward は，次のように指摘している[32]．

> アーカイバルなドキュメント[33]は，業務行為を記録するだけでなく，集

---

31) David Bearman, "Archival Principles and the Electronic Office", in Angelika Menne-Haritz, ed., *Information Handling in Offices and Archives*, New York, K.G.Saur, 1993, pp. 177-193（前掲スー・マケミッシュほか編著『アーカイブズ論』，47 頁所収の引用による）．

32) Sue McKemmish and Frank Upward, "The Archival Document: A Submission to the Inquiry into Australia as an Information Society", *Archives and Manuscripts*, 19, No. 1, 1991, pp. 19-22（スー・マケミッシュほか編著，同上書，50 頁所収の引用による）．

33) スー・マケミッシュとフランク・アップウォードは，アーカイブズをしばしば「アーカイバルなドキュメント」（archival document）と言い換えている．

団の経験を表現するものでもある．永久保存用に選別されたアーカイバルなドキュメントは社会のアーカイブズ遺産の一部となり，記録された業務行為の経験蓄積を未来の世代に伝えていく．アーカイバルなドキュメントを効果的に作成し管理して全体性と有効性を保つことは，豊かな情報社会を築くための前提条件である．また，政府組織，非政府組織双方の公衆に対するアカウンタビリティや情報公開，個人情報保護法制，人々の権利や資格の保護，さらにはアーカイブズ遺産の質を保証するための支えともなる．

　ここでは，用語の定義を超えて，アーカイブズの保存，活用の意義にまで筆が及んでいるようにも見えるが，現代のアーカイブズ認識の到達点を示しているといえよう．

　現代社会では多くの組織記録がデジタル情報化しているので，それを踏まえて筆者なりの理解を記すと，アーカイブズとは，行政・企業・団体などの組織体や個人が，その活動の過程で生み出すあらゆる媒体の記録情報のうち，組織資源，社会資源，文化資源として持続的な証拠価値を有するもの，ということになろうか．なお上記の諸定義では割愛されているが，よく知られているように，アーカイブズにはアーカイブズ資料を保存するための施設（文書館，公文書館），あるいはそのための組織やシステムの意味もある．紛らわしいが，改めて確認しておきたい．

　本書では，上記のようなアーカイブズ学的な考え方を念頭に置いて「アーカイブズ」という用語を多用している．もちろん，戦前・戦中期の日本や日本の植民地でこの用語が使われていたわけではない．ただ「記録」や「旧記」という用語はあり，中国語の「档案」も知られていたと思われる．これらの用語はアーカイブズに近い意味を持つといえるが，上記の定義にいうような熟成した近代的アーカイブズ概念に達していたかどうかは疑わしい．そこで本書では，必ずしも厳密な定義にこだわることなく，本来的にアーカイブズとしての要素を備えていると考えられる植民地や占領地の記録を，もう少し広い意味で適宜アーカイブズと呼ぶことにした．これは，そもそも当時の英文史料のなかで，この用語が一般的に使われてることが一番の理由だが，日本の旧植民地や旧占領地に関する記録が，将来より充実したアーカイブズ・システムのもとで保存，

活用されるよう願ってのことでもある．

　ただし，英語の文献や史料を和訳する場合は，原則として document(s) に「文書」，record(s) に「記録」を当て，これに対し archives はカタカナで「アーカイブズ」とした．原典の用語法があいまいな場合ももちろんあるが，基本的に document(s)「文書」は業務に使用中の現用文書を含む書類全般を，record(s)「記録」は業務使用期間を終えて保管されている文書を，archives「アーカイブズ」は記録のうち継続的価値が高いために長期保存されるもの，という使い分けがある．これにならい，英文からの和訳以外の箇所でも，本書では「文書」「記録」「アーカイブズ」の3語を使い分けるように心掛けた．しかし，実際には原則通りでない場合も多いので，その点ご了解願いたい．

第Ⅰ部

戦争とアーカイブズをめぐる国際関係

第1章

国際法におけるアーカイブズの地位
―― 戦時国際法を中心に ――

1. はじめに

　洋の東西を問わず，また時代を問わず，統治者の統治者たるゆえんは，土地と人民に対する支配権を有しているところにあった．統治者は，支配の正当性を証拠づける重要文書として，その地位に応じ，条約書や法律，あるいは土地証書などを保存するとともに，権力を執行するための基本的な道具として，土地と人民に関する情報，つまり土地台帳や住民登録簿などの文書・記録を重視した．統治者は，土地と人民に関する行政文書・記録を中心に，経済，交易，外交，文化など，あらゆる方面にわたる文書・記録を掌握，管理，活用し，もって自らの権力を維持してきたのである．管理を意味するコントロール control という英語が，もともと，「巻物」，すなわち羊皮紙または紙に書かれた会計帳簿その他の記録，によって何かをチェックするという意味の中世ラテン語 *contrarotulare* に由来するとされるのも，文書・記録と権力との密接な関係を示唆していて興味深い[1]．

　文書・記録が本源的に持っている，このような統治の道具という性質は，文書館，公文書館などの文書・記録保存施設，あるいは，そういった施設において永続的に保存・活用される文書・記録類を意味する英語の「アーカイブズ」（archives）ということばそのものの中に込められている．古代ギリシャでは，最

---

1) Eric Ketelaar,"Recordkeeping and societal power", in: Sue McKemmish, Michael Piggott, Barbara Reed, and Frank Upward eds., *Archives: Recordkeeping in Society*, Centre for Information Studies, Charles Sturt University, 2005, p. 278 の引用による（邦訳：エリック・ケテラール「レコードキーピングと社会的なちから」，スー・マケミッシュ，マイケル・ピゴット，バーバラ・リード，フランク・アンプウォード編著，安藤正人ほか訳『アーカイブズ論――記録のちからと現代社会』明石書店，2019年，221頁）．原典は James R. Beniger, *The Control Revolution*, Harvard University Press, 1986, pp. 7-8.

高位の執政官を「アルコン」(archon)、その官邸を「アルケイオン」(archeion) といった。このアルケイオンこそがアーカイブズの語源とされている。つまり、アーカイブズには、もともと、支配者の役宅、国家や集団の最も重要な建物、という意味が含まれており、そこから、国家や集団にとって最も重要な文書・記録を保存する場所をアーカイブズと称するようになったのである[2]。

都市国家アテネのアーカイブズが、議事堂や中央行政機関が集中するアゴラの最も重要な建物メトローン（神々の母の神殿）の中に置かれたことや、古代ローマ帝国のアーカイブズであるタブラリウムが、同じようにローマ中心部フォロ・ロマーノの神殿の丘をバックに、周囲を威圧するような壮大な規模で建っていたことは、アーカイブズの本来的な性格を象徴している。現代においても、たとえば、独立宣言や憲法、条約書を含むアメリカ合衆国の重要記録を保存する米国国立公文書館が、ワシントンの中心部ナショナルモールの、連邦議会と大統領官邸（ホワイトハウス）を結ぶ中間点の一等地に、ギリシャ神殿を思わせる豪壮な姿で建っているのを見ると、古代以来のアーカイブズの本性がいまに息づいているのを感じることができる。

中国においても、紀元前の殷・周時代にはすでに天府、盟府などの記録保存庫が存在し、秦・漢時代には文書・記録の管理に関する国の規定が整備されて、石渠閣、麒麟閣、天禄閣、蘭台など各種の記録保存施設が設けられていたという。今も残る明朝期16世紀建立の「皇史宬」は、その名が示す通り皇帝の文書を保存する蔵であるが、北京紫禁城のすぐ脇に建つ石造りの立派な建物であり、文書を収めた大量の長櫃もかつて金色に輝いていた名残を残しながら大切に保存されている。中国には皇帝文書など重要な記録を「石室金匱」に保存するという伝統が古くからあるという。皇史宬は、まさにその伝統を象徴している[3]。ちなみに、中国の伝統は日本の古代律令国家にも伝わり、8世紀末には、太政官に「官文殿(かんのふどの)」と呼ばれる公文書保存施設が整備されていた[4]。

---

[2] 古代のアーカイブズについては、Ernst Posner, *Archives in the Ancient World*, Harvard University Press, 1972; James Bradsher and Michele Pacifico, "History of Archives Administration", in: James Bradsher ed., *Managing Archives and Archival Institutions*, Mansell Publishing Limited, 1988; James P. Sickinger, *Public Records and Archives in Classical Athens*, The University of North Carolina Press, 1999; Maria Brosius, ed., *Ancient Archives and Archival Traditions: Concepts of Record-keeping in the Ancient World*, Oxford University Press, 2003 などがある。

[3] 王景高・馮伯群・李向罡編、重永宰訳「現代中国の档案事業」（『藤沢市文書館紀要』15号、1992年3月）、26-34頁。

このように，古今東西，権力者は統治記録の保存，つまりアーカイブズの充実に，ことのほか力を注いできたのであり，まさに，アーカイブズの管理なくしては政治権力は存在しなかったのである．

　地域内紛争から民族間，国家間の戦争に至るまで，およそ権力をめぐるあらゆる種類，レベルの武力紛争においては，ほとんど例外なく，相手側の文書・記録やアーカイブズに対する略奪，押収，破壊などの行為が行われた．その直接の動機や目的が軍事情報の獲得にあったことは容易に想像されるが，多くの場合，単なる軍事上の目的にとどまらず，相手側から当該地域の支配権，領有権を奪取するために，統治の道具として重要な文書・記録やアーカイブズを略奪，押収，あるいは破壊した．したがって，その対象は，主に統治者や統治機関が所蔵する公的な文書・記録やアーカイブズであった．

　しかし文書・記録を，組織や団体を維持・管理するための道具という観点でとらえると，アーカイブズ機関の充実に力を入れてきたのは，政治的権力者のみではなかったことに気づく．たとえば，教会や寺院などの宗教勢力，都市を支えた商人や職人，近代以降を主とする企業体などは，それぞれの組織を経営するための道具として，文書・記録を活用し，とくに欧米では，統治者のアーカイブズ機関と並んで，教会や都市あるいは企業のアーカイブズ機関が早い時代から存在した．ヨーロッパにおけるキリスト教勢力は，それ自体統治権力の一部を構成する時代が長かったが，それ以外の宗教勢力や民間商業者集団も，権力と結びついて国家統治の一端を担うことが少なくなかった．それゆえに，武力紛争時においては，彼らの文書・記録やアーカイブズが，公文書や公的アーカイブズとともに，しばしば敵対国による略奪，押収，破壊などの標的となったのである．

　他方，文書・記録には，人々が文字言語によって知恵や知識，思想や信仰などを書き記した表現物という，もうひとつの根源的な性格が備わっている．それが集団の中で，さらには集団を越えて共有されるようになったとき，あるいはその可能性が生まれたとき，文書・記録やアーカイブズには，支配の道具という政治的・行政的な本性とは別に，集団や民族，さらには国民の知的遺産という文化的な性格が加わることになる．もっぱら政治的・行政的な目的で作成

4）　安藤正人「文書館の起源」（松永昌三・山村貞雄・栗田尚弥・浦井祥子『情報文化〔郷土史大系：地域の視点からみるテーマ別日本史〕』朝倉書店，2020年，344頁）．

された公文書であっても，特定権力による支配の歴史的産物という意味で，その時代や地域の文化遺産の一部を構成することになる．

古今東西の武力紛争を見ると，前者の政治的・行政的性格よりも，むしろ後者の知的・文化的性格の方を重視して，相手側の文書・記録やアーカイブズを略奪したり破壊したりする事例が少なくない．象徴的な伝説として知られるのは，古代エジプトのプトレマイオス朝によって紀元前3世紀頃創建されたアレクサンドリアの図書館の厖大な蔵書が，642年にアラブの将軍アムルの手で焼却されたという話である[5]．図書館の蔵書といっても，おそらくはその多くが手書きの写本，あるいは文書や記録等のアーカイブズ資料ではなかったかと想像される．これに似た事例として有名なのは，第一次，第二次世界大戦の2度にわたるドイツ軍によるルーバン大学図書館の攻撃と破壊である[6]．近年では，1990年代のボスニア紛争の際，サラエボの国立中央図書館をはじめ大小の図書館，寺院などが組織的攻撃を受けたことが指摘されているが[7]，このときは文書館等のアーカイブズ施設も大きな被害を受けた事実が知られている．以上のような，文化施設への攻撃，とりわけアーカイブズ資料や図書の破壊は，まさに相手側の知的遺産に打撃を加えることによって，集団としての文化的記憶を抹殺し，その精神的支柱を破壊しようとしたものである．このような「記憶の暗殺」[8]行為は，「民族浄化」を叫ぶ民族紛争などの場合に顕著に表れるといわれるが，それ以外の紛争においても決して珍しくはないと思われる．

本章では，20世紀アジアの日本植民地・占領地において，文書・記録やアーカイブズがたどった運命を明らかにするという本書の研究課題に取り組む前提として，戦時国際法や国際慣例，とくにその中にあらわれる，武力紛争時における文書・記録やアーカイブズの取扱いに関する原則や取決めについて，その歴史的発展過程を考察する．その際，留意したいのは，以下の点である．

第1に，上記で述べた，文書・記録ならびにアーカイブズが持つ2つの異な

---

5) モスタファ・エル＝アバディ（松本慎二訳）『古代アレクサンドリア図書館——よみがえる知の宝庫』（中公新書，中央公論社，1991年），168-182頁．
6) ヴォルフガング・シヴェルブシュ（福本義憲訳）『図書館炎上——二つの世界大戦とルーヴァン大学図書館』（法政大学出版局，1992年）；リチャード・オヴェンデン（五十嵐加奈子訳）『攻撃される知識の歴史——なぜ図書館とアーカイブは破壊され続けるのか』（柏書房，2022年），147-160頁．
7) 港千尋『記憶——「創造」と「想起」の力』（講談社，1996年），183頁．
8) ピエール・ヴィダル＝ナケ（石田靖夫訳）『記憶の暗殺者たち』（人文書院，1995年）．

る性格，すなわち，軍事情報という側面を含む統治の道具，行政の手段としての性格と，文化遺産，知的資源としての性格との区別の問題である．後に詳しく見るように，占領軍が軍事作戦上または占領地行政上の必要に応じて，敵対国の公的な文書・記録やアーカイブズを押収すること自体は，国際法上，あるいは国際慣例上，早い時代から容認されてきた．他方，博物館・図書館・文書館等，紛争地域の教育・学術・文化施設の保護と，それらの施設に収蔵されているアーカイブズや学術資料を文化財として尊重し，その押収等を禁じた国際法規も古くから存在する．武力紛争時における文書・記録やアーカイブズの取扱いに触れている過去の国際法規を読む際，まず大切なことは，この2つの考え方のいずれを規定したものであるかを明確に区別することである．その上で，この一見相対立する2つの考え方が，それぞれどのように発展してきたのか，また，実際の紛争現場で同時に適用することはなかなか困難だろうと思われるこの2つの考え方が，国際社会においてどのように関係づけられて理解されてきたのか．そのような問題点を念頭に置きながら検討を進めていく必要がある．

　第2に，統治の道具としての文書・記録やアーカイブズといっても，その種類や性格が一様でないことである．とくに外交に関する文書・記録ならびにアーカイブズは，外交官や在外公館の特権と相まって，国際慣例上かなり早い時代から特別な地位が認められ，他の一般行政文書とは明確に区別されている．正規の外交使節である大使館や公使館の文書・記録やアーカイブズが，平時はもとより武力紛争時においても不可侵性を有していることは，国際慣例として広く了解されてきたところであるし，領事館の文書・記録やアーカイブズも，同様に不可侵性があるとされてきた．しかし，こうした不可侵性が国際法上明文化されたのは，1960年代のことである．つまり，第二次世界大戦期においては在外公館等の文書・記録ならびにアーカイブズの不可侵性は，あくまで慣例上，すなわち国際慣習法上の認識であったのであり，その点が次章以下で見る，在外公館文書をめぐる日本と諸外国との軋轢の一因となっていると考えられる．したがって，外交文書に関しては，武力紛争に直接関係する国際法だけでなく，もう少し広く，外交関係に関する国際慣例や国際法の発展過程全般に目を配る必要がある．

　第3に，公有財産と私有財産との区別の問題がある．交戦中や占領時における敵対国側財産の取扱いについては，早い時代から，公有財産とりわけ国有財

産と私有財産との間に明確な区別がなされている．文書・記録やアーカイブズについての規定が特別に設けられていないとしても，一般的には敵国側財産の一部とみなされていると考えられるので，その場合は，政府等の公的機関が作成した公有財産，とくに国有財産としての公文書記録と，民間企業や個人のもとにある私有財産としての文書・記録について，どのような取扱い上の区別がなされているかを慎重に見極める必要がある．

　第4に，以上述べたこと以外に留意すべき点として，国内法との関係の問題がある．とりわけ，武力紛争時における敵対国ならびに敵対国国民の資産に対する接収や管理に関し，「対敵通商法」「敵産管理法」などの名称を持つ国内法を定めている国が少なくなく，対象となる資産に，敵対国の公的機関や民間企業が所有する文書・記録やアーカイブズが含まれる場合がある．「対敵通商法」「敵産管理法」そのものは国際法ではないが，本章の課題に重要な関連性があると思われるので，念頭に置いておく必要がある．これについては，第1章補論1として単独に論じることにしたい．また，戦争とアーカイブズに関する国際法や国際慣例に対する日本の認識や方針についても，本章とは一応切り離して，補論2として検討することにしたい．

2. 武力紛争時における文書・記録ならびにアーカイブズの取扱いに関する国際法の発展

2.1 概　　観

　武力紛争時における文書・記録やアーカイブズの取扱いに関する国際法と国際慣例は，第二次世界大戦以前の時代，すでに一定の進展を見せていた．本節では，先行研究によりながら，その歴史的発展過程を検討したい[9]．

　表1-1は，17世紀から現在に至るまで，武力紛争時における文書・記録やアーカイブズの取扱いに多かれ少なかれ関連し，かつ国際的影響力を持ったと思われる，条約，議定書，決議などを年次順にまとめたものである．このうち，1863年リーバー規則，1899年/1907年ハーグ陸戦条約，1954年ハーグ文化財保護条約はとくに重要と考えられるので，この3法を画期として全体を4つの時期に分けてみた．ただし，本書が第二次世界大戦前後までを主たる対象としていることから，第4期については詳細な検討を行わず，1954年ハーグ文化財

保護条約を中心とした簡単な記述にとどめている[10]．

以下，第1期から主要な条約を順次見ていくが，条文の日本語訳は，すでに公表されている日本語訳に依拠した場合，または参考にした場合は，そのつど，その旨を注記した．注記がない場合は筆者による仮訳である．

2.2 第1期 1648年ウェストファリア条約から1815年ウィーン議定書まで

2.2.1 ウェストファリア条約（1648年）

(1) 概　　観

戦争に関する世界初の成文法規で，戦時国際法の形成に大きな影響を与えたとして広く知られているのは，「リーバー規則」と通称される1863年の「陸戦における合衆国陸軍の統治規則」である．しかし，戦争そのものについての取決めではないが，戦後処理の目的で文書・記録の取扱いに触れた国際条約としては，1648年の「ウェストファリア（ウェストファーレン）条約」（Treaty of Westphalia）を最も早い事例のひとつとしてあげることができる．

ウェストファリア条約は，カトリック諸国とプロテスタント諸国がヨーロッパの覇権をかけて戦った三十年戦争の講和条約である．従来この条約は，ヨー

---

9) 本章が依拠した主な文献は以下の通り．Jiří Toman, *The Protection of Cultural Property in the Event of Armed Conflict: Commentary on the Convention for the Protection of Cultural Property in the Event of Armed Conflict and its Protocol, signed on 14 May 1954 in The Hague, and on other instruments of international law concerning such protection*, UNESCO Publishing, Dartmouth Publishing Company, 1996；Markkü Jarvinen,"Convention of The Hague of 1954 Convention for the Protection of Cultural Property in the Event of Armed Conflict", in: *Proceedings of the International Conferences of the Round Table on Archives XXIX CITRA-Mexico 1993, XXX CITRA-Thessaloniki 1994, XXXI CITRA-Washington 1995*, International Council on Archives, Dordrecht, 1998; *Reference Dossier on archival claims*, International Council on Archives, Legal Matters Committee, 1995, Reprint in: 同前書；"Treaties, Conventions, and Other Official Documents: Complete Documents and Selected Sections Relating to the Protection and Return of Cultural Property", Appendices of : Elizabeth Simpson, ed., *The Spoil of War — World War II and Its Aftermath: The Loss, Reappearance, and Recovery of Cultural Property*, Harry N. Abrams, inc., Publishers in association with The Bard Graduate Center for Studies in the Decorative Arts, 1997.

10) なお，より包括的な類似の年表として，国連国際法委員会が作成した"Non-Exhaustive Table of Treaties Containing Provisions Relating to the Transfer of Archives in Cases of Succession of States", in: "Documents of the Thirty-First Session Excluding the Report of the Commission to the General Assembly", *Yearbook of the International Law Commission, 1979, II, pt. 1*, pp. 82-93, があり．Patricia Kennedy Grimsted, *Trophies of War and Empire: The Archival Heritage of Ukraine, World War II, and the International Politics of Restitution*, Harvard Papers in Ukrainian Studies, Harvard University Press, 2001, pp. 511-530 に転載されている．

表1-1 武力紛争時における文書・記録ならびにアーカイブズの取扱いに関係する条約，議定書，決議など

年	条約・議定書・決議等
	第　1　期
1648	ウェストファリア条約
1783	パリ条約
1815	ウィーン議定書
	第　2　期
1863	陸戦における合衆国陸軍の統治規則（リーバー規則）
1874	戦争の法規慣例に関する国際条約案（ブリュッセル会議宣言）
1880	陸戦の法規慣例（国際法学会，オックスフォード・マニュアル）
	第　3　期
1899	陸戦の法規慣例に関する条約（第2条約），同附属書：陸戦の法規慣例に関する規則（ハーグ陸戦条約）
1907	陸戦の法規慣例に関する条約（第4条約），同附属書：陸戦の法規慣例に関する規則（ハーグ陸戦条約）
1919	連合国とドイツとの平和条約（ベルサイユ条約）
1919	連合国とオーストリアとの平和条約（サン＝ジェルマン条約）
1919	連合国とブルガリアとの平和条約（ヌイイ条約）
1920	連合国とハンガリーとの平和条約（トリアノン条約）
1920	連合国とトルコとの平和条約（セーヴル条約）
1923	占領地におけるベロット戦争規則（ベロット規則）
1933	芸術的・歴史的・学術的物品の送還に関する国際条約案（国際連盟博物館事務局）
1935	芸術および科学施設ならびに歴史的記念物の保護に関する条約（レーリヒ協約）
1936	戦時における歴史的建造物と美術品の保護に関する国際条約草案（国際連盟博物館事務局）
1943	敵の占領下または管理下にある領域における略奪行為に反対する連合国共同宣言（ロンドン宣言）
1949	戦時における文民の保護に関するジュネーブ条約
	第　4　期
1954	武力紛争の際の文化財の保護に関する条約（ハーグ文化財保護条約）
1970	文化財の不法な輸出，輸入および所有権譲渡の禁止および防止に関する条約（ユネスコ）
1972	世界の文化遺産および自然遺産の保護に関する条約
1978	国外流出文書の返還問題をめぐるユネスコ事務局長報告書
1978	文化財の原産国への返還を促進するための政府間委員会規程
1991	人々が自己の歴史についての情報を入手し国のアーカイブズを取り戻す権利に関する欧州議会決議
1995	盗取されまたは不法に輸出された文化財に関するユニドロワ（私法統一国際会議）条約
1999	武力紛争の際の文化財保護第2議定書

ロッパに新しい国際秩序（ウェストファリア体制と呼ばれる）をもたらしただけでなく，領土や外交をめぐる国際関係についても，これ以降徐々に整備されるようになり，結果的に近代国際法発展の端緒を開いた，と評価されてきた．近年，そのような通説に対し，ウェストファリア条約は基本的に従来の国際秩序を追認したものであり，決定事項についても完全に履行されたとはいえないとして，その影響力を高く評価することは疑問だとする見解が出されている[11]．しかし，後世の国際関係や国際法に与えた影響についての議論はともかく，この条約を分析することで，当時のヨーロッパ社会に，領土や領主権，領主関係などについて，さらには，それに付随する文書・記録の取扱い問題について，どのような認識が存在していたかを知ることができると考える．

ウェストファリア条約は，三十年戦争の事実上の敗戦者となったカトリック陣営を代表する神聖ローマ帝国皇帝と，戦勝者となったプロテスタント側のスウェーデン女王を主たる当事者とする「オスナブリュック講和条約」（Treaty of Osnabrück），ならびに，神聖ローマ帝国皇帝とカトリック国であるにもかかわらずプロテスタント陣営に加わったフランス国王を主たる当事者とする「ミュンスター講和条約」（Treaty of Münster）の 2 つの条約からなっている．重要なのは，この 3 か国の全権使節のほかに，カトリック陣営とプロテスタント陣営に分かれて戦った，帝国等族と呼ばれる神聖ローマ帝国領域内の有力諸侯や聖職者，および自由都市の代表者などが，多数署名者として名を連ねていることであり，その数は，オスナブリュック講和条約の場合は 36 名，ミュンスター講和条約の場合は 35 名に及んでいる．当時のヨーロッパは，絶対王制が出現してくる時代にあたるが，その一方で，神聖ローマ帝国領域のドイツを中心に，封建諸侯や聖職者が強い領主権力を保持し，一部はいわゆる領邦国家としての主権を獲得していたと考えられる．本条約の署名者構成には，そのような当時のヨーロッパの状況が色濃く反映しているのである[12]．

(2) 文書・記録に関する規定

ウェストファリア条約の主眼は，上記のような三十年戦争終結時の勢力分布を前提に，主として諸国・諸侯の領土の確定と，領土における領主権の確認に

---

11) 明石欽司『ウェストファリア条約──その実像と神話』（慶應義塾大学出版会，2009 年）．

置かれていた．それに付随して，文書・記録類の帰属や効力についての規定が盛り込まれている．以下，主な条項を検討する（とくに断らない場合は，ミュンスター講和条約の条文である）[13]．

まず第 15 条では，プロテスタント同盟の有力者だったプファルツ選帝侯フリードリヒ 5 世（ボヘミア冬王）の次男で家督相続者のカール 1 世ルートヴィヒに対し，神聖ローマ帝国皇帝が 1623 年にフリードリヒ 5 世から剥奪したプファルツ選帝侯位と選帝侯領を返還することを定め，その中で文書・記録類の取扱いに言及している．

> 第 15 条　第 2 に，下プファルツについては，歴代のプファルツ選帝侯がボヘミアの争乱以前に享受していた，あらゆる教会領および世俗領の土地，権利，付属物とともに，すべてプファルツ選帝侯に返還するものとする．また，その地に属するすべての文書，記録，書類も同様に返還され，これに反するすべての行為は無効とされる．皇帝は，カトリックの王やその他の所有者が，この返還に反対しないことを確約する．

次に，カトリック国ながらプロテスタント側に加担したフランスは，結果的に戦勝国となったが，第 87 条でチロル大公フェルディナント・カールに対し，ラインゼルデン，ゼッキンゲン等の旧領を返還するよう定められた．それに関連した文書・記録の引渡し規定が，第 95 条と第 96 条にある．

> 第 95 条　フランス国王は，前記大公に引き渡す土地に属する書類や文書について，政府の記録庫やエンシスハイム，ブリサックの会議所，ある

---

[12] 明石欽司によれば，ウェストファリア条約の関係者は以下の 6 種に分類される．A. 条約に署名・調印した（1）神聖ローマ帝国皇帝，スウェーデン女王，フランス国王，（2）神聖ローマ帝国の帝国等族（辺境伯，選帝侯，諸侯），（3）神聖ローマ帝国の自由都市，B. 署名・調印者でないが，関係者としての（4）仲介者（ヴェネチア共和国とローマ教皇），（5）会議に参加して「講和に含まれるもの」とされたネーデルランド連邦議会，（6）会議に参加はしなかったが「講和に含まれるもの」とされた英国王など（前掲明石欽司『ウェストファリア条約』，71-72 頁）．なお，三十年戦争に参加したスペインは，講和会議に参加したがウェストファリア条約に調印せず，別にネーデルランド連邦議会と単独条約を締結している．

[13] Clive Parry, ed., *Consolidated Treaty Series,* Oceana Publications, 1969, Vol. 1, pp. 319-356. 日本語訳にあたっては，「歴史文書邦訳プロジェクト」（友清理士）のウェブサイト（https://cryptiana.web.fc2.com/docs/index.htm）を参考にした（参照 2022-08-14）．

いはフランス軍士官や占領下の町や城の記録の中から発見された場合は，いかなる分量であるかに関わりなく，すべてを善意にもとづき，かつ速やかに，大公に返還するものとする．

第96条　もしこれらの文書が公的なものであって，[フランス]国王が譲渡を受ける土地と共通かつ共同的な関わりを持つものである場合，大公は必要に応じ，何時でも，何度でも，その正式な写しを受け取ることができるものとする．

　以上の条項が示唆しているのは，第1に，領主権の移譲を伴う領土の返還や譲渡に際し，その領土に関係する文書・記録を併せて引き渡す原則が存在したことである．これには，当該領土の統治権を証明する権利証書などだけでなく，土地と人民の支配行政に関わるあらゆる種類の文書・記録が含まれると考えられる．また第95条では，プロテスタント陣営に加わって戦勝国となったフランスに対しても同様の義務が課せられている．このことから，戦勝国・敗戦国のいずれに属するかにかかわらず，特定の領土の支配に関する文書・記録は，一般にその領土と一体的な存在として認識されており，その所有権は本来的に当該領土の領主権を持つ統治者に帰属するという原則が存在したと考えてよい．

　第2に，第96条は，フランス国王からチロル大公への文書・記録返還義務を定めた第95条の例外規定であり，公共性が高く，かつフランス国王自らの領土支配にも不可欠な文書・記録については，これを引き渡さなくてもよいこと，ただしその場合，大公側の求めに応じて正式な写しを提供する義務があること，の2点が定められていると読める．このような例外規定は，ミュンスター講和条約の他の条項の中には見いだせないので，一般的な原則になっているとは断定できず，戦勝国フランスの優先的所有権を認めた特別規定と見るべきかもしれない．しかし，文書・記録が持つ公共的性格が指摘されていることや，領土の変更によって複数の統治者が同一の文書・記録群を必要とする場合が生じる可能性が認識されていることは，注目に値する．というのも，この条約から330年後の1978年に，ユネスコ総会で，植民地の独立時に宗主国が自国に持ち帰った植民地政庁文書など，政権交代によって国外に流出したアーカイブズをめぐる2国間の所有権争いの問題（アーカイバル・クレーム archival claim）が議論され，ひとつの解決策として「共同遺産」(joint heritage) という考え方が打

ち出されているからである[14]．これは，一方（たとえば旧宗主国側）にアーカイブズ原本の所有権を認める代わりに，相手側（たとえば旧植民地側）との「共同遺産」として位置づけ，マイクロフィルム等による複製提供の義務化を提唱したものである．ウェストファリア条約第96条の規定は，この1978年ユネスコ提案に通じる先駆的なものであり，極めて興味深い．

次に，領主権の移転を伴う領土の返還や割譲ではなく，一時的な戦時占領地の原状復帰に関する規定が第112条から第114条にある．第112条は，ボヘミア王国，オーストリア家世襲領を含め，敗戦国となった神聖ローマ帝国支配圏内を対象に，カトリック側，プロテスタント側いずれの軍隊かにかかわらず，一時的な戦時占領地を，戦争開始前の合法的な領主に返還することを定めている．また第113条は，神聖ローマ帝国皇帝とフランス国王ならびに双方の同盟者に対し，改めてその相互履行を求めている．これを受けて，第114条は次のように述べている．

> 第114条　記録，文書，書類，その他の動産もまた，占領時にその地で発見され今もその場に置かれたままになっている大砲と同様に，これを返還するものとする．しかし，占領後に他の地域から持ち込まれたもの，または戦闘中に捕獲されたものについては，戦備品として自らに帰属するすべてのものとともに，これを持ち去ること，および持ち去らせることが許される．

本条は，神聖ローマ帝国支配圏内において一時的な戦時占領を行っているカトリック・プロテスタント両陣営のすべての軍隊に対し，以前の合法的な領主に占領地を返還する際に，当該占領地に関わる文書・記録ならびに他の動産を，合わせて返還すべきことを規定したものである．この点は，支配に関わる文書・記録の所有権は，基本的に，当該領地の領主権を持つ統治者に帰属するという原則に矛盾しない．しかし，第114条の後半では，占領後に他所から持ち込まれたか，あるいは戦闘中に捕獲された文書・記録や動産については，「戦備品」（Carriages of War）とともに占領者が持ち去ってよいと記されており，占

---

[14]　本章「3.2.1　国外流出文書の返還問題をめぐるユネスコ事務局長報告書（1978年）」参照．

領者の取得権が容認されている．この部分は，どう理解すべきであろうか．

　この点を考察するため，戦争中に押収または没収された財産の取扱いに関して定めた条項を見てみたい．

　まず第45条で，フランスまたはスウェーデンに加担し，プロテスタント陣営で戦った者からカトリック側が没収した財産について，現状のまま返還すべきことが規定されている．これには第47条で例外が設けられており，「移動物および移動中のもの，収穫された作物，団体の長の権限によって譲渡されたもの，神聖・世俗のいずれかを問わず，破壊され荒廃して，公の安全のために公共かつ特定の建物として転用されたもの，敵の襲撃によって略奪され，没収され，合法的に売却され，または自発的に供与された公共もしくは個人の委託財産」が，「回復されえないもの」として返還の対象外とされている．

　第90条は，逆に，カトリック側の諸侯や市民からプロテスタント側が没収した財産の返還について規定している．対象としてあげられているのは「不動かつ安定している財産」や「農場，家畜，村，土地，所有物」であり，「集め入れた動産や作物」は，やはり返還対象外とされている．

　以上のように，戦勝国側・敗戦国側のいずれかを問わず，戦闘中に獲得した動産や作物については，返還が免除されることになっている．これは第114条で，占領軍が持ち去ってよいものとされている「戦備品として自らに帰属するすべてのもの」にあたると思われる．であるとすれば，第114条が「占領後に他の地域から持ち込まれたもの，または戦闘中に捕獲された」文書・記録類の返還を免除しているのは，第47条と第90条で，戦闘中に獲得した動産や作物を返還対象から除外しているのと同じ理由ではないかと推定される．その理由については明記されていないので，推察するしかないが，戦闘中の獲得物は移動ないしは消費，廃棄されたものが多く，事実上，原状回復が困難とみなされたためではないかとも考えられる．

　ただ後述するように，後世の戦時国際法では，交戦中に限り，敵国公有動産を戦利品として没収し取得する権利が容認されている．そのことに鑑みると，上記第47条，第90条，第114条の返還免除規定，とりわけ第114条の「戦備品として自らに帰属するすべてのものとともに，これを持ち去ること，および持ち去らせることが許される」という表現には，後世の敵国公有動産没収権に通じる「戦利品」取得権の考え方が含意されている可能性がある．

（3） 歴史的背景と特徴

　ウェストファリア条約における文書・記録の取扱いに関する規定の分析から，領主権の回復や継承にあたっては，文書・記録のできるだけ完全な継承が必要だと考えられている点など，支配に関する文書・記録の取扱いをめぐって一定の共通認識が成立していたことが推察された．そのような共通認識があったとすれば，当然，いくつかの先例が存在したと思われる．事実，国連国際法委員会が1979年に作成した「国家承継の際のアーカイブズ移転条項を含む条約の非網羅的一覧表」には，ウェストファリア条約以前のものとして，1601年，1622年，1645年の3件の2国間条約が掲載されている[15]．たとえば1601年のものは，フランスとサボイア公国との間で結ばれたリヨン条約で，ブレス，ビュジェ，ジェクス，ヴァルロームイーのフランスへの割譲に伴い，法律文書が引き渡されたという．

　このような認識ないし慣行の歴史的背景を知るため，当時のヨーロッパ諸国ならびに諸侯の文書・記録保存体制，言い換えればアーカイブズ状況が，どのような段階であったのか，簡単に見ておきたい[16]．

　16-17世紀のヨーロッパ世界を概観すると，英国，フランス，スウェーデンなどで絶対王政が成立し，スペインでも中央集権化が進んだ．一方，ドイツでは逆に諸侯の権力が伸長し，神聖ローマ帝国の弱体化が進行した．

　王権が強化された国では，かつて古代ローマ帝国に存在したタビュラリウムのような，国家規模のアーカイブズ施設が新たな姿で再び登場してくることが知られている．たとえばスペイン王国は1542年にシマンカス文書館（Archivo de Simancas）を設立し，スペイン王国の中核をなしたカスティーリャ王国の行財政記録や裁判所記録などが徐々に集中保管され，1588年には，この種の規則としてはおそらく世界でも最も早いものと思われる「シマンカス文書館政府指示書」（"Instruccion para el Gobierno del Archivo de Simancas"）が作られた．

　また，イングランド王ジェームズ1世は，1610年に「文書記録保存登録官」（Keepers and Registers of Papers and Records）2名を任命し，「国家公文」（State Papers）

---

15) Patricia Kennedy Grimsted 前掲書，p. 511（注10参照）．
16) 以下，Michel Duchein,"The History of European Archives and the Development of the Archival Profession in Europe", *American Archivist,* Vol. 55, Winter 1992．および，前掲 James Bradsher and Michele Pacifico,"History of Archives Administration" による．

の体系的保存が開始されている．

　スウェーデン王国でも，1618 年に「国立文書館」（Riksarkivet）が設置され，王室大法官のもとで，行政と司法に関する記録の保存が始まった．また同年，大法官アクセル・オクセンシュティールナ Axel Oxenstierna は，スペインの「シマンカス文書館政府指示書」と並ぶ早い時期のものといえる，一連のアーカイブズ取扱い規則を作成している．

　フランスの場合，すでに 14 世紀前半に国王アーカイブズの保管庫が制度化され，正式の文書官が任命されていたが，16 世紀に入り，近代的な王政国家への歩みの中で，司法，行政，財政の領域ごとに評議会が設けられるなど，統治機構の拡大，複雑化が進むと，国王アーカイブズの役割は次第に低下し，16 世紀半ばにはその機能を停止したという[17]．1589 年に成立するブルボン朝は，国王アーカイブズを統治機構の中心として再建しようとしたが，その最後の試み（1628 年）も失敗に終わり，結局，国家的な規模のアーカイブズの成立は，フランス革命後に設置される国立文書館を待たなければならなかった．

　上記の国々は，王権所在地をはじめ自領の中心部が三十年戦争の戦場になったわけではないので，上に見たようなアーカイブズ施設の設置状況がウェストファリア条約の文書・記録返還規定に直接的な影響を与えたとは，あまり考えられない．

　一方，三十年戦争の主舞台となった神聖ローマ帝国の領域を中心とする地域で，帝国諸侯や都市勢力が当時どのような文書・記録保存体制をとっていたかは，ウェストファリア条約の文書・記録返還規定との関わりを考える上で重要である．これまで知られているところによれば，まず，オーストリアにおいて，アーカイブズ施設の存在を確認できる最も早い事例は，1137 年の記録に現れる，オーストリア辺境伯バーベンベルク家がウィーン近くのクロスターノイブルクに設けていた「アーカイブ」であるという[18]．1246 年のバーベンベルク家没落後，法典や証書等の文書・記録類はドイツ騎士団に移管された後，新しい領

---

17) オリヴィエ・ギヨジャナン，オリヴィエ・ポンセ「フランスにおける国家アーカイブズ――中央および地方，12-18 世紀」（国文学研究資料館アーカイブズ研究系編『中近世アーカイブズの多国間比較』岩田書院，2009 年），47-54 頁．

18) "Haus-, Hof- und Staatsarchiv – History"（オーストリア国立公文書館ウェブサイト）（https://www.statearchives.gv.at/tasks-and-organisation/haus-hof-und-staatsarchiv-information-in-brief/haus-hof-und-staatsarchiv-history.html，参照 2022-08-13）による．

主のハプスブルグ家に継承された．ハプスブルグ家の文書・記録は，ホーフブルク宮殿のチャペルに保存されていたという．しかしオーストリアに初めて国家アーカイブズ的な施設が生まれるのは，後述するように，中世の長い諸侯勢力分散時代を経た1749年に，マリア・テレジア Maria Theresia がウィーンに設立する「秘密家門文書館」（Geheimes Hausarchivs）を待たねばならなかった．

三十年戦争当時，ブランデンブルク＝プロイセンという領邦国家連合を形成していたブランデンブルクとプロイセンでも，古くは1282年にブランデンブルク辺境伯が公文書の保管を行っていたとの記録があるが，文書・記録を保存するための正式な組織が確認できるのは1468年だという．その後，1598年にブランデンブルク選帝侯ヨアヒム・フリードリヒによって「アーカイブズ登録官」（Registratura Archivorum）が任命され，統治に関係する文書など，公的な記録の系統的な保存・管理が始まった．18世紀初め，文書・記録の保存施設は初代プロシア王フリードリヒ1世の私的な機関となり，「枢密国家文書館」（Privy State Archives）という名称で呼ばれるようになったという[19]．

以上，わずかな事例ではあるが，これから類推すると，三十年戦争の過程で，軍事的な領土の併合や占領，あるいは政治的な領主権の剥奪や付与などにより，統治者の交代が行われた諸侯領においても，有力諸侯を中心に，領土に関する文書・記録の保存体制が，支配システムの一環として次第に整備されつつあったことがうかがえる．

2.2.2　パリ条約（1783年）

1783年の「パリ条約」（Paris Peace Treaty）は，独立戦争の結果，英国がアメリカ合衆国の独立を承認した条約である．領土の確定を中心とした戦後処理について定めており，全10条の短いものであるが[20]，第7条の中に次のような一文がある．

第7条　（前略）　英国国王は（中略）戦争の過程において英国軍将兵の手

---

19)　Geheime Staatsarchiv Preußischer Kulturbesitz のウェブサイト（https://gsta.preussischer-kulturbesitz.de/，参照 2022-08-14）ならびに "Prussian Privy State Archives"（Wikipedia）（https://en.wikipedia.org/wiki/Prussian_Privy_State_Archives，参照 2022-08-14）による．

20)　前掲 Clive Parry, ed., *Consolidated Treaty Series*, Vol. 48, pp. 489-498.

に落ちた，すべての，当該州またはその市民に帰属するアーカイブズ，記録，証書，ならびに文書が，遅滞なく回復され，それらが帰属する正当な州や個人のもとに移送されるよう，命令し，実施するものとする．

　ここでは，戦争中に英国軍が捕獲した文書・記録やアーカイブズをアメリカ合衆国の州政府や市民に速やかに返還すべきことが，極めて端的な表現で述べられている．全10条のうちの1条が，この問題に当てられていることに，まず注目する必要があるが，「アーカイブズ」ということばが使われている点にも留意したい．「記録」と区別されていることから見て，これが歴史的な文化遺産としての文書・記録の意味を含んでいる可能性は十分にある．
　米国で，州の公立アーカイブズが最初に設置されるのは，後述のように1901年で，それ以前から地域の歴史的文書・記録を保存する役割を担っていたのは，各地の歴史協会であったといわれている．ただ，最も古い歴史協会は，独立戦争終結後間もない1791年に誕生したマサチューセッツ歴史協会である[21]．よって，独立戦争期は，個人の収集家や図書館が地域の文書・記録を文化的資料として収集しながら，歴史協会の組織化に向けて進んでいた時期にあたると推察される．

2.2.3　ウィーン議定書（1815年）

(1)　概　　観

　「ウィーン議定書」（Vienna Protocol）は，フランス革命とナポレオン戦争後のヨーロッパにおける領土問題などを，ヨーロッパの主要国が参加して協議したウィーン会議（1814-15年）の最終合意文書である．外交をめぐる国際法や国際慣例が次第に整備されていく過程で，一定の歴史的役割を果たしたとも評価されている[22]．
　ウィーン議定書は，一般条約のほか，2国間条約，付加条約，規則書，宣言書など，17の付属文書からなっている．本議定書の主眼は，領土問題の解決に

---

21)　前掲 James Bradsher and Michele Pacifico, "History of Archives Administration", p. 27.
22)　杉原高嶺・水上千之・臼杵知史・吉井淳・加藤信行・高田映『現代国際法講義　第2版』（有斐閣，1995年），181頁．ただし第3版（2003年）以降の版には言及がない．

置かれているが，付属文書の中に，文書・記録やアーカイブズに関わる条項がある．

(2) 文書・記録に関する規定

一例として付属文書第1号「オーストリア・ロシア2国間条約」(Treaty between Austria and Russia)（1815年4月21日，5月3日）を見ると，第36条に次のようにある[23]．

> 第36条 調印国のいずれかのアーカイブズにおいて発見される文書，図面，地図，証書等については，何であれすべてそれらが関係する地域の領有国に相互に返還するものとする．もしこれらの文書のうちに共通の利益に関わるものがある場合，現に所持している国がそれを保有するものとするが，相手国に対して，内容が証明され法的に有効な写しが与えられるものとする．

これと全く同じ条文は，付属文書第2号「ロシア・プロシア2国間条約」(Treaty between Russia and Prussia)[24]の第38条にも存在する．

ここでは第1に，文書・記録は，それが関係する地域の統治者に返還すべきこと，第2に，返還対象となるのは両国のアーカイブズ施設に収蔵されている文書・記録であること，第3に，両国の共通する利益に関わる文書・記録については，所持国から相手国に対して正式の複製物を提供すること，の3点が定められている．

第1の点は，1648年のウェストファリア条約においてすでにヨーロッパ諸国の認知を得ていたと考えられる，領土と領土支配文書は一体的な関係にあるとする原則に合致する．第2の点は，このような国際条約に「アーカイブズ」という語が登場する，おそらくは最も早い事例のひとつと思われることから，極めて注目されるが，これはこの時代，ヨーロッパ諸国にすでにアーカイブズと呼ばれる施設が広く存在していたことを示している．当時の関係国におけるアーカイブズ状況については，項を改めて見ることにしたい．なお第3の，両

---

23) 前掲 Clive Parry, ed., *Consolidated Treaty Series*, Vol. 64, p. 143.
24) 同上書, Vol. 64, p. 155.

国の共通利益に関わる文書・記録の複製物提供義務の規定は，ウェストファリア条約においても見られたところで，現代の「共同遺産」の考え方につながる意義があることはすでに指摘した通りである．

(3) 歴史的背景と特徴

　フランスにおいては，ブルボン朝の絶対王政のもとでアーカイブズの保存が進み，フランス革命前夜の頃には，王室の記録庫をはじめ，会計院，大書記官府，裁判所，教会，領主などが，それぞれ個別に文書・記録の保存庫を設けて，公文書や証書，土地台帳などを保有しており，それらが国家に帰属すべき性格のものであるという認識も深まっていたという[25]．19世紀の文献によれば[26]，1782年当時，パリには少なくとも405か所のアーカイブズ施設があり，フランス全土では1,225か所にのぼったという[27]．そして，よく知られているように，フランス革命直後の1794年，フランスは世界初の本格的なアーカイブズ法を制定し，国と県の文書館を整備して近代的なアーカイブズ制度の端緒を開くことになった．

　19世紀に入ると，近代的アーカイブズ制度の波が，次第にヨーロッパ諸国に広がっていったとされるが，ウィーン議定書が調印された1815年は，その極めて初期的な段階にあたっていた．

　オーストリアでは，中世の長い諸侯勢力分散時代ののち，1748年のエクス・ラ・シャペル条約でハプスブルグ家世襲領の継承を承認されたマリア・テレジアが，内政の強化と外交の改革を進めるための施策のひとつとして，1749年，ウィーンに「秘密家門文書館」と称するアーカイブズを創設し，国内に分散していた領土や外交に関する権利証書や条約書，法律など，重要な文書・記録を集中管理した，初めての国家レベルのアーカイブズ施設である．この秘密家門文書館は19世紀初め以降，「［秘密］家門・宮廷・国家文書館」（[Geheimes] Haus-,

---

[25] 立川孝一「歴史意識の変容と文書館の制度──フランスの場合」（歴史人類学会編『国民国家とアーカイブズ』日本図書センター，1999年），72-73頁；ジャン・ファヴィエ（永尾信之訳）『文書館』（文庫クセジュ，白水社，1971年），27-33頁．

[26] C. M. Richou, *Traite tkeorique et fratique ties archives fubliques* (Paris, 1883). 次のPosner論文の引用による．

[27] Ernst Posner, "Some Aspects of Archival Development since The French Revolution", *American Archivist*, Vol. 3, No. 3, July 1940, pp. 159-172.

Hof- und Staatsarchiv）と呼ばれるようになった[28]．

　プロシアでも，18世紀初めに初代プロシア王フリードリヒ1世の私的な施設として設けられた「枢密国家文書館」（Privy State Archives）が，1803年に政府文書，司法文書，地方文書を加えて拡大され，「プロシア国家文書館」（Prussian State Archives）と改称された[29]．オーストリアと同時期に国家レベルの統一的なアーカイブズが成立したことになる．

　一方，ロシアでは，1721年に成立したロシア帝国の統治下において，18世紀末までに各種のアーカイブズ施設が設けられていたことが知られている．「国家海軍諮問委員会アーカイブズ」（1724年創設．1827年「海軍省アーカイブズ」として再編），「モスクワ外務諮問委員会アーカイブズ」（1724年創設），「軍事法廷評議会アーカイブズ」（1763年創設），「旧土地所有者問題アーカイブズ」（1763年創設），「旧法モスクワ国家アーカイブズ」（1782年創設），「州史料館」（1782年創設），「土地調査事務局アーカイブズ」（1768年創設）などである[30]．

　スウェーデン王国の国立文書館は，1878年に王室大法官のもとを離れて独立の組織となった．一方，これとは別に，1805年に，16世紀以来の軍事記録を保存する軍事アーカイブズが設けられた[31]．

　ウィーン議定書は，戦後処理の際の文書・記録ないしアーカイブズの取扱いについて，これ以上の詳細な取決めを含んでいないが，ウェストファリア条約と合わせて考えるとき，少なくとも上記箇条で定められた3つの点については，ヨーロッパ諸国の国際的な原則，慣例として，共通認識が定着しつつあることがうかがえるのである．

2.2.4　小　　括

　第1期として検討してきたウェストファリア条約，パリ条約，ウィーン議定

---

28)　前掲オーストリア国立公文書館ウェブサイトならびに前掲 Ernst Posner, "Some Aspects of Archival Development Since The French Revolution", p. 161.

29)　前掲 Geheimes Staatsarchiv Preußischer Kulturbesitz のウェブサイトならびに前掲 "Prussia State Privy Archives"（Wikipedia）による．

30)　"Archives in Russia"（International Institute of Social History ウェブサイト）（https://iisg.amsterdam/nl, 参照 2022-08-13）による．

31)　スウェーデン国立公文書館（Riksarkivet）ウェブサイト（https://riksarkivet.se/, 参照 2022-08-13），ならびに "National Archives of Sweden"（Wikipedia）（https://en.wikipedia.org /wiki/National_Archives_of_Sweden, 参照 2022-08-13）による．

書の3つについて，本章「1. はじめに」で示した留意点に照らし，その特徴をまとめておきたい．

　第1に，文書・記録についての言及は，いずれの条約，議定書も，領土の確定と領有権の確認を主眼としていることもあって，領土と一体的な統治の道具としての文書・記録の返還や継承に関わるものであり，文化遺産としての文書・記録という認識に直接触れた個所は確認できない．しかし，パリ条約における資料としてのアーカイブズへの言及と，ウィーン議定書における施設としてのアーカイブズへの言及は，18世紀から19世紀にかけてヨーロッパ諸国に国家的な規模を持つアーカイブズが次第に整備されてきたこと，しかも，18世紀末以降（とりわけフランスの国立文書館が成立した後），それが単なる統治の道具ではなく，国民や国家の歴史遺産を保存する場としての性格を併せ持つようになっていったことを勘案すると，パリ条約とウィーン議定書が返還を義務づけている文書・記録には，文化遺産としての文書・記録という側面も含まれていたと推察できるのではないか．ウェストファリア条約においてすら，多くの条項でその返還問題が言及されている公私の動産の中に，実は歴史的・文化的なアーカイブズとして敵側から押収したり略奪したりした文書・記録類が含まれている可能性を否定することはできないと考える．

　第2に，外交に関する文書については，これを他の文書・記録と区別し，特別な取扱いを定めた条項は，いずれの条約，議定書にも見当たらない．外交文書の特別な地位を含む，いわゆる外交特権が国際法上明文化されるのは，1961年の「外交関係に関するウィーン条約」を待たねばならなかったから，これはある意味で当然のことであろう．しかし，ウェストファリア条約やウィーン議定書が，従来いわれてきたように，外交関係に関する国際慣例の発展に，一定の役割を果たしたと評価できるとするならば，たとえば，条約，議定書に規定された文書・記録の返還，引渡しを実行する際に，外交に関する文書について特別な取扱いを行った可能性も推定できるが，現在のところその事実を確認するすべはない．

　第3に，近代的な意味で公有財産と私有財産を区別し，その取扱いについてそれぞれ記した条項は，当然のことながら，ウェストファリア条約にはない．ただ，「公共もしくは個人の建物」（第47条），「公共もしくは個人の委託財産」（同），「すべての封臣，臣民，市民，住民（中略）の財産」（90条）などの表現で，

王や諸侯以外の身分に属する者を含む個人の不動産や動産の返還問題がとりあげられており，私的な財産について一定の認識が存在したことがうかがえる．しかし，文書・記録については，あくまで領土と一体的な，統治に関する（その意味で公的な）文書・記録に関心の中心が置かれており，王や諸侯等のものであれ，市民や住民のものであれ，統治と直接関わらない私的な文書・記録については，とくに言及が見られない．

　これに対し，パリ条約では，「戦争の過程において英国軍将兵の手に落ちた，すべての，当該州またはその市民に帰属するアーカイブズ，記録，証書，ならびに文書」を「それらが帰属する正当な州や個人」に返還すべきことを規定しており，公有財産と私有財産の取扱いを区別してはいないが，明らかに私的所有物としての文書・記録を対象に含めていることが注目される．

　ウィーン議定書が，相互に返還すべきものとして規定している，「調印国のいずれかのアーカイブズにおいて発見される［相手国の領有地域に関わる］文書，図面，地図，証書等」がどの範囲まで及ぶかは必ずしも明確ではないが，公的な文書・記録を中心にしながら，私有財産としての文書・記録も含まれる，と解釈するのが自然だろう．

2.3　第2期　1863年リーバー規則から1880年オックスフォード・マニュアルまで

2.3.1　リーバー規則（1863年）

（1）　概　　観

　「リーバー規則」ないし「リーバー法典」として知られる1863年の「陸戦における合衆国陸軍の統治規則」(Instructions for the Government of Armies of the United States in the Field) ("Lieber Code") は，世界最初の戦争に関する明文法とされる．アメリカ南北戦争の際，当時コロンビア大学教授であったフランシス・リーバー Francis Lieber が起草し，改訂ののち合衆国大統領リンカーンによって承認され，1863年4月24日，ワシントンで陸軍省事務局から一般命令第100号として公布された．リーバー規則は，それ自体は必ずしも国際法規とはいえないものの，戦争に関する法規としてかなり充実した内容を備えており，その後の戦時国際法の形成に極めて大きな影響を与えたといわれる．

たとえば，後述する 1923 年の「占領地におけるベロット戦争規則」(ベロット規則) を提案したロンドン大学のヒュー・H・ベロット Hugh H. Bellot 教授は，リーバー規則が早くは 1870 年独仏戦争（普仏戦争）の際にドイツ政府によって正式採用され，1874 年にはブリュッセル会議宣言の土台になったこと，またその後も数多くの国際的，国内的規則に影響を与えたと述べている．たとえばドイツ陸軍の「陸戦の慣例」(Kriegsbrauch im Land-Kriege) (The Usages of War on Land) (1902 年)，オランダの「陸戦の法規慣例」(Laws and Customs of War on Land) (1904 年)，ロシアと日本それぞれの国の戦地における軍隊規則類(1904 年)[32]，「英国軍事マニュアル」(1914 年)，「アメリカ合衆国陸戦規則」(1914 年) などである．そして，ベロット規則自体，主にハーグ陸戦条約，英国軍事マニュアル，アメリカ合衆国陸戦規則にもとづいており，その源流が，いずれもリーバー規則にあることを強調している[33]．

(2) 文書・記録に関する規定

リーバー規則の中には，文書・記録やアーカイブズに直接言及した箇所はないが，その取扱いと密接に関連すると考えられる条項は「セクションⅡ　敵の公有ならびに私有財産，個人とくに女性の保護と宗教・芸術・科学の保護，敵対国住民に対する犯罪の処罰」の中にいくつか存在する[34]．

まず，第 31 条で次のように定められている．

> 第 31 条　勝者側の軍隊は，自己政府によるさらなる指示があるまで，すべての公金を接収し，あらゆる公有動産を押収する．また，自らの利益あるいは自己政府の利益に資するため，敵対する政府または国に属するすべての不動産の収益を没収する．かかる不動産の地位は，軍事占領中は従来のまま凍結され，それは勝利が確定するまでとする．

---

32) 1904 年開戦の日露戦争における日露両国の複数の軍隊規則類を指していると考えられる．詳しくは本章補論 2 の「2. 第二次世界大戦期以前」で考察する．
33) "Laws of War in Occupied Territory", in: *The 35th International Law Association Report of Conference,* 1928, p. 99.
34) *Instructions for the Government of Armies of the United States in the Field* (*Lieber Code*), Washington, Government Printing Office, 1868（米国議会図書館デジタルコレクション）．

本条は,「自己政府によるさらなる指示があるまで」という限定付きながら,勝者側の軍隊が,相手側のすべての公金と公有動産を接収または押収すること,また,不動産についても,所有権は軍事占領中従来のまま凍結するものの,すべての収益を没収することを定めている.文章表現と他の条項との整合性を考えると,本条は,単に公金ならびに公有動産の接収または押収権と,公有不動産収益の没収権を認めただけでなく,むしろそうすることが原則である旨を規定したものと読み取ることができる[35].

本条でいう公有動産には,被占領側の公文書・記録やアーカイブズが含まれると解するのが自然であろう.ただ,公有動産の押収権の容認は,同時に没収まではできないことを含意していると思われるので,その点にも留意する必要がある.

注意すべきことは,第34条に次のような例外が設けられていることである.

> 第34条　一般規則として,教会,病院,その他もっぱら慈善的性格を有する施設,あるいは,公立学校・大学・学術研究機関であれ,天文台や美術館であれ,教育のための施設または知識振興に資する組織,あるいは学術的性格を有する機関――以上のような機関に属する財産は,第31条にいう公有財産とはみなさないものとする.ただし公共サービス上必要な場合は,これらに課税をし,またはこれらを使用することができる.

ここでは,宗教,医療,福祉,学術,教育,文化等に関わる施設や組織の財産は,第31条にいう公有財産とはみなされず,勝者側軍隊による押収の対象外になることが規定されている.したがって,これらの施設や組織が保管する文書・記録類は,たとえ公的な性格のものであっても,原則として押収を免れ

---

[35]　一般に「押収」は所有権の剥奪を伴わない一時的な占有,「没収」は所有権の剥奪を伴う強制的な取得をいう.後者の類義語として「徴発」があるが,原則として代価が支払われる.「接収」は「押収」と同義に使われる場合もあるが,所有権の処分が未決の場合の,あるいは「押収」「没収」両方を包含する,より一般的な用語として用いられる場合が多い.「捕獲」も資産や物件の強制的な取得を意味する一般的な用語で,戦場におけるそれを「鹵獲」ということもある.海上における船舶等の捕獲は「拿捕」と呼ばれる.英語との対応は原則として,'seizure' を「押収」,'confiscation','sequester' または 'take possession' を「没収」,'requisition' を「徴発」,'appropriation' を「接収」,'capture' を「捕獲」としたが,英語自体の使用法が統一されていないこともあり,訳語は必ずしも厳密ではない.

る，ということになる．ただし公共サービスに必要な場合は「使用」が認められているので，公文書については，公共サービスに必要なものと判断されて，本条の例外規定が適用されない場合もありうることが推定される．

　宗教，医療，福祉，学術，教育，文化等に関わる施設や組織の財産が，公有財産とみなされないとすれば，これらは事実上私有財産として扱われることになる．私有財産については，第37条，第38条で，次のように規定されている．

> 第37条　合衆国は，合衆国により占領された敵対国において，宗教と道徳，厳密に私的な財産，居住民の個々人，とくに婦人，ならびに家族間関係の神聖性を尊重し，保護する．これに反する罪は，厳しく罰せられるものとする．この規定は，勝者たる侵入者が人民や財産に課税し，強制融資を徴収し，兵士を［民家等に］宿営させる権利，あるいは，一時的な軍の使用のために，財産，とくに家屋，土地，ボートまたは船舶，ならびに教会を接収する権利を妨げるものではない．
>
> 第38条　私有財産については，所有者の犯罪や違法行為によって財産権が失効していない限り，陸軍または合衆国の支援その他の利益に資するため，もっぱら軍事上必要なこととしてのみ，これを押収することができる．もし所有者が逃亡して不在の場合，司令官は領収書を発行し，財産を奪われた所有者が損害賠償を受ける際に役立てるものとする．

　この2か条から，私有財産の押収は，軍事上必要な場合を除き，原則として禁止されていることがわかる．この規定は，第31条にいう宗教，医療，福祉，学術，教育，文化等に関わる施設や組織の財産（アーカイブズ等の文書・記録類を含め）にも適用されることになる．

　一方，学術的・文化的な資財については，以上とは別に，次のような規定があり，アーカイブズ等の文書・記録類も対象に含まれる可能性がある．

> 第35条　古典美術作品，図書館蔵書，学術コレクション，あるいは天体観測望遠鏡のような高価な機器，ならびに病院等は，攻囲または砲撃中の武装地域内にあるときであっても，回避可能なあらゆる損害から守られなければならない．

第36条　もし，敵対する国または政府に属する，そのような美術品，図書，コレクション，機器などが，損害なく移動可能な場合には，勝者側の州または国の支配者は，当該国の利益に資するため，これらのものの押収と移動を命じることができる．その最終的な所有権は，確定された平和条約によって決着すべきものとする．なお，これらのものは，合衆国軍隊に捕獲されたならば，いかなる場合であっても，売却あるいは譲渡されてはならず，また決して私的に着服されたり，理不尽に破壊または傷つけられたりしてはならない．

　第35条は，美術品，図書，学術コレクション，学術機器，病院等の戦闘中における保護義務を定めたもの，第36条は，これら美術品，図書，学術コレクション，学術機器等の押収と移動を認めたものである．第36条は，第31条，第34条の私有財産押収禁止規定と矛盾するように見えるが，第35条と合わせ考えると，ここで認められている押収と移動は，あくまで第35条が求める，戦闘などによる被害を回避するための非常措置としての押収と移動である，と解釈できるのではないか．同条の後半で，所有権の凍結や，売却，譲渡，私物化などの禁止が規定されているのも，その反映ではないかと考える．
　以上のほか，第44条で個人に対する非道な暴力行為とともに，すべての略奪行為が禁止されている点も重要である．また次の条項にも留意しておきたい．

第118条　攻囲側交戦国は，時に被囲側に対して，美術品コレクション，科学博物館，天文観測所，貴重図書資料などの損害をできるだけ回避するため，それらが入っている建物を表示するよう求めてきた．

　以上，リーバー規則における文書・記録に関係があると考えられる規定の主なポイントをまとめると次の4点になろう．

　①公有動産の押収権と公有不動産の収益没収権
　②私有財産の押収の原則禁止と限定的押収権
　③宗教・慈善・学術・文化施設財産の押収の原則禁止
　④芸術・学術・文化資源の保護と標識表示義務ならびに非常時押収の容認

(3) 歴史的背景と特徴

リーバー規則には，起草者フランシス・リーバーの経験や，学問的，思想的背景が色濃く反映していると考えられる．

フランシス・リーバーは，1800 年 3 月 18 日にベルリンで生まれたとされ，ナポレオン軍占領下のベルリンにあって，ナショナリストの家族のもとで育った[36]．ワーテルローの戦いに従軍して負傷．退院後，ベルリン大学に入学し，シュライエルマッハー，フンボルト，フィヒテらの自由主義に影響を受けるが，ウィーン体制下でのブルシェンシャフト（学生同盟）弾圧により 1820 年にイエナ大学に移る．その後，ギリシャ独立運動への参加，ローマ滞在，ドイツ帰国と投獄などの体験を経て 1826 年に英国へ亡命．翌 1827 年にはアメリカに移住してボストンで体育教師となる．1832 年に帰化して，ニューヨーク，フィラデルフィアと移り住み，その間，ドイツ新聞の通信員や『エンサイクロピディア・アメリカーナ』の編集者をつとめて執筆活動に力を入れるようになり，『行刑制度について』（1833 年），『教育と犯罪の関係に関する論究』（1835 年），『アメリカの外国人』（1835 年）を刊行した．

1835 年 6 月，リーバーは，サウス・カロライナ大学に「政治経済学と歴史学の教授」として赴任．就任講演において，「『実践的道徳』としての歴史学教育の必要と意義や資料を基礎とした政治現象の因果的説明の必要性を指摘し」[37]，やがて，極めて広瀚な資料収集によった『法と政治の解釈学』（1837 年），『政治倫理学要論』（全 2 巻，1838-39 年）や『財産と労働論』（1841 年），『市民的自由と自治論』（1853 年）など多数の著作を発表していく．『政治倫理学要論』や『市民的自由と自治論』は，後にアメリカ最初の政治学的論述と位置づけられている．

南北対立が表面化すると，リーバーは現実政治との関わりを重視した研究を展開．南北戦争の危機が切迫すると，連邦国家の統一と奴隷制の廃止を鮮明に主張する．1858 年にはコロンビア大学に移り，歴史学・政治学教授をつとめた．1861-65 年の南北戦争でリーバーは北部支持を明確にするが，3 人の息子が従

---

36) 以下，中谷義和「草創期のアメリカ政治学――F・リーバーの政治論」（『立命館法学』245 号，1996 年 6 月），115-119 頁（「略伝」）による（中谷義和『草創期のアメリカ政治学』ミネルヴァ書房，2002 年，収録）．

37) 同上 117 頁．

軍し，長男は南軍に加わって負傷するという苦境を味わう．この戦争を機にリーバーは，「諸国民の世界的社会関係の模索へと向かい，戦時国際法を含む国際法・国家間関係への関心を強くする」．そして，陸軍省の「戦時法制定部」の求めに応じて『ゲリラ隊と戦時の法・慣例との関係』（1862 年）と『陸戦における合衆国陸軍の統治規則』（1863 年）を作成するに至るのである．

以上のようなリーバーの経歴や思想的・学問的特徴を見ると，「陸戦における合衆国陸軍の統治規則」の自由主義的，人道主義的な性格，とりわけ「セクション II」に明記されている私有財産や個人とくに女性の保護，また宗教・芸術・科学の尊重や，敵対国住民に対する保護姿勢などの背景が理解できる．その際，さらに留意したいことは，第 1 にリーバーが 19 世紀以前のヨーロッパならびにアメリカの歴史，とりわけ戦争や国際関係の歴史について，自らの体験に深く根ざした部分を含め，極めて高い関心を持っていたであろうこと，第 2 に，彼が常に資料を重視し，資料収集を徹底して行う実証主義的な研究姿勢を持っていたと考えられることである．この 2 点からいっても，リーバーが戦時国際法をはじめとする国際法に関心を寄せてリーバー規則を起草するにあたり，ウェストファリア条約，パリ条約，ウィーン議定書などを中心とする欧米の先例条約を詳細に検討・分析したであろうことは想像に難くない．

一方，リーバー規則が「古典美術作品，図書館蔵書，学術コレクション」の保護について述べているにもかかわらず，文書・記録やアーカイブズについてとくに言及がないのは，当時のアメリカにおけるアーカイブズ状況を反映していると考えられる．

リチャード・バーナー Richard Berner によれば，19 世紀のアメリカでは，公文書，民間資料を問わず，歴史的価値があるとされた文書・記録は，「歴史的古文書」（historical manuscripts）として図書館や地域の歴史協会に移管されたり，個人のコレクターによって収集されたりすることが多く，組織記録としてのアーカイブズというとらえ方は，まだ希薄であった．ヨーロッパから近代的なアーカイブズ学の理論と整理技法が伝えられ，専門施設としてのアーカイブズや専門職としてのアーキビストが一定の地位を得るには，20 世紀を待たなければならなかったのである[38]．

2.3.2 ブリュッセル会議宣言（1874 年）

(1) 概　　観

次に，「ブリュッセル会議宣言」として知られる「戦争の法規慣例に関する国際条約案」(Project of an International Declaration concerning the Laws and Customs of War)("Declaration of Conference of Brussels") を検討する．この会議は，ロシア皇帝アレクサンドル 2 世の主導により，アンリ・デュナン Jean-Henri Dunant が中心となって 1874 年 7 月 27 日から 8 月 27 日まで開催されたもので，ヨーロッパの 15 か国が参加した．宣言は，ブリュッセル会議のドイツ代表で，フランシス・リーバーとの交流があり，国際法学会設立メンバーのひとりでもあったブランチリ Bluntschli 教授によって起草されたが，参加 15 か国全部の承認を受けるには至らなかったため，条約案という形での採択になった．しかし，ブリュッセル会議宣言は近代戦争法の基本的な要素をほぼ網羅しているとされ，1880 年に国際法学会がブリュッセル会議宣言を土台にして作成，提案した「陸戦の法規慣例（オックスフォード・マニュアル）」とともに，1899 年ならびに 1907 年ハーグ陸戦条約の具体的な下敷きになったと，高く評価されている．

(2) 文書・記録に関する規定

ブリュッセル会議宣言の場合も，記録やアーカイブズについて明確に言及した条項はないが，公私の記録やアーカイブズが視野に入っていたとみなされる条項がある[39]．

以下，リーバー規則と比較するため，同規則の要点としてあげた 4 点の特徴に沿って柱を立て，順に見ていくことにしたい．

---

38) 大藤修・安藤正人『史料保存と文書館学』（吉川弘文館，1986 年），153-154 頁．原著は Richard C. Berner, *Archival Theory and Practice in the United States: A Historical Analysis*（University of Washington Press, 1983）；坂口貴弘『アーカイブズと文書管理——米国型記録管理システムの形成と日本』（勉誠出版，2016 年），116-120 頁．なお，州政府が公立のアーカイブズ機関を設置した最も早い例としては，1901 年のアラバマ州，1902 年のミシシッピー州などがあるが，国民国家統合の象徴として，さらにはその基礎として国立公文書館が設置されたのは，さらに遅く 1934 年であった（川島洋平「国民国家の形成と国立公文書館——アメリカ合衆国の場合」，前掲歴史人類学会編『国民国家とアーカイブズ』，158-162 頁，など）．

39) "Project of an International Declaration concerning the Laws and Customs of War. Brussels, 27 August 1874"（赤十字国際委員会 Legal Tools Database）．

①国有財産の押収・没収

まず,「敵国領域における軍の権限」(第1-8条)の第6条,第7条で以下のように規定される.

> 第6条　占領軍は,厳密に国の財産である現金,基金,有価証券,ならびに,武器庫,輸送手段,倉庫および物資,その他一般に,国に属するものであって戦争の作戦行動に使用可能な一切の動産に限り,これを没収することができる．鉄道設備,地上電信装置,海上法の範囲に属さない汽船その他の船舶,ならびに武器庫,および一般にあらゆる種類の軍需品は,企業または個人の所有に属するものであっても,軍事作戦の用に供しうるものであり,占領軍が敵の処分に任せることができないものとみなされる．鉄道設備,地上電信装置,ならびに上記の汽船その他の船舶は,講和達成時にはこれを返却し,かつ損害賠償の途を講ずるものとする.
>
> 第7条　占領国は,敵対国に属しかつ占領地内に所在する公共建築物,不動産,森林および農作地に対し,もっぱらその管理者ならびに用益権者としてのみ扱われるものとする．占領国はこれらの財産の基金を保障し,用益権の規則に従ってこれを管理しなければならない.

第6条は,敵国内の財産の取扱いについて定めているが,前半で「厳密に国の財産である」現金等と,作戦行動に使用可能な「国に属する」動産を「没収」[40]できるとしている点が特徴的である．リーバー規則が南北戦争に際して作られた,その意味では国内法規の範囲にとどまっていたのに対し,ブリュッセル会議宣言は複数の国家が関与した初の本格的な国際戦争法案であり,その立場からリーバー法規の「公有財産」に代えて,「国の財産」という表現が採用されたと考えられる．さらに,リーバー法規が認めていたのは公有財産の一時的押収権であったのに対し,ブリュッセル会議宣言第6条では「作戦行動に使用可能な」という条件を新たに設けた上で,国有動産の没収が認められていると解釈でき,大きな変化である．文書・記録に関する記述はないが,軍事情

---

40)　英語原文は take possession.「没収」と訳した理由については,後掲注44を見よ.

報を含む文書・記録を「作戦行動に使用可能な」動産とみなし没収の対象とすることは，十分に想定されていたのではないかと推測される．ただ一般の行政文書など，「作戦行動に使用可能」という認定が難しい国有動産の問題が残る．それについては明記されていないが，没収ができないとしても，リーバー規則が認めていた押収権は容認されていると考えるのが自然ではないか．

　第6条後半では，「鉄道設備，地上電信装置，海上法の範囲に属さない汽船その他の船舶，ならびに武器庫，および一般にあらゆる種類の軍需品」は，企業または個人の私有財産であっても押収できることを定めている．リーバー規則第38条が認めていた私有財産の限定的押収権を確認したものであろう．

　また第7条は，敵国国有不動産について用益権のみがあることを述べたもので，これもリーバー規則第31条の，敵側不動産の所有権を凍結し，戦勝国には収益の没収のみを認めるという考え方にならっている．

　このように，ブリュッセル会議宣言は，基本的にリーバー規則の考え方を土台にしつつ，国有動産について，その限定的没収権を認定した点に大きな特徴があり，その後の国際法に影響を与えたと考える．

②宗教・慈善・学術・文化施設財産の押収・没収
　次に，第8条は次のようにいう．

> 第8条　自治体の財産および宗教，慈善，ならびに教育，芸術，学術の用に供せられる施設の財産は，国家の財産であっても私有財産として取り扱うものとする．
> これらの性格を有する施設や，歴史的記念物，芸術ならびに学術成果物に対する押収や破壊，または故意の損壊については，管轄権者により法的な訴追を受けるべきものとする．

　この条項はリーバー規則第34条とほぼ同趣旨で，宗教や文化施設等の財産は，国有財産であっても私有財産として扱うとしている．これにより，後掲第38条の私有財産没収禁止原則が本条に適用されると解釈できる．その上でさらに，当該施設や歴史的記念物，芸術・学術成果物については，没収はもとより押収や破壊行為も禁止され，訴追規定を設けている．これにはアーカイブズ機

関やそこに保存されているアーカイブズ資料も含まれると考えてよいだろう．

リーバー規則第34条になかった「自治体の財産」が含まれているのは，第6条で国有財産という範疇が明示されたことに伴う措置と考えられるが，第8条に挿入された理由は，当時の「自治体」概念とあわせ，検討の必要がある．

③私有財産の押収・没収

リーバー規則では，第37条，第38条で私有財産の押収を原則として禁止する規定が比較的詳細に記述されていたが，ブリュッセル会議宣言では，「敵に対する加害手段」（第12-14条）の中の第13条で，敵に対しとくに禁止される行為のひとつとして「(g) 戦争遂行上緊急の必要性がないにもかかわらず敵財産を破壊または押収するあらゆる行為」と規定した上で，さらに第38条，第39条で次のように記している．

> 第38条　家族の名誉と権利，人々の生命と財産，ならびに彼らの宗教上の信念と行為は尊重されなければならない．私有財産は没収することができない．
> 第39条　略奪は正規に禁止される．

第38条で「没収」（confiscate）という表現が使われているのは，限定的押収容認の余地を残すためと推定されるが，前掲第8条の，宗教や文化施設等の財産を私有財産とみなす規定と連動しており，重要である．

④芸術・学術・文化資源の保護と標識表示

この点について，ブリュッセル会議宣言では，「攻囲と砲撃」（第15-18条）の第17条で，次のように定めている．

> 第17条　上記のような場合［第16条にいう防備都市等への攻撃＝筆者］にあっては，芸術・学術・慈善等の目的のために作られた建物，ならびに病院や傷病者が集置されている場所が，その時点で軍事目的に使用されていない限り，それらへの攻撃をできるだけ回避するため，あらゆる必要な手段が講じられなければならない．包囲された側は，あらかじめ敵側

に通知した判別・視認の容易な標識をもって，そのような建物の所在を明示する義務を負う．

　この規定は，基本的にリーバー規則第 35 条ならびに第 118 条の考え方を踏襲している．ただし，リーバー規則第 36 条で認められていた，美術品，図書，学術コレクション，学術機器等の保護を目的とした臨時的な押収と移動については，とくにそのことを明記した条項はなく，第 18 条で「急襲により陥落した市街を勝者側軍隊の略奪に任せてはならない」とあるのみである．
　以上から，文書・記録に関連すると考えられるブリュッセル会議宣言の規定は，基本的な考え方はリーバー規則のそれを踏襲しているといえるものの，作戦行動に使用される可能性のある国有動産の没収を認めた第 6 条が文書・記録に適用されるとすれば，占領軍は占領地における軍事関係文書の獲得について，強力な権限を付与されたことになる．一方で，第 8 条の学術文化施設等財産の押収・破壊禁止条項は，文化施設としてのアーカイブズとアーカイブズ資料に対しては，戦時における不可侵性の強い裏付けになったと考えられる．

2.3.3　オックスフォード・マニュアル（1880 年）

(1)　概　　観
　「国際法学会」（The Institute of International Law）は，国際法の発展のため 1873 年に創立された．翌 1874 年，委員会を設置して同年公表されたブリュッセル会議宣言の検討を開始，同宣言をもとに「陸戦の法規慣例（オックスフォード・マニュアル）」（Laws of War on Land）（"Oxford Manual"）を作成し，1880 年の総会において全会一致で採択した[41]．起草者はアンリ・デュナンの跡を継いで赤十字国際委員会の 2 代目総裁となったギュスターヴ・モアニエ Gustave Moynier である．
　「陸戦の法規慣例（オックスフォード・マニュアル）」は，序文において，人類の歴史の中で戦争は不可避だとしても，文明国は，人間の良心や正義感にもとづいて徐々に醸成されてきた慣例を，戦争遂行上に反映させることが求められ

---

41)　The Laws of War on Land. Oxford, 9 September 1880（赤十字国際委員会 Treaties, States Parties and Commentaries データベース）．

るとし，同じ観点から戦争慣例を文章化して各国政府に義務づけようと試みたブリュッセル会議宣言を高く評価している．その上で，ブリュッセル会議宣言がすべての参加国の批准を得られず，必ずしも効果を上げていないように見えるにもかかわらず，同様の試みを行う理由を，「1874年以来，反響や経験にも助けられて，考え方が成熟する時間があったし，すべての人々に受け入れられるような法規を追い求めることの困難さが当時よりも減じていると思えるからである」と記している．しかしながら，国際条約を提案するには時機尚早であり，代わりに各政府に対し，各国における国内法の土台として適切な「マニュアル」を提供することによって，国際法学会の役割を果たしたいとしている．そして「マニュアル」のねらいは，「早急で極端な法規を作ろうというのではなく」，「今の時代に受容されている考え方を，許容かつ実用可能と思える限りにおいて，明確に述べ成文化すること」であるとし，それによって「（戦闘に付き物の）激情や野蛮な本能の発散を防ぎ」，「軍隊に人権尊重にもとづく限界を守らせること」ができれば，結果的に「軍隊の愛国的任務を高揚させることにもなり」，交戦国の利益に資する，と述べている．

(2) 文書・記録に関する規定

ここでも，リーバー規則の主要なポイントとしてあげた4点に沿って検討を進めたい．項目の順番は，条目番号の順によっている．

①芸術・学術・文化資源の保護と標識表示

オックスフォード・マニュアルは，第1部「一般原則」，第2部「一般原則の適用」，第3部「処罰制裁」の3部に分かれている．まず，第2部のI「戦闘」B「事物に関する実行規則」(a)「加害の手段——砲撃」という項目を見ると，次のようにある．

　第32条　以下のことは禁止される．
　　(a) 突撃により陥落した都市であっても略奪を行うこと
　　(b) 戦争上不可避的な必要性により行ったものでない公有ならびに私有財産の破壊
　(以下略)

第34条　砲撃を行う場合は，宗教・芸術・学術・慈善等の目的のために作られた建物，ならびに病院や傷病者が集置されている場所が，その時点で直接的または間接的に防衛のために利用されていない限り，もしそうすることができるならば，それらへの攻撃を回避するよう，あらゆる必要な手段が講じられなければならない．包囲された側は，あらかじめ攻撃側に通知した視認の容易な標識をもって，そのような建物の所在を明示する義務を負う．

上記の箇条は，ブリュッセル会議宣言第17条をほぼそのまま踏襲している．次いで，同じ第2部のII「被占領地域」C「財産に関する実行規則」では，(a)「公有財産」と (b)「私有財産」に分けて，占領地での財産取扱いについて規定している．

②国有財産の押収・没収と宗教・慈善・学術・文化施設財産の押収
　まず (a)「公有財産」(第50-53条) では，項目全体の説明文で占領地における占領者の権力が暫定的なものであるという原則を述べた上で，次のように規定する．

第50条　占領者は，厳密に国有財産である現金，基金，現金化または交渉可能な証券，ならびに武器庫，物資，その他一般に，軍事作戦に有用な性格を持つ国有の動産に限り，これを没収することができる．

第51条　輸送手段 (鉄道，船など)，ならびに地上電信装置と地上ケーブルは，占領者の使用目的に限り接収できる．軍事上の必要による要請がない限り，それらを破壊することは禁じられる．講和達成時にはこれらのものは，そのときの状態で返却される．

第52条　占領者は，敵対国に属する建物，森林および農作地などの不動産に関し，もっぱらその一時的な管理者としての範囲内でのみ活動することができる．占領者はこれらの財産の基金を保障し，その維持管理に意を用いなければならない．

第53条　自治体の財産および宗教，慈善，教育，芸術，ならびに学術の用に供せられる施設の財産は，押収できない．

これらの性格を有する施設や，歴史的記念物，アーカイブズ，芸術ならびに学術成果物に対する破壊や故意の損壊は，軍事上の必要による緊急の要求がない限り，正規に禁止される．

　上記のうち，第50条と第51条は，ブリュッセル会議宣言第6条に，第52条は同会議宣言第7条に，また第53条は同会議宣言第8条にそれぞれ内容が類似している．したがって，第50-53条は「公有財産」という項目にまとめられているが，国有財産の取扱いが中心であり，第53条に自治体の財産が含まれていることにより，全体として「公有財産」という項目名になっていると考えられる．要するに，オックスフォード・マニュアルは，ブリュッセル会議宣言がリーバー規則の「公有動産の押収権」を一歩進めて「国有動産の没収権」を認めた点を，そのまま容認したということである．

　注目されるのは，第53条において，破壊や故意の損壊が禁じられる対象として，ブリュッセル会議宣言第8条にはなかった「アーカイブズ」ということばが加わっている点である．この「アーカイブズ」は，「歴史的記念物」「芸術ならびに学術成果物」と並列的に記されていることから，施設としてのアーカイブズではなく，歴史資料，文化財としてのアーカイブズを意味しているとも考えられるが，その点はそれほど重要ではない．「アーカイブズ」ということばは，先に見たように1783年のパリ条約や1815年のウィーン議定書に現れているが，戦時国際法の一般的な条項の中で使用されたのはおそらくオックスフォード・マニュアルが最初であり，アーカイブズが人類の文化遺産の重要な一部をなすものであるとの認識が国際法上広く共有されてきたことの表れといえよう．

　もう一点，上記の第53条がブリュッセル会議宣言第8条と異なるのは，ブリュッセル会議宣言第8条が自治体の財産および宗教，慈善，ならびに教育，芸術，学術の用に供せられる施設の財産を「国家の財産であっても私有財産として取り扱うものとする」という間接的表現で，没収を一般的に禁じていたのに対し，オックスフォード・マニュアル第53条では，これらの施設を「公有財産」の項目で扱い，私有財産として取り扱うと記すことなく，直接的にその押収を禁じている点である．これは，これらの施設の財産が全体として公共的性格を有しているという認識を示しているといえるが，後のハーグ陸戦条約で

は，再びブリュッセル会議宣言と同様の表現に戻っているので，あくまでもオックスフォード・マニュアル独自の特徴だと思われる．

③私有財産の押収・没収

オックスフォード・マニュアルの特徴は，第2部のⅡ「被占領地域」C「財産に関する実行規則」(a)「公有財産」のあとに，単独で (b)「私有財産」(第54-60条) の項目が設けられていることである．ブリュッセル会議宣言が，いくつかの箇条において国有財産と私有財産の問題を混在させていたため，結果的に私有財産の取扱い規定に一部わかりにくい点が生じていたのを，項目を分けることによって明確化しようとしたものであろう．

「私有財産」の項では，前文で「占領者の敵国国有財産に関する権限が制限されるのであれば，個人の財産に対する制限にはより大きい理由がある」という原則を述べた後，第54条で次のような基本規定を定めている．

> 第54条　私有財産は，個人または企業のいずれに属するものであろうと，尊重されなければならず，以下の条項に含まれる制限のもとでのみ没収することができる．

ここで「以下の条項」とあるのは，第55条，第56条のことだと思われる．

> 第55条　輸送手段（鉄道，船など），電信，武器や軍需物資の貯蔵庫などは，企業または個人に属するものであっても，占領者により押収することが許されるが，講和達成時には可能ならばこれを返却し，損害賠償がなされなければならない．
> 第56条　コミュニティまたは個人からの，現物による強制負担（徴発）を要するときは，一般に認められた戦争上必要な範囲にとどめ，かつその国の資源に応じたものとしなければならない．徴発は，その地域の司令官の権限にもとづいてのみ行われなければならない．

第55条は，第51条のくり返しになっているが，講和時に返却を予定される施設の押収権について定め，第56条は「コミュニティまたは個人からの，現

物による強制負担（徴発）」について記している．後者はブリュッセル会議宣言になかった新しい規定である．第54条は，これらをもって私有財産を没収できる例外としているのであるが，第55条，第56条は押収と徴発に関する規定なので，没収ということばを使っていることにはやや疑問が残る．

以上のように，箇条構成や文章表現に変更が見られるものの，ブリュッセル会議宣言が提示した私有財産の押収・没収原則に関する考え方は，基本的にオックスフォード・マニュアルにおいても貫かれているということができる．

2.3.4 小　括

1863年リーバー規則から1880年オックスフォード・マニュアルまでの第2期は，短い期間ではあるが，戦時国際法が従来の国際慣例から成文国際法として形を整えてくる重要な時期であった．とくに端緒をなしたリーバー規則がもたらした影響には，1923年にベロット規則を提案したベロット教授がいうように，極めて大きいものがあったと考える．本節では，第2期のポイントが，①公有財産の限定的押収権の認定（ブリュッセル会議宣言以降は押収ないし没収権），②私有財産の没収の原則禁止と限定的押収権の認定，③宗教・慈善・学術・文化施設財産の押収の原則禁止，④芸術・学術・文化資源の保護と標識表示義務，の4点にあることを指摘した．とりわけ，宗教，医療，福祉，学術，教育，文化等に関わる施設への攻撃や財産押収行為の禁止ないし制限は，20世紀の戦時国際法において，重要な柱のひとつとなっていく原則であるが，リーバー規則で「一般規則」としてそれが明確に示されていることは刮目に値する．

ブリュッセル会議宣言と，基本的にそれを踏襲して作成されたオックスフォード・マニュアルは，リーバー規則の考え方を国際戦争法の形に発展させていく第一歩となったが，ここでは交戦相手国の戦争目的に使用される国有動産について，没収権を認定したことが大きな変化であった．

文書・記録やアーカイブズについていえば，公有・国有動産または私有動産の一部として，あるいは学術文化資源の構成要素としてとらえる考え方はあったと思うが，それを条文に明記しようという認識は一般に希薄であったといわざるを得ない．その意味で，オックスフォード・マニュアルが第53条で，破壊行為の禁止対象のひとつとして「アーカイブズ」をあげていることは画期的であった．その点は，次の第3期にどう受け継がれていくのであろうか．

2.4　第3期　1899年/1907年ハーグ陸戦条約から1943年ロンドン宣言まで

2.4.1　ハーグ陸戦条約（1899/1907年）

（1）　概　　観

　1899年，オランダのハーグで，ロシア皇帝ニコライ2世の提唱により，日本や清国を含む26か国が参加して「第1回万国平和会議」が開催された．この会議では3つの国際条約と3つの宣言が採択された．その第2条約として締結されたのが，「ハーグ陸戦条約」として知られる「陸戦ノ法規慣例ニ関スル条約」ならびに同附属書「陸戦ノ法規慣例ニ関スル規則」である．次いで，1907年に同じくハーグで「第2回万国平和会議」が開催され，13の国際条約と1つの宣言が締結された．このとき，1899年のハーグ陸戦条約は改定されて第4条約「陸戦ノ法規慣例ニ関スル条約」（[Hague] Convention IV respecting the Laws and Customs of War on Land）ならびに附属書「陸戦ノ法規慣例ニ関スル規則」（[Hague] Regulation concerning the Laws and Customs of War on Land）となった[42]．この1907年のハーグ陸戦条約は，戦争に関する国際慣習法を集大成したといえるもので，戦時国際法の歴史において，いわば陸戦法規の法典とみなされている．

（2）　文書・記録に関する規定

　1899年と1907年のハーグ陸戦条約の具体的な取決め事項は，いずれも附属書「陸戦ノ法規慣例ニ関スル規則」の中に記載されている．その土台は，リーバー規則とブリュッセル会議宣言，ならびにオックスフォード・マニュアルにあるので，ここでもリーバー規則の特徴としてあげた4つのポイントに沿って見ていきたい．また，以下でとりあげる文書・記録に関係する条項についていうと，1899年ハーグ陸戦条約の条文は，ブリュッセル会議宣言の条文をほぼそのまま踏襲しており，1907年ハーグ陸戦条約の方も，1899年条約の条文とほとんど変わりがないか，ごく部分的な改定にとどまっている．以下の条文引用は，1907年ハーグ陸戦条約によるものである[43]．

---

42)　赤十字国際委員会の Treaties, States Parties and Commentaries データベースを利用した．
43)　条文は筆者の仮訳だが外務省条約データベースの日本語訳を参考にした．

①国有財産の押収・没収

これについては，附属書第53条ならびに第55条に次のように定める．

> 第53条　占領軍は，厳密に国有財産である現金，基金および有価証券，ならびに武器庫，輸送手段，倉庫および物資，その他一般に，戦争の作戦行動に使用可能なものであって国に属する一切の動産に限り，これを没収[44]することができる．
> 　陸上，海上または空中のいずれかを問わず，海上法の適用を受ける場合を除く通知の伝送や人または物の輸送の用に供せられる一切の施設，ならびに武器庫および一般にあらゆる種類の軍需品は，民間個人に属するものであっても，押収することができる．ただし講和達成時にはこれを返還し，かつ賠償がなされるものとする．
> 第55条　占領国は，敵対国に属しかつ占領地内に所在する公共建築物，不動産，森林および農作地に対し，もっぱらその管理者ならびに用益権者としてのみ扱われるものとする．占領国はこれらの財産の基金を保障し，用益権の規則に従ってこれを管理しなければならない．

第53条は，敵国国有動産の没収権と私有動産の押収権について定めたもの，また第55条は，占領地内に存する不動産の管理・用益権を認めたものである．それぞれブリュッセル会議宣言第6条，第7条が下敷きになっている．

第53条には，リーバー規則やブリュッセル会議宣言の場合と同じく，文書や記録への言及がないが，没収の対象となる「戦争の作戦行動に使用可能なものであって国に属する一切の動産」には，この場合も軍事関係文書が含まれると解釈できよう．そのことは同時に，ブリュッセル会議宣言の場合と同様，「戦争の作戦行動に使用可能なもの」以外の，一般文書を含む国有動産につい

---

44)　英語原文は"take possession". 外務省条約データベースの日本語訳は「押収」だが，本条後半の「押収」（seize）との区別が必要なこと，1944年11月6日の米国国務省文書（注45参照）がこれを「没収」"confiscate"と解釈していること（本章後述），1923年ベロット規則第41条が同趣旨の規定を「占領者の財産となる」（become the property of the occupier）と言い換えていること（本章後述），さらに日本の外務省記録にもこれを「没収」と理解しているものがあること（たとえば1942年5月の「在漢口日本総領事館報告書」．本書第1章補論2，172頁参照）などから，「没収」と訳すのが適当と考えた．なお本章注35を参照のこと．

ては，没収権はないが押収権と使用権は認められているという解釈を可能にする．実際，第二次世界大戦末期になるが，日本敗戦後の日本アーカイブズの押収方針を検討した米国国務省は，1944年11月6日付の「極東：アーカイブズの取扱い」と題する政策文書の中で，上記のハーグ陸戦条約附属書第53条と後掲の第56条に言及し，「敵国が自国領内で保有している，外務省や陸海軍省などの政府アーカイブズや自治体アーカイブズは，敵国公有財産の一タイプであり，軍事占領者はこれを没収することはできないが，行政目的に使用することが許される」としている[45]．かかる非軍事的公有財産の押収権・使用権は，リーバー規則以来容認されてきたところであり，条文にその旨明記されなくても，上記第53条のような表現の中に含意されているものとして了解されてきたのだろう．

②私有財産の押収・没収

私有財産については，第46条，第47条に次のように記されている．

> 第46条　家族の名誉と権利，人々の生命と私有財産，ならびに宗教上の信念と行為は尊重されなければならない．私有財産は没収できない．
> 第47条　略奪は正規に禁止される．

この2か条はブリュッセル会議宣言第38条，第39条を踏襲している．ただし，前掲第53条で「通知の伝送や人または物の輸送の用に供せられる一切の施設，ならびに武器庫および一般にあらゆる種類の軍需品は，民間個人に属するものであっても，押収することができる」とされており，私有財産について条件付き押収が認められている．民間企業や個人の財産に含まれる図書や記録，アーカイブズを，第53条にいう軍需品と解釈できるかどうかは難しい問題である．軍需工場の文書や軍人の個人記録は別として，一般には企業や個人の文書，記録を軍需品として位置づけるのは困難である．その場合は第46条により没収が禁止されることはもとより，第53条の解釈から，押収することも許

45）"The Far East: Treatment of Archives, PWC297a, of 6.11.1944"（Note（12），（13）），in: General Records of the Department of State, Records Relating to Miscellaneous Policy Committee 1940-1945, Box 141-144（RG59）（米国国立公文書館）．本書第2巻第6章参照．

されなかったと考えるのが妥当であろう．しかし実際には，第一次世界大戦期ならびに第二次世界大戦期の占領地において，非軍事的な民間記録の押収や没収が頻発しており，ハーグ陸戦条約の私有財産取扱い規定が機能していないように見える．具体的事例を検証する必要がある．

③宗教・慈善・学術・文化施設財産の押収
　同じく附属書第56条によれば，

> 第56条　自治体の財産および宗教，慈善，ならびに教育，芸術，学術の用に供せられる施設の財産は，国家の財産であっても私有財産として取り扱うものとする．
> これらの性格を有する施設や，歴史的記念物，芸術ならびに学術成果物に対する押収や破壊，または故意の損壊については，これを禁止し，法的な訴追を受けるべきものとする．

とある．この条文も，リーバー規則第34条，ブリュッセル会議宣言第8条ならびにオックスフォード・マニュアル第53条の規定とほとんど同じである．これにより，自治体，宗教・慈善・学術・文化施設等の財産ならびに文化財の押収禁止原則が，国際法上確固としたものになったということができる．ただし，仮に軍事仕様が認定された場合は，第53条の例外規定が適用される可能性が残るので，注意が必要である．

④芸術・学術・文化資源の保護と標識表示
　これについての定めは附属書第27条にある．

> 第27条　攻囲および砲撃にあたっては，宗教，芸術・学術・慈善等の目的のために作られた建物，歴史的記念物，ならびに病院や傷病者が集置されている場所が，その時点で軍事目的に使用されていない限り，それらへの攻撃をできるだけ回避するため，あらゆる必要な手段が講じられなければならない．包囲された側は，判別・視認の容易な標識をもって，そのような建物や場所の所在を明示する義務を負い，その標識をあらか

じめ敵側に通知するものとする．

　本条は，ブリュッセル会議宣言第17条とほぼ同文であり，さらにリーバー規則第35条ならびに第118条に遡ることができる．ただし「歴史的記念物」は，ブリュッセル会議宣言と1899年ハーグ条約の条文にはなく，1907年の改定で挿入されたものである．また，リーバー規則では第36条で，美術品，図書，学術コレクション，学術機器等の保護を目的とした臨時的押収と移動が認められていたが，ハーグ陸戦条約には，ブリュッセル会議宣言と同じく，そのことについての特段の定めがない．したがって，緊急保護を目的または名目にした文化財の押収は，原則として認められないことになったと考えられる．

　以上，1899年ならびに1907年のハーグ陸戦条約，とくに後者は，戦時国際法の歴史上，現在に至る基本法規としての位置を占めるとされるものの，文書・記録に関係すると思われる規定に限定していえば，ブリュッセル会議宣言やオックスフォード・マニュアルの条項をほぼそのまま踏襲しており，その水準から大きく踏み出すものではなかった．しかし，リーバー規則以来次第に普及してきた国有動産の限定的没収権や，宗教・学術・文化施設財産の押収・没収禁止原則など，アーカイブズに直接関連する原則を，かつてない国際的な規模で確認し，戦時国際法上揺るぎのない位置に定着させた点は評価する必要があろう．ただし，オックスフォード・マニュアルで戦時保護の対象として初めて登場した「アーカイブズ」がハーグ陸戦条約の条文に取り入れられなかったのは，同条約の限界として指摘しておきたい．

2.4.2　ベルサイユ条約（1919年）ほか第一次世界大戦の講和諸条約

(1) 概　観

　1907年のハーグ陸戦条約締結からわずか7年後の1914年に勃発した第一次世界大戦は，ハーグ陸戦条約にとって初の本格的な試金石であったといえよう．しかし，その実効性は果たしていかほどであったのだろうか．

　大戦後，連合国（「同盟および連合国」）[46]側はドイツ帝国を中心とした同盟国

---

46)　連合国は正確には「同盟および連合国」（Allied and Associated Powers）だが，通例にしたがって「連合国」とし，ドイツを中心とする「中央同盟国」を「同盟国」と記すことにする．

(「中央同盟国」)側との間で,「ベルサイユ条約」(Treaty of Peace between the Allied and Associated Powers and Germany)("Treaty of Versailles", 対ドイツ, 1919年)[47],「サン＝ジェルマン条約」("Treaty of St. Germain", 対オーストリア, 1919年)[48],「ヌイイ条約」("Treaty of Neuilly-sur-Seine", 対ブルガリア, 1919年)[49], それに「トリアノン条約」("Treaty of Trianon", 対ハンガリー, 1920年)と「セーヴル条約」("Treaty of Sèvres", 対オスマン, 1920年)[50]といった一連の講和条約を締結する. これらの条約を見ると, 大戦中における交戦国の行為に, ハーグ陸戦条約をはじめとする戦時国際法や国際慣例に抵触ないしは関係する行為があったか否かについて, 明確な言及はないが, そのような行為または事態が頻繁に発生したことをうかがわせる条文が少なからず存在する. 次項では, ベルサイユ条約ほか諸条約中の, 文書・記録やアーカイブズの取扱いについて触れた条項をとりあげ, 大戦中の実態を類推するとともに, ハーグ陸戦条約をはじめとする戦時国際法や国際慣例との関連で, どのように戦後処理が図られたのかを見ていきたい.

(2) 文書・記録に関する規定

ベルサイユ条約をはじめとする諸講和条約には, 敗戦国となった同盟国各国に対し, 文書・記録やアーカイブズの引渡しなどを義務づけた条項が少なからず含まれている. その内容にはおおむね3つの種別がある. 第1は, 同盟国の軍備削減や戦犯調査, 捕虜返還, 損害賠償といった, さまざまな戦後処理を遂行するために必要な文書や情報の提出を求めたもの, 第2は, 領土割譲によって同盟国側の統治権が失われることになった地域の, 軍事や行政に関わる公文書やアーカイブズの移管を指示したもの, 第3は, 大戦中または戦前に, 同盟国が敵国または占領地から押収や没収あるいは略奪した文書・記録やアーカイ

---

[47] *Treaties and International Agreement of the United States of America 1776–1941*, volume 2(米国議会図書館デジタルコレクション).

[48] "Treaty of St. Germain"(Australasian Legal Information Institute ウェブサイト)(https://www.austlii.edu.au, 参照 2022-08-13).

[49] *Peace Treaties, Various Treaties and Agreements between the Allied and Associated Powers and Serb-Croat-Slovene State, Roumania, Bulgaria, Hungary and Turkey, together with some other agreements signed by the Peace Conference at Paris and Saint-Germain-En-Laye*, presented by Mr. Lodge, April 25, 1921, Washington, Government Printing Office: 67th Congress, 1st Session, Senate, Document No. 7, 1921.

[50] 同上.

ブズの返還と，破壊や焼却によって消失せしめたものについてはその賠償を命じたもの，である．以上3点のうち，最も関連条項の数が多いのは第1点であるが，ここではそれについては基本的に検討を省略し，本書の関心に沿って，第2，第3の問題，とくに第3点の，押収・没収・略奪文書の返還に触れた条項を中心に見ていきたい．

①公的機関の文書・記録を中心とする規定

まず，ベルサイユ条約第3部「ヨーロッパの政治条項」には，上記第2点の，統治権の異動に伴うアーカイブズ等の引渡し条項がいくつか含まれている．その中に，第3点の押収・没収文書返還問題にも言及している例がある．第1節「ベルギー」に含まれる第38条が典型的である．

〈ベルサイユ条約第3部「ヨーロッパの政治条項」第1節「ベルギー」〉
　第38条　ドイツ政府は，ベルギーの統治下に移される領域の民事，軍事，財政，司法その他の行政に関わるあらゆる種類のアーカイブズ，登録簿，地図，証書，ならびに文書を，遅滞なくベルギー政府に引き渡すものとする．ドイツ政府は，戦時中ドイツ当局によりベルギーの公共行政機関から持ち出されたあらゆる種類のアーカイブズと文書についても，とりわけブリュッセルの外務省から持ち出されたアーカイブズと文書について，同様にベルギー政府に返還するものとする．

同じ第3部の第5節「アルザス・ロレーヌ」にも，次のような条項がある．

〈ベルサイユ条約第3部「ヨーロッパの政治条項」第5節「アルザス・ロレーヌ」〉
　第52条　ドイツ政府は，フランスによる統治が回復された領域の民事，軍事，財政，司法その他の行政に関わるあらゆる種類のアーカイブズ，登録簿，地図，証書，ならびに文書を，遅滞なくフランス政府に引き渡すものとする．もしこれらの文書，アーカイブズ，登録簿，地図，証書が誤った場所に置かれている場合には，元に戻すものとする．

この「誤った場所に置かれている場合には，元に戻すものとする」という表現は，ドイツ領有時に何らかの理由で移動，流出した文書，アーカイブズ等の原状回復を命じたものと解される．

フランス政府に対する，押収・没収アーカイブズや略奪文化財などの返還，ならびに消失文化財の賠償を規定した中心的な条項は，ベルサイユ条約第8部「賠償」第1節「一般条項」の中にある．

〈ベルサイユ条約第8部「賠償」第1節「一般条項」〉
第245条　条約の発効後6か月以内に，ドイツ政府はフランス政府に対し，1870-1871年の戦争の過程ならびに今次戦争の間においてドイツ当局によりフランスから持ち去られた戦利品，アーカイブズ，歴史的記念品，美術品を，フランス政府によって通達されるリストに従い，返還しなければならない．とりわけ，1870-1871年の戦争の過程で奪われたフランスの旗や，1870年10月10日にドイツ当局によってブルノア［セーヌ・エ・オワーズ県］近くのシャトー・ドゥ・セルセイで略取された元内務大臣ルエール氏 Mr. Rouher の所有にかかるすべての政治的文書．

以上，ベルサイユ条約の3か条の中で規定されている公的な文書やアーカイブズの返還ないし原状回復については，その原因を作ったドイツによる文書やアーカイブズの移動が，ハーグ陸戦条約などで認められている合法的な没収や押収によるものなのか，あるいは非合法の略奪によるものなのか，条文を見る限りではわからない．おそらく，実際には合法的なケースと非合法のケースの両方が存在し，そのいずれであるかに関わりなく，返還ないし原状回復を命じたものと解すべきであろう．

なお，ベルサイユ条約締結翌年の1920年1月10日に議定書が交わされており，それによれば，休戦条約および追加合意書でドイツに課された義務のうち，まだ果たされていないものについて再確認がなされている．その第4項と第7項に次のようにある[51]．

---

51) "Protocol Singed by Germany, January 10, 1920", *Treaties and International Agreement of the United States of America 1776-1941*, volume 2, p. 237.

(4) 1918年11月11日の休戦協定第19条：侵略された国において公共または民間の利益に影響する一切の文書，正金，株式，株，紙幣を，それらの発行のためのプラントとともに直ちに返還する義務．侵略された国でドイツ人によって持ち去られ，収集され，あるいは押収された正金および証券の完全なリストはまだ提供されていない．

(7) 1918年12月17日の議定書，1918年12月13日の休戦協定：フランスおよびベルギーにおいて運び去った美術品ならびに美術的文書を返還する義務．ドイツの非占領地域内に持ち去られた一切の美術品が，まだ返還されていない．

これを見ても，ドイツによる文書，美術品などの押収や略奪が数多く発生し，その返還が必ずしも順調に進んでいない様子がうかがえる．ちなみに，上記の第245条のすぐあとの第247条には，有名なルーバン大学図書館の焼き打ち被害に対する賠償規定が含まれているので，参考までに記しておく．

　　第247条　ドイツは，ルーバン大学からの要請と賠償委員会の仲介が行われたのち3か月以内に，ドイツによるルーバン図書館の焼き打ちで焼失したものと同等の数量ならびに価値を持つマニュスクリプト，インキュナブラ［初期印刷本］，印刷図書，地図およびコレクション資料をルーバン大学に提供するものとする．かかる弁償に関する詳細のすべては，賠償委員会によって定められる．［以下，美術品の返還に関する記述省略］

なお，ベルサイユ条約第4部「ドイツ外におけるドイツの権利と権益」の第158条に，戦争の結果ドイツから日本に租借権が譲渡された中国山東半島の膠州に関し，「行政に関わるあらゆる種類のアーカイブズ，登録簿，地図，証書，ならびに文書」を日本に引き渡すべき旨の規定があり，興味深いが，これについては，改めて補論2「戦争とアーカイブズをめぐる日本の国際法認識」で触れる．

次に，サン＝ジェルマン条約にも，ベルサイユ条約と同様，「ヨーロッパの政治条項」の部で，領土割譲に伴う文書やアーカイブズ引渡し義務が規定されているほか，「賠償」の部で，没収や押収ないし略奪による流出文書の返還が

明確に指示されている．条文は下に示した通りである．

〈サン＝ジェルマン条約第3部「ヨーロッパの政治条項」第8節「一般条項」〉

第93条　オーストリアは，非領土化された地域の民事，軍事，財政，司法その他の行政に属する，あらゆる種類のアーカイブズ，登録簿，地図，証書，ならびに文書を，遅滞なく関係する同盟および連合国政府に引き渡すものとする．もしこれらの文書，アーカイブズ，登録簿，証書または地図のいずれか一つでも失われているときは，関係する同盟または連合国政府[52]（ママ）の要求にもとづき，オーストリアによって回復されるべきものとする．

上記のアーカイブズ，登録簿，地図，証書，または文書が，軍事的性格を持つものを除き，オーストリアの行政にとっても同様に必要で，当該政府に引き渡すと不都合が生じるため引き渡すことができない場合は，オーストリアは互恵原理に従って関係する同盟および連合国政府がこれにアクセスできるようにするものとする．

〈サン＝ジェルマン条約第7部「賠償」第2節「特別条項」〉

第191条　第184条の規定を実行するにあたり，オーストリアは，各同盟および連合国に対し，それぞれ，侵略地域から持ち去った一切の記録，文書，骨とう品や美術品，ならびに一切の科学および書誌資料を，国家または州，自治体，慈善もしくは宗教施設，あるいはその他公共機関または民間機関のいずれに属するものであるかにかかわらず，引き渡すものとする．

第192条　オーストリアは，1914年6月1日以降に，領有化された地域から持ち去った，前条であげられたのと同じ性格を持つものについても，同様に元通り回復させるものとする．

第193条　オーストリアは，公共機関が保有する記録，文書および歴史資料で，非領有化された地域の歴史に直接の関係を有し，過去10年間に持ち去られたものを，すべて各同盟および連合国に，それぞれ返還する

52）条文中「同盟または（or）連合国政府」とあるのは，「同盟および（and）連合国政府」の原文誤記と思われる．

ものとする．上記の期間は，イタリアについては，王国の樹立宣言(1861年)まで遡及するものとする．

　以上の4か条は，トリアノン条約にも同文の条項があり（77条，175条，176条，177条），ハンガリーに対してオーストリアと同様の義務を課している．これらの条項からも，第一次世界大戦中，少なくとも同盟国側の軍隊によって，侵略地，占領地の行政機関や慈善・宗教施設，その他さまざまな公共機関や民間機関から，文書，記録，アーカイブズ，美術品，学術資料等が持ち去られる事態が頻繁に発生したことがうかがえる．ベルサイユ条約の場合と同様，それらの行為が合法であったか否かは言及されていないが，その財産が，国際法上私有財産とみなされて押収が原則的に禁止されていた慈善施設や宗教施設にも触れていることから，非合法のケースが少なからず含まれていると推定される．

　なお，サン＝ジェルマン条約の上記引用条項に続く第194条では，過去にオーストリア＝ハンガリー帝国とイタリアの間で取り交わされた諸条約でイタリアへの返還が決まったもののいまだにオーストリアに残されたままになっている文書や美術品等について，返還義務の再確認が行われている．また第195条では，新たに，第一次世界大戦以前にイタリア，ベルギー，ポーランド，チェコ＝スロバキアの王宮やアーカイブズ，美術館，図書館などから持ち出されて現在オーストリアに所在する文書や手稿本，絵画，宝石などが具体的に列挙され，オーストリアが賠償委員会の調査と返還命令を受け入れるべきことが規定されている．

　セーヴル条約とヌイイ条約も，それぞれトルコ政府とブルガリア政府に対し，いくつかの条項で文書・記録やアーカイブズの返還を義務づけている．ベルサイユ条約，サン＝ジェルマン条約，トリアノン条約と類似した条文もあるが，個別の事情を反映し，他の条約にない特徴的な条文を含む条項もいくつか見られる．ここでは，ヌイイ条約の一条を例示するにとどめたい．

　〈ヌイイ条約〉
　　第126条　ブルガリアは，ギリシャ，ルーマニア，セルブ・クロアート・スロヴェーン王国［セルビア人・クロアチア人・スロベニア人王国］の各国に対し本大戦中にこれらの国々の領域から持ち去った，いかなる記録ま

たはアーカイブズも，もしくはいかなる考古学的，歴史的または芸術的に重要な物品についても，探索を実施し，速やかに返還するものとする．上記の各国とブルガリアの間にかかる物品の所有権について論争が生じた場合は，連合国委員会によって任命された仲裁人に諮問することとし，その決定を最終のものとする．

②私有財産としての文書・記録に関する規定

連合国側，同盟国側双方の私有財産の取扱いは，戦後処理の大きな問題のひとつであり，ベルサイユ条約以下の各講和条約には，これについての詳細な取決めが盛り込まれている．ベルサイユ条約では，第10部「経済条項」第4節「財産，権利，利益」第297条，第298条，ならびに付則が私有財産の問題を扱っており，主な規定は第297条にある．

〈ベルサイユ条約第10部「経済条項」第4節「財産，権利，利益」〉
第297条（前文略）
　（a）同盟および連合国の国民，ならびに彼ら国民が利害関係を有する会社および組合の財産，権利ならびに権益に関し，ドイツによって執行された戦時非常措置ならびに移転措置（後掲付則第3項の定義による）は，清算が完了していないときは，速やかに中断または停止し，当該財産，権利，権益は，その所有者に返還するものとする．所有者は，このことに関し，第298条の規定に従って完全な権利を享受するものとする．
　（b）本条約が定める対置規定に従い，同盟および連合国は，本条約が発効する時点において，本条約によって領土でなくなる地域も含めたドイツの領土，植民地，属領，ならびに保護領においてドイツ国民またはドイツ国民が管理する企業に帰属する，あらゆる財産，権利および権益を差し押さえ，清算する権利を留保する．清算は関係する同盟および連合国の法に従って実行されるものとし，ドイツ人所有者は当該国の承認なくして，かかる財産，権利もしくは権益を処分したりいかなる代償をも求めたりすることができない．（以下略）
　（（c）以下略）

上記（a）にいう「戦時非常措置」「移転措置」については，付則第3項に定義がある．要約すると「戦時非常措置」とは，敵の財産に関して，所有権に変更を加えることなく，その処分権を剥奪する結果を生ぜしめる処置を言い，いわゆる財産凍結，差押え，押収，接収などがこれにあたる．「移転措置」は，敵の財産を所有者の同意なくして他の者に移転することによって，所有権に影響を及ぼす行為で，売却，清算，権利証書や有価証券の無効化などの措置をいう．

私有財産については，1907年ハーグ陸戦条約で，軍事用に転用可能な施設や軍需品を除き，押収や没収の原則禁止の考え方が確認されたところである．しかし，上の第297条（a）と付則の記述から，実際にはドイツ側が「戦時非常措置」「移転措置」という形で，ハーグ陸戦条約の制限を超えて私有財産の押収や清算を広く行っていたことがうかがえる．それだけでなく，連合国側も，そのような私有財産の押収や清算を，「戦時非常措置」「移転措置」として容認していたことになる．

この，私有財産の取扱いをめぐる戦時国際法と現実の状況との乖離は，第一次世界大戦期に各国で対敵通商の取締りに関する国内法令が整備されたことが背景にあると考えられる．とくに連合国側が1916年にパリ経済会議を開催して，対敵通商の禁止とともに，敵国国民が所有または経営する企業を強制管理できることを決定し，事実上，私有財産の押収と清算を公に認めたことが大きな影響を与えたと考えられる[53]．この点については，補論1「敵産管理法制とアーカイブズ」で検討するので，ここでは以上を指摘するにとどめたい．

なお，同じ第10部第4節付則には，第13項に文書や記録に関係する記述がある．

〈ベルサイユ条約第10部第4節「付則」〉
　第13項　本条約発効1か月以内にまたは請求により何時でも，ドイツ国はその領域内，またはドイツ国もしくはその同盟国の占領地域内において戦時非常措置または移転措置に付せられた同盟および連合国の国民（その国民の利害関係を有する会社および組合を含む）の財産，権利および利益に関する一切の勘定書，証書，記録，文書その他あらゆる種類の情報

53）　諸橋英一『第一次世界大戦と日本の総力戦政策』（慶應義塾大学出版会，2021年），38頁．

であってドイツ国内に所在するものを，同盟および連合国に引き渡すものとする．（以下略）

　ここで引渡しを求められている「同盟および連合国の国民（その国民の利害関係を有する会社および組合を含む）の財産，権利および利益に関する一切の勘定書，証書，記録，文書その他あらゆる種類の情報」には，ドイツが連合国側国民から財産等とともに押収した勘定書，証書，文書，記録と，戦時非常措置ならびに移転措置にあたりドイツが新たに作成した文書，記録の両方が含まれると解釈するのが至当であろう．
　上記のベルサイユ条約第10部第4節付則第13項と同文の規定は，サン＝ジェルマン条約，トリアノン条約，ヌイイ条約の3条約にも存在し，それぞれオーストリア，ハンガリー，ブルガリアに対して同様の義務を課している．セーヴル条約には，同様の条項がない．
　なお，ヌイイ条約には，上記の戦時非常措置または移転措置に付された私有財産の問題とは別に，次のような徴発・押収財産の返還規定が存在する．他の講和条約には見られない条項なので，記しておく．

〈ヌイイ条約第9部「経済条項」第4節「財産，権利，利益」〉
第177条
　（d）（前略）これと同様の措置ならびに同盟および連合国国民の財産，権利，利益に影響する他のあらゆる措置――すなわち，場所を問わず，ブルガリアの民事ないし軍事当局，軍隊または人民によって引き起こされた徴発あるいは押収等の行為，あるいは，ブルガリア国内において，ブルガリアに同盟する国の民事ないし軍事当局または軍隊によって引き起こされた徴発あるいは押収等の行為――は，すべて無効である旨宣言され，ブルガリア政府は，かかる財産，権利，ならびに利益を返還するために必要なあらゆる措置を講ずるものとする．

　以上，第一次世界大戦後に締結されたベルサイユ条約ほかの講和条約の検討から，第一次世界大戦において，公私を問わず，文書・記録やアーカイブズの押収や没収，略奪，破壊などの事態が頻発したことがうかがえた．繰り返しに

なるが，返還や原状復帰を命じた条文からは，個々の事案の発生原因が，ハーグ陸戦条約など国際法上認められた没収または押収によるものなのか，あるいは非合法の略奪によるものかを判別することは難しい．私有財産の場合は別として，少なくとも国や自治体の公文書や公的アーカイブズの場合は，同盟国側がそれらを持ち去った行為が国際法上合法だったか非合法だったかは本来重要な問題のはずだが，講和会議においてその点の詳細な事実検証が行われたようには見えない．ただ実際には，国際法規に抵触する違法な持去りが多かったのではないかと推察する．いずれにしても，講和条約の条文の分析からだけでは，個々の事例の詳細を明らかにすることは難しく，講和会議の記録などを丹念に検証することが今後の課題となろう．

2.4.3　ベロット規則（1923 年）

(1)　概　　観

次のステップが訪れるのは 1923 年である．ワルシャワで開催された第 35 回国際法協会大会で，ロンドン大学のヒュー・H・ベロット Hugh H. Bellot 教授は，ハーグ陸戦条約の改正を提唱して「占領地域における戦争規則案」を提出し，「占領地における戦争法」部会で検討の後，総会で採択された．起草者のベロット教授が，大会期間中にワルシャワのホテルで急死するという事態が生じたため，この規則案は部会の提案により，ベロット教授の名を冠し「占領地におけるベロット戦争規則」（Bellot Rules on War in Occupied Territory，略称「ベロット規則」"Bellot Rules"）と呼ばれることになった[54]．

ベロット規則は，ハーグ陸戦条約が第一次世界大戦において必ずしも効果を発揮しなかったことへの反省から，軍事占領地における占領軍の権限の問題に焦点を絞り，ハーグ陸戦条約の規定をもとに，その改善を図ったものである．これまで研究者やアーキビストにはあまり重視されてこなかったようだが，占領地域におけるアーカイブズの保護について，1880 年のオックスフォード・マニュアルに次いで明確に言及しており，注目に値する．また本章補論 2 で後述するように，日本政府がベロット規則に留意していた証拠があり，その点で

---

54)　前掲 "Laws of War in Occupied Territory", *The 35th International Law Association Report of Conference,* 1928, p. 88 以下．

も興味深いものである．

　ベロット教授は提案にあたり，この規則案が主にハーグ第4条約（陸戦条約）ならびに第5条約（陸戦における中立国・中立国民の権利と義務に関する条約），英国軍事マニュアル，アメリカ合衆国陸戦法規にもとづいていることを述べ，さらにその源流は1863年のリーバー規則にあることを強調している．

　規則案の検討にあたり，部会ではまず，ハーグ陸戦条約が掲げた，占領地における民間人の権利保護の原則に加え，占領者の占領地統治権の否認，占領地の法や行政・司法制度尊重義務，占領地民間人の自由の保障，被占領地政府による中立国への利益委託権の保障，という4つの基本原則を確認している．

　最終的に採択されたベロット規則は，全7部48条からなるものであった．占領地に特化した国際法規の確立を目指した，おそらくは初めての試みとして，文書・記録に関する規定以外にも，いくつか注目すべき点がある．ひとつだけあげておくと，第3部「占領地の行政」第18条に「占領地の既存の言語を占領者の国語に取り換えてはならない」とあり，さらに第19条で，学校教育が従来の体制のもとで継続を許され，占領者は教育現場での使用言語に介入してはならないとされている．言語に関する規定は先駆的な規定であり，第二次世界大戦中，日本軍の占領下に置かれた東南アジアなどで，日本語での教育が強制された事実を思い起こすとき，日本がいかに国際法上の流れの外にいたか，あるいはそれを無視していたかが知られる．

(2)　文書・記録に関する規定

①国有財産の押収・没収

　ベロット規則は，オックスフォード・マニュアルにならったものであろう，「公有財産」と「私有財産」の項目を分けている．国有財産の押収・没収については，第6部「公有財産」の第41-43条で，以下のように定めている．

　　41．国有の動産，たとえば現金，正金，基金，および有価証券，ならびに輸送手段，通知の伝送用の設備，武器貯蔵所，軍需品，倉庫および物資のように，軍事目的に直接利用されやすい一切の物品は，占領者の財産となる．

　　42．軍事目的に直接利用されやすい国有の不動産，たとえば要塞，兵器庫，

造船所，倉庫，兵舎と貯蔵庫，ならびに鉄道，運河，橋梁，桟橋や埠頭などは，占領者の財産とはならないが，実効的な占領が行われている期間中は，その保有者となる．
43. 国有の不動産で軍事目的に直接利用されにくいもの，たとえば公共の建築物や事務所，土地，森林，公園，農場，石切り場や鉱山などは，占領者の財産とはならない．占領者は，かかる財産の管理者ならびに用益権者になるに過ぎず，用益権の規則に従って，これを保護，管理するものとする．占領者は，かかる不動産を自由にし，または使用すること，公共の土地からの収穫物を売却すること，また木材を伐採して売却したり，石切り場や鉱山からの採掘を行ったりすることができる．ただし，上記の伐採や採掘は，必要とされる量を超えないものとする．占領者は，かかる財産を，自らの私的な利得のために利用してはならない．

以上のように，第41条は占領地内の国有動産の没収権，第42条と第43条は国有不動産の接収と用益権について規定したものである．「公有財産」という項目名であるが，実際には国有財産の問題を扱っており，地方自治体の財産の問題は第5部「私有財産」で言及されている．その点も含め，国有財産についての考え方は基本的に1907年のハーグ陸戦条約のそれを踏襲している．ただハーグ陸戦条約と比較すると，戦争目的に直接利用可能な国有不動産の接収権に関する規定が，それ以外の国有財産を対象とした第43条と区別され，新たに第42条として加えられているのが目立つ．第43条の規定も，ハーグ陸戦条約附属書第55条に比べると，かなり細かい記述となっている．ただ，国有動産を対象にした第41条は，ハーグ陸戦条約附属書第53条が一部私有動産にも触れていたのを整理するなどの改定が見られるものの，公文書や記録，アーカイブズが国有動産に含まれるものとして言及されていないのは，ハーグ陸戦条約の場合と変わらない．

②私有財産の押収・没収

私有財産については，第4部「住民管理」第23条で「占領者は，住民の生命と人格，家族の名誉と権利，宗教上の信念と行為，ならびにその私有財産を尊重しなければならない」という一般原則を掲げた後，第5部「私有財産」で

詳細に規定している．

35．住民の私有動産は，占領者によって没収されてはならず，損傷を受けたり理不尽に破壊されたりしてはならない．略奪は明白に禁止される．

もしかかる財産が戦争目的に直接利用されやすいものである場合は，占領者はこれを押収することができる．ただし，講和達成にあたってはこれを返還し，使用および損傷や破壊による被害に対して，賠償が占領者により支払われるものとする．かかる財産の押収の際，占領者は受領書を手交するものとする．

もしかかる財産が，戦争目的に直接利用されやすいものではないが，住民の基本的な要求に応えるため，占領軍がこれを必要とする場合は，占領者は現金を支払って，または現金が用意できないときは，受領書を手交し，後日できるだけ速やかに占領者が代価を支払うことによって，これを押収することができる．

36．占領者は，徴発権により，軍の必要または占領地の行政のため，私有不動産を使用することができるが，使用にあたっては現金を支払うか，または現金が用意できないときは，受領書を手交しなければならない．

ただし，占領者は，かかる財産の用益権者となるに過ぎず，用益権の規則に従って，これを保護し，管理する義務を負う．占領者は，軍事目的上求められる限りにおいて，木材を伐採したり，石切り場や鉱山で採掘を行ったりすることが許されるが，かかる財産を占領者の私的な利得のために利用してはならない．占領者は，伐採された木材や採掘された鉱石に対し，現金を支払うか，または現金が用意できないときは，速やかに換金可能な受領書を手交しなければならない．

占領者は，軍事上の必要に起因する，住民の不動産の損傷や破壊の危険について，その責任を負うものとする．そのような損傷や破壊が生じた場合，占領者は，その所有者に対し受領書もしくは覚書を手交し，講和達成時にこれを提出することで賠償請求の助けとなるよう取り計らうものとする．

37．不動産の損傷または破壊は，特定の軍事目的を達成するために限り許容される．無差別，理不尽かつ一般的な蹂躙や破壊は禁止される．

以上明らかなように，1907年ハーグ陸戦条約と比較すると，占領地における私有財産の保護と占領者による利用の条件，ならびに損害賠償について，かなり詳細な定めが盛り込まれているのが，ベロット規則の大きな特徴である．私有動産の具体例は第35条にも記されていないが，財産として明白な金品類はいうまでもなく，個人が所有ないし保管する図書や文書，アーカイブズも含まれると解釈するのが自然だろう．

③宗教・慈善・学術・文化施設等財産の押収
これについて規定しているのは，第5部「私有財産」第39条である．

> 39．地方自治体の財産および宗教目的，慈善，ならびに教育，芸術，学術の用に供せられる施設の財産は，国家の財産であっても私有財産として取り扱うものとする．これらの性格を有する施設や，歴史的記念物，学術ならびに芸術成果物，アーカイブズまたは公文書に対する押収や破壊，または故意の損壊は，いかなる場合も禁止される．

この条項は，ハーグ陸戦条約附属書第56条とほぼ同文で，地方自治体の財産が国家の財産と同じく公有財産であるにもかかわらず，私有財産として取り扱われ，押収禁止の対象となっている点も変わらない．ただ，ハーグ陸戦条約にあった「[違反者は]法的な訴追を受けるべきものとする」という部分が削られている点と，ハーグ陸戦条約にはなかった「アーカイブズまたは公文書」(archives or public documents) という用語が新たに付け加えられている点が異なっている．

とくに注目されるのは後者の点である．第35回国際法協会大会議事録によると，ベロット規則原案では「アーカイブズまたは公文書」という用語は入っていなかったが，ボッシュナックVocHNAK博士の提案によって，この用語が挿入されたという．提案の理由や背景は記されていないが，本条とほぼ同じ内容の1880年オックスフォード・マニュアル第53条に，歴史的記念物，芸術ならびに学術成果物と並んで，「アーカイブズ」という用語が入っており，それを参考にしたのかもしれない．あるいは，別の可能性として，先に見たベルサイユ条約など第一次世界大戦の講和条約で，占領地で押収ないし略奪された公文書やアーカイブズの返還問題が少なからずとりあげられたことから，ベロッ

ト規則第39条に「アーカイブズまたは公文書」という用語を付け加えようという発想が生まれたとも考えられる．ただ，もしそうであるならば，ベルサイユ条約など第一次世界大戦の講和条約でとりあげられているアーカイブズが，ベルサイユ条約第3部「ヨーロッパの政治条項」第38条で言及されているベルギー外務省のアーカイブズが典型的であるように，国有または公有の行政資源という性格を持つ場合が多いのに対し，ベロット規則では，「アーカイブズまたは公文書」という用語が，第6部「公有財産」ではなく，第5部「私有財産」の方にのみ入り，しかも歴史的記念物や学術ならびに芸術成果物と並んで，もっぱらその文化的性格だけに注意が向けられているのはなぜなのか，若干の疑問なしとしない．

④芸術・学術・文化資源の保護と標識表示

ベロット規則は，もっぱら占領が確定した地域を対象としているためか，戦闘中における文化財の保護や標識掲示義務に関する条項は見当たらない．

以上見てきたように，ベロット規則はハーグ陸戦条約を多くの側面で一歩進める可能性を持つ画期的な提案であったが，国際条約として採択されるには至らず，戦時国際法としては1907年ハーグ陸戦条約が効力を持ち続けた．

ベロット規則が提案された後も，武力紛争時における文化財の保護に関するいくつかの国際的な文書が発表されている．その中で注目に値するのは，1935年のレーリヒ協約と1943年のロンドン宣言である．この2つは，第二次世界大戦の開戦数年前と開戦数年後に採択されたもので，いずれも文書・記録やアーカイブズに直接言及しているわけではないが，第二次世界大戦期の状況を知るためには重要なものと考える．項を改めて，簡単に見てみたい．

2.4.4　レーリヒ協約（1935年）とロンドン宣言（1943年）

(1)　レーリヒ協約（1935年）

「レーリヒ協約」正式には「芸術および科学施設ならびに歴史的記念物の保護に関する条約」(Treaty on the Protection of Artistic and Scientific Institutions and Historic Monuments)("The Roerich Pact")は，ロシア出身の画家で，法律家，哲学者でもあ

ったニコラス・レーリヒ Nicholas Roerich が主導して成立したものである．もっぱら，戦時における文化施設や歴史的記念物の保護を目的にした初めての国際条約であり，その意味で画期的なものであった．レーリヒによって 1929 年に起草され，国際連盟博物館委員会がこれを承認するなど，世界的な広がりを持つ国際条約になることが期待されたが，結局 1935 年 4 月に，米州連合に加盟する 21 か国だけがワシントンで署名し，成立した．

本協約は全 8 条の短いものだが，戦時における歴史的記念物や文化施設等の保護について，軍事目的に使用された場合を例外とした上で（第 5 条），締結国は次のような義務を負うことが明記されている[55]．

> 第 1 条　歴史的記念物，博物館，科学・芸術・教育・文化施設は，中立とみなされ，交戦国により尊重，保護されるべきものであることが重視されなければならない．この尊重と保護は，上記施設の施設職員に対しても同等に与えられるものとする．

また第 3 条では，保護対象とすべき歴史的記念物や文化施設等に，標識を掲げるべきこと，第 4 条では，締結国が保護を希望する記念物や施設のリストを作成し，米州連合に提出すべきことを定めている．第 3 条の標識は，白地の赤い円の中に 3 つの赤い球が描かれた独特のもので，「平和の旗」（"Banner of Peace"）として知られている．

レーリヒ協約は，戦時における歴史的記念物や文化施設，あるいはその収蔵物の取扱いについて，詳細な規則を決めたものではなく，どちらかといえば，原則論的，精神的な色彩が強いものである．また米州連合内の条約にとどまったこともあり，第二次世界大戦で実効性を発揮したとは考えられない．しかし，文化の保護が軍事的要請よりも重要であることを法的に公認したものとして高く評価されている[56]．

またレーリヒ協約は，おそらくその精神性，簡潔性，直接性が功を奏したものか，武力紛争時の文化財保護に関する国際法の整備に向けた戦後の動きに大きな影響を与え，これがやがて，次項で述べる 1954 年のハーグ文化財保護条

---

55)　典拠："The Roerich Pact"（赤十字国際委員会 Legal Tools Database）．
56)　前掲赤十字国際委員会 Legal Tools Database 掲載の解説．

約制定につながることになるのである．

(2) ロンドン宣言（1943年）

この宣言は，第二次世界大戦開戦から4年4か月後の1943年1月5日，フランス亡命政権を含む連合国側の17か国政府がロンドンで発表したもので，正式には「敵の占領下または管理下にある領域における略奪行為に反対する連合国共同宣言」（Inter-Allied Declaration Against Acts of Dispossession Committed in Territories Under Enemy Occupation or Control）（"Declaration of London"）という[57]．

宣言では，枢軸国側が軍事占領した地域，または管理下に置いた地域において，住民の財産，権利，権益に対する侵害が行われていると，強い言葉で告発している．それによれば，侵害は美術品や商品から，貴金属，紙幣，株券まで，あらゆる種類のものに及んでおり，その方法も，あからさまな略奪や盗取から，強制的な移転や購入，表向き合法的な経済取引まで，さまざまな形態をとっているとしている．しかし，いずれにせよ，敵が自らの利益獲得のみを目的として行っている許されない行為であり，連合国はこれらの行為がすべて無効である旨宣言する，というのが本宣言の趣旨である．

宣言に添えられた英国政府のステートメントによると，この宣言の念頭にあるのは，主としてロシア，北アフリカ，中央ならびに西ヨーロッパの枢軸国軍占領地・管理地であり，アジア太平洋地域の日本軍占領地についてはとくに触れられていない．また，美術品の略奪に言及してはいるが，それを含め，本宣言の主たる関心は経済的な収奪行為に向けられており，レーリヒ協約が目指したような文化的遺産保護とは，趣旨を異にすると考えられる．

しかしながら，第二次世界大戦時に深刻な略奪行為が進行し，それが広く周知されていたことは，本宣言からも明らかであり，略奪の対象には，美術品だけでなく，経済活動に伴う文書や記録，あるいは文化遺産としてのアーカイブズも少なからず含まれていたことが容易に推定できる．

本書第2巻第5章でとりあげるように，連合国軍は1943年に「史跡・美術品・アーカイブズ部」（Monuments, Fine Arts and Archives Branch）（MFA & A または

---

57) "Inter-Allied Declaration Against Acts of Dispossession Committed in Territories Under Enemy Occupation or Control"（Commission for Looted Art in Europe ウェブサイト）（https://www.lootedartcommission.com/，参照 2022-08-13）．

MFAAと略称される）を創設し，ヨーロッパ戦線で，略奪美術品の奪回や歴史的記念物，文化施設等の保護活動を開始する．趣旨が違うので，直接の関連性はないかもしれないが，いずれもナチスドイツによる美術品等の大規模略奪がきっかけのひとつになっていることに注目しておきたい．

2.4.5 小　括

1899年・1907年のハーグ陸戦条約制定は，19世紀から現代に至る戦時国際法の歩みの中で，中心的な位置を占める重要な出来事であった．文書・記録とアーカイブズに関わる分野においても，1863年のリーバー規則で示された，公有財産の押収権，私有財産の押収の原則禁止，宗教・慈善・学術・文化施設財産の保護と押収禁止などの原則を，国際法規として定着させる役割を果たした．しかし，直後の第一次世界大戦では，必ずしも戦時国際法として十分な効力を発揮できず，1923年のベロット規則のような改善案が提唱されることにつながった．それにもかかわらず，1943年のロンドン宣言が訴えているように，第二次世界大戦においても，再び美術品の略奪やアーカイブズの違法な押収が繰り返されることになる．

第3期は，本書が研究対象としている第二次世界大戦期の前提期にあたるため，戦争とアーカイブズをめぐる国際法や国際慣例が，どのような位置にまで到達していたのかを，もう少し正確に評価することが大切であろう．その考察は，本章後半で外交文書の取扱いに関する国際法や国際慣例の発展過程を見たあと，「4．おわりに」で行うことにしたい．

2.5 第4期　1954年ハーグ文化財保護条約とその後

(1) 概　観

本書は，主として第二次世界大戦前後までの時期を研究対象としているため，第4期については，詳細な検討を行わず，1954年ハーグ文化財保護条約の概要とその意義について簡単にまとめるにとどめたい．

「武力紛争の際の文化財の保護に関する条約」（[Hague] Convention for the Protection of Cultural Property in the Event of Armed Conflict）（以下「1954年ハーグ文化財保護条約」という）[58]は，第二次世界大戦で文化財の大規模破壊や大量略奪が頻発し

たことへの反省から生まれた，武力紛争時における文化財保護の問題に特化した初の国際条約であり，戦時国際法の歴史上，極めて画期的なものである．

本条約は，1949 年にパリで開催されたユネスコ第 4 回総会で，オランダの主導により制定が決議された．国際博物館会議（ICOM）の調査報告をもとに，1950 年のユネスコ第 5 回総会で討議が行われ，イタリアからの草案提出とメンバー国による検討を経たのち，1954 年に 56 か国が参加してハーグで開催された国際会議において採択された．発効は 1956 年 8 月 7 日である[59]．

本条約は，前文で「人々は世界の文化にそれぞれ寄与しているのであるから，どのような人々が所有する文化財へのいかなる損傷であっても，それは全人類の文化遺産に対する損傷を意味するものであり」，それゆえ「文化遺産の保存は，世界のすべての人々にとって極めて重要である」という基本認識を述べている．その上で，1899 年と 1907 年のハーグ陸戦条約および 1935 年の「ワシントン条約」（レーリヒ協約）が定める武力紛争の際の文化財の保護に関する諸原則に従い，これを効果的に実行するためには，国内および国際的な措置が平時においてもとられることが必要であるとの考え方から，本条約を締結するとしている．1907 年ハーグ陸戦条約などの名があがっているが，いうまでもなく，本条約はこれらの諸条約に取って代わるものではなく，包括的かつ世界的な戦時国際法としては，依然として 1907 年ハーグ陸戦条約が効力を持っている．

なお本条約のその後に一言だけ触れると，1990 年代のユーゴ紛争などで顕在化した問題点に対処するため，1999 年に新たに第 2 議定書が作成されるなど，改善の努力が続けられている（表 1-1 参照）．

(2) 特　　徴

本条約の本文は，7 章 28 条に最終規定 12 条を加えた全 40 条からなる．文化財保護の問題に特化した条約であるため，これまで見てきた第 3 期までの戦時国際法とは，条文の構成や内容が大きく異なる．よって，ここでは，第 3 期までの分析に使用してきた 4 つの柱は用いず，記録・文書やアーカイブズの問

---

58) "Convention for the Protection of Cultural Property in the Event of Armed Conflict with Regulations for the Execution of the Convention 1954"（UNESCO ウェブサイト）（https://en.unesco.org/protecting-heritage/convention-and-protocols/1954-convention，参照 2022-08-13）．外務省と文部科学省作成の日本語訳を参考にした．

59) Jiří Toman，前掲書（注 9），p. 22．

題に関心の中心を置きつつ，本条約の特徴をいくつか指摘しておきたい．

①文化財の定義

もっぱら文化財を対象とする本条約が従来の戦時国際法と大きく異なる点は，従来の戦時国際法が，国有ないし公有財産と私有財産との間に，取扱い上の明確な区別を設けていたのに対し，本条約では最初にその区別を設けないことを宣言している点である．すなわち，第1章「保護に関する一般規定」第1条「文化財の定義」の冒頭に，「この条約の適用上，『文化財』とは，出所または所有者のいかんを問わず，次に掲げるものをいう（傍点筆者）」とある．この点を踏まえ，第1条の本文で「文化財」と定義されたものを見ると，次の通りである．

(a) あらゆる人々の文化遺産として極めて重要である動産または不動産．たとえば，次のものをいう．
宗教的なものであるか世俗的なものであるかを問わず，建築上，芸術または歴史上の記念物；考古学的遺跡；全体として歴史的または芸術的な関心の対象となる建造物群；美術品；芸術的，歴史的または考古学的な関心の対象となる手書き文書，図書その他のもの；ならびに，学術的なコレクションや，図書・アーカイブズ・上記の定義による文化財の複製品の重要なコレクション；
(b) (a)に規定する動産文化財を保存または展示することを主要かつ実際の目的とする建造物．たとえば，博物館，大規模な図書館およびアーカイブズの保存施設，ならびに，武力紛争の際に(a)に規定する動産文化財を収容するための避難施設；
(c) (a)および(b)に規定する文化財が多数所在する地区（以下「文化財集中地区」という．）

この定義において，アーカイブズとアーカイブズの保存施設が明記されたことは極めて重要で，これにより，本条約のすべての規定が，アーカイブズとアーカイブズの保存施設である文書館や公文書館に適用されることになる．ただし(a)において，図書とアーカイブズに「重要なコレクション」という限定条件

ともとれることばが記され，また（b）でも，図書館とアーカイブズの保存施設に，わざわざ「大規模な」という形容詞が冠せられている点は気になるところである．おそらく，美術品や歴史的記念物と異なり，世の中に無数に存在する図書やアーカイブズのすべてが，また大小さまざまな図書館やアーカイブズ施設があまねく，本条約が対象とする「文化財」にあたるわけではない，という意識の反映であろうと想像される．このような限定条件を実際に適用するには，困難が予想されるし，そもそもなぜ図書やアーカイブズに限ってこのような限定条件が付けられたのか疑問に思うが，ここではこれ以上深く立ち入らないことにする．

②文化財の保護義務と破壊，略奪，押収等の禁止

1863年リーバー規則以降の戦時国際法において広く認められ，1907年ハーグ陸戦条約で確定したと考えられる，敵国ないし占領地における財産の取扱い原則は，第1に，国有動産と軍事目的に使用可能な私有動産の没収または押収権，ならびに国有不動産の管理・用益権の容認，第2に，私有財産の保護義務と略奪・押収等の禁止，第3に，宗教・慈善・教育・学術・文化等の関連施設とその財産，ならびに歴史的記念物等を私有財産として扱い，その保護義務と破壊・略奪・押収等の禁止，というものであった．

これらの原則と1954年ハーグ文化財保護条約との関係を考えると，ハーグ文化財保護条約は，公有・私有を問わず，収蔵施設を含む文化財のみをもっぱらその対象としているため，上記のうち第3の原則が最も深く本条約と関連し，博物館等の公的施設ではなく個人が収蔵している私有文化財の場合は，第2の原則が符合するということになろう．

以上の点を確認した上で本条約を見ると，公有・私有を問わず文化財の保護義務や破壊・略奪・押収等の禁止について一般的に規定しているのは，第1章「保護に関する一般規定」第4条「文化財の尊重」である．

第4条「文化財の尊重」
1. 締約国は，自国および他の締約国の領域内に所在する文化財を尊重しそれらの文化財および隣接する周辺，またはそれらの文化財の保護のために使用されている設備を，武力紛争の際に破壊または損傷の危険にさ

らすおそれがあるような目的のためには決して利用しないことを確約する．ならびに，かかる文化財に対して，いかなる敵対行為をも行わないことを確約する．
2. 本条第1項に定める義務は，真にやむを得ない軍事上の必要がある場合に限り免れることができる．
3. さらに締約国は，いかなる方法による文化財の盗取，略奪，あるいは横領も，またいかなる行為による文化財の破壊も，これを禁止し，防止し，および必要な場合には中止させることを確約する．締約国は，他の締約国の領域内に所在する動産文化財を接収してはならない．
4．，5．（省略）

また，第5条「占領」では，占領地における占領者の義務を次のように規定している．

第5条「占領」
1. 他の締約国の領域の全部または一部を占領したいかなる締約国も，被占領国の文化財の保全および保存につき，被占領国の権限のある機関をできる限り援助しなければならない．
2. 占領地域内にある文化財で軍事行動によって損傷を受けたものを保存するために措置をとる必要があり，かつ被占領国の権限のある機関がその措置をとることができないときは，占領国は，できる限り，かつ，その被占領国の機関と密接に協力して，最も必要な保存措置を講じなければならない．
3. （省略）

上記2か条を見ると，ハーグ陸戦条約など従来の戦時国際法で定められている，宗教，慈善，教育，芸術，学術等の関連施設とその財産，ならびに歴史的記念物等の保護義務と，攻撃や押収，損壊の禁止規定に比べ，被占領国側の義務と責任がより重く位置づけられている点が特徴的である．また，従来の戦時国際法ないし国際慣例では，戦争で損傷した公私有財産の取扱いについて，その賠償責任を論じている場合はあるが，上記の本条約第5条第2項では，損傷

文化財について占領国が保存措置をとるべきことが規定されており，文化財という限られた財産のみを対象にしているとはいえ，これまでになかった新しい点であり，注目に値する．

③文化財標識の規定

　宗教，慈善，学術，教育，文化施設等への攻撃禁止と，被攻撃側の標識表示義務は，1863年のリーバー規則ですでに言及されている．その後いくつかの戦時国際法において，それぞれ独自の標識が考案され，採択されてきた．しかし，いずれも，戦争における人命保護を目的として定められた赤十字の標識ほど普及せず，第二次世界大戦終結に至るまで，ほとんど効果を持たなかった．そこで，1954年ハーグ文化財保護条約では，新たな標識が制定された．第6条ならびに第16条，第17条がこれである．

　新たに定められた標識は，青と白に塗り分けられた盾の形をしたもので，通称「ブルーシールド」（"Blue Shield"）という．本条約では，とくに重要な文化財を「特別保護」の対象とし，国際的な管理下に置くことなど手厚い保護策が定められたが，特別保護の指定を受けた不動産文化財には3個のブルーシールドを，それ以外の文化財には1個のブルーシールドを，標識として表示することが決められている．

3. 外交文書の地位と公文書の国家承継等に関する国際法と国際慣例

3.1　外交文書の地位に関する国際法と国際慣例

3.1.1　1961年外交関係に関するウィーン条約以前の状況

　一般に，外交関係において，国を代表する外交使節を尊重し，その特別な地位を認め合う慣習は，遠く古代から存在したと考えられているが，近代国家の外交関係に直接つながる国際慣例や国家礼譲は，1648年のウェストファリア講和会議から1815年のウィーン会議にかけて徐々に発展し，1818年のエクス・ラ・シャペル会議においてほぼ整備されたといわれている[60]．

　確かに，1815年ウィーン会議議定書ならびに1818年エクス・ラ・シャペル会議議定書では，大使以下，外交使節のランク付けについての取決めが行われ，

1863年リーバー規則においても，外交使節の権利保護について一定の記述が盛り込まれているが，武力紛争時を含む，在外公館や外交使節の地位と権利など，外交関係に関する基本的な国際合意は，長らく慣習法という形で認識され，その本格的な成文化は，1961年の「外交関係に関するウィーン条約」ならびに1963年の「領事関係に関するウィーン条約」を待たねばならなかった．

一方，19世紀以降，近代的な外交関係の発展に伴って世界規模で締結された数多くの2国間条約には，何らかの形で外交使節に関する取決めが盛り込まれている場合が少なくない．ただし，日本や中国など，アジアと欧米諸国との間で締結された2国間の修好通商条約などを見ると，必ずしも当時の国際慣例に沿った平等原則を反映していない事例も多いように思われる．また，1928年にハバナの第6回汎アメリカ国際会議で締結された「外交官に関する条約」は，地域的な多国間条約であるが，外交官と公館，私宅，その他の財産の不可侵権などについて記しており，外交関係に関する慣例の成文化を目指すその後の国際的な議論に影響を与えた[61]．

1920年に成立した国際連盟は，1924年より専門家委員会を立ち上げ，さまざまな分野の国際法の成文化に取り組み，外交上の特権と免除の問題についても，課題のひとつとして小委員会を設け，検討を重ねている．1926年1月には，小委員会の報告にもとづいて，専門家委員会から国際連盟加盟各国政府に対し，この問題について質問書を送付しており，その回答分析から，外交上の特権と免除についての当時の国際認識に，どのような合意点と相違点が存在していたかがわかって興味深い[62]．

この質問書には，外交官の施設とアーカイブズを外交上の特権と免除の対象に含めるかどうか，また，対象に含めるとしても，武力紛争の結果，正当な管理者を欠いた状態で残置された外交官施設やアーカイブズに対して，どの時点まで外交上の特権と免除を認めるのが適切か，といった質問が含まれている．

---

60) 前掲杉原高嶺・水上千之・臼杵知史・吉井淳・加藤信行・高田映『現代国際法講義 第2版』，177-181頁．ただし第3版（2003年）以降の版には，ウィーン会議やエクス・ラ・シャペル会議への言及がない．

61) "Diplomatic Intercourse and Immunities (Document A/CN4./98)：Memorandum prepared by the Secretariat", *Yearbook of the International Law Commission, 1956*, Vol. II, p. 135. 国連が提供している電子版によった．

62) 同上，pp. 136-145.

これに対する回答の中で、ノルウェイ政府などは、「アーカイブズの不可侵権」を条項に明記すべきとの積極的な提案を行っており、注目される[63]。

このような議論は行われたものの、国際連盟として具体的な条約案をまとめるまでには至っていない。

国際連盟の動きと併行し、この時期、民間の研究機関や専門団体あるいは個人の手で、外交関係に関する国際条約の成文化をめぐって、いくつもの案が作成された。たとえば、民間の研究機関や専門団体による主要な案として、1895年の「ケンブリッジ国際法研究所」(Institute of International Law at Cambridge) による案、1925年の「アメリカ国際法研究所」(American Institute of International Law) の案、1932年の「ハーバード国際法研究会」(Harvard Research in International Law) の案などがある。また個人によるものとしては、1868年の「ブランチリ私案」(Bluntschli's draft code)、1890年の「フィオーレ私案」(Fiore's draft code)、1911年の「パシュー私案」(Pessoa's draft code) などがあげられる。興味深いことに、日本の国際法協会日本支部と国際法学会も、1926年に共同で案を作成している。これらのうち主なものは、『アメリカ国際法雑誌』第26巻第1号(1932年)の付録として発行されたハーバード国際法研究会案に、参考資料として掲載されている[64]。また、国連の『国際法委員会1956年年報』にも、事務局準備資料に、1868年から1932年までに作成された主な案の要点が紹介されている[65]。

これらの諸案が、外交使節の文書やアーカイブズの問題にどのように触れているのか、年次順に見てみよう。

まず、1868年ブランチリ私案は、第197条で外交上の不可侵権は外交使節のアーカイブズに及ぶとしている。1890年フィオーレ私案は、第363条で公使館施設と領事アーカイブズにも治外法権の特権が適用されること、第364条で治外法権を認められた施設での文書・記録の捜索が禁止されること、第366条で公使館内のアーカイブズまたは外交活動文書保管区域は完全に接受国の法的権限外にあることを定めている。さらに第373条では、特別の事情により公使の意思に反して公使館の捜索を行う場合は、事前に通告して公使館側が文書や

---

63) 同上、p. 143、パラグラフ91.
64) "Diplomatic Privileges and Immunities Source", *The American Journal of International Law*, Vol. 26, No.1, Supplement: Research in International Law (1932), Appendix 1-11, pp. 144-192. ここでは、Cambridge University Press が提供している電子版によった。
65) 前掲 "Diplomatic Intercourse and Immunities (Document A/CN4./98)", pp. 146-152.

アーカイブズを施設外に移動する時間を与えなければならない，としている．

次に1895年のケンブリッジ国際法研究所の案では，第1部「不可侵権」の第4条で，外交使節の不可侵特権は，外交使節が任務を全うするために必要なすべてのもの，とりわけ個人の私物や文書，アーカイブズ，通信にも適用されなければならないと明記している．1911年パシュー私案もこれとほぼ同じで，第126条で，外交使節の私物，文書，およびアーカイブズの不可侵を強調している．1925年アメリカ国際法研究所の案では，第21条で「外交アーカイブズ」（diplomatic archives）という用語が使われ，その不可侵権が規定されている．

外交使節の文書やアーカイブズの取扱いについて，最も詳細な規定を設けている条約案は，1932年のハーバード国際法研究会「外交特権と免除」（Diplomatic Privileges and Immunities）である．この案については，全31条の条文案に提案者のコメントが付されているので，少し丁寧に見ておきたい[66]．本案では，第2部「施設とアーカイブズ」第5条で次のように規定する．

　　第5条　アーカイブズ
　　　接受国は，使節団のアーカイブズが接受国内のどこにあるかに関わりなく，あらかじめその場所について接受国に通告がなされている限り，かかるアーカイブズをいかなる侵害からも守り，その機密的性格を保護しなければならない．

この規定が他の諸案と異なるのは，接受国に使節団アーカイブズの保護を義務づける目的を，初めて「その機密的性格を保護」するためと明記した点である．これについて，本条に付されたコメントでは，本条が，外交使節による通信の自由とその機密保護の重要性を規定した第14条「通信の自由」と連動するものであることを述べ，外交通信文書が使節団のアーカイブズとして蓄積されていくことを考えると，接受国が使節団の通信と同様にアーカイブズを尊重し，その機密的性格を保護する義務を負うことは当然であり，これを条文に含めることは国際的に広く容認されるだろう，としている．

次に第7条を見ると，

---

66)　前掲 "Diplomatic Privileges and Immunities Source", *The American Journal of International Law*, Vol. 26, No. 1, Supplement, pp. 15-143.

第 7 条　廃止された使節団の施設とアーカイブズの保護
1. 使節団が引揚げまたは廃止されたときは，接受国は使節団のアーカイブズならびに，派遣国がその任務を果たす目的で保有している施設および財産における派遣国の権益を尊重し，これを保護するものとする．
2. 使節団が引揚げまたは廃止されたときは，派遣国は接受国が承認できる他の国の使節団に，アーカイブズならびに派遣国がその任務を果たす目的で保有している施設および財産の保管を委託することができる．

　この条項は，宣戦布告等によって2国間の外交関係が断絶した場合などを想定したもので，条文に付されたコメントによれば，派遣国使節団撤退後の施設と財産に対する接受国の保護義務が，アーカイブズにも適用されることは，当時の国際慣例から見ても疑いのないところであるという．その点は，第2項のいわゆる第三国へのアーカイブズならびに施設・財産委託権についても同じである．

　ただし，留意しておきたいことは，宣戦布告等によって外交関係が断絶し，使節団が廃止された後の公館やアーカイブズなど，派遣国権益の取扱いについて，第7条では「尊重し，これを保護するものとする」という表現が使われていることである．この表現は，第5条にいう「いかなる侵害からも守り，その機密的性格を保護しなければならない」という表現と比べると，一段弱いものであり，厳密に読むと，外交使節団の施設やアーカイブズに認められた「不可侵」特権は，外交関係の断絶などで使節団が国外に退去した後は，必ずしも継続されない，ということを意味していよう．この考え方は，1907年ハーグ陸戦条約で確認された，占領地における敵国国有動産の押収・没収権との整合性を図ったものと推定されるが，1961年「外交関係に関するウィーン条約」にも生かされており，重要な点と思われる．

　一方，外交使節団に属する外交官の個人文書等に対する不可侵権については，第17条「個人の保護と安全」で「接受国は使節団のメンバーならびにその家族を，彼らの安全，平安，または尊厳に対するあらゆる侵害から保護すべきものとする」と規定するにとどまり，1895年ケンブリッジ国際法研究所案や1911年パシュー私案にあったような，外交官の私物，文書，およびアーカイブズが不可侵権の対象であるとする記述は含まれていない．

以上見てきたように，外交使節の不可侵特権をはじめとする外交関係についての国際慣例は，第二次世界大戦以前の時期において，国際条約として成文化するための努力がかなり広範囲に行われ，国際慣習法として高いレベルに達していたと見ることができよう．そして，外交使節が保存しているアーカイブズや外交官の個人文書についても，その重要性と機密的性格のゆえに，外交使節の建物や財産と並んで不可侵特権の対象とし，成文化にあたっては条文の中に明記すべきとの考え方が広く存在していたことが明らかである．

　付言すると，ここで見てきた外交関係に関する国際条約の諸案の中では，領事機関ならびに領事アーカイブズに触れるところが乏しい．のちに，1961年「外交関係に関するウィーン条約」とは別に1963年「領事関係に関するウィーン条約」が作られたことからわかるように，両者は伝統的に別の問題として議論が進められてきたもののようである．

　先述の1932年ハーバード国際法研究会「外交特権と免除」が紹介されている『アメリカ国際法雑誌』第26巻第1号(1932年)付録には，それに続く第2部として，別の研究会メンバーによる「領事の法的位置と機能」(Legal Position and Functions of Consuls) が掲載されている[67]．こちらも，詳細なコメントを含む全34条の国際条約案である．第16条が「領事館アーカイブズ」，第17条が「領事館オフィス」となっており，接受国側に対し，接受国機関によるアーカイブズの侵害やオフィスへの侵入を防ぐ義務を課している．その原則は，1963年「領事関係に関するウィーン条約」に反映しており，戦間期における，領事関係に関する国際慣例の水準を示すものと思われる．

3.1.2　外交関係に関するウィーン条約（1961年），領事関係に関するウィーン条約（1963年）

　1961年の「外交関係に関するウィーン条約」(Vienna Convention on Diplomatic Relations) 作成の中心となったのは，1947年に設立された国際連合国際法委員会である．同委員会は，1952年12月の国連総会決議による要請にもとづいて外交関係と外交特権に関する国際条約成文化の作業に着手し，1954年にスウェーデンのA・E・F・サンドストレーム A. E. F. Sandström を特別報告者に任命し

---

[67] "The Legal Position and Functions of Consuls", 前掲 *The American Journal of International Law,* Vol. 26, No.1, Supplement: Research in International Law, 1932, pp. 193-449.

て，本格的な検討を進めた[68]．そして，1957年に同特別報告者の報告書にもとづいて一連の条文第1次案とコメンタリーを採択[69]．加盟各国からの意見を踏まえて，翌1958年には45か条からなる条文最終案を作成した[70]．この最終案は，1959年の国連総会決議により，国際会議での討議に付されることになり，1961年3月2日から4月14日までウィーンで「外交関係と外交特権に関する国連国際会議」が開催された．同会議では，国際法委員会最終案と条約起草委員会による修正案が詳細に議論され，4月18日に「外交関係に関するウィーン条約」が締結，署名されるに至ったのである[71]．

1961年「外交関係に関するウィーン条約」に盛り込まれている，外交使節団の文書とアーカイブズの取扱いに関係する主な規定は，次の通りである[72]．

第22条（公館の不可侵）
1 使節団の公館は不可侵とする．接受国の官吏は，使節団の長が同意した場合を除くほか，公館に立ち入ることができない．
2 接受国は，侵入または損壊に対し使節団の公館を保護するためおよび公館の安寧の妨害または公館の威厳の侵害を防止するため適当なすべての措置をとる特別の責務を有する．
3 使節団の公館，公館内にある用具類その他の財産および使節団の輸送手段は，捜索，徴発，差押えまたは強制執行を免除される．

第24条（アーカイブズの不可侵）

---

68) 前掲 "Diplomatic Intercourse and Immunities（Document A/CN4./98）", p. 132.
69) "Report of the International Law Commission covering the Work of its Ninth session, 23 April–28 June 1957, Official Records of the General Assembly, Twelfth Session, Supplement No. 9"（A/3623）, *Yearbook of the International Law Commission: 1957*, vol. II. 国連が提供している電子版によった．
70) "Diplomatic Intercourse and Immunities — Summary of observations received from Governments and conclusions of the Special Rapporteur , Mr. A. Emil F. Sandström（Document A/CN.4/117）, Report of the International Law Commission covering the work of its Tenth Session, 28 April–4 July 1958, Official Records of the General Assembly, Thirteenth Session, Supplement No. 9"（A/3859）, *Yearbook of the International Law Commission: 1958*, vol. II. 国連が提供している電子版によった．
71) *United Nations Conference on Diplomatic Intercourse and Immunities, Vienna — 2 March-14 April 1961: Official Records Volume I: Summary Records of Plenary Meetings and of Meetings of the Committee of the Whole*, Geneva, 1962; *Official Records Volume II: Annexes, Final Act Vienna Convention on Diplomatic Relations Optional Protocols Resolutions*, United Nations, New York, 1962.
72) 同上 *Official Records Volume II* による．訳文は外務省条約データベース掲載の日本語訳を基礎に筆者が一部改訳した．各条の見出しも同様．

使節団のアーカイブズおよび文書は，いずれの時およびいずれの場所においても不可侵とする．

第30条（住居，書類，通信および財産の不可侵）
1　外交官の個人的住居は，使節団の公館と同様の不可侵および保護を享有する．
2　外交官の書類，通信および，第31条3の規定による場合を除くほか，その財産も，同様に，不可侵を享有する．

第45条（外交関係断絶または使節団召還の場合における接受国または第三国による派遣国の利益保護）
2国間で外交関係が断絶した場合または使節団が永久的にもしくは一時的に召還された場合には，
（a）接受国は，武力紛争が生じたときにおいても，使節団の公館ならびに使節団の財産およびアーカイブズを尊重し，かつ保護しなければならない．
（b）派遣国は，接受国が容認することができる第三国に使節団の公館ならびに財産およびアーカイブズの管理を委託することができる．
（c）派遣国は，接受国が容認することができる第三国に，自国の利益および自国民の利益の保護を委託することができる．

　他の条項もそうであるが，以上の4か条は，すでに見た国際連盟での議論や，民間研究機関および個人による種々の条約案を参考にしている．その際，上記の成案を得るまでにどのような議論が行われたのか，1957年国際法委員会第1次案に付されたコメンタリー，同第1次案に対する各国の意見，ならびに，1961年ウィーン会議における最終案をめぐる討議[73]などから，主要な論点をうかがってみよう．

　外交使節にとって最も重要な不可侵特権が，使節団の文書やアーカイブズにも及ぶことは，第24条「アーカイブズの不可侵」で規定されているが，これは1868年ブランチリ私案をはじめ，すでに多くの条約案が明示しているところである．とくに，先に引用した1932年ハーバード国際法研究会案の第5条

---

[73]　前掲 *United Nations Conference on Diplomatic Intercourse and Immunities, Vienna — 2 March-14 April 1961: Official Records Volume I.*

「アーカイブズ」は，ウィーン条約第 24 条の直接のモデルとなったとも思える内容を持っている．

外交関係に関するウィーン条約が，第 22 条「公館の不可侵」第 3 項で，使節団の財産が「捜索，徴発，差押えまたは強制執行を免除される」と明記されているにもかかわらず，使節団の財産の一部と目されるアーカイブズと文書について，わざわざ別の条項を設け，その不可侵を強調している理由は何か．この点について，条約案提案者の国際法委員会は，最終案第 22 条[74]へのコメンタリーの中で，アーカイブズや文書が単に外交使節の財産の一部であるにとどまらず，外交使節がその機能を果たす上で，極めて重要なものであり，かつ機密的性格が高いためであると述べている．またその不可侵性は，本条約第 27 条の「通信の自由」の規定と連動していると指摘している[75]．この説明も，1932 年ハーバード国際法研究会案が第 5 条「アーカイブズ」の条文ならびにそのコメントの中で示している考え方と一致し，これにならった可能性がある．

ウィーン会議では，アーカイブズの不可侵について単独の条項を設けること自体は，ほぼ異論なく承認されているが，議論となったのは次の 2 点である．

第 1 に，「アーカイブズおよび文書」(archives and documents) という表現に対し，米国政府は 1957 年の第 1 次案のときから，「および文書」の部分は混乱を招き不要であると主張し，削除を提案していた．これに対し委員会側は，「使節団の文書は，たとえアーカイブズから切り離されていようとも，またアーカイブズに属していようがいまいが，アーカイブズそのものと同様に，物理的な所在場所にかかわらず（たとえば，使節団の一個人によって持ち運ばれている場合でも）不可侵でなければならない」と反論している．この点は，結局，委員会原案の通り採択されている[76]．

なお，米国政府は「アーカイブズ」(archives) と「文書」(documents) という用語の定義を条文に入れることも提案したようだが，その提案も採用されていない．ただ，上記の議論の内容と，本条が直接の参考にしたと考えられる 1932

---

74) 条約第 24 条「アーカイブズの不可侵」は，1957 年第 1 次案では第 18 条，1958 年最終案では第 22 条となっている．

75) 前掲 "Diplomatic Intercourse and Immunities — Summary of observations received from Governments and conclusions of the Special Rapporteur, Mr. A. Emil F. Sandström, p. 95.

76) 同上，p. 96, p. 136; 前掲 "Report of the International Law Commission covering the Work of its Ninth Session, 23 April–28 June 1957" (A/3623), p. 42.

年ハーバード国際法研究会案の用語法を勘案すると，documents は外交使節がその任務を遂行する過程で作成または授受する文書一般を指し，archives は，それらの documents のうち，業務上の必要性または歴史的な重要性などの理由で永続的に保存される文書を意味する，と解釈するのが至当であろう．これは，現今の英語圏における archives と documents の一般的定義と同じである[77]．

第2に，本条後段の「いずれの時およびいずれの場所においても」という文言をめぐって，多くの議論が行われている．この部分は，国際法委員会第1次案，最終案ともに入っていなかったが，同委員会は，上記の「および文書」の文言をめぐる議論の中でも「物理的な所在場所にかかわらず（たとえば，使節団の一個人によって持ち運ばれている場合でも）不可侵でなければならない」と述べているように，当初から「いずれの場所においても」という文言を盛り込みたい意向であった．ちなみに，1932年ハーバード国際法研究会案第5条も「使節団のアーカイブズが接受国内のどこにあるかに関わりなく」となっている．ウィーン会議では，アーカイブズと文書の不可侵性が絶対的なものであることをより明確にするため，さらに「いずれの時」を加えて「いずれの時およびいずれの場所においても」という文言を原案に付け加えることが複数の政府から提案された．これに対して，対象があまりに広すぎ，文書が違法な目的で，あるいは権限のない人物によって公館外に持ち出された場合などに不可侵特権を認めるのはおかしい，というような異論も出されたが，採決の結果「いずれの時」を加える案が賛成多数で採択された[78]．ただ，そのような問題に対処するため，本条の最後に「使節団の施設の外においては，視認可能な公式の標識を表示することによって確認できるようにしなければならない」という一文を加える案が，フランスとイタリアから共同提案された．この案は，賛成少数で否決されている[79]．

次に，第45条「外交関係断絶または使節団召還の場合における接受国または第三国による派遣国の利益保護」[80]をめぐっては，オランダなどから，そも

---

77) この点，日本では archives についての理解が欠けていたため，外務省の公式訳を含め，archives を「公文書」，documents を「書類」と訳している場合が多い．しかし，それでは本条の意味を正確に理解できない．筆者が「アーカイブズ」とカタカナ表記するゆえんである．

78) 前掲 *United Nations Conference on Diplomatic Intercourse and Immunities, Vienna — 2 March-14 April 1961: Official Records Volume I*, pp. 16, 57.

79) 同上．*Official Records Volume II*, p. 22.

そも本条約は平和時における外交関係の原則を定めるものであり，(a) 項で武力紛争による外交関係断絶時の処置について述べているのは適当でない，という意見が出されている．そして，新たに1か条を設けて，平和時の規定を武力紛争時に準用する際のルールを定め，かつ，一定の準用期間が終わった後は，関連する戦時国際法に従って外交団の施設やアーカイブズを保護すべき旨の文言を入れる提案を行った．しかし，この案は賛成者が少数で，結局国際法委員会の原案通りになった[81]．

ここで重要なことは，第45条が，武力紛争等により外交関係が断絶し，使節団が本国に引き揚げた後の公館施設やアーカイブズの取扱いについて，「尊重し，かつ保護しなければならない」としてはいるものの，第22条，第24条で使用した「不可侵とする」という強い表現をとっていないことである．この条項は，先に引用した1932年ハーバード国際法研究会案第7条を下敷きにしていると推定されるが，そこでも述べたように，この条項は，在外公館施設やアーカイブズの不可侵特権が，使節団退去後は必ずしもそのまま継続されないことを意味しており，先行する戦時国際法が占領地における敵国国有動産の押収を容認していることと齟齬をきたさないように配慮した可能性がある．

第45条については，ほかにも (b) 項と (c) 項で規定されている第三国への利益保護委託問題をめぐって議論がなされているが，ここでは省略する．

以上見てきたように，1961年外交関係に関するウィーン条約は，外交使節が作成，授受，保有する外交に関する文書とアーカイブズの地位について，極めて高い不可侵性を認定し，武力紛争等による外交関係断絶時においても接受国にその強力な保護を義務づける画期的な条約となった．しかし，その成文化は，19世紀以前に遡る国際慣例の成熟と浸透が背景となっていることが明らかであり，とくに第一次世界大戦から第二次世界大戦までの時期に広く進展した，外交関係に関する条約成文化の試みは，外交関係に関するウィーン条約の直接の土台となっているといえよう．

本書では，次章以下，第二次世界大戦期において在外公館のアーカイブズが

---

80) 条約第45条「外交関係断絶または使節団召還の場合における接受国または第三国による派遣国の利益保護」は，1957年第1次案では第36条，1958年最終案では第43条となっている．

81) 前掲 *Official Records Volume I*, p. 217；前掲 "Report of the International Law Commission covering the Work of its Ninth Session, 23 April-28 June 1957"（A/3623），p. 86.

どのように取り扱われたのか，その具体的事例を分析するが，当時の外交関係に関する国際慣例は，少なくとも外交使節の文書とアーカイブズの地位に関する限り，ほぼ1961年外交関係に関するウィーン条約と同じ水準にまで成熟しており，国際慣習法として確立していたといってよい．

なお，1963年の「領事関係に関するウィーン条約」（Vienna Convention on Consular Relation）[82]について付言すると，公館とアーカイブズの不可侵権については，外交関係に関するウィーン条約とほぼ同文の条項が設けられており，高い優先性が与えられている．条文の引用は省略するが，第31条（領事機関の公館の不可侵）と第33条（領事機関のアーカイブズおよび文書の不可侵）がそれである．また，武力紛争時における公館とアーカイブズ等の保護，尊重義務についても，第27条（例外的な状況における領事機関の公館およびアーカイブズならびに派遣国の利益の保護）に，外交使節の場合と同様の規定が盛り込まれている．

3.2　公文書の国家承継等に関する国際法と国際慣例

外交関係文書以外の公文書，あるいは外交関係文書も含めた一国の公文書とアーカイブズの全体を考えた場合，武力紛争時だけでなく，植民地の独立や革命による新国家の成立，あるいは統合や分裂による国家形態の変更など，さまざまな形で起こりうる国家変動に際して，旧国家の公文書やアーカイブズをどう取り扱うかという問題が生じる．

戦争の結果による統治者交代の場合は，本章第2節で見たように，新しい統治者が支配領域の公文書やアーカイブズを引き継ぐのが通例であった．1648年のウェストファリア条約においても，領土の返還や譲渡に際し，その領土に関係するすべての文書・記録を新しい領主に引き渡すべきことが明記され，この原則はその後のさまざまな戦後講和条約において，基本的に受け継がれている．

しかし，戦争以外の原因による統治者の交代の場合は，国家の財産やアーカイブズの取扱いについて，必ずしも国際的な共通理解があったとはいえなかった．ところが，第二次世界大戦後に植民地の独立による新国家の成立が相次ぐと，国家の財産やアーカイブズをどのように引き継ぐかについて，論争や紛争が生じるようになり，そのことをきっかけとして，この問題について成文化さ

---

82)　Vienna Convention on Consular Relation, 1961, in: United Nations, *Treaty Series,* vol. 596, p. 261. 国連提供の電子版を利用した．

れた国際法を制定しようという動きが高まった．

中心となったのは，国際連合国際法委員会とユネスコである．着手したのは国際法委員会の方が早いが，最終成果が先に発表されたユネスコの方から見ていきたい．

3.2.1　国外流出文書の返還問題をめぐるユネスコ事務局長報告書（1978 年）

ここでとりあげる 1978 年ユネスコ事務局長報告書の原題は「特定国領域内のアーカイブズから元の保有国への文書移管に伴う諸問題に関する研究についての事務局長報告」というものであるが[83]，ユネスコが関心を寄せているのは，戦争や植民地の独立などに際し国外流出したアーカイブズの承継をめぐる国家間の紛争（いわゆる「アーカイバル・クレーム」）と，その返還ないし移管の可能性の問題である．したがって，ここでは，わかりやすく「国外流出文書の返還問題をめぐるユネスコ事務局長報告書(1978 年)」と呼ぶことにしたい．ここで示されているのは，あくまでもアーカイバル・クレームに関わる 2 国間交渉や多国間交渉の際に役立ててもらうための原則とガイドラインであり，国際法にはあたらないかもしれない．しかし，ユネスコ総会で承認された国際的に大きい影響力を持つ文書であること，国際アーカイブズ評議会 ICA が作成の中心になっていること，また次項でとりあげる 1983 年「国家財産，アーカイブズ，負債についての国家承継に関するウィーン条約」と密接に関連していることなどから，事実上，国際慣習法の一端に位置づけうると考えられるので，詳しく見ておくことにしたい．

ユネスコがこの問題に本格的に取り組んだのは 1974 年からで，同年の第 18 回総会決議[84]にもとづき，1976 年に専門家諮問グループを設置して検討を開始し，その報告書をもとに国際アーカイブズ評議会 ICA に準備調査を，次いで ICA 円卓会議に詳細研究を委嘱．その結果を待って，1978 年 3 月に第 2 次専門家諮問グループを設置してユネスコ事務局長への勧告案を検討した．これを受けて，同年 11 月のユネスコ総会に事務局長報告書が提出され，了承された．

---

83)　"UNESCO Report（20C/102）of the Director-General on the Study Regarding Problems Involved in the Transfer of Documents from Archives in the Territory of Certain Countries to the Country of their Origin（1978）", in: 前掲 *Reference Dossier on archival claims*（注 9）．

84)　"UNESCO Resolution 4.212 adopted by the General Conference during the 18th Session, Paris, 17 October to 23 November 1974", in: 前掲 *Reference Dossier on archival claims*（注 9）．

本報告書は，最初に，アーカイバル・クレームに関わる2国間交渉や多国間交渉の際に役立つ原則とガイドラインを提示することが目的であることを述べ，次に，アーカイブズが人類共有の文化遺産として重要であると同時に，公的性格が強いものであることを強調し，とくに国家アーカイブズについては，国家財産の承継に関する国際法その他の国際的な取決めに従う必要があることを記している．

本文の中心は，大きく第3部「主な問題点」と第4部「原則とガイドライン」に分かれている．まず第3部「主な問題点」では，国家のアーカイブズが国外に流出するなどしてアーカイバル・クレームが起こる，そもそもの発生要因として，過去の200件以上の実例分析にもとづき，次の4つのカテゴリーをあげている．

(a) ある領域の統治権の交代で，新国家成立の形をとらない場合
(b) 戦時または軍事占領の結果による移動
(c) 旧政体の分裂による複数の新国家の成立
(d) 植民地化または植民地の独立

このうち，最後の (d) の場合は，アーカイブズがたどる道に，主に次の5つがあるという．

(i) 宗主国で作成・保管されているアーカイブズ
(ii) 植民地で作成され他の植民地に持ち出されたアーカイブズ
(iii) 植民地行政のアーカイブズで元の植民地で作成され独立時に宗主国に移されたアーカイブズ
(iv) 広域の植民地行政のアーカイブズで複数の新独立国家に関わるもの
(v) 植民地時代に宗主国によって作成され現在は独立した新国家に引き継がれているもの

分析対象となった200件以上の実例を見ると，新しく成立した国家がその地域に関する一定のアーカイブズを引き継ぐ権限があるという一般的認識はあるものの，共通の基準が固まっているわけでもなく，実際の対処方法はさまざまであるという．そこで，ユネスコが本原則とガイドラインの作成に踏み切ったというわけである．

第4部「原則とガイドライン」では，以下の8点が示されている．

(1)「2 国間および多国間交渉と合意」（Bilateral and multilateral negotiations and agreements）

　国のアーカイブズは，国家そのものの本源的な権威に由来する重要な国家遺産なので，その所有権や移管をめぐる問題は，あくまで国家間の法的な問題として，2 国間あるいは多国間で正式な交渉を行い，合意に至るべきこと，またその合意は，実用性と財政的裏づけが伴った内容でなければならない，という原則である．

(2)「国際法の原則，方針ならびに手順」（International law principles, policies and procedures）

　交渉にあたっては，関連する国際法の原則と方針ならびに手順に従うべきこと．とりわけ，条約・国内法規以外の事柄についての国家承継に関する国際法に最大限依拠しなければならない，という原則である．

(3)「遡及的主権」（Retroactive sovereignty）

　新国家の権限と地位は，独立以前の時期にまで遡るという考え方．この原則は，植民地の独立と新国家の成立を機に行われるアーカイブズ承継権交渉の場合，国際法上の先例がなかった問題なので，実質的な解決の助けになる．

(4)「出所（アーカイブズ群の本来的一体構造の尊重）」（Provenance［respect for the integrity of archives groups］）

　アーカイブズの移動にあたっては，出所の原則とアーカイブズ群の本来的一体構造の尊重の原則に可能な限り従い，1 つの行政体によって蓄積されたアーカイブズがその組織または法的に正当な継承者によって，1 つの有機的なまとまりとして保存されるようにしなければならない，という原則．

(5)「機能上の関連性」（Functional pertinence）

　出所原則の唯一の重要な例外として，機能上の関連性という概念が適用される場合がある．新国家への権力，責任，権能の移転は，これらの権力や責任の行使を可能にする名分や証明，情報の移転を伴う必要がある．アーカイブズに関しても，行政上の継続性を保障するため，機能的に関連するアーカイブズを移管しなければならない．しかし，新国家成立以前に，国家主権は持たないが領域の一部を単独で実効支配していた政体が存在し，新国家成立後もその後継者が引き続き行政権を掌握しているような場合は，当該政体が行政行為の過程で蓄積したアーカイブズは，機能上の関連性の原則から，国

家ではなく当該政体の後継者がこれを継承する権利を持っているということになる．

(6)「共同遺産」(Joint heritage)

　行政が先行国家から2ないしそれ以上の後継国家に分割して継承されるような場合，先行国家の行政行為から生まれたアーカイブズ群は，複数の国家の国家遺産を構成することになる．しかしアーカイブズ群を分割してしまうと，[本来的一体構造を破壊し]，その法的，行政的，歴史的価値を減じてしまうことになるので，このような場合の現実的な解決策として，共同遺産という考え方をとることができる．具体的には，継承権を持つ国のうちの1か国がアーカイブズ群全体を保管し，国家の遺産として物理的に完全な状態を維持する全責任を負う一方，継承権を持つ他の関係国は，これらのアーカイブズ群を共同遺産として共有し，その利用にあたっては保管国と同等の権利を与えられる，というものである．

(7)「歴史的連続性に対する権利」(Right to historical continuity)

　以上の原則とガイドラインの適用にあたり，いかなる国民集団も，その歴史からアイデンティティを獲得する権利を有することが理解されなければならない．人類の連帯の名において，国民集団は互いに協力し，歴史の真実と連続性を探求することが求められる．アーカイブズへのアクセスは，この探求と国民的アイデンティティの確立に不可欠である．

(8)「国際協力と理解」(International co-operation and understanding)

　国際的な協力と相互理解がなければ，この問題は解決できない．しかし，交渉と合意が進めば，新たな経済的枠組みの確立にも寄与し，情報への自由なアクセスと発展途上国の文化発展にもつながるだろう．

3.2.2　国家財産，アーカイブズ，負債についての国家承継に関するウィーン条約（1983年）

　国際連合国際法委員会では，1949年に初めてこの問題がとりあげられ，1961年12月の，国家承継問題を国際法委員会の優先課題とすべき旨の国連総会決議を経て，1963年に課題を「条約の承継」「条約以外に由来する権利と義務の承継」「国際機関のメンバーシップの承継」の3つに分けることを決定している．

第2課題の「条約以外に由来する権利と義務の承継」は，1968年以降「国家の財産，アーカイブズならびに負債に関する承継」問題に焦点が絞られることとなり，1967年に任命された特別報告者モハメド・ベダウイ Mohammed Bedjaouiを中心に検討が進められた[85]。同特別報告者による報告書の提出は，1968年から1981年まで13次に及んでいるが，国家アーカイブズの定義やその承継問題に関して，歴史的背景にも触れるなど，興味深い内容である[86]。

　国際法委員会は，1981年，上記の特別報告書をもとに「国家財産，アーカイブズ，負債についての国家承継に関する条約最終条項案」を採択して同年12月の国連総会に提出，同総会では，国際法委員会最終案を討議する国際会議を開催するとともに，国連加盟国に広く意見を求めることが決議された[87]。

　こうして，1983年3月1日から90か国の代表が参加してウィーン会議が開催され，4月7日に「国家財産，アーカイブズ，負債についての国家承継に関するウィーン条約」（Vienna Convention on Succession of States in respect of State Property, Archives and Debts）が採択の運びとなった[88]。

　アーカイブズについて定められているのは第3部「国家アーカイブズ」で，条項の構成は以下のようになっている[89]

　　第3部　国家アーカイブズ
　　第1節　はじめに
　　　第19条　本パートのねらい

---

[85] "Vienna Convention on Succession of States in Respect of State Property, Archives and Debts, Vienna, 8 August 1983: Procedural History".（United Nations Audiovisual Library of International Law ウェブサイト）（https://legal.un.org/avl/ha/vcssrspad/vcssrspad.html，参照 2023-08-16）.

[86] たとえば *Eighth report on succession of States in respect of matters other than treaties, by Mr. Mohammed Bedjaoui, Special Rapporteur-draft articles on succession to State property, with commentaries (continued)*. Extract from the *Yearbook of the International Law Commission*, 1976, vol. II（1）. 国際法委員会提供の電子版を利用。

[87] *Draft articles on Succession of States in respect of State Property, Archives and Debts, with commentaries, 1981*. United Nations. 国連提供の電子版を利用。

[88] *Final Act of the Conference on Succession of States in respect of State Property, Archives and Debts*（Document A/CONF.117/15），Extract from Volume II of *Official Records of the United Nations Conference on Succession of States in respect of State Property, Archives and Debts,* Vienna,1 March–8 April 1983. 国連提供の電子版を利用。

[89] *Vienna Convention on Succession of States in respect of State Property, Archives and Debts, 1983*, United Nations, 2005. 国連提供の電子版を使用。

第 20 条　国家アーカイブズ
　　　第 21 条　国家アーカイブズの移譲の効果
　　　第 22 条　国家アーカイブズの移譲の日付
　　　第 23 条　国家アーカイブズの無償移譲
　　　第 24 条　第三国のアーカイブズに対する国家承継の無効
　　　第 25 条　国家アーカイブズ群の本来的一体構造の保存
　　　第 26 条　アーカイブズの保存と保全
　　第 2 節　特定類型の国家承継に関する条項
　　　第 27 条　国家の領域の一部の移行
　　　第 28 条　新しく独立した国家
　　　第 29 条　国家の統合
　　　第 30 条　国家の領域の一部または複数の部分の分離
　　　第 31 条　国家の解体

　第 1 節では，まず第 20 条で「先行国の国家アーカイブズ」を「日付や種類を問わず，先行国がその機能を遂行する上で作成または受領したあらゆる文書であって，国家承継の時点において，先行国の国内法により当該国に帰属し，かつ目的を問わず，当該国が直接またはその管理下で保存していたものをいう」と定義する．その上で，国家の承継という事態が発生した場合に，これを廃棄，散逸させることなく，いかに遅滞なく後継国に引き継ぎ，行政の継続性を保障するかについて，第 21-26 条で基本的な原則を定めている．

　中心は第 2 節で，領土の変更を伴う 5 類型の国家承継について，先行国アーカイブズの移譲方法を定めている．この部分の箇条構成と条文作成には，先に見た「国外流出文書の返還問題をめぐるユネスコ事務局長報告書 (1978 年)」がひとつの参考にされていると思われる．すなわち，第 27 条「国家の領域の一部の移行」は，主として戦争等の結果，領土の一部を他国に割譲する場合が含まれると考えられ，これはユネスコ事務局長報告書にいうアーカイブズの国外流出発生原因のカテゴリー (a)「ある領域の統治権の交代で新国家成立の形をとらない場合」にほぼ該当する．また第 28 条「新しく独立した国家」は主に植民地の独立による新国家成立の場合であり，カテゴリー (d)「植民地化または植民地の独立」がそれにあたる．カテゴリー (c)「旧政体の分裂による複数

の新国家の成立」は，本条約では，第30条「国家の領域の一部または複数の部分の分離」と第31条「国家の解体」の2か条で論じられている．ちなみに，ユネスコ事務局長報告書のカテゴリー（b）「戦時または軍事占領の結果による移動」は，国家承継の形に至らない一時的な戦時下でのアーカイブズの国外流出を意味しているので，第2節にいう「特定類型の国家承継」には含まれていないが，第1節で規定されている国家承継の基本原則は適用されると解釈される．

　第2節各条の規定について，ここで詳細に検討することは避けるが，いずれの箇条においても共通する基本的な考え方，すなわち国家承継の類型を問わず適用される基本原則として，国家承継によりある領域の領有権を得た国家が，その領域に関する先行国アーカイブズの移譲を受ける権利を有する，という考え方があげられる．これは，17世紀に遡る国際関係に関する国際慣例や，戦時国際法の伝統的考え方を土台とし，国際法として初めて包括的に明文化したものといえる．また，ある特定の領域に関するアーカイブズをめぐって，先行国と後継国の間で，または複数の後継国の間で利益や権利が重複する場合は，恩恵が一方に偏らないよう，関係国間の協議や複製物の提供を義務づけていることも重要な点である．この考え方も，古くは1648年のウェストファリア条約などに淵源が見られることを先に述べたが，直接には，1978年ユネスコ事務局長報告書が提唱した「共同遺産」の考え方を下敷きにしていると思われる．

　なお，本条約がこれほど詳細にアーカイブズの保存と承継について定めているのは，単に政治的な重要性からだけではなく，国家アーカイブズの承継が「関係国の人々の発展に対する権利，自らの歴史についての情報に対する権利，ならびに文化遺産に対する権利を損なうものであってはならない」（第28条第7項，第30条第3項，第31条第4項）という理念にもとづいているためであることを，改めて確認しておきたい．

4．おわりに――第二次世界大戦期の到達点

　本章では，武力紛争時における文書・記録やアーカイブズの保護という問題に関心の焦点を絞り，国際法や国際慣例の発展過程をたどってきた．主として，条文分析という手法をとったので，実際の歴史過程において，これらの国際法

や国際慣例がどのように実効性を持ったのかということは，全くの別問題だという考え方もあるが，三十年戦争後のウェストファリア条約や第一次世界大戦後のベルサイユ条約など，戦後の講和条約には，具体的な史実を反映した部分が含まれており，条文分析からも一定の歴史的検証は行えたと考えている．

本章をまとめるにあたり，最初にもう一度確認しておきたいことは，1863年リーバー規則から1907年ハーグ陸戦条約に至る戦時国際法の主要な流れの中で，少なくとも次の4つの原則が，ほぼ定着したとみなせることである．

① 占領軍による国有動産の没収・押収権と国有不動産の用益権の条件付き容認
② 私有財産の没収禁止と押収権の限定的容認
③ 宗教・慈善・学術・文化施設財産の没収・押収の原則禁止
④ 芸術・学術・文化資源の保護義務

これらの原則が，文書・記録やアーカイブズの保護という特定の局面において，法規上どのような形で反映しているのかを見極めるためには，本章の「1. はじめに」で指摘したように，以下の4点に留意する必要がある．すなわち，(1) 文書・記録やアーカイブズが持つ，統治あるいは組織運営の道具としての側面と，文化遺産としての側面という2つの異なる性格の重層的存在，(2) 外交に関する公文書と一般公文書との間に存在する認識と取扱い上の差異，(3) 公有財産（国有財産）か私有財産かによる認識と取扱い上の差異，(4) 敵産管理法など国内法規との関連，の4点である．

このうち，(4) については，補論1で論じるので，ここでは (1)-(3) の3点を柱に，第二次世界大戦期までに国際法や国際慣例の水準がどのようなレベルに達していたのかという観点から，まとめの考察を行いたい．

(1) 統治や組織運営の道具としての側面と文化遺産としての側面との重層性

前者の側面，とりわけ統治の道具としての公文書やアーカイブズについていえば，早くから領土と一体的な存在とみなされ，歴史上多くの戦後講和条約において，この原則にもとづく領土統治者へのアーカイブズ返還や移管が行われてきた．しかしながら，この原則が成文化されるのは1983年の「国家財産，アーカイブズ，負債についての国家承継に関するウィーン条約」であり，第2期の1863年リーバー規則から第3期のハーグ陸戦条約に至る戦時国際法では，

公文書やアーカイブズの位置づけが必ずしも明確に示されていない．ただ，統治権との一体原則から見れば，本文でも推測したように，公文書や公的アーカイブズは，これらの戦時国際法にいう「国有動産」「公有動産」に含まれるものとして取り扱われてきたと考えるのが自然であろう．

　ブリュッセル会議宣言以降，戦争目的に使用可能な国有動産に対しては，占領軍による没収権が認められ，そのことは逆に戦争目的と直接関係しない国有動産の没収禁止と押収容認を含意していると解釈された．この原則はハーグ陸戦条約で確たるものとなり，第二次世界大戦期の日本軍や連合国軍は，公文書やアーカイブズを敵国国有動産の一部とみなして接収するに際し，国際法上，軍事関係動産として没収するが，それとも非軍事的動産として押収するにとどめるかの選択をしなければならない立場にあったと考えられる．本書第2巻第6章で言及する日本敗戦直後の連合国軍最高司令官総司令部による日本国内からの外務省文書等の押収は，ハーグ陸戦条約附属書第53条を根拠のひとつにしたと判断できるので，後者の一事例と見られる[90]．

　次に，文書・記録やアーカイブズを文化遺産・歴史資料として尊重する見方は，すでに第1期において，古文書学や実証史学の成立などを背景に，広く生まれつつあったと思われる．それが戦時国際法や国際慣例にはっきりと反映するのは，第2期以降である．具体的には，リーバー規則やブリュッセル会議宣言の学術文化施設・学術文化財押収禁止規定を前提として，1880年オックスフォード・マニュアルの芸術・学術・文化資源保護条項に「アーカイブズ」が加えられたことや，1919年ベルサイユ条約ほかの講和諸条約で，多数の歴史的アーカイブズが，略奪文化財の一部として返還対象になっていることなどがそれである．そして，1923年のベロット規則では，占領軍が保護義務を負う芸術・学術・文化資源の中に，「アーカイブズまたは公文書」（archives or public documents）という，より明確な表現が加えられた．しかし，このような進展にもかかわらず，この規定が国際法として成文化されるには，やはり戦後の1954年ハーグ文化財保護条約を待たなければならなかったのである．

　以上をまとめると，文書・記録やアーカイブズが持つ，統治あるいは組織運営の道具としての側面と，文化遺産としての側面という2つの性格に対する国

90）　前掲 "The Far East: Treatment of Archives, PWC297a, of 6.11.1944". 本章注45参照．

際法上の認識は，第二次世界大戦期において，いずれも戦後の法制化に直結するような高い水準に達している．しかし，両者はそれぞれが個別の発展過程を経ており，その重層性を調整するような提案や規定は出現していない．公文書やアーカイブズが本来的に有するこの二面性，あるいは重層性は，容易に調整できるものではなく，おそらく第二次世界大戦期においても，個々のケースに応じて，評価，適用，あるいは判断，処置が行われたものと推定される．

(2) 外交に関する公文書と一般公文書との差異

国や地方自治体の公文書やアーカイブズは，上記(1)で述べたように，戦時国際法上，一般的には国有動産あるいは公有動産の一部として取り扱われ，19世紀末以降には，文化遺産としての保護を求める考え方が現れてくるが，いずれにしても，国際法上の位置づけは，他の問題に比べて決して高いとはいえなかった．

これに対し，外交に関する公文書やアーカイブズ，とりわけ外交使節公館と領事機関の文書・記録ならびにアーカイブズについては，外交官の保護を中心とする外交関係に関する国際慣例の発展とともに，早くから特別な注意が払われてきた．外交関係は，伝統的に慣習法に依拠するところが大きい分野のひとつであったため，国際法としての成文化は，1961年の外交関係に関するウィーン条約と1963年の領事関係に関するウィーン条約にまでずれ込むことになった．しかし，その柱のひとつでもある，外交に関する文書とアーカイブズの不可侵原則は，第一次世界大戦以降広く行われた議論を通じて，国際的な共通認識となり，第二次世界大戦期においては，国際慣習法として確立の段階に達していたと認められる．

(3) 公有財産（国有財産）か私有財産かの差異

政府等の公的機関が作成した公文書や公的アーカイブズは，国際法ならびに国際慣例上，早くから領域支配と一体化した国有ないし公有財産として位置づけられてきた．また，1923年ベロット規則で，保護対象となる文化財に「アーカイブズまたは公文書」が加えられたように，公文書や公的アーカイブズの文化遺産としての価値も，19世紀末以降，認識が広がっていたところである．

一方，民間企業や個人が保有する記録やアーカイブズについても，1783年

パリ条約で，米国独立戦争中に英国軍将兵が捕獲した「すべての，当該州またはその市民に帰属するアーカイブズ，記録，証書，ならびに文書」の返還が定められるなど，私有財産としてこれを尊重する考え方は，早くから存在している．その考え方は，1907年ハーグ陸戦条約に代表される戦時国際法の条文に明記されるには至っていないが，戦時国際法が強調する私有財産の押収禁止原則や，芸術・学術・文化資源の保護義務には，事実上，民間の記録やアーカイブズが対象として含まれていると考えてよい．ただ，企業記録など経済活動に関わる民間記録の戦時における取扱いについては，国際法や国際慣例の原則論だけでは現実の対応が難しく，これを補うものとして，対敵通商や敵産管理に関する国内法制が，戦間期から第二次世界大戦期にかけて，各国で整備されていくことになる．これについては，次の補論1で検討する．

第1章補論1

敵産管理法制とアーカイブズ

1. はじめに

　第1章第2節で見たように，武力紛争時における敵対国の国有財産ならびに敵対国国民の私有財産の取扱いについては，国際法ならびに国際慣例上，比較的早くから一定の共通認識が形成されてきた．これに関連して注意すべきことは，敵国ならびに敵国人との通商を規制する対敵取引禁止法令や，敵国資産，とりわけ自国領土内に存在する敵国の公私有財産の没収・押収と管理を目的にした敵産管理法令を国内法として制定し，それにもとづいて，あるいはそれとの関連で，公的機関や民間企業が所有する文書・記録やアーカイブズを押収する事例がまま見受けられることである．補論1では，あくまで武力紛争時における文書・記録やアーカイブズの押収や管理の問題に焦点を絞り，関係国の対敵通商禁止法令や敵産管理法令について，若干の考察を行いたい．

　チャールズ・ヘンリー・フーベリック Charles Henry Huberich によれば，戦争時の対敵通商を規制する法令や命令は，17世紀の英国などで限定的な内容のものが出されているが，18世紀頃までの英米裁判所，とくに海事法廷では，コモン・ローによって敵側との通商に関係した船舶の商品押収や廃棄が行われていたという[1]．対敵通商を違法とする基本原則は18世紀を通じて緩やかに発展し，19世紀の初めには英米判例法の一般的な考え方となった．

　各国が国内法で対敵通商の禁止を定めるようになったのは，第一次世界大戦

---

1) Charles Henry Huberich, *The Law Relating to Trading with the Enemy: Together with a Consideration of the Civil Rights and Disabilities of Alien Enemies and of the Effect of War on Contracts with Alien Enemies*, Baker, Voorhis & Company, 1918, 2-32頁〔Introduction〕（Cornell University Library デジタルライブラリー）．以下の概説的記述は本書による．

時である．英国はドイツへの宣戦布告の翌日 1914 年 8 月 5 日に「敵国との通商に関する法律」(Trading with the Enemy Act, 以下「英国対敵通商法 1914」と略称) を制定してドイツとの通商を禁止．8 月 12 日にはオーストリア＝ハンガリー帝国への宣戦布告を機に，対敵通商禁止の対象を同国に拡大した．

フランスは 1914 年 9 月 27 日に対敵通商に関する最初の法令を発布し，その後，1916 年まで数度にわたる法令発布によって徐々に対象範囲や権限を拡げている．連合国側では，ほかにオーストラリアが 1914 年 10 月 23 日に「敵国との通商に関する法律」(Trading with the Enemy Act, 以下「豪州対敵通商法 1914」と略称)，ロシアも 1914 年 11 月の勅令を皮切りに，関係法令を制定している．

英仏などの上記法令は，1916 年 6 月の「連合国パリ経済会議」によって連合国各国の協力が得られるようになるまでは，十分に機能しなかった．しかるに，パリ経済会議では，対敵通商の禁止と対中立国通商の監視についての勧告が採択され，これによってようやく連合国側の足並みがそろいはじめた．パリ経済会議を機に国内法として新たに対敵通商法を制定した国に，日本と米国がある．すなわち，日本の「対敵取引禁止令」(1917 年 4 月 24 日勅令第 41 号) と，米国の「敵国との通商に関する法律」(Trading with the Enemy Act), (1917 年 10 月 6 日制定．以下「米国対敵通商法 1917」と略称) である．

他方，同盟国側のドイツも，1914 年 9 月 4 日の外国企業活動の監察に関する政令を皮切りに，敵国商品の押収，敵産の隔離，外国企業活動の凍結などに関する政令を次々と発布した．また 1915 年 10 月 7 日の政令では，英仏露エジプトなどドイツ帝国領内の非居住敵国民財産の隔離規定を定め，この規定は 1917 年 11 月 20 日の政令により米国市民にも拡大された．ドイツの法令は，対敵通商の取締りよりも敵産管理の方に主眼が置かれているように見える．

各国の対敵通商禁止に関する法令は，以上のように，第一次世界大戦を機に主要な国で国内法として整備されたが，第二次世界大戦期に至って新たな展開を見せている．英国とオーストラリアは，それぞれ 1939 年に新たな「敵国との通商に関する法律」(Trading with the Enemy Act) を制定し，米国は米国対敵通商法 1917 の改正を行う一方，1942 年 3 月 11 日の大統領令 9095 号によって，いったん廃止されていた外国人資産管理人事務所を復活し，米国対敵通商法 1917 のもとでの敵産管理を強化した．一方，第二次世界大戦で連合国と敵対することになった日本は，開戦直後の 1941 年 12 月 22 日に「敵産管理法」を公布し

ている．

　第二次世界大戦期の対敵通商・敵産管理に関する各国法令の特徴は，戦時経済政策の色合いを強く持っていたことである．日本の敵産管理法が大蔵省の所管であったように，多くの国で財務当局がこれを管掌しているのはそのためでもあるだろう．それでは，以下，第二次世界大戦期に施行されていた各国の法令について見ていこう．

2．英国の対敵通商法と敵産管理

　1941年12月8日，日本が英米両国に宣戦布告してアジア太平洋戦争が始まると，連合国各国は，それぞれ自国領内に存在する日系企業や日本人の資産を凍結し，必要に応じ接収を実施した．この過程で，多くの場合，日系企業が作成，保持していた業務記録も接収の対象となった．

　英国本国において，敵国資産，とりわけ在英日系企業等の資産とその記録の接収や管理が，実際にどのように行われたかについては未調査だが，英国の場合，その法的根拠となったと考えられる国内法は，前述の1939年に新たに制定された「敵国との通商に関する法律」（以下「英国対敵通商法1939」と略称）[2]であった．英国はすでに英国対敵通商法1914を持っていたが，1930年代に入り，世界恐慌による経済危機とナチスに代表されるファシズムの台頭に危機感を強くし，第二次世界大戦開戦直後の1939年9月5日に，英国対敵通商法1914を土台として新たに英国対敵通商法1939を制定したのであった．

　英国対敵通商法1939の主眼は，敵国または敵国国民との通商，ならびに敵国または敵国国民に利益を与える商行為を禁止し，これに違反した者を罰することにあったが，あわせて，「査察官」（inspector），「監督官」（supervisor）による対敵通商やそれに関連する利敵商行為の摘発と監視（第3条），「敵産管理人」（custodian of enemy property）による敵国・敵国人資産の接収と管理（第7条）についても定めている．以下詳しく見よう．

　まず第3条「商行為の査察と監督」では，第1項で

---

[2]　英国政府が提供するウェブサイト Legislation.gov.uk を利用（https://www.legislation.gov.uk, 参照2022-08-13）．

3．(1) 商務省は，本法各箇条を順守するのに役立つと考えるときは，特定の者（以下，本条では「査察官」と称する）に対し，命令書で指定された個人に属する，あるいはその個人が管理するいかなる帳簿または文書をも査察する権限を与え，かつ，査察官が当該個人その他の者に対し，その所有する情報のうち，指定された個人による商行為に関係し査察官が必要とする情報の提供を要求する権限，ならびに，前述の目的のため，当該商行為に使用された施設に立ち入る権限を与えることができる．

とし，続く第2項で，商務省が必要に応じ企業等に監督官を派遣できることを定めている．また，第3項，第4項は，正当な理由なく文書や情報を提供しなかったり，査察官または監督官の権限に反して帳簿や文書の廃棄，切断，汚損等を行ったりした者に対する罰則規定である．第3条は主に英国国民を対象にしているが，国籍を問わず適用されたと考えられる．

次に第7条は「敵国ならびに敵国国民の資産，敵国負債の収集と敵産管理」と題し，まず第1項で，商務省は，「敵への金銭支払いを阻止し，かつ，和平締結時に行われるべき処理を考慮して敵資産を保全する」ため，イングランド，スコットランド，北アイルランドにそれぞれ「敵産管理人」を任命し，次のような権限を付与することができると定めている（以下は要約）．

(a) 敵側の個人またはその利益のために支払われる予定であった金銭の徴収
(b) 指定された敵産の接収ならびにその準備と規制
(c) 指定されたもの以外の敵産の移動
(d) 敵産管理人により徴収，接収または移動された，またはその旨求められている金銭や資産，ならびにそれ以外の敵産について，敵産管理人その他の者が，所定の権利，権力，義務等を遂行すること
(e) （略）
(f) 敵産管理人が必要とする申告書，会計簿その他の情報の提出

また，本法に反し違法な金銭支払いや資産処理を行った者に対する罰則は第7条第5項に，敵産管理人に求められた文書や情報を理由なく作成，または提出しなかった者に対する罰則は第6項に，それぞれ定められている．

これから見ると，英国の場合，企業記録を押収する主たる根拠となったのは，上記第3条第1項の査察官に与えられた，帳簿・文書ならびに関連情報の提出

命令権、および、第7条第1項（f）の敵産管理人に付与された、申告書、会計簿その他の情報の提出命令権にあった可能性が高い。もちろん、本法が対象とする敵産の一部として、企業記録を押収する場合もあったとは思われる。しかし、本法第7条第8項では、「敵産」を「敵国または敵国民に属する、またはそれらの者のために保有もしくは管理されている、いかなる資産をも指す」とし、「資産」とは「不動産または個人財産をいい、不動産または個人財産中の地所または権益、有価証券、債権その他の有効な、その他所有下にあるか否かにかかわらずいかなる権利または権益を含む」と定義している。この定義を見る限り、敵産の主眼は当然のことながら金銭的価値の高い資産にあった。よって、（実際の接収現場でどの程度明確に区別されたか、あるいは区別できたかどうかは別として）、企業の記録・文書やアーカイブズは、多くの場合、敵産そのものというよりは、商行為の証拠情報や敵産の根拠記録として押収ないし接収される場合が多かったと考えるのが自然ではないか[3]。

3. 在豪日系企業記録の接収とオーストラリアの敵産管理法制

次に、英連邦の一員であるオーストラリアの状況を見よう。

オーストラリアでは、アジア太平洋戦争開戦直後から、三菱商事、三井物産、山下汽船、横浜正金銀行、野澤組、荒木商店など、大手貿易商社から、海運会社、銀行まで、日系企業在豪支店・出張所の資産凍結と接収が開始され、あわせて業務上の文書・記録が大量に接収されている[4]。文書・記録類の接収の根拠となったのは、これも先に触れた1939年の「敵国との通商に関する法律」（以下「豪州対敵通商法1939」と略称）[5]や、同じ1939年の「国防法」のもとで設

---

3) 英国については Foreign & Commonwealth Office, General Services Command, "History Notes: British policy towards enemy property during and after the Second World War", *Historians*, LRD No. 13, April 1998 を参照.

4) 在豪日系企業記録プロジェクト『オーストラリア国立公文書館旧蔵日系企業記録ガイド』（2019年、第2版 PDF 版が日本国立公文書館ウェブサイトで閲覧できる）第1部「オーストラリア国立公文書館旧蔵日系企業記録について（フォンド記述）」；和田華子「オーストラリア政府による在豪日系企業史料の接収過程について」（『平成15-18年度科学研究費補助金・基盤研究（A）「歴史情報資源活用システムと国際的アーカイブズネットワークの基盤構築に向けての研究」研究成果報告書〔研究代表者：高埜利彦〕』（2007年3月）；和田華子「太平洋戦争の開戦と在豪日系企業記録」（『歴史評論』739号、2011年11月）.

けられた「国防（敵産）規則 1939」(National Security〔Enemy Property〕Regulations 1939)[6]であったとされている[7]．

　豪州対敵通商法 1939 は，1914 年に定められた同名の法律を土台に，主として，オーストラリアの国益を損ない敵国の利益に資する通商行為を取り締まるのが目的であった．その第 5 条（5）は，次のように，関税会計検査院長ならびにその指名する担当官に対し，この法律の趣旨に抵触する通商行為を行った，あるいはその恐れのある企業などの商品や資金を王有財産として押収する権限を与えている．

> 第 5 条（5）本条に反する違法行為の実行に際し関係があった，もしくはかかる違法行為に関わって使用された商品または金銭は，いずれも英国王の没収財産とし，警吏または関税会計検査院長から書面で権限を認められた人物により，令状なく押収できるものとする．そして，略式裁判所の管轄下に置き，「犯罪法 1914-1937」第 9 条により押収された物品と同様の方法で扱うものとする．

　日系企業記録の接収はこの規定を主たる法的根拠とし，国防（敵産）規則 1939 で設置された敵産管理局の手によって実施されたとされている[8]．
　この解釈によれば，企業活動の記録も豪州対敵通商法 1939 にいう「商品または金銭」の一部として扱われ，敵産管理局により他の商品または金銭と一体的に接収，管理されたということになる．その解釈にも妥当性はあるが，他方，豪州対敵通商法 1939 は，これとは別に第 7 条（1）で，関税会計検査院長またはその承認する担当官に対し，豪州対敵通商法 1939 の目的を達成するため，いかなる者であれその個人の帳簿や文書を査閲し，必要に応じて差し押さえる

---

5) オーストラリア政府が提供しているウェブサイト Federal Register of Legislation を利用（https://www.legislation.gov.au，参照 2022-08-14）．
6) 同上．
7) National Archives of Australia, *Appraisal of Position regarding Enemy Property Records*, Sydney, August, 1957（オーストラリア国立公文書館『敵産記録に関する地位評価』）．本資料は，1957 年に接収日系企業記録が敵産管理局からオーストラリア国立公文書館に移管された際，受入れのために作成された評価レポートで，2003-2016 年に筆者らが実施した「在豪日系企業記録プロジェクト」に際しオーストラリア国立公文書館から提供を受けたものである．
8) 同上．

権限を認め，第8条では，帳簿・文書の破壊，損傷，改ざんに対する処罰も定めている．

> 第7条（1）何人によるものであれ，治安判事の手で，本法第5条に反し為された，もしくは為される可能性のある違法行為が明らかにされたとき，あるいは，本法の目的のため，何人であれその帳簿や文書を査閲することが望ましいことが明らかにされたとき，関税会計検査院長は，関税会計検査院長またはその承認を受けた者の誓約による情報を得た上で，令状により，令状に氏名が記された者に対して次の権限を与えることができる．
> （a）上記の個人に帰属する，あるいはその所有ないし管理下にある帳簿や文書を査察し，適当と考えられる場合は差し押さえること
> （b）何人であれ，関税会計検査院長が，最初に触れた個人の業務や通商に関係する情報を提供できる，もしくは関係する帳簿や文書を提出できると信じうる者に対し，情報の提供または帳簿や文書の提出を求めること
> （c）警吏または所定の官吏が付き添いの上，かかる業務や通商に関係して使用された，もしくは関税会計検査院長が，そのように使用されたと信じる，または，関税会計検査院長が，最初に触れた個人に属する何らかの帳簿や文書が中に存在すると信じうる建物，または施設や場所に立ち入り，強制的に開扉し，捜索すること
> （中略）
> 第8条　本法のもとで，ある者に個人の帳簿または文書を査察する権限が付与され，その者によって，何らかの帳簿または文書が破壊，損傷，改ざんされたことが明らかにされた場合は，その帳簿や文書の管理に関わっている，または関わったことのある個人は，何人であれ，その破壊，損傷，改ざんが本法第5条に反する違法行為を構成する行いではなかったことを証明しない限り，罪に問うものとし，対敵通商の罪を犯したものとして，それと同等の処罰を受ける可能性がある．

以上の条項は，英国対敵通商法1939第3条で定められた査察官の権限規定

に類似しており，やはり国籍を問わなかったと考えられるので，日系企業記録の接収の際，法的根拠の一部として使われた可能性がある．

一方，英国対敵通商法 1939 第 7 条で規定されていた敵産管理人については，オーストラリアでは国防（敵産）規則 1939 で定められている．すなわち，その第 3 条第 1 項で「敵産管理人」(Controller of Enemy Property) を総督が任命するとし，第 4 条でその主たる任務を「本規則を遂行するため敵産管理人に支払われる，あるいはその所管に移されることになった資産を，受領し，管理し，保存し，また処置を行うこと」と定めている．したがって，オーストラリアにおいては，一般に豪州対敵通商法 1939 を主たる法的根拠として敵国企業資産や企業記録が接収され，国防（敵産）規則 1939 によって敵産管理人の管理下に置かれたと考えられる．

日系企業記録は，1945 年の日本敗戦後も 1951 年 9 月 8 日に調印された「日本国との平和条約」（サンフランシスコ平和条約）締結まで，敵産管理人のもとでオーストラリア連邦政府敵産管理局がこれを管理する体制が続いていたようである．押収時の法的根拠がどうであれ，日系企業記録が敵国私有財産の一部として敵産管理局の管理下に置かれていたとすれば，国際法上の原則に照らして，平和条約締結後に原所有者に返還されるべきもののはずであった．しかしサンフランシスコ平和条約は，第 5 章「請求権および財産」第 19 条 (a) 項で，「日本国は，戦争から生じ，又は戦争状態が存在したためにとられた行動から生じた連合国及びその国民に対する日本国及びその国民のすべての請求権を放棄」すると，ほとんど無制限の請求権放棄を定めていた[9]．おそらくオーストラリア政府は，この規定により，日系企業記録を返還する義務は消滅したという考え方をとったのであろう．記録返還の措置はとらなかった．代わりに行ったのは，日系企業記録の所有手続きである．サンフランシスコ平和条約は，同じ第 5 章の第 14 条 (a) 項 2 (I) において，各連合国が，「(a) 日本国及び日本国民，(b) 日本国又は日本国民の代理者又は代行者，並びに (c) 日本国又は日本国民が所有し，又は支配した団体」の「すべての財産，権利及び利益でこの条約の最初の効力発生の時にその管轄の下にあるものを差し押え，留置し，清算し，その他何らかの方法で処分する権利を有する」と定めている．続けて「この (I)

---

9) 外務省条約データベース掲載の「日本国との平和条約」日本語条文による．

に明記する財産，権利及び利益は，現に，封鎖され，もしくは所属を変じており，又は連合国の敵産管理当局の占有若しくは管理に係るもので，これらの資産が当該当局の管理の下におかれた時に前記の（a），（b）又は（c）に掲げるいずれかの人又は団体に属し，又はこれらのために保有され，若しくは管理されていたものを含む」としている．また同項（Ⅳ）では，「前記の（Ⅰ）に規定する日本財産を差し押え，留置し，清算し，その他何らかの方法で処分する権利は，当該連合国の法律に従って行使され，所有者は，これらの法律によって与えられる権利のみを有する」と規定している．オーストラリアの接収日系企業記録は，これらの規程にもとづき，オーストラリア国内法によって国有財産となり，最終的には1957年にオーストラリア国立公文書館に移管された[10]．

したがって国立公文書館への移管にあたり，日系企業記録は接収資産の最終処分という形ではなく，あくまで敵産管理局が業務上受け入れた記録，すなわちオーストラリア政府アーカイブズの一端を構成する「敵産管理局文書」という位置づけで，通常の行政文書管理システムの流れに沿って移管された．

なお付言すると，在豪日系企業記録約3500箱は，日豪友好回復70年を記念して2017年にオーストラリア国立公文書館から日本の国立公文書館に寄贈され，同館で公開されている[11]．

4. 在米日系企業記録の接収と米国の敵産管理法制

米国も，1941年12月の日米開戦後，在米日系企業の資産とともに文書・記録を接収し，現在，米国国立公文書館所蔵「外国人資産管理人事務所記録」（RG131）の中に，14商社5銀行の資料が大量に残っている[12]．

接収の法的根拠となったと考えられるのは，1917年に制定された米国対敵通商法1917である．同法は何度か改正が行われているが，以下の条文は1940

---

10) 前掲 National Archives of Australia, *Appraisal of Position regarding Enemy Property Records*.
11) 長岡智子「『オーストラリア国立公文書館旧蔵日系企業記録』の寄贈受入について」（『アーカイブズ』74号，2019年）；前掲在豪日系企業記録プロジェクト『オーストラリア国立公文書館旧蔵在豪日系企業記録ガイド』；安藤正人「在豪日系企業記録の『里帰り』」（『千葉史学』73号，2018年11月）；安藤正人『オーストラリア国立公文書館旧蔵在豪日系企業記録ガイド』の刊行について」（『アーカイブズ学研究』No. 32，2020年6月）．
12) 『平成18年度～平成20年度科学研究費補助金 基盤研究（B）海外学術調査研究成果報告書「在米日系企業接収文書の総合的研究」』（研究代表者・上山和雄，2009年3月）．

年時点のものである．同法は，英国やオーストラリアなどの対敵通商法と同じく，対敵通商の取締りが主眼であるが，あわせて敵産管理についても規定しており，その基本的権限は第5条で次のように定められている[13]．

> 第5条 （前略）外国または外国の国民の資産または利権は，大統領による指令があるとき，その指令により，かつ定められた規定に従い，大統領によって随時指定される機関もしくは個人に付与するものとする．これらの資産または利権については，大統領が定めた規則および条件にもとづき，保持，使用，管理，清算，売却，その他，合衆国の利益となる有用な処置をなすものとする．上記の指定された機関もしくは個人は，これらの目的を達成または推進するため，それに伴ういかなる行為もすべて実行することができる．

在米日系企業の文書・記録は，上記の規定にもとづき「資産」の一部として接収された可能性もあるが，第5条は続いて，次のように，必要に応じて「当該者の保管もしくは管理下にある会計帳簿，記録，契約書，書簡，覚書その他の書類の提出を，ならびに国家安全保障もしくは国防に必要な場合は，その押収を要求することができる」としており，日系企業記録の接収は，これによった可能性もある．

> 大統領は，上に規定された方法により，いかなる者に対しても，以下について，報告書もしくは完全な情報を備えた形で，全記録の保管と，宣誓のもとでの提出を求めるものとする．すなわち，遂行前，遂行中，遂行後のいずれであるかを問わず，本項で言及されているあらゆる行為や取引に関すること．あらゆる外国資産の権益に関すること．外国またはその国民が利権を有しているか，あるいは有していたすべての資産に関すること．その他，本項の条項を執行するために必要と考えられること．報告が求められる可能性がある場合，大統領は，上に規定された方法により，当該者の保管もしくは管理下にある会計帳簿，記録，契約書，書簡，覚書その他の

---

13) U.S. Code 1940 Edition, Supplement 4, Title 50: War, Appendix, Chapter 2: Trading with the Enemy Act of 1917, Sections 3-30（米国議会図書館デジタルコレクション）．

書類の提出を，ならびに国家安全保障もしくは国防に必要な場合は，その押収を要求することができる．また大統領は，上に規定された方法により，本項の条項を執行するため，以上と矛盾しない他の追加手段をとることができる．

さらに，本法ならびに関連する大統領令等に違反した者に対する罰則規定（米国対敵通商法1917第16条）にも，「かかる違法行為に関係した財産，資金，証券，文書，その他の物品や書類等は，ないし船舶については船具，衣服，家具，備品とともに，合衆国に没収されるものとする」と規定されている．文書・記録の接収は，この条項を根拠にした場合があった可能性もある．

ところで，上記第5条によれば，外国または外国人の資産・利権の処分権は「大統領によって随時指定される機関もしくは個人」に与えられることになっているが，米国対敵通商法1917の元の条文では，第7条に「外国人資産管理人に運搬，移送，割当，配送，または支払いを行うものとする」とある．

「外国人資産管理人」(Alien Property Custodian)は，米国対敵通商法1917によって初めて設置され，その組織は「外国人資産管理人事務所」(Office of Alien Property Custodian)と呼ばれた．1934年7月1日の大統領令6694号によっていったん廃止され，第二次世界大戦開戦当時には司法省に機能と人員が移されていた．それゆえ，当時の第5条では権限を実行する者を「大統領によって随時指定される機関もしくは個人」としていたのである．しかるに，対日戦争開戦後の1942年3月11日，大統領は大統領令9095号を発令し，大統領行政府危機管理局のもとに外国人資産管理人事務所を再設置した[14]．

大統領令9095号は，外国人資産管理人に対し，敵指定国以外の外国人を含む外国人資産・権益を対象に，「国益にとって必要と思料する」あらゆる「指示，運営，監督，管理または権利付与」等の行動をとる権限を認めている．同令は7月に大統領令9193号として改正され，具体的に対象となる外国または外国人の資産・権益の内容が列挙されている[15]．その中心となるのは，敵指定国国民の資産・権益で，次のように記されている．

---

14) Executive Order No. 9095 of March 11, 1942：Establishing the Office of Alien Property Custodian.（Federal Register. 7F. R. 1971, March 13, 1942）（米国議会図書館デジタルコレクション）．

15) Exeutive Order No. 9193 of July 6, 1942（Federal Register. 7F. R. 5205, July 9, 1942）（同上）．

(2)（前文略）(a) 合衆国内に存する敵指定国国民のあらゆる企業体，およびいかなるものであれその性質を問わず，それらの企業が所有または管理しているあらゆる資産，もしくはそれらの企業に支払いまたは送達が予定されている，あるいはそれら企業の代理として，または企業の委託を受け，もしくはそれら企業の所有権や管理権の証拠として保有されているあらゆる資産ならびに，いかなるものであれ性質を問わず，敵国とその国民が保有する，当該企業におけるあらゆる権益

『平成18年度-平成20年度科学研究費補助金 基盤研究（B）海外学術調査研究成果報告書「在米日系企業接収文書の総合的研究」』によれば，在米日系企業の文書・記録は，接収後，司法省戦時部戦時経済課の管轄のもとに置かれたとある[16]．その後の具体的な経緯は未調査だが，1942年3月に外国人資産管理人事務所が再設置されたあと，日系企業記録は，いずれかの時点で外国人資産管理人事務所に移管され，そしてオーストラリアの場合と同じく，1951年のサンフランシスコ平和条約によって米国の所有権が最終的に確認された後，国立公文書館に移管されたと考えられる．

5. 日本の敵産管理法制とアーカイブズ[17]

5.1 本国および植民地

日本において最初に制定された，戦争時における対敵通商の取締りや敵産管理に関する本格的な法令は，第一次世界大戦期の1917年4月24日に発布された「対敵取引禁止令」（勅令第41号）である．これは，1916年6月に，フランス，英国，イタリア，ロシア，ベルギー，セルビア，ポルトガル，日本の8か国が参加して開催された連合国パリ経済会議の決議に従ったもので，制定と実施にあたってはとくに英国の影響が大きかったという[18]．

次いで第一次世界大戦後の1919年6月23日，勅令第304号として「独逸国等ニ属スル財産管理ノ件」（通称「敵産管理令」）[19]が発動された．ベルサイユ条約等の講和諸条約を受け，ドイツ，オーストリア，ハンガリー，トルコ各国の

---

16) 前掲『平成18年度-平成20年度科学研究費補助金 基盤研究（B）海外学術調査研究成果報告書「在米日系企業接収文書の総合的研究」』，4頁．

財産を管理し，賠償の担保とするためである[20]．

　第二次世界大戦期に入り，米英両国等との戦争の危機が高まると，日本政府は 1941 年 7 月に外国為替管理法にもとづく「外国人関係取引取締規則」（資産凍結令）を発令し，米英等諸外国ならびにこれら諸外国人の日本国内の資産と経済活動に対し，厳しい取締りを実施する．そして，アジア太平洋戦争開戦直後の 1941 年 12 月 22 日，より厳重な制限を加える目的をもって，外国為替管理法に加え新たに「敵産管理法」（法律第 99 号）が制定されることになる[21]．

　敵産管理法は，戦時中予想される日本財産の損害に対する賠償の担保，日本財産に対する敵側措置への報復，敵産の日本経済力増強への活用などを目的とするものである．政府は敵産管理人を選任し，大蔵大臣は，敵国または敵国人が日本国内に所有する動産，不動産を売却その他の方法で処分し，その収益を国庫に編入することが可能になった．また政府は，この法律は日本国内の敵国政府財産には適用されるが，敵国政府公館の財産は，中立国たる利益保護国に保管を委託する国際法上の慣例に従い，自動車，ガソリン，無電機など軍用に供せるものを除き，本法の適用外とする，としている[22]．この点は第 2 章で

17）　日本の敵産管理法制については，以下の先行研究を参考にした．中央経済法研究会編『敵産管理の理論と実際』（宝文館，1943 年）；太田弘毅「大東亜戦争作戦の敵産対策——陸軍の場合」（『政治経済史学』191 号，1982 年 4 月）；今井就稔「戦時上海における敵産処理の変遷過程と日中綿業資本」（高綱博文編『戦時上海 1937 〜 45 年』研文出版，2005 年）；柴田善雅「アジア太平洋戦争期中国関内占領地における敵産管理処分」（『東洋研究』162 号，2006 年 12 月）；武島良成「日本占領期ビルマにおける敵国資産の移譲問題——日本とバ・モオ政府の角逐」（『東南アジア——歴史と文化』43 号，2014 年）；諸橋英一「第 1 次世界大戦期の対敵取引禁止政策と日本——総力戦と『経済制裁』」（『国際武器移転史』4 号，2017 年）；同「第 1 次世界大戦期における対敵取引禁止政策の諸相——日本と国際経済の一断面」（『法政論叢』54 巻 1 号，2018 年），いずれも諸橋英一『第一次世界大戦と日本の総力戦政策』（慶應義塾大学出版会，2021 年）に収録；長島修「南方軍政下の敵産管理と委託経営」（『立命館経営学』56 巻 1 号，2017 年 5 月）；山本一「日本占領後の南京における『敵産』について」（大阪大学文学研究科片山剛研究室『近代東アジア土地調査事業研究ニューズレター』，2021 年 3 月）．

18）　前掲諸橋英一『第一次世界大戦と日本の総力戦政策』，22-30 頁．

19）　JACAR Ref.: A03021204400,「御署名原本・大正 8 年勅令第 304 号・独逸国等ニ属スル財産管理ノ件」（国立公文書館）．

20）　前掲中央経済法研究会編『敵産管理の理論と実際』，12 頁．

21）　JACAR Ref.: A03022550200,「御署名原本・昭和 16 年法律第 99 号・敵産管理法」（国立公文書館）．

22）　JACAR Ref.: B02032839300,「帝国議会審議関係／ 3 敵産管理法関係想定質問」（「大東亜戦争関係一件／敵国財産管理並権益接収関係 第 2 巻」）（A-7-7-0-9_17_002）（外務省外交史料館）；JACAR Ref.: B02032839400,「第七十八回帝国議会委員会ニ於ケル敵産管理法案ニ関スル大蔵大臣提案理由説明」（同前）（A-7-7-0-9_17_002）（外務省外交史料館）．

検討する在外公館文書の押収問題と関わり，留意しておきたい．

敵産管理法にいう「敵国」については，同時に制定された「敵産管理法施行令」[23]で，「敵産管理法及本令ニ規定スル敵国ハ大蔵大臣之ヲ告示ス」と定められた．これに従って，1941年12月24日に「米国（「フイリッピン」連邦及領地全体ヲ含ム）」と「英国（印度及海外領土ヲ含ム）」が，1942年1月16日に「和蘭及蘭領印度」が敵国として告示された[24]．

なお海外領土についても，「敵産管理法ヲ朝鮮，台湾及樺太ニ施行スルノ件」（勅令第1178号，1941年12月22日），「南洋群島ニ於ケル敵産ノ管理ニ関スル件」（勅令第1180号，1941年12月27日），「関東州敵産管理令」（勅令第1251号，1941年12月27日）が発令され，敵産管理法が基本的に適用されることが示された．

「満洲国」については，敵産管理法制定の段階から，その「趣旨ニ従ヒ近ク事実上実施ノ見込」とされていたが[25]，1942年1月に関東軍と「満洲国関係機関」との協議の結果だとして，臨時貿易為替局が「満洲国ニ於ケル敵産等処置ニ関スル件」を取りまとめ，「外国人取扱要項」を定めている．その基本は，「日満共同防衛ノ精神ニ基キ直チニ在満英，米諸国人ニ対取締並保護ノ実効ヲ収ムル如ク措置スルト共ニ日本ニ於ケル措置ニ順応シテ速カニ之ヲ強化シ得ルノ準備ヲナス」というものであった[26]．

5.2 中国および南方占領地

5.2.1 戦利品関係規則

国内法が適用されない中国ならびに東南アジアの占領地では，独自の敵産管理制度が実施されたが，日本はそれ以前から，戦地での獲得品を「徴発品」「鹵獲品」「戦利品」「押収品」などとして処理する規則を有していた．早くは国内戦争を想定した1882年8月12日制定の「徴発令」があるが[27]，1891年

---

23) JACAR Ref.: A03022668200,「御署名原本・昭和16年勅令第1179号・敵産管理法施行令」（国立公文書館）．
24) 前掲中央経済法研究会編『敵産管理の理論と実際』，166頁．
25) 前掲 JACAR Ref.: B02032839300,「帝国議会審議関係／3 敵産管理法関係想定質問」．
26) JACAR Ref.: B02032845500,「敵産処理運営ニ関スル件／2 満洲国ニ於ケル敵産等処置ニ関スル件」（「大東亜戦争関係一件／敵国財産管理並権益接収関係／在満支敵国財産管理並権益接収関係 第1巻」）（A-7-0-0-9_17_1_001）（外務省外交史料館）．

12月12日には「野外要務令」(陸達第172号)が発せられ,「内国ニ在テハ徴発令ニ示セシ規則ニ従」い,「事機緊急ニシテ他ノ方法ヲ以テ需要ヲ充タス能ハサル時」にのみ行うこと,「同盟国ニ於テノ徴発法ハ出師ノ時首将ニ与ユル徴発権ニ依テ特別ニ定メタル方法ニ由ルモノトス」ること,「敵国ニ於テノ徴発ハ戦地ニ於テスル給養法中最モ多ク用ユル所ノ方法」であるが,「官憲或ハ部隊ニ於テ直接ニ其需要品ヲ徴発ス」べきことなど,国内外における徴発の原則が定められた[28]。

日清戦争が始まると,開戦1か月後の1894年8月20日に,「捕獲審検令」(勅令第149号)が発令されている[29]。これは海上で拿捕した船舶等の処理に関するものである。陸上戦闘での捕獲品に関する規則としては,1894年10月に遼東半島に上陸した第2軍司令官大山巖が,10月28日付で,作戦上必要な徴発を除く不法な略奪を禁じた「誡諭」を発し,翌日の10月29日に,従来の「野外要務令」を補うものとして「第2軍徴発心得」を制定した[30]。

翌1895年には,「鹵獲品取扱手続」と「陸軍戦利品整理規程」が公布されている。鹵獲品取扱手続は,有賀長雄『日清戦役国際法論』に,「大本営ニ於テ敵ノ官有ニ属スル動産処理ニ関スル規則ヲ左ノ通定メ之ヲ陸軍並ニ海軍ニ達セラレタリ」として紹介されているものだが[31],1895年4月の日清講和以前に出されたと推定されるものの,正確な公布日を確認できていない。鹵獲品取扱手続は9項目からなり,第1項では「鹵獲品」の定義は記されていないが,主要な鹵獲品に「兵器弾薬」「工具其他工兵ニ関スル材料」「金穀被服」の3種類があることを示し,それぞれ順に,軍砲兵部,工兵部,監督部の所管とすることが定められている。そのほかに含まれるのは,鹵獲品の私有禁止(第4),戦用に使用を希望する鹵獲品の申告(第5),記念品として交付を希望する鹵獲品の

---

27) JACAR Ref.: A15110074800,「徴発令制定」(「公文類聚」第6編・明治15年第14巻・兵制一・兵制総)(国立公文書館)。
28) 「野外要務令」第288(216-218頁)(JACAR Ref.: A15112326300,「野外勤務令ヲ定ム」(要務令の誤カ),「公文類聚」第15編・明治24年・第27巻・軍事7・陸軍7,国立公文書館)。
29) JACAR Ref.: A03020183900,「御署名原本・明治27年勅令第149号・捕獲審検令」(国立公文書館)。
30) 有賀長雄『日清戦役国際法論』(陸軍大学校,明治29年[1896]9月),197頁,208-216頁;JACAR Ref.: C06061250900,「明治27年10月30日臨着1065号 第2軍司令官大山巖発参謀総長熾仁親王宛 誡諭,および第2軍徴発心得,軍への告諭等報告」(「陸軍省大日記日清戦役書類綴」,明治27年10月28日・明治28年1月24日「臨着書類綴 庶」)(防衛省防衛研究所)。
31) 前掲有賀長雄『日清戦役国際法論』,200-201頁。

申告(第6),鹵獲品の本邦への還送(第9)などについての規定である.

陸軍戦利品整理規程は,日清講和条約締結から4か月後の1895年8月10日に,陸軍省令第16号として発せられたものである[32].これは,「日清戦役ニ関シ陸軍ニ於テ鹵獲シタル戦利品ヲ整理スル為メ」とあるように,日清戦争終結に伴い,戦時中使われた鹵獲品取扱手続とは別に,新たに作成された特別規程である.そこでは,将官を長とする委員会を設けること,戦利品を軍用に資する「兵備品」とそれ以外の「通常物品」に分け,兵備品は「其所用ニ応シ之ヲ陸軍官衙ノ保管ニ属」することを定めている.また通常物品については,「陸軍其他ノ官衙ニ於テ使用ノ必要アルモノヲ除クノ外ハ紀念ノ為メ之ヲ帝室ニ納メ若クハ軍隊其他公衆ノ縦覧ニ供スル陳列場或ハ神社仏閣ニ分与シテ永久之ヲ保存セシメ又以上ノ項目ニ該当セサルモノハ之ヲ売却セシム」としている.戦利品に異法な略奪文化財が数多く含まれることを推測させる内容である.

次に,日露戦争開戦後の1904年3月18日に「戦利品規則」(陸達第59号),4月19日に「戦利品整理規程」(陸達第87号)が相次いで発令された[33].この2つは,日本陸軍の一般規則としてアジア太平洋戦争期まで有効性が維持されている.

戦利品規則は,第1条で「本規則ニ於テ戦利品ト称スルハ陸軍団隊ニ於テ戦争ノ法規慣例ニ従ヒ戦闘ニ関シテ獲得シタル物件ヲ謂フ」としている.日本陸軍による「戦利品」の基本的定義として重要な箇条である.ここでいう「戦争ノ法規慣例」とは,1863年のリーバー法規(陸戦における合衆国陸軍の統治規則),1874年のブリュッセル会議宣言(戦争の法規慣例に関する国際条約案),1880年のオックスフォード・マニュアル(陸戦の法規慣例)のほか,とくにそれらを集大成した1899年のハーグ陸戦条約(陸戦ノ法規慣例ニ関スル条約,同規則)を意味していると考えてよい.これらの国際戦争法では,本章本論で詳しく見たように,占領軍による敵国動産の条件付き没収(リーバー法規では押収)を容認し,それ以外は略奪として禁止している.陸軍の1904年戦利品規則は,この国際法上の慣例を遵守することを宣言し,あくまで「戦闘ニ関シテ獲得シ」,かつ

---

32) JACAR Ref.: A15112993500,「陸軍戦利品整理規程ヲ定ム」(「公文類聚」明治28年第19編第23巻)(国立公文書館).

33) JACAR Ref.: C08070657700,「戦利品規則」(「陸軍省達書明治37年陸達綴」)(防衛省防衛研究所),JACAR Ref.: C03025582300,「戦利品整理規程の件」(明治37年「陸満普大日記」)(同前).

所有権の没収を伴う物件を「戦利品」と規定しているのである．陸軍の戦利品の定義は，以後基本的にこれに依っていると考えてよい．

　第一次世界大戦末期の 1918 年 10 月 12 日には，陸軍大臣田中義一から内閣総理大臣原敬に，「軍事行動地域ニ於ケル鹵獲品，押収品等処分要領」の制定が報告されている[34]．これは第一次世界大戦を対象にした特定的な規則と見られるが，鹵獲品と押収品の区別についての記述がある．すなわち，まず「鹵獲品」については，「敵ノ所有ニ属シ又ハ敵国ヨリ供給ニ係ルノ事実判明セル物件」，および「敵ノ管理内ニ在リシ物件」のうち「敵カ直接連合軍ニ対抗ノ目的ニ供シタル軍事諸材料，軍需品，艦舩」などが鹵獲品となるとし，かつ「鹵獲品ハ之ヲ鹵獲シタル国軍ノ所有ニ帰ス」と，所有権の剥奪を伴うことを明記している．これに対し「押収品」となるのは，鹵獲品以外の獲得物件であり，「押収品ニシテ私有品ニ属シ正当ノ所有者判明スルトキハ適当ノ時機ニ於テ之ヲ所有者ニ還附ス　但シ軍事上絶対ノ必要アルトキハ之ヲ使用処分スルコトヲ得此ノ場合ニハ相当ノ補償ヲ為ス」と，所有者の所有権が維持される点で鹵獲品と異なることが記されている．以上から，「鹵獲品」は，戦闘を通じて獲得した「戦利品」を含む，敵側からの没収品を広く意味する用語として，陸軍において一般的に使用されることになったと考えられる．

　参考までに海軍の場合を見ると，ずっとあとのアジア太平洋戦争期になるが，1942 年 9 月 15 日「海軍戦利品等取扱規程」が定められている[35]．この規程では，第 2 条に用語定義があり，「押収物件」を「専有ヲ取得セル物件」，「没収品」を「所有権ヲ取得セル物件」と確認したあと，「戦闘行為ニ依リテ没収セルモノハ之ヲ戦利品ト称ス」と，戦利品を，戦闘行為を通じて獲得した没収品であるとしている．陸軍と同じ定義であると判断できるが，表現がより明確である．ちなみに海軍では，海上で捕獲した物件を「拿捕品」といい，そのうち捕獲審検所の判定により没収となったものを「捕獲品」という．

　1904 年の戦利品規則に戻ると，第 2 条で，「戦利品ハ大本営ヨリ特ニ命令アリタル場合ノ外司令官ヨリ之ヲ陸軍省ニ送致スヘシ」と，戦利品は原則として

---

34)　JACAR Ref.: A13100327500,「軍事行動地域ニ於ケル鹵獲品，押収品等処分要領」(「公文類聚」第 42 編・大正 7 年・第 22 巻・軍事二・陸軍二・海軍，学事・学制) (国立公文書館)．

35)　JACAR Ref.: B02032831600,「海軍戦利品等取扱規程送付ノ件」(「大東亜戦争関係一件／帝国捕獲審検所開設関係／横須賀捕獲審検所」) (A-7-0-0-9_15_1) (外務省外交史料館)．

本国に送るべきことを定め，第3条で，「司令官ハ軍事上ノ必要アルトキハ前条ニ拘ハラス其ノ部下団隊ノ獲得シタル戦利品ヲ利用毀棄スル等其ノ処分ヲ専行スルコトヲ得」と，軍事上の必要を条件に司令官の処分権を認めている．

それから30年余り，日中戦争期に入ると，戦利品規則で定義づけられた戦利品，すなわち国際法上容認される没収品にあたらない押収品が急増したと見られ，それに対応した動きが観察できる．

まず，後述の1939年策定「押収品処理ニ関スル方針（第三案）」によると，「押収品ノ処理ニ関シ事変勃発ノ直後取敢ヘス採リタル処置ハ『陸戦ノ法規慣例ニ関スル諸条約』其他交戦法規ニ関スル諸条約ヲ悉ク俣適用スルコトハ事変ノ性質ニ鑑ミ不適当トスルモ押収品処理上ノ実際的必要ニ鑑ミ敵性ヲ有スル支那側動産不動産ヲ自衛上必要ノ限度ニ於テ押収利用又ハ適宜処分シ或ハ地方良民福祉上緊急已ムヲ得ザル場合之ヲ利用シ得ル如クソノ処理方針ヲ決定セリ」とある[36]．ハーグ陸戦条約をはじめとする国際法の完全適用を「事変ノ性質ニ鑑ミ不適当」とする考え方がありながらも，押収品処理のため国際法に配慮した独自の決定がなされたことが知られる．ここにいう「事変勃発ノ直後」に決定された「処理方針」については，原文書を確認できていないが，開戦約半年後の1938年2月3日には，陸軍省副官から新たに「押収品取扱ニ関スル件」（陸支普第439号）と題する通牒が出されている[37]．これは，「支那事変間戦闘ニ関シテ獲得シタル押収品ノ取扱ハ特ニ定ムルモノノ外ハ戦利品規則及同整理規程ヲ準用ス」る旨を改めて指令したものである．ふたたび1939年策定「押収品処理ニ関スル方針（第三案）」の説明によれば，この通牒は「事変ノ拡大ヲミルヤ右ニ順応シ且ツ其処理ヲ一層的確ナラシムルノ見地ニ基キ」発出されたものだという[38]．しかしこの「準用」規程では押収品の対処が困難になったと見え，翌1939年に新たに「押収品処理ニ関スル方針」（陸支密第906号）が発令された[39]．この指令についても今のところ原文書を確認できておらず，発令日

---

36) JACAR Ref.: B02030560700，「押収品処理ニ関スル方針（第三案）」（「支那事変関係一件 第19巻」）（A-1-1-0-30_019）（外務省外交史料館）．
37) JACAR Ref.: C01005548900，「押収品取扱に関する件」（「来翰綴（陸支普）」第1部 昭和12年，昭和13年）（防衛省防衛研究所）．
38) 前掲 JACAR Ref.: B02030560700，「押収品処理ニ関スル方針（第三案）」．
39) JACAR Ref.: C01000811900，「作戦地域内ニ於ケル敵産処理規程ニ関スル件」別紙「理由書」（昭和17年「陸亜密大日記」第54号1/3）（防衛省防衛研究所）の記述による．

も不明だが，最終案と見られるのが前掲の「第三案」である．その「一，一般処理方針」によれば，発令の意図は次の通りである[40]．

> 三，然レトモ現在押収品ニ対スル軍管理ノ実情並ニ軍ノ処分ノ実情ニ鑑ミ現在及将来ノ対内対外的関係ヲ考慮ニ入レ之ヲ合法的ナラシムル為押収品ノ性質ニ依リ軍ニ於テ為政者ニ代リ管理運営スル方針ノ下ニ処理シ又ハ臨時政府及維新政府ヲ指導シ新政権ノ国内法的処理ノ下ニ管理又ハ処分ヲ行ハシムルヲ至当トスルモノアルヲ以テ茲ニ更ニ全般ノ関係ヲ分類シ其ノ処理対策ヲ確立セントス

すなわち，日中戦争の拡大とともに，中華民国臨時政府（1938年12月14日北京に成立）や中華民国維新政府（1938年3月28日南京に成立）など，日本軍による傀儡政権の樹立が進行する複雑な事態の中で，軍による押収品処理の正当性を明確にする必要が出てきたのである．

このため本「方針」は「二，処理対策」において，国際法の通例に従い，「国有動産」「私有動産」「国有不動産」「私有不動産」の4種を項目分けした上で，没収処分して戦利品に編入すべきケース，没収は認められないが軍による使用権を行使すべきケースなど，具体的事例を交えながら押収品処理の方法を記し，従来の戦利品関係規則と国際法との関係を整序しようと試みている．

アジア太平洋戦争開戦直前の1941年10月28日には，陸軍次官から「戦利品処理要領ニ関スル件陸軍一般ヘ通牒」（陸支密第3727号）が発せられている[41]．「支那事変ニ際シ戦利品（戦闘ニ関シテ獲得シタル押収品ヲ含ム）ノ処理」のため，戦利品規則と戦利品整理規程に加えて，新規に「戦利品処理要領」を設けるという内容である．「戦利品」の注記に「戦闘ニ関シテ獲得シタル押収品ヲ含ム」とあるのは，前記1939年「押収品処理ニ関スル方針」により，押収品を戦利品として処理する制度的根拠が生まれたことが前提になっていると解釈できる．

新しい戦利品処理要領の眼目は，第1条で戦利品を原則として本国の受理部隊に送付すべきことを定め，「附表　内地還送戦利品品目送還区分表」で，種

40）　前掲 JACAR Ref.: B02030560700,「押収品処理ニ関スル方針（第三案）」．
41）　JACAR Ref.: C08030017400,「戦利品処理要領ノ件陸軍一般ヘ通牒」（昭和16年「陸（支満）密綴　第5研究所」）（防衛省防衛研究所）．

類ごとに送付先の受理部隊を示した点にある．これを見ると，戦利品は，「鉄類」「非鉄金属及非金属鉱物類」「植物油，漆，工業薬品，化学薬品，機械類」「繊維資源」「皮革及ゴム類」「木材及雑品」「液体燃料」「食料資源」「医療器械，医薬品・同原料，繃帯材料」「貨幣及金銀塊」「図書（資料トナルベキモノ），特殊兵器（同）[42]」の 11 分野に及び，送付先としては陸軍兵器廠，陸軍航空廠，陸軍被服廠，陸軍東京経理部，大本営などがあがっている．

注目されるのは，「図書（資料トナルベキモノ）」が含まれていることである．戦利品の範囲を没収品だけでなく押収品にまで広げた上で，図書を戦利品の一郭に加えていることは，戦闘地域での図書接収と日本「還送」に根拠を与えたことになり，日本軍による当該行為の助長につながったのではないか．

ところで，戦利品の品目に図書がありながら「文書」や「書類」が入っていないのはなぜか．という疑問がわくのは自然であろう．これについては，戦闘地域で獲得した文書・記録類は，戦利品というよりも，作戦行動に直接必要な軍事情報とみなされ，「作戦要務令」とそれにもとづく「情報勤務規定」，「情報収集計画」によって処理されることが多かったためではないかと推測している．この点に関しては，第 2 巻第 1 章で考察する．

上記の戦利品処理要領については，1942 年 6 月 16 日の陸軍次官通牒で，本文中の「支那事変」を「大東亜戦争」に改めることが告知され，アジア太平洋戦争下でも引き続き使用されることになった[43]．また新たに占領地となった東南アジア地域に関しては，独自に「南方取得物資船舶輸送事務規定」（1942 年 1 月 31 日南方軍総司令部「南方軍経済施策要綱」付録）[44]や，「南方占領地ニ於テ取得シ内地ニ還送スル物資ノ暫定的処理要領」（1942 年 3 月 28 日陸亜密第 978 号）[45]などが設けられた．これらの通牒や規則により，中国ならびに東南アジア占領地から本国への戦利品輸送が持続的に行われたことは多くの資料から論証できる[46]．また敗戦後には，それらの地域別・種類別数量を年ごとにまとめた「還

---

[42]　「特殊兵器（同）」の詳細と，図書と併記されている理由は不明．
[43]　JACAR Ref.: C12120529100,「戦利品処理要領ニ関スル件中改正ノ件陸軍一般ヘ通牒」（「軍事行政法令陸亜密綴 昭和 17 年-19 年」）（防衛省防衛研究所）.
[44]　前掲長島修「南方軍政下の敵産管理と委託経営」，31 頁．
[45]　JACAR Ref.: C12120379600,「昭和 18 年陸亜密第 1861 号別冊 陸軍配当船舶取扱要領」（「重要国策文書 / 南方経済陸軍処理要領」）（防衛省防衛研究所）．
[46]　たとえば JACAR Ref.: C01000466400,「戦利品及南方物資の通関手続に関する件」（昭和 17 年「陸亜密大日記 第 28 号 1/2」）（防衛省防衛研究所）など．

送物資取得状況調書」が作成され，連合国側に提出されている[47]．

5.2.2　敵産管理制度の導入

以上のように，戦利品の取扱いに関する規則が一貫して存在する一方で，日中戦争開始後の中国占領地においては，本国の敵産管理法制定に先立ち，それと類似した敵産管理制度が導入された．

まず1938年1月に，陸海軍を対象に「中支方面敵産処理暫定規程」が策定され，1月16日より実施されている[48]．2月3日に陸軍省副官通牒「押収品取扱ニ関スル件」が出され，戦利品規則と戦利品整理規程の準用が指示されたのとほとんど同時期である．日本は当時，中国占領地の拡大に伴い，華中で軍を中心とする経済政策を次々に打ち出していた．「中支経済開発基本要綱」（1938年1月13日），「中支那方面占領地域拡大ニ伴フ経済建設要綱」（1938年6月23日），「中支那方面物資配給組織ニ関スル暫定処理要綱」（1938年9月3日），「中支那地方重要国防鉱産資源ノ確保開発ニ関スル処理要綱」（1938年11月9日）などである[49]．

中支方面敵産処理暫定規程の制定は，おそらくこれら一連の占領地経済政策のひとつであり，作戦行動中の獲得物に対象が限定される戦利品関係規定よりも広範囲の物資獲得を可能にする敵産管理制度が導入されたのではないかと推察する．なお関連規程として，「支那側ノ工場，鉱山及附属財産等ニ関スル緊急処理要綱」（1938年1月23日）が同じときに実施されており，工場や鉱山が敵産管理の重要目標であったことを示している[50]．

中支方面敵産処理暫定規程は，第1条で「本規定ニ於テ敵産ト称スルハ左記各号ノ一ニ該当スルモノヲ謂フ」（ママ）として，次の3つをあげている．

　（甲）国民政府及地方政府所有ノ不動産及動産（株式ニ依ル投資ヲ含ム）

---

[47]　JACAR Ref.: C15011137200,「20年9月1日還送物資取得状況調書」(「連合国側への報告資料綴　昭和20年」)（防衛省防衛研究所）.
[48]　JACAR Ref.: C11110917300,「中支方面敵産処理暫定規程」(「興亜院配布経済関係書類／住谷悌史資料」)（防衛省防衛研究所）.
[49]　JACAR Ref.: C11110917000,「書類目録」(「興亜院配布経済関係書類／住谷悌史資料」)（防衛省防衛研究所）ほか.
[50]　同上 JACAR Ref.: C11110917000,「書類目録」.

（乙）国民政府及地方政府所属ノ銀行，会社其他ノ法人並ニ工場，鉱山
　（丙）国民政府及地方政府要人並ニ抗日主要人物ノ所有又ハ経営ニ係ル銀
　　　行，会社，鉱山，住宅其他ノ物件（他人名義ヲ使用シタルモノヲ含ム）

　ここには，のちに敵産管理法施行令で示されたような「敵国」の定義はないが，事実上，国民政府（重慶）の中華民国を敵国として指定している．しかしながら周知のように，日本は宣戦布告を行わないまま中国と戦争状態に入っており，中国が国際法上の敵国ないし交戦国にあたるかどうかは微妙な問題であった．しかも敵産管理制度は，当時の国際慣例上，主として自国領土内の敵産を，国内法をもって管理するものであった．日本政府はこの点に関し，日本が本来，中国占領地内の中国側財産を「敵産」として管理する立場にないことを自ら認識していたのではないかと思われる．本暫定規程の目的に，「中支占領地域内ニ於ケル敵産ノ根本的処理ハ将来成立スヘキ新政権ニ於テ敵産トシテ処理スヘキモノナルモ現在ノ情勢上差当リ帝国陸海軍ニ於テ之ヲ管理シ調査，保管及緊急ヲ要スルモノノ暫定的処理ヲナスノ必要アルニ鑑ミ本規程ヲ定ム」と記し，規程制定の意図が，あくまで「新政権」成立までの「暫定的処理」であることを強調しているのは，そのことを示しているのではないか．

　自国領土内の敵国・敵国人財産の管理，処分が本来の目的である敵産管理制度を海外の軍事占領地に適用することについては，アジア太平洋戦争開戦後の1942年1月21日の史料ではあるが，外務省条約局条約2課が「仏印及泰ニ於ケル敵産管理要綱（案）」の中で，次のような解釈を記し，その正当性を主張している[51]．すなわち，「敵産管理ノ観念」は，「（イ）国内主権ノ作用ニ基ク敵産ノ管理」と，「（ロ）占領軍ニ与ヘラレタル国際法上ノ権利ニ基ク敵産ノ管理」に二分されるとし，それぞれ下記のように理解できるという．

　（イ）ノ場合ニ関シテハ昔時ハ措キ近時ニ於テハ第一次欧州大戦当時ヨリ
　　　国内ニ於ケル敵産ノ保全及媾和ノ際ノ要償ノ担保ヲ目的トシテ主トシテ国
　　　内法ニ基キ初メテ行ハレタル所ニシテ直接ノ軍事上ノ必要ヨリ派生シタル

---

51)　JACAR Ref.: B02032838500，「タイ国及仏印ニ於ケル敵産管理及権益接収関係」（「大東亜戦争関係一件／敵国財産管理並権益接収関係／帝国及大東亜共栄圏諸国並帝国占領地」）（A-7-0-0-9_17_001）（外務省外交史料館）．

観念ニ非ス（以下略）
（ロ）ハ主ニ敵地ニ於ケル占領軍ガ作戦行動ノ必要上敵産ノ一部ヲ或ハ没収シ或ハ押収シ或ハ徴発スルコトヲ認メラレタル国際法上ノ権利ト謂フコトヲ得ベシ．

　いわゆる敵産管理制度として国際的に一般に認められているのは（イ）であり，「直接ノ軍事上ノ必要ヨリ派生シタル観念ニ非ス」としている点も，戦時経済政策としての性格が強いことを含意していると見られ，適切な指摘である．しかし（ロ）は，歴史的にはより古い国際法上の権利であるとはいえ，あくまで「作戦行動ノ必要」がある場合にのみ，しかも敵国国有動産と軍事転用可能な私有財産に限って容認された軍事作戦中の限定的取得権であり，それ以外の押収や没収は略奪として禁止されていたことは，すでに何度も確認した通りである．加えて日本の場合，先に見たように，こうした国際法上の原則に一定程度配慮した戦利品処理制度の整備を一方で進めていたという事実がある．したがって，（ロ）のような考え方を，本質が異なる（イ）と並列する形で「敵産管理ノ観念」のひとつに位置づける外務省条約局条約2課の考え方は，国際法の拡大解釈であり，中国や東南アジア占領地における敵産管理制度の実施を正当化するための方便であるように見える．このような，戦利品の範囲を越えた物資獲得を行う方便としての「敵産管理ノ観念」は，中支方面敵産処理暫定規程が制定された際にも，その土台になったのではないかと推定している．

　同暫定規程の内容を見ると，敵産管理のため中支那方面軍特務部長を長とする敵産管理委員会を設けるとしている点や，敵産の調査，認定，封印，保管にあたって，憲兵に強い権限を与えている点など，軍の役割が極めて大きいことが注目される．しかし，アーカイブズ史の観点からとくに留意したいのは，第4条に「敵産ハ土地台帳其他ノ証憑書類ニ依リ立証スルヲ要ス」とある点や，第5条で，敵産の仮決定のため憲兵に「相当ノ資料ヲ得」ることを求めている点である．本国の敵産管理関連法規にはなかった条項だが，中国占領地での敵産処理にあたって，文書や記録類が，敵産認定の「証憑書類」や「資料」として調査，押収の対象になった可能性を示唆しており，極めて重要と考える．

　次に，1939年7月15日に「中支那派遣軍直轄地域内（江蘇，浙江，安徽省）敵産処理規程」[52]，1939年9月25日に「呂集団占拠地域内（江西，河南，湖北，

湖南省）敵産処理要綱」[53]が相次いで出されている．呂集団は，支那派遣軍第11軍（1939年9月までは中支那派遣軍に所属）である．中支那派遣軍直轄地域内敵産処理規程と呂集団占拠地域内敵産処理要綱は，内容が類似しており，前者については山本一が紹介しているので[54]，ここでは後者の呂集団占拠地域内敵産処理要綱を概観することにしたい．

　本要綱は，江西，河南，湖北，湖南各省の日本軍占領地域を対象とするもので，全9章16条からなり，各章のタイトルは，「総則」「敵産ノ区分及処理」「敵産ノ調査及保管」「敵産管理委員会」「普通敵産処理委員会」「敵産ノ解除及還付」「普通敵産ノ利用及処分」「新政権ヘノ移管」「経費」となっている．1938年1月「中支方面敵産処理暫定規程」に比べると，かなり詳細である．

　第1条では，「陸，海軍ニ於テ行フ敵産ノ没収押収若クハ使用ヲ円滑適正ナラシメ且将来新政権樹立ト共ニ之ガ接収財産又ハ逆産（ママ）トシテ処理スベキモノニ付臨時必要ナル管理ヲナス為本要綱ヲ定ム」とし，陸海軍が実施する敵産の没収，押収，使用行為全体を対象とすること，また従来の中支方面敵産処理暫定規程と同様，新政権樹立までの臨時措置であることを述べている．

　第2条では敵産の範囲を定めているが，中支方面敵産処理暫定規程であげた国民政府関係の甲乙丙3項（国民政府は「旧国民政府」に変更されている）のほか，丁として旧国民政府や抗日活動に協力した銀行等が対象に加えられている．また第4条で，敵産を「軍用敵産」と「普通敵産」に区分しているのは，1895年の陸軍戦利品整理規程で戦利品を軍用に資する「兵備品」とそれ以外の「通常物品」に区分したのにならったのかもしれない．

　そのほか，憲兵隊長の仮決定にもとづいて敵産管理委員会が敵産認定を行う手順など，軍の権限が際立っている点も，中支方面敵産処理暫定規程を踏襲したと思われる．そのうち，敵産の調査に関しては，第8条で「敵産ニ関スル調査及保管ハ特別ノ場合ヲ除ク外漢口，九江憲兵隊，漢口ニ於テ海軍ノ管理ニ属

---

52)　本規程は原文書を確認していないが，満鉄上海事務所調査室「中支ニ於ケル敵産ニ関スル調査」（『中支都市不動産慣行調査資料第二輯』，1941年8月）に掲載されている（19-28頁）．翻刻版：井村哲郎・貴志俊彦（監修）『戦前・戦中期アジア研究資料8　中国占領地の社会調査III』第2巻（近現代資料刊行会，2016年）29-38頁．

53)　JACAR Ref.: C04121440800,「呂集団占拠地域内（江西，河南，湖北，湖南省）敵産処理要綱送付ノ件」（「陸支密大日記　第65号／昭和14年自10月6日至10月8日」）（防衛省防衛研究所）．

54)　前掲山本一「日本占領後の南京における『敵産』について」，25-27頁．

スルモノハ漢口海軍特務部之ヲ行」うことが定められた．その際，証憑または参考となる文書・記録の押収に関してはとくに言及がないが，漢口，九江憲兵隊長は敵産管理委員長に対し「必要ナル報告ヲナス」こと，また漢口海軍特務部長は敵産管理委員長の求めに応じて「必要ナル資料ヲ提供スル」ことが指示されている．なお本要綱の採用により，中支方面敵産処理暫定規程は廃止される旨が付則に記されている．

　アジア太平洋戦争開戦直前の1941年11月22日には，外務省亜細亜局第1課が「国際情勢急転ノ場合ニ於ケル在支敵国人及敵国財産処理要綱（案）」を作成している[55]．米英両国等との戦争が勃発した場合，中国一国を対象としていた従来の暫定的な敵産管理制度が，米英両国等を相手にした本格的なものに発展することを想定し，新たな敵産処理規程を策定したものである．それによると，敵国財産は「相互主義ニ依リ国際法ニ準拠」しつつも，「努メテ之力利用ヲ策シ無益ノ破壊並散逸ヲ防止スル」ことが方針とされ，敵産の取扱いについては，敵国公有不動産を接収，使用すること，敵国公有動産は直接間接に軍事上の用途に充てられるものは没収すること，敵国人私有財産については，継続所有権を認めるが戦争遂行上必要なときは軍事上の用途に使用することなどを定め，さらに「管理人」についての規程も盛り込んでいる．中国占領地内の米英資産に対しても，基本的に国民政府資産と同様の敵産処理を行うという外務省の見解を示した形である．

　一方，ほぼ同時期の1941年11月27日に，支那派遣軍総司令部も「在支敵国人及敵性権益処理要領（案）」を作成している[56]．これもやはり開戦の場合を想定し，「北京公使館区域，天津英租界，上海共同租界」を含む作戦地域内において，軍事力を以て実行すべき敵産処理について，細かく定めたものである[57]．

55）　JACAR Ref.: B02032556600,「国際情勢急転ノ場合ニ於ケル在支敵国人及敵国財産処理要綱（案）」(「大東亜戦争関係一件／交戦国間敵国人及俘虜取扱振関係／帝国権下敵国人関係／在満支敵国人関係　第2巻」)（A-7-0-0-9_11_2_2_002）（外務省外交史料館）．
56）　JACAR Ref.: B02032557100,「在支敵国人及敵性権益処理要領（案）」(「大東亜戦争関係一件／交戦国間敵国人及俘虜取扱振関係／帝国権下敵国人関係／在満支敵国人関係　第2巻」)（A-7-0-0-9_11_2_2_002）（外務省外交史料館）．
57）　なおアジア太平洋戦争開戦後は，英米両国等の敵産と重慶政権等中国側敵産とを区別するため，前者を「新敵産」，後者を「旧敵産」と呼ぶことがある（前掲今井就稔「戦時上海における敵産処理の変遷過程と日中綿業資本」，78頁）．

開戦後間もない 1941 年 12 月 30 日には，支那派遣軍司令部と支那方面艦隊司令部が連名で「租界及敵性権益経営方案（案）」を策定している[58]．この文書は，12 月 3 日付「在支敵国人及敵性権益処理要領」[59]にもとづくとしているが，題名からも明らかなように，単なる敵産管理問題にとどまらない内容を持っている．すなわち，「一，租界行政」（上海共同租界，天津及広東沙面英租界），「二，海関ノ運営」，「三，敵国及敵国人財産ノ管理運営」，「四，銀行ノ運営」，「五，文化施設ノ運営」，「六，租界人口疎散策」，「七，対重慶戦略基地トシテ租界ノ利用」の 7 項目からなり，総合的な租界占領地行政施策を示すものとなっている．なお，香港については別に定める，としている．

5.2.3 敵産管理制度の展開

アジア太平洋戦争開戦後，東南アジア地域のいわゆる南方占領地が拡大すると，日本軍は「治安の恢復」，「重要国防資源の急速獲得」，「作戦軍の自活」を「軍政の三大目標」に掲げて軍政を実施した．南方軍政の概況については第 2 巻第 2 章に譲るが，日本は重要国防資源の獲得政策との関わりから，南方占領地における敵産管理制度の活用に力を入れた．

南方占領地に適用された最も早い時期の敵産管理規程に，1942 年 2 月 1 日付陸軍次官通牒で南方軍総参謀長に示達された「作戦地域内ニ於ケル敵産処理規程」（陸軍大臣東條英機，陸亜密第 334 号）がある[60]．同じ通牒が支那派遣軍総参謀長にも送られているので，中国占領地にも適用されたことがわかる．

本規程は，海外作戦地域所在の連合国側資産を対象にした，日本として初の本格的敵産処理規程なので，要点を確認しておくと，まず第 1 条で「本規程ハ作戦地域内ニ於ケル敵産ノ押収，没収並ニ之カ管理及処分ニ付キ規定ス」，第 2 条で「本規程ニ於テ敵産ト称スルハ作戦地域内ニ在ル敵国有及敵性政権所有，敵国及敵性政権公有並ニ敵国人及敵性政権ニ属スル者ノ私有ニ係ル不動産，動産及権利ヲ謂フ」と，敵産処理に関する基本的，総合的な規程であることを宣

---

58) JACAR Ref.: B02032850300,「上海／1 昭和 16 年 12 月 8 日から 17 年 1 月 28 日」（「大東亜戦争関係一件／敵国財産管理並権益接収関係／在満支敵国財産管理並権益接収関係 第 3 巻」）（A-7-0-0-9_17_1_003）（外務省外交史料館）．

59) 12 月 3 日付「在支敵国人及敵性権益処理要領」は，前記 11 月 27 日付「在支敵国人及敵性権益処理要領（案）」の成案と見られるが，原文書を確認できていない．

60) 前掲 JACAR Ref.: C01000811900,「作戦地域内ニ於ケル敵産処理規程ニ関スル件」．

第1章補論1　敵産管理法制とアーカイブズ

言している[61]．

　第5条では，「軍司令官ハ作戦地域内ニ於ケル敵産ニシテ戦争ノ必要ニ基クモノ，其ノ他必要アリト認ムルモノハ押収スルコトヲ得（以下略）」とし，第6条は，「軍司令官ハ押収セル敵産中敵国有及敵性政権所有ニ属スル動産及権利ヲ没収スルコトヲ得　前項以外ノ公有並ニ私有ノ動産（海上ニ於テ押収セルモノヲ除ク）及権利ハ現ニ我ニ対スル敵対行為ニ使用シ敵性顕著ナルモノニ就テハ前項ニ準シ没収スルコトヲ得　海上ニ於テ押収セル敵産ハ捕獲審検所ノ検定ヲ待テ処理ス」と定めている．第7条以降は，売却その他の処分や，大本営に対する報告義務などに関する定めが続いている．

　以上の内容は，日中戦争開戦以降に中国占領地で実施されてきた敵産管理と大きく異なっておらず，引き続き国際戦争法を尊重する体裁をとっている．しかし先述したように，本来，自国領土内の敵国・敵国人財産を対象にした戦時経済政策である敵産管理制度を，海外の作戦地域や占領地に適用できるかどうかは自明のことではない．この問題については，これまた前述したように，外務省条約局条約2課が1942年1月21日に「敵産管理ノ観念」を示し，占領地への敵産管理制度導入を正当化する考え方を表明している．時期から見て，「作戦地域内ニ於ケル敵産処理規程」の根拠作りの意味を持っていた可能性もある．

　次に，1942年9月8日，当時マラヤ・スマトラ両地区の軍政を担当していた第25軍軍政監部が「占領地内敵産ノ管理運営ニ関スル基本方策」を作成している[62]．これは，現地軍政当局が本国政府ならびに軍中央に対し，南方軍政開始後ほぼ7か月を経て，占領地敵産管理政策の本格的な見直しを促すために自ら作成したものと考えられる．埋蔵資源，油田，ゴム園，農産資源，畜産資源や交通施設，海運施設などの敵産を国家財政に編入し，「公企業団」を設立して管理運営にあたらせることを主眼とするものである．

61）　敵国財産をこのように「国有財産」と「公有財産」に区別している場合，「公有財産」は地方自治体のほか国の機関以外の公共機関の財産を指しており，ハーグ陸戦条約附属書第56条にいう「自治体の財産および宗教，慈善，ならびに教育，芸術，学術の用に供せられる施設」を念頭に置いているとも考えられる．後掲第1章補論2「3．第二次世界大戦期」の「在漢口日本総領事館報告書（1942年5月）」を参照のこと．

62）　JACAR Ref.: C14060611100，「占領地内敵産ノ管理運営ニ関スル基本方策」（「軍政施行上ノ諸規定方針，計画要領等綴　昭17.8.23-20.3.1」）（防衛省防衛研究所）．

おそらくは，この提案も主要な契機のひとつとなったのであろう．1942年9月28日に，大本営政府連絡会議が「帝国軍ノ作戦地域内ニ於ケル敵国及敵国人財産ノ処理運営ニ関スル件」を決定している[63]．

この決定は，「第一　方針」で，「帝国ノ戦力培養」「敵ノ戦後ノ復活封止」「帝国側ノ蒙リタル損害補償ノ担保ヲ保全」などの目的を掲げ，「第二　要領」で，「一，作戦地域内ニ於ケル敵産ニシテ必要アルモノハ之ヲ押収スルモノトス」ることと，「二，押収セル敵産中国有又ハ公有動産及敵対行為ニ使用セラレタル私有動産（敵側ニ依リ故意ニ破壊セラレタルモノヲ含ム）ハ之ヲ没収スルモノトス」ることを定めている．さらに，「三，押収セル敵産ハ前項ニ依リ没収スルモノノ外凡テ帝国ノ管理ニ附シタル上換価処分（名目価格ニ依ル）ニ依リ之ヲ帝国ニ帰属セシムルモノトス（以下略）」と，初めて押収財産の換価処分に触れている．また，「五，差当リ敵産処理運営ニ関スル中央ニ於ケル企画立案ヲ為スタメ大東亜省ニ所要ノ委員会ヲ設」け，「本格的処理機関ニ関シテハ別ニ之ヲ定ム」と記している．

なお本規程は，決定にあたって別に「占領地ニ於ケル敵国ノ国有，公有及私有財産ノ押収，没収及使用ニ関スル国際法上ノ原則概要」なる文書を取りまとめ，1907年ハーグ陸戦条約を引用してその遵守を明記するとともに，本文備考や付属の説明書において，国際慣例に準拠，適合すべきことを繰り返し述べている[64]．ただ，これより少し前の1942年8月7日に南方軍各軍政当局に対して発出された「軍政総監指示」は，敵産管理業務に関し，「従来ノ国際法規ニ拘泥スルコトナク敵国ノ国有及公有タリシモノハ帝国ノ国有ニ又私有タリシモノト雖モ所要ニ応シ帝国ニ帰属セシムル如ク措置シ之ヲ適切ニ運営ス」と述べており[65]，国際法の遵守について，中央の方針と現地軍の認識との間には明ら

---

63) JACAR Ref.: C12120215700, C12120215800,「帝国軍ノ作戦地域内ニ於ケル敵国及敵国人財産ノ処理運営ニ関スル件／本文・説明書」(「陸軍一般史料／中央／重要国策文書／重要国策決定綴 其3」）(防衛省防衛研究所)；防衛庁防衛研究所戦史部編『史料集　南方の軍政』（朝雲新聞社，1985年），106-108頁．

64) JACAR Ref.: C12120215900,「帝国軍ノ作戦地域内ニ於ケル敵国及敵国人財産ノ処理運営ニ関スル件／占領地ニ於ケル敵国ノ国有，公有及私有財産ノ押収，没収及使用ニ関スル国際法上ノ原則概要」(「陸軍一般史料／中央／重要国策文書／重要国策決定綴 其3」）(防衛省防衛研究所)．

65) JACAR, Ref.: C14060610400,「軍政総監指示」（昭和17年8月7日，軍政総監部）(「軍政施行上ノ諸規定方針／計画要領等綴」）(防衛省防衛研究所)；前掲防衛庁防衛研究所戦史部編『史料集・南方の軍政』，294-307頁．

かにギャップがある[66]．

　上述の「帝国軍ノ作戦地域内ニ於ケル敵国及敵国人財産ノ処理運営ニ関スル件」が，主として南方占領地を念頭に置いたものであると考えられるのに対し，中国占領地における敵産管理の新たな基本方策を示したものに，1942年11月16日大本営政府連絡会議決定「在支敵産ノ処理運営要領」がある[67]．

　この要領は，前掲の作戦地域内ニ於ケル敵産処理規程等に準拠して，「大東亜経営上帝国ニ於テ之カ取得ヲ必要トスルモノハ要償担保保全ノ為速カニ之ヲ帝国ニ帰属セシムルノ処置ヲ完了シテ運営ニ移」すとともに，「爾余ノ敵産ハ之ヲ国民政府ニ移管シ同政府ヲシテ積極的ニ帝国ノ大東亜戦争完遂ニ協力スルノ実ヲ挙ケシム」ことを方針としている．「国民政府」とは，いうまでもなく1940年3月に成立した汪兆銘（汪精衛）の中華民国南京国民政府である．その上で，対象となる敵産として，埠頭・倉庫施設，造船施設，交通・通信施設など6つのジャンルをあげ，そのうち帝国に帰属させる敵産は「大東亜経営上帝国カ絶対把握シアルヲ要スルモノニ限定」するとしている．

　本要領の後半では，「没収シタル敵産ハ戦利品処理規程並海戦法規ニ依ルモノヲ除キ特殊財産特別会計（仮称）ニ帰属セシム」ことと「押収敵産ハ没収スルモノヲ除キ名目価格ニ依リ速カニ換価処分ヲナシ特殊財産特別会計ニ帰属セシム」と，ここでも押収財産の換価処分に関する定めが盛り込まれている．また付記で，銀行，信託会社，保険会社の財産の清算問題に触れている．

　在支敵産ノ処理運営要領制定の目的は，汪兆銘政権を日本軍の敵産管理制度に取り込みつつ，ひとつには軍事上の利用価値が高い施設を敵産として確実に獲得すること，そしてもうひとつは，近い将来の特殊財産特別会計法制定を見据えて，敵産の換価処分を促進することであったと考えられる．

　さらにこの時期，敵産の全体的な把握が必要であるとして，敵産に関する総合的調査が実施に移された．中国占領地に関していえば，1942年9月5日の関係各庁連絡会議で「支那ニ於ケル敵産ノ調査ニ関スル件」が申し合わされ，「支那ニ於ケル敵産ハ大東亜共栄圏ノ他地域ニ於ケルト同様極力之ヲ活用シ以テ我国綜合国防力ノ培養ニ資セシムルノ要アル」との趣旨から，「敵産ノ総額，

---

66)　前掲長島修「南方軍政下の敵産管理と委託経営」，31頁．
67)　JACAR Ref.: C12120060800，「在支敵産ノ処理運営要領」（「戦争指導重要国策文書／支那事変戦争指導関係綴 其の2」）（防衛省防衛研究所）．

現在ノ状況等ヲ全般ニ亘リ明確ニ把握スルコト」を目的に,「統一的調査」を実施することが決定された[68].

この申合せでは,「敵国ニハ我国ニ対シ宣戦ヲ布告セル国ノミナラズ国交断絶ヲ為シタル国及重慶政権ヲモ含ムモノトス」と,改めて敵国の定義を行っているが,注目されるのは,調査にあたって「工部局,公董局等ノ書類等ヲモ極力利用シ調査ノ完璧ヲ期スルモノトス」とされ,別紙「支那ニ於ケル敵産調査要領」の「第三,調査ノ準備及方法」においても,「工部局,公董局等ノ書類其ノ他ノ資料ニ依リ該当者名簿ヲ作成」するよう,具体的な指示が書かれていることである.工部局,公董局は,上海や天津などの租界行政機関で,連合国側敵産の調査に際し,工部局や公董局の行政文書を活用しようとする意図がはっきり読み取れる.実際にそれらの行政文書が使われたかどうかは確認できていないが,使用した可能性は極めて高いと思われる.

大東亜省がまとめたと思われる1942年11月5日現在の「在支敵産調査状況」[69]によれば,支那派遣軍総司令部と支那方面艦隊司令部が協議して,10月21日,海軍武官府構内に「在支敵産調査連絡部」が設置され,「随時文書又ハ連絡員ヲ派遣シテ各地区トノ連絡ヲ計ルコト」になったという.各地区の調査結果は12月10日までに連絡部に報告し,連絡部が精査して全中国分をまとめることとなっている.

各地区の調査状況は,1.蒙彊,北支地区,2.中支地区,3.漢口地区,4.廈門地区,5.南支地区の5地区に分けて記述されている.最も詳しいのは「在支敵産総額ノ約八〇％」が所在するとされる中支地区である.まず「(イ)調査体系」として,「新敵産管理委員会調査部」のもとでの敵産調査分担が次のように示されている.(1)軍直接使用財産──憲兵隊・海軍武官府,(2)直接軍管理工場事業場──憲兵隊・海軍監督部隊,(3)委任管理企業──興亜院華中連絡部,(4)未処理敵産及敵国個人財産──憲兵隊・武官府・興亜院,(5)第三国人又ハ第三国人ノ保管スル敵国財産及敵国人財産──総領事館.次いで,

---

68) JACAR Ref.: B02032844100,「支那ニ於ケル敵産ノ調査ニ関スル件」(「大東亜戦争関係一件／敵国財産管理並権益接収関係／在満支敵国財産管理並権益接収関係 第1巻」)(A-7-0-0-9_17_1_001)(外務省外交史料館).

69) JACAR Ref.: B02032865600,「在支敵産調査状況」(「大東亜戦争関係一件／敵国財産管理並権益接収関係／特殊財産関係(特殊財産処理委員会ヲ含ム)第2巻」)(A-7-0-0-9_17_3_002)(外務省外交史料館).本文書には作成者の記名がないが,大東亜省の罫紙が使用されている.

「（ロ）調査部ノ編成」，「（ハ）調査方法」のほか，中支での敵産発見見込み件数が種類別に記されている．関係各庁連絡会議申合せにあった，租界工部局の書類等を調査に活用するという意図が反映されたかどうかは不明だが，興亜院華中連絡部や総領事館などが敵産調査の一翼を担っており，注目される．

なお，そのことにも関連するが，南支地区の敵産調査を担当した広東の波集団（第 23 軍）参謀長から陸軍次官宛に，1942 年 11 月 21 日付で敵産調査について興味深い報告電報が送られている．次のような内容である[70]．

　　　敵産調査ノ為当地瑞西領事ニ対シ其ノ保管中ナル米英領事館登記簿ノ調査
　　　ニ関シ次官陸支密電第一九四号及支那総軍ノ指示ニ基キ十九日当地日本領
　　　事立会ノ下ニ閲覧方強制セル所先方ノ抗議附ニテ鍵ヲ提供セルニ依リ当軍
　　　ハ目下所要ノ書類調査整理中ナリ　又閲覧ニ関シ瑞西領事側ノ立会ヲ要求
　　　セルモ承諾セザルヲ以テ将来ノ保管等ニ関シテハ我ガ目的ヲ達シタル後改
　　　メテ交渉スルコト　尚鍵ノ授受其ノモノハ友好裡ニ行ハレタルニ付念ノ為

ここにいう「米英領事館登記簿」とは，米英両国の領事館が作成した広東地域の米英系資産登記簿だと思われる．日本軍はこれを敵産調査資料として利用するため，受託保管している中立国のスイス領事に閲覧を強要し，日本領事立会のもとで書類調査を実施中ということである．在外公館文書の取扱いの問題については，第 2 章で検討するのでここでは踏み込まないが，敵産調査にあたって先に触れた租界工部局や公董局の記録などのほか，国際慣例上，不可侵性が認められている在外公館文書までもが実際に利用されていた状況がよくわかる．「将来ノ保管等ニ関シテハ我ガ目的ヲ達シタル後改メテ交渉スル」としていることから，調査終了後，日本側の直接管理下に置かれた可能性もある．

中国占領地での統一的敵産調査に対応して，南方占領地でも同様の敵産調査が行われた．1943 年 2 月 7 日に陸軍が決定した「敵産調査要領」（昭和 18 年陸亜密第 56 号別冊）がそれである[71]．この調査要領は，調査担当部局と担当要員

---

70)　JACAR Ref.: C01000853800，「波集参電第 633 号（敵産・調査の件）」（昭和 17 年「陸亜密大日記　第 56 号 3/3」）（防衛省防衛研究所）．

71)　JACAR Ref.: C12120379900，「昭和 18 年陸亜密第 56 号別冊　敵産調査要領」（「重要国策文書／南方経済陸軍処理要領」）（防衛省防衛研究所）；JACAR Ref.: C14020748500，「敵産調査要領」（陸軍一般史料／比島／全般）（防衛省防衛研究所）．

は，南方総軍司令官，第 14 軍司令官，香港占領地総督が選定するとしていることから（第 7 項 1），香港占領地を含む南方占領地全域を対象としていたことがわかる．

本要領は「第一，方針」で，「押収敵産ノ現況並其ノ評価額ヲ把握シ速ニ敵産処理ニ関スル策案ノ基礎資料ヲ得ルヲ目的トシテ」策定されたことを述べ，「調査ノ重点ヲ大東亜戦争完遂上必要ナル重要敵産ニ指向ス」としている．

「第二，要領」では，「一，調査対象タル敵産ノ範囲」，「二，調査区分」，「三，調査事項」など 10 項目が記されている．留意したいのは，「二，調査区分」の備考にある「敵産ノ認定困難ナルモノニ就テモ一応調査ノ上敵産認定ノ資料ヲ得ルモノトス」という記述や，「六，調査事項ノ整理」の「二，一応調査完了セルモノモ爾後新ナル調査資料ノ取得ニ伴ヒ逐次調査事項ヲ補綴ス」という文章である．これらの記述もまた，敵産調査にあたってさまざまな証憑書類や関係記録の収集が行われていることの傍証となろう．

以上見てきたような南方と中国双方における敵産調査と管理体制の進展に伴い，日本本国では，敵産の財務上の処理を行うための制度整備が進められた．1942 年 12 月 8 日の「特殊財産処理委員会」設置[72]，同年 12 月 23 日の「臨時特殊財産取扱令」（勅令第 853 号）[73]，1943 年 3 月 26 日の「特殊財産資金特別会計法」（昭和 18 年法律第 86 号）[74]の制定などがそれである．

南方占領地では，敵産調査の進展に伴い，新たに「占領地域内ニ於ケル敵産管理暫定取扱要領」が決定され，1943 年 3 月 2 日に南方軍総参謀長から管下各軍に通知されている[75]．この「暫定取扱要領」は，「一，敵産処理ノ方針」の部分は，前述の 1942 年 9 月 28 日付「帝国軍ノ作戦地域内ニ於ケル敵国及敵国

---

72) JACAR Ref.: B02032861000,「特殊財産処理委員会設置ニ関スル件」（「大東亜戦争関係一件／敵国財産管理並権益接収関係／特殊財産関係（特殊財産処理委員会ヲ含ム）第 1 巻」）（A-7-0-0-9_17_3_001）（外務省外交史料館）ほか．
73) JACAR Ref.: A03022775300,「勅令第 853 号・臨時特殊財産取扱令」（昭和 17 年勅令御署名原本）（国立公文書館）．
74) JACAR Ref.: A03022786800,「御署名原本・昭和 18 年法律第 86 号・特殊財産資金特別会計法」（国立公文書館）．
75) JACAR Ref.: B02032838600,「帝国占領地等ニ於ケル敵産管理及権益接収関係」所収（「大東亜戦争関係一件／敵国財産管理並権益接収関係／帝国及大東亜共栄圏諸国並帝国占領地」）（A-7-0-0-9_17_001）（外務省外交史料館）；JACAR Ref.: C19100108300,「敵産関係資料送付ノ件／一，占領地域内ニ於ケル敵産管理暫定取扱要領」（「陸軍一般史料／濠北／ボルネオ／敵産関係綴」）（防衛省防衛研究所）．

人財産ノ処理運営ニ関スル件」とほぼ同じだが，本文はかなり詳細かつ具体的で，「敵国ノ範囲」「敵産ノ範囲」「敵産ノ押収没収」「敵産ノ調査」「敵産ノ評価」「敵産ノ管理」など計12項目に及んでいる．「暫定」とあるが，南方占領地における基本的な敵産管理規程になったと思われる．本文もポイントとなるところは「帝国軍ノ作戦地域内ニ於ケル敵国及敵国人財産ノ処理運営ニ関スル件」と大きく異ならないが，「敵産ノ管理」の項で，「軍隊ニ於テ軍事上ノ必要ニ基キ使用又ハ直営シ，若ハ将来使用又ハ直営スルコト確実ナルモノ」については，各現地軍の「直営」すなわち直接管理を認める一方，それ以外はすべて軍政総監部および軍政監部に移管するよう指示している点などが特徴的である．また「敵産ノ調査」は1943年1月7日の「敵産調査要領」に依ることを改めて確認している．

5.3　フランス領インドシナおよびタイ

　1940年と1941年の「仏印進駐」によって事実上日本軍の勢力下にあったヴィシー政府のフランス領インドシナ（仏印）と，アジア太平洋戦争開戦直後の「日泰攻守同盟条約」によって日本の同盟国化を余儀なくされたタイ（泰，シャム）に対しては，1942年1月21日に外務省条約局条約2課が「仏印及泰ニ於ケル敵産管理要綱（案）」を策定している[76]．

　この「要綱案」は，(1) フランス領インドシナとタイに存在する米，英，蘭等の敵国財産を，フランス領インドシナにあってはその現行法規に，タイにあっては日本の敵産管理法にそれぞれ準拠して管理すること，(2) 日本軍駐屯地域と日本領事館駐在地における敵産管理については，日本側から監督者を派遣できるようにすること，(3) 日本軍駐屯地域内の敵産で軍事上必要なものは，日本軍が直接管理し，当時ちょうど南方軍宛に示達準備中だったと見られる「作戦地域内ニ於ケル敵産管理規定」（処理の誤り）を準用すること，などを定めている．

　同「要綱案」は，続く「理由」の中で，国際法上の正当性について記述している．要点は，フランス領インドシナとタイは日本軍の占領地ではないので，国際法上の敵産管理権は現地政府にあるが，日本軍は両地を作戦基地として使

---

76)　JACAR Ref.: B02032838500,「タイ国及仏印ニ於ケル敵産管理及権益接収関係」(「大東亜戦争関係一件／敵国財産管理並権益接収関係／帝国及大東亜共栄圏諸国並帝国占領地」)(A-7-0-0-9_17_001)（外務省外交史料館）．最終決定は確認できていない．

用している上,「共同防衛」ないし「同盟」により治安確保の責任を有しているので,敵産管理の監督権,軍事上必要な場合の直接管理権,さらには経済上必要な場合の敵産使用権が日本側にある,というものである.

このように,本「要綱案」は,フランス領インドシナとタイの主権を尊重するとしながら,敵産管理に関する日本側の権限を,ほとんど本国内あるいは軍事占領地内と同様に主張するものであり,準拠する法規としても,本国の敵産管理法と「作戦地域内ニ於ケル敵産管理規定」(処理の誤り)をあげるなど,かなり強引な内容であった.

日本軍は開戦と同時にフランス領インドシナとタイで敵産の接収に着手,その概況は,フランス領インドシナについては1942年2月2日のサイゴン駐在内山(岩太郎)公使,2月4日のハノイ駐在芳澤(謙吉)大使の東郷茂徳外務大臣宛報告,タイについては同年2月1日のバンコク駐在坪上(貞二)大使の同外務大臣宛報告によってわかる[77].

その後,タイでは1942年(仏暦2485年)2月13日にタイ国独自の敵産管理法(「敵国人及敵国財産ニ関スル法律」)が公布され,さらに同年11月19日の坪上駐タイ大使から青木一男大東亜大臣宛報告によると,タイとの間に「日本軍管理敵産ノ処理ニ関スル協定」が締結され,日本軍が押収した敵産を全部タイ国に移管することが定められて(第1条),タイ側が敵産管理の中心を担う体制が整えられた.しかし,同協定では,日本軍の作戦上必要な施設および資材等については,現状のまま無償で日本軍の使用に供することになっており,日本側の優位な体制が法的に確認された形になっている[78].

このように,フランス領インドシナとタイにおいても,植民地や占領地と大きく異なるところはなく,日本を中心とした強力な敵産押収・管理活動が展開されたと見られるが,そのことは,この地域の連合国在外公館の財産とアーカイブズの取扱いをめぐっても,連合国側との間に軋轢を生む結果となっている.それについては第2章に譲りたい.

---

77) 同上.なお,内山岩太郎は駐印度支那大使府サイゴン支部長,芳澤謙吉は駐仏領印度支那特派大使,坪上貞二は駐タイ大使.
78) 同上.

5.4 文書・記録の押収と敵産管理法制との関係

以上，日本における敵産管理関係法制の展開過程を，本国および植民地，中国および南方占領地，フランス領インドシナおよびタイ，の順に見てきた．本来この補論の趣旨からいえば，法制的側面にとどまらず，戦時における敵国側アーカイブズの押収，とくにオーストラリアや米国で行われたような，民間私有財産である企業記録の押収がどのように実施されたのかを具体的に検証し，敵産管理法制との関係を考察することが求められよう．

日中戦争期の敵産処理に関する規定類や，アジア太平洋戦争期の敵産管理法や同施行令，敵産管理法施行規則などの関係法令を見る限り，文書・記録類を敵産の一部として明記しているものはなく，英国・米国・オーストラリア各国の法令にあったような，敵産管理人等に対し，文書・記録類を敵産関連情報として査察，押収する権限を付与した規程の存在も確認できない．敵産管理法施行規則に合わせて出された「敵産管理法施行規則要綱」に，「大蔵大臣ハ必要アルトキハ敵産管理人ニ対シ帳簿書類ノ備付ヲ命ジ得ルコト」とあるのが注意をひくが，ここでいう「帳簿書類」は，敵国側から押収したものを敢えて除外する必要はないとしても，基本的には，押収した敵産について敵産管理人が自ら作成する帳簿書類を指すと考えるのが至当であろう[79]．

中国占領地については，企業記録が押収された具体的事例を示すことができる．まずやや特殊な事例かもしれないが，日中戦争期に上海中国電力会社の文書・記録が押収された事件がある．その経緯は，上海共同租界工部局警務局長から工部局参事会秘書兼総務局長に提出された，1940年11月27日の書簡に添付された，「上海中国電力会社――日本憲兵隊によるアーカイブズの押収」と題する11月26日付の警務報告書に記されている[80]．

それによれば，中国人居住区にあった上海中国電力会社は，1937年に武力紛争が勃発して以来[81]，フランス租界ラファイエット通り502番に移転して事務所を維持してきた．ここには，会社のメーターや，機械部品，書類，会計帳簿などが多数保管され，10人ほどの職員が勤務してきた．1940年11月23日午

---

[79] JACAR Ref.: C12120704600,「敵産管理法施行規則要綱」(「中央軍事行政法令敵産管理法案　昭和16年12月」)（防衛省防衛研究所）．

[80] "Sino-Japanese Conflict: Miscellaneous, Petitions regarding looting, extortion and examination, part 2" (U1-4-1288)（上海市档案館）．

[81] 第二次上海事変のことと思われる．

前 11 時半，平服を着た 4 人の日本人憲兵が，フランス警察のメンバーを伴ってラファイエット通り 502 番の中国電力会社事務所を訪れ，事務所内を徹底的に捜索した．日本人憲兵たちは，事務所を出る際，書類，会計帳簿，金庫の鍵 2 つを持ち去り，さらに，居合わせた職員に対し，事務所から何ひとつ持ち出してはならないと警告した．職員たちはまだ事務所に残っており，フランス警察の中国人刑事が，今も引き続き上記の場所で見張り任務についている．

以上が警務報告書の内容であるが，この事件は，日本軍による情報収集活動とも思えるが，敵産処理の一環であった可能性がある．前述のように，日本軍は中国占領地における敵産処理のため，1938 年 1 月 16 日に中支方面敵産処理暫定規程を制定し，翌 1939 年 7 月 15 日には中支那派遣軍直轄地域内（江蘇，浙江，安徽省）敵産処理規程，同年 9 月 25 日には呂集団占拠地域内（江西，河南，湖北，湖南省）敵産処理要綱が相次いで発令される．そこでは，旧国民政府または地方政府所属の銀行，会社，その他の法人が所有する動産・不動産が敵産の対象に含まれ，敵産の調査と仮決定，ならびに封印と保管の権限を憲兵に与えている．上海中国電力会社の事務所捜索とアーカイブズの押収は，上記 2 規定の対象範囲外なので，どの規程に準拠したのかは不詳だが，憲兵による企業記録の押収を確認できる事例である．

アジア太平洋戦争期に入ると，上海租界内の連合国系企業・団体の資産が敵産として押収される事例が増え，それに関連して各企業・団体が保有する図書や文書類の処置が問題となったため，1942 年 6 月以降，興亜院華中連絡部，陸海軍現地当局，新敵産管理委員会などの間で協議が行われた[82]．その結果，7 月に中支那振興株式会社，満鉄上海事務所，東亜同文書院，日本近代科学図書館等のメンバーによる実地調査が行われ，それを踏まえて図書，雑誌，文書類の大量押収が開始された．押収資料は租界内の亜洲文会（王立アジア協会）の建物と怡和洋行（ジャーディン・マセソン商会）の倉庫に集積され，1942 年 11 月 1 日には，これらの資料を整理，活用する目的で「華中興亜資料調査所」が設置された．同所の活動については，本書第 2 巻第 1 章で改めて検討するが，『華中興亜資料調査所　其の沿革と業務』によれば，1944 年 8 月現在の保有資料は，商社，銀行，団体など 35 の民間機関から押収した図書が 87,226 冊，同じく雑

---

82) 華中興亜資料調査所編『華中興亜資料調査所　其の沿革と業務』（同所，1944 年），1-2 頁．

誌が 56,919 冊で，文書類はジャーディン・マセソン商会の「トラック十数台分」を筆頭に，15 の企業や団体から多数のアーカイブズが押収されている．ちなみに，35 の企業・団体の国籍別内訳は，英国 25，米国 7，オランダ 2，中国（重慶）1 である[83]．

華中興亜資料調査所が管理する連合国系企業記録には，「作戦地域内ニ於ケル敵産処理規程」（1942 年 2 月 1 日）や「在支敵産ノ処理運営要領」（1942 年 11 月 16 日）にもとづく敵産として接収されたものが含まれる可能性もあるが，中心は「近代支那社会経済等の実態を究明し，大東亜建設に積極的に貢献する」ための「文化資料」として押収されたものであると説明されている[84]．前述の通り，ちょうどこの時期，1942 年 9 月 5 日の関係各庁連絡会議申合せ「支那ニ於ケル敵産ノ調査ニ関スル件」によって中国占領地全体にわたる敵産の統一的調査が実施されているが，押収企業記録がその対象になった形跡がないのは，おそらくそのためであろう．

ただ，1938 年 1 月 23 日の中支方面敵産処理暫定規程で，「敵産ハ土地台帳其他ノ証憑書類ニ依リ立証スルヲ要ス」とされ，憲兵に「相当ノ資料ヲ得」るよう求めていること[85]，あるいは上記 1942 年 9 月 5 日の関係各庁連絡会議申合せに，敵産調査にあたって「工部局，公董局等ノ書類等ヲモ極力利用シ調査ノ完璧ヲ期スルモノトス」と指示されていることから，土地台帳や工部局文書などの公的書類だけでなく，押収企業記録が敵産調査や敵産認定のための証憑や資料として利用された可能性は十分にある．

中国占領地で民間企業・団体の記録を押収した事実を示す別の史料として，1942 年 5 月に在漢口日本総領事館から外務省に宛てた「大東亜戦争勃発ニ伴フ敵国権益及敵国人処理状況報告」がある[86]．この報告書については，補論 2「戦争とアーカイブズをめぐる日本の国際法認識」でもとりあげるので，ここでは企業記録の押収に関係する部分に限定して述べる．

同報告書は，「第三章　敵国財産処理状況」の「第一部　敵国財産処理ノ一

---

83) 同上書，3-11 頁；鞆谷純一『日本軍接収図書――中国占領地で接収した図書の行方』（大阪公立大学共同出版会，2011 年），107-111 頁．
84) 前掲華中興亜資料調査所編『華中興亜資料調査所　其ノ沿革ト業務』，1-2 頁．
85) 本補論 1「5.2.2　敵産管理制度の導入」参照．
86) JACAR Ref.: B15100136900，「大東亜戦争勃発ニ伴フ敵国権益及敵国人処理状況報告」（「領事会議関係雑件／議事録」第 6 巻）（M-2-3-0-1_1_006）（外務省外交史料館）．

般方針及処理要領」で，公私有財産の種類別処理要領を記している．そのうち，私有動産については次の通りである．

　（二）敵国人ノ私有財産処理要領
　　甲．私有動産
　　　イ．直接ニ軍需上ノ用途ニ供シ得ルモノハ押収使用ス即チ
　　　　兵器，弾薬其他狭義ノ軍需品，海底電線，電信，電話機，写真機，馬匹，自動車，車輛，自転車，鉄道材料，船舶，航空機等ノ材料
　　　ロ．軍ノ自活ノ為必要ナルモノハ徴発ス
　　　　即チ
　　　　糧食，薪炭，寝具，被服類及其ノ材料，靴類，酒類，煙草其他，建築材料，輸送及通信ニ用ヒル材料，医療材料等，総テ軍ノ続養(給カ)及実力維持ノ為必要ナルモノ

このように，押収対象物品と徴発対象物品をかなり具体的にあげているが，企業・団体の文書・記録類は含まれていない．なお，徴発物品に対しては，徴発期日，物件種類，数量，価格等を記載した領収証を発行するとしている．
　第2部は，実際の敵国財産処理状況報告で，12月8日開戦当日の「第一次措置」と翌日以降の「第二次措置」に分けて説明されている．第1次措置は「軍作戦上絶対必要ナル範囲ニ止ム」とされ，短波ラジオや無線機の押収，石油会社貯油場，埠頭設備の封印，船舶と繋留施設の接収などに限定されている．これに対し第2次措置では，多くの民間企業・団体が対象となり，12月28日以降，陸海軍が分担して建物の接収や物品の押収，徴発にあたっている．このうち陸軍が実施したのは，怡和洋行[87]，太古洋行[88]など合計9機関で，すべて英国系である．海軍側は，米海軍港督青年会館，慎昌洋行[89]など合計11機関で，内訳は英国系6，米国系2，ベルギー系1，不明2である．ただ，財産処理の具体的内容までは記されておらず，「各洋行ニ付夫々調査ノ上徴発物品，押収物品ヲ選別搬出シ其ノ建物ハ陸海軍ニ於テ接収ノ上軍用ニ供スルコトトセ

---

87) Jardine, Matheson & Co. Ltd.
88) Butterfield & Swire Co.
89) Andersen, Meyer & Co.

リ」とあるのみである．押収物品の中に，図書や文書・記録類が含まれている可能性はあるが，確証はない．

一方，銀行については「第三章　敵国財産処理状況」ではなく，別に「第四章　敵国銀行及敵国人債権債務処理状況」が設けられている．その「(三) 敵国銀行ノ接収及職務処理要領」には，「敵国銀行ノ接収及之カ職務処理ニ付テハ，当館，軍特務部，軍経理部，及憲兵隊」が協議の上実施したとあり，在漢口日本総領事館も加わって特別の体制がとられたことがわかる．対象となったのは，外国銀行が香上銀行（英）[90]，花旗銀行（米）[91]，麦加利銀行（英）[92]，華比銀行（ベルギー）[93] の4行，重慶政権側銀行が交通銀行，中国銀行，中央銀行の3行である．具体的な措置内容は次のように記されている．

　一，以上敵国銀行ハ之ヲ閉鎖シ其ノ所有ニ係ル動産ハ憲兵隊ニ於テ接収封印シ貨幣有価証券，帳簿書類等ノ如キ物件ハ外国銀行ニアリテハ軍経理部，支那側銀行ニアリテハ軍特務部ニ於テ管理スルコトトセリ
　二，而シテ之等貨幣有価証券，帳簿書類等ノ如キ物件ハ接収現場ニ於テ査照ノ上之ヲ外国銀行ニアリテハ正金銀行，重慶側銀行ニアリテハ中江実業銀行ニ移管セリ
　三，正金銀行又ハ中江実業銀行ニ移管セル接収物件ハ之ヲ預金者，債権者又ハ所有者ヲ厳重検討ノ上敵性アルモノハ之ヲ軍経理部又ハ軍特務部ニ於テ之ヲ没収シ不取敢之ヲ正金銀行又ハ中江実業銀行ニ対スル軍ノ預金トシテ整理スルコトトセリ
　四，（以下略）

これを見ると，「帳簿書類」が押収されて軍経理部，軍特務部の管理下に置かれたと明記されており，注目される．ただ実際には，現場で査照の上，貨幣，有価証券とともに横浜正金銀行と中江実業銀行に移管されたとある．敵性ありと判定された貨幣等は没収して軍の預金にしたとのことだが，帳簿書類につい

---

90) 香港上海銀行 Hongkong & Shanghai Banking Co. か．
91) International Banking Co., のち National City Bank of New York.
92) Chartered Bank.
93) Banque Sino-Berge.

ては，貨幣等の敵性判定の資料として利用されたと推定されるものの，その後の取扱いについては不明である．

以上，少なくとも中国占領地に関していえば，敵国側民間企業の文書・記録を押収している事実は確認できるものの，規程にもとづく正規の敵産として押収，処理された証拠は見いだせなかった．おそらく，敵産とは別の学術文化上の資料として，あるいは敵産処理のための証拠書類ないし参考資料として押収された場合が多かったと考えるのが妥当だろう．ただその場合も，政府や軍中央からの指示の存在は認められるが，英，米，豪各国の法令に見られたような，敵産管理者への文書査察権限や押収権限の付与は，日本本国内の場合と同様，占領地の敵産管理関係規程にも確認できなかった．

5.5 小　括

以上，日本の敵産管理関連法制を見てきた．文書・記録の取扱いという点からその特徴を考察すると，第1に国際法上の敵国公私有財産取扱い原則に対しては，一定の配慮をしていることがうかがえたが，日本政府や軍中央と占領地の現地軍との間には方針上のギャップも見られた．

第2に，敵産の範囲については，英，米，豪各国の主要法令がそうであったように，文書や記録を敵産の一部を構成するものとして明示している法規は見いだせなかったが，図書については事実上戦利品ないし敵産の一部として取り扱ったことを示す文書がある．

第3に，英，米，豪各国は，文書・記録を敵産そのものではないが，対敵通商行為や財産所有の証拠書類ないし関連情報として位置づけ，その捜索や押収を法規上認めているのに対し，日本の場合は，国内法規，占領地内規程ともに，そのような条項を確認できなかった．しかし，敵産調査や敵産判定に関連する証拠書類や参考資料の収集を指示した文書を複数確認できたので，実際には，それにもとづいた文書や記録の捜索，押収が広く行われたと見られる．本補論ではその具体的事例として，中国占領地における連合国系企業記録の押収に言及した．

6. おわりに

　補論 1 では，敵対国の文書・記録ならびにアーカイブズの押収に際し，対敵通商禁止や敵産管理に関する国内法規がどのように関連したかについて，英国，オーストラリア，米国，日本の関係法規を検討した．日本の場合は，中国占領地と東南アジア占領地を対象に加え，占領地に適用される規程類について検討した．

　本来なら，具体的事例の実証分析を十分に行った上で論じることが必要であるが，ここではわずかな企業記録押収事例に触れたのみで，実証分析は第 2 章以下に譲り，主に法規を読み解くことによって，文書・記録やアーカイブズの押収行為がいかなる法的根拠のもとに実行されたのか，推論的考察を行うにとどめざるを得なかった．そのような限界はあるが，本補論の考察は以下の 3 点にまとめることができよう．

　第 1 に，1907 年ハーグ陸戦条約を中心とする戦時国際法との関係である．対敵通商法や敵産管理法等は，国内法として主に本国内に存在する敵国公私有財産を対象にしているため，作戦地域や占領地域における敵国公私有財産の取扱いが主眼である戦時国際法との関係を明示している例は少ない．日本の場合は逆に，国際戦争法で認められている作戦地域や占領地域における敵国国有動産・不動産の没収権・押収権・使用権や，軍事転用可能な私有財産の限定的押収権を拡大解釈して，中国と東南アジアの占領地に敵産管理制度を導入し，厖大な中国側・英米国側資産を敵産として押収または没収して，その多くを本国に「還送」した．

　第 2 に，いずれの国も，法規上の敵産の定義および範囲の中に，文書・記録やアーカイブズをはっきりとは明示していないことである．もっとも，そのことは文書・記録やアーカイブズを敵産から除外するものではなく，オーストラリアや米国による日系企業記録の押収，あるいは日本による「敵性銀行」の帳簿書類の押収は，他の資産と一体のものとして，すなわち敵産の一部として押収が行われた可能性もある．

　しかし第 3 点として重要なことは，英国，オーストラリア，米国の法規の中に，組織や個人の文書・記録を，敵産そのものではなく，対敵通商行為などの

証拠ないし関連情報として重視し，その捜査や押収を認める規定が存在することである．オーストラリアや米国による日系企業記録の押収は，これを根拠の一部にして実行された可能性がある．一方，日本の敵産管理関連法規には，これに相当する規定は確認できない．ただし，敵産調査や敵産押収にあたって，文書や記録を証拠書類ないし参考資料として活用すべきことは随時指示されており，見逃してはならない点であろう．

　いずれにしても，第二次世界大戦期に頻発した敵国の文書・記録やアーカイブズの押収行為を分析する上で，歴史的背景ないし法的根拠としての対敵通商禁止・敵産管理関係法規は重要であり，第2章以降の事例分析においても，常に念頭に置いておく必要がある．

第1章補論2

戦争とアーカイブズをめぐる日本の国際法認識

1. はじめに

　第1章では，武力紛争時における文書やアーカイブズの保護規定が国際法，国際慣例上いかに発展してきたかを検討し，補論1では，それに関連して対敵通商の取締りや敵産管理をめぐる各国の国内法で，文書や記録がどのように取り扱われているかを検討した．

　続いて，この補論2では，戦争とアーカイブズをめぐる以上のような流れの中で，国際法や国際慣例に対して日本がどのような姿勢をとってきたのか，すでに補論1で一部触れたことの繰り返しも含むが，改めて見ておきたい．

　明治維新の4年前にあたる1864年8月22日，赤十字国際委員会の提唱により，戦時国際法として先駆的な位置を占める「傷病者の状態改善に関する第1回赤十字条約（ジュネーブ条約）」が締結された．日本は1886年に本条約に加盟し，同年11月15日に勅令をもってこれを公布した[1]．日本が戦時国際法を公式に承認した初の事例と見られる．さらに陸軍省は，「赤十字条約ノ儀ハ軍人軍属ニ在テ最緊要ノモノ」として注釈書を作成し，翌1887年4月23日に陸軍大臣大山巌の名で広く配布して，「遍ク熟読恪守ス可シ」と訓令している[2]．

　また海上における戦時国際法としては，1856年4月16日に締結された「パリ宣言（海上法要義ニ関スル宣言）」が最も早期のものに属するが，日本はこれに

---

[1] JACAR Ref.: A15111131800,「戦時負傷者ノ不幸ヲ救済スル為メ瑞西国外十一国ノ間ニ締結セル赤十字条約ニ加入ス」（「公文類聚」第10編・明治19年・第11巻・外交・条約～雑議）（国立公文書館）；有賀長雄『日清戦役国際法論』（陸軍大学校，明治29［1896］年），14頁．

[2] JACAR Ref.: C09060345400,「赤十字条約註釈」（「陸軍省大日記本省布告・陸軍省規則条例明治20年分　勅令閣令省令告示訓令　秘」）（防衛省防衛研究所）；前掲有賀長雄『日清戦役国際法論』，14-15頁．

も1887年に加盟し，同年3月19日に公布している[3]．

　欧米列強の後を追って近代化を急ぐ明治日本は，一方で軍備増強に力を注ぎつつ，同時に世界から「文明国」と認められることを意図して，戦時国際法を積極的に受け入れる姿勢を示そうとしたのではないかと考えられる．

2. 第二次世界大戦期以前

　日清講和条約締結翌年の1896年9月に陸軍大学校から刊行された『日清戦役国際法論』は，同校で国際法の講義を担当していた有賀長雄によるものである．この本は，出版後，参謀総長から陸軍省，各軍はもとより，内務省など政府部内に配布されている[4]．日清戦争期の日本における標準的な戦時国際法認識がどのようなものであったかをうかがい知ることのできる，格好の資料だと思われる．

　敵国側領土ないし占領地における文書・記録の取扱いに関係すると考えられるのは，「第十一章　戦利品及徴発」である．この章ではまず「第四十三節　適用シタル原則」として，次のように述べている[5]．

　　此ノ一章ニ於テハ日本軍カ敵地ニ在ル官有及民有ノ財産ニ対シテ如何ナル
　　処分ヲ為シタルヤヲ述ヘントス．
　　我軍ハ大体ニ於テハ左ノ原則ニ準拠シタリ，曰，
　　（イ）敵国ニ在ル総ヘテノ不動産ハ官有タルト民有タルトヲ論セス戦利品
　　　　　ト為スヘカラサルモノナリ
　　（ロ）敵国ニ在ル官有ノ動産ニシテ直接間接ニ敵ノ戦闘力ヲ資クルモノハ
　　　　　戦利品ト為スコトヲ得ヘキモノナリ
　　（ハ）敵国ニ在ル民有ノ動産ハ兵器弾薬ヲ除ク外ハ戦利品ト為スヘカラサ

---

3) JACAR Ref.: A03020018300,「御署名原本・明治20年・条約3月19日・澳地利外六国間ニ締結セル海上法要義ニ関スル宣言」（国立公文書館）；前掲有賀長雄『日清戦役国際法論』, 15頁.

4) JACAR Ref.: C06082508600,「副官部より日清戦役国際法論各都督部へ送付の件」（「陸軍省大日記　明治30年乾　弐大日記二月」）（防衛省防衛研究所）；JACAR Ref.: C07082181800,「日清戦役国際法論送付の件」（「陸軍省大日記　参謀本部大日記　明治29年自7月至12月」）（同前）；JACAR Ref.: C10060978500,「陸軍大学校出版日清戦役国際法論の内務省送付に関する申進」（「陸軍省大日記　陸軍省雑　明治29年　編冊」）（同前）.

5) 前掲有賀長雄『日清戦役国際法論』, 196頁.

ルモノナリ
（二）兵器弾薬ニ非サル民有ノ動産ニシテ我軍隊ノ給与ニ必要ナルモノニ対シテハ徴発ノ権ヲ用キルコトヲ得ヘキモノナリ

　ここで示されている敵国官有・民有不動産の戦利品としての没収禁止，戦闘力に資する敵国官有動産の没収容認，兵器弾薬以外の敵国民有動産の没収禁止と軍隊に必要なものの徴発権容認という原則は，日清戦争期にすでに公表されていた「ブリュッセル会議宣言（戦争の法規慣例に関する国際条約案）」（1874年）や，国際法学会の「オックスフォード・マニュアル（陸戦の法規慣例）」（1880年）の内容にほぼ一致する．『日清戦役国際法論』は，同書の記述がいかなる国際法ないし国際慣例にもとづいているかを明記していないが，「緒言」によれば，本書出版にあたり，「ブルクセル公会ノ『宣言』及国際法協会ノ『提要』ノ訳文ヲ附録シテ陸軍大学校ニ寄送シタ」とのことである[6]．ここでいう「附録」した訳文は本書に掲載されていないが，ブリュッセル会議宣言とオックスフォード・マニュアルを意味していることは明らかであり，両者が本書執筆の土台になっていると見られる．

　「第十一章　戦利品及徴発」では続いて，1894年10月に遼東半島に上陸した第2軍の司令官大山巌が10月28日付で発した「誡諭」を紹介し，「軍隊必需ノ物件」の徴発権が「列国公認ノ権利」として認められていることや，私的な徴発が「不法掠奪」として禁じられていることなど，国際慣例の趣旨が現地軍に徹底されたことを強調している[7]．

誡諭

敵国ニ於テ軍隊必需ノ物件ヲ徴発スルハ列国公認ノ権利ナリト雖モ此権利ハ軍隊ニ属スルモノニシテ一個人ノ私スヘキ者ニ非ス軍隊ノ徴発ハ自ラ規定ノアルアリ且ツ軍国ノ威厳ヲ損フモノ不法掠奪ヨリ甚シキモノナシ故ニ規定ニ依ルノ外ハ何人タリトモ猥リニ敵地住民ノ物件ヲ押取スルハ厳ニ禁スル所トス（以下略）

6）同上，11頁．
7）同上，197頁．「誡諭」原文書の出典については，本書第1章補論1注30を参照のこと．

また 1894 年 12 月 13 日に海城を占領した第 1 軍においても，占領に先立つ 12 月 10 日に桂［太郎］師団長より訓諭が発せられ，「一，戦利品ニ非サル人民所有ノ金銀，其他ノ器具ハ部隊ニ於テ相当ノ保護ヲ与フルヲ要ス」「一，徴発物資ノ代価ヲ最寄ナレハ兵站司令部ニ於テ仕払ハシムルコトヲ得」など，戦利品と徴発物資の取扱いに関する指令が下された由である[8]．

「第十一章　戦利品及徴発」の中で国際法，国際慣例を反映した記述は，「第四十六節　社寺学校及民政ニ関スル造営物ノ保護」にも見られる[9]．

　　宗教，学術，道徳ハ人類ノ共有スル所ニシテ一国政府ノ私有スヘキ所ニ非ス，故ニ一国ト一国トノ戦争ノ為ニ此ノ三者ニ損害ヲ及ホスコトアル可カラス，是レ動カスヘカラサル一ノ原則ニシテ日本軍ハ善ク之ヲ遵奉シタリ．
　　日本軍ハ社寺学校等ノ財産ヲ保護シ其ノ政府ノ所有ニ属スルモノタリトモ之ヲ侵サヽリキ．唯夕敵軍ニ於テ戦律ニ背キテ社寺，学校ヲ兵士ノ宿舎ト為シ或ハ弾薬ノ貯蔵場ト為シタル場合ニ限リ之ニ対スルハ相当ノ処分ヲ為サヽルヲ得サリシノミ．
　　又民政ヲ行フ目的ノ為ニ存スル造営物ハ敵ノ官有物タルニ拘ラス人民ノ行政上必要ナリトノ廉ヲ以テ之ヲ日本軍ニ於テ之ヲ保護シタリ．
　　（以下略）

この記述は，本書第 1 章で見たブリュッセル会議宣言第 7 条，第 8 条やオックスフォード・マニュアル第 52 条，第 53 条の宗教・慈善・教育・芸術・学術施設保護規定に拠っているとみられる．したがって，歴史的記念物，アーカイブズ，芸術・学術成果物等の文化資源に対する押収・破壊禁止規定が条文に含まれることも認識していたはずである．

以上のように，『日清戦役国際法論』によれば，少なくとも敵国財産の没収や押収の分野に関する限り，日本の戦時国際法認識は，日清戦争期にはすでにブリュッセル会議宣言やオックスフォード・マニュアルを軍隊規則に取り入れるレベルに達しており，しかも日本軍はそれをしっかり遵守していたとされている．

---

8) 同上，198 頁．
9) 同上，205-208 頁．

次の画期は，日清戦争終結 4 年後の 1899 年 5 月にハーグで開催された「第 1 回万国平和会議」である．この会議では，1863 年リーバー規則から 1874 年ブリュッセル会議宣言，1880 年オックスフォード・マニュアルへと発展してきた戦時国際慣例を集大成する形で，ハーグ第 2 条約「陸戦ノ法規慣例ニ関スル条約」（ハーグ陸戦条約）ならびに同附属書「陸戦ノ法規慣例ニ関スル規則」がまとめられ，採択された[10]．日本はこの会議に参加し，早くも翌 1900 年 11 月 21 日に条約を批准している[11]．したがって，1904 年 2 月に始まる日露戦争において，日本はハーグ陸戦条約を遵守すべき立場にあったことになる．

日露戦争開戦後，日本は戦争に関する規則類を制定するなどして体制整備を進めているが，その中に，ハーグ陸戦条約をはじめとする戦時国際法，国際慣例への配慮を示したものが存在する．たとえば開戦直後の 1904 年 2 月 21 日に，「陸戦ノ法規慣例ニ関スル条約附属規則ニ基キ」[12]，勅令第 44 号により「俘虜情報局」を設置したことなどがそれである[13]．また俘虜取扱いに関する規則の制定に際しても，「陸戦ノ法規慣例ニ関スル海牙（ハーグ）条約附属規則第七条ニ於テ自国軍隊ト対等ノ食料寝具及被服ヲ支給スヘキ規定有之」ことに従い，「露国俘虜ニ対シ其身分階級ニ相当ノ待遇ヲ与ヘ帝国軍人ニ準シ其給養ヲ為シ」たる措置をとったとしている[14]．

敵国側財産の処理に関しては，1904 年 3 月 18 日に「戦利品規則」，4 月 19 日に「戦利品整理規程」を制定しているが，すでに補論 1 で述べた通り，戦利品規則第 1 条で「本規則ニ於テ戦利品ト称スルハ陸軍団隊ニ於テ戦争ノ法規慣例ニ従ヒ戦闘ニ関シテ獲得シタル物件ヲ謂フ」と，「戦争ノ法規慣例」に触れている[15]．これも，主として 1899 年のハーグ陸戦条約を意味していると考える

---

10) 本書第 1 章「2.4.1 ハーグ陸戦条約（1899/1907 年）」参照．
11) JACAR Ref.: A03020484400,「御署名原本・明治 33 年条約 11 月 21 日・陸戦ノ法規慣例ニ関スル条約」（国立公文書館）．
12) JACAR Ref.: A01200935200,「俘虜情報局ヲ設置ス」（「公文類聚」第 28 編・明治 37 年第 2 巻）（国立公文書館）．
13) JACAR Ref.: A03020593100,「御署名原本・明治 37 年勅令第 44 号・俘虜情報局設置」（国立公文書館）．
14) JACAR Ref.: B07090895700,「日露戦役ノ際俘虜給養方ニ関シ露国ヘ交渉一件」（5-2-8-0-25）（外務省外交史料館）．
15) JACAR Ref.: C08070657700,「戦利品規則」（「陸軍省達書 明治 37 年陸達綴」）（防衛省防衛研究所），JACAR Ref.: C03025582300,「戦利品整理規程の件」（明治 37 年「陸満普大日記」）（同前）．本章補論 1「5.2.1 戦利品関係規則」参照．

のが自然であろう．

　ところで，第 1 章で記したように，1923 年の第 35 回国際法協会大会で「占領地におけるベロット戦争規則」を提案したロンドン大学のヒュー・H・ベロット教授は，この規則案の土台になった先行規則・条約のうち最も早い時期のものである 1863 年の「陸戦における合衆国陸軍の統治規則」（リーバー規則）が，各国の軍隊規則に影響を与えたと述べ，その中には 1904 年の「ロシアと日本それぞれの国の戦地における軍隊規則類」が含まれるとしていた[16]．ここでいう 1904 年の「ロシアと日本それぞれの国の戦地における軍隊規則類」とは，明らかに日露戦争時に適用された両国の軍隊規則類を指しており，日本の場合，具体的には上述の戦利品規則などがそれにあたると思われる．よって，ベロット教授が指摘するようにリーバー規則の影響があったとしても，それは間接的なものであり，直接的には 1899 年ハーグ陸戦条約の影響を考えるのが適切であろう．

　その後，1907 年に再びハーグで「第 2 回万国平和会議」が開催され，1899 年のハーグ陸戦条約（第 2 条約）が改訂されて，新たに「1907 年ハーグ陸戦条約」すなわち，「陸戦ノ法規慣例ニ関スル条約（第 4 条約）」と「同附属書：陸戦ノ法規慣例ニ関スル規則」が成立する[17]．日本政府はこれを 1911 年 11 月 6 日に批准し，1912 年 1 月 12 日に公布している[18]．したがって，1914 年に開始された第一次世界大戦に連合国の一員として参戦し，ドイツ帝国を中心とする同盟国と戦った日本は，1907 年ハーグ陸戦条約を遵守すべき立場に立ったことになる．

　第一次世界大戦末期の 1918 年 10 月 12 日に陸軍省が制定した「軍事行動地域ニ於ケル鹵獲品，押収品等処分要領」には，戦時国際法ないし国際慣例への直接的な言及はない．しかし，所有権の剥奪を伴う没収品として軍の所有物となる「鹵獲品」と，所有権の剥奪を伴わず，「私有品ニ属シ正当ノ所有者判明セルトキハ」，軍事上必要な場合を除いて「適当ナ時機ニ之ヲ所有者ニ返還」しなければならない「押収品」とを明確に区別している点に，ハーグ陸戦条約

---

[16] "Laws of War in Occupied Territory", *The 35th International Law Association Report of Conference*, 1928, p. 99. 本書第 1 章「2.4.3　ベロット規則（1923 年）」参照．

[17] 本書第 1 章「2.4.1　ハーグ陸戦条約（1899/1907 年）」参照．

[18] JACAR Ref.: A03020942000,「御署名原本・明治 45 年・条約第 4 号・陸戦ノ法規慣例ニ関スル条約」（国立公文書館）．

等において確認された敵国公私有財産の取扱い原則が反映しているのを読み取ることができる[19]．

　第一次世界大戦後，連合国は同盟国側各国との間で個別に講和条約を結ぶが，それら諸講和条約には，第1章で述べたように，同盟国各国に対し，文書・記録やアーカイブズの引渡しなどを義務づけた条項が少なからず含まれている．そのうち，ドイツとの講和条約である1919年ベルサイユ条約には，第4部「ドイツ外におけるドイツの権利と権益」に，第158条として日本に関係する条項が含まれている[20]．これは，ドイツが中国山東半島南岸の膠州湾ならびにその沿岸の青島を中心とする地域に領有していた膠州湾租借地が，戦争の結果日本に譲渡されることに関し，ドイツが実行すべき義務を定めたものである．それには，膠州（膠州湾租借地）の「行政に関わるあらゆる種類のアーカイブズ，登録簿，地図，証書，ならびに文書」を，その所在にかかわらず，日本に引き渡すべきことなどが記されている．国際的な武力紛争の結果，ある地域の領有国に変更が生じた場合は，戦後処理の一環として，旧領有国は新領有国に当該地域に関係する行政文書やアーカイブズを引き渡さなければならないというのは，早くから認められた国際慣例のひとつであるが，日本は本条項によって改めて文書やアーカイブズをめぐる国際慣例の存在を認識することになったのではないかと考える．

　第一次世界大戦後の戦間期には，国際連盟国際法委員会を中心に，外交関係に関する国際条約の成文化の動きが活発化するが，それに合わせ，各国の民間研究機関や専門団体あるいは個人の法学者が，それぞれに独自の私案を作成し，発表している．その中に，日本の国際法協会日本支部と国際法学会が1926年に共同で作成した案も含まれている[21]．民間の団体ではあるが，この時期日本においても外交関係に関する国際条約に関心が高まっていたことを示す事実として注目される．

---

19) JACAR Ref.: A13100327500,「軍事行動地域ニ於ケル鹵獲品，押収品等処分要領」(「公文類聚」第42編・大正7年・第22巻・軍事二・陸軍二・海軍，学事・学制) (国立公文書館)．本章補論1「5.2.1 戦利品関係規則」参照．
20) 本書第1章「2.4.2 ベルサイユ条約 (1919年) ほか第一次世界大戦の講和諸条約」参照．
21) "Diplomatic Privileges and Immunities Source", *The American Journal of International Law*, Vol. 26, No. 1, Supplement: Research in International Law (1932), p. 185, Appendix 10 "Draft Code of the International Law Association of Japan"(Cambridge University Press 電子版)．

1937 年以降の日中戦争期には，補論 1 で見たように，戦地での戦利品獲得と占領地における敵産処理の実施に伴い，戦時国際法との関係をどう整序するかが問題となったようである．

1939 年に陸軍が策定した「押収品処理ニ関スル方針」は，戦時国際法をおおむね遵守する姿勢を示しながらも，「押収品ノ処理ニ関シ事変勃発ノ直後取敢ヘス採リタル処置ハ『陸戦ノ法規慣例ニ関スル諸条約』其他交戦法規ニ関スル諸条約ヲ悉ク其侭適用スルコトハ事変ノ性質ニ鑑ミ不適当」と，正規の戦争でない「事変」であることを理由にしているのか，国際法を適用しない場合もあることを示唆している[22]．

一方で日本は，戦時国際法で認められている占領地での敵国国有動産の没収権や，戦争目的に直接使用可能な私有財産の限定的押収権の考え方を拡大解釈して，本来は国内の敵国・敵国人財産を対象にした戦時経済政策である敵産管理制度にこれを当てはめ，中国占領地に導入した．この点はすでに補論 1 で述べた通りであるが，アジア太平洋戦争敗戦後，連合国側から戦時国際法にいう略奪にあたるとして糾弾されることになる敵産の押収や日本への「還送」が，当時は逆に，戦時国際法にのっとった正当な行為として説明されていたわけである．

日中戦争期以降，中国占領地では敵産押収とは別に，文化工作の一環として，図書や学術資料の大量押収が実施された．本書第 2 巻第 1 章で検討する「占領地区図書文件接収委員会」と「占領地区学術資料委員会」(いずれも 1937 年 12 月，上海派遣軍特務部内に設置) の活動が典型的である．「軍需品」と認定されない限り，学術・文化・宗教等関連施設の財産や歴史的記念物，芸術・学術成果物の押収を禁止したハーグ陸戦条約附属書第 56 条などに違反する可能性があるが，この点について，日本政府や占領軍当局がどう認識していたかはわからない．占領地区図書文件接収委員会の設置目的も，「作戦ノ進捗ニ伴ヒ占領地区内ニ在ル支那側諸文化機関及官庁等ニ於ケル図書文件類ガ徒ニ散失放置サレアル状態ニ鑑ミ之カ蒐集・保管ノ緊急ヲ要スル」と説明されているのみで，国際法への言及はない[23]．戦時国際法は「事変」である日中戦争には適用されないという立場なのか，あるいは，1863 年のリーバー規則が，美術品・図書・

---

22) JACAR Ref.: B02030560700,「押収品処理ニ関スル方針（第三案）」（「支那事変関係一件 第 19 巻」）（A-1-1-0-30_019）（外務省外交史料館）.

学術コレクション等の，緊急保護を目的にした押収を容認していたこと（第36条）が，根拠のひとつとされていた可能性もあるが，証拠はない．

3. 第二次世界大戦期

　第二次世界大戦期に入ると，敵産管理に関する規程等の整備が進むが，その中で，敵国公有財産や敵国人私有財産をどう取り扱うかの問題を中心に，国際法・国際慣例への言及が多く見られるようになる．

　まず，アジア太平洋戦争開戦直前の1941年11月22日に外務省亜細亜局第1課が作成した「国際情勢急転ノ場合ニ於ケル在支敵国人及敵国財産処理要綱（案）」に，敵国財産は「相互主義ニ依リ国際法ニ準拠」しつつ，「努メテ之カ利用ヲ策シ無益ノ破壊並散逸ヲ防止スル」ことが方針として示されている．その上で，敵産の取扱いについては，必要に応じ敵国公有不動産を接収，使用すること，敵国公有動産は直接間接に軍事上の用途に充てられるものを没収すること，敵国人私有財産については，所有権の継続を認めるが，戦争遂行上必要なときは軍事上の用途に使用すること，などを定めている[24]．

　開戦直後の1941年12月22日には「敵産管理法」が制定されるが，その中で，日本国内の敵国政府公館の財産については，中立国たる利益保護国に保管を委託する国際法上の慣例を尊重することが述べられている．

　また，正確な日付は不明だが，外務省の「帝国占領地等ニ於ケル敵産管理及権益接収関係」と題するファイルには，1941年12月の開戦直後に外務省が日本軍占領地域における敵国財産の取扱いについて検討したものと考えられる問答形式の資料が含まれている．これには，「占領地ニ在ル敵産ノ処理ニツイテハ一九〇七年ノ『陸戦ノ法規慣例ニ関スル条約』ノ附属書『陸戦ノ法規慣例ニ関スル規則』中ニ之ニ属スル規定ヲ存スル処帝国ニ於テハ大体之ニ準拠スル方針」とあり，一般には1907年のハーグ陸戦条約附属書によるのが日本帝国政

---

23) 「昭和十三年四月占領地区図書文件接収委員会ニ関スル中間報告」（JACAR Ref.: C04120613400,「中支占領地域に於ける図書標本類接収整理に関する件」所収，昭和13年「陸支密大日記」/「支受大日記（密）」61号）（防衛省防衛研究所）．

24)　JACAR Ref.: B02032556600,「国際情勢急転ノ場合ニ於ケル在支敵国人及敵国財産処理要綱（案）」（「大東亜戦争関係一件／交戦国間敵国人及俘虜取扱振関係／帝国権下敵国人関係／在満支敵国人関係 第2巻」）（A-7-0-0-9_11_2_2_002）（外務省外交史料館）．

府の方針である，と言明している．ただし，「一方ニ於テ一般ノ国際慣行特ニ前大戦及今次戦争ニ於ケル各国ノ取扱振リヲ考慮スルト共ニ他方ニ於テ帝国ノ占領地ノ特殊性ヲ考慮ニ入レ公正妥当ナル取扱ヲ為シ居レリ」と，「帝国ノ占領地ノ特殊性」から例外もありうることを示唆している[25]．

一方，日本はアジア太平洋戦争開戦後間もない 1942 年 2 月 2 日に，「南方官庁並学術研究所等ノ文献保存ニ関スル件」と題する陸軍省次官指示を発し[26]，以後，中国と東南アジアの占領地では，本書第 2 巻で詳しく検討するように，南方軍各軍に配属された軍政調査部などによる図書や資料の大量収集が実施された．これらの事業も，対象物が「軍需品」と認定されない限り，戦時国際法に抵触する恐れがあるが，日本政府や日本軍の見解は不明である．ただ，香港占領地総督部が作成した 1944 年 11 月 15 日付の「香港占領地総督部保管図書処理委員会の決定」と題する文書に，香港占領地総督部が押収・管理している 35 万冊余の図書のうち，香港大学図書館と馮平山図書館の旧蔵書は「敵産にあたるが，戦争法規第 56 条の規定に鑑み，没収は行わず，戦争終結時まで香港大学の財産としたまま管理を続けるのが適当と考える」という記述がある[27]．規定解釈と処置が正しいかどうかは別問題だが，軍政当局がハーグ陸戦条約附属書第 56 条に配慮していたことを示す数少ない史料である．

開戦後の日本軍占領地において，敵国および敵国人財産の取扱いに際し，実際のところ国際法をどのように認識していたかについては，1942 年 5 月の在漢口日本総領事館から外務省に宛てた「大東亜戦争勃発ニ伴フ敵国権益及敵国人処理状況報告」により，その一端を見ることができる．すでに補論 1 で紹介した史料である．

本報告書の「第三章　敵国財産処理状況」「第一部　敵国財産処理ノ一般方針及処理要領」は，一部，補論 1 と重複するが次の通りである[28]．

---

25) JACAR Ref.: B02032838600，「帝国占領地等ニ於ケル敵産管理及権益接収関係」所収（「大東亜戦争関係一件／敵国財産管理並権益接収関係／帝国及大東亜共栄圏諸国並帝国占領地」）（A-7-0-0-9_11_2_2_002）（外務省外交史料館）．
26) JACAR Ref.：C01000050300，「南方官庁並学術研究所等ノ文献保存ニ関スル件」（昭和 17 年「陸亜密大日記」3 号 2/2）（防衛省防衛研究所）．
27) "Investigation into the seizure of property by the Japanese in the Colony of Hong Kong: Statutory Declaration of Keiji Makimura dated 18th December 1945 with enclosures"，添付文書 No. 18（HKRS165/4/1）（香港歴史档案館）．本書第 2 巻第 4 章「日本占領下香港における記録とアーカイブズ」参照．

第一部　敵国財産処理ノ一般方針及処理要領
（一）敵国財産処理ノ一般方針
　　敵国財産ハ交戦国領域内ノモノニ準シ之カ取扱ニ付テハ一九〇七年「ハーグ」ノ陸戦条規ノ規定ヲ準用シ左ノ如ク処理スル如クセリ
（二）敵国人ノ私有財産処理要領
　　甲，私有動産
　　　　イ，直接ニ軍需上ノ用途ニ供シ得ルモノハ押収シ使用ス即チ
　　　　　兵器，弾薬其他狭義ノ軍需品，海底電線，電信，電話機，写真機，馬匹，自動車，車輌（以下略）
　　　　ロ，軍ノ自活ノ為必要ナルモノハ徴発ス
　　　　　即チ
　　　　　糧食，薪炭，寝具，被服類及其ノ材料（以下略）
　　　　ハ，徴発ノ方法
　　　　　（略）
　　乙，私有不動産
　　　私有不動産ハ原則トシテ没収徴発押収スルコトナキモ，軍ノ必要ニ依リ私有ノ土地，建物ヲ使用スルコトヲ得ルモノトス
（三）敵国公有財産
　　公有財産ニ付テハ私有財産ト同様ノ取扱ヲ為ス
（四）敵国国有財産
　　甲，国有動産
　　　　イ，凡テ作戦ノ用ニ供スルコトヲ得ヘキモノハ没収ス
　　　　　即チ敵国ノ所有ニ処スル塊金，基金及有価証券，貯蔵兵器，輸送材料，在庫品及糧秣等
　　　　ロ，戦争ノ必要上万已ムヲ得サル場合ハ破壊押収ス
　　乙，国有不動産
　　　　イ，不動産，森林，農場等ニ付テハ，其ノ管理者及用益権者トシテ使用及収益ヲナス
　　　　ロ，敵国ノ国有不動産ト雖モ宗教慈善，教育，技芸及学術ノ用ニ供セ

28）　JACAR Ref.: B15100136900,「大東亜戦争勃発ニ伴フ敵国権益及敵国人処理状況報告」（「領事会議関係雑件／議事録　第6巻」(M-2-3-0-1_1_006)（外務省外交史料館).

ラルル建物ハ私有財産ト同様ニ取扱フ
ハ，戦争ノ必要上万已ムヲ得サル場合ニ於テハ之ヲ押収破壊ス

　以上，在漢口日本総領事館の「大東亜戦争勃発ニ伴フ敵国権益及敵国人処理状況報告」「第三章　敵国財産処理状況」は，第1部で，漢口における敵産処理が，1907年ハーグ陸戦条約で確認された敵国財産の取扱い原則にのっとっていることを強調している．続いて第2部では，12月8日の開戦当日の「第一次措置」と翌日以降の「第二次措置」について，具体的な実施報告をしている．

（一）第一次措置（十二月八日）
第一次措置ハ軍作戦上絶対必要ナル範囲ニ止ム
　　イ，対英米開戦ト同時ニ短波「ラヂオ」（五四台）無線機（三台［）］（原文に無し）
　　　　押収シ陸軍ニ於テ保管ス
　　ロ，亜細亜「スタンダード」「テキサス」各石油会社貯油場ノ建造物及埠頭設備其ノ他軍用ニ供シ得ヘキモノヲ海軍側ニテ直接封印ス
　　ハ，敵国江上船舶大型六，曳船一六，「タンカー」三，「ライター」九，子船舶繋留施設方ハ海軍ニテ接収セリ
　　ニ，漢口電灯（英），頤中煙草（英），和紀洋行冷凍施設（英）ニ対シテ（カ）
　　　　ハ民衆生活維持ノ為其ノ経営継続ヲ認ムルコトトナシ，夫々軍ノ管理下ニ置キ（漢口電灯頤中煙草ハ陸軍側和紀洋行冷凍施設ハ海軍側）軍ノ指揮ノ下ニ在来ノ従業員ヲ使用シ業務ヲ継続セシムルコトトセリ（カ）
（二）第二次措置
第一次措置ハ軍作戦上絶対必要ナル範囲ニ止メ内地其ノ他ノ地方ト睨ミ合ワセ合法的ニ処理シ得ルモノヲ第二次措置ヲ以テ処理セリ
甲，敵国共有財産
　　イ，漢口倶楽部（英）［以下説明略：日本人社交倶楽部として使用＝筆者］
　　ロ，「レース」倶楽部（英）［以下説明略：同上］
乙，敵国性公有財産
　　イ，特三区市政管理局（英）
　　　　特三区市政管理局ハ管理局内ノ英国権益ノミヲ憲兵隊ニ於テ接収シ，軍特務部ニ移管シ，軍特務部ハ本営ト協議ノ上之ヲ処理スルコトトセ

ルカ四月十二日国民政府ニ送還シ市政府ノ管轄ニ移セリ
　ロ．漢口税関（英）
　　漢口税関ノ残務ハ憲兵隊ニ於テ接収シ敵国人ノ執務ヲ停止セシメ軍特
　　務部ニ移管シ軍特務部ハ本営ト協議ノ上之ヲ処理スルコトトセリ　其
　　ノ後上海税関ヨリ残務整理ノ日本人職員来漢セルヲ以テ保管ヲ解除セ
　　リ
　丙．敵国私有財産ニ関シテ［　　（2字不明）　　］第一部（一）記載ノ「敵国財産処理ノ
　　一般方針」及（二）ノ「敵国人私有財産処理要項」（ママ）ニ基キ十二月二十八
　　日以降，陸，海軍側ニ於テ別記，各洋行ニ付夫々調査ノ上徴発物品，押
　　収物品ヲ選別搬出シ其ノ建物ハ陸海軍ニ於テ接収ノ上軍用ニ供スルコト
　　トセリ
　　記［以下，社名省略．本書補論1参照のこと］

　ここには文書やアーカイブズの取扱いについて直接触れた記述はないが，第2次措置の際，敵国性公有財産として憲兵隊が接収し，のち国民政府に移管したとされる特三区市政管理局の「英国権益」の中に，権益の証拠となる証書，登録簿，その他の文書・記録類が含まれている可能性がある．また，同じく敵国性公有財産として，漢口税関の「残務」が憲兵隊によって接収され，軍特務部に移管の後，上海税関からの日本人職員来漢により「保管ヲ解除」とあるのも，対象物に税関の業務書類が含まれる可能性を示唆している．
　そのあとの敵国私有財産の項に，「各洋行ニ付夫々調査ノ上徴発物品，押収物品ヲ選別搬出シ」とある箇所も，押収物品に経営関係の文書・記録が含まれていると推測されるが，補論1で述べたので省略する．なおこれも補論1で指摘した通り，英米系銀行と重慶政府側中国系銀行については，別に第4章「敵国銀行及敵国人債権債務処理状況」が設けられ，貨幣や有価証券とともに「帳簿書類」を押収した事実が記載されている．
　もう一点付言すると，本報告書第5章は「敵国学校，教会，病院処理状況」となっていて，軍事上必要な場合を除く建物の不使用や，教会内の宗教画の保護に言及している．ハーグ陸戦条約附属書第56条の学術・文化・宗教等施設財産の没収・押収・損壊禁止規定に一定の配慮をしていることがうかがえる．
　次に，「昭和17(1942)年7月14日」の日付がある「第17回国際法学会時局

問題特別委員会」の記録を見ると，出席者の外務省事務官から「敵産処理ニ関スル小委員会」の報告などがあり，その参考資料として1923年の「占領地におけるベロット戦争規則」（ベロット規則）英語版原文の一部（第5部「私有財産」の第35条と36条）が配布されている[29]．

また，その前日の7月13日の日付がある外務省「事務連絡幹事会議事要録（第29号）」によると，この事務連絡幹事会では，「敵国及国交断絶国公館ノ土地建物取扱方要綱案」が審議されており，その参考資料としたものであろうか，やはり「ベロット規則」英語版原文の一部（第5部「私有財産」と第6部「公有財産」の全部，第35条-第47条）が添付されている．さらに，その後には，「附録」として1942年8月の国際法学会時局問題委員会における，公共団体の不動産や私有財産の没収等をめぐる国際法についての問答記録がファイルされている[30]．これらのことから考えて，外務省が，敵産処理の方針とりわけ「敵国及国交断絶国公館ノ土地建物取扱方要綱」を策定するにあたり，1907年ハーグ陸戦条約以降最も進んだ内容を持つ戦時国際法の提案ともいえるベロット規則を参照していたことが明らかである．

なお，第1章ですでに述べたが，ベロット規則の特徴のひとつは，第5部「私有財産」第39条で，宗教慈善施設や学術文化施設，歴史的記念物，学術・芸術成果物などのほかに，「アーカイブズまたは公文書」に対する押収や破壊，または故意の損壊を禁止している点である．1942年当時，外務省がベロット規則を参照するにあたり，このことの意味ならびに意義をどの程度認識していたかは今のところわからないが，少なくとも第39条の内容について知る立場にあったことは確認しておきたい．

さらに，第1章で記したことの繰り返しになるが，もう一点付け加えると，ベロット規則は占領地に特化した国際法規の確立を目指した，おそらくは初めての試みとして，敵国財産の取扱いに関する規定のほかにも，いくつか注目すべき提案が含まれている．たとえば，第3部「占領地の行政」第18条には「占領地の既存の言語を占領者の国語に取り換えてはならない」とあり，さらに第

---

29) JACAR Ref.: B04011401900,「第十七回」（「本邦ニ於ケル学会関係雑件／国際法学会／時局問題特別委員会　第3巻」）（I-1-3-0-10_3_1_003）（外務省外交史料館）．

30) JACAR Ref.: B02032838200,「3．敵産管理ニ関スル方針要項」（「帝国及大東亜共栄圏諸国並帝国占領地」）（A-7-0-0-9_17_001）（外務省外交史料館）．

19条では，学校教育が従来の体制のもとで継続を許され，占領者は教育現場での使用言語に介入してはならないと定めている．第二次世界大戦中，日本軍の占領下に置かれた東南アジアなどで，日本語での教育が強制された事実を思い起こすとき，日本は敵産処理の問題以外，ベロット規則には何ひとつ学んでいなかったか，あるいは意図的に無視していたのではないかと思われ，ここにも帝国日本の体質が表れているといわざるを得ない．

最後に，1942年9月22日に外務省条約局条約3課（または条約2課）が作成したと推定される「敵私有財産ニ対スル措置，其ノ清算及ビ換価処分ニ関スル件」と題する調書があり，改めて敵国人私有財産の取扱いに関する国際法上の問題が検討されている[31]．

このような調書が作られた背景には，アジア太平洋戦争開戦後ほぼ10か月を経て，日本軍占領地における敵産処理，とりわけ敵国人私有財産の取扱いに種々問題が発生している状況が推測される．とくに1942年7月9日に，英国政府から東郷外務大臣に対し，日本の敵産管理法規が日本軍占領地の英国人私有財産にも適用されているのかどうかという質問が東京駐在スイス公使を通じて出されていることも，おそらく調書作成のきっかけのひとつになったのではないか[32]．

さて本調書では，まず「戦時敵私有財産ヲ没収ス可カラザルハ現ニ確立セル国際慣習法ナリトス　右ハ陸戦法規第二三条ト号，第四六条及ビ第五三条ヲ待ツ迄モナク古来慣習法トシテ確立セル処ニシテ一八世紀末ヨリ敵私有財産ヲ没収セル先例ナシ」と私有財産不可侵の原則を確認した上で，第一次世界大戦では没収ではなく清算という形で事実上私有財産不可侵の原則が破られ，1916年連合国パリ経済会議で敵国人私有財産の戦時強制管理と清算が公に承認されたと，次のように述べる．

---

31) JACAR Ref.: B02032839900,「条約三課作成調書（？）の原稿／2　敵産管理 1　本邦及大東亜共栄圏内ニ於ケル敵産管理2」（「大東亜戦争関係一件／敵国財産管理並権益接収関係　第2巻」）（A-7-0-0-9_17_002）（外務省外交史料館）．なお，本資料を含む綴の表紙には1955年に記入したと思われる「(12) 条約三課作成調書（？）の原稿　条約三課引継 (30.10.25)」という表題が記されているが，本文のタイトル「敵私有財産ニ対スル措置，其ノ清算及ビ換価処分ニ関スル件」の脇には，1955年記入の表紙表題と同じ字で「(昭和一七，九，二二，条約二課)」と記されている．

32) JACAR Ref.: B02032841300,「諸外国（敵国）関係／4 英国」（「大東亜戦争関係一件／敵国財産管理並権益接収関係　第3巻」）（A-7-0-0-9_17_003）（外務省外交史料館）．

一．第一次欧洲戦争ニ在リテハ各国何レモ敵私有財産ニ対シ没収ニ至ラザル種々干渉ノ措置ヲ採レリ　英国ハ一九一四年九月一八日ノ対敵取引禁止法ニ依リ敵ノ私有財産ノ監視ノ制ヲ定メ，同年一一月二七日更ニ右法ヲ修正シ強制管理ヲ為シ得ルコトトシ次デ一九一六年一月二七日ノ修正法ニ依リ全敵私有財産ヲ清算シ得ルコトトセリ　自治領，印度，殖民地，保護領ハ何レモ本国ノ例ニ倣ヘリ［以下，フランス，イタリア，ロシア，ドイツ，オーストリアについての同様の記述があるが省略＝筆者］

而シテ斯ル連合国側ノ措置ハ何レモ一九一六年六月ノ連合国政府経済会議ニ於テ相互ニ承認或ハ確認セラレタル処ニシテ右会議決議文甲ノ二ニハ「連合国ノ領土内ニ於テ敵国国民ガ所持又ハ経営セル商館ハ総テ戦時強制管理又ハ監督ニ付セラルベシ　此等商館ノ或ルモノ及之ニ属スル商品ヲ清算センガ為ノ措置ヲ講ズベク其ノ執行ニ依リ生ゼシ金額ハ之ヲ戦時強制管理又ハ監督ニ付スルコト」ナル規定在リ

次いで，今次戦争においても英米両国は第一次世界大戦時と同様，私有財産の戦時強制管理や清算を領土内で行っているとし，さらに領地内だけでなく占領地でも同じ例があることを指摘している．

この調書は，おそらく，当時日本軍占領地で進行していたであろう敵産管理に名を借りた敵国人私有財産の違法な押収や没収を正当化し，英国政府など連合国側の抗議や質問に答えるために作成されたものと推定されるが，同時に，連合国側も自国領内と占領地で敵国人私有財産の戦時強制管理と清算などの処分を実施していることを強調している．結局，連合国側も同罪であると主張しているように読める．

なお，参考までに 1943 年に刊行された中央経済法研究会編『敵産管理の理論と実際』を紹介しておこう．

第 1 章第 1 節「戦時国際法上に於ける敵産の取扱」の「三．敵産の取扱」では，まず「敵国の公有財産」について次のように記している[33]．

---

33)　中央経済法研究会編『敵産管理の理論と実際』（宝文館，1943 年），8-9 頁．本書は執筆者が不明だが，序文に「我ら同人は公務の間に短時間で執筆した」とあることや研究会の名称から，外務省の官僚数人によるものではないかと推定される．

自国領域内に在る敵国政府の公有財産であって，直接又は間接に軍事上の用途に供し得べきもの，即ち資金及び有価証券，鉄道の車輛，航空機又は其他の輸送材料，通信材料，兵器弾薬，食料品等は，之を没収する事が出来るのである．又反対説無きに非ざるも，敵国政府の債権は之を没収し得ず，特約ある場合には利子の支払をも為さねばならぬ．

この記述は，1907年ハーグ陸戦条約附属書の第53条などを踏まえていると見られる．次いで，「敵国民の私有財産」については以下のようである．

私有財産は其の原則として，戦争の必要の許す範囲に於て，尊重せらるゝものである．然し乍ら戦争上の必要がある時は，之を使用し得るし，又軍隊の需要の為め，徴発又は取立を行ふ事が出来るのであって，已むを得ざる場合は，私有財産を押収又は破壊する事も出来るのである．私有財産（動産，不動産，債権等）は，没収する事を得ないが，然し債権に付ては政府が自国債務者に対し，其の支払を戦後迄停止せしむる事が出来る．自国船舶内に在る敵性貨物は没収する事を得る．（以下略）

ここで示されている考え方は，私有財産に対する軍の権限について，基本的に1907年ハーグ陸戦条約に拠っているが，債務支払い停止など，1916年連合国パリ経済会議で敵国人私有財産の戦時強制管理と清算が公に承認されたことを踏まえたと考えられる記述も含まれている．

4．おわりに

補論2として考察したことをまとめると，第1に，第二次世界大戦期の日本政府，少なくとも外務省は，武力紛争時における敵国公私有財産の取扱いについて，戦時国際法と国際慣習法の原則を十分に認識していたと考えられる．ただ，逆にそれを都合よく拡大解釈して，本来領土内における敵国財産の戦時強制管理を定めた敵産管理制度を占領地に適用し，占領地での私有財産の違法な押収や没収を正当化していた可能性がある．

第2に，公私有動産としての文書やアーカイブズの取扱いに関しては，国際

法上明確に位置づけられていないこともあってか，他の公私有動産と区別して格別これを尊重した形跡は認められない．もっとも，敵国在外公館の文書やアーカイブズについては別で，第1章の本論で見た通り，国際慣例上，その不可侵性が広く認められており，日本もその原則を理解し，共有していたはずである．アジア太平洋戦争において，実際の状況がどうであったかは別問題で，それについては第2章で具体的に検証することにしたい．

　第3に，文化財ないし学術資料としての図書やアーカイブズに関しては，早くは1863年のリーバー規則以来，軍事目的に使用される場合を除いて押収や故意の損壊が禁止されている．1923年のベロット規則では，「アーカイブズまたは公文書」が押収禁止条項に盛り込まれてさえいる．日本政府や日本軍も，この国際法原則を十分に承知していたはずだが，それに正式に言及した事例は見当らず，多くの場合，さらなる損壊や散逸から文化遺産を守るためとして，自らの押収行為を正当化している．そのことが結果的に，日清戦争期からアジア太平洋戦争期にいたる，図書やアーカイブズを含む事実上の文化財大量略奪と国外流出につながったといわざるを得ない．

第2章

第二次世界大戦期における在外公館文書を
めぐる日英の確執

1. はじめに

　本章では，1941年12月8日のアジア太平洋戦争開戦後に日本と英国との間で繰り広げられた，相手国在外公館[1]文書の取扱いをめぐる確執を素材にして，「戦争とアーカイブズ」をめぐる問題を考察する．

　第1章で述べたように，外交関係と領事関係に関する明文化された国際条約は，1961年の「外交関係に関するウィーン条約」，1963年の「領事関係に関するウィーン条約」が初めてのものであるが，外交使節と領事機関の不可侵権や，在外公館アーカイブズの尊重などの主要な原則を国際条約として成文化するための努力は，国際会議や国際機関で早くから行われており，第二次世界大戦の時期には少なくとも国際慣例，国際礼譲として広く認識されていた．そのような段階にあって，在外公館アーカイブズの取扱いに関する国際慣例や国際礼譲は，現実の歴史過程においてどのように機能したのか，あるいは機能しなかったのか，それを検証することは，極めて興味深く，かつ重要な課題である．

　なお本章で使用する史料は，主に英国国立公文書館が所蔵する同国の外務省記録で，これに加えて，日本の外務省記録も国立公文書館アジア歴史資料センター（JACAR）のデジタル・アーカイブズにより，可能な限り参照した．また，それらの史料を見ればすぐわかることであるが，日英両国は，外交関係が途絶していた時期，交戦国の利益保護を担った中立国を介して，相手国に意思を伝えたり相手国側の情報を入手したりしている．よって，スイスなど主な中立国には，これに関する外交文書が数多く残っていると考えられる．しかし，筆者

---

[1] 「在外公館」は，通例にならい，外交使節公館（大使館，公使館）と領事機関（総領事館，領事館）の両方を含む用語として使用する．

の調査が行き届かず，スイス連邦公文書館の所蔵史料を一部確認，収集したものの，本書では活用するに至らなかった．他日を期したい．

2. 戦前における英国の在外公館文書管理

2.1 戦間期の在外公館文書をめぐる施策

第二次世界大戦以前の英国在外公館における記録ならびにアーカイブズ管理は，ロンドンの外務省本省に準じた方式が採用されていたと見るのが自然であろう．ただ1920年代初めに在外公館の文書管理システムの見直しがなされているようであり，いくつかの指示が相次いで出されている．たとえば，1920年10月19日に外務省は新しい「領事館アーカイブズの保存スケジュール」を作成し，1921年1月25日の外務省回章で各領事機関に伝達している[2]．翌1922年5月の外務省指令書第16章「アーカイブズの保護等」[3]も，武力紛争などの非常事態対策は記されていないが，領事機関文書の保存と廃棄について詳しく定めたものである．1920年制定の前記「領事館アーカイブズの保存スケジュール」は必ずしも十分に守られなかったと見え，1938年6月9日に外務省は，改めて回章「英国領事機関アーカイブズの保護」を出して，領事機関文書の定期的選別・廃棄と年1回の報告を指示している[4]．

戦争発生時の在外公館における記録文書の処置について，詳細な手順を定めた初めての本格的な指令は，1931年11月10日付の外務省回章（文書番号W8041/G）だと思われる[5]．この指令は「戦争書」（War Book）と通称されたが，1935年にローマの英国大使館から，機密文書を焼却するタイミングなどについて他の政府指令と齟齬する部分があることが指摘され[6]，1937年に改訂されて，9月6日外務省回章（文書番号W9555/3822/G）で在外公館に発布された[7]．

1937年版「戦争書」は，「戦争勃発時における英国王外交代表団の義務」と

---

2) "Foreign Office Circular L66/66/402/1921: Public Records. Foreign Office（Consular Archives), Schedule containing a list and particulars"（FO370/565/L6945/453/402）（英国国立公文書館）．
3) "Foreign Office Instruction Chapter XVI: Care of archives, &c."（FO370/565/L6945/453/402）（英国国立公文書館）．
4) "Foreign Office Circular: Care of archives at consular posts abroad"（FO370/563/L3105/453/402）（英国国立公文書館）．
5) "War Book"（FO371/19627/W9506/263/50）（英国国立公文書館）．
6) 同上．

題され，大使，公使など外交使節に宛てた「回章（A）」，総領事ならびに独立有給領事官宛の「回章（B）」，無給領事の義務を定めた「メモランダム」の3部からなっている．内容の一端を「回章（A）」について例示すれば，「戦争行為勃発前の対応」（II章），「戦争勃発時の非敵国駐在英国外交官の義務」（III章），「戦争勃発時の敵国駐在英国外交官の義務」（IV章）などから構成され，それぞれの章で機密文書をはじめとする在外公館文書の処置方法について細かく定めている．

1937年版「戦争書」は，1939年7月31日に再度改訂され，新たに外務省回章「戦争指令」（War Instructions，文書番号 W11005/G）として在外公館に送られた[8]．第二次世界大戦勃発時には，この「戦争指令」が，世界の英国在外公館で発動されることになるが，その内容については次項で見る．

2.2 開戦前ヨーロッパの状況と「戦争指令」

上記のような外務省の指示や規程類が，在外公館の実際状況と関わって，どのような背景で発令されたのか，あるいはどのように適用されたのか．ヨーロッパの状況から見ていこう．

在外公館文書の保存や廃棄は，ロンドンの外務省本省では平時からしばしば問題になっている．それは別として，第二次世界大戦前，忍び寄る戦争の影が在外公館文書の保存問題に影響を及ぼしはじめたことが史料上具体的にうかがえるようになるのは，ヨーロッパの英国在外公館の場合，1937年頃のことである．

たとえば，プラハの英国公使館は，1937年11月10日付で外務省本省に書簡を送り，(1) 5年以上経過の公使館アーカイブズを本国に送り返すことと，(2) 非常事態勃発時に大量のアーカイブズを一挙に廃棄できる酸または腐食剤液を供給すること，の2点を要請している．これに対し外務省は，1938年1月5日に返書を送り，(1) については，少なくとも過去20年のアーカイブズは公使館が保存すべきこと，(2) については，腐食剤液は文書の大量廃棄には適して

---

7) "Foreign Office Secret Circular Despatch W9555/3822/G: Duties of His Majesty's Representatives on the Outbreak of War"（FO371/21222/W9555/3822/G）; "The War Book: Revision of Circulars"（FO371/21222/W9555/253/50）; "The War Book: The Revision of Foreign Office Circulars"（FO371/21223/W14461/253/50）（英国国立公文書館）．

8) "Foreign Office Circular W11005/G: War Instructions"（FO837/9）（英国国立公文書館）．

いないこと，を理由に，いずれの要請も却下している[9]．さらに，前年 1936 年のスペイン内戦勃発に際してマドリッドの在スペイン英国大使館が鉄道・トラックによるアーカイブズの避難や秘密文書の焼却を効果的に実施した例をあげ，非常事態時には各在外公館がそれぞれ適切に対処すればよいのであって，本省が「あらゆる非常事態を想定した文書処理手順のようなものを策定するのは現実的でない」とも記している．一方で「戦争書」の改訂を行いながら，この時点では，外務省内に比較的楽観的な見方が存在した様子がうかがえる．

　1938 年 3 月，ドイツがオーストリアを併合し戦争の危機が一段と高まると，ヨーロッパ各地の英国在外公館はあわただしい動きを見せはじめる．

　ウィーンの英国公使館は，ドイツのオーストリア併合に伴って閉鎖され，英国外務省は公使館のアーカイブズを同地英国領事の管轄下に移す決定を下している．それに伴い，外務省内で領事館アーカイブズの国際法上の位置づけについて，改めて詳細な検討が行われている．結論としては，領事館アーカイブズも大使館アーカイブズなどの外交使節アーカイブズと同様に不可侵権を有するとし，よって領事の管轄下に移された公使館アーカイブズを，以後領事館アーカイブズと同等に扱っても問題ないことを確認している[10]．

　1938 年 9 月には，戦争勃発時の在ベルリン英国大使館文書の廃棄について，同大使館と本国外務省との間で議論が交わされている．大使館側は，すべての文書をボイラーで焼却するには昼夜兼行でも最低 1 週間はかかると述べ，ナチスが政権を掌握した 1933 年以降の文書と秘密印刷物を優先的に焼却すること，ならびに，それ以外のものについては可能な限り焼却すること，の 2 点を主張している．これに対し外務省は，戦争が突発的に起こった場合は 1933 年以降の文書と秘密印刷物の非常焼却もやむなしとしながらも，それ以外のアーカイブズについては「先次大戦のときと同様，中立国に権益保護を依頼し，中立国大使館にアーカイブズをゆだねること」，あるいは「事前避難の可能性をも検討すること」を指示している[11]．

　同じ 1938 年 9 月，ミュンヘン会議の結果ドイツ国境のズデーテン地方をド

---

9)　"Disposal of the archives at His Majesty's Legation, Prague in case of emergency"（FO370/527/L8071/16/402）（英国国立公文書館）．
10)　"Disposal of the archives at Vienna"（FO370/563/L2374/453/402）（英国国立公文書館）．
11)　"Destruction of Berlin archives in event of an emergency"（FO370/564/L6487/453/402）（英国国立公文書館）．

イツに割譲することになったチェコスロバキアでは，プラハの英国公使館の疎開が不可避となった模様で，同公使館から本国外務省に対し，公使館アーカイブズを国外に送り出すことはおろか，梱包の時間的余裕さえない，と次のような緊迫した内容の電報が送信されている[12]．

　　（前略）今やアーカイブズを梱包することさえ不可能であり，いずれにしても，それらをこの国から持ち出せる確証は，どのルートをとろうが，まずないと言ってよい．もし公使館を奥地に疎開させる場合は，ほとんど自家用車に頼る以外に交通手段がなく，自分たちが持って行けるのは，せいぜい暗号文と若干の文房具，それにわずかな最近の重要文書くらいのものであることは明らかである．お望みならば，直ちに残存文書の焼却を開始することはできるが，焼却には時間がかかるし，スタッフも他のことですでに手一杯の状態である．もし当方が電信第731号で示した提案が承認されるならば，少なくとも1名の領事館員をプラハに残して，アーカイブズの管理を任せたい．アーカイブズを預けられる［中立国の］外交使節が果たして残るものかどうか疑わしい（以下略）

　外務省はこれに対し，公使館から持ち出せない文書についてはできるだけ焼却し，残った分は封印をして公使館に残置し，英国権益の保護を担当する中立国の管理にゆだねるよう指示している[13]．

　ミラノの英国総領事からは，1938年11月10日付で，暗号文や暗号解読板その他の秘密文書をストーブで焼却するのは極めて困難だという訴えが外務省に出され，水で簡単に溶解できる紙を暗号文に使用することや，室内焼却炉の供給などの提案がなされている[14]．

　以上のような事態を受けて，英国外務省は1939年7月31日，前述したように，1937年版「戦争書」を改訂して，外務省回章「戦争指令」を全世界の英国在外公館に公布した[15]．

---

12) "Disposal of archives at His Majesty's Legation, Prague, in case of emergency"（FO370/565/L6829/453/402）（英国国立公文書館）．
13) 同上．
14) "Destruction of secret documents at Consular posts when access to a stove is not convenient: suggestion by British Consul at Milan"（FO370/565/L8234/453/402）（英国国立公文書館）．

「戦争指令」は，1937年版「戦争書」と同様に，外交使節（大使・公使）に宛てた「戦争指令A」，「カテゴリーI」の領事（有給領事および無給領事のうち海軍公示文書に「有給」と記された者）に宛てた「戦争指令B」，ならびに「カテゴリーII」の領事（カテゴリーI以外の無給領事）に宛てた「戦争指令C」の3部からなっている．

外交使節に宛てた「戦争指令A」から，アーカイブズの処置に関する箇所を一部紹介すると次の通りである．なお [ ] は筆者の補足である．

第1章　戦争勃発前の予想敵国［における措置］
　　　1．アーカイブズの保管　コード"RAJAH"
　　　　　　　　　意　　味
「貴官駐在国との関係の現状にかんがみ，貴官が保管する暗号文およびアーカイブズについて，特定の予防措置をとるべし」
　　　　　　　　　緊急措置
（a）コード"PASHA"により外務省に対し確認電報を送信すること
（b）カテゴリーIの領事に対しては外務省から追加予防措置としてこの電信が発せられるが貴官からも外務省電信を転送すること
　　　　　　　　　後続措置
（a）暗号電報K, I, Dに現に使用されている無線テレタイプ装置およびその直接後継機を除き，すべての無線テレタイプ装置を破壊すること（つまり4種の無線テレタイプ装置のみ残す）
（b）暗号電報K, I, DおよびRコードを除き，すべての暗号電報と暗号コードを廃棄すること（Naval booksを含む）
（c）平和時に貴官によって策定され常に更新されている優先順位に従って，機密アーカイブズの廃棄を開始すること
（d）焼却等により処分済みのアーカイブズのリストを保存すること
（e）下記のINTERESTS（Section 3）を開き，貴官の判断で最後のノートに記された事項を実行すること
　　　2．警告電報　コード"PLUMPER……"
　　　　　　（……に国ナンバーが入る）
　　　　　　　　　意　　味

15）前掲 "Foreign Office Circular W11005/G: War Instructions"（FO837/9）．

「……との関係は極めて深刻である」．国ナンバーは次の国を示す
  1：ドイツ，2：イタリア，3：日本，［ほか省略］．
緊急措置
［省略］
後続処置
(a) 残してある無線テレタイプ装置，暗号電報，暗号コードを貴官の判断により破壊し，その旨外務省に報知して，外務省がそれらの暗号による通信を送信しないようにすること
(b) すべての印刷物を廃棄すること
(c) 残っているすべての機密アーカイブズを廃棄すること
(d) 焼却等により処分済みのアーカイブズのリストを保存すること
(e) ［省略］

［第1章3-6省略］

第2章　戦争勃発後，敵国内における措置
7．戦争勃発　コード"WAR……"
　　　（……に国ナンバーまたは国名［単数または複数］が入る）
意　味
「英国政府は国ナンバーまたは国名［単数または複数］で示された国と戦争状態に入った．指令に従って行動すべし」
緊急措置
(a) コード"WALLOP"により外務省に確認電報を送信すること
(b) ［省略］
(c) 残っている暗号文や重要機密文書は"WAR"電報受信後速やかに貴官もしくは貴官のスタッフメンバー立会のもとに必ず焼却し，実施できるならそれら処分文書全部につき記録を保存すること
後続措置
(a) (b) ［省略］
(c) 貴官が安全と考える場合は残存アーカイブズを関係国外交使節に引き渡すこと．それができない場合は，アーカイブズを梱包して関係国外交使節スタッフメンバー立会のもとに封印し，その事実を記した議定書を作成して英国外交使節公館に残すこと
(d) (e) ［省略］

1939年9月1日にドイツがポーランドに侵攻し，同3日に英仏両国がドイツに宣戦布告して第二次世界大戦が始まる直前の8月28日，パリの英国大使館はいよいよ開戦間近と見て，大使館文書の処置方法につき本省に打診している．打診の要旨は次の通り．

フランス政府が開戦とともにパリからの疎開を決定すれば，英国大使館もそれに従って疎開するほかない．しかし，移動上の制約と疎開先の仮庁舎のスペース上の問題から，すべてのアーカイブズを持っていくのは無理である．かといって，パリの大使館内には空爆による破壊からアーカイブズを守れるような保管庫もない．よって大使館としては，1929年から1939年までのアーカイブズのみを疎開先の大使館仮庁舎に移すこととし，冊子体印刷物や年報などは焼却したい．それ以外のアーカイブズ（1906-28年のレジスターやインデックスが1,440冊と402箱分，大使の会議書類が215箱分など）をどうするかが問題だが，できれば1914年以前のアーカイブズと大使の会議書類については，本国に送り返すことを認められたい．以上である[16]．

この，本国へのアーカイブズ送還提案は9月1日に外務省から認められている．全体量は不明だが，10月24日付の送付リスト（12箱分）が残っているので[17]，パリから本国へのアーカイブズ送還は一応実施されたと見られる．

開戦時に英国在外公館で緊急廃棄されたアーカイブズや，本国に送還されたアーカイブズのリストは，少なからず残されている．たとえば，上記パリの在フランス大使館のほか，在ウィーン総領事館，アテネの在ギリシャ公使館，在ミュンヘン総領事館などのものがある[18]．

2.3 開戦前アジアにおける状況

アジア各地の英国在外公館では，1931年頃から，新たな武力紛争の影響がアーカイブズ保存問題の上に現れはじめるのを見ることができる．

---

16) "Archives at Paris Embassy"（FO370/586/L6211/78/402）（英国国立公文書館）．
17) "British Embassy, Paris, Contents of cases"（FO371/587/L7076）（英国国立公文書館）．
18) "British Consulate-General, Vienna. List of files destroyed. List of files to be destroyed in case of emergency"（FO371/587/L6395）; "Berlin, Breslau, Stettin. Separate inventory of certain secret documents destroyed by fire"（FO371/587/L6490）;"British Legation, Athen, list of archives"（FO371/587/L7060）;"British Consulate-General, Munich. list of documents destroyed, list of documents contained in Political Files 1935-1939"（FO371/587/LL7296）など（英国国立公文書館）．

たとえば，在南京英国総領事館から外務省本省に宛てた 1931 年 2 月 12 日付公文によれば，「鎮江の英国領事館アーカイブズは 1927 年事件直後，箱に入れられて湿気の多い場所に移動させられたため，カビや虫の害を受けて急速に劣化が進んでいる．このアーカイブズ群は現在，南京の総領事館が保管しているが，1873 年から 1926 年までの古いアーカイブズを早急に英本国に送り返したいので許可を得たい」と願い出ている[19]．

このほか，1932 年から 1937 年にかけて，北京，淡水（台湾），広東，福州，廈門，寧波などの英国公使館・領事館アーカイブズの保存・廃棄問題が本国外務省との間でしきりに議論されている[20]．

それらの中で明確に言及されているわけではないが，非常事態に備えた在外公館文書の管理見直しが広範囲に進められているのではないかと推測される．

プラハの英国公使館が大量の文書を一挙に廃棄できる腐食剤液の供給を本国に申請した 1937 年末頃になると，日中戦争が開始され緊張が高まったアジアでも動きが一段と激しくなる．以下，主要地について見てみよう．

a．東　　京

1937 年 12 月 30 日，東京の在日本英国大使館は本国外務省に公文を送り，緊急事態に備えて 1920 年以前の大使館アーカイブズ約 1,000 冊（書架延長 110 フィート）をロンドンに移送することを願い出ている[21]．同時に在日本英国大使館は，もし大使館員が避難せざるを得ない状況になった場合の処置として，(a) すべての印刷物の焼却，(b) 1921 年から 1930 年までのアーカイブズの書庫内

---

19) "Disposal of Chinkiang consular archives deposited at Nanking"（FO370/377/L1535/17/402）（英国国立公文書館）．なお文中「1927 年事件」とあるのは，同年 3 月に蒋介石の国民革命軍が南京の外国領事館を襲撃した「南京事件」のことか．

20) "Disposal of certain archives at Peking Legation（FO370/404/L1520/L1903/L4082/L5444/43/402）; "Archives of closed consulates in Formosa at Tamsui Consulate: disposal"（FO370/500/L159/L5643/L1851/159/402）; "Archives of closed consulates in Formosa at Tamsui Consulate: disposal"（FO370/501/L159/L5643/159/402）; "Examination of old archives of closed consulate in Formosa and of consulate at Tamsui"（FO370/517/L5537/L6502/33/402）; "Disposal of early archives at Canton, Amoy, Foochow and Ning Po"（FO370/527/L1137/16/402）; "Storage arrangement for Canton archives: gap between wall and archives on account of sweating of walls"（FO370/527/L4577/16/402）; "Early archives at Canton, Amoy, Foochow and Ningpo"（FO370/527/L8211/16/403）（英国国立公文書館）．

21) "Disposal of archives of Tokyo Embassy owing to state of emergency"（FO370/563/L788/L1195/L4061/L4251/L4261/L7526/453/402）（英国国立公文書館）．

封印，(c) 最も機密性の高い 1930 年以降の文書の「中立国代表部」への引渡し，を提案している．ただ，「もし絶対に日本の手に渡らないよう望むなら，1930 年以降の文書については，われわれの手で相当量焼却しなければならないと思われます」とも記している．この公文に対し外務省は，翌 1938 年 2 月 18 日の返書で，「国立公文書館が 20 年未満の新しい文書を受け入れるのは異例ではあるが」と前置きした上で，同館が 1920 年までの在日本大使館アーカイブズ 1,000 冊の引取りに同意したことを伝えている．また提案 (a) について，非常事態を待たないで直ちに不要印刷物の選別・廃棄に取りかかるべきこと，提案 (b)(c) について，もし可能ならば焼却する文書以外は 1930 年以前の文書も含め，すべて中立国代表部に引き渡すのが望ましいこと，の 2 点のコメントを付け加えている[22]．

1920 年以前の在日本英国大使館アーカイブズは，15 の木箱（合計約 1.5 トン）に入れられて，1938 年 5 月 17 日に横浜港から英国に向け発送された．さらに，同年 10 月に追加として 4 袋分の文書が送り出されている[23]．

ところが，翌 1939 年になって，1904 年から 1917 年までの日本政府との往復文書 33 冊（書架延長 6 フィート）が残っていることが新たにわかり，その扱いが本国外務省との間で協議されている．これについては結局，文書の歴史的価値と欧州開戦後の輸送困難の 2 点の理由から，とりあえず在日本英国大使館にそのまま置かれることに決定した[24]．

1940 年になると，大使館が 1937 年に立てた計画では書庫内封印されることになっていた 1921 年から 1934 年までのアーカイブズを，一部を残してカナダに避難させることが提案されている．この提案は本国外務省によって承認され，合計 12 箱のアーカイブズが 10 月 11 日出帆のエムプレス・オブ・ロシア号でバンクーバーに向けて発送され，11 月 7 日に無事到着した．この 12 箱の中には，1921 年から 1934 年までのアーカイブズだけでなく，前年にいったんは東京残置が決まった 1904 年以降の日本政府との往復文書（ここでは 1920 年までの合計 46 冊となっている）も含まれていた[25]．

---

22) 同上．
23) 同上．
24) "Archives of His Majesty's Embassy, Tokyo"（FO370/587/L6738/78/402）; "Arrangement for Archives 1905-17 to remain at Tokyo: difficulties of transport during war"（FO370/594/L1782/72/402）（英国国立公文書館）．

11月8日には別便で2箱の文書がカナダに向け追加発送されている．そのうちの1箱は，『タイムズ』東京特派員で，アメリカのいくつかの新聞にも記事を書いていた著名な記者ヒュー・バイアス Hugh Byas が英国大使館に寄贈した資料で，1914年以降の日本新聞の切り抜きやその翻訳など，極めて貴重なものを含んでいた．これらの資料を私物として日本国外に持ち出すことは認められなかったため，バイアス記者と大使館との合意のもとに英国政府の公的財産としてカナダ疎開資料に加えられたということである[26]．

b. 上海・北京

　1937年11月の日本軍による上海占領以来，「孤島」化した上海共同租界の中にあった英国大使館のアーチボールド・クラーク・カー Archibald Clark Kerr 大使[27]は，1940年8月12日，日英関係の悪化に鑑みて重要機密文書の廃棄やシンガポールへの避難を始めることが適当と判断し，本国外務省に許可を求めた．同時に，もしその許可が出れば，中国国内の各領事館に対しても同様の指示を与えるつもりだ，としている．この申請は外務省によって直ちに認められた[28]．
　これにもとづくものだろうか，同年9月10日には，在北京英国大使館に対しても上海の大使館から次のような指示が出されている[29]．
（1）1931年以前の北京大使館アーカイブズはそのまま北京で保持のこと．
（2）1931-36年のアーカイブズは速やかに梱包してシンガポールに移送のこと．
（3）1937年のアーカイブズは上海大使館に移送のこと．

---

25) "Disposal of archives of Tokyo Embassy"（FO370/595/L2865/72/402）（英国国立公文書館）．
26) 同上．なお，ヒュー・バイアス（1875-1945）はスコットランド生まれで1914年に『タイムズ』東京特派員として初来日．滞日中，Japan Outsider 編集長や『ニューヨークタイムズ』その他の新聞の特派員もつとめた．1941年に離日したあと，1942年に長い滞日経験にもとづいて2冊の著名な本を出版した．The Japanese Enemy: his power and his vulnerability（Hodder & Stoughton, 1942），邦訳：内山秀夫・増田修代訳『敵国日本――太平洋戦争時，アメリカは日本をどうみたか?』（刀水書房，2001年）と Government by Assassination（Hodder & Stoughton, 1942），邦訳：内山秀夫・増田修代訳『昭和帝国の暗殺政治――テロとクーデタの時代』（刀水書房，2004年）である．
27) アーチボールド・クラーク・カーの中国駐在英国大使としての在任期間は1938年2月から1942年2月までである．1940年時点では，ここで示した8月の上海発信電報のほか，1940年6月には重慶の英国大使館から上海の英国大使館に宛てた同大使の電信も確認できるので（本書第3章「3.4 英国」参照），中国の英国大使館は日中戦争開戦後，在北京大使館の施設と機能の一部を残したまま，主要機能を上海と重慶の英国大使館が分担していたと見られる．
28) "Destruction of archives at Shanghai Embassy"（FO370/595/L2714/72/402）（英国国立公文書館）．
29) "Disposal of archives of Peking Embassy"（FO370/595/L2809/72/402）（英国国立公文書館）．

（4）1938 年以降のアーカイブズのうち領事館アーカイブズと分割可能なものは廃棄のこと．
（5）貴方電報[30]第 5 パラグラフに言及されているアーカイブズについてはシンガポールに移送のこと．

　上海大使館ならびに北京大使館のアーカイブズが，汽船 Hunan 号などで実際にシンガポールに送られたことは，1941 年 3 月 10 日付の海峡植民地政庁宛在上海英国大使館書簡などから確認できる[31]．なお，戦後の 1947 年の史料によれば，1931-39 年の英国北京大使館アーカイブズ 84 箱が 1941 年にカルカッタに移送され，現在もそこに保管されていることが判明した，とある[32]．これが，上記のシンガポール移送アーカイブズと同じものであるかどうかはわからないが，その可能性は高い．この北京大使館アーカイブズの取扱いについては，英国外務省図書館の要請で，1947 年 6 月に南京の英国大使館と上海の英国総領事館が協議を始めているが，最終的にはカルカッタからロンドンに移送され，外務省本省の保管するところとなった模様である．

3. 戦前における日本の在外公館文書管理

3.1 戦間期の在外公館文書をめぐる施策

　日本の外務省は，明治期以来，他の省庁に比べても文書や記録の管理に熱心であり，記録局や記録課のもとで欧米近代国家の公文書管理システムを積極的に取り入れようとしてきたことが知られている[33]．記録課は 1913 年に文書課に合併されるが，第一次世界大戦後からアジア太平洋戦争開戦初期の頃までを考えると，在外公館の文書整理や記録管理に対する文書課を中心とした外務省本省の施策には，おおむね 3 つのピークがあると思われる．
　第 1 のピークは，1931 年に，外務省でいわゆる「新文書整理法」が採用され

---

30) 在北京英国大使館発信電報 No. 94．未発見につき内容確認できていない．
31) "Archives, disposal of."（FO676/303）（英国国立公文書館）．
32) "Peking Embassy Archives stored in Calcutta"（FO676/363）（英国国立公文書館）．
33) 近年の主な研究に，坂口貴弘『アーカイブズと文書管理——米国型記録管理システムの形成と日本』（勉誠出版，2016 年），服部龍二『外交を記録し，公開する——なぜ公文書管理が重要なのか』（東京大学出版会，2020 年），熊本史雄『史料で読み解く日本史 3　近代日本の外交史料を読む』（ミネルヴァ書房，2020 年），渡邉佳子『近代日本の統治機構とアーカイブズ——文書管理の変遷を踏まえて』（樹書房，2020 年）がある．

た時期である．外務省では，第一次世界大戦後の 1921 年，パリ講和会議などの重要記録が適切に保存されていないことから，文書整理の改善に着手し，米国調査などを経て 1926 年にディスマル式分類法にもとづく文書整理法を導入していた．しかしこの方式は長く続かず，1931 年 5 月に，「外務省文書編纂規程」「外務省文書編纂規程施行細則」「外務省記録保管・保存及廃棄規程」が制定されて，「一件一括」の類別編纂を特徴とする新文書整理法がスタートするのである．文書を現用段階の「文書」から処理済みの「記録文書」を経て事実上アーカイブズにあたる編纂段階の「記録」まで，3 つのステージに分ける外務省独自の管理方式が確定するのもこの時期である[34]．

この新文書整理法を一律に在外公館に準用する方針は，1931 年 2 月の「在外公館文書整理手続」[35]と，同年 3 月 30 日の「在外公館ニ於ケル記録文書整理方ニ関シ訓令ノ件」[36]で，規程制定前に在外公館に伝えられた．これに対し，世界各国の日本在外公館から文書整理事務状況報告が本省に送られているが，その状況を見た本省は，改めて「在外公館記録整理方要項」[37]を各在外公館に伝達している．それによると，在外公館の文書・記録整理が極めて不備，不満足な状態にあることを憂い，専門職員を派遣するので，本省の新しい「システム」を導入し，至急改善を図る必要があるとしている．実際，同 1931 年 4 月から 7 月にかけて外務属三原英次郎が記録事務の視察と指導のため，満洲に出張して各地の在外公館を訪れている[38]．

なお，在外公館における記録文書整理法改善の主眼が，文書の分類と編纂に置かれたためか，前記の「在外公館文書整理手続」と「在外公館ニ於ケル記録

---

34) 前掲坂口貴弘『アーカイブズと文書管理』，266 頁；熊本史雄「外政・軍政関係官庁における公文書管理」（中野目徹・熊本史雄編『近代日本公文書管理制度史料集　中央行政機関編』岩田書院，2009 年，「解説 2」），1189 頁．

35) JACAR Ref.: B10070628100，「本省並在外公館文書整理手続／1931 年」（文_18）（外務省外交史料館）．

36) JACAR Ref.: B12080865800，「在外公館記録関係雑件／記録文書整理方関係法訓令ノ部」（N-1-4-0-2_2）（外務省外交史料館）．

37) JACAR Ref.: B15100191000，「1. 本省」（「文書事務関係専任職員養成雑件」）（M-2-4-2-6）（外務省外交史料館）．

38) JACAR Ref.: B12080860700，「記録整理指導者トシテ三原属満洲出張方ニ関スル件」（高裁案，辞令案／「在外公館記録関係雑件」）（N-1-4-0-2）（外務省外交史料館）ほか．なお三原英次郎については，下重直樹『三原英次郎「欧米主要諸国外務省文書整理方法概要」（一九三四年九月）』翻刻と解題」（学習院大学人文科学研究所『人文』17 号，2019 年 3 月）がある．

文書整理方ニ関シ訓令ノ件」には，文書量増加への対応や機密漏洩の防止を目的とした保存文書の選別や，不要文書・機密文書の廃棄の問題についての言及がほとんど見られず，1931 年 5 月に制定された諸規程のうち，外務省記録保管・保存及廃棄規程については，在外公館に伝達され，準用された形跡を見つけることができない．単に筆者が見落としているに過ぎない可能性もある．しかし，たとえば在サンフランシスコ総領事館が 1931 年 6 月 11 日に，旅券査証申請書以下 14 種類の書類について，わざわざ本省に保存期間を問い合わせており，その文面で外務省記録保管・保存及廃棄規程に触れるところが全くないことは，同規程が在外公館に適用されなかったことを示唆していると思われる[39]．また，アジア太平洋戦争開戦後のことになるが，1942 年 9 月 19 日，大東亜省の設置を前にして，外務省文書課が大東亜省に移管される在外公館宛に出した「在東亜出先公館ノ記録引継ニ関スル件」では，在外公館が保有する文書を整理した上，大東亜省管下の新機関に引き継ぐ文書，外務省本省に送付する文書，焼却廃棄する文書に分別処理するよう指示している[40]．ここでも外務省記録保管・保存及廃棄規程への言及は一切なく，同規程が在外公館に適用されていなかったと推測させるに足る一根拠となろう．

　外務省記録保管・保存及廃棄規程が在外公館に適用されなかったという推定が当たっているとすれば，それは記録文書の保存や廃棄が在外公館により異なる基準で行われていた，あるいは基準がなかったことを意味しており，次項で見るように，開戦前後の在外公館が記録文書処理に関して一種の混乱に直面する一因になったと考えられる．

　この時期，外務省は，文書や記録に関する専門職員の育成にも取り組んでいる．すなわち，1929 年に「記録官」の設置を構想したのを皮切りに[41]，1931年には文書課職員の欧米留学を計画して，英，仏，米 3 か国の在外公館に，留学に適当な教育機関に関する情報収集を指示し，その結果，フランス国立古文

---

39)　JACAR Ref.: B12080867600，「米／(10) 在桑港総領事館」（「在外公館記録関係雑件／記録文書整理方関係法訓令ノ部／在欧，米，亜，南各館報告ノ部」）（N-1-4-0-2_2_1）（外務省外交史料館）．

40)　JACAR Ref.: B12080885500，「4. 雑」（「大東亜省設置ニ伴フ文書並記録関係雑件／在外公館関係」）（N-1-4-0-17_2）（外務省外交史料館）．

41)　前掲 JACAR Ref.: B15100191000，「1. 本省」（「文書事務関係専任職員養成雑件」）（M-2-4-2-6）．

書学校（École nationale des chartes）やロンドン大学図書館学校などの資料を入手している[42]．そして，1931年4-7月の満洲視察を担当した三原英次郎を，同年11月，改めて留学生としてフランスに派遣した．三原はフランス国立古文書学校などで学んだあと，1934年1月から4月にかけてスペイン，イタリア，ドイツ，トルコ，オランダの在外公館で文書管理業務の指導を行い，その後，ポルトガル，英国，米国を経由して帰国，同年9月に「欧米主要諸国外務省文書整理方法概要」を提出している[43]．三原は，1935年にも「満洲国」の在外公館で指導を行うなど，記録文書管理に関する専門職員として活動している．

なお付言すると，外務省は1936年に提出した「昭和12年度外務省予算要求」の中で，改めて本省および在外公館に「記録官」「記録官補」の配置を要求している[44]．結果は未確認だが，実現はしなかったと思われる．

第2のピークは，「外務省機密文書取扱規程」と「外務省国家機密取扱規程」が施行される1941年，アジア太平洋戦争開戦の年である．また第3のピークは，開戦翌年の1942年9月頃から11月にかけて，大東亜省の設置が準備され実施される時期である．これらについては，項を改めて検討することにしたい．

3.2 開戦前後における在外公館文書の状況

1930年代になると，1931年の満洲事変とそれに続くいわゆる「満洲国」の成立，1937年の日中戦争の開始，1939年のノモンハン事件の勃発といった紛争状況の進行により，関係地域の在外公館では記録文書の非常処置を実施する動きが見られるようになる．

たとえば1932年12月の在満洲里領事館の報告によれば，「満洲国」建国後の呼倫貝爾（フルンボイル）事件[45]により中国軍の攻撃が予想されるため，領

---

[42] 同上；JACAR Ref.: B15100191100,「2. 在外公館」（「文書事務関係専任職員養成雑件」）（M-2-4-2-6）（外務省外交史料館）．
[43] JACAR Ref.: B12080877900,「欧米主要諸国外務省文書整理［方］法概要」（「諸外国ニ於ケル文書整理関係雑件」）（N-1-4-0-3）（外務省外交史料館）；前掲下重直樹『「三原英次郎「欧米主要諸国外務省文書整理方法概要」（一九三四年九月）」翻刻と解題』．
[44] JACAR Ref.: B14090140300,「官制／外務省官制並ニ分課規程／文書課関係」（「外務省官制及内規関係雑件（制度改正ニ関スル参考書類）第9巻」）（N-1-2-0-2_009）（外務省外交史料館）．
[45] 1932年9-10月に発生した蘇炳文らによる，呼倫貝爾（フルンボイル）地方の「満洲国」からの独立運動（陸軍省調査班編『呼倫貝爾事件に就て：附・呼倫貝爾の概観』陸軍省調査班，1932年12月）．

事館文書の焼却処分を行うとしている[46]．1937年1月から6月にかけては，在ウラジオストク総領事館，在アレクサンドロフスク領事館，在ハバロフスク総領事館から本省に対し，情勢悪化のため機密書類焼却の申請や報告が提出されている[47]．同年5月には，在ソ連大使館からも機密文書を本国に送付したい旨の願いが出されている[48]．

同じ1937年，ナチスドイツの台頭で緊張が高まるヨーロッパでも動きがあり，本省から機密文書の本国移送を指示された在独日本大使館は，安全な輸送が困難であるとして，9月に焼却処分の許可を願い出ている[49]．また，必ずしも危機対応のみが理由であるとは断定できないが，1937年から1939年頃にかけて，在ギリシャ公使館などヨーロッパを含む各地の公使館，領事館の閉鎖，統合が相次いでおり，それに対応した記録文書の処理問題，すなわち重要文書の他公館への移管と本省移送，ならびに機密文書・不要文書の廃棄などが，大きな課題として協議や指示の対象となっている[50]．

1939年に閉鎖された在奉天総領事館の場合は，本国とどのような協議が行われたかは不明だが，元満鉄調査部の石堂清倫の証言によれば，市内の仮書庫に「中国人の共産主義運動，労働組合運動，それから在満朝鮮人の独立運動関係の記録などが，総領事館の警察だけではなく，憲兵隊の作成したものまで」含めて厖大に保管されていた．満鉄調査部がこれらの記録を引き取る話があったが，実現に至らず，その後の経緯は不明だという[51]．

米国駐在の野村（吉三郎）大使は，1941年5月3日付松岡（洋右）外務大臣宛公電で，在外公館文書ではないが，サンフランシスコ停泊中の日本商船から海軍機密暗号書が米側に押収されるという事実が判明したので，今後は機密文書の管理を厳重にし，保管に不安が残る場合は速やかに焼棄すると記している[52]．

---

46) JACAR Ref.: B12080872600，「満支／在満洲里領事館」（「在外公館記録関係雑件／記録文書整理方関係法訓令ノ部／在満支各館報告ノ部」）(N-1-4-0-2_2_2)（外務省外交史料館）．

47) JACAR Ref.: B12080862800，「亜南／在浦潮総領事館」；Ref.: B12080862900，「亜南／(12)在亜港総領事館」；Ref.: B12080863000，「亜南／在ハバロフスク総領事館」（「在外公館記録関係雑件」）(N-1-4-0-2)（外務省外交史料館）．

48) JACAR Ref.: B12080861400，「欧／在蘇連邦大使館」（同上）(N-1-4-0-2)（外務省外交史料館）．

49) JACAR Ref.: B12080861300，「欧／在独大使館」（同上）(N-1-4-0-2)（外務省外交史料館）．

50) JACAR Ref.: B14090264800，「在『ギリシヤ』公使館」（同上／閉鎖関係 第1巻」）(N-1-3-0-1_4_001)（外務省外交史料館）．

51) 井村哲郎編『満鉄調査部——関係者の証言』（アジア経済研究所，1996年），444-445頁．石堂清倫の社歴は，本書第4章注132を参照のこと．

このような国際情勢の悪化に対応し，外務省は 1940 年 2 月 8 日に「外務省総動員機密文書取扱規程」を実施するとともに[53]，3 月 11 日に本省と在外公館に対し，機密書類の保管について注意すべき旨を訓令．6 月 6 日には在外公館の執務報告取扱い方についても注意を喚起している[54]．次いで 1941 年 5 月 10 日には，企画院の策定による「機秘密書類ニ関スル協定」にもとづき，「外務省総動員機密文書取扱規程」を廃止して「外務省機密文書取扱規程」を実施[55]．さらに同じ日，「国防保安法」と「国防保安法施行令」にもとづいて「外務省国家機密取扱規程」をあわせ施行している[56]．

外務省機密文書取扱規程は第 41 条で，外務省国家機密取扱規程は第 17 条で，それぞれの規程が在外公館に適用されることを明記している．しかし，英国の「戦争指令」が詳細に規定していたような，戦争勃発に際して在外公館が実行すべき機密文書等の非常処置については具体的指示を記しておらず，外務省機密文書取扱規程第 30 条が，不要となった機密文書を調製者所属庁又はその他の責任者の同意を得た上で速やかに廃棄すべし，としているのみである．

「満洲国」の日本大使館は，開戦直後の 1941 年 12 月 13 日に，哈爾濱，牡丹江，黒河，満洲里等，在「満」各公館の文書事務係官を集めて会議を開催し外務省機密文書取扱規程の実施について詳しい指導を行っているが，その席でも，機密文書の非常処置について，とくに新しい指示等は出されていない[57]．

開戦間近の時期に，戦争勃発時における在外公館文書の非常処置について，何らかの指令が出された可能性もあるが，今のところ確認できるのは，時局切迫のため在外公館に「隠語電報」の使用を指示した 1941 年 11 月 27 日の訓令[58]

---

52) JACAR Ref.: B02033014100,「在米大使館」(「大東亜戦争関係一件／館長符号扱来電綴 第 1 巻」)（A-7-0-0-9_63_001）(外務省外交史料館).

53) JACAR Ref.: B12080816800,「1. 外務省機密文書取扱規程／分割 1」(「本省文書事務関係雑件／外務省機密文書取扱規程」)（N-1-2-1-11_1）(外務省外交史料館); 前掲中野目徹・熊本史雄編『近代日本公文書管理制度史料集』所収, 494 頁.

54) JACAR Ref.: B12080818100,「機密書類ノ保管及ビ散逸防止関係」(「本省文書事務関係雑件／外務省機密文書取扱規程」)（N-1-2-1-11_1）(外務省外交史料館).

55) 前掲 JACAR Ref.: B12080816800,「1. 外務省機密文書取扱規程／分割 1」(N-1-2-1-11_1); 前掲中野目徹・熊本史雄編『近代日本公文書管理制度史料集』, 496 頁.

56) JACAR Ref.: B12080818500,「本省文書事務関係雑件／外務省国家機密取扱規程」（N-1-2-1-11_2）(外務省外交史料館).

57) JACAR Ref.: B15100148800,「在満各館文書事務係官会議」(「会議雑件 第 2 巻」)（M-2-3-0-6_002）(外務省外交史料館).

と，12月3日の在中国各公館宛「国際情勢急転ノ場合在支帝国外務官憲ノ執ルベキ措置」と題する訓令[59]などであり，いずれも在外公館文書の取扱いについては触れるところがない．戦争勃発時における文書や記録の非常処置は，結局，各在外公館の判断に任されるところが大きかったのではないか．

ちなみに，開戦前後の時期に在外公館が保有文書に対して行った非常処置と見られる事例には，次のようなものがある．

① 1941年1月10日，バタビア駐在総領事は松岡外務大臣に対し，「最近蘭印政府当局ノ邦人ニ対スル監視並ニ取締愈厳化セラレツツアル次第ハ累次既報ノ通リナルニ付，土人及華僑工作ニ関スル書類ハ（電信ヲ含ム）漸次之ヲ焼却シ，万一ノ場合ニ備ヘタク右御承認請フ」と，現地人および華僑工作に関する機密書類の焼却を申請し，1月15日に承認されている[60]．

② 1941年11月8日付の香港駐在矢野（往記）総領事宛東郷（茂徳）外務大臣電信によれば，在香港日本総領事館は，78箱の公文書（「アーカイヴ」）を広東経由で日本に発送しようとした．これに対し香港政庁は，移送品が本当に「アーカイヴ」なのか疑念を抱き，東京の英国大使を通じて日本の外務省に問合せが寄せられた，というのである．11月8日付の外務大臣電信は，この件に関して在香港日本総領事館に事情説明を求めたもので，「アーカイヴ」という表記は，英国側問合せ書の引用である[61]．香港総領事からの返信など，その後の経緯を示す日本側の史料はないが，この件に関しては，英国外務省記録の中に関係史料が残っている[62]．それによれば，日本の外務省から英国側に回答があり，これらの移送品は在香港日本総領事館の1870年以降のアーカイブズであり，日本に移送するものである，との説明だったとしている．在外公館が，開戦直前の非常措置として大量の「アーカイヴ」を本国移送し

---

58) JACAR Ref.: B02032444100,「特殊隠語関係」(「大東亜戦争関係一件／帝国ノ態度」)（A-7-0-0-9_4）（外務省外交史料館）．

59) JACAR Ref.: B02032443500,「外務官憲ノトルベキ措置関係」(「大東亜戦争関係一件／帝国ノ態度」)（A-7-0-0-9_4）（外務省外交史料館）．

60) JACAR Ref.: B12080815600,「焼却処分文書通知ノ件」(「本省文書事務関係雑件」)（N-1-2-1-11）（外務省外交史料館）．

61) JACAR Ref.: B10074914700,「在香港帝国総領事館発出公文書ニ関スル件」(「郵便物査閲其他事故雑件」)（F-2-1-0-11）（外務省外交史料館）．

62) "Boxes of Japanese diplomatic documents shipped from Hong Kong to Canton by Japanese Consul: question of examining"（FO371/27944/F7729/336/23; FO371/27945/F11910/336/23; FO371/28000/F9188/2350/23 ほか）（英国国立公文書館）．

たと見られること，また在外公館文書をめぐる日英の確執が事実上始まっていることを示していて興味深い．

③開戦直後の1941年12月22日には，哈爾濱（ハルビン）駐在総領事久保田貫一から，同総領事館が保存する哈爾濱総領事館警察の特高関係機密書類を廃棄した旨の報告が，「焼却目録」とともに東郷外務大臣に送られている[63]．報告では，この廃棄は外務省機密文書取扱規程第30条にもとづいた処置であるとしている．外務省機密文書取扱規程以外に，在外公館文書の非常処理について別段の指令がなかったことの例証になると思われる．

以上の開戦前後を第2のピークとすれば，第3のピークは開戦翌年の1942年である．この年9月15日，政府はアジア太平洋地域の委任統治領と占領地の行政を外務省から切り離して統括することを目的に，「大東亜省設置案」を決定する．関係地域の在外公館は，これより早く9月初旬頃から，本省の指令にもとづいて保有する記録文書の整理に着手している．しかし，各公館の記録文書は厖大で，整理は容易でなかったと見え，本省は在外公館側からの相次ぐ問合せに応える形で，1942年9月19日，「在東亜出先公館ノ記録引継ニ関スル件」を発信して，整理基準を示している[64]．その要点は次の通りである．

(1) 支那事変以後（昭和12年以降）の記録
　　（イ）冒頭往電を抽出の上原則として新機関に引継ぎ
　　（ロ）抽出のものは焼却．とくに保存を要する場合は本省に送付
(2) 支那事変以前（昭和11年度まで）の記録
　　（イ）原則として新機構に引き継がず（利権関係など事務上必要なものを除く）
　　（ロ）本省に同一書類または原本がなく，歴史的記録としてまたは事務遂行上保存が必要なものは本省に送付し，その他の記録は現地にて焼却
(3) 本省送付は機密書類の保管場所の余裕がなく輸送上の安全確保が困難なため最小限度にとどめること

このとき実施された在外公館記録の処分は，行政機構の改革に伴う事務引継ぎの一環という性格が強いが，他方，戦争継続下における非常処置という側面

---

63) JACAR Ref.: B12080817000,「外務省機密文書取扱規程／分割3」(「本省文書事務関係雑件／外務省機密文書取扱規程」)（N-1-2-1-11_1）（外務省外交史料館）．

64) JACAR Ref.: B12080885500,「雑」(「大東亜省設置ニ伴フ文書並記録関係雑件／在外公館関係」)（N-1-4-0-17_2）（外務省外交史料館）．

も色濃く持っていたと考えられる．実際，在満洲里領事館は，1942年9月14日の本省宛電信で，「御承知ノ如ク大正十二年当館開館以来，蘇支紛争事件，蘇炳文事件[65]，満洲事変，近クハ『ノモンハン』事件及昨年夏ノ日蘇戦気配等ニテ其ノ都度処置済ニテ現存スルモノハ極少量ナルモ明年春ノ日蘇戦流布セラルル今日其ノ処分ニ付考慮中ノ折ニモアリ」と，同領事館が武力紛争のたびに記録の廃棄を繰り返し，現在も日ソ戦がうわさされる中で，記録の処分を考慮中だったところであると，緊迫した情勢を述べ，「又御来示ノ如ク輸送難ト荷造材料不如意ノ現状ニ鑑ミ会計関係ヲ残ス外一切ノ記録調書類（治外法権撤廃ニ伴フ司法警察関係書類ハ御指示ニ従ヒ処置セルカ不要処理ノモノモ現存セル故之ヲモ含マシム）ヲ焼却スルコト最善ノ手段ナリト認メ十月一日迄ニ之ヲ随時実行セントス」と，緊急の書類焼却計画を伝えている[66]．

4. アジア太平洋戦争の開戦と在外公館文書の捜索・押収

4.1 日本側による英国在外公館文書の捜索と押収

4.1.1 捜索と押収の根拠法令

　1941年12月8日，日本が米国と英国に宣戦布告して外交関係が断絶すると，日英両国の間で相手国在外公館に対する捜索・押収合戦が開始される．在外公館と外交官の公私有財産やアーカイブズが，平和時はもとより，武力紛争による外交関係断絶時においても強い不可侵性を有するとする国際慣例上の原則は，第二次世界大戦期には広く共有されており，1961年外交関係に関するウィーン条約，1963年領事関係に関するウィーン条約による成文化を待つまでもなく，すでに国際慣習法として確たるものとなっていたと見られる．日英両国も当然その認識は持っていたはずである．しかし，第1章で見たように，当時の主要な戦時国際法である1907年ハーグ陸戦条約は，占領地において，軍事目的に直接使用可能な敵国国有動産の没収や，敵国国有不動産の管理・用益権を認めていた．両国はこれを根拠に，無線機の押収などを名目として占領地の相手国

---

[65] 「フルンボイル事件」のこと．本章注45参照．
[66] JACAR Ref.: B12080885300,「満支／(26) 在満洲里領事館」(「大東亜省設置ニ伴フ文書並記録関係雑件／在外公館関係」)（N-1-4-0-17_2）（外務省外交史料館）．

在外公館の捜索活動を行った．

これに加えて，日本の場合，開戦時には第1章補論1に記した1941年7月の「外国人関係取引取締規則」（資産凍結令）が，さらに開戦直後の1941年12月22日以降は「敵産管理法」が国内法上の根拠になったと見られる．

敵産管理法は，日本国内の敵国政府財産に適用されるほか，敵国在外公館の財産については，中立国たる利益保護国に保管を委託する国際法上の慣例に従い，自動車，ガソリン，無電機など軍用に供せるものを除いて本法を適用しない，としている．これが不徹底であったためであろうか，1942年7月には外務省で「敵国及国交断絶国公館ノ土地建物取扱方要綱案」が検討され，敵国および国交断絶国公館の土地建物については，原則として没収や強制買収ならびに使用を行わず，その管理を利益保護国にゆだねることを確認している[67]．

海外植民地においては敵産管理法が基本的に適用され，「満洲国」でも同じ趣旨の規程が設けられた．他方，中国ならびに南方占領地に対しては，これまた第1章補論1で詳しく検討したように，敵産管理に関する種々の規程類が策定された．1941年11月22日「国際情勢急転ノ場合ニ於ケル在支敵国人及敵国財産処理要綱（案）」，1942年9月28日「作戦地域内ニ於ケル敵産処理規程（帝国軍ノ作戦地域内ニ於ケル敵国及敵国人財産ノ処理運営ニ関スル件）」，1942年11月16日「在支敵産ノ処理運営要領」などである．これら占領地に適用された規程類は，「作戦地域内ニ於ケル敵産処理規程」が，備考や説明書において，国際慣例に準拠，適合すべきことを述べ，参考に作成した「占領地ニ於ケル敵国ノ国有，公有及私有財産ノ押収，没収及使用ニ関スル国際法上ノ原則概要」[68]で1907年ハーグ陸戦条約の条項に触れているように，敵国公私有財産の取扱いをめぐる戦時国際法の基本原則について，一定の共通理解を有したと考えられる．しかし敵産管理法と異なり，これらの規程類には，敵国の在外公館と外交官の不可侵権に関わる条項は見いだすことができず，そのことが占領地における敵国在外公館の財産やアーカイブズの取扱いに際して，何らかの影響を与えたのではないかと想像される．

---

67) JACAR Ref.: B02032838200，「敵産管理ニ関スル方針要項」（「大東亜戦争関係一件／敵国財産管理並権益接収関係 第1巻／1. 帝国及大東亜共栄圏諸国並帝国占領地」）（A-7-0-0-9_17_001）（外務省外交史料館）．

68) JACAR Ref.: C12120215900，「帝国軍の作戦地域内に於ける敵国及敵国人財産の処理運営に関する件」（「陸軍一般史料／重要国策文書／重要国策決定綴其3」）（防衛省防衛研究所）．

以下，開戦後の日本による英国在外公館文書の捜索と押収の状況を見ていくが，日本国内ならびに海外植民地に所在した英国在外公館と，日本の軍事占領地にあった英国在外公館とでは，国際慣例上，戦時における扱いが異なっていたと考えられるので，両者を分けて論述する．なお，この件に関する日本側の史料があまり見いだせないため，英国の各在外公館が本国外務省に送った報告を中心に検討し，日本側史料がある場合は，それで補うことにしたい．

4.1.2 日本国内および植民地における事例

a. 東　　京

開戦時に駐日英国大使だったロバート・クレイギー Robert Craigie は，1942年7月1日と10月16日の2度にわたり，1941年12月8日の開戦当日と，その後本国送還となるまでの東京英国大使館の状況について，本国外務大臣宛にメモランダムを送っている[69]．クレイギーは，1945年に出版した回想録の中でも，当時の出来事について詳細に記している[70]．

1942年7月1日のメモランダムによれば，1941年12月8日の状況はおおむね次の通りであった．

当日の朝，開戦の第一報が届くと同時に，大使館本館事務長と大使館員は暗号電報や秘密記録の焼却に取りかかった．大使館外に住んでいる職員にも電話で非常呼集がかけられた．やがて大使館付武官が大使館に到着し，残っていた機密記録の最終的廃棄に着手した．午前11時半，日本政府外務省欧亜局第3課の太田（三郎）課長に率いられた警官隊が到着した．太田課長は，外務大臣の通告書を読み上げたのち，無線送信機の摘発を口実にして警官隊に大使館内の家宅捜索開始を命じた．クレイギー回想録によれば，同大使は国際法により外交使節の不可侵権が認められているはずだと強く抗議し，太田課長は大使公邸を捜索対象から除外することには同意したものの，大使館本館その他の施設の捜索を行った．以下，メモランダムは次のように続けている．

---

[69] "Events in the compound of His Majesty's Embassy, Tokyo since the Japanese declaration of war"（FO371/31820/F7208/66/23）（英国国立公文書館）．

[70] Sir Robert Craigie, *Behind the Japanese Mask: A British Ambassador in Japan, 1937-1942*, Hutchinson & Co. Ltd., 1945.

（前略）大使館本館の中央記録保管室では機密アーカイブズの焼却が行われていたが、事務長からは、鉄製の格子扉は閉じたままにし、入口に大使館スタッフをガードに立てるよう指示が出ていた。大使は太田課長に対し、機密アーカイブズを保管している中央記録保管室への立入りを断固拒否すること、もし日本官憲が立ち入るつもりならドアと格子扉を破る以外にないこと、を自ら直接通告した。太田課長は、自分はアーカイブズに手を出せという指令は受けていない、と答えた。実際、中央記録保管室に侵入を試みる者はいなかったが、その他の、大使館付武官室を含むすべての部屋に手が入り、無線送信機の捜索が行われた。

（中略）アーカイブズの焼却準備は（暗号室への焼却炉設置を含め）かなり前から行われていた。開戦前の1週間は選別作業が相当進み、多数の文書や代替暗号文が焼却された。よって、迅速な文書廃棄の実施準備はできていたし、そのための完璧な作戦計画も存在した。この作戦計画は直ちに発動され、12月8日は一日中中断することなく残ったアーカイブズの焼却が実行された。暗号文や機密性の高い文書の廃棄は正午までには終了した。これに対し日本側からの干渉はなかった。いずれにせよ、彼らは、中央記録保管室の「防衛」を破るのは困難で時間のかかる仕事だと悟ったようだ。機密文書のほかに、半機密アーカイブズとでも呼べる大量の廃棄すべき記録類があったが、これらは日本官憲の立入りの危険が去ったあと大使館の中央焼却炉で焼却したほか、護衛をつけて数か所の家庭用暖房炉に大袋で運び、処分した。バスク事務長の優れた指示のもと、困難な状況下で、しかも記録的な短時間に文書の焼却作業を完遂した大使館全スタッフ（妻たちも含めて）の仕事ぶりは、いくら賞賛しても賞賛しすぎるということはない。

　以上、メモランダムの記述とクレイギー回想録を読むと、大使館にとって、アーカイブズの保全が開戦時の極めて大きい課題だったことがわかる。これらを見る限り、英国大使館では、日本官憲による無線通信機捜索名目の公館立入りはあったものの、とりわけ不可侵性が高いとされる中央記録保管室への侵入や、そこからのアーカイブズの押収の事実は報告されていない。

b. 横　　浜

　在横浜英国総領事館の状況については，総領事マック・P・オースチン Mc. P. Austin による 1942 年 10 月 10 日付の詳細な報告書がある[71]．それによれば，日米関係が最悪化するのを見て，同総領事は 1941 年 12 月 8 日の何日か前から，総領事に与えられた裁量権を使って極秘アーカイブズの非常焼却に着手した．開戦当日の 12 月 8 日朝，総領事は開戦のうわさを耳にし，東京の英国大使館からも本国外務省からもまだ緊急連絡は届いていなかったが，残っている機密アーカイブズを直ちに焼却するよう指示を出した．

　やがて，平服を着た十数人の男の一団が到着．自分たちは神奈川県警察部の警察官で，総領事館の捜索を行わなければならないと大声で叫びながら敷地内に立ち入り，金庫や戸棚の開扉を強硬に要求した．総領事はこれを拒絶したが，総領事執務室をはじめ事務所内の各部屋が捜索され，機密指定外アーカイブズや情報部の各種パンフレット，図書などのほか，地図類もすべて押収された．若干の極秘アーカイブズが残っていた金庫は開けられずに済んだが，非常措置の手順を確認するため金庫から総領事執務室に持ち出していた外務省回章「戦争指令 B」は運悪く押収されてしまった．館内の徹底的捜索の後，金庫や戸棚，キャビネット等は，すべて彼らによって封印された．総領事館の施設と財産は，1942 年 3 月 2 日に利益保護国のアルゼンチン領事の管轄下に移されたが，その際に英国総領事が見たところでは，金庫等は封印時のまま手はつけられていなかったという．

　なお，英国総領事マック・P・オースチンは，12 月 8 日の午後に公式の抗議文と説明要求書を作成して日本側に手渡し，神奈川県知事への伝達を求めた．知事からの回答はなかったが，その後オースチンが自宅軟禁中に神奈川県警察部外事課長に押収されたアーカイブズの返却を申し入れたところ，利益保護国領事に引き渡す旨約束したということである．

　一方，ブエノスアイレスのアルゼンチン駐在英国外交官から英国外務省にもたらされた 1942 年 3 月 7 日付情報によれば，日本側当局は，英国権益の保護を担っているアルゼンチン領事に，在横浜英国総領事館の財産目録を作成するため，同総領事館の金庫を開けるべきことを主張した．これに対しアルゼンチ

---

71)　"Events occurring at the British Consulate General at Yokohama since the outbreak of war with Japan"（FO371/31820/F7366/66/23）（英国国立公文書館）．

ン政府は，東京の駐日アルゼンチン大使に，もしそのような試みが繰り返されるなら，領事館アーカイブズの保護に関する国際的に認められた権利への侵害として公式に抗議するよう指示した模様である[72]．

　神奈川県警察部が押収したとされるアーカイブズ等の返却問題や，アルゼンチン領事管理下の金庫の開扉問題が最終的にどうなったかは，今のところ不明だが，開戦後の在日英国公館アーカイブズの状況が比較的よくわかる事例として貴重である．

c.　大　　阪

　在大阪英国総領事館では，開戦時の状況はわからないが，開戦4か月余り前の1941年7月末にアーカイブズ保存棚に保管されていた記録文書が1箱何者かによって持ち出されて紛失し，その後も数夜連続してアーカイブズ保存棚の扉が開けられるという事件が起こっている．英国側は，当時大阪府警察部外事課のエージェントが領事館を監視していたことから，日本官憲の関与を強く疑い，東京の英国大使館は10月10日に日本政府外務省に対し，領事館の不可侵権が侵されたとして公式に事実調査を求める口上書を提出した[73]．

　この事件に関しては，日本の外務省記録に関係史料が残っている[74]．それによれば，外務省は，英国大使館からの要求を受けて内務省警保局に事実調査を依頼し，その結果を11月7日に英国大使館に回答している．日本語下書きによれば，回答の内容は，「極度ニ緊迫セル国際情勢ニ鑑ミ，在大阪各国公館ニ対シテ不穏行動」発生の可能性があるため，大阪府警察部外事課が「厳重ナル警備警戒ヲ為シ，以テ外国公館並ニ公館員保護」の任にあたっていたとし，大阪府警察部係官は英国総領事館ならびに館員の監視ではなく，その保護のために出動していたと強調する．そして，アーカイブズ保存棚侵害の件については，「在大阪英国総領事館書類戸棚内ノ小金庫ニ手ヲ触レ或ヒハ連続数夜ニ亙リ戸棚ノ扉ヲ開披シタル事実全然無キコト判明シタル旨回答スルノ光栄ヲ有スル」と，全面的に否定している．日本の外務省記録によれば，これに対してクレイ

---

72)　"Protection of British archives at Yokohama"（FO371/31819/F2226/66/23）（英国国立公文書館）．

73)　"Japanese interference with archives press at His Majesty's Consulate, Osaka"（FO371/31819/F3312/66/23）（英国国立公文書館）．

74)　JACAR Ref.: B14090616700，「在大阪英国総領事館書類戸棚開披ニ関スル件」（「在本邦各国公館関係雑件／英国ノ部　第2巻」）（M-1-5-0-3_33_002）（外務省外交史料館）．

ギー駐日英国大使は，11月15日に西（春彦）外務次官宛私信の形で強い抗議の意思を表明している．両者の見解は完全にすれ違いに終わったようである．

d．神　　戸

在神戸英国総領事館のW・J・デイビーズ W. J. Davies 総領事は，駐日英国大使ロバート・クレイギーに対し，「12月8日とその後の出来事日誌」と題する報告書を，1942年10月6日に提出している[75]．それによれば，東京の大使館から数日前に指示されていた手順に従い，12月8日朝早くから機密文書やアーカイブズの焼却が行われた．午前11時45分に兵庫県警察部の長が数人の部下を伴って総領事館を訪れ，紙を燃やす強い臭いがして煙突から燃えかすが宙に舞うのが見えるが，これ以上文書を焼却してはならないと言明した．午後4時に警官隊の一群が到着し，建物内の捜索を開始した．総領事は最初，内部の事務所のドアを開けることを拒絶したが，警官たちがドアを打ち破ろうとしたので，やむなく開けざるを得なかった．彼らはまた，書庫のドアを開けることを要求したが，そこには秘密図書や機密文書などはなく，売却地所の書類，古い出生・死亡・結婚登録簿，数台の双眼鏡，その他極めて重要性の低い文書などが入ったバッグや包みがいくつか残っているだけだった．書庫には3人の警官が入り，総領事の推量によれば，短波無線装置を探している様子だったが，その試みは失敗に終わった．

この報告書から知られる限り，在神戸英国総領事館では，日本側当局によるアーカイブズの押収は確認できない．

e．長　　崎

在長崎英国領事館からの報告は，1942年8月24日に提出されている[76]．開戦当日の様子には言及がないが，2週間後の1941年12月23日，長崎県外事課の通訳を伴った多数の日本側当局者が領事館に侵入し，制服警官2名をガード

---

75) "Diary of events on Dec. 8th & following days", in: "Japanese treatment of staffs of His Majesty's Consular Offices in Japan: Transmits reports by His Majesty's Consuls-General at Kobe, Mukuden and Keijo and His Majesty's Consuls at Nagasaki and Dairen covering the period from the outbreak of war with Japan on the 8th December 1941 to their evacuation from their respective ports"（FO371/31820/F7120/66/23）（英国国立公文書館）．

76) "Report on Experiences at Nagasaki", in: 同上（FO371/31820/F7120/66/23）．

に立てて，施設全体の捜索を行った，と記されている．彼らは最初に，無線送信機の捜索が目的だと説明したが，退出にあたり，「1938，1939，1940，1941各年の一般アーカイブズ・ファイル全部，往復文書登録簿2冊，領事宛指令綴り，さまざまな日本の地図」を持ち去った．さらに，館員のノートや日記，私信ファイルなど，領事館にあった多数の個人文書をも押収した．これらのアーカイブズや個人文書は，長崎の憲兵隊本部に持ち運ばれたと見られる．しかし，「［英国の利益保護国である］スイス公使館が長崎県当局へ繰り返し返還要求を行ったにもかかわらず」，また「外務省と内務省を通して返還指示が出されたとの確証がスイス公使から届いたにもかかわらず」，アーカイブズの返還は，領事館の英国人スタッフが本国に退去する時点までには実現しなかった．その後，1942年5月5日になって，長崎県外事課職員が領事館を訪れ，領事事務官に対して，前年12月23日に押収した領事館アーカイブズと個人文書は，要請があれば送り返すと口頭で伝えた．しかし，その後同事務官のもとに，やはり返還はできないとの通知があった由である，と報告書は述べている．

f．大　　連

日本の租借地であった関東州の在大連英国領事館では，領事報告書によると，戦争勃発の第一報は12月8日の午前9時少し前に日本人翻訳官からもたらされた[77]．領事は直ちに現行の改訂版暗号解読表や暗号電報，海軍関係書などの廃棄を開始した．機密アーカイブズの廃棄は，開戦の2，3日前，すでに全部終えていたので，「残っていた重要書類をすべて焼却する作業は，速やかに行うことができた」．その後，武装警官隊が到着して領事館の入口を固めたので，領事は残った重要性の低い文書を領事公邸のベッドルームに持ち込んで処分した．領事館の建物は，12月10日に12人ほどの日本人官吏と警察官によって封印されたが，このときの一隊は，前回と違って領事館事務所の捜索には興味を示さなかったということである．

なお，在大連英国領事館に関しては，興味深い後日談がある．英国利益保護国であるアルゼンチンのブエノスアイレス駐在英国大使からロンドンの英国外務省に送られた1942年2月の電信，ならびに1944年の報告によると[78]，在大

---

77) "Report on internment of British subjects from DAIREN Consular District", in: 同上（FO371/31820/F7120/66/23）．

連英国領事館が閉鎖された後，同領事館のアーカイブズが神戸のアルゼンチン総領事館に移送されることになり，1942年3月に，当時在神戸アルゼンチン総領事館のアーキビストとして勤務していたカルロス・R・サンティラン Carlos R. Santillán が，東京のアルゼンチン大使から担当者として任命された．サンティランは，3月23日に神戸を出発して26日に大連到着．28日には神戸に運ぶアーカイブズの梱包準備が始められた．神戸駐在アルゼンチン総領事の4月8日付本国外務大臣宛報告[79]によると「ミッションは成功裏に実行され，担当者は上記英国事務所のアーカイブズを持参して本月7日に帰参した」という．数量や内容は不明だが，開戦時焼却処分に付されなかった在外公館のアーカイブズが，安全管理のため利益保護国の手で国外移送される例があったことは興味深い．付言すると，上記の神戸駐在アルゼンチン総領事の4月8日付本国外務大臣宛報告には，神戸総領事館アーキビストのサンティランが，同様の任務のため，近く京城と仁川の英国領事館に赴く予定だと書いている．これが実現したかどうかは，確認していない．

g. 奉天（瀋陽）

「満洲国」の在奉天（Mukuden）英国総領事館からの1942年9月15日付報告の一部を引用すると，以下の通りである[80]．

　（前略）総領事館にはセントラル・ヒーティング用の大きな炉があったので，ほとんどの重要機密文書や図書の焼却は［12月8日］午前8時半までに終了した．われわれはそれからやや重要性の低い文書の焼却に取りかかったが，9時に中断して上海放送が開戦の報を確認するのを聞いた．
　（中略）文書の焼却作業は午前中いっぱい続いたが，米国総領事館の事務棟や炉室の煙突からも小さな黒焦げの紙の燃えかすが盛んに空に舞い上がっているのが見えたので，あちらでも同じことをやっているのだなと思った．残念ながら，「注意人物一覧」は見落としたが，それを例外として，

---

78) "British interests in Manchuria"（FO371/32400/W2551/1/49）; "Protection of British interests in Japan by the Argentine Government"（FO369/3004/K3044/044/23）（英国国立公文書館）．
79) 同上 "Protection of British interests in Japan by the Argentine Government" 添付書類（FO369/3004/K3044/044/23）．
80) 前掲 "Japanese treatment of staffs of His Majesty's Consular Offices in Japan"（FO371/31820/F7120/66/23）．

日本側の利益となるようなものは残らず焼却した．その中には，ハルビンその他に発送予定だった多数の安全輸送便（セーフ・ハンド）による書信も含まれる．
（中略）12 時半頃に 12 人ほどの警官隊と男たちが到着し，指揮官はひどく興奮した状態で文書庫や金庫や事務室ドアの鍵の引渡しを強硬に要求した．（中略）彼は文書庫に侵入し，棚の上に政府電信コードが置かれているのを見て，極秘電信コードの所在を詰問した．私がそれはすでに破却した旨答えると，その指揮官は私の面前 1, 2 インチにまで真っ赤になった顔を近づけ，もし何か隠し立てをしていたら後で深刻なことになるぞ，と絶叫した．（中略）彼らが私の家のすべての部屋を捜索し，あらゆる引出しや食器棚を開けていった後，みんなで事務室に戻ってみると，マックデルモット McDermott が捜索に協力させられ，多数の小切手帳や個人文書が押収されたことがわかった．

奉天の英国総領事館では，無線機の捜索を口実にすることすらせず，かなり強引な捜索が行われ，アーカイブズも一部押収されたようである．

h. 京　　城

朝鮮植民地の在京城英国総領事館に関しては，「1941 年 12 月 8 日戦争勃発時以降の在京城英国総領事館における展開」と題する 1942 年 6 月 8 日付メモランダムがある[81]．要旨は以下の通りである．

12 月 8 日午前 9 時に上海からの短波ラジオ放送で開戦を知り，英国大使館や本国外務省からは何の知らせもなかったが，総領事は直ちに残っていたすべての機密図書や文書の焼却に取りかかった．その後，朝鮮総督に面会した総領事が総領事館に戻ると，大人数の警官隊と憲兵隊が到着し，目的を通告したのち，総領事館事務所，総領事私邸のほか，副総領事や日本人・朝鮮人スタッフの執務室まで徹底的な捜索を行った．

クリスマスに 2 回目の捜索が実施された．刑事のひとりが，これは東京からの命令によるものだと認めた．この捜索は，図書類が主要な対象だったが，実際の目的は彼ら自身の行政参考図書室の不足を補うことだったと見え，『政治

---

[81] "Development at H. M. Consulate-General at KEIJO subsequent to the outbreak of war on 8th December, 1941", in: 同上（FO371/31820/F7120/66/23）．

家年報』『ロイズ船名録』のほか多数の地図などが持ち去られた．

英国権益の保護にあたることになっていたアルゼンチンからの連絡を待ったが，誰も来ず，結局スイス政府がその任にあたることになった．しかし，英国総領事一行が京城を離れることになった 1942 年 6 月 1 日までにスイス政府代表者が到着しなかったため，英国総領事はやむなく日本側当局と相談の上，京城在住の日本人ニワセイジロウ［丹羽清次郎か］[82]を英国総領事館（日本当局によって封印された事務所とガレージを除く）と総領事個人財産の「管理者」に任命した．

以上，日本国内と植民地における状況を見てきたが，これを補完する史料として，東京の英国大使館が 1942 年 5 月 22 日に取りまとめ，駐日スイス外交代表を通じてロンドンの英国外務省に届けられた「日本，日本帝国領，満洲国における権益の保護」と題する報告書がある[83]．その中の在外公館アーカイブズに関する部分は，次の通りである．

　公的財産
　(5) 事務所その他の建物内の財物
　B. アーカイブズ
　・東京
　　英国領事館のアーカイブズが英国大使館に移送されているが，スイス公使がスイス公使館への移動を希望しない限り，残っている大使館アーカイブズとともに大使館にとどめ置くべきことが提案されている．
　・横浜
　　残存の英国総領事館アーカイブズは，アルゼンチン領事の封印下にある英国総領事館の建物の中に置かれている．
　・神戸・大阪
　　残されたアーカイブズその他の財産は，アルゼンチン総領事館に移送済みである．

---

82) 丹羽清次郎は，東京 YMCA 総主事，同志社英学校校長，京城 YMCA 総主事などを経て，1938 年に朝鮮基督教連合会を設立し，委員長となっている．
83) "Protection of British interests in Japan"（FO371/32403/W15074/1/49）（英国国立公文書館）．

・長崎・淡水（台湾）
　残存するアーカイブズは英国領事館内に置かれ，地元日本側当局の封印管理下にあると理解される．ただし 5 月 14 日付メモランダム No. 2, (30/12/42) 付録 II[84]を参照してもらえればわかるように，地元の日本側当局が領事館アーカイブズの一部を持ち去るという事実があり，それらが返還されたかどうかについて英国大使館は承知していない．
・京城・奉天・ハルビン
　現地日本側当局が長崎，淡水における行動と同様の行動をとったと思われるが，英国大使館にはこの件に関する確実な情報が届いていない．
・大連
　2 名のアルゼンチン代表が残っていた領事館アーカイブズを引き継いだ．これは神戸のアルゼンチン総領事館に移送する意図で行ったことだったが，移送が完了したかどうかについては確認していない[85]．
・下関・営口
　この 2 か所はしばらく占拠されなかったが，重要なアーカイブズが残っている可能性は少ない．しかし，できれば長崎領事 F・C・グレイトレックス F. C. Greatrex ならびに営口代理総領事 C・E・ホイットモア C. E. Whitmore から確認を取ることが望ましい．

　以上が，日本国内ならびに日本の海外植民地に所在する英国在外公館の，日英開戦直後を中心とした状況である．いずれも日本側による捜索が実施されており，機密書類やアーカイブズの押収事例も少なからず存在するなど，在外公館の不可侵性を認める国際慣例が十分に遵守されているとは言い難い．しかも，多くの場合，戦時国際法上占領地においてのみ没収が容認されていた軍事目的に使用可能な国有動産，とくに無線電信装置などの捜索を口実にするなど，あたかも国際法に準拠しているかのような手法をとっている．また，正規の外交使節所在地である大使館，公使館に比べ，総領事館，領事館の場合はより強権的な捜索とアーカイブズの押収が行われているように見受けられる．

---

84) この文書については未確認．
85) 前述のように，1942 年 4 月 8 日付神戸駐在アルゼンチン総領事書簡によって実行が確認できる．

4.1.3 中国の日本軍占領地とフランス領インドシナにおける事例

次に，アジア太平洋戦争勃発以降の，日本の軍事占領地における英国在外公館の捜索やアーカイブズ押収の状況と，それをめぐる日英の確執について，史料が残る中国の日本軍占領地とフランス領インドシナの事例を見ていきたい．

a. 上　　海

前述のように，1937年以来，日本軍占領下で「孤島」化した上海共同租界にあって，英国在外公館はアジア太平洋戦争の開戦に先立ち，アーカイブズの処分に着手していた．1940年8月には早くも大使館の機密アーカイブズを焼却あるいはシンガポールに移送する準備を始め，すでに述べたように，1941年3月にはシンガポール移送を実施している[86]．

また英国大使館は，開戦約1か月前の1941年11月3日，スイス代理大使に覚書を送り，開戦後，英国外交使節と領事が中国から退去したのちスイス代理大使が英国の利益保護国として果たすべき機能について，要望を記している[87]．それによれば，英国大使館と英国領事館の機密アーカイブズは，大使館と領事館のスタッフが廃棄すべきものだが，領事館の非機密アーカイブズは通常通り領事館に残し，大使館の非機密アーカイブズは天津の総領事館に移送し，総領事官邸内に保管することを求めたい，としている．

これに加え，在上海英国大使館は12月1日にロンドンの外務省に電信を送り，正式に引き揚げることになった際は，これらのアーカイブズを管理させるため，最高裁判所事務官S・G・アビー S. G. Abbeyを「アーカイブズ担当官」に任命してスイス総領事に付属させることを提案している[88]．この提案は，ロンドンからスイス政府に回送され，スイス政府は日本政府の同意を得るため，開戦1週間後の1941年12月15日に，東京に電信を送っている[89]．日本政府はこの提案を認めた模様だが，以下の経過から見て，アビーの「アーカイブズ担当官」就任は実現しなかったと思われる．

---

86) "Archives, disposal of."（FO676/303）（英国国立公文書館）．
87) "Functions of the Protecting Power in the event of His Majesty's Government's withdrawal of diplomatic and consular representatives in China"（FO371/32401/W6338/1/49）（英国国立公文書館）．
88) "Charge of British interests in China and Japan"（FO371/28841/W14344/51/49）（英国国立公文書館）．
89) "Charge of British interests in China and Japan: appointment of Mr. Abbey"（FO371/28842/W15023/51/49）（英国国立公文書館）．

第 2 章　第二次世界大戦期における在外公館文書をめぐる日英の確執　　213

　12月8日の英米両国に対する宣戦布告直後，日本軍は直ちに上海租界を占領する．同日午後，堀内（干城）上海総領事から東郷外務大臣に宛てて発信された報告によれば，「八日午前十一時（日本時間）陸海軍部隊ハ夫々共同租界Ｃ区Ｂ区ニ進駐ヲ開始シ，予定ノ如ク平穏裡ニ重要施設，敵性銀行，敵性通信，報道機関等ノ押収，乃至ハ警戒ノ措置ヲ採リ，午後三時頃ヨリ通行禁止ヲ緩和セルカ，市面平静電気電灯瓦斯水道電話モ平常ノ通リ，『ラジオ』ハ敵性ヲ除キ放送継続，上海『タイムス』ハ唯一英字紙トシテ夕刊号外ヲ出サシメタリ」と，開戦初日の状況を伝えている⁹⁰⁾．

　これ以降，上海の英国在外公館アーカイブズの取扱いをめぐって日英両国の間に起こった確執は，極めて興味深いものである．今のところ日本側の関係史料を確認できないので，英国側史料を中心に見ていきたい．

　上海の英国アーカイブズをめぐる最初の情報は，12月17日にベルンの英国公使館からの電信によって，英国外務省にもたらされている⁹¹⁾．それによれば，スイス政府は，上海駐在スイス総領事から次のような報告を受け取ったという．すなわち，上海の日本当局はスイス総領事に対し，英国本国，オーストラリア，英連邦自治領，マニラ，バタビアに所在する日本の在外公館アーカイブズが，すべて完全な互恵平等原則のもとで，それぞれスイス代表当局に実際に引き渡されたことが確認されるまでは，上海の英国大使館と領事館のアーカイブズをスイス総領事に引き渡すことを拒否する，と主張しているというのである．このことから，日本軍は租界の占領にあたって，英国大使館と領事館のアーカイブズを，他の動産・不動産とともに，その管理下に置いたものと見られる．

　この情報に接し，英国外務省内部の意見は，硬軟両様に分かれた．強硬意見は，日本の行為は，すべての敵国公館アーカイブズを無傷のまま速やかに利益保護国に移管することを求めている国際慣例に違反しており，今すぐスイス政府を通じて抗議すべきだ，というものである．これに対し慎重意見は，第1に英国政府も，日本官憲による在東京英国大使館捜索への対抗措置であったとはいえ，在シンガポール日本総領事館アーカイブズの査察を許可している点を念

---

90)　JACAR Ref.: B02032850300，「上海／1　昭和16年12月8日から17年1月28日」（「大東亜戦争関係一件／敵国財産管理並権益接収関係／在満支敵国財産管理並権益接収関係　第3巻」）（A-7-0-0-9_17_1_003）（外務省外交史料館）．

91)　"Charge of British interests in Japan"（FO371/31818/F66/66/23）（英国国立公文書館）．

頭に置く必要があり，第2に，今回の日本側の行為に抗議する前に，英国側が過去に同様の行為を行っていないかさらなる調査をしておく必要がある，というものであった[92]。

英国外務省は，この時点では後者の慎重意見を採用し，12月20日，英連邦自治領，インド，ビルマにおいて，日本の在外公館アーカイブズが捜索された事例はないか，自治領省ならびにインド省と協力して調査を実施することを決定した。同時に，スイス政府に対し，日本が互恵原則にもとづき同様の措置をとるという十分な確証が得られれば，英国政府はこの問題に関する国際慣行を遵守し，日本の在外公館アーカイブズをすべて損じることなく利益保護国に引き渡す用意がある旨，日本政府に伝えるよう要請することも決定された[93]。

これに対する日本側の反応は，12月29日に，ロンドンの在英スイス公使館日本権益保護特別部の公式書簡によって英国外務省に伝えられている[94]。書簡が記すところは，「上海駐在スイス代理大使からの電信によれば，上海の日本当局は，ロンドンの日本大使館アーカイブズが在英スイス公使館日本権益保護特別部に移管されたことがまず確認されない限り，上海のスイス代表が英国大使館アーカイブズを引き取ることを認めない，と言い続けている模様」というものであった。

英国外務省は，1942年1月10日に在英スイス公使館日本権益保護特別部に返書を送り，英国政府は在英スイス公使館側の準備が整い次第，ロンドンの日本大使館アーカイブズの引取りに同意を与える用意がある，と譲歩の姿勢を見せている[95]。とはいえ，この時点では英国側も，依然として国際慣例に反し日本大使館アーカイブズを自らの管理下に置いている点では日本側と同じであり，日英両国が相手国在外公館アーカイブズの中立国移管をめぐって，厳しい駆引きをしている様子がうかがえる。

その後，約1か月の動きが不明だが，1942年2月9日に在ベルン英国公使館が本国外務省に電報を送り，上海のスイス代理大使から届いた最新報告の内容を記している[96]。それによれば，上海のスイス代理大使はいまだ英国領事館

---

92) 同上。
93) 同上。
94) "Treatment of Japanese archives in British territory and British in Japanese territory"（FO371/31818/F68/66/23）（英国国立公文書館）。
95) 同上。

アーカイブズを引き取るに至っていない．むしろ，日本側の姿勢はより強硬になっており，「日本当局には，英国領事館のアーカイブズと建物を自らの封印下に置いて保持する権限があり，スイス総領事はスタッフを建物内に配置することはできないと考えている」というのである．同電報は続けて，「日本当局の見解は，上海は軍事征服地なので，大英帝国がこれまで上海において享受してきた，治外法権に由来する統治権は，すでに日本に移行した，というものであり」，したがって，「日本政府は，上海においては，東京で行ったように領事館アーカイブズを尊重する義務はない，という立場をとっている」と記している．ただ，同電報は他方で，「英国領事館アーカイブズは，（中略）部分的に押収されるかもしれないが，いずれ査閲ののちスイス代理大使に安全に引き渡されるだろう」という同代理大使の楽観的観測をも伝えている．

この報告電報の話題の中心は，在上海英国領事館アーカイブズであり，英国大使館アーカイブズについては触れるところがない．その理由は不明だが，大使館と領事館のアーカイブズに取扱い上の区別が生まれている可能性もある．

この報告電報をめぐって，英国外務省内では，上海が「軍事征服地」であって，英国が有していた統治権は日本に移ったとする日本の主張に対し，疑問を呈する声があがっているが[97]，対応については再び硬軟両様に意見が分かれた．

強硬意見は，外務省極東部に所属する元上海総領事ジョン・F・ブレナン John F. Brenan の意見に代表される[98]．彼は，日本に対して公式に抗議するとともに，「まずは，あらゆる地域で日本アーカイブズをわれわれの手で封印，保管し，利益保護国に対して，問題が一般的な解決を見るまで引渡しを延期する旨報知すること」を提案する．そして「しかる後に，日本に対しては，日本国内のみならず中国その他あらゆる地域での互恵的取扱いを要求し，それが容れられなければ，日本アーカイブズの安全は保障できない旨通告すべきである」と主張している[99]．

---

96) "Treatment of British Consular Archives in Shanghai"（FO371/31818/F1381/66/23）（英国国立公文書館）．

97) 外務省のギブソン Gibson の，「上海とその周辺地域は 1937 年以来日本の占領下にあるが，上海共同租界は日本が英米に宣戦布告するまで干渉されず，宣戦布告後でさえ［日本当局は］工部局参事会が役に立つことを認識している（現在，中国人 4 人，日本人 3 人，ドイツ人 1 人，オランダ人 1 人のメンバーがいる）」という考え方に代表される．出典は同上 "Treatment of British Consular Archives in Shanghai"．

98) 前掲 "Treatment of British Consular Archives in Shanghai"（FO371/31818/F1381/66/23）．

これに対し，極東部長のアシュリー・クラーク Ashley Clarke は，日本が英国在外公館アーカイブズに対する略奪行為をエスカレートさせるのではないかと危惧して，次のような慎重意見を述べている[100]。

> （前略）もしわれわれが大仕掛けの対抗措置をとるつもりなら，われわれはロンドン，オタワ，メルボルン，プレトリア，バグダッド，それからおそらくはカイロにある日本外交使節のアーカイブズや，リバプール，インド，ビルマ，およびセイロンをはじめ多くの英国植民地にある日本領事館のアーカイブズを押さえることはできる．しかし，日本側も，東京，バンコク，上海の英国外交使節アーカイブズや，それとほとんど同数くらいの英国領事館アーカイブズを押さえることができるし，いくつかについてはすでに略取を行っている．他方，彼らは，われわれが日本語で書かれた彼らのアーカイブズを利用するのに比べ，はるかに容易にわれわれのアーカイブズを調べることができるだろう．また，日本の外交使節と領事たちの方が，事前警告による機密文書の廃棄を，われわれよりも効果的に行っている．これらの比較から見て，［押収合戦によって］失うアーカイブズの量は，日本側の方がかなり多いとしても，獲得したアーカイブズを利用して得られるものは，われわれの方がはるかに少ないのではないかと思われる．よって，強硬姿勢を見せることが本当に必要と考えられるのでない限り，私は何のアクションも起こさないよう勧告したいと考えるものである．

ところが，英国外務省でこのような議論が交わされていた1942年2月11日，ベルンの英国公使は本国外務省に電信を送り，日本外務省が去る2月6日，駐日スイス公使に対して，「占領地軍政実施ニ伴フ第三国権益処理要綱」と題する新しい規程を手交したことを報告した[101]。

この「要綱」は，東南アジアや香港など，新たに生まれた軍政施行地域に適用されるもので，上海など軍政を敷いていない中国占領地は直接の対象ではなかったが[102]，「本地域ニ於テハ第三国官憲トシテノ機能ヲ認メス」と，中立国領事官らの，敵国利益保護活動を含むあらゆる機能を否定し，「名誉領事以外

99）　同上．
100）　同上．

ノモノニ対シテハ原則トシテ立退ヲ要求スル」という強硬な内容であった．

これに対応した動きのひとつであろう，英国外務省は，2月21日，ブエノスアイレス駐在英国外交代表に電信を送り，アルゼンチン政府に対して，同国がスイスに代わり香港その他，日本軍占領地の英国利益保護にあたるよう希望していること，また，日本政府からその許諾を取ってもらいたいこと，の2点を要請するよう指示している[103]．

この問題が，英国外務省内の上海在外公館アーカイブズ問題をめぐる議論にどのような影響を与えたのか定かではない．英国外務省は，上海の在外公館アーカイブズ問題に関して目立った動きを見せていない．おそらく，アシュリー・クラーク極東部長の静観路線が採用されたのであろう．

b．北　　京

北京の英国大使館は，日中戦争開戦後，大使館の主な機能を上海と南京（のち重慶）に移したと見られるが，施設やアーカイブズは残っており，すでに述べたように，機密アーカイブズの一部を1941年3月にシンガポールに移送するなど，日本との戦争を予期して，準備を進めていた．

開戦直前，1941年11月30日に，北京の日本大使館土田（豊）参事官は東郷外務大臣に開戦時における日本側の行動計画を伝える極秘電報を送っている．それによれば，英米両国の在外公館に対しては，「（二）英米大使館内設置ノ無電ニ対スル措置　其ノ使用禁止ノ措置ヲ講スル為兵力ヲ用フ但シ右ニ関シ館員ヲ派遣シ無用ノ摩擦ヲ避クル様努力スルト共ニ先方ニ対シテハ右措置ヲ執ルヘ

101）"Position of Consular Offices in Japanese occupied territory"（FO371/31818/ F1452/66/23）（英国国立公文書館）．「占領地軍政実施ニ伴フ第三国権益処理要綱」は1942年1月20日，大本営政府連絡会議決定．日本語原文はJACAR Ref.: B02032971100，「占領地軍政実施ニ伴フ第三国権益処理要綱」（「大東亜戦争関係一件／戦時中ノ重要国策決定文書集」）（A-7-0-0-9_52）（外務省外交史料館）ほか．ならびに防衛庁防衛研究所戦史部編『史料集・南方の軍政』（朝雲新聞社，1985年），101頁．

102）上記1942年2月11日付ベルン駐在英国公使公電によれば，本「要綱」の対象地域として，マニラ，ダバオ，ペナン，クアラルンプール，イポー，メナド，香港があげられている．ほかに同じく占領地であるバタビアなども対象地であり，実際，バタビアのスイス領事が日本軍により交戦国利益保護活動をすべて禁止されたとの報告がある（"Protection of British interests in Japanese occupied territories", FO371/31820/F5288/66/23, 英国国立公文書館）．

103）"Protection of British interests in Areas Occupied by Japanese"（FO371/31818/F1818/66/23）（英国国立公文書館）．

キ旨ノ書物ヲ手交ス」とあり，日本軍と日本大使館から要員を派遣して，無線機の使用禁止措置をとることとしている[104]．

12月8日の開戦以降も，土田参事官から東郷外務大臣宛に，報告が頻繁に送られているが，連合国側在外公館の捜索やアーカイブズ押収に触れた個所は見当たらない[105]．

北京の英国公館アーカイブズをめぐる動きが確認できるのは，開戦から1年4か月を経た1943年4月である．同年4月28日にベルン駐在の英国外交代表からロンドンの外務省にもたらされた報告によれば，同年4月6日，北京駐在スイス外交代表が日本大使館員立会いのもとに英国大使館のアーカイブズの点検を行った際，軍服や私服を着用した12人ほどの日本人が「大使館事務棟と保管庫を開扉し，文書，地図，図書などを持ち去った」．そのため，上海のスイス代理大使は，北京駐在スイス外交代表に日本側への抗議を指示したという[106]．

この報に接した英国外務省は，上海における英国側の慎重な対応が，北京の英国大使館アーカイブズの押収という日本側の強硬な行為を招いたと考えたのか，今回は比較的迅速に日本政府への抗議を決定し，「連合王国政府は，日本の軍人その他の公務職員が1943年4月6日に北京の英国大使館施設に侵入し，内部で発見された文書，地図，図書類を捕獲したことに対し公式に抗議する．また，かかる捕獲に関して，当政府はあらゆる権利を留保する旨通告する」という文面の抗議文を作成．5月18日にベルン駐在英国外交代表に送って，スイス政府に日本政府への伝達を依頼するよう指示している[107]．

ところが，わずか11日後の5月29日，ベルン駐在英国外交代表からロンドンに続報が入った．スイス政府が北京の同国外交代表から得た新しい情報によると，日本の官憲が4月末に再び北京の英国大使館に侵入し，調査のためとして「大使館のアーカイブズが事実上残らず持ち去られた」というのである．ま

---

104) JACAR Ref.: B02032847300,「北京／1 昭和16年11月30日から昭和17年2月13日」(「大東亜戦争一件／敵国財産管理並権益接収関係／在満支敵国財産管理並権益接収関係 第2巻」)(A-7-0-0-9_17_1_002)(外務省外交史料館).
105) 同上.
106) "Seizure of His Majesty's Embassy archives, Peking, by the Japanese"(FO371/35964/F2222/2222/23)(英国国立公文書館).
107) "Violation of archives at Peking Embassy by Japanese military officials: H.M.S.'s protest through Swiss Govt."(FO371/35964/F2222/2222/23)(英国国立公文書館).

た北京駐在スイス外交代表は，押収の目的は「華北の英国人ならびに刑事事件に関する秘密情報を含むファイルの捜索」にあると推測しているという[108]。

これに関連する史料が，日本の外務省記録に残っている．1943 年 4 月 30 日付の外務事務官柿坪正義ら 3 人に対する出張辞令案がそれで，「今般在北京帝国大使館ニ於テハ，在同地元英国大使館書類ヲ内密調査スルコトトナリタル趣ニテ，大東亜省ヨリ本省ニ対シ右調査ノタメ適任者至急派遣方依頼越シタルニ付」ということで，外務事務官柿坪正義，外交官補本城文彦，外務書記生鎌田與左衛門の 3 人を，北京に約 3 週間出張させるというものである[109]。3 人は 5 月初めに出発し，北京で押収アーカイブズ等の「内密調査」にあたったと見られる．このような調査体制から見て，英国大使館アーカイブズ押収の目的が，「華北の英国人ならびに刑事事件に関する秘密情報を含むファイルの捜索」だけであったかどうかは疑わしい．

なお，戦後の 1945 年 11 月 14 日，戦時中，米英蘭 3 か国の利益保護任務にあたっていた上海駐在スイス総領事の北京代表が，北平（北京）の英国連絡事務所駐在スタンスフィールド Stansfield 大尉に書簡を送っている[110]。それによれば，日本官憲による在北京英国大使館の 2 度目の捜索は，1943 年 4 月末ではなく 5 月初めに行われ，アーカイブズ，その他の文書，地図，図書類は，結局 4 月 6 日，5 月 3 日，5 月 10 日の 3 回にわたって持ち去られたという．また当時，その詳細なレポートがおそらく日本側によって作成され，上海のスイス総領事に提出されたとも書いている．このレポートに押収アーカイブズ目録が含まれると推測されるが，今のところ所在を確認できていない．

さて，1943 年 5 月に「大使館のアーカイブズが事実上残らず持ち去られ」，それと相前後して英国政府による日本政府への抗議が行われた後，日本政府が抗議にどう対応したかについては，必ずしも判然としない．ただ，翌 1944 年 1 月 6 日にスイス政府からベルンの英国公使館に送られた書信によれば，同じ

---

108) "Seizure of His Majesty's Embassy archives, Peking by the Japanese"（FO371/35964/F2788/2222/23）（英国国立公文書館）．

109) JACAR Ref.: B14091534500,「雑，一般（二名以上ノモノ）/13）柿坪正義，本城文彦，鎌田與左衛門」（「本省並在外公館員出張関係雑件／本省員及在外公館員海外出張ノ部（租借地，委任統治地域ヲ含ム）第 7 巻」）（M-2-2-0-1_3_007）（外務省外交史料館）．

110) "Recovery of Archives &c Removed from British Chancery by Japanese &c"（FO676/304）（英国国立公文書館）．

く北京の在外公館を捜索され，アーカイブズの一部を押収された米国も，ほぼ英国政府と同時期に日本政府に抗議し，中国占領地における交戦国在外公館アーカイブズの取扱いについて，日本の方針を問い糺した模様である．それに対する1943年7月23日付の日本の外務大臣の回答内容が参考として紹介されている[111]．この米国政府への回答が，なぜ半年後の1944年1月になって英国外務省に伝達されたのかはわからないが，内容的には英国政府の抗議への回答とも受け取ることができるものである．趣旨は，後述するスイス政府宛返答書と類似しているので，要点だけ記すと以下の通りである．

（1）日本政府は，米英その他の交戦国の外交使節ならびに領事機関のアーカイブズを尊重する意思を持っているが，現在の状況下では，危うい不可侵権しか保障できない国際法上の権利ルールに頼るのではなく，日本はアーカイブズ保護のため特別な措置をとっている．

（2）日本が敵国在外公館アーカイブズを，利益保護国に引き渡す前に査閲していることは，手続上何の問題もない．北京の米国公館アーカイブズは，数量と性格に鑑みて一時的に持ち出すことにしたが，査閲終了後すみやかに返還し利益保護国にゆだねる．これは利益保護国も理解していたはずである．

（3）日本当局は，スイス代表に対して十分に意図を説明し，査閲立会いを認めていたにもかかわらず，誤解が生じたことを深く遺憾に思う．

1944年1月6日付スイス政府のベルン駐在英国公使宛書信には，日本の外務省が発信した文書がもう1通引用されている．上述の米国政府宛回答の中で，スイス代表があたかも日本当局のアーカイブズ査閲に協力したかのように書かれていることについて，スイス政府が抗議し，それに対して日本外務省が答えた1943年12月28日付の返答書である[112]．その内容は米国に対する回答とほ

---

111) "Violation of archives of Peking Embassy and Consulates in China by Japanese: H.M.G.'s protest through Swiss Govt.: Japanese reply"（FO371/41816/F552/552/23）（英国国立公文書館）．なお本史料はフランス語．日本語の回答書下書や写は日本外務省記録の中に確認できていない．ただこの件に関しては，米国国務省が作成した政策文書「極東：日本アーカイブズの保護をめぐる中立国政府との連絡」（1944年9月24日）に言及があり，米国の対日アーカイブズ政策に影響を与えたことがわかる（"Far East: Communication with neutral governments regarding the protection of Japanese archives of 24.9.1944", CAC-288, in: General Records of the Department of State, Records Relating to Miscellaneous Policy Committee 1940-1945, Box 141-144, RG59, 米国国立公文書館）．これについては本書第2巻第6章参照．

ぼ同じだが，重要なので全文を引用する．

1　帝国政府は中国における敵国大使館，公使館，領事館のアーカイブズを尊重し，すでに 7 月 8 日の覚書でスイス公使館に伝えたように，アーカイブズを押収する意図はない．スイス政府は，日本当局がアーカイブズを利益保護国に引き渡す前に査閲することに異議があるようだが，帝国政府は，アーカイブズを利益保護国の信託にゆだねるため，国際法上の権利原則に照らしても，予備的査閲が自然な手順と考えるものであり，その原則を変える意図はない．
2　もし帝国政府が，これまで中国のような日本領土以外の特定地域において，敵国の外交アーカイブズを特別に尊重してきたとしても，それは，国際法上の権利として不可侵性を認められたアーカイブズに特別な保護を与えないと，国際的な責務の不履行になる，という理由によるものではなく，むしろ帝国政府自らの意思によって実施された慈善行為である．よって，中国において敵国の利益を代表する者は，この件に関しては，日本当局が設けた制限の範囲内で，その権能を認められる．利益保護国に引き渡す前にアーカイブズを一時的に持ち出し，調査を行うことは，違法行為を構成しない．しかしそれでも，日本当局はスイス当局に対し，起こりうる誤解を避けるため，またその協力を期待して，アーカイブズ査閲にあたり特に立会いを求めたのである．アーカイブズの性格と量から見て，査閲を短期間で完了させることは当然ながら困難であろう．しかし，スイス当局が現場の当局責任者に全面的に協力し，関連作業の迅速化に貢献した場合は，帝国政府は現場の当局責任者に対し，アーカイブズの査閲を可能な限り加速し，できるだけ速やかに元の場所に戻すよう指示する用意がある．

　この中で日本政府は，敵国在外公館アーカイブズを利益代表国に引き渡す前に事前査閲することは国際法上合法であること，また敵国在外公館アーカイブズの尊重は国際法上のルールに依拠するというよりも，日本の意思にもとづく

---

112)　同上．史料原文はフランス語．日本語の返答書下書や写は日本外務省記録の中に確認できていない．

特別な行為であり，利益代表国の職権は日本の権限のもとに置かれること，の2点を主張している．この問題についての日本の考え方がよく示されているように思われるが，踏み込んだ分析は後に回したい．

なお上記の返答書に，(1943年)7月8日の覚書で，「アーカイブズを押収する意図はない」旨をスイス公使館に伝えたとあるが，この文書については確認できていない．

スイス政府は，この1944年1月6日付在ベルン英国公使館宛書信において，上記2通の日本側回答書を示したあと，改めて英国政府に対し，日本当局が行うアーカイブズの調査，査閲にスイス代表が立ち会うことを承認するよう求めている．

これに対し，英国外務省は，2月8日，ベルン駐在英国外交代表に電信を送り，スイス政府に次のように回答するよう指示している[113]．

(1) 英国政府の見解によれば，アーカイブズは国際法上ならびに国際慣例のもとで，過去も現在も不可侵権を与えられている．英国大使館のスタッフは，したがって，アーカイブズを廃棄するか，または利益保護国に引き渡すかの選択を行う権利を有していた．そのいずれであったにしても，英国政府は，日本当局がアーカイブズを調査し，査閲することを合法と認めることはできない．実に，かかる調査は，利益保護国代表が立ち会っていようといまいと，外交アーカイブズならびに外交文書に付帯する秘密性に対する深刻な侵害にあたるものである．

(2) 英国政府は，スイス政府がその官員に対し，いかなる場合にもアーカイブズの査閲に協力しないよう指示することを希望する．なぜなら，日本政府に，アーカイブズの押収という彼らの違法行為が承認されたという主張の口実を与えないことが重要だからである．

英国外務省の主張は，アーカイブズの不可侵性を一般的に指摘して，日本側の調査，査閲行為の違法性を指摘するにとどまっており，議論がかみ合っていないように思えるが，詳しい検討は「5．考察とまとめ」に譲る．

---

113) 前掲 "Seizure of His Majesty's Embassy archives, Peking, by the Japanese"（FO371/35964/F2222/F2788/2222/23）．

日本当局に押収された在北京英国大使館アーカイブズなどのその後については，前にも触れた1945年11月14日の上海駐在スイス総領事北京代表から北京英国連絡事務所のスタンスフィールド大尉に宛てられた書簡に記されている[114]．それによれば，これらのアーカイブズ，地図，図書などは，大半が失われ，ごく一部が戦後の1945年9月5日と9月17日に返還されたという．また同書簡は，当該アーカイブズが日本側に押収されたとき北京在任中であった元日本大使館員に接触して，アーカイブズの行方を問いただすよう求めている．これについては，その後の経緯がわかっていない．

c．汕　　頭

汕頭の英国領事館については，開戦時の様子を伝える日本領事の報告がある[115]．

開戦直後の1941年12月19日に在汕頭日本領事館高井（末彦）領事が東郷外務大臣に発信した極秘電報によれば，12月8日午前8時，開戦と同時に同地の日本軍は，領事館警察，郷軍および義勇隊の応援のもと，敵国権益70数件を一斉捜索した．英国領事館では，英国領事が書類焼却中だったが，建物を封印して，領事の帰宅を許可した．その後，日本官憲は12月11日に領事不在の領事館に合鍵を使って侵入し，事務所内を再捜索．ストーブで焼け残った重要書類と，金庫の上に置かれていた暗号書を発見し，「侵入ノ形跡ヲ全然残サザル様最善ノ注意ヲ以テ」これを持ち帰った．書類については憲兵隊が整理し，暗号書については，写真撮影の上，「速ニ元ノ状態ニ於テ原位置ニ返シ置」いた．その後，事務室の整理を許された英国領事は，日本当局が「事務室事務ノ検索ヲ為サザリシノミカ，事務室整理ノ時間ヲ与ヘシ寛大ナル取計ヒヲ非常ニ多トシ，八日以来我方ノ好遇ヲ頻リニ深謝シ，前記ノ検索ハ全然気付キ居ラザリシ」ありさまであったと記している．

日本側が，敵国在外公館文書の押収や撮影の違法性を認識しながら，あえて秘密裏に不法行為を実行し，外務省本省もそれを知りつつ容認していたことがわかる．

114）　前掲 "Recovery of Archives &c Removed from British Chancery by Japanese &c"（FO676/304）．
115）　JACAR Ref.: B02033021600,「汕頭」（「大東亜戦争関係一件／館長符号扱来電綴　第4巻」）（A-7-0-0-9_63_004）（外務省外交史料館）．

汕頭の英国領事館アーカイブズが持ち去られたことを英国側が知ったのは1943年7月である．7月27日の在ベルン英国公使館から本国外務省への報告[116]によれば，上海のスイス代理大使の代理人が5月に汕頭と厦門の英国領事館を訪れたところ，建物は無事だったが，日本人が鍵を管理しており，汕頭ではアーカイブズが日本軍当局によって持ち去られたのがわかったという．後述するように，サイゴンや広東ですでに同様の事態を経験していた英国外務省は，今回も国際慣例に反すると判断して，直ちに正式抗議の方針を決定し，8月4日付のベルン駐在英国公使宛返電で，スイス政府に対し，日本政府への抗議文伝達を依頼するよう，指示している．抗議事項は，日本当局による汕頭英国領事館からのアーカイブズ持出しの件と，スイス代表がインド兵捕虜を訪問することを日本側が不許可にした件の2件であった．

抗議に対する日本政府の回答は，スイス政府を通じ1943年10月29日に英国政府のもとに届けられた[117]．それによれば，日本政府は，汕頭の日本当局が英国領事館からアーカイブズを持ち去った事実を認めず，その理由として，「日本当局が汕頭の英国領事館を封鎖したとき，事務所の書類を焼却中だった英国領事が，金庫とキャビネットを封印し，本国送還の際に，書類を持ち帰った」ことをあげている．

d．厦　　門

次に，厦門でも，アジア太平洋戦争開戦時，日本軍が鼓浪嶼租界へ進駐するとともに，厦門市中と鼓浪嶼租界において敵産接収行動を行っている．厦門駐在石川実総領事から東郷外務大臣への1941年12月8日付報告によれば，日本側は石川総領事から租界当局に対し，治安維持のため警備兵を派遣することや，敵国公私有財産に対し必要な措置をとることを通告したのち，英米領事館の接収，無電の封印とともに，銃器と「有害文書ノ没収」を行っている[118]．

---

116) "Treatment of British Consular buildings at Swatow and Amoy by the Japanese"（FO371/35964/F3902/2222/23）（英国国立公文書館）．

117) "Removal of archives by Japanese from former British Consulate at Swatow: H.M.S.'s protest through Swiss Govt.: Japanese reply"（FO371/35964/F6194/2222/23）（英国国立公文書館）．

118) JACAR Ref.: B02033031900，「鼓浪嶼租界（厦門）関係」（「大東亜戦争関係一件／在支外国租界接収関係」）（A-7-0-0-9_65）（外務省外交史料館）；JACAR Ref.: B02032851600，「厦門」（「大東亜戦争関係一件／敵国財産管理並権益接収関係／在満支敵国財産管理並権益接収関係 第3巻」）（A-7-0-0-9_17_1_003）（外務省外交史料館）．

同じく石川総領事の 12 月 19 日付報告によれば，廈門方面特別根拠地隊司令官（海軍）を委員長とし，海軍，日本総領事館，興亜院廈門連絡部からのメンバーに鼓浪嶼租界工部局側保官を加えて「敵産処理委員会」を設置することとなり，「鼓浪嶼廈門敵産処理暫定規程」「鼓浪嶼廈門敵産調査保管要領」「敵産処理委員会組織及職務分担表」が決定されている[119]．

上記の「規程」と「要領」は，12 月 29 日に改正されて「鼓浪嶼廈門汕頭敵産処理暫定規程」「鼓浪嶼廈門汕頭敵産調査保管要領」となり，汕頭が加わっている．ここでいう「敵産調査」とは，事前調査のことではなく，「開戦時兵力進駐接収完了後司令官ノ定ムル分担ニ依リ関係委員立合ノ上」行うものである（要領第 2 条）．また，接収対象となる敵産の中に，文書，記録等は明示されていないが，「調査ニ当リテハ土地台帳，財産目録其ノ他証憑書類ヲ蒐集シ之ニ依リ立証ニ努ムルヲ要ス」（要領第 4 条）とされており，これらの文書や記録類が，事実上接収の対象になったと考えられる．実際，1942 年 2 月 13 日に在廈門日本総領事館が外務省に送った「廈門英米国有財産目録」には，接収対象となったと見られる英米両国の領事館や領事官邸の財産が，小さな家具や時計に至るまで詳細に列挙されているが，英国総領事館の部を見ると，一部に「書類在中」と記された書類棚が合計 20 棚のほか，書類入キャビネット 1，書類網 5 が含まれている[120]．

これとは別に，1942 年 6 月 20 日，廈門駐在総領事小澤成一から東郷外務大臣宛に，興亜院廈門連絡部が作成し 6 月 12 日に敵産処理委員会の委員と調査員に配布した「敵産処理概況」と題する報告書が送付されている．その中に「二，接収図書ノ管理」という項目がある．以下の通りである[121]．

　　二，接収図書ノ管理
　　　接収図書ハ主トシテ抗日排日文書図書及英米文書図書ニシテ全面的ニ之レカ管理ノ委託ヲウケ目下利用ニ関シ整理進捗中ナリ
　　　接収図書ノ内訳左ノ如シ

---

119)　前掲 JACAR Ref.: B02032851600，「廈門」（A-7-0-0-9_17_1_003）．
120)　同上．
121)　同上．数字は原文漢数字．

出所	洋書	華書	計
兆和倉庫	1,331	約 2,000	約 3,331
学校 (13ヶ所)	230	2,278	2,508
書店 (21ヶ所)	250	9,748	9,998
星光日報社	—	551	551
期昌	199	—	199
計	2,010	約 14,577	約 16,587

　このリストにあげられているのは，数量確認が比較的容易な図書だけと見られ，「出所」に英国総領事館は含まれていないが，接収対象に図書だけでなく「抗日排日文書図書及英米文書図書」と文書が含まれている点は注目しておきたい．
　厦門に関しては，東京のスイス公使からの要請を受けた日本外務省が，1943年8月31日に，前記1942年2月「厦門英米国有財産目録」の英国に関わる部分を，「敵産調査票（英国政府ノ部）」として同公使に送っている[122]．これは，先述したことだが，1943年5月に，上海駐在スイス代理大使の代理人が汕頭と厦門の英国領事館を訪れて調査を行ったことと，何らかの関係があるだろう．

e.　広　　東

　広東の高津（富雄）総領事が1941年12月8日に発信した東郷外務大臣宛電信によると，広東の日本軍は，同日午前8時に沙面の英国租界を接収した．その後，12月20日の電信によれば「［英国］総領事館事務所ハ軍側ニ於テ封印シ居リ」という状態であったが，12月20日にスイス領事が日本総領事館に来訪し，上海のスイス代理大使から「国際法上ノ原則ニ依リ英国総領事館記録ノ引受ヲ受クヘク，若シ差当リ不可能ナルニ於テハ，少クモ公式ニ自ラ封印スヘキ旨」の指示があったとして，利益保護国への英国総領事館記録の引渡し，または利益保護国による公式の封印を求める申し出があった．高津総領事は，「此ノ種申出ニ対スル措置ハ在支全英国領事館ニ関係スル問題ニモアリ如何取計フヘキモノナリヤ」と，本省の指示を仰いでいる[123]．

---

122)　同上．

これに対する外務省本省の指示は，今のところ確認できないが，次に示す史料から見て，英国総領事館記録の全部または少なくとも一部は，館内に置かれたままスイス領事の管理下に移されたようである．

1942年11月21日，広東の支那派遣軍第23軍（波集団）参謀長は東京の陸軍省次官に対し，すでに本書第1章補論1で原文を紹介したように，次のような報告を送っている[124]．すなわち，敵産調査のため，広東のスイス領事に対し，同領事が保管している米英領事館の登記簿の閲覧を要求したところ，同領事は抗議した上で鍵を差し出したので，目下同領事の立会いがないまま書類の調査と整理を実施中である．将来の保管等に関しては，調査目的を達成したのち改めて交渉する予定である，というのである．

折しも，中国の日本軍占領地では，1942年11月16日付で「在支敵産ノ処理運営要領」が施行されたばかりであり[125]，それにもとづく敵産調査の一環と思われる．したがって，日本軍が閲覧を要求した主たる目的物は，敵産調査の基礎資料となる財産登録簿等であったと考えられるが，文面から見て，スイス領事が管理する領事館記録を全体的に調査している様子であり，また調査後の管理をスイス側から日本側に移したいという意図も強く表れている．

実際，後述するように，英国政府は1942年12月22日付でサイゴンの英国領事館アーカイブズ押収事件に関して日本政府への抗議文を発しているが，それにはサイゴンの事件とともに，広東の英国領事館アーカイブズ押収問題がとりあげられ，抗議の対象事項となっている．時期や場所，内容や数量など詳細はわからないが，1942年末の時点で，広東の英国領事館アーカイブズを日本側がその管理下に置いていることは間違いないと思われる．

f．サイゴン，ハノイ

1940年6月に成立した独仏協定の後，フランス領インドシナ（仏印）は，ヴィシー政権のインドシナ総督が支配したが，1940年9月と1941年7月のいわゆる「仏印進駐」によって，事実上日本軍の勢力下に置かれることになった．

---

123) JACAR Ref.: B02032851500,「8．広東」（『大東亜戦争関係一件／敵国財産管理並権益接収関係／在満支敵国財産管理並権益接収関係 第3巻』）（A-7-0-0-9_17_1_003）（外務省外交史料館）．
124) JACAR Ref.: C01000853800,「波集参電第633号（敵産調査の件）」（『陸亜密大日記 S17-148-260』）（防衛省防衛研究所）．第1章補論1, 151頁参照．
125) 第1章補論1「5.2.3 敵産管理制度の展開」参照．

アジア太平洋戦争開戦後，日本は中国占領地と同様，敵国在外公館の捜索とアーカイブズの押収を行ったと見られる．

まず，1942年1月30日にベルンの英国公使館から本国外務省本省に届いた報告によれば，在サイゴン英国領事館の機密文書を含むアーカイブズが，日本当局によって押収されたという[126]．この情報は，スイス政府がインドシナ政庁から受け取った報せにもとづいているということである．

少し間が空くが，同じく在ベルン英国公使館からの1942年10月10日付電報によると，日本外務省はスイス政府に対し，日本はインドシナの英国領事館アーカイブズと財産を必要に応じ押収する方針を変えていないと伝えてきたという．英国外務省はこれを深刻に受け止め，11月6日のベルン公使宛返信で，ハノイ駐在スイス領事に対し，もし日本がハノイの英国領事館アーカイブズの不法な押収を試みた場合は，速やかに通知するよう依頼されたい，と指示している[127]．

ハノイの英国領事館アーカイブズが実際に押収されたとの報告電報は，今のところ見いだせない．しかし1942年12月8日付ベルン駐在英国公使の報告電報は，ハイフォン駐在のスイス領事館員が，現地でハノイの旧英国領事館アーカイブズの回収に成功した，と伝えており[128]，日本側が同領事館アーカイブズを一時的にせよ押収した事実は間違いないと思われる．一方，同報告はサイゴンの英国領事館アーカイブズについて，スイス領事がインドシナ政庁と日本側に対し，英国利益代表国としての立場から，その引渡しを書面と口頭で要求したにもかかわらず，何の回答もなく，いまだに日本側が保持している模様だと記している．

英国政府は，サイゴン領事館アーカイブズの押収に関し，日本政府に正式抗議することを決定し，1942年12月22日に抗議文を発信することになるが，それに至るまで，英国外務省内では領事館アーカイブズに特化して，戦時における取扱いの問題をめぐる興味深い議論が交わされている[129]．

まず外務省極東部のL・H・フォールズ L. H. Foulds は，「日本側は，英国も

---

126) "Seizure of archives of British Consulate at Saigon"（FO371/31818/F1101/66/23）（英国国立公文書館）．
127) "Charge of British interest in Indo-China"（FO371/32402/W13599/1/49）（英国国立公文書館）．
128) "British interests in Indo-China"（FO371/32403/W16670/1/49）（英国国立公文書館）．

ドイツがノルウェイとデンマークの英国領事館アーカイブズを押収したことへの報復として，アイスランドのドイツ領事館アーカイブズを押収したではないか，それと同じこと［報復措置］をサイゴンの英国領事館アーカイブズに対して行っただけだ，と主張する可能性がある．それに反論できなければならない」として，日本への抗議の際には，「彼らが広東で英国領事館アーカイブズを押収したことや，中国のあちこちで領事館アーカイブズの引渡しを要求していることに広く言及する必要がある」と主張した．その結果だろうと思われるが，抗議文には広東の領事館アーカイブズの問題を含めることになった．

外務省法律顧問のウィリアム・E・ベケット William E. Beckett は，「日本の軍事占領下にある複数の英国領事館アーカイブズをめぐる今回の日本の行動について，われわれは抗議すべきなのかどうか」慎重に考えなければならないとし，抗議を正当なものとするためには，(1)「軍事占領地域の領事館アーカイブズの尊重をうたった国際法や国際慣例は存在しない」という考え方を否定できるか，(2)「われわれ英国側のこれまでの行動に抗議を妨げるようなもの」はなかったか，の２点を検討する必要があると指摘した．

前者（1）の問題をめぐって，ベケットは，彼自身がメンバーでもあったクローソン委員会に提出された調査報告書[130]や，外務省図書館に依頼して作成させた，第一次世界大戦時の敵国占領地域における領事館員等の取扱いについての調査資料[131]を検討している．ベケットによれば，後者の外務省図書館作成資料の結論部分は，次の通りであった．

（a）敵国における領事館の職員，施設，アーカイブズの特権や不可侵権と，

---

129) "Protection of British interests in Japan"（FO371/32403/W16670/1/49）; "F.O. minutes discussing treatment of consular archives by Allied and enemy Govt. during this war and the last": in "British interests in Indo-China"（FO371/32403/W16670/1/49）（英国国立公文書館）．

130) "Preliminary draft report of the W16670/1/49"（FO371/31840/F8563/867/23）; "Interim Report by the Clauson Committee: publicity aspect"（FO371/35937/F173/6/23）（英国国立公文書館）．「クローソン委員会」Clauson Committee（日本における英国人の扱いに関する委員会）は1942年10月9日にクローソン卿を委員長として設置された．設置目的は，1941年12月7日以降における（a）日本帝国ならびに日本の軍事占領地域における英国外交・領事機関ならびにそのスタッフ，（b）日本帝国ならびに日本の軍事占領地域に居住する英国民間人，（c）日本側に拘留されている英国の戦争捕虜について，日本側の処遇状況を調査することである．一部，アーカイブズに関連する事項も対象となった．

131) 前掲 "British interests in Indo-China"（FO371/32403/W16670/1/49）．

敵国占領地域におけるそれらの特権や不可侵権との間に，明確な違いがあったとは認められない．
(b) 1916年にギリシャ領が初めて占領されたとき，フランスと英国の陸海軍当局は，そのような特権と不干渉権に配慮していない．
(c) 敵国政府は，この行為に対し，国際法や国際慣例に違反するものとして抗議を行った．
(d) 英国政府はこの行為を軍事上必要だったと正当化するのみであった．
(e) 外務省に事前の相談が可能だったときは，領事館アーカイブズ等への侵害を避けるようアドバイスするなど，より賢明な道をとっていた．

これによると，第一次世界大戦時，仏英両軍による敵国領事館アーカイブズ等への侵害行為があったようだが，ベケットは，この調査資料を見て，「第一次世界大戦時にも少なくとも領事館アーカイブズ等を尊重するルールがあり，外務省もそれを是認していたが，時に軍事行動がそれに先行した」とまとめている．

またポイント（2）に関して，ベケットは，今次戦争で「英国当局は確かにアイスランドでドイツ総領事館アーカイブズを侵害し」，また「イタリア領東アフリカでもドイツ領事館アーカイブズに対して同じことをしたかもしれない」，しかしこれらの行為は「1940年にドイツに占領された地域で，ドイツが英国領事とそのアーカイブズに対して行った行為への報復措置であり，明確に正当化できる」と主張している[132]．ベケットはさらに，「一般に今次の戦争において，われわれは敵国の領事やアーカイブズに対して極めて細心の注意を払っている」とし，シンガポールのケースを例にあげて，「日本領事は逮捕あるいは保護拘束されているが」「そのアーカイブズにはほとんど全く不干渉である」ことを強調している．

以上から，ベケットは「本件に関しては抗議すべき」であり，「日本側によるこれらの押収と査閲行為が，領事館アーカイブズの取扱いに関する国際的に

---

[132] ただしベケットは，「ただ一件だけ報復とはいえない正当化できないケースがある．開戦前のグラスゴーのドイツ領事館アーカイブズの押収である．これは情報機関MI5が外務省に相談なしにやったことで，将来，この事件が悪い先例として本に載らないことを望むのみ」と記している（前掲 "British interests in Indo-China", FO371/32403/W16670/1/49）．

認められている慣例に反するものであることを言明すべきである」と結論づけている．

これが最終的に英国外務省の統一見解となったようであり，同省は1942年12月22日付で，「連合王国政府は日本軍当局による広東ならびにサイゴンの英国領事館アーカイブズの押収に対し，公式に抗議を表明する．当政府はここに，かかる押収に関しあらゆる権利を留保するものである」という日本政府への抗議文をベルン駐在英国公使に送信し，スイス政府に日本政府への伝達を依頼するよう指令している[133]．

敵国占領地内に残された領事館アーカイブズについての英国政府の見解は，結局，敵本国内の領事館アーカイブズに準じた不可侵性が国際慣例上認められているということ，ただし報復措置として行う場合は，その押収が容認される，という2点に要約できよう．大使館，公使館の外交使節アーカイブズが持つ不可侵性との比較はとくに議論されていないが，議論するまでもなく，ほぼ同等であるという前提に立っているということであろうか．また，サイゴンとハノイがあるフランス領インドシナは，当時，インドシナ政庁と日本軍が併存する外交上特殊な地位にあったが，その点もとくに言及されていない．おそらく事実上日本軍占領地とみなして，議論の必要性を認めなかったものであろう．

4.1.4 タイ国における事例
バンコク

アジア太平洋戦争開戦時，タイ国（シャム）[134]はピブン政権のもとで独立を保ち，中立の立場を取っていたが，1941年12月27日に締結された「日泰攻守同盟条約」によって，日本の同盟国化を余儀なくされた[135]．

開戦後，バンコクの英国公使館，領事館の施設ならびにすべての動産とアーカイブズは，スイス領事の管理下に移された．ところが，1942年9月9日のスイス領事からの報告によれば，英国公使がバンコクを離れたのち，タイ国と日本の当局者によって，英国の外交施設と財産の「外交的不可侵特権に対する極

---

133) 前掲 "British interests in Indo-China"（同上）．
134) 史料ではThailand（タイ国，泰国）のほか，1939年までの正式国名であったSiam（シャム）が使われることも多いので，史料を引用する場合は，史料上の表記に従う．
135) E. Bruce Reynolds, *Thailand and Japan's Advance, 1940-1945*, Macmillan Press Ltd., 1994, pp. 103-105.

めて深刻な侵害」が発生した．英国政府は，タイ国政府に対して直ちに抗議を行うことを決定している[136]．

この事件では，必ずしも日本が表に立っていないが，英国外務省記録の本件に関するファイルのタイトルが「日本人によるバンコク英国公使館の特定物品に対する計画的押収」となっており，日本が深く関与していたことは間違いない．また必ずしもアーカイブズが問題の中心ではないが，戦時における，アーカイブズを含む在外公館財産の不可侵性をめぐる国際法や国際慣例の問題が議論されており，詳しく検討する価値があると思われる．

この「日本人によるバンコク英国公使館の特定物品に対する計画的押収」と題するファイルには，タイ国政府への抗議文の案文（日付不明）が含まれており，抗議の言葉とともに事実経過が次のように記されている[137]．

(i) 英国公使とそのスタッフがバンコクを離れた後，スイス領事は，日本とシャムの当局者から，公使館施設の鍵を渡すよう強要され，施設は彼らに占拠された．公使館スタッフの自動車の何台かも引渡しを強要された．

(ii) スイス領事はその後，自らの保護下にある公使館の建物への立入りを拒否された．

(iii)（1942年）8月26日，シャム・日本合同委員会のメンバーが，公使館を日本の駐在武官の事務所として徴発することを検討するため，公使館を訪問した．

(iv) シャム外務大臣は，9月9日の覚書で，スイス領事に次のように通知した．「英国公使館で発見された特定の物品につき，軍事上その使用が必要なため，軍当局は，防衛軍最高司令官の承認にもとづき，同封のリストにある物品[138]を軍事利用のため押収することを希望する．よってス

136）"Contemplated seizure by the Japanese of certain articles in the British Legation, Bangkok"（FO371/31749/F6450/33/61）（英国国立公文書館）．
137）同上．
138）タイ国外務省作成のリスト原文は未発見だが，1942年9月12日に在ベルン英国公使館から送られた押収予定物品リストの写しによれば，タイの地図5枚，政府広報など若干のアーカイブズ資料のほか，冷蔵庫，青銅仏像，グラモフォンレコード，タイプライター，自転車などで，私物も多く，およそ「軍事上必要」とは考えられないものまで含まれている．なお，その後これらの物品が実際に押収されたかどうかは確認できていない．

イス国領事館に対し，この計画中の押収につき，軍当局に便宜を図るよう要求する」．
(v) 9月11日，シャム外務大臣は，スイス領事がチェンマイなど3か所の英国領事館とチェンラーイなど2か所の英国領事別荘の引取りを申請していることに対し，シャム国内の英国領事館と領事別荘は，防衛軍最高司令官の命令により，軍当局によってすべて軍事目的のために接収された旨通知した．

英国側はスイスを通じてタイ国側に抗議するとともに，少なくともバンコクの英国公使館からの物品押収を延期するよう申し入れた．この抗議に対し，タイ国政府は国際法の権威者たちによって書かれたいくつかの著作を引用して反論し，タイ国と日本の行為を正当化しようとした．すなわち，国際法の権威者たちは，「外交使節の建物に備わる不可侵権は，外交使節個人の独立性と不可侵性を確立するために設けられたもの」であり，最大限に尊重されるとしている．しかし彼らは続けて，「ただ外交使節とそのスタッフが離脱した後は地位が異なるのであり，平時に大使館ないし公使館の施設として使われていた外国の公有財産が，戦時もしくは外交関係断絶時に接収または差し押さえられることは，先例のないことではない」とも書いている，というわけである[139]．

この主張を受けて，英国外務省は，戦時における外交使節および領事機関の施設と財産の不可侵権，とりわけ外交使節が国外に出た後の不可侵権について，改めて国際法と国際慣例の調査を行った．その結果は，1942年9月25日に「敵国領内における外交使節と領事機関の施設ならびに所蔵物の不可侵権」と題する覚書としてまとめられている[140]．

この中で英国外務省は，最初に，タイが反論の根拠として引用した国際法学者の著書などをとりあげ，学説の確認を行っている．

まず，チャールズ・C・ハイド Charles C. Hyde の『国際法――アメリカ合衆国による解釈と適用を中心に』第2巻[141]の第450項の次の文章である．

---

139) 前掲 "Contemplated seizure by the Japanese of certain articles in the British Legation, Bangkok"（FO371/31749/F6450/33/61）．
140) "Immunity of Diplomatic and Consular Premises and their Contents in Enemy Territory"（前掲 "Contemplated seizure by the Japanese of certain articles in the British Legation, Bangkok"（FO371/31749/F6450/33/61）．

戦争により2国間の外交関係が断絶したときは，交戦相手国の領域内にいるもう一方の交戦国の国民の権益を守るため，その交戦相手国に外交官として駐在する第三国の代表が招致されるのが通例である．（中略）このような場合，第三国の外交代表者は，その保護下にある国民が属する交戦国のアーカイブズやその他の財産についても，その保護を委託される．交戦国は当該第三国外交代表に対し，委託した大使館や公使館の建物に標識を掲示することが明らかに必要または望ましいとされる場合は，当該外交代表の国旗を掲揚するよう要請できる．

英国外務省は，ハイドのこの文章は確かに明確さを欠いているが，交戦国の外交使節が交戦相手国から退去したのちも，在外公館の建物とアーカイブズその他の財産は，利益保護国に委託され，不可侵権が保障されることを述べている，との解釈を記している．

次に，アーネスト・M・サトウ Ernest M. Satow の『外交実務への案内』[142] 第320項が引用されている．

　　それ［外交使節の不可侵権］は，彼の本国と接受国との間に戦争が勃発しても影響を受けない．かかる事態が起こった場合，接受国政府には，外交使節または，その家族や同居人であるか否かにかかわらず，不可侵権が適用される人物に対する侮辱的言動や暴力的行為，あるいは外交使節の公邸や荷物に対する同様の行為の恐れがあることを警告するとともに，外交使節が十分な安全のもとに公邸を退去することを許諾する義務がある．必要ならば，特別の便宜を無料で彼に提供しなければならず，また彼の退去後，大使館の建物とその中にあるものは尊重されなければならない．

ここに見るように，外交使節退去後の公館施設や動産の保護については，「尊重されなければならない」とあるものの，不可侵権の持続を明確に示して

---

141)　原著は Charles C. Hyde, *International Law, Chiefly as Interpreted and Applied by the United States* (*Volume I*), Little Brown, Boston, 1922. 筆者未見のため，国際法著作からの引用は，上記「覚書」（注140）による．以下同じ．

142)　原著は Ernest M. Satow, *A Guide to Diplomatic Practice*, Longmans Green, London, 1922 [2nd ed.].

はいない.

　英国外務省の覚書は，タイ国政府が引用しなかったラサ・オッペンハイム Lassa Oppenheim の著書『国際法』[143]についても検討している.

> たとえ外交上の任務が終了に至った後であっても，大使館のアーカイブズは，封印の上他国の使節団の保護にゆだねられている限り，これに触れてはならない. （第1巻第386項）
> 出国した使節団の公館は，慣例によれば他の外国使節の保護のもとに委託され，アーカイブズが残されていれば封印される. 時には，出国した使節団の吏員のひとりが現地政府の許可のもとに残留しその管理にあたることもある. （第2巻第98項）

　ここでは，アーカイブズの問題が単独でとりあげられている点が注目されるが，外交関係断絶後の不可侵権が「触れてはならない」という表現で示されている一方，使節団出国後，公館に残されたアーカイブズについては，利益代表国のもとで封印され保護されることを述べながらも，前項のような「触れてはならない」という表現は使われておらず，利益代表国による保護の根拠も，「慣例によれば」と，あくまで国際慣例に置く立場をとっている. 英国外務省の覚書は，これが国際法学者の典型的考え方だと記している.

　戦争勃発後，外交使節が国外に退去した後の在外公館と財産の取扱いについて，最もすぐれた著述だと英国外務省の覚書が評価しているのは，C・ハースト C. Hurst の『外交的不可侵権』である[144]. 以下，覚書が引用する部分である.

> 戦争が勃発し外交使節がその任地を退去するときには，彼は使節団全員を引率しなければならず，公館と公館内にあるものは大半放棄を余儀なくされる. その際，法理論上いかなる議論があるにせよ，礼譲ならびに慣行上の観点から，敵国の大使館や公使館，およびその中にあるものに対しては，その安全のため，あらゆる必要な保護が与えられなければならない. 1914

---

143) 原著は Lassa Oppenheim, *International Law, a Treatise*, Longmans, London, 1905-1928.
144) 原著は C. Hurst, *Les Immunités Diplomatiques*, Academie de Droit International, Recueil des Cours, 1926.

年の戦争は，短期間の集中的な外交活動のあと突如起こったため，大使館や公使館の職員は，すべての時間と労力を外交活動に注がざるを得ず，任地からの退去や残置するものの保護のために準備する時間はなかった．このような場合，人々の権利よりも，むしろ国際礼譲が求めるところにより，政府は在外公館の建物とその中にあるものの安全を保障するため，あらゆる必要な措置を講じなければならない．これは，かかる措置を講ずる側の国にとっても有益である．なぜなら，それによって，敵国に所在する自国外交公館の保護についても，敵国側が予防策をとることを期待できるからである．

交戦国の利益保護を中立国に委託するという近代的な方法によって，閉鎖された大使館や公使館の保護はより容易になった．中立国外交代表は，1人または数人のスタッフをこの追加任務のため，それらの施設に駐在させることができると思われるからである．（第2巻236頁）

以上のほか，さらに何人かの著述を検討した上で，覚書は次のように学説の潮流をまとめている．

[国際法学者は，]外交使節とその随行員は，外交関係断絶後も彼ならびに彼のスタッフが接受国を離れるまでの間は不可侵権を有しているという点について，考えが一致している．（中略）外交使節の公館（内部のアーカイブズは別として）の不可侵権の継続の問題については，多くの著作が何も述べていない．しかし，この問題に言及している学者は，国際法に照らして不可侵権を積極的に主張していないものの，[国際]慣例や礼譲，ならびに互恵的処遇が生む自己利益といった考え方にもとづいて，不可侵性を支持している．

覚書は，以上のように，外交使節の建物やアーカイブズの保護問題を中心に，国際法学者の学説をまとめた上で，さらに具体的な事実の検討も重要だとし，第一次世界大戦時の事例をいくつかあげている．その際，「領事館員が，外交官に適用されている程度の個人的な外交特権さえ与えられていない」ことにかんがみ，大使館や公使館など外交使節公館だけでなく，「領事館施設に関する

第 2 章　第二次世界大戦期における在外公館文書をめぐる日英の確執　　237

国際慣例」の適用ないし不適用の事例検討がより必要である，としている．しかし，下記のように，本覚書がとりあげている第一次世界大戦時の事例は，ほとんどが大使館と公使館を舞台にしたものである．

(1) 1916 年 8 月，イタリア政府は，ローマ教皇庁駐在オーストリア＝ハンガリー帝国大使の所在地で，同国イタリア駐在外交代表団の記録保管所が置かれていたローマのヴェネチア宮を，大使不在中に接収した．この場所は，当時スペイン大使館が管理を担当していた．イタリア政府は，オーストリアの国際法違反と，とりわけベニス空爆に対する報復措置だとして，この行為を正当化しようとした．しかしその場合でも，イタリア政府は建物内にあったアーカイブズと他のすべての動産を尊重し，タイムリミットを設けて，その運び出しをオーストリア側に許可している．

(2) 1916 年春，ブルガリア政府はソフィアのセルビア公使館を接収し，家具を売却した上に，任務についていたアーキビストを逮捕してアーカイブズを没収した．ブルガリア政府は，セルビアはもはや国として存在しないという理由を盾に，この行為を正当化しようと試みた．セルビア政府は，この行為を国際法違反だとして連合国側ならびに中立各国に訴え，英国政府から「国としての礼節にもとる，この深刻な違反行為に対して，セルビア政府と怒りを共有するものである」との確認を取りつけた．

(3) 1916 年，英国政府は，ブルガリア政府がソフィアの英国公使館を接収し病院として使用する意図を持っていることを，米国大使館から知らされた．これに対し，英国外務省の中で，このような行為は連合王国の権益保護の任にあたっている米国政府の特権侵害にあたるとしても，われわれ自身に対する不法行為として非難するのは困難だろうという見解が示された．英国政府は結局，米国政府に対し，可能ならばアーカイブズを持ち出して，米国政府の保護下で安全に保管するよう手配を依頼するとともに，英国政府はブルガリア政府が意図する行為に関しあらゆる権利を留保する旨，同政府に伝達するよう要請した．

(4) 1916 年 10 月 31 日，英国議会上院で，敵国首都の英国大使館が他国の使用に供されている問題がとりあげられ，もしそれらの施設が敵国に尊重されていないならば，ロンドンのドイツ，オーストリア，トルコ大使

館を接収するか，という質問がなされた．それに対する政府答弁は，仮に使われているとしても，それは保護管理を担っている米国外交代表による使用と理解しているというものであった．11月7日には，ソフィアのセルビア公使館接収問題に関連して，ロンドンの敵国大使館を公共施設として利用するため接収すべきではないか，という提案が議会で行われた．それに対する答弁は，英国政府はかかる施設の取扱いは，敵国首都での英国大使館や公使館の扱い如何によると考える，というものであった．外務省内でこの問題が議論されるときは，国際法や国際慣例に照らしてどうかという検討を行うのではなく，あくまで，当該施設を使用している米国外交代表に不便を及ぼさないかとか，影響を受けることになる英国外交団のアーカイブズの安全性や家具のケアはどうか，などといった側面から，検討が行われたのである．

(5) 1914年11月，トルコ当局はコンスタンチノープルの英仏大使館と領事館，ならびにセルビア公使館に，表向き無線通信機器を捜索するとして侵入した．米国大使が抗議し，警察長官が陳謝した．（中略）これ以外にトルコが行った行為として，バグダッドにおける総領事館の金庫の捜索，ベイルートにおける英国総領事の私有財産の押収，ダマスカスにおける英国領事館への強制侵入と金庫の開扉などがある．

上記の具体的事例や前述の国際法学者の見解から，英国外務省の覚書は，次のように調査結果をまとめている．

(i) 外交関係が断絶して外交使節団が当該国から退去した後，その外交施設や施設内にあるものの不可侵権を保障する国際法上の明確なルールはない．

(ii) 領事機関の施設とその中にあるものの地位は，同じ状況下で比較した場合，外交使節のそれよりも弱い．

(iii) シャム政府が，自らの行為を正当化しうる先例があると言明している点は正しい．

そして最後に，覚書はその結論として，「しかし［タイ国政府の］この言明に

対抗するため，これまで敵国政府の施設の処遇が，[国際] 慣例や [国際] 礼譲を考慮した上で統制されてきたこと，また先の [第一次世界] 大戦においてこのような慣例や礼譲を無視した行為がなされたときは，無法で十分に文明化されていない政府がやることだと非難された，と反論することは可能である」と記している．

本件に関しては，この後の経緯を確認できていない．上記の結論から見て，英国外務省はタイ国や日本に対し，公使館施設やアーカイブズなどの不可侵権の継続を主張するのではなく，国際慣例や国際礼譲の観点から，「その安全のため，あらゆる必要な保護」（C・ハースト）を求める程度の対応にとどまったのではないかと想像される．

4.2　英国による日本在外公館文書の捜索と押収

4.2.1　英国国内の日本在外公館

ロンドン

　在ロンドン日本大使館の開戦直前の状況については，1941年12月1日に上村（伸一）代理大使から東郷外務大臣宛に送られた電信がある[145]．それによれば，開戦後，大使館員が本国に引き揚げた後の利益保護国について，ブラジルとスイスを候補にあげ，交渉開始を依頼している．また，大使館が保管している領事委任状（リバプール，ダブリンなど8通）の焼却について許可を求めている．この電信では，大使館が保管するその他の記録等については，とくに触れていないが，戦争勃発を予測して，大使館文書の緊急処分に着手している様子がうかがえる．

　開戦後は，東京との通信が基本的にできなくなったということであろう，在英日本公館からの連絡を外務省記録の中に見いだすことは難しい．そこで，英国側史料から状況を類推してみたい．

　前節で述べたように，開戦後10日ほど経った1941年12月17日に，在ベルン英国公使館から英国外務省にもたらされた情報によると，上海共同租界を占

145）　JACAR Ref.: B02033019600,「上村代理大使電信第781号」(「大東亜戦争関係一件／館長符号扱来電綴　第3巻／8英国」)（A-7-0-0-9_63_003）（外務省外交史料館）．

領した日本当局は，英国，オーストラリア，英連邦自治領，マニラ，バタビアの日本在外公館のアーカイブズが，すべてスイス外交代表に引き渡されたことが確認されるまでは，上海の英国大使館と領事館のアーカイブズをスイス総領事に移管しない，という方針をスイス側に伝えてきた[146]．

これに対応するため，英国外務省はまず，自治領省やインド省と協力して，英連邦自治領ならびにインド，ビルマなどで日本の在外公館アーカイブズをどう取り扱っているか，情報を収集することにした．この方針を自治領省に伝達する1941年12月20日付の文書の中で，外務省のR・P・ヘッペル R. P. Heppel は，次のように書いている[147]．

> われわれは東京の英国大使館本館が無線送信機捜索という口実で捜索されたことを知っているが，彼らがアーカイブズに手をつけたかどうかまでは確認していない．われわれは報復として当地［ロンドン］の日本大使館で無線送信機を捜索したが，アーカイブズまでは捜索していない．植民地省もシンガポールに対して日本総領事館の無線送信機とアーカイブズを捜索する権限を与えたが，アーカイブズを捜索したことについては，われわれとしてはおそらく否定すべきだろう．

この文書によれば，英国政府は日本当局による東京の英国大使館捜索への対抗措置として，開戦直後にロンドンの日本大使館の捜索を行っているが，アーカイブズには手をつけていないとしている．その後，ロンドンの日本大使館は，アーカイブズともども英国政府の管理下に置かれた模様だが，その取扱いについて，日本の利益保護国となったスイス公使館と英国外務省との間で会合が持たれている．

12月24日の会合記録には，スイス公使館日本権益保護特別部のプライスヴェルク Preiswerk 部長から，日本大使館アーカイブズをドイツ大使館の場合と同様に引き取り，封印・施錠して保管したい旨の希望が出されたこと，また同部長が日本大使館の上村代理大使と話した際，同代理大使は本国政府からアーカイブズの引渡しについて何の指示も受けていないと語ったこと，などが記さ

---

146) 前掲 "Charge of British interests in Japan"（FO371/31818/F66/66/23）．
147) 同上．

第 2 章　第二次世界大戦期における在外公館文書をめぐる日英の確執　　　241

れている[148]．

　続く 12 月 29 日の英国外務省宛スイス公使館日本権益保護特別部公式書簡では，前節でも触れたように，上海の日本当局が依然として，在ロンドン日本大使館アーカイブズのスイス側への引渡しに確証が持てない限り，在上海英国大使館アーカイブズの引渡しには応じられないという姿勢を崩していない旨伝えている[149]．この時点では，英国政府と日本政府が，それぞれ相手側の大使館アーカイブズを手中に収めたまま，おそらく折々に国際礼譲や国際慣例を盾にしつつ，厳しい外交的駆引きを繰り広げている様子がうかがえる．

　その後，詳しい理由はわからないが，英国外務省は 1942 年 1 月 10 日付のスイス公使館日本権益保護特別部宛書簡で，ロンドンの日本大使館アーカイブズのスイス公使館への移管について，同意する用意がある旨明確に述べている[150]．

　その後の経緯を類推できる史料としては次の 2 点がある．1 つは，1944 年 3 月のドイツ休戦協定をめぐる協議の中で，在ドイツ日本在外公館アーカイブズの捜索条項を盛り込むかどうかという議論があり，その際に英国外務省の高官が「われわれは最大の必要性があったにもかかわらず，ロンドンの敵国外交施設を侵害しなかった」と述べている[151]．これを信じるとすれば，英国当局はロンドンの日本大使館の建物やアーカイブズを手つかずのままスイス側に移管したことになる．

　そのことを示すもう 1 つの史料は，戦後の 1946 年 3 月 29 日，英国政府とスイス政府が正式に署名した「連合王国内の日本大使館，財産，アーカイブズ」と題する公式議事録である[152]．この公式議事録は，第二次世界大戦中，ロンドンのスイス公使館日本権益保護特別部が日本の利益保護国として管理していた財産を英国政府に引き渡すことになり，両国の合意事項を成文化したものである．これは，1945 年 10 月 25 日のマッカーサー連合国軍最高司令官指令第 189

---

148) "Charge of Japanese interests in the United Kingdom"（FO371/31818/F67/66/23）（英国国立公文書館）．
149) "Treatment of Japanese archives in British territory and British in Japanese territory"（FO371/31818/F68/66/23）（英国国立公文書館）．
150) 同上．
151) "Draft German Armistice: Article 42."（FO371/40626/U2679/104/70）（英国国立公文書館）．なお，在ドイツ日本在外公館アーカイブズの捜索問題については，後述する．
152) "Procès Verbal: Japanese Embassy, Property, Archives etc., in U. K."（FO93/103/58）（英国国立公文書館）．

号（SCAPIN 189）「外交・領事関係の財産およびアーカイブズの移管について」[153]により，日本の利益保護国に対し，「連合王国，ソビエト社会主義連邦共和国，中国，アメリカ合衆国，英連邦，フランス，オランダ，ならびにその植民地および保護領においては，当該保護国は，日本政府の指示により，その国内のすべての日本の外交・領事関係の財産およびアーカイブズを，その所在する国の政府に，完全かつ迅速に物理的に引き渡すものとする」と定められたことにもとづく処置である．

引渡しの対象は，「ロンドンの日本大使館ならびに連合王国内の日本の領事代表機関の建物，アーカイブズ，財産，および英国内の元日本人官吏の財産」となっており，目録が英国側に渡された旨記されている（第2項）．目録が見つかっていないので，在ロンドン日本大使館のアーカイブズがどの程度含まれていたかは確認できないが，2013年に公開された日本外務省の戦後外交文書の中に，その一端を知ることができる史料が見つかった．1973年12月4日付の森（治樹）駐英大使から外務大臣に宛てられた「接収文書の返還について」という公文がそれである[154]．

これによれば「昭和36年頃当国政府機関より接収解除になった当館保存用の文書資料類（戦前文書）について，この程別添リストを作成した」とあり，在英大使館では執務上不要なので，「日本に送還するか当館で廃棄処分するか」本省の指示を仰ぎたいとしている．添付の「接収解除文書リスト」の内容を見ると，1929-41年の「現金出納簿」など会計関係10冊，1927-37年の「戸籍届書類」など領事部関係20冊，1916-39年の「発受信（電）件名簿」など文書関係24冊，対独賠償関係11冊，その他の文書20冊などとなっている．ほかに執務参考用資料調書類約200冊と文献・図書類約30冊が載っている．これらが1946年3月にスイス政府から英国政府に引き渡された在ロンドン日本大使館アーカイブズの一部であることはほぼ間違いなく，1961年頃に「接収解除」されて日本大使館に返還されたことがわかる．その後の処置は未確認である．

---

153) SCAP, *SCAPINS: Supreme Commander for the Allied Powers' Instructions to the Japanese Government from 4 September 1945 to 8 March 1952, not including administrative instructions designated as Scapin A's.*, Tokyo, 1952. なお，本書第2巻第6章「日本敗戦前後における連合国の日本アーカイブズ押収活動」参照．
154) 「連合軍による文書，図書の査閲，接収並びに返還関係雑件　在外公館関係」（N'.1.0.0.2-2）（外務省外交史料館）．

第 2 章　第二次世界大戦期における在外公館文書をめぐる日英の確執　　243

　なお上記の 1946 年 3 月の公式議事録は，マッカーサー連合国軍最高司令官指令第 189 号の指示を反映し，「本公式議事録への署名を以て，連合王国，英植民地，保護領，保護国，連合王国政府の下にある委任統治領におけるスイス政府側の日本権益保護の任務は終了し，その責任は以後，日本の建物，アーカイブズ，財産を管理する当局に移行する」（第 3 項）としている．これにより，次に示す英国植民地などでも，スイスの保護管理下にあった日本の在外公館アーカイブズの連合国側への移管が，急速に進んだと思われる．

4.2.2　英国植民地における事例

a．シンガポール

　英国の海峡植民地シンガポールでは，開戦 1 週間後にあたる 1941 年 12 月 15 日，S・トーマス S. Thomas 総督が本国の植民地大臣宛に電信を送り，在シンガポール日本総領事館を捜索することによって，現地の利敵活動の証拠が得られると考えられるとして，同館のアーカイブズの査閲命令権を与えてくれるよう願い出ている[155]．この問題をめぐって，英国外務省 J・C・スターンデイル‒ベネット J. C. Sterndale-Bennett は，植民地省 G・E・J・ゲント G. E. J. Gent に 12 月 19 日付で書簡を送り，外務省の見解を次のように伝えている[156]．

> 　東京の駐日英国大使からの報告によれば，日本官憲は抗議にもかかわらず無線送信機の捜索を口実に東京の英国大使館本館を捜索した．この理不尽な捜索が，何らかの見たい文書があって，その捜索をも目的としていただろうことは想像に難くない．外交使節と領事機関のアーカイブズは，いかなる場合にも侵害すべからざるものであって，その捜索，とりわけ自国領内にある外交使節アーカイブズの捜索はこのルールに完全に違反する．これを日本が侵したからには，報復として，［海峡植民地］総督が提案する通り，彼に日本総領事館アーカイブズの捜索権限を与えることに反対する理由はない．ただし，日本官憲がしたように，何らかの口実は必要だろう．（中略）これ［シンガポールの情報参謀から海軍省に送られた極秘情報］も，シ

---

155) "Internment of Japanese in Singapore"（FO371/28058/F13805/13486/23）（英国国立公文書館）．
156) 同上．

ンガポールの日本アーカイブズの捜索に異議はないというわれわれの見解を補強するものである．他方，自国領内での敵国アーカイブズ捜索と，インドシナのように侵略を受けた国での捜索との間には，明確な区別が存する．たとえば，ドイツはノルウェーでわれわれの領事館アーカイブズを捜索・押収し，われわれもそのあとレイキャビクのドイツ総領事館アーカイブズを押収した．これはすべて軍当局によって実施されたものである．しかしドイツもわれわれも，開戦にあたって，それぞれ自国領内にある相手国アーカイブズには手を出していないのである．

このように，英国外務省は，東京の英国大使館捜索への報復措置としてシンガポールの日本総領事館アーカイブズ捜索を容認する意向を示している．しかし後段の文章から類推されるように，同省は，シンガポールが自国領内にあたり，軍事占領地ではないことから，敵国アーカイブズの捜索が国際法や国際慣例に鑑みてとりわけ正当性に欠けるという認識を持っており，それが捜索には「何らかの口実は必要」という意見に表れているといえよう．英国外務省のこのような意識は，前項で紹介した，在ロンドン日本大使館アーカイブズ問題に関する，自治領省宛12月20日付文書の中で，外務省のR・P・ヘッペルが「植民地省もシンガポールに対して日本総領事館の無線送信機とアーカイブズを捜索する権限を与えたが，アーカイブズを捜索したことについては，われわれとしてはおそらく否定すべきだろう」と書いている点にも表れている[157]．

外務省の賛成を受け，植民地大臣は12月19日，海峡植民地S・トーマス総督に，戦争評議会（War Council）がそれを必要と判断したなら日本総領事館アーカイブズの捜索に同意する，という趣旨の返書を送った[158]．また翌12月20日には，捜索にあたって，日本側が無線送信機の探索を口実に使ったように，何らかの口実を設けることが望ましい，ということと，捜索を実施した場合には報告するようにとの追加指示を発信している[159]．

実際に英国当局による在シンガポール日本総領事館の捜索とアーカイブズの

---

157) 前掲 "Charge of Japanese interests in the United Kingdom"（FO371/31818/F67/66/23）．
158) "Proposal to send Japanese Consular staff in Malaya and North Borneo to India or Australia"（FO371/28058/F14055/13486/23）（英国国立公文書館）．
159) "Examination of Japanese archives in Malaya"（FO371/28058/F14119/13486/23）（英国国立公文書館）．

第 2 章　第二次世界大戦期における在外公館文書をめぐる日英の確執　　245

押収などが行われたかどうかは，確たる史料が見つからないが，1942 年 12 月に，日本軍による在サイゴン英国領事館文書の押収問題をめぐって英国外務省内で議論が行われた際，同省法律顧問のウィリアム・E・ベケットが，植民地省から文書による確認を得たわけではない，としながらも「シンガポールの日本領事は逮捕されて身柄を保護されたが，そのアーカイブズにはほとんど不干渉だったと理解している」と述べている[160]。

　ここでいうアーカイブズが領事の個人アーカイブズなのか総領事館アーカイブズなのか必ずしもはっきりしないが，関連史料として，1942 年 3 月 13 日にカルカッタ駐在のスウェーデン総領事がインド政府に宛てた書簡の中で引用されている，Okamoto（岡本季正）シンガポール総領事の覚書というものがある[161]。それによれば，シンガポール警察特捜部は，開戦 2 日後の 12 月 10 日に Shimanuki（嶋貫武雄）領事を拘束した際，同領事の公邸から公金 20,000 海峡植民地ドルと領事の私物を持ち去った疑いがあるという。スウェーデン総領事は，岡本総領事の依頼を受け，インド政府に調査を依頼している。総領事館の捜索についての言及はないが，覚書の内容から，シンガポールの海峡植民地政庁当局が，英国植民地省から日本総領事館アーカイブズ捜索についての同意を得る前に，少なくとも領事公邸の捜索を行っていた事実がうかがえる。なお，岡本総領事がスウェーデン総領事を通じてインド政府に調査を依頼したのは，日本在外公館や公邸からの押収物品が，1942 年 2 月のシンガポール陥落の前にカルカッタに移送されたと信じる何らかの理由があったためであろう。確かに，先に，上海ならびに北京の英国大使館アーカイブズが，開戦前にシンガポールを経てカルカッタに送られたように，カルカッタは英国にとって，アジアにおける在外公館アーカイブズや押収物品などの集積地，避難場所であったのかもしれない。ちなみに，スウェーデン総領事に対するインド政府の回答は，すでに調査の時機を逸しているという素っ気ないものであった[162]。

---

160)　前掲 "Protection of British interests in Japan"（FO371/32403/W16670/1/49）．
161)　"Search of Japanese consular premises at Singapore"（FO371/31820/F4162/66/23）（英国国立公文書館）．
162)　同上．

b．インド

　シンガポール以外の英国植民地における日本在外公館アーカイブズの取扱いについては，インドの動きがわかる．

　インド政府外務省は，1942年5月7日付の英本国インド省宛書簡で，次のように，日本領事館の捜索許可を願い出ている[163]．

> われわれは，海峡植民地政庁がシンガポールの日本総領事館施設を捜索する権限を与えられたと理解した．そうであれば，われわれが［当地の日本領事館に対し］同様の捜索を実行しようとしたことに対する以前の反対意見は，すでに撤回されたものと思われる．現今のインドに対する脅威や，日本領事が他国で利敵行為等を組織する活動に関わっていたのが明らかなことに鑑み，領事館の施設と以前インド内で勤務していた日本人館員の私物を捜索する権限を与えていただければ幸いである．他の国からインドに到着した人物の私物はすでに捜索され，有益な文書が発見されている．スウェーデン領事のもとにあるアーカイブズについては，手を触れない予定である．

　インド省からこの書簡の転送を受け，指示を求められた英国外務省は，1942年5月27日，インド省に返信を送り，「日本側が東京の英国大使館やサイゴンの英国総領事館の捜索を行ったからには，インド政府に日本領事館の捜索権限を与えることに反対する理由はない」と回答している[164]．ただし，インド政府が「スウェーデン領事のもとにあるアーカイブズについては，手を触れない予定である」と書いていることに触れ，外務大臣がこの点に留意している旨をわざわざ付記している．シンガポールの場合と同様に，自国植民地における敵国在外公館アーカイブズの取扱いについて，英国外務省が慎重な認識を持っていることを示している．

　インドの場合も，捜索がどのように実行されたかは確認できないが，領事館アーカイブズの押収はなかったと考えてよい．

163） "Search of Japanese consular premises in India"（FO371/31820/F3586/66/23）（英国国立公文書館）．
164） "Search of Japanese consular premises in India"（FO371/31820/F3843/66/23）（英国国立公文書館）．

4.2.3 連合国軍事占領地における事例

ここでは，前項までとやや時期がずれるが，第二次世界大戦終盤，連合国軍事占領下ドイツにおける日本在外公館アーカイブズをめぐって，英国側がどう対応したかについて見てみたい．

ドイツ降伏 1 年前の 1944 年春，連合国はドイツの敗戦を予測して「ドイツ休戦協定に関する連合国軍最高司令官への指令案」を作成した．その中に，ドイツ内にある日本の在外公館財産の取扱いに関する特別条項を入れるべきかどうかをめぐって，英国政府内で複数の省庁を巻き込む議論が展開された[165]．議論の的になったのは，「休戦協定第 42 条に関する指令」という部分の英国外務省が起草した第 2 次案で，日付がないが，前後関係から 1944 年 3 月 16 日から 23 日までの間に作成されたと推定されるものである．

「休戦協定第 42 条に関する指令」は，日本など他の枢軸国とドイツとの外交関係の断絶と，それに伴うドイツ外交官の召喚，ドイツ駐在枢軸国外交官の本国送還などに関わる部分である．その第 3 項（d）は，ドイツ内の枢軸国外交使節，領事，駐在武官等の公館と私邸の取扱いについての規定で，不可侵権を盾に不法行為に使用した事実がない限り，個人の拘束や無線通信機の封印に必要な場合を除いて，「立ち入ったり捜索をしてはならず」，「公的私的を問わず建物内のものに触れて，これを持ち去ったり検査したりすることはできない」と定めている．（d）項は続けて「公館は最終的に利益保護国ないし（連合国側の合法政権が回復した旧傀儡政府の施設にあっては）当該連合国側政府に引き渡されるか，あるいは封印される」と記している．

議論の的になったのは続く第 3 項（e）で，次に示すように，第 3 項（d）の規定を日本には適用しない旨の但書を後半に含んでいる．

　（e）上記（d）の指令は，今次戦争ならびに過去の戦争において，通常，実効性あるものと認められている次の原則にもとづいている．すなわち，ある国において外交特権または領事特権を与えられている外国資産は，［その国が別の国の占領下に置かれた場合］，仮に占領国の敵国の資産であるとしても，占領下に置かれたという事実だけを理由として特権を失うことは

165）"Draft German Armistice: Article 42"（FO371/40626/U2679/104/70）（英国国立公文書館）．

ない,という原則である.

　ただし,ドイツ内の日本の外交使節ならびに領事機関の財産の場合に限っては,極東における日本の行動に鑑み,もしそうすることで実際に何らかの軍事的利益が得られるのであれば,報復として上記の原則からはずれることが許されるだろう.よって貴官は,次の2つの条件が充足されるならば,いかなる場合でも日本の外交使節ならびに領事機関の施設,または外交使節ならびに領事機関員の私宅に立ち入り,アーカイブズその他軍事上重要なものを捜索し,押収する権限が与えられる.(i) かかるアーカイブズその他のものが依然として施設内にあること,(ii) 貴官の行為によって当該物を保全できるとの十分な見込みがあること.

　しかし,単に何か価値あるものが見つかるかもしれないというだけの理由で,あるいは確実な成功の見込みなしに行動を起こしてはならない.報復のためとはいえ,何らかの具体的な利益が得られないのであれば,不可侵原則をはずれることは好ましいことではないからである.

　後半の但書部分は,1944年3月8日に開催された「休戦協定条項及び民政委員会」(Armistice Terms and Civil Administration Committee) に英国外務省から提出された第1次案には,もともと入っていなかった.ところが,同委員会で英国海軍省から,第3項(d)の枢軸国公館等不可侵規定は,ベルリンの日本大使館から連合国軍にとって重要な情報を含む可能性のあるアーカイブズを入手することを妨げるものである,と異議が出た.そのため,3月16日に外務省と軍部との間で協議が行われ,第3項(d)の規定は日本に適用されない旨を,第3項(e)に但書として書き加えることになった[166].これが上記の第2次案である.

　この日本に関する但書について,その後,各省から賛否両論が出された.外務省内にも但書に対する反対意見があり,同省極東部部長のアシュリー・クラークは,次のように海軍省の見解を批判し,代替案を示している[167].

　海軍省の意見は,日本大使館に立ち入れば何らかの重要なものが見つかる

---

166) 同上.
167) 同上,1944年3月23日挿入意見.

はずだという乱暴な楽観的憶測にもとづくものであり、それによって一般原則を崩すのは危険である。第2に、われわれは報復の権利を行使しているのだという主張が国際法上いかに強力であろうとも、そのような議論は日本人に対して何の実効性もなく、彼らはほぼ間違いなく、仕返しとして、まだ捜索していないわれわれのファイルをかき回すのみならず、東京の英国大使館その他のビルを接収し略奪を行うことになるだろう。以上の理由から、私は［第3項（e）の］最後の文章を、「日本の外交使節・領事機関の場合においても、それらの施設に立ち入ることによって何らかの真に重要な軍事上の利益が得られると信じるに足る極めて強い理由がない限り、貴官は一般原則を尊重するものとする」と変更すべきだと考える。

同じ外務省のウィリアム・E・ベケット法律顧問と目される人物[168]は、逆に日本アーカイブズの押収を容認する立場で、「クローソン委員会報告書に明らかなように、日本は多数の英国領事館からアーカイブズを押収している。北京の英国大使館アーカイブズも尊重しなかった。よって、ドイツの日本大使館・領事館アーカイブズを差し押さえるのなら、これは報復行為だということを世界に対して明言すべきだ」と報復論を強調している[169]。

このような報復論に対して、外務省のJ・M・トラウトベックJ. M. Troutbeckが、「日本の施設から重要なものが見つかる可能性はほとんどない。報復論は極めて軽薄である。われわれは最大の必要性があったにもかかわらず、ロンドンの敵国外交施設を侵害しなかったではないか」と、辛辣な批判を述べている[170]。

他の省庁からも、但書の挿入に否定的な意見が相次いだ。たとえば陸軍省民事局は、このような但書のもとで活動すると、「民政に対して偏見を持たれる恐れがある」という理由で、その削除が望ましいとした。また空軍省情報部の意見も、「もし外務省が［この件について］困惑を感じているのであれば、それを押して但書の挿入を強行しなければならないほど、日本のアーカイブズに価

---

168) 署名イニシャル（WEB）からの推定.
169) 前掲 "Draft German Armistice: Article 42" (FO371/40626/U2679/104/70), 1944年3月24日挿入意見.
170) 同上. 1944年3月26日挿入意見.

値があるとは思えない」というものだった[171]．

　但書の挿入に対する否定論，批判論が優勢なのを見て，海軍省は1944年4月4日に外務省に書簡を送り，今こそ有益な情報を入手できる絶好の機会と思われるときでさえ，外務省内になお，日本の外交施設への立入りを承認することは難しいという意見があることに失望している，と述べている．しかし海軍省は同時に，われわれが重要な成果を入手することができるチャンスは確かに投機的なものであり，外務省内の異論に強く反対するつもりはない，とも書いている[172]．やや明確さを欠く表現だが，但書部分の削除または外務省アシュリー・クラーク極東部長の代替案に，いやいやながら同意していると読める．

　しかし，但書の挿入にこだわる意見も続いた．陸軍省軍事情報局のA・A・モカッタ A. A. Mocatta から1944年4月18日付で伝えられた軍事情報局の見解は次の通りである[173]．

　　彼ら［陸軍省軍事情報局］は，外務省［の主流意見］が，日本による度重なる外交不可侵権の侵害に直面しているにもかかわらず，占領地域内の敵国の外交情報源から有益な軍事情報を入手できる可能性よりも，外交不可侵原則の維持をより重要なものとみなしていることを遺憾に思う．このように一方的な原則遵守は，過去において，常にわれわれに対する敵側の優勢をもたらしてきただけであった．今後も同様のことが続くことを疑う理由はない．しかし，占領地域の敵国外交情報源から入手できたかもしれない情報にどの程度の価値があるか，確かに問題があることは認めざるを得ない．大半のアーカイブズが廃棄されてしまうのは間違いなく，残り物にたいして価値がないことは明らかだろうからである．よって，この問題に関して外務省と論争するつもりはないが，陸軍省軍事情報局の見解は，概して海軍省のそれと軌を一にするものであることを知っておいていただきたい．

　陸軍省軍事情報局の主張はそれほど強硬ではないと見たのか，外務省は結局第2次案から日本在外公館に関する但書を削除し，ほぼ元の第1次案に近い案

171）　同上．
172）　同上．
173）　同上．

に戻して休戦協定条項及び民政委員会に再提出することを決めた．ところが，再提出の前に，もう一波乱あったようである．

外務省のトラウトベックによれば，陸軍省軍事情報局のモカッタから電話があり，駐英米国大使ジョン・ウィナント John Winant がヨーロッパ諮問委員会英国代表ウィリアム・ストゥラング William Strang に宛てた 4 月 24 日付書簡の中で，枢軸国側の外交施設の捜索と，発見された重要記録の複写を期待していると書いていることが明らかになったというのである[174]．これに力を得て，陸軍省の一部メンバーが議論を振出しに戻そうとしたため，改めて英国としての見解をどうまとめるのかが問われることになった．

このような状況を受けて外務省のトラウトベックが行った最終提案は，休戦協定条項及び民政委員会へは，予定通り第 2 次案から日本の在外公館に関する但書部分を削除した案を提出し，もし誰かがジョン・ウィナント駐英米国大使の考え方に呼応して反対したときは，「休戦戦後委員会」（Armistice Post-War Committee）に諮問する，というものであった．彼はまた，「もし外務省がこの提案内容で一致できないのであれば，ことはもはや大臣レベルの協議に委ねるしかない」とも述べている[175]．

「ドイツ休戦協定に関する連合国軍最高司令官への指令案」が最終的にどのようなものになったか，今のところ確認できていないが，いずれにしても，ドイツが無条件降伏し，休戦協定が結ばれなかったため，指令案は棚上げになったと思われる．しかしそれとは別に，ドイツ降伏 4 か月前の 1944 年末から 1945 年初めにかけて，連合国内で，改めてドイツ敗戦後のドイツ領内でアーカイブズの押収・査閲作戦を実施することが議論されており，作戦の最大目的は，対日戦争に役立つ極東情報の収集だとされている[176]．それを反映してのことだろう，このとき英国外務省が作成したターゲット・リストには，ベルリンの日本大使館が入っている[177]．

ベルリンは 1945 年 5 月 2 日に陥落するが，大島（浩）大使以下主な日本大使館員は，ドイツ政府の要請により，その直前にベルリンを脱出している．大使館施設は，ベルリンを占領したソ連軍によって差し押さえられたと見られる．5 月 8 日にドイツが降伏して，英米軍が進駐すると，ベルリンは連合国の英米

---

174) 同上．
175) 同上．

仏ソ4か国によって分割占領されることになり，日本大使館がある地域は英国占領区に編入される．

　これらの過程で，日本大使館や関係施設が，実際どのように捜索され，アーカイブズの調査や押収が行われたかについては，具体的な史料が確認できない．しかし，日本敗戦後の1946年5月3日付の英国外務省宛書簡で，対ドイツ・オーストリア中央事務所のE・W・プレイフェア E.W. Playfair は，「［日本大使館に］アーカイブズはない．ロシア人が一番乗りをして好機をいかし，それからわれわれが大使館を軍人宿舎として占拠したため，たいしたものは何も残っていない」と，ソ連軍がアーカイブズを押収した可能性を示唆している[178]．

　ただ，戦後日本国内で接収されて米国に送られ，1958年に米国から日本に返還された外務省文書の中に，少数ではあるが戦前の在ドイツ日本大使館文書が含まれていたことが知られている[179]．在外公館からの本国移管文書としてもともと外務省文書の一部であったか，あるいはソ連が押収文書を米国に移管し

---

176) 連合国側はドイツ領内で記録文書押収作戦を的確に遂行するため，ブラック・リストならびにグレー・リストと呼ばれる，ターゲットとなる機関のリストを作成している．ターゲット選定にあたっては英国外務省も候補リストを提出して検討に参加しているが，その問題をめぐって1944年12月22日に英国外務省と米国国務省「研究およびアーカイブズ班」主任パーキンス博士ならびに米国大使館統合情報目標物小委員会代表アリソンとの間で行われた会合の記録が残っている（"Germany: Intelligence Targets"［FO371/46708/C21/20/G18，英国国立公文書館］）．その中に次のような記述がある．「パーキンス博士は，対日戦争に関係する文書の重要性について注意を喚起した．われわれは，［英米］連合フィールド・チームが扱うあらゆる関連アーカイブズに対する第1段階の初期的調査の際に，極東に関する情報を最優先事項として含み込むべきこと，またその観点から情報利用がなされるべきことに合意した．私は，米国陸軍省が作成した新規提案リストは，すでにドイツ外務省文書中の対日戦争関係資料を含んでおり，これらの文書に対する彼らの査閲要求は，言うまでもなくターゲット機関に対するアカデミックな調査に優先すべきものである，と指摘した．われわれは引き続きアーカイブズを本来あるべき場所に保存すべき問題について討議した．パーキンス博士は，アーカイブズが聖域であることに原則として同意したが，（中略）われわれは，アーカイブズ問題に関する連合国遠征軍最高司令官への指令案の趣旨について討議し，すべてのアーカイブズを本来あるべき場所に残せという絶対命令はないけれども，不可侵の原則が記載されていることに留意した」．なお，ここにいう「［英米］連合フィールド・チーム」は，連合国軍「史跡・美術品・アーカイブズ部」（MFAA）のことだと思われる．MFAAについては，本書第2巻第5章で検討する．

177) "Black List"（FO371/46708/C210/20/G18）（英国国立公文書館）．在ベルリン日本大使館の捜索目的は「大使館のすべての文書を捜査し，とくに日本の軍事組織や軍事作戦に関する文書を探すこと」とされている．

178) "Japanese diplomatic and consular archives and property in Germany"（FO371/54123/F6786/40/23）（英国国立公文書館）．

179) 石本理彩「外務省文書及び図書の疎開・焼却・接収・返還」（『レコード・マネジメント』No. 81, 2021年12月），21頁ならびに29頁注65．

た可能性もないではないが，おそらく英軍か米軍が，日本大使館アーカイブズの一部を独自に入手し，米国に送ったものであろう．

一方，英国は日本大使館旧蔵図書の押収に深く関わっている．英国外務省が1946年3月13日付で対ドイツ・オーストリア中央事務所のH・ウィルバホース H. Wilberforce に宛てて送った通知によると，ベルリンの旧日本大使館図書室は1945年8月末に疎開させられ，現在はラインの英国陸軍 G.S.I. 図書館の管轄下にあるという[180]．そして，「もしこれが英国占領区域にあるとみなされ，かつ［占領4か国が自己の占領地域に存在する日本の公有財産ならびにアーカイブズを単独で管理するという］単独管理論が合意されるならば，われわれは［ベルリン日本大使館の］蔵書に対する独占的管理権を得ることになる」としている．

これらの図書について，先に引用した対ドイツ・オーストリア中央事務所員プレイフェアの5月3日付書簡も，次のように書いている（一部要約）[181]．

　　［ベルリンの日本大使館旧蔵］図書について，追加情報を得た．80％は今なおバードオインハウゼンの情報局ドキュメント・センターにある．量は約2万冊で，政治的経済的に格別貴重なものではない．残りの20％（これは貴重な資料を含むと思われる）は情報局の世話で移動させられ，ロンドン大学東洋学院とスラブ学院に分割して入った．［入手を希望していた］ケンブリッジ大学は船に乗り遅れたと考えられる．

5. 考察とまとめ

古今東西を問わず，国際的な武力紛争，とくに近代の戦争において，交戦国はほぼ例外なく敵国在外公館を捜索し，その文書やアーカイブズを押収した．その主たる理由は，ドイツ休戦協定に伴う連合国軍最高司令官への指令案をめぐる1944年の議論の際に，英国陸軍省軍事情報局のモカッタが述べたことばを借りれば，「敵国の外交情報源から有益な軍事情報を入手できる可能性」に

---

180)　"Disposal of Japanese official archives and property in post abroad"（FO371/54120/F2411/40/23）（英国国立公文書館）．

181)　"Japanese diplomatic and consular archives and property in Germany"（FO371/54123/F6786/40/23）（英国国立公文書館）．

あったに違いない．ただ，狭い意味での軍事情報だけでなく，戦時外交を有利に進めるための敵国外政情報をはじめ，敵産接収に役立つ動産・不動産情報や，占領行政実施に必要な民事情報の獲得などを目的とした場合もあっただろうと思われる．しかし，在外公館は国際法や国際慣例によって保護されており，交戦国は基本的にそれを尊重すべき立場にあった．

本章の目的は，第二次世界大戦期に日本と英国との間に繰り広げられた，在外公館文書の捜索・押収をめぐる確執に焦点を当て，戦争という歴史的現実の中で，アーカイブズをめぐる国際法や国際慣例が，どのように機能したのか，またはしなかったのかを，具体的に検証することにあった．本来ならば，日本側の史料や，日英両国の利益代表国として両者を仲介した中立国の史料をも入念に検討する必要があるが，史料上および調査上の制約から，英国国立公文書館の所蔵記録を中心に分析を行うことになった．そのため，事例の提示などに若干の偏りが生じたことは否めない．そのような限界はあるが，以下，まとめの考察を行いたい．

5.1 国際法と国際慣例の発展段階

考察を始める前に，武力紛争時における在外公館アーカイブズの取扱いをめぐる国際法と国際慣例が，第二次世界大戦期にどのような段階にまで達していたのかを，第1章の成果にもとづいて，いま一度確認しておきたい．

第二次世界大戦期に効力を持っていた成文化された戦時国際法は，1907年ハーグ陸戦条約であり，①占領地における敵国国有動産の条件付き没収権と，公共建築物等の国有不動産の管理・用益権，②軍事目的に直接使用可能なものを除く私有財産の押収禁止，③公私を問わず，宗教・慈善・学術・文化施設の押収禁止と，収蔵される学術・芸術作品や歴史的記念物の保全義務などを定めていた．連合国側と枢軸国側の主要交戦国は，いずれも1907年ハーグ陸戦条約の批准国であり，軍事占領地にあってはこのハーグ陸戦条約を根拠に，また自国領内にあっては，対敵通商法や敵産管理法などの国内法令にもとづいて，敵国公私有財産の押収，没収を行った．

大使館，公使館，領事館等の在外公館施設と，アーカイブズを含むその財産は，法的には敵国国有財産の一部であり，その取扱いにあたっては，基本的に他の国有財産と同じく，1907年ハーグ陸戦条約と，それぞれの戦時国内法規

が適用されたと見られる．ただ，ハーグ陸戦条約のポイント③としてあげた，学術・文化施設やその収蔵物の押収禁止，保全義務についていえば，公文書館をはじめとする公私のアーカイブズ施設と所蔵するアーカイブズ資料は，当然その対象に含まれるものの，本章でとりあげた具体例を見る限り，この規定を在外公館アーカイブズに適用したり，関連づけて議論したりした例は見当たらない．開戦前に古い時期の在外公館アーカイブズを「歴史的記録」として本国に移送した事例はあるが，在外公館アーカイブズは，外交に関する公文書，すなわち国有財産としての性格が，取扱いの基本であったと考えてよい．

ちなみに，ハーグ陸戦条約の改正を目指した 1923 年の「ベロット規則」は，学術・芸術作品や歴史的記念物の保全義務条項に，新たな対象物として「アーカイブズまたは公文書」（archives or public documents）を加えている．第二次世界大戦時にこれが成文化されていたとしたら，在外公館アーカイブズの取扱いにあたっても，無視できない条項になっていたであろう．

在外公館の場合，実際に大きな影響力を持ったのは，外交に関する国際慣例，すなわち成文化されていない国際慣習法であった．武力紛争時における在外公館施設と，アーカイブズを含む在外公館財産の取扱いについて，国際慣習法の諸原則を初めて成文化したのは，1961 年の外交関係に関するウィーン条約と 1963 年の領事関係に関するウィーン条約であった．外交関係に関するウィーン条約は，第 22 条（公館の不可侵）のほか，第 24 条（アーカイブズの不可侵）を単独条項として設け，加えて，第 45 条（外交関係断絶または使節団召還の場合における接受国または第三国による派遣国の利益保護）の (a) 項で，「武力紛争が生じたときにおいても，使節団の公館ならびに使節団の財産およびアーカイブズを尊重し，かつ保護しなければならない」とするなど，在外公館アーカイブズに対する保護を手厚く規定している．また領事関係に関するウィーン条約も，公館とアーカイブズの不可侵原則，ならびに，武力紛争等による外交関係断絶時の公館・アーカイブズ尊重義務について，ほとんど同文の規定を設けている．

第 1 章で詳しく見たように，外交関係に関する国際条約の成文化は，19 世紀後半から具体的な提案が始まり，1920 年代から 1930 年代にかけての戦間期には，国際連盟をはじめとする多くの機関，団体，個人の手で，諸種の条文案が作成された．その大部分は，外交使節とその公館，ならびに外交使節が保有する財産とアーカイブズについて，平時における不可侵権と外交関係断絶時にお

ける尊重・保護義務を定めており，国際慣習法としての水準は，1961年外交関係に関するウィーン条約に劣らないレベルに達していたと考えられる．

5.2 在外公館文書をめぐる日英確執の性格

本章でとりあげた，日英両国による相手国在外公館の捜索やアーカイブズ押収と，それをめぐる確執の事例について，改めて戦時国際法や国際慣習法との関連を考察したい．その際，次の3つの分析軸を念頭に置くことが有効と思われる．第1に時期，すなわち事案の発生時期が，アジア太平洋戦争の開戦前か開戦後か，また開戦後の場合，外交使節や領事官が国外に退去する前か後か，という時期による違いの問題である．第2に場所，すなわち事案が発生した在外公館の場所が，相手国の国内ないし植民地等の領土内か，あるいは相手国の軍事占領地内か，という場所の違いの問題である．第3にステイタス，すなわち事案が発生した在外公館が，外交使節（大使館，公使館）か，それとも領事機関（総領事館，領事館）か，という公館のステイタスの違いの問題である．

5.2.1 開戦前の日英確執

開戦前にも，在外公館アーカイブズをめぐる日英両国の確執がうかがえるケースが，いくつか存在した．時系列で列挙すると，① 1940年10月に，東京の英国大使館のアーカイブズがカナダに避難移送された際，ジャーナリストの個人資料を紛れ込ませた件，② 1941年7月に，大阪の英国総領事館が，日本官憲による違法な公館侵入とアーカイブズ押収があったと疑って，調査を要求した件，そして③ 1941年11月に，在香港日本総領事館が大量のアーカイブズを東京に移送しようとして，香港政庁が内容に疑念を抱き，東京の英国大使館を通じて日本政府に確認を求めてきた件である．②の事件は，事実とすれば，在外公館とアーカイブズの不可侵権を認めた国際慣例に明らかに違反するので，日本側は否定しているが，この時期，国内の英国在外公館に対しては，日本官憲による監視活動が行われており，同様の事件が発生する可能性は，どの公館にもあったと推察される．

①と③の事例は，日英両国間の外交関係悪化を背景に，両国が在外公館文書の計画的な海外避難を実行していたことを示している．その際も，在外公館文書を不可侵とする国際慣例の原則は一応守られていたように見える．しかし，

日英双方が一方で通商規制や情報管理のため，相手国在外公館からの国外移送品に対して厳しい監視を行いつつ，他方で相手国側の監視をかいくぐって重要記録の避難を進めていた様子も看取できる．

5.2.2 開戦後の不可侵権

開戦後における在外公館施設とアーカイブズの取扱いをめぐる問題の中で，国際法や国際慣例との関わりが深いのは，不可侵権が開戦後どの時点まで継続して認められるのかという問題と，利益保護国への財産委託の問題の2つである．

前者の問題について，改めて当時の国際慣例の考え方を確認しておくと，たとえば，1961年外交関係に関するウィーン条約の下敷きのひとつになったと思われる1932年発表のハーバード国際法研究会条約案は，第7条「廃止された使節団の施設とアーカイブズの保護」の第1項で，「使節団が引揚げまたは廃止されたときは，接受国は使節団のアーカイブズならびに，派遣国がその任務を果たす目的で保有している施設および財産における派遣国の権益を尊重し，これを保護するものとする」と規定している[182]．ここでは，平時の公館施設やアーカイブズに付帯するとされる「不可侵」の用語が使われず，「尊重し，これを保護する」義務に変化している．すなわち，公館施設やアーカイブズが有する不可侵権は，「使節団が引揚げまたは廃止されたとき」以降は継続されない，ということになる．それと同時に，はっきりと明記してはいないが，宣戦布告等によって外交関係が断絶しても不可侵権は直ちに消滅せず，使節団の退去や廃止までは継続される，ということをも意味していることになる．この点は，1942年の日タイ両国によるバンコク英国公使館占拠事件の際，国際法学者の学説を調査した英国外務省が，「外交使節とその随行員は，外交関係断絶後も彼ならびに彼のスタッフが接受国を離れるまでの間は不可侵権を有しているという点について，［国際法学者の］考えが一致している」と結論づけたことと符合する．ちなみに，1961年のウィーン条約では，不可侵権が停止される時期は前倒しされ，武力紛争等による外交関係断絶時となっている．

さてアジア太平洋戦争開戦直後，日本の官憲は，国内，植民地，占領地を問

---

182) 本書第1章「3.1.1　1961年外交関係に関するウィーン条約以前の状況」参照．

わず，ほぼ例外なく英国在外公館の封鎖や捜索を行っている．その際，その行為が不可侵権の侵害にあたるとの批判を避けるため，多くの場合，ハーグ陸戦条約が軍事目的に直接使用可能な敵国国有動産の没収を認めていることを盾に，無線通信機などの捜索を口実にしている．この点は英国側も同様で，シンガポールの日本総領事館などで，本国政府の指示のもと，無線機の捜索を口実に捜索を行ったことが知られている．

実際には，無線通信機のような軍事目的に使用される可能性の高いもの以外の物品やアーカイブズを押収したり，特別に高い不可侵性が認められている記録保管庫に侵入したりすることも少なくなかった．その場合は，日本が汕頭の英国領事館で実行したように，相手側に気づかれないような方法で秘密裏に行動するか，英国政府がシンガポールの海峡植民地政庁に指示したように，もし行為が露見したときは，あくまで事実を否定するのが常であったと見られる．

以上，開戦直後のケースでは，日英両国とも，在外公館の不可侵権が持続しているとの認識を持っており，その立場から相手側の行為を不可侵権の侵害として抗議し，非難し合ったと見ることができる．

5.2.3　外交使節退去後の不可侵権

開戦後一定の期間を経て，外交使節が退去したあとに発生した事件では，不可侵権の継続性の問題が，しばしば議論の種として表面化している．

1942年にバンコクの英国公使が帰国した後，タイ国と日本の官憲が公使館に侵入し，施設を占拠した事件では，この点について，英国外務省と日タイ両国との間で議論が交わされた．詳しくは繰り返さないが，英国側の抗議に対し，タイ国政府は国際法の権威者たちの著作を引用し，外交使節退去後の在外公館には不可侵権がないことを主張した．これに対し，英国外務省も国際法学者の学説や第一次世界大戦時の事例を検討している．その結果，「外交関係が断絶して外交使節団が当該国から退去した後，その外交施設や施設内にあるものの不可侵権を保障する国際法上の明確なルールはない」という結論に達し，この点に関してはタイ国の主張を認めている．英国外務省の結論は，先に示した1932年のハーバード国際法研究会による外交関係に関する国際条約案とも一致し，これが当時の国際慣習法の一般的な考え方だったと思われる．

外交使節が，国外ではないが，在外公館から退去した後の事件としては，

1943年4月から5月にかけ，北京の英国大使館から日本の官憲がほとんどすべてのアーカイブズを持ち去った事件がある．このときは，アーカイブズの押収と調査，査閲が主な問題だったため，英国政府も直ちに抗議しているが，米国政府からも，日本が中国占領地各地の敵国公館アーカイブズをどのような方針で取り扱っているか，厳しい糾問が寄せられた．そのやりとりの過程で明らかになった日本政府の主張は，第1に，敵国在外公館アーカイブズを利益保護国に引き渡す前に査閲することは，国際法上違法でないこと，第2に，日本は敵国在外公館アーカイブズを尊重するが，それは国際法上のルールよりも日本の意思にもとづく特別な慈善行為であり，よって利益代表国の職権は日本の権限のもとに置かれるべきこと，の2点であった．

　2点目の主張については，次項で触れるので，ここでは1点目に絞って考えるが，まずこの主張から，北京の英国大使館アーカイブズは，1943年4月の時点でもなお日本の管理下にあり，利益保護国のスイスへの引渡しが行われていなかったことがわかる．アーカイブズを利益代表国に引き渡す前に査閲することは国際法上違法でないとする主張については，その根拠を明示していないが，あえて推察すれば，外交使節退去後の在外公館アーカイブズについて，国際慣習法はその尊重と保護を求めているものの，調査や査閲を禁じているわけではない，ということであろうか．

　これに対する英国政府の反論も，やや明瞭さを欠くものであった．英国政府は，「アーカイブズは国際法上ならびに国際慣例のもとで，過去も現在も不可侵権を与えられている」と不可侵権を強調してはいるが，バンコク公使館の一件で，外交使節退去後は不可侵権が継続されないことを確認した以上，今回の日本側の行為を不可侵権の侵害と非難することはできないと判断したのであろう．論点を大使館員が退去する前の仮定の話に移し，もしその時点で日本側がアーカイブズの調査や査閲を行ったとすれば，それは「合法であったと認めることはできない」と，やや的外れな主張を述べている．その上で，今回の行動そのものについては，「かかる調査は，利益保護国代表が立ち会っていようといまいと，外交アーカイブズならびに外交文書に付帯する秘密性に対する深刻な侵害にあたる」と，不可侵権という表現を慎重に避けながら，一般的な非難を行うにとどめている．戦時下における敵国在外公館アーカイブズの取扱いをめぐる確執が，国際法や国際慣例の存在を背景に，極めて複雑な議論を伴って

展開していたことを示す事例である．

5.2.4 利益保護国への委託

次に利益保護国への委託については，委託義務の存否や利益保護国の権限をめぐって，日英両国が確執を繰り広げている．

日本の官憲が，開戦直後，上海租界を占領して英国大使館と領事館を管理下に置いたケースでは，英国利益保護国であるスイスの総領事に対し，英国本国，オーストラリア，英連邦自治領等の日本在外公館アーカイブズがスイス代表に委託されたことが確認できるまで，上海の英国大使館・領事館アーカイブズの引渡しに応じないと通告した．これに対し，英国外務省内の強硬派は，日本の行為は，「すべての敵国公館アーカイブズを無傷のまま速やかに利益保護国に移管することを求めている国際慣例」に違反するとして，直ちに抗議することを主張した．しかし，この認識は必ずしも正確なものとは言えなかった．当時の国際慣例では，たとえば，1932年ハーバード国際法研究会国際条約案が，外交関係断絶の場合，派遣国は第三国に対し使節団の公館，財産およびアーカイブズの「管理を委託することができる」としているように，委託は派遣国の権利ではあるが，接受国の義務ではなかったと見られるからである．占領地においても，原則は同じであったと考えられる．ちなみに，1961年外交関係に関するウィーン条約でも，この方針は基本的に踏襲されている．

また，英国外務省内には，利益保護国への委託問題で日本に抗議すれば，ロンドンをはじめ各所で日本在外公館の施設とアーカイブズを管理下に置いたままにしている英国自身に，批判の矛先が返ってくるという意見も根強くあり，結局，日本への抗議は見送られている．

在外公館施設やアーカイブズの利益保護国への委託は，派遣国の権利であるとはいえ，あくまで任意で行われたため，委託を受ける利益保護国の権限は，必ずしも強固なものではなかったと考えられる．そのためもあろう，日本は自国領内と占領地内のいずれかを問わず，利益保護国の活動に厳しい姿勢をとることが多かった．その最も極端化した施策が，香港を含む南方の日本軍占領地域内における利益保護国の活動を事実上禁止した，1942年1月の「占領地軍政実施ニ伴フ第三国権益処理要綱」であった．

先の1943年の北京英国大使館アーカイブズ押収問題で，日本側が利益保護

国への委託を日本の意思による慈善行為とし，利益保護国の職権は日本の権限のもとに置かれると主張したことも，そのような施策の延長線上でとらえることができよう．

5.2.5 領土内と占領地内

一般に，軍事占領地における敵国財産や敵国国民に対する占領国の権限は，軍が占領行政の中心になるためもあって，自国領土内におけるそれよりも強大かつ暴力的になる傾向がある．1907年ハーグ陸戦条約やその後の国際慣習法は，占領国の無制限な権力行使を制約し，占領地域の敵国財産や敵国民を保護する上で，大きな拠り所となった．

戦時における在外公館施設とアーカイブズの取扱いに関していえば，自国領内の敵国在外公館と軍事占領地内の敵国在外公館との間に，国際法ないし国際慣習法上，それほど明確な区別が設けられていたとは認められない．しかし実際には，一般の敵産管理の場合と同様，占領地内の敵国在外公館の方が自国領内のそれよりも外交特権を軽視される傾向があったことは否めない．

一例として，上海の英国公館アーカイブズのスイス移管をめぐって日英両国の間で確執が繰り広げられたとき，日本政府が「上海は軍事征服地なので（中略）東京で行ったように領事館アーカイブズを尊重する義務はない」という見解を示したことがあげられる．

サイゴンの英国領事館アーカイブズが押収された事件でも，英国外務省は，日本側が「軍事占領地域の領事館アーカイブズの尊重をうたった国際法や国際慣例は存在しない」と主張することを予想し，それに対処するため，あらかじめクローソン委員会や外務省図書館の調査資料をもとに，国際慣例や過去の事例を検討している．その結果，同省は「敵国占領地内の領事館アーカイブズは，敵本国内の領事館アーカイブズと同様の不可侵権が国際慣例上認められており，報復措置として行う場合に限り，その押収が容認される」という結論に達し，日本政府への抗議を行っている．例外を設けたのは，英国自身が，アイスランドやイタリア領東アフリカで，ドイツへの報復措置としてドイツ領事館のアーカイブズを押収したことを正当化するためであった．抗議に対する日本側の対応は明らかでない．

しかしながら，日英いずれの国とも，相手国の大使が駐在する首都の大使館

を第一として，本国や植民地内に置かれた敵国在外公館を，占領地の敵国在外公館よりも尊重する傾向にあったことは事実である．英国外務省がシンガポールの海峡植民地総督に日本総領事館の捜索を許可した際，日本が東京の英国大使館を捜索したことの重大性を指摘し，それに対する報復を理由にあげたことは，その一例である．その際，英国外務省は，「自国領内での敵国アーカイブズ捜索と，インドシナのように侵略を受けた国での捜索との間には，明確な区別が存する」と述べ，シンガポールのような自国領内での敵国アーカイブズの捜索は，国際法や国際慣例に鑑みて，より正当性に欠ける，とも述べている．

5.2.6 外交使節機関と領事機関

正規の外交使節である大使，公使と，そうでない領事との間には，いうまでもなく外交機能上の区別があるが，公館ならびにそのアーカイブズの取扱いに関しては，国際法上，両者に明確な差はないと考えられる．

第1章で見たように，1932年ハーバード国際法研究会の国際条約案「外交特権と免除」は，外交使節公館とアーカイブズの不可侵権について定めているが，それとは別に「領事の法的位置と機能」と題する条約案が作成され，領事館オフィスと領事館アーカイブズの不可侵権が規定された[183]．両者に大きな違いはなく，これが当時の国際慣習法の標準的な考え方と見られる．この考え方は，のちに1961年外交関係に関するウィーン条約と1963年領事関係に関するウィーン条約に反映されている．

英国外務省も1938年3月，ドイツのオーストリア併合に伴うウィーンの英国公使館閉鎖の際，公使館アーカイブズを同地英国領事の管轄下に移すため，改めて領事館アーカイブズの国際法上の位置づけについて，詳細な検討を行っている．その結果，領事館アーカイブズも大使館や公使館のアーカイブズと同様に不可侵権を認められており，公使館アーカイブズを領事の管轄下に移しても問題はないとの結論を得ている．

対日戦争下では，1942年のサイゴンの英国領事館アーカイブズ押収問題で，日本に抗議を行うため，英国外務省は改めて第一次世界大戦時も含めた先例調査を実施し，国際慣例上，領事館アーカイブズが不可侵権を有することを確認

---

[183] 本書第1章「3.1.1 1961年外交関係に関するウィーン条約以前の状況」参照．

している．

　日本側が，この件に関して国際慣例や先例を調査したり，何らかの見解を示したりした事実は確認していない．しかし，「上海は軍事征服地なので（中略）領事館アーカイブズを尊重する義務はない」と言明したり，実際，上海だけでなく中国，東南アジア各地の占領地で盛んに領事館アーカイブズの捜索や押収を実施したりしているところを見ると，単に軍事占領地であることだけが要因ではなく，領事館施設と領事館アーカイブズに対する軽視姿勢が反映しているのではないかと推測せざるを得ない．

6. おわりに

　在外公館アーカイブズをめぐる，第二次世界大戦期の日英の確執の分析から，外交関係に占める文書・記録の役割の大きさと，それゆえに各国が在外公館アーカイブズの保存に力を注いできた様子がうかがえた．そして，在外公館アーカイブズの保護のために，国際社会が早くから議論を重ね，第二次世界大戦期にはすでに高い水準の国際慣習法が成立していたことが判明した．また，日英両国がそれについて，十分な認識を持っていたことも確認された．しかしそれにもかかわらず，戦争の現実の中では，軍事上の要請が優先されて，しばしば国際法や国際慣例を侵害する事態が発生し，抗議と非難の応酬が繰り返された．また，報復措置という名目が違法行為の正当化に使われる場合も少なくなかった．

　在外公館の文書・記録は，外交の証として国家アーカイブズの重要な一部を構成するが，在留国民の活動に深く関係するという点も含めて，国民の共有財産であることに変わりはない．しかし本国を遠く離れた外国領土内で，また地球上の各地で発生し，蓄積されるという特性を持っているため，アーカイブズとして保存し，共有していくためには，本国内で作成・蓄積される公文書とは異なる特別なシステムが必要である．英国はすでに19世紀以来，国立公文書館（Public Record Office）のもとでそのシステムを構築していたが，日本の場合も国民共有財産としてのアーカイブズという考え方はなかったにせよ，外務省記録管理制度の一部として，永久保存文書の選別や本国移送などを計画的に行っていたはずである．本来ならその点を詳述した上でなければ，第二次世界大

戦期の日英確執が在外公館文書の残存状況にもたらした影響をアーカイブズ史的観点から正確に論じることは難しい．そのような限界はあるが，本章で紹介した多くの事例から，在外公館アーカイブズが戦争によって蒙った被害の一端は明らかになったと思う．一方で，国際法・国際慣例が在外公館アーカイブズを守った側面もあることは確認しておかなければならない．

　日本の在外公館アーカイブズに関していえば，日本敗戦時も，在外公館が自らこれを処分したり，連合国側に押収されたりするなど，アーカイブズ史的に看過できない重大な事態が発生している．これについては，本書第2巻第6章で検討する．

第3章

1940年上海土地記録問題をめぐる日本と欧米諸国

1. はじめに

　1937年8月13日の第二次上海事変勃発後，日本軍は11月11日に上海を占領し，上海市政府は上海からの撤退を余儀なくされた．撤退にあたり，同市政府土地局は，上海市の土地行政記録312箱を上海共同租界工部局に預託した．のちに日本の影響下で作られた上海特別市政府は，工部局に対し土地記録の引渡しを要求し，この問題をめぐって，上海共同租界を舞台に，日本と欧米諸国，とりわけ英米両国との間で，1940年をピークに，激しい確執が繰り広げられた．この紛争は工部局が要求に応じ，1940年7月に収束している．本章では，ピークの年をとってこれを「1940年上海土地記録問題」と呼びたい．

　上海共同租界は，日本と欧米諸国ならびに中国が，直接対峙しつつ外交的な共存関係を維持している特殊な社会であった[1]．1937年11月の日本軍による上海占領後，租界は「孤島」化し日本の影響力が強まるが，工部局参事会[2]と上海領事団[3]を中心にした行政機能は持続しており，国際的な共同租界としての体裁は保たれていた．そのような場で，アジア太平洋戦争前夜の時期に，土

---

1) 上海は19世紀以来3つのエリアに分けられ，それぞれ独立した行政機構を持っていた．すなわち，工部局参事会（董事会）が管轄する英米租界中心の共同租界，フランス総領事のもとで公董局が管理するフランス租界，それに上海市当局が行政を担当する中国人エリアの3つである．なお，戦時期上海の歴史については，以下を参照した．高橋孝助・古厩忠夫編『上海史──巨大都市の形成と人々の営み』（東方書店，1995年）；Goto-Shibata, Harumi, *Japan and Britain in Shanghai, 1925-31*（St. Martin's Press, Inc., Basingstoke, 1995）[邦訳：後藤春美『上海をめぐる日英関係 1925-1932年──日英同盟後の協調と対抗』東京大学出版会，2006年]；Wen-hsin Yeh, ed., *Wartime Shanghai*（Routledge, 1998）；熊月之主編『上海通史』第7巻「民国政治」（上海人民出版社，1999年），高綱博文編著『戦時上海──1937～45年』（研文出版，2005年）．
2) Shanghai Municipal Council. 中国語で工部局董事会．本章では工部局参事会と表記．
3) Consular Body. 中国語でも領事団．

地記録の取扱いをめぐって比較的大きな国際的・政治的紛争が繰り広げられたことは極めて興味深い．

上海土地記録問題の直接的な発生要因は，日本軍の占領行政，とりわけ敵産管理問題を含む土地行政の中にあると推察されるが，そのほか，アーカイブズ史的な分析においては，以下のような観点が必要だろう．

第1に，この問題は，上海市という一地方政府が舞台ではあるが，戦時における政権交代に伴う，行政アーカイブズの承継権の問題である．また，当該記録は市外や国外に流出したわけではないが，上海共同租界という，いわば「内なる外国」に預託された旧政権のアーカイブズに対し，新政権が承継権を主張して引渡しを求めた事件であり，国外流出文書をめぐって本来の所有国ないしその継承国が返還要求を行うアーカイバル・クレームと性質が類似している[4]．

第1章で見たように，国外流出文書に対するアーカイバル・クレームをはじめ，アーカイブズの国家承継の問題は，戦後における国際法上の大きな課題となり，1983年の「国家財産，アーカイブズ，負債についての国家承継に関する条約」制定によって，一応の決着を見た．上海土地記録問題は，もちろんこれとはレベルが異なるが，国家間の戦争に起因する政権交代に端を発し，複数の国が関わって行政記録の保有権を争っている点から見て，国家間のアーカイバル・クレーム問題，あるいはアーカイブズの国家承継問題に準ずる事件と見ることができると考え．その観点から，国際法や国際慣例との関連や，この事件が中国各地で頻発したであろう他の類似事件に与えた影響についても，関心を払う必要があろう．

第2に，争いの種となった土地記録そのものの象徴的性格の問題がある．当時の上海において，土地記録は二重の意味で重要であった．ひとつは，いうまでもないことだが，土地証書や土地登記簿などの文書・記録は，土地の売買や所有権の確認など，通常の土地手続きを遂行するのに不可欠な基幹的公文書であった．それに加え，上海では当時，土地記録は証書発行権に付随する「名声や権威の源泉」[5]として，社会的権力の象徴とみなされていた．それのみならず，

---

4) 「アーカイバル・クレーム」については，第1章「3.2.1 国外流出文書の返還問題をめぐるユネスコ事務局長報告書（1978年）」を参照のこと．

5) "Minutes", in: "Shanghai Municipal Council: Land Archives" (FO371/24683/ F3367/162/10)（英国国立公文書館）．

土地取引に関与する富裕層は，記録業務を通じて莫大な収入をも得ており，腐敗の温床ともなっていたという[6]．これは，ある意味で，公権力による土地支配が不安定な社会によく見られる現象といえるが，当時の上海でも，誰が土地記録をコントロールするかが，極めて重要な政治的問題であったに違いない．日本が土地記録の引渡しにこだわって，英米その他の国々と確執を繰り広げた理由のひとつをそこに見ることは，仮説として十分に可能である．

第3に，日中戦争期の上海や天津の租界では，日本と欧米各国ならびに中国が，さまざまな政治的・外交的問題をめぐって確執を繰り広げていた．たとえば，いずれも後で触れるが，上海における警察権や裁判権の問題，天津における治安問題や現銀問題などである．とくに日本は，軍事的圧力をバックに，これらの問題を戦略的に利用して，中国での政治的・経済的影響力を高めようとしていた．アーカイブズ史研究を目的とする本書では，この点に深く踏み込むことはできないが，土地記録引渡し問題をそのような政治的・外交的諸問題との関連の中で広くとらえる視点を持つことは重要であろう．

2. 上海土地記録問題の発生

2.1 上海の土地行政と土地記録

本論に入る前に，上海における土地行政と土地記録について，ごく簡単に概略を見ておきたい．

まず，興亜院華中連絡部が1942年に作成した『上海地区ニ於ケル土地制度』が記すところによれば，清朝統治期末期から日中戦争勃発時頃までの上海の土地制度は，おおむね次のような状況であった[7]．

(1) 清朝統治期の土地制度は複雑を極め，官公署が発給した「地券」は，「田単」「方単」「代単」「印諭」「県照」「部照」など10種以上に及んでいたという．加えて，地券の記載内容には不正確なものが多く，そのため土

---

[6] 同上．
[7] 興亜院華中連絡部『上海地区ニ於ケル土地制度』(『興亜華中資料』437号，1942年)，2-11頁．なお上海の土地制度については，費成康『中国租界史』(上海社会科学出版社，1991年)，86-114頁を参照した．ほかに関連文献として，アーサー・ソーファー，セオドア・ソーファー(英修道抄訳)『上海に於ける不動産事情』(上海恒産股份有限公司，1943年)がある．

地をめぐる紛争が頻発した．

(2) しかるに，当時の上海には「土地行政ヲ司ル統一機関ナキタメ，人民ハ何処ニ問題ノ解決ヲ依存ス可キカニ悩ミ」，しかも「行政機関自体モ亦業務ノ発展ノミニ没頭シ土地紛争問題整理ニ関シ余リニ無関心ナリシ」状況であった．そのため，土地行政の不備に乗じて「土地ノ事情ニ通スル者」が「土地代弁者」として暗躍し，「虚偽ノ証拠ヲ真実ノモノトナシ」て「他人ノ土地迄モ掠奪」するなど，「利欲主義者」の策謀による弊害が甚大であった．

(3) 国民政府成立後の民国 17 年（1928 年）に設置された上海市土地局は，「各種ノ地政機関ヲ統一シ」，全市の複雑な「旧地券」を整理するため，「区」を設置して土地測量を開始，新たな土地台帳の作成に着手した．そして，測量が完了した土地については，「土地執業証」と称する「新地券」を発行し，旧地券との交換を進めた．

(4) しかし，手続きの複雑さもあって事業は進まず，「偽者ト共方シ金利ヲ漁ル」土地代弁業者や，「誘惑ニノリ不正ナル行為ヲナス」行政職員が跡を絶たず，その結果，「一般支那人ノ不動産ニ対スル観念ハ財物保管ノタメ強者依存的トナリ，利己主義者的観念ニ引キヅラレ」る傾向がさらに進んだ．（ママ）

(5) 外国人が租界内で土地を購入した場合は，「其ノ所属セル領事館ヲ通ジ土地局ニ登記シ」，土地局から「永租契」と称する地券の交付を受けた．この地券は，清朝末期には上海道台に申請して発給を受けたため，1930 年に永租契と改称されるまでは「道契」と呼ばれた．

(6) 土地登記法は，国民政府によって初めて制定布告されたが，前上海市政府が「之ヲ実施セントセル時，日支事変ノ為メ中止ノ侭，現在ニ至」っている．

(7) なお，共同租界の外国人所有地に対しては，工部局が「永租契税」徴収権を持ち，「三年毎ニ土地委員会ニ於テ租界内ノ永租契土地ノ評価ヲナシ之ヲ発表．其ノ評価格ノ千分ノ七ヲ年二回徴収」していた．しかし，1932 年の第一次上海事変後，地価が暴落したため，1933 年を最後に評価額の発表は行われておらず，「永租契税収入ノ激減ハ工部局財政ノ欠陥」を露呈している．

第3章　1940年上海土地記録問題をめぐる日本と欧米諸国　　269

　なお，後に触れるが，上海駐在英国総領事 A・H・ジョージ A. H. George の 1940 年 6 月 21 日付書簡[8]によれば，1930 年に工部局参事会と上海市政府の間で，土地登記システムが非公式に合意されたとされている．詳しいことはわからないが，上記（5）にあるように，1930 年には外国人所有地に対して発給される地券の名称が「道契」から「永租契」に変更されているので，この年に外国人所有地の登記システムに関し，大掛かりな変更，整備が行われたと考えられる．

　上海市土地局は，『上海地区ニ於ケル土地制度』によれば，1937 年 4 月 1 日に「地政局」と改称されるが[9]，新旧地券の交換は「今事変ノタメ一時中止」となり，その後「現在市政府ニ於テハ是ヲ踏襲シ交換シツツアリ」ということである．この記述は，1937 年の日中戦争勃発に伴う上海市土地局記録の工部局預託によって，土地行政が中断し，1940 年 7 月の記録「返還」により，日本占領下で成立した上海特別市が土地行政を再開したことを意味している．

　以上の経緯から考えて，1937 年 11 月の上海からの撤退時，上海市政府土地局のもとには，土地測量，登記申請，所有権者確認，登記簿調製，旧地券の回収と新地券の発行など，租界を含む全市の地籍整理事業に伴う一連の書類や帳簿など，数多くの土地行政文書が保管されていたはずであり，これらが 312 箱のケースに梱包されて共同租界工部局に預託されたと考えられる．

　工部局に預託された 312 箱の上海市政府土地局記録が，実際どのような内容のものであったかについては，1940 年に記録の引渡しを受けた上海特別市が，「臨時档案整理処」を設置して作成した 83 冊に及ぶ目録（1941 年 2 月完成）によって知ることができる．また「事変」（1937 年第二次上海事変）以前の「未結案件」は，数量が多いので，とりあえず『地政局二十六年十一月前未結案件登録冊』（民国26年〔1937〕）として別に簡略目録 1 冊を作成している[10]．これら合計 84 冊の旧上海市政府土地局記録目録は，現在，上海市档案館に所蔵されており，閲覧が可能

---

8) "Despatch from A. H. George, British Consul-General at Shanghai, to H. M. Ambassador at Shanghai, of 21. 6. 1940", in："Shanghai Land Archives"（FO676/451）（英国国立公文書館）．
9) 「地政局」への名称変更は，後掲の『地政局二十六年十一月前未結案件登録冊』のように，日本占領下の上海特別市も「地政局」の名称を使っていることから，事実であろう．しかし上海特別市の文書には，変更前の「前上海市政府土地局」の名称も頻出する．そこで混乱を避けるため，本章では史料の引用を除き「土地局」に統一することとした．なお英語文書では 'Land Bureau' と 'Land Office' が混用されている．
10) 『地政局二十六年十一月前未結案件登録冊』（R1-9-20）（上海市档案館）．

表 3-1 『地政局二十六年十一月前未結案件登録冊』(抜萃)

地政局二十六年十一月前未結案件登録冊		
名称	件数	備註
未帰巻文稿	4 包	見整字清冊 29 号
部照	389 張	見整字清冊 31 号
升科土地証	113 張	仝　上
土地証	3 套	仝　上
永租契	5 張	仝　上
各項征用土地巻	150 宗	仝　上
各冊永租契単据証簽	237 袋	仝　上
到文	26 件	仝　上
実測尚未完竣戸地簽	62 張	見理字清冊 11 号
工務局新屋通知単	4,453 張	仝上 (見理字清冊 17 号)
各冊未決永租契	1 袋	見理字清冊 25 号
待査什項	4 袋 4 点 2 本	仝　上
永租契請文案件	107 袋	仝上 (見理字清冊 28 号)
測量台二三隊什件	45 点 7 件	仝上 (見理字清冊 38 号)
己造未発他項権利証明書	36 張	仝上 (見理字清冊 26 号)

注）原文は縦書き，漢数字である．

である．本来ならば，全冊を調査して旧土地局記録の全体像を示すことができればよいのだが，筆者は 2002 年 8 月に同館を訪問した際，『地政局二十六年十一月前未結案件登録冊』1 冊の複写資料を入手したに過ぎないので，ここではその一部を表 3-1 として紹介するにとどめざるを得ない．なお，当該土地記録そのものも，多くが上海市档案館に移管されていると思われる．

2.2 土地記録問題の発生と経過

日中戦争開始から約 4 か月後の 1937 年 11 月 11 日，日本軍が上海を占領すると，南京を首都とする蔣介石の中華民国国民政府のもとにあった上海市政府は上海から撤退し，上海租界は「孤島」化することになった．その直後の 11 月 20 日，国民政府も南京からの遷都を発表している．

上海市政府は，撤退にあたり，市の重要記録類の一部を日本軍の手に渡らぬよう，諸所に隠したり預けたりした．このことを史料上確認できるのは，財政局と土地局の記録で，財政局の記録類はフランス租界内の建物に預けられ，ドアの外にカモフラージュのため「Kuo Feng [郭汾] 法律事務所」という看板が掲げられたという．この件については本章の最後に補足的に紹介する．

土地局が保管する土地記録は，1937 年 11 月 29 日から 30 日にかけて 255 箱，12 月 11 日に追加 57 箱，合計 312 箱が共同租界工部局に預託された．上海市政府の撤退後のことで，とくに追加 57 箱が預託されたのは，日本軍が「上海市大道政府」(市長蘇錫文)[11] を設置した 12 月 5 日のさらに 1 週間後になるが，工

部局工務処長[12]の名で発行された土地記録受領書は，第1回受入れ，第2回受入れとも上海市政府土地局宛になっており，上海市政府土地局職員3名の名前が立会人として記されている[13].

日本軍は上海占領後，上海派遣軍特務部の情報部門や敵産管理部門が中心になって中国側文書・記録類の探索と押収にあたったと見られる．また本書第2巻第1章で詳しく見るように，1937年12月8日には，上海派遣軍特務部のもとに，満鉄上海事務所，東亜同文書院，上海自然科学研究所の3機関が協力して「占領地区図書文件接収委員会」が設置され，教育・文化施設や官公署で，図書と文書・記録の組織的な捜索と押収を開始している．ちょうど上海市土地記録が共同租界に預託された時期と重なる．

占領地区図書文件接収委員会は，1937年12月15日から翌1938年1月11日にかけて上海地区で捜索を実施し，大学などから大量の図書を押収するとともに，旧上海市政府庁舎も調査している．ただ市政府庁舎の隣にあった土地局と財政局の建物は，重要資料があるとして憲兵隊が封鎖し，占領地区図書文件接収委員会のメンバーは入ることができなかったと報告されている[14].　おそらく，土地局記録の共同租界工部局への預託と，財政局記録のフランス租界への避難を察知した日本軍が，それ以上の資料流出を防ぐために建物を封鎖したのではないかと推測される．

その後，工部局に預託された上海市土地局記録に関する情報が公的な文書に登場するのは，管見の限り，4か月余り後の1938年4月19日に上海駐在英国総領事ハーバート・フィリップス Herbert Phillips が本国外務省への報告のため作成した覚書が最初である．それには，同日，日本の上海総領事「ミスター・ヒダカ」[15]との間で行われた協議について，次のように記されている[16].

---

11)　上海市大道政府は，1937年12月5日に日本軍が主導して創設された（前掲高橋孝助・古厩忠夫編『上海史』，212頁；前掲熊月之主編『上海通史』7巻，356-357頁．
12)　Commissioner of Public Works.
13)　「交渉収回前市府寄在工部局之土地図籍巻宗」(R1-9-19)（上海市档案館）．第1回255箱の受領書（英文）は1937年12月2日付で，上海共同租界工部局工務処長 A・F・ギムソンから上海市政府土地局代理局長宛になっている．第2回57箱の受領書（英文）は1937年12月13日付で，差出人は同上．宛先は上海市政府土地局の Y. T. Van である．2通とも箱番号のみのリストと立会人の名前（工部局側2名，上海市政府土地局側3名）が添付されている．これから見る限り，上海市政府は名目上まだ存続していたことになる．
14)　本書第2巻第1章「日中戦争期における図書・文書の押収」「3.2.1　上海」参照．
15)　上海駐在日本総領事日高信六郎．

中国側の土地局の件について，ミスター・ヒダカは次のように述べた．すなわち，本来ならば自分は日本の立場を代表して，土地登記簿は直ちに日本側に引き渡されるべき旨主張しなければならないところだが，もし日本側当局者が登記簿にアクセスできるのであれば，それだけでも土地紛争を処理するのに大きな助けとなるので，当分の間，土地記録を現状のままに据え置く用意がある，と．

　この覚書からうかがえるのは，上海市政府が撤退して土地記録が共同租界工部局に預託されたのち，土地の権利をめぐる紛争が頻発し，実質的に新たな統治者となった日本が苦慮している様子である．

　上記の協議が行われた10日後の1938年4月28日，上海市大道政府は「中華民国維新政府督弁上海市政公署」と改称される．その直後，4月30日に，上海共同租界工部局工務処代理処長C・H・ステーブルフォード C. H. Stableford が，工部局参事会代理秘書の要請により，問題の土地記録を閲覧できるようにする規則案の概要を提案した[17]．しかし，同案では資格を有する土地所有者だけが記録の閲覧を許される定めになっていたため，日本側が受け入れなかったようである．

　翌月，サンフランシスコで発行された1938年5月20日付の『日米新聞』に，「上海土地管理事務市政公署に継承　新土地政局を新設」という日本語記事が掲載されている[18]．それによると，上海市の土地管理はこれまで日本軍が行っていたが，このたび「上海市政公署土地政局」（ママ）が設置され，土地管理事務を軍から引き継ぐことになったという．これを機に，新市政下での本格的な土地行政が開始されたと思われる．

　同年7月27日には，日本の日高総領事が再び英国総領事と会談し，上海の将来的な都市計画で諸外国が利益を得るためには「日本当局と中国の地方当局

16）　"Matters discussed with Mr. Hidaka by Mr. Phillips on 19.4.1938", in:"Land Registration: General Correspondence"（FO671/482）（英国国立公文書館）．

17）　"Confidential letter of C. H. Stableford, Acting Commissioner of Public Works to T. W. Gubb, Acting Secretary of the Municipal Council, of 30. 4. 1938", in: 前掲 "Land Registration: General Correspondence"（FO671/482）．

18）　JACAR Ref.: J20011836200,「Nichibei Shinbun, 1938, 05, 20」（jan_19380520）（スタンフォード大学フーヴァー研究所）．

が土地アーカイブズにアクセスできるような何らかの方策が講じられるべき」
だと，以前からの要求を繰り返し，「最も満足できる方策」は，日本側に「そ
れらのアーカイブズを引き渡すこと」であると述べたという[19]。

督弁上海市政公署は，成立わずか半年後の1938年10月5日に廃止され，新
たに「上海特別市政府」が設置される[20]。市長に任命されたのは，前上海総
商会会長の傅筱庵，秘書長となったのは上海市大道政府市長だった蘇錫文であ
る[21]。そして，その後間もなく10月28日に，上海市政公署土地政局の後継組
織と思われる上海特別市政府土地局の局長に対し，市長傅筱庵から，共同租界
工部局が保管する前上海市政府土地記録の返還交渉を開始するよう指示が出さ
れた。上海特別市政府土地局長は，10月31日（または11月2日）に，工部局工
務処に対し最初の返還要求を行った模様である。工部局工務処長 A・F・ギム
ソン A. F. Gimson は，11月3日付返書で，要請を上海領事団に伝達するとのみ
答えている[22]。

その後，市長傅筱庵は11月9日に共同租界工部局参事会議長[23]ならびに秘
書兼事務局長[24]に返還要求書を送ると同時に，日本総領事と上海領事団首席領
事[25]のイタリア総領事に協力要請を行っている。首席領事は，12月1日に領
事団回章 363-M-XI を流して，領事団メンバーの意見を求めるなどの反応を示
している。

---

19) "Record of interview between H.I.J.M. Consul-General and H.B.M. Consul-General at Japanese Consulate-General on 27.7.1938, by H. H. Thomas", in: 前掲 "Land Registration: General Correspondence" （FO671/482）．

20) 上海特別市政府の機構等については，慰剛（金野純訳）「日本占領下における上海都市管理体制の変遷」（前掲高綱博文編著『戦時上海』所収）；上海市档案館編『日偽上海市政府』（档案出版社，1986年）．

21) 前掲高橋孝助・古厩忠夫編『上海史』，212頁；前掲熊月之主編『上海通史』第7巻，363頁．

22) 以下の事実経過は，"Shanghai Municipal Council: question of land archives"（FO371/24683）; "Shanghai Municipal Council: Land archives"（FO371/24683）; "Land Registration: General Correspondence"（FO671/482）; "Shanghai Land Archives"（FO676/451）（以上，英国国立公文書館），ならびに，「交渉収回前市府寄在工部局之土地図籍巻宗」（R1-9-19），「接収旧档弁法暨整理時期及事業経費」（R1-9-20）（以上，上海市档案館）などによる．

23) Chairman. 中国語は後掲の上海市档案館編『工部局董事会会議録』では「総董」，本章では「議長」と表記する．

24) Secretary & Commissioner General. 中国語は「総裁兼総弁」（同上『工部局董事会会議録』）．本章では「秘書兼事務局長」と表記する．

25) Senior Consul. 中国語では「領袖領事」（同上『工部局董事会会議録』）．本章では「首席領事」と表記する．

傅筱庵市長は，翌1939年4月にかけて，工部局への返還要求と上海領事団首席領事への協力要請を繰り返し行っている．これに対する工部局参事会の対応は，当初，極めて鈍く，参事会がこの問題を正式に議論した形跡もない．もっとも，参事会議長と事務局長は，1939年4月5日と4月18日に相次いで上海領事団首席領事に書簡を送り，この問題への対処についてアドバイスを求めている．同年5月29日の首席領事回章によれば，首席領事は，日本・イタリア両国の総領事と英国総領事との間で意見が分かれているため，領事団としてアドバイスをする立場にないという趣旨の返書を工部局参事会に送る旨決定している．少なくとも領事団内部では，（おそらく日本総領事が主導する形で）この問題に関する議論が続いている模様である．

その後約半年間は，事態が膠着状態に陥ったのか，あるいは秘密のうちに協議が進められたのか定かでないが，その間の関係史料が見当たらない．そして，1939年12月19日になって，ようやく新たな動きが見られる．この日，工部局参事会議長，同事務局長，上海領事団首席領事，日本総領事の4人がそろって上海特別市市長を訪問し，道路問題などについて協議を行った．参事会事務局長ゴドフリー・フィリップス Godfrey Phillips の会談記録によれば，その席で市長は土地記録問題に言及し，春節前の引渡しを強く要求した．工部局参事会議長は，これはむしろ領事団の問題だと言明し，首席領事は，これに対して，領事団は全員一致でないと行動できないので，この種の問題への対処は難しいと反論したという．

英国総領事のハーバート・フィリップスは，上記の会談記録を上海駐在英国大使に送付する際の1939年12月29日書簡で，「工部局参事会は，上海特別市政府が行政体として土地記録を保有する十分な資格を有しているとみなし，土地記録を引き渡す用意がある模様だが，その前提として，領事団から何らかの承認か，少なくとも反対しないという意見表明を受けることを望んでいる」と述べている．

1940年3月，汪精衛（兆銘）が南京に「中華民国国民政府」を樹立する．それに力を得たものか，この頃から汪政権側に立つ上海特別市政府は，再度，土地記録問題を表沙汰にして，その返還要求を本格化させた模様である．これ以降の動きは，上海特別市政府側（南京政府側）に立つ日本と，重慶政府側に立つ英米両国との対立を軸にして，かなり複雑な形で進行する．詳細に述べると

煩雑なので，重要な動きをかいつまんで年表風に記そう．

1940 年 3 月 28 日　重慶駐在の英国大使，上海駐在英国総領事宛に電報を送り，土地記録問題の進展と米国総領事の考え方を照会．
1940 年 5 月 23 日　上海特別市市長傅筱庵，共同租界工部局に再度記録引渡しを要求．また同日，上海領事団首席領事に協力を依頼．
1940 年 5 月 28 日　上海領事団首席領事，回章 152-G-VII で，領事団は工部局参事会が土地アーカイブズを引き取る際，とくにそれを承認した事実はないので，工部局参事会は領事団の見解や承認を求めることなく記録引渡しを決定すべきだという見解を表明．
1940 年 6 月 1 日　重慶駐在英国大使，本件は高度に政治問題化しているとし，工部局が土地アーカイブズを上海特別市政府に引き渡すことを決定すると，（工部局参事会を主導している）英国に対する重慶政府の批判が強まり，天津の銀問題に関する日英交渉にも悪影響が出るとして，在上海英国大使館に時間引き延ばしと米国との共同歩調を指示．
1940 年 6 月 4 日　重慶駐在米国大使，英国大使に米国務省の見解を伝達（本件は基本的にはローカルな問題．ただ記録引渡しに賛成はしない）．また上海駐在米国代理総領事，国務省の指示により領事団首席領事（イタリア総領事）に書簡を送り，本件に関し領事団は工部局参事会に対してアドバイスする位置に立つべきでないという意見を表明．
1940 年 6 月 12 日　英国外務省，上海の英国大使館に対し，本件ではできるだけ米国の主導に従い，工部局参事会へは英国政府が何らかのアドバイスをする意図がない旨伝えるよう指示．また総領事から参事会議長に対し，英国は米国の完全なサポートがなければ被占領地の中国政府権益を守るための日本との戦いに臨めない旨説明するよう指示．
1940 年 6 月 15 日　日本総領事，領事団首席領事に書簡を送り，工部局参事会は領事団の見解や承認を求めることなく上海特別市政府への記録引渡しを決定すべきだという 5 月 28 日の首席領事見解に同意を表明．
1940 年 6 月 15 日　オランダ総領事，領事団首席領事に書簡を送り，領事団は工部局が土地アーカイブズを引き取る際，何の相談も受けていないのだから，この問題は工部局参事会と上海特別市政府が相談して決めるべきだと

主張.

1940年6月28日 『ノースチャイナデイリーニュース』,「ある重要問題」との見出しで土地アーカイブズ問題に関する記事を掲載.上海特別市政府への返還を支持.

1940年7月2日 ロイター通信,工部局参事会が土地アーカイブズを上海特別市政府に引き渡すことを決定,と報じる.

1940年7月3日 上海特別市政府土地局局長范永増,「土地局接収旧档弁法大綱」(312箱の土地記録引取りにあたり「接収時之安全問題貯蔵問題」「整理方法」などについて定めたもの)を発表.

1940年7月4日 重慶国民政府外交部,土地記録引渡し決定に対し抗議と中止要請を重慶の英国大使館に送る.

1940年7月5日 上海市土地記録312箱,工部局より日本総領事に引き渡される.

1940年7月24日 重慶国民政府外交部,抗議文を重慶の英国大使館に送る.

こうして,各国を巻き込んだ議論と外交的な駆引きのあと,1940年7月5日に,土地記録は日本総領事が受け取る形で上海特別市政府に引き渡され,一件落着となる.その3か月後,10月11日に上海特別市市長傅筱庵が暗殺されるという事件が起こる.後任の市長は,南京の汪政権ナンバー2といわれた陳公博である.

なお,上海特別市政府に引き渡された312箱の土地記録は,「臨時档案整理処」において7月18日より整理作業が開始され,翌1941年2月に目録84冊が完成したことが報告されている.これについては後述する.

3. 上海土地記録問題をめぐる相関関係

次の図3-1は,上海土地記録問題をめぐる関係組織,関係国の相関関係を簡単に示したものである.これによりつつ,記録引渡しに至るまでの各関係組織等の主張や立場を順次見ていくことにしよう.

第 3 章　1940 年上海土地記録問題をめぐる日本と欧米諸国　　　277

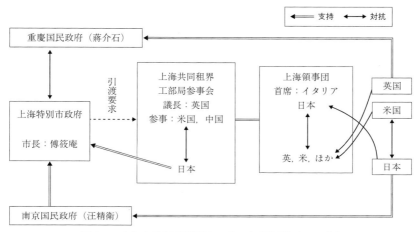

図 3-1　上海土地記録問題をめぐる相関関係（1940 年）

3.1　上海特別市政府

まず土地記録引渡しを要求した当事者である上海特別市政府の主張の根拠を，上海特別市市長傅筱庵の 1940 年 5 月 23 日付上海領事団首席領事宛書簡に見てみよう[26]．

> （前略）1937 年 8 月 13 日の事変勃発に際し，前市政府土地局はすべての文書，図書等，合計 312 箱を 1937 年 11 月と 12 月に運び出し上海共同租界工部局に保管を委託した．私は貴殿に繰り返し書簡を送り，工部局に対しこれらすべての文書を速やかに返還してわれわれが整理できるよう報知すべき旨要請してきた．また工部局に対しても別に同じ件で要請を行った．以来 1 年以上経つが，工部局からは何の明確な回答も受け取っていない．このことはわれわれがこの地域で土地事業を実施するのを困難にしている．また中国人，外国人の財産権にも深刻な影響を及ぼしている．
> 　さらに，上記文書は前土地局によって上海共同租界工部局に委託された

---

26)　「公函秘字第六六号」（R1-9-19）（上海市档案館）．英訳は，"Senior Consul Circular 152-G-VII"（1940. 5. 28）所収の Despatch No. 66, Character "PI"（FO676/451）（英国国立公文書館）．ここでは，英訳版を抄訳した．

ものであるため，工部局が自らの文書と同様に保管することは不可能である．本市は成立以来ほとんど2年におよび，すべての中国人と外国人はこの間なされたことに感謝している．したがって，本文書の返還の主張は合法的かつ論理的である．工部局がわれわれへの返還を拒否するなら，それは合理的な理由のないことである．

　ここに再び書簡を送り，貴殿から工部局に対し，これら工部局が保管する文書をできるだけ近日のうちにわれわれに速やかに返還して必要な整理に着手できるよう報知されんことを，心より望むものである．また，われわれの土地政策上の利益とわれわれ相互の間に存する友情に鑑み，われわれの要請が無視されたり意図的に遅延されたりすることのないよう望むものである．（以下略）

上海特別市政府は，一貫して市長傅筱庵の名で前上海市政府が工部局に預託した土地記録の引渡しを強く要求しているが，その根拠は，上記史料によれば次の3点である．
 (1)　土地記録の有効性が持続しており，それなしには土地事業の実施や財産権の確認ができないこと．
 (2)　工部局は前市政府から単に保管委託を受けたに過ぎず，当該記録に対する権限が欠如していること．
 (3)　現市政府は上海市においてすでに2年間にわたる実効支配を行っており，土地記録承継の正当性を持っていること．

ちなみに，1940年6月28日付の『ノースチャイナデイリーニュース』紙は，「ある重要な問題」という見出しで，次のような記事を掲載している．上海特別市政府の土地記録返還要求を全面的に支持する内容であるが，状況が比較的よくわかるので，引用しておきたい[27]．

　「ある重要な問題」
　　地域問題として最近とみに重要になっている2つの問題の1つは，1937

---

27)　"Extract from 'North China Daily News' of June 28th, 1940: Enclosure 2 in Shanghai despatch to Embassy Shanghai No. 439 of 6.7.1940", in: 前掲 "Shanghai Municipal Council: Land Archives"（FO371/24683/F3367/162/10）．

年の中日紛争勃発時に呉鉄城市長から上海共同租界工部局に預けられた中国土地局記録の返還を上海特別市が要求している問題である．他の1つは，共同租界とフランス租界における中国裁判所の最終的な運命の問題である．前者に関し，本紙は1938年7月22日付で次のように書いている．

> 土地市場にとって障害となっているのは，中国当局の土地局が機能を停止していることである．土地証書の発行は論外かもしれないが，領事館職員の協力によって業務を続行する方法を見いだせることがわかっている．正式な土地局を再建することは急務であり，事態が正常に戻れば必要な組織を迅速に立ち上げることが可能だと思われるし，その際には多くの不利益が解消されるものと期待される．

この記事は上海周辺がいまだに危険で，状況がまだ尋常でないと認識されていたときに書かれたものである．しかし，同年10月に傅筱庵が上海特別市市長となり，以来1年と9か月の間，状況が好転し，事態がそれなりに安定に向かっていることは否定できない．上海共同租界工部局が中国土地記録の安全保管を受け入れたことについては，いささかの批判の余地もありえない．もし紛争のまっただ中に置き去りにすれば，まちがいなく四散し，外国支配地域外の土地市場は完全な混沌状況に陥っただろうからである．受入れは，賢明で中立的な措置であった．ただ，工部局が保管責任を引き受けて以来，今や状況は変化した．この点が認識され，上海近郊を統治しているデファクト政権がその機能を果たせるよう，あらゆる便宜が図られることが望まれる．

この種の問題は純粋に現実的な観点から考えるべきである．中日間のどこに同情の余地があるかは問題ではない．この種の問題は，現実の状況を見て真正面から対処するべきだ．重慶国民政府の威令がこの地に及んでいないのは事実である．（中略）

中国土地局記録を返還することによって，上海特別市は，外国支配地以外の地域に対し，適切な土地管理行政を確立することが可能になる．したがって，土地記録を工部局の安全管理のもとで共同租界に残すべきだという主張は，上海特別市が行政を行う上で小さからぬ不便をもたらすことになる．（中略）

重慶国民政府だけが認めうる政府だという理由から土地記録を元のまま

に置いておくことは，技術的な外交的な考え方であって，そこからは不便と憤懣以外の何ものも得られない．記録を上海市の現政府に引き渡すことのみが，よい結果を生み出す唯一の有効な解決策である．（以下略）

以上のように，この記事は返還反対論を重慶政府の立場に立った政治的な議論として牽制しつつ，上海特別市政府の主張を強く支持したものといえる．

上海の土地制度については，本章の最初でごく簡単に触れたところで，ここではそれ以上に詳しく立ち入ることは避けるが，上海特別市市長傅筱庵の書簡と『ノースチャイナデイリーニュース』紙の記事から明らかなのは，土地記録の返還が，上海特別市政府にとって，市政府としての法的正当性を内外に示すという点と，現実の土地行政を遅滞なく進めるという点の2つの意味で，まさに「重要な問題」だったということである．

3.2 上海共同租界工部局参事会

次に，もう一方の当事者である上海共同租界工部局参事会について見てみよう．

1940年7月の土地記録引渡し時における参事会の構成は，英国5人，米国2人，日本2人，中国（重慶国民政府）5人の合計14人で，議長は英国人であった[28]．英国人を中心とする英米両国が半数を占め，重慶国民政府の意向を反映する中国人勢力も小さくなかったことがわかる．この勢力地図は，1937年の日本軍による上海占領以降変わっておらず，日本は，工部局参事会の中では数的に劣勢で土地記録問題に対処していたことになる．しかし，日本は日本軍の力を背景に，租界の治安問題や警察権の問題などをめぐって工部局への圧力を一貫して強めており[29]，参事人数の劣勢は必ずしも大きい問題ではなかったように思われる．

土地記録問題に対する参事会の立場は，ひとことで言えば，極めて不鮮明であり，自主性に欠ける．最終的には引渡し賛成でまとまるが，参事会内部でど

---

28) 前掲高橋孝助・古厩忠夫編『上海史』，210頁；上海市档案館編『工部局董事会会議録』第28冊（上海古籍出版社，2001年），39頁．
29) 租界治安問題では，1939年3月に工部局との間で協定を交わし，日本軍憲兵が租界内に常時駐留し，工部局と協力して治安維持にあたることを認めさせている（前掲高橋孝助・古厩忠夫編『上海史』，210頁）．警察権の問題については後述．

のような議論が行われたのかについてはあまり明らかでない．参事会の議事録である『工部局董事会会議録』にも，土地記録問題は正式議題としてとりあげられておらず，参事会での公式議論を意図的に避けていたようにも思える[30]．

工部局参事会当局の意向がうかがえる早い時期の史料は，参事会代理秘書 T・W・ガッブ T. W. Gubb が上海領事団首席領事 H・オール H. Aall（ノルウェイ総領事）に宛てた 1938 年 5 月 5 日の書簡である[31]．この書簡は，工部局工務処代理処長 C・H・ステーブルフォードが ガッブの依頼によって 4 月 30 日に作成した，上海市土地記録を閲覧できるようにするための規則案を送付する際に添えられたものである．この中でガッブは，「工部局参事会としては，領事団から工部局参事会に対し，工部局工務処代理処長の提案に沿って行動を起こすよう明確な要請がなされ，それによって領事団が責任を分担する用意があることが示されるのでなければ，この件について一歩を踏み出すことは極めて困難である」と述べ，その理由を 2 点あげている．すなわち，第 1 に，「これらの記録は，工部局が信託を受けて保管しているものであり，移送を受けたのは工部局の権限を超えた行為だったという議論があるかもしれないが，工部局としては，廃棄の可能性からこれらの記録を守るために，そうしただけのことである」．第 2 に，「工部局の土地事務所が［旧上海市土地記録に関して］かかる措置をとることは，たとえ［ステーブルフォード代理処長の］提案の範囲内であったとしても，現在の状況下においては，工部局の適切な機能だとは思えない」の 2 点である．

工部局参事会の土地記録問題に対する消極的姿勢は，ある意味でその後も一貫している．たとえば，1940 年 6 月 6 日の上海英国大使館宛上海駐在英国総領事 A・H・ジョージの書簡は，次のように参事会議長（W・J・ケズウィック W. J. Keswick＝英国人）の考え方を伝えている[32]．

30） 前掲上海市档案館編『工部局董事会会議録』第 27，28 冊．参事会議録には，正式議題のほかに，議長発言の形でさまざまな問題が記録されている．たとえば 1939 年 2 月 25 日の会議録では，日本憲兵の租界駐留に関し日本総領事から寄せられた手紙の件がとりあげられている．議長発言を丹念に調べる必要がある．

31） "Letter of T. W. Gubb, Acting Secretary of the Municipal Council, to H. Aall, Consul-General for Norway and Senior Consul, of 4.5.1938", in: 前掲 "Land Registration: General Correspondence"（FO671/482）.

32） "Despatch from A. H. George, Consul-General at Shanghai, to H. M. Embassy at Shanghai of 6.6.1940", in: 前掲 "Shanghai Land Archives"（FO676/451）.

（前略）工部局参事会は，市長からアーカイブズ返還催促の手紙を受領した．議長はいつもながら時間稼ぎをし，領事団が検討中とだけ回答するだろう．（中略）私は議長から私信を受け取ったが，それには，日本人参事は折に触れて参事会会議での討議を求めてくるだろうが，そうなると参事会は深刻な混乱に陥りかねないと書いてある．上海の利益のために記録を引き渡すときが来たというのが彼自身の意見である．もし参事会に現市長政権と政治的・財政的措置についてこれまで通り交渉する用意があるのなら，市長政権が土地局の運営資格を持つことを認めなければならない，という議論があるが，参事会議長は，この議論に反論することはほとんど不可能だと考えている．彼ら［市長政権］は，上海の利益を政治判断のもとに従属させるのかと参事会を非難しかねない．

この書簡から，参事会議長が，おそらくは参事会における日本の影響が強まることを恐れてのことであろう，土地記録問題を参事会全体の議論とすることを回避し，あくまで領事団に検討を委ねようとしていること，その上で，上海特別市政府への記録引渡しを不可避と考え，速やかな実行を望んでいることがわかる．

同じく，上海駐在英国総領事A・H・ジョージの1940年6月25日付上海英国大使館宛書簡からは，日本側が参事会に対し実際に圧力をかけている様子がうかがえる[33]．

（前略）私が6月22日にゴドフリー・フィリップス氏［工部局参事会秘書兼事務局長］から聞いたところによれば，彼は2人の日本人参事会メンバーの1人であるI・オカモト氏[34]から，次のように知らされた．すなわち，日本軍当局は，工部局参事会が記録の引渡しに失敗したことに極度に憤慨している．そして，もし記録が直ちに引き渡されないのなら，市政府はそれらの記録を完全に無視して全く新しい土地証書を当該地域に関して発行することになるという最後通告を，工部局に手交する旨決定したというの

---

33) "Despatch from A. H. George, British Consul-General at Shanghai, to H. M. Ambassador at Shanghai of 25.6.1940", in: 前掲 "Shanghai Land Archives"（FO676/451）．
34) 岡本一策（前掲『工部局董事会会議録』第28冊による）．

第 3 章　1940 年上海土地記録問題をめぐる日本と欧米諸国　　　283

である．オカモト氏は，その際，いつになく極めて友好的な態度をとり，フィリップス氏に対して，自分はそのような最後通告の送付を阻止するため，あらゆる影響力を行使したが，工部局参事会が早急な措置を講ずることこそ最も肝心だ，と述べた由である．

本書簡は続いて，参事会の英米人メンバーや中国人メンバーの動向についても記している．

　　（前略）また，昨日参事会議長 W・J・ケズウィック氏が私のところに来られ，参事会の英米人メンバーが土地アーカイブズの件で先日（日曜）会合を持ち，記録の引渡しに賛成することで合意した，と話した．彼らは中国人参事（複数）にも接触．中国人参事たちは，最初意見が割れていたが，その後，もし記録を直接デファクト政権に渡すのに少しでも力を貸すと，重慶政権から裏切り者とみなされるが，代わりに第三者に記録を引き渡し，彼らが良いように処理する形をとれば，自分たちの顔も立つ，と提案するに至った．この［第三者たる］記録受取人としては，領事団首席領事以外に考えられないとして，参事会が首席領事に私的に接触し，記録を引き取る用意があるかどうか尋ねたところ，首席領事は，領事団回章で強硬な意見を表明していたにもかかわらず，領事団の英米両国メンバーが反対しなければ引取りに同意すると明言した．

ここに見られるように，参事会の英米人メンバーが引渡しに合意し，重慶政府からの責任追及を恐れる中国人メンバーも，第三者を介してなら記録を引き渡してもよいとの立場であることがわかる．また仲介にあたる第三者として，領事団首席領事を立てる動きが進んでいたことも判明する．
　この書簡から知られるもうひとつの興味深い事実は，工部局参事会が，参事会と市政府が合同で何らかの事務所を設立し，そこで記録を検査するという案を持っていたことである．

　　（前略）米国総領事の話では，彼に対して［工部局参事会から］次のような提案があった由である．すなわち彼と私［英国総領事］が日本総領事に会い，

参事会と市政府が合同で何らかの事務所を設立し，そこで記録を検査するという可能性はないか，打診してほしい，という提案である．（中略）この案は，参事会秘書が何度も市長に提案し，そのたびに市長から拒絶されてきた案である．ミウラ氏[35]は疑いなくこれに賛成できないだろうし，こんな遅い時期にこのような提案をすれば，単なる時間稼ぎの策に過ぎないとみなされるだろう．また，いまこのような提案に乗れば，私とバトリック氏[36]がこれまでとってきた，この問題への関与を拒否する態度と首尾一貫しないのではないかという，いささかの疑問もある．

　工部局参事会の「共同土地事務所」設置構想は，何度か上海特別市政府に示されて拒否され，英国総領事も否定的な見解を記しているが，この提案については，実は上記書簡の4日前，1940年6月21日に，同じく英国総領事A・H・ジョージから在上海英国大使館宛に出された別の書簡にも言及がある[37]．それによれば，上海領事団秘書が「日中衝突の初期に，この構想［「共同土地事務所」設置構想］を，当時上海の日本総領事だったオカモト氏と話し合ったことがあり，彼はそれをよしとしていたように見えた」とある．結果的に上海特別市市長の一貫した反対で実現しなかったものの，工部局参事会の「共同土地事務所」設置構想は，一定の現実性を持って検討された可能性がある．

3.3　上海領事団

　上海土地記録問題で最も大きい役割を期待されることになる上海領事団の組織と機能については，必ずしも多くのことがわかっていない．ただ，1940年6月14日付の上海英国大使館A・ノーブル A. Noble 宛上海駐在英国総領事A・H・ジョージ書簡には，領事団の将来に関する同総領事の考え方が記されており，土地記録問題当時の領事団の状況を知る手がかりになる[38]．同総領事は，イタリア総領事がつとめている首席領事ポストの後任人事について，次のよう

---

35)　上海駐在日本国総領事三浦義秋．
36)　上海駐在米国代理総領事リチャード・P・バトリック Richard P. Butrick．
37)　"Despatch from A. H. George, British Consul-General at Shanghai, to H. M. Ambassador at Shanghai, of 21.6.1940", in：前掲 "Shanghai Land Archives"（FO676/451）．
38)　"Letter of A. H. George, British Consul-General at Shanghai to Sir A. Noble, British Embassy at Shanghai, of 14.6. 1940", in：同上（FO676/451）．

に述べている.

　(前略) イタリア人に次いで席次が高い領事は, デンマーク代表 (彼は最近首席領事をつとめた) とオランダ代表だが, どちらも母国の後ろ盾がなく[39], 首席領事のポストを継ぐのは困難と思われる. その次に来るのは米州の小国 (グアテマラとキューバ) とベルギー (オランダと同じ問題がある[40]), それから日本人ということになる. われわれにとって最も望ましいのはアメリカ人だが, 彼はリストの末端に位置し, 臨時代理領事に過ぎない (もっとも, 反対を押し切れないことはないと思うが). 彼を首席領事にするためには, 日本人を飛び越さなければならないが, その際使える唯一の理屈は, 日本が中国と戦争中だということのみである. これには日本人も憤慨し, そんなことは関係ないと言うだろう.

　同書簡は, 続いて領事団の有効性の問題に触れ,「列強の上海における権益が多かれ少なかれ堅固なものであった」第一次世界大戦当時に比べると,「領事団の存在は相当にその有効性を失った」が, それでも「列強の (場合によっては条約参加国のみの) 見解を確認するのに, なお有益な組織である」としている. そして例として,「共同租界に影響のある事項が発生し, 領事団に対して協力者としてのアドバイスを求める場合があることや, 水先案内人常駐所問題のような国際案件の存在」をあげている. また, 領事団が「日本の工部局参事会に対する圧力へのブレーキ」になっている点や,「共同租界に適用されている土地章程において, 首席領事が条約参加国領事を代表して活動する権利を明確に認められている」ことも重要だとしている. 英国総領事の結論は,「領事団は近年相当に誤った扱われ方をしているが, 軽々に廃されるべきものではない」というものである. 領事団になお一定の機能が期待されている状況がわかる.

　実際, 首席領事は土地記録引渡し問題において, かなり活発に動いており, 各国領事の意見調整に役割を果たしている. 1938年11月に, 成立直後の上海特別市市長傅筱庵から土地記録返還への協力要請を受けたときにも, 首席領事

---

39) オランダは1940年5月, デンマークは1940年4月に, いずれもドイツ軍に占領されている.
40) ベルギーも1940年5月にドイツ軍に占領されている.

はさっそく 12 月 1 日に領事団回章 363-M-XI を発し，領事団メンバーの意見を求めている．

各国領事の土地記録問題に対する見解を見ると，まず首席領事のイタリア総領事は，1940 年 5 月 28 日の領事団回章 152-G-VII で述べているように，一貫して引渡し賛成論であった[41]．

> この問題は領事団の各種会議やコミュニケの中で議論されてきたが，首席領事としての意見は次の通りである．すなわち，領事団が工部局参事会に対し，これらの土地アーカイブズを引き取ることを承認した事実はないので，工部局参事会は，領事団の見解や承認を求めることなく，市長傅筱庵の土地アーカイブズ引渡し要求に応ずる決定を下すべきときが来た，と考える．各領事は，6 月 3 日月曜日までにご意見を寄せられたい．

これに対し，各国領事の意見は分かれている．ポルトガル総領事は「この件は多くのポルトガル人財産にも関係する」ことを理由のひとつにして，首席領事の見解に全面的な賛成を表明した[42]．英国総領事は，ポルトガルの姿勢を，「卑し気な焦りをますます露呈するもので，私たちのこの古い同盟者は，道を踏みはずして枢軸国側にすり寄ろうとしている」と，皮肉を込めて批判している[43]．

一方，フランス，ベルギー，オランダの総領事は，領事団は土地記録問題への関与を回避すべきだという意見を表明している[44]．1940 年 6 月の最終段階に至っても，領事団は「アーカイブズの移管の問題をめぐって意見の一致を見ない」[45]という状況が続いていたようである．

---

41) "Senior Consul Circular 152-G-VII of 28.5.1940", in: 前掲 "Shanghai Land Archives"（FO676/451）．
42) "Letter of A. H. George, British Consul-General at Shanghai to Sir A. Noble, British Embassy at Shanghai, of 8.6.1940", in: 同上（FO676/451）．
43) 同上．
44) 前掲 "Letter of A. H. George, British Consul-General at Shanghai to Sir A. Noble, British Embassy at Shanghai, of 14.6.1940"（FO676/451）．
45) 前掲 "Despatch from A. H. George, British Consul-General at Shanghai, to H. M. Ambassador at Shanghai, of 21.6.1940"（FO676/451）．

3.4 英　　国

　土地記録を上海特別市政府に引き渡すことについて，英国政府内部に明確な反対論はないが，慎重論と容認論との間でジレンマに陥っている様子がうかがえる．必ずしも，慎重派と容認派とにはっきり分かれているわけではなく，たとえば，この問題に最も熱心に取り組んでいるひとりである元上海総領事の外務省極東部ジョン・F・ブレナン John F. Brenan の論調には，記録引渡しに否定的な部分と，逆に前向きと受け取れる部分の両方が見られる．いずれにしても，この問題に関して何らかの責任を負うことを回避したいというのが英国の本音であり，最後は米国に追従する形で，事実上，土地記録の引渡しを容認することになる．

　引渡し慎重論と容認論の背景を，それぞれ英国外務省記録によって見てみよう．まず慎重論の背景の第 1 にあげられるのは，重慶国民政府への配慮である．重慶駐在英国大使アーチボールド・クラーク・カー Archibald Clark Kerr[46]は，上海の英国大使館に宛てた 1940 年 6 月 1 日の電信で，上海土地記録問題が「高度な政治問題化」しており，もし工部局参事会が記録引渡しを決定すれば，重慶国民政府に衝撃を与えることは必定だと記し，「首席領事に時間を引き延ばさせるようベストを尽くされたし」と総領事に指示している[47]．また，土地記録引渡し問題で中国側を刺激すると，合意に達しようとしている「天津の銀問題をめぐる［日英］交渉[48]を（中略）到達点から引き戻すことになりかねない」との懸念も示している．重慶駐在英国大使の見解は上海英国大使館からロンドンの英国外務省に伝達され，共有されている[49]．

　第 2 に，土地記録を引き渡すことによって，上海特別市政府の上海の人々，

---

46) アーチボールド・クラーク・カーは，1940 年 8 月には上海の英国大使館から本国宛の電報を発信している（本書第 2 章「2.3　開戦前アジアにおける状況」「b．上海・北京」参照）．この時期，英国大使館の機能は重慶と上海に分かれていたと見られる．なお旧来の北京大使館の施設等も残っていたことは，第 2 章 2.3 で見た通りである．

47) "Despatch from H. M. Ambassador, Chungking to H. M. Embassy, Shanghai, of 1.6.1940", in: 前掲 "Shanghai Land Archives"（FO676/451）．

48) 天津の銀問題をめぐる日英交渉については後述．

49) "Telegram from Sir A. Noble, British Embassy at Shanghai to Foreign Office of 5.6.1940", in: 前掲 "Shanghai Municipal Council: Land Archives"（FO371/24683/ F3367/162/10）；前掲 "Despatch from H. M. Ambassador, Chungking to H. M. Embassy, Shanghai, of 1.6.1940"（FO676/451）；"Confidential Print, Telegram from Sir A. Noble, British Embassy at Shanghai to Foreign Office of 5.6.1940"（FO436/7）（英国国立公文書館）．

とりわけ中国人銀行家・商人・地主に対する政治的・経済的権限が強まり，ひいてはその背後にいる汪精衛政権の強化につながるのではないか，と心配する意見がある．

前掲英国外務省極東部ジョン・F・ブレナンは，上海の土地記録が有する特別な位置について，省内回議ファイルの中に，1940年6月7日付で次のような私見を記している[50]．

> 土地記録が重要性を持つのは，いかなる中国人閥がそれを握っているにせよ，土地取引の記録業務にかかる費用から莫大な収入が得られるという事実があることと，もうひとつ，土地証書の公認発行権には，名声と権威が付随するためである．さらに，中国の土地事務所は，富裕層の土地関係文書をすべて掌握することによって，彼らに違法な圧力をかけることもでき，そのことは常に腐敗の温床ともなってきたのである．

「土地取引の記録業務にかかる費用から莫大な収入」を得ている中国人閥の存在を指摘している点は，本章「2.1　上海の土地行政と土地記録」で見た興亜院華中連絡部『上海地区ニ於ケル土地制度』の，上海においては「土地ノ事情ニ通スル者」が「土地代弁者」として暗躍している，という記述とも一致する[51]．ブレナンは，土地記録を返還すると，彼ら土地代弁者に対するデファクト政権の統制が強化され，結果として，「この地域の中国人銀行家や商人，地主に対する，これまでよりはるかに大きな面目と監督権を与えることになる」[52]という英国の懸念を示しているのである．

慎重論の背景の第3点としては，上海地域における日本の支配拡大戦略に対する警戒があろう．上海の英国外交官が，土地記録問題と日本の戦略とをどう関連づけて見ていたかを示す興味深い史料に，1940年6月14日付上海駐在英国総領事A・H・ジョージの在上海英国大使館A・ノーブル宛書簡がある[53]．これには，英国の軍情報部が入手した，日本軍の上海租界における行動計画な

50）"Minutes", in: 前掲 "Shanghai Municipal Council: Land Archives"（FO371/24683/F3367/162/10）．
51）前掲興亜院華中連絡部『上海地区ニ於ケル土地制度』，3頁．なお本章「2.1　上海の土地行政と土地記録」参照．
52）"Letter of A. H. George, British Consul-General at Shanghai to Sir A. Noble, British Embassy at Shanghai, of 12.6.1940", in: "Shanghai Land Archives"（FO676/451）（英国国立公文書館）．

第 3 章　1940 年上海土地記録問題をめぐる日本と欧米諸国　　289

どを記した日本語機密文書 2 通の英訳が添付されている[54]．総領事 A・H・ジョージは，日本語文書の内容について，「これらの文書は，土地記録の返還や，特別市法廷の管理変更などの要求が，南京傀儡中国政府の意向によるものではなくて，実は日本が傀儡政権を都合良く煙幕に使いながら，注意深く策定した計画の一部であることを示している．これらの文書が本物ならば，日本の真の意図の邪悪な本性を露わにするものである」と記している．英国政府の中に，土地記録問題の裏には日本の策謀がある，との見方があり，それが慎重論の背景のひとつになっていることが明らかである．

　次に，土地記録引渡し容認論の背景を考察しよう．第 1 に，英国政府と英国が主導する工部局参事会が，上海共同租界において，日本と駆引きしつつ解決しなければならない困難な問題を，数多く抱えていたという事情がある．

　上海英国大使館の A・ノーブルは，1940 年 6 月 5 日の本国外務省に宛てた電信の中で，「最近行われた参事選挙[55]で，英国は日本側が憤るようなやり方で，かろうじて多数を確保できた．以来，日本側は参事会に圧力をかけ続けているが，[そのような事情から] 参事会はデファクト政権 [上海特別市政府] の要求を拒否するのが困難な状況にある」と述懐している[56]．参事選挙で英国が不正な手を使ったことで，英国主導の参事会は日本と市政府側に弱みを握られている，という認識である．

　参事選挙とその後の日本の圧力については，1940 年 6 月 12 日の在上海英国大使館ノーブル宛総領事 A・H・ジョージ書簡にも，次のような記述がある[57]．

---

53)　前掲 "Letter of A. H. George, British Consul-General at Shanghai to Sir A. Noble, British Embassy at Shanghai, of 14.6.1940"（FO676/451）．

54)　2 通の日本語機密文書の日本語原文は見つかっていないが，英訳文は "Main Points of the Work of the Japanese 13th Army vis-à-vis the Shanghai Settlement and concession"（日本陸軍第 13 軍の上海共同租界ならびに仏租界に対する作戦の主要点），"Objectives in Connection with the Revision of the Joint Defense Scheme"（合同防衛計画の改訂目的）と題され，英軍情報参謀グイン少佐から上海天津地区司令部，上海駐在陸軍武官，上海駐在フランス空軍武官に送付されている．タイトルから類推できる内容のほか，「梅」機関（梅華堂）の役割，憲兵隊の活動目的，反日機関に対する工作，税金政策などが記されている．文書には日付はないが，内容は 1939 年 9-11 月に起こったことに関係しており，その直後に書かれたと推測できる．

55)　参事選挙は，1940 年 4 月に行われた．英国 5 人，米国 2 人，日本 2 人，中国（重慶国民政府）5 人の合計 14 人が当選し，議長には再び英国人が選ばれて，勢力地図に大きな変化はなかった（前掲高橋孝助・古厩忠夫編『上海史』，210 頁；前掲『工部局董事会会議録』第 28 冊，39 頁）．

56)　前掲 "Telegram from Sir A. Noble, British Embassy at Shanghai to Foreign Office of 5.6. 1940"（FO371/24683/F3367/162/10）；前掲 "Confidential Print, Telegram from Sir A. Noble, British Embassy at Shanghai to Foreign Office of 5.6.1940"（FO436/7）．

（前略）［参事選挙で］われわれは最後の手段を使って5議席を獲得し，日本は，ねらいとは正反対のたった2議席しか獲得できなかった（日本人はわれわれがとった手段に完全に気づいていたが，彼ら自身の手段もクリーンではなかった）．以来，彼らは参事会に対しあの手この手で圧力をかけ，自分たちの新聞紙上で英国人メンバーへの非難キャンペーンを繰り広げるとともに，並行して，外国地域（の一部）を日本と新政権への抵抗拠点だと宣言し，その返還を求める記事を掲載したりしている．（中略）こういった圧力は，枚挙に暇がない．最近も，日本の連絡将校が，帯剣した完全軍服姿で工部局行政庁舎に参事会議長を訪ね（こんなことは前例がない），税関から横浜正金銀行に向かう途中の2人の日本人が，強盗にあって負傷したことについて，事件から1週間経ってもまだ工部局参事会から日本軍に謝罪がないのは驚きである，と言明した．

前述の在上海英国大使館A・ノーブルの1940年6月5日付本国外務省宛書簡に戻ると，彼も英国主導の工部局参事会が直面している重要問題のいくつかに言及し，それらの円滑な解決のためにも，土地記録を引き渡す以外にないという考えを述べている．

　　参事会は，すでにデファクト政権と租界に関わる他のもっと重要な事項について交渉を進めている．たとえば，西部地域の越界路地区に特別警察隊を設置する問題や北部地域に警察を戻す問題などである[58]．よって，彼ら［デファクト政権］に土地事務所を運営する資格がないと言い続けるのは困難な状況になっている．さらに，土地記録の引渡しを拒めば，これら他

---

57)　前掲 "Letter of A. H. George, British Consul-General at Shanghai to Sir A. Noble, British Embassy at Shanghai, of 12.6.1940" (FO676/451).
58)　越界路地区の警察権問題は，日本軍の圧力のもとで1940年2月16日に工部局と上海特別市政府の間で暫定協定が結ばれ，市政府が特別警察隊を設置することが決まるが，その後も交渉が続けられ，正式協定が結ばれるのは1941年2月1日である．前掲『上海通史』第7巻「民国政治」364-366頁；Wakeman, Frederic, Jr.,"Urban controls in wartime Shanghai", in: 前掲 Wen-hsin Yeh, ed., *Wartime Shanghai*, pp. 135-142；村田省一「1930年代における上海越界築路地域の画定と徴税問題について」（森時彦編『20世紀中国の社会システム——京都大学人文科学研究所附属現代中国研究センター研究報告』京都大学人文科学研究所，2009年）などを参照のこと．なお日本の関連史料に，「滬西越界路警察権に関する暫定取極の件」（JACAR Ref.: C04121885500，「陸軍省／陸支密大日記 -S15-22-117」，防衛省防衛研究所）などがある．

の交渉において妥協を余儀なくされることは必至であろう．

　先述のように，ジョージ総領事が，土地記録引渡し要求の背後には，上海の支配強化を目指す日本の「邪悪な本性」があるとして，引渡しに慎重な姿勢を見せたのに対し，上海大使館のノーブルは，日本に対する警戒心は共有しながらも，土地記録引渡し要求に応じなければかえって他の問題で日本に妥協せざるを得なくなると，逆に引渡しに前向きな意見を述べていることになる．
　第2に，上海における英国の外交姿勢の基本は，日本との軋轢の前面に立たないということであり，そのため常に米国と歩調を合わせる必要があった．そのような姿勢は，下記の通り，いくつかの英国外務省文書に垣間見ることができる．

　（前略）上海でとりうる唯一の安全な道は，できるだけオープンに米国のリードに従うことである．（1940年6月7日，英国外務省ジョン・F・ブレナンの回議書意見）[59]

　（前略）米国人をこの件に引き込むことができないと，すべての悪評がわれわれの上に降りかかることになる．（中略）私は，米国大使から明確な方針を聞き出そうと何週間も試みているが，彼は依然としてワシントンからの指示を待っている．（1940年6月1日，重慶駐在英国大使から上海英国大使館宛書簡）[60]

　（前略）彼ら［米国］は，記録を引き渡さない場合に起こりうる責任を引き受けることはないだろう．（中略）われわれがたったひとりで日本人の憤激の矢面に立たなければならないことになる．その結果，最善の場合でも，すでに激しい攻撃にさらされている，（日本人の強制的な介入さえ完全には排除できていない）参事会の中で，英国の地位はひどく弱められよう．最悪の場合は，米国のサポートを得られないまま，私が日本人とともに事の最前

59）　前掲 "Minutes"（FO371/24683/F3367/162/10）．
60）　前掲 "Despatch from H. M. Ambassador, Chungking to H. M. Embassy, Shanghai, of 1.6.1940"（FO676/451）．

列に立つという事態を招くだろう．(1940年6月5日，在上海英国大使館A・ノーブルから英国外務省宛電報)[61]

米国は，後で見るように表向きは賛成も反対もしないという曖昧な態度をとり続けたが，これは事実上，土地記録の引渡しを容認すること以外の何ものでもなかった．結果的に，米国のこのような姿勢が，英国の容認論を後押しすることになったと見られる．

第3に，重慶駐在英国大使のアーチボールド・クラーク・カーが，重慶国民政府への配慮から記録引渡しに慎重な姿勢を見せていたのに対し，英国外務省極東部のジョン・F・ブレナンは逆に国民政府への猜疑心を隠さず，これが土地記録引渡し容認論の背景のひとつであったと思われる．本件に関する外務省回議書に書き込んだ1940年6月7日の意見の中で，ブレナンは，「今われわれに提起されている問題において，われわれは再び中国政府から彼らの権益を守ることを求められている．これは，日本人による占領に抗しえないという彼ら自身の無力ゆえであり，その結果，われわれが多大なリスクを負わなければならない形になっている」と書いている[62]．英国政府内部には，このように，土地記録問題を重慶の中国国民政府から一方的に押しつけられたリスクであるとする認識があった．

ブレナンはさらに，「これまでもわれわれは中国の大義に同情して，安全制限をはるかに越えた行動をとってきた．とりわけ天津では，中国人テロリストや中国の銀積立を守る立場をとったために，われわれは日本人との危険な衝突に追い込まれた．それにもかかわらず，中国政府側からは何の感謝も示されなかった．われわれは，上海では同じ罠にはまらないよう気をつけなければならない」と記し，重慶の中国国民政府に対するあからさまな不信感をさらけ出している．

ブレナンが言及している天津の問題は，当時，「天津租界問題」ないし「天

---

61) 前掲 "Telegram from Sir A. Noble, British Embassy at Shanghai to Foreign Office of 5.6.1940" (FO371/24683/ F3367/162/10)；前掲 "Confidential Print, Telegram from Sir A. Noble, British Embassy at Shanghai to Foreign Office of 5.6.1940" (FO436/7)．
62) 前掲 "Minutes" (FO371/24683/ F3367/162/10)．
63) JACAR Ref.: J20011944000，「日英関係徐々に好転の一路へ　重光大使英外務省訪問　天津問題を交渉」(Nichibei Shinbun 日米新聞，1939.11.25) (スタンフォード大学フーヴァー研究所) など．

第 3 章　1940 年上海土地記録問題をめぐる日本と欧米諸国　　　293

津租界事件」として世間の耳目を集めていたようである[63]．具体的には，1939 年 4 月 9 日の抗日派中国人による天津海関所長程錫庚暗殺事件に端を発する治安悪化と，もうひとつは，「法幣[64]の濫用による経済的ゲリラ行為」[65]や中国側銀行保管の現銀管理をめぐる日英紛争を理由に，日本軍が天津英租界を封鎖した事件である．封鎖は，隣接するフランス租界も巻き込んで，1939 年 6 月 14 日に断行されたが，英国側の申入れにより，7 月 15 日から解決に向けた日英会談が東京で開始された．協議は難航してほぼ 1 年に及び，1940 年 6 月 19 日に有田八郎外務大臣とロバート・クレイギー駐日英国大使の間で合意に達し，天津租界の封鎖は翌 6 月 20 日に解除された．合意では，治安維持について租界当局と日本官憲が協力することや，反重慶側中国連合準備銀行券の流通容認，重慶政権側と目される中国交通銀行保管の銀貨と銀塊の封印などが決められた[66]．英国側は，重慶国民政府と連絡を取りながら，この交渉に相当のエネルギーを使ったと見られ，ブレナンの言から類推できるように，上海土地記録問題に対しても一定の影響を与えたと思われる．

　第 4 に，1940 年 6 月 11 日に上海駐在英国総領事 A・H・ジョージが上海の英国大使館に送った，工部局参事会英国人メンバーとの会談報告によれば，「英国だけが記録引渡し拒否の責任をとるような事態は避けるべきだが，(中略) 引渡しの時が来たときには (中略) 市長から既存の登記システムと地代算定基準を維持する旨の保証を得るべきである」との考え方で一致したという[67]．同総領事の 6 月 21 日の書簡[68]によれば，「既存の登記システム」とは，「1930 年に参事会と市政府の間で非公式に合意された土地登記システム」のことである．英国側に，旧来の土地登記システムと地代算定基準を変更しないことを条件として，土地記録の引渡しを容認する考え方があったことがわかる[69]．

　以上見てきたように，英国政府は，土地アーカイブズの引渡しに慎重な考え

---

64)　蔣介石政権発行銀行券のこと．
65)　JACAR Ref.: A06031035500,「天津英仏租界問題の解決」(内閣文庫／内閣情報局関係出版物／週報第 193 号) (国立公文書館)．
66)　同上．
67)　前掲 "Letter of A. H. George, British Consul-General at Shanghai to Sir A. Noble, British Embassy at Shanghai, of 12.6.1940"（FO676/451）．
68)　前掲 "Despatch from A. H. George, British Consul-General at Shanghai, to H. M. Ambassador at Shanghai, of 21.6.1940"（FO676/451）．
69)　本章「2.1　上海の土地行政と土地記録」参照．

方と，前向きな考え方の両方を抱えて，なかなか方針が決まらなかった様子だが，対日安全策を優先して引渡しを認めることとなり，結局，1940年6月12日発信の在上海英国大使館宛外務省電報に記された内容が，英国の最終方針となっている．すなわち，「この種の論争で一方に立つことによって，極東での政治的紛争のリスクをこれ以上増やさないよう，できるだけ米国の主導に従うようにするのが得策である」という基本姿勢にのっとり，「共同租界工部局参事会が租界住民にとってベストと考えるようにやればよく，英国政府は共同租界工部局参事会にアドバイスするつもりはない」という結論である．土地記録問題に関して，英国は米国に同調して傍観者的立場に立ち，結果的に記録の引渡しを容認したことになる．

3.5 米　　国

米国の土地記録問題に対する考え方は，英国側史料から間接的に類推するしかない．1940年4月24日付の上海駐在英国総領事A・H・ジョージから在上海英国大使館ウィリアム・G・ヘイター William G. Hayter 宛書簡によれば，米国代理総領事リチャード・バトリック Richard P. Butrick は，米国国務省から，「工部局参事会が日本人または日本人の援助下にある機関に土地記録を引き渡すことについて，［米国は］同意する立場に立ちたくない」という内容の方針指示を受け取った由である[70]．ジョージ英国総領事は，米国のこのような方針について，二様の解釈が可能であるとし，「記録を傀儡組織に引き渡すことに反対する」か，「関係することを避け，参事会が自分自身で何事か決めても何も反対しない」の2つをあげて，「後者の解釈がより妥当かと思われる」と結論づけている．

1940年6月4日には，重慶駐在英国大使アーチボールド・クラーク・カーが上海英国大使館に宛て，次のような書簡を送っている[71]．

　　重慶駐在米国大使から私に以下のような通知があった．すなわち，工部局

---

70) "Letter from A. H. George, the British Consul-General, to William G. Hayter of the British Embassy at Shanghai, of 24.4.1940", in: 前掲 "Shanghai Land Archives"（FO676/451）．

71) "Telegram from H. M. Ambassador at Chungking（A. Clark-Kerr）to H. M. Embassy at Shanghai, of 4.6.1940", in: 前掲 "Shanghai Land Archives"（FO676/451）．

参事会が領事団への相談なしに土地記録を引き渡すことになった場合，米国国務省はどう行動するのかという米国大使の質問に対し，国務省は，参事会が出した決定について，もし必要ならば何らかの見解を表明する用意があるという以上のことは言えない，と回答してきた由である．それに先立ち国務省は，本件はローカルな問題なので現地当局者間で解決すべきだが，そのことは，国務省が記録の市政府への引渡しに賛成しているという意味ではない，とも伝えてきたということである．

重慶駐在英国大使は，米国大使の話を聞いて，「米国政府は，参事会が記録を引き渡すのを妨げるいかなる手段もとるつもりはない」との判断を記している．

このような国務省方針を受けて，リチャード・バトリック上海駐在米国代理総領事は，同じ6月4日，上海領事団首席領事に書簡を送り，首席領事が5月28日の領事団回章152-G-VIIで表明した「工部局参事会は領事団の見解や承認を求めることなく記録引渡しを決定すべきだ」という意見について，「領事たちは，この件に関し工部局参事会にアドバイスする位置に立つべきでないと思います」とのみ記している[72]．

土地記録を上海特別市政府ならびに日本側に引き渡すことについて，米国は消極的容認論の立場に終始したといえるだろう．

3.6　日　　本

日本が事実上，上海土地記録問題の一方の主役であったことは明らかである．興味深いことに，1938年10月5日の上海特別市成立後は，日本がこの問題で交渉の表舞台に立つことはほとんどなく，上海特別市の背後から工部局参事会に圧力をかけることを選んだのだと思われる．しかしそれまでは，日本は比較的表立ってこの問題に関わっていた．

すでに述べたことの繰り返しになるが，上海駐在日本総領事の日高信六郎は，土地記録が工部局に預託された4か月半後の1938年4月19日に，英国総領事と会談し，本来なら記録の即時引渡しを要求すべきところだが，「日本側当局

---

[72]　"Senior Consul Circular 162-G-VII of 4.6.1940: Enclosure in Shanghai P/L Despatch to H. M. Ambassador, No. 354 of 6.6.1940", in: 前掲 "Shanghai Land Archives"（FO676/451）．

者が登記簿にアクセスできるのであれば，それでも［土地をめぐる］紛争解決の大きな助けとなるので，当分の間，事態を現状のまま据え置く用意がある」と言明している[73]．

同年 7 月 27 日に再度英国総領事と会談した際にも，日高総領事は，日本当局と中国側の現市政府が土地記録を利用できるようにすることが，上海の将来的な都市計画における諸外国の利益にもつながると，外国勢力の共同利益を持ち出して，前回の提案を繰り返し，この時点ではまだ比較的柔軟な交渉姿勢を見せている[74]．

1938 年 10 月 5 日に上海特別市が成立し，市長傅筱庵が土地記録返還要求の中心になって以降の日本の公式見解は，1938 年 12 月 1 日領事団回章 363-M-XI[75]に対する，日高総領事の 12 月 10 日付返信に見ることができる．この回章は，傅筱庵市長から土地記録問題への協力要請を受けた首席領事が，領事団メンバーの意見を尋ねたもので，日高総領事は以下のように回答している[76]．

(a) 上海共同租界工部局参事会は，領事団からあらかじめ承認を受けない限り，これら中国の土地アーカイブズを保有する権利または権限を持たない．これらのアーカイブズは，日本が当該領域を軍事的に占領したことに鑑み，公共財産として，少なくとも一時的に，日本当局の管理下に置かれるべきであった．

(b) 工部局参事会は，これらの文書を引き取る前に，関係する列強各国を代表する領事たちから承認を得ていない．工部局参事会は，彼ら代表領事たちに対し，単に引取り完了の事実報告だけを行い，事後承認を求めたが，代表領事たちが団体として承認を与えたことはない．

日高総領事は，「現在の上海市の政府は，今や記録の返還を受けるに十分な資格を有する公権力である」とも言っている．

---

73) 前掲 "Matters discussed with Mr. Hidaka by Mr. Phillips on 19.4.1938"（FO671/482）．
74) 前掲 "Record of interview between H.I.J.M. Consul-General and H.B.M. Consul-General at Japanese Consulate-General on 27.7.1938, by H. H. Thomas（FO671/482）".
75) "Senior Consul Circular No. 363-M-XI, circulated 1.12.1938", in: 同上（FO671/482）．
76) "Letter from S. Hidaka, Japanese Consul-General at Shanghai, to the Senior Consul, of 10.12.1938, in Senior Consul Circular 379-M-XI circulated 14.12.1938", in: 同上（FO671/482）．

その後，日本側からの発言（少なくとも公式発言）は鳴りを潜め，次に発言が見られるのは，この問題が最終決着に近づいた1940年6月15日，当時の上海駐在日本総領事三浦義秋が首席領事に宛てた書簡である[77]．これは，上海特別市政府への土地記録引渡しについて各国領事の同意を求めた，5月28日の領事団回章174-G-VIIに対する返信で，三浦総領事は当然のことながら，「私は，市政府への土地記録引渡しを肯定的に決断すべきときが来たという首席領事の見解に，全面的に同意する」と書いている．

一方で，日本は土地記録引渡し実現のため，裏でもさまざまな形で工部局参事会への圧力を強めていた．すでに引用した史料だが，上海駐在英国総領事A・H・ジョージの1940年6月25日付書簡によれば，日本人参事会メンバーの岡本一策は，参事会秘書兼事務局長ゴドフリー・フィリップスに対し，「日本軍当局は，工部局参事会が記録の引渡しに失敗したことに極度に憤慨している．そして，もし記録が直ちに引き渡されないのなら，市政府はそれらの記録を完全に無視して全く新しい土地証書を当該地域に関して発行することになるという最後通告を，工部局に手交する旨決定した」と話したという[78]．

土地記録問題をめぐる，日本の工部局参事会に対する圧力は，上海地域とりわけ共同租界における日本の支配権拡大戦略の一環としてとらえる必要がある．具体的には，これまたすでに触れたように，租界への日本軍憲兵駐留問題や西部地域越界路地区の特別警察隊設置問題などをめぐる動きがあげられよう．

なお本来，最初に触れるべき論点かもしれないが，日本軍によるいわゆる敵産管理政策と，土地記録との関係という重要問題がある．日中戦争開始後，日本軍は占領地において国民政府側の動産，不動産の接収を進めており，第1章補論1で紹介したように，1938年1月16日には「中支方面敵産処理暫定規程」が定められている[79]．この暫定規程は翌1939年に廃止され，7月15日に「中支那派遣軍直轄地域内（江蘇，浙江，安徽省）敵産処理規程」，9月25日に「呂

---

77) "Letter from the Japanese Consul-General to the Senior Consul of 15.6.1940, in Senior Consul Circular 174-G-VII: Enclosure 1 in the despatch of the British Consulate-General, Shanghai, to H.M. Ambassador at Shanghai, of 20.6.1940", in: "Shanghai Land Archives"（FO676/451, FO671/483）（英国国立公文書館）．

78) 前掲 "Despatch from A. H. George, British Consul-General at Shanghai, to H.M. Ambassador at Shanghai of 25.6.1940"（FO676/451）．本章「3.2 上海共同租界工部局参事会」を参照のこと．

79) 以下，本書第1章補論1の「5.2.2 敵産管理制度の導入」を参照のこと．

集団占拠地域内（江西，河南，湖北，湖南省）敵産処理要綱」が発令されている．注目されるのは，中支方面敵産処理暫定規程第4条に，「敵産ハ土地台帳其他ノ証憑書類ニ依り立証スルヲ要ス」とあることである．ある意味で当然のことながら，占領地における敵国側不動産の調査，認定や接収には，土地台帳をはじめとする土地行政に関する記録が欠かせなかった．上海の日本軍占領地において，上記の規程や要綱が直接適用された証拠はない．しかし，工部局に対する旧上海市土地記録の引渡し要求の背景のひとつとして，というよりも，むしろ最初のきっかけとして，土地記録を敵産処理業務に活用したいという日本軍の意向が存在した可能性は十分に推察できよう[80]．

さらにもう1点，これも史料上はっきりと確認できたわけではないが，日本側の土地記録引渡し要求の背景として考えておく必要があるのは，慣行調査との関連である．日本は日中戦争開戦後，華北・華中での調査活動と資料収集活動を活発化させ，1937年12月には先に触れたように占領地区図書文件接収委員会を設置した．1939年には，興亜院の委嘱による農村慣行調査や都市不動産慣行調査も実施されている．これらの活動の中心を担った機関のひとつが，1936年に開設された満鉄上海事務所調査課（調査室）である．旧上海市政府の土地記録は，日本軍や上海特別市政府の土地管理に必要な行政資料であると同時に，調査研究資料としても重要だったはずであり，そうした声が土地記録引渡し要求を後押しする要因のひとつになったと考えることも可能であろう．なお，華北・華中における調査活動と資料収集活動については第4章で検討する．

3.7　中国国民政府（重慶）

重慶の国民政府は，土地記録問題を重視し，上海特別市政府ならびに日本側への引渡しに強く反対してその中止を求めている．1940月7月4日付の英国代表部宛中国外交部覚書は，下記に示すように，これらの土地記録は「中国ならびに外国の商業者と市民にとって誠に重要なもの」であり，上海特別市側に引き渡されたならば，「あらゆる財産権が疑わしくなり，その危険は極めて甚大なものとなろう」として，英米両国大使館に，引渡し中止の働きかけを強く求めている[81]．

---

80) 上海における敵産処理については，今井就稔「戦時上海における敵産処理の変遷過程と日中綿業資本」（前掲高綱博文編著『戦時上海』所収）があるが，工場接収の問題が中心である．

中国外交部は英国大使館に対し謹んで書を呈し，これまで外交部長王寵恵博士と英国大使との間で繰り返し話し合う機会が持たれてきた，上海共同租界工部局が保管する大上海市土地管理局のアーカイブズの問題について，ここに言明するものである．7月2日付上海発のロイター電によれば，上海共同租界当局は，上記アーカイブズの完全なるセットを偽上海市長の売国奴傅筱庵に引き渡す決定をしたとのことである．これは実に最も驚くべきニュースである．これらのアーカイブズは中国ならびに外国の商業者と市民にとって誠に重要なものであって，もし偽りの組織に引き渡されたならば，あらゆる財産権が疑わしくなり，その危険は極めて甚大なものとなろう．よって英国大使館は，速やかに上海共同租界当局に働きかけ，上記のアーカイブズを日本とその傀儡に引き渡さないようにされたい．

また中国政府は，この件に関しすべての権利を留保している旨宣言する．中国外交部は，米国大使館への通知に加え，ここに謹んで本メモランダムを英国大使館に送付し，その適切な処置を求めるものである．ご返答をお待ちする．

（中国外交部公印）

また，重慶国民政府側に立つ元上海市政府市長の俞鴻鈞も，1940年7月3日に，共同租界工部局参事会議長に宛てて，工部局が旧土地局の文書をデファクト政権に引き渡す決定をしたことに抗議する電報を，香港から送っている[82]．

4. 土地記録の引渡し

4.1 土地記録引渡しの経緯

重慶国民政府などの抗議にもかかわらず，上海土地記録の引渡しは1940年7月5日に実施された．翌7月6日付の『ノースチャイナデイリーニュース』紙は，「S.M.C.［上海共同租界工部局］，土地記録を移送　箱を運び出すトラックで

---

81) "Memorandum from the Waichiaopu, dated 4.7.1940", in: 前掲 "Shanghai Municipal Council: Land Archires"（FO341/24683/F3367/162/10）.

82) "Despatch form A. H. George, British Consul-General to Sir Archibald C. Kerr, British Ambassador at Shanghai, of 5.7.1940, and its enclosure", in: 前掲 "Shanghai Land Archives"（FO676/451）.

工部局構内は混雑の様相」という見出しで，次のように引渡しの様子を詳しく伝えている[83]．

　　上海共同租界工部局と傅市長の間で，その取扱いにつき交渉が長引いていた工部局保管にかかる土地証書は，昨日午前，さりげなくしかし手早く，工部局から日本総領事の手を経て市長のもとに移送された．
　（中略）日本領事館（総領事館の誤りか）の代表と市長の新土地局局員は，午前9時少し前に工部局秘書兼事務局長ゴドフリー・G・フィリップス氏を訪問．後から工部局土地調査局の職員も加わって，開錠された文書保存庫に入った．そこで，封印され番号付けされた証書類の箱を点検した後，これらの箱はトラックへの積込み場所へと持ち出された．なお，箱の封印と番号は，前市長によって付されたものであることが確認された．

　その後，文書保存庫から持ち出された312個の箱は，旧土地局に属する家具類とともに，日本総領事館の代表と中国人吏員の立会いのもとにトラックに積み込まれた．一般人の構内立入りは「入口付近に張られたロープで規制され，見物人はわずかなスペースから，多数の苦力が荷物を忙しげにトラックに運ぶのを興味深げに覗いていた」という．記事は続ける．

　　使用されたトラックは明らかに6台以上だったが，旧土地局の証書・記録類をすべて日本総領事館に輸送し終えるまでには（中略）30回ほどの搬出が行われたと見られる．積込みは数人の警察官の監督下で行われ，終了までにほとんど午前中いっぱいかかった．
　（中略）多数の警察官が建物の外側に待機し，アーカイブズが虹口[84]に移送される間，予備役を含めて多くの警察官がこれを護衛した．アーカイブズは，虹口で上海特別市警察の管理下に移された．
　（中略）証書類の輸送には日本人憲兵も参加した．一部の者はトラックの

---

83) "Extract from 'North China Daily News' of July 6th, 1940: Enclosure 1 in Shanghai Despatch to Embassy Shanghai No. 439 of 6.7.1940", in: 前掲 "Shanghai Municipal Council: Land Archives" (FO371/24683/F3367/162/10).
84) 虹口は日本人居住区で，日本総領事館や日本軍憲兵隊本部があった．

第 3 章　1940 年上海土地記録問題をめぐる日本と欧米諸国　　　301

上に立ち，他の者は踏み台に上がって活動を行った．

　このように，大げさすぎるといっていいほどの警備態勢がとられたことがわかるが，そのことは，土地記録引渡し問題が，当時の租界政治において，いかに大きな問題であったかを示すものといえよう．

　輸送終了後の 7 月 5 日午後遅く，工部局は，「土地局記録の日本総領事館への引渡しは，本日 7 月 5 日午前，工部局によって実行され，正午までに引渡しが完了した」という短い発表を行っている．

　なお，英国総領事 A・H・ジョージは，記録引渡し終了を在上海英国大使館に報告した 7 月 6 日の書簡で，「［引渡しの］手順は，工部局参事会秘書兼事務局長と日本総領事の間で話し合われ，書面交換はなされなかったが，日本総領事から受取書が発行された」と記している[85]．また，「工部局秘書兼事務局長ゴドフリー・G・フィリップの話によれば，日本総領事から将来の土地登記システム，地代算定基準について書面による確約をとるのは難しかったが，日本総領事は口頭で，現在の登記システムが維持され，適切な地代算定基準が採用されるようベストを尽くす，と約束したとのことである」とも書いている．

　土地記録を直接上海特別市政府に引き渡すのではなく，いったん日本総領事館に運んだ上で改めて上海特別市の管理に移すという面倒な手順をとっているのは，上記の英国総領事書簡によれば，工部局側が上海特別市に直接引き渡すことを断ったためだという．確かに，上海特別市政府に記録を直接引き渡すことについては，重慶政府からの非難を恐れる参事会中国人メンバーの強い反対があり，それに配慮した可能性がある．ただ，日本総領事の言動からは，日本側が上海市の土地行政に主導的役割を果たし続けたいというねらいが顕著であり，日本総領事館への移送は，そういった日本側の意図を反映しているとも考えられる．

4.2　土地記録引渡しに対する反応

　1940 年 7 月 6 日の，上海駐在英国総領事 A・H・ジョージから上海英国大使館宛書簡には，土地記録引渡し直後の各方面の反応が記されている[86]．

---

85)　"Letter of A. H. George, British Consul-General to British Embassy at Shanghai, of 6.7.1940", in: 前掲 "Shanghai Municipal Council: Land Archives"（FO371/24683 /F3367/162/10）．

まず，英国人土地所有者代表の反応について，土地記録が「工部局の手を離れたことに明らかに満足の様子である」と書いている．続いて，『ノースチャイナデイリーニュース』紙が返還に好意的な記事を掲載したことを，「これがどの程度英国人の意見を反映しているかはわからないが」としつつも，「新土地局への記録引渡しは，状況進展のためにやむを得ざることとして受け入れる空気である」としている．英国人土地所有者にとっては，日本人が影響力を強めることもさることながら，記録が新市政府に引き継がれないことによって土地行政が停滞していることもまた，大きな問題だったということだろうか．

　次に，重慶国民政府系新聞の反応について，「文書の引渡しは信頼を裏切る違法行為だとしながらも，これまでのところ概して柔軟である」と見ている．ただ，中国人参事が協議の埒外に置かれたことから，「中国人社会の工部局への共感は失われる結果になるだろう」と予測している．

　ジョージ総領事は，「日本の息がかかった新聞と日本大使館スポークスマン」の反応についても書いている．それによれば，日本人たちは「工部局が記録を上海特別市政府に直接引き渡すことを断ったのは，工部局が市政府を認めていないことの表れ」だとし，これは「"馬鹿げたこと"で，［工部局が］現実認識を完全に欠如していることの表れだ」と評している由である．また，土地記録問題以外の租界に関わる諸問題が解決に至らないのは，工部局のこうした姿勢に責任がある，とも言っているとのことである．しかし，土地記録問題以外の諸問題の解決が遅延していることについての責任追及は別にして，工部局が土地記録を上海特別市政府に直接引き渡さなかったことを声高に非難する日本側の反応は，必ずしも本音とは思えない．記録引渡しの経緯にできるだけ深く関与することが，土地管理はもちろんのこと，上海の支配行政全体に対する日本の権限を強化する上で重要だったと考えられるからである．

　同書簡は最後に，元上海市長兪鴻鈞が再び工部局に電報を送り，「記録の引渡しは合意に背くものであり，上海の中国人ならびに外国人土地所有者の両方に深刻な影響をもたらすものだ」と，強い抗議をしたことに注意喚起している．

　重慶の中国国民政府外交部が，7月4日付覚書に続き，土地記録引渡し実施後にも，重ねて英米両国大使館に抗議を行ったかどうかは確認していないが，

86）同上．

7月4日の抗議に対する米国の返答は，返答期日は不明だが，1940年7月12日の英国総領事A・H・ジョージ書簡と，7月17日の英国大使アーチボールド・クラーク・カー電信によって，内容を知ることができる[87]．それによると，米国大使は本国政府から，「［土地記録の引渡しは］工部局参事会が決めるべき問題であり，合衆国が干渉するのは適当でない．また他の占領地域でも，土地記録はデファクト政権に引き渡されている」と回答するよう指示された由である．

英国政府も米国にならい，1940年7月22日に次のような返答の覚書を国民政府外交部に送っている[88]．

覚　書

英国外交代表部は謹んで中国外交部に書を呈し，上海特別市土地管理局（ママ）アーカイブズの市長傅筱庵への引渡しに関する中国外交部の7月4日付メモランダムについて申し上げる．

　［本国から］受け取った指示に従い，本外交代表部は以下のように説明させていただく．問題のアーカイブズは中国政府当局が上海撤退を強いられた際に上海共同租界工部局に引き渡されたものである．工部局はこれらアーカイブズを領事団に照会することなく受け取り，これまで約2年（ママ）にわたって保持してきた．このような状況から，工部局がこれらのアーカイブズを保持し続けるべきかどうかを決定するのは工部局自身であり，実際，工部局はこれに関し何らの干渉も受けなかった．というのが，英国政府の見解である．

　これに関連し，あながち不適切ではないと思われるので以下のことを付け加えたい．すなわちこれまで知られる限り，国民政府権力が撤退した中国の他の地域においても，当該地域の支配権を引き継いだ地方政権が，当該地域の土地記録を接収しているということである．

英国外交代表部，重慶
1940年7月22日

---

87)　"Letter of A. H. George, the British Consul-General to A. Noble of the British Embassy at Shanghai, of 12.7.1940", in: 前掲 "Shanghai Land Archives"（FO676/451）; "Telegram from Sir A. Clark-Kerr at Shanghai, of 17.7.1940", in: 前掲 "Shanghai Municipal Council: Land Archives"（FO371/24683/F3367/162/10）.

88)　"Despatch from Diplomatic Mission Chungking to H.M. Principal Secretary of State for Foreign Affairs, of 22.7.1940", in: 前掲 "Shanghai Municipal Council: Land Archives"（FO371/24683/F3367/162/10）.

興味深いのは，米国・英国とも，この問題には基本的に不干渉であることを強調しつつ，中国国民政府が撤退した他の日本軍占領地域で，新しく成立した地方政府に土地記録が引き継がれていることに触れ，上海土地記録の上海特別市政府への引渡しを正当化しようとしていることである．このような英米両国の土地記録問題に対する態度には，戦時国際法上認められた占領統治者の公的アーカイブズ押収権への配慮とともに，中国における当時の両国の外交姿勢が影響しているものと思われ，政治史的にも注目に値すると考える．

英米両国の返答に対し，中国国民政府外交部は，7月24日に再抗議の覚書を手交し，「中国政府はここに再び断固たる抗議を行い，上記のアーカイブズの引渡しが法的に有効性を持ちえないことを宣言する」と述べている[89]．

4.3 上海特別市政府における土地記録の整理

土地記録の引渡しが実施された翌年，1941年2月17日に上海特別市政府地政局[90]から市長陳公博宛に送られた報告によれば，上海特別市政府は，記録受取り直後に「臨時档案整理処」を設置して，1940年7月18日から整理作業を開始，翌1941年2月に目録83冊を完成した[91]．また「事変」（1937年第二次上海事変）以前の「未結案件」は，数量が多いので，とりあえず「未結案件登録冊」として別に簡略目録1冊を作成している．上海特別市政府は，これらの目録によりながら，土地記録を実際の土地行政に活用したと見られる．

5. 前上海市政府財政局記録の押収

日中戦争時の日本軍占領下上海では，ほかにも，アーカイブズの避難，隠匿，押収など，類似の事案が発生した．史料によって判明する事例として，最後に，前上海市政府財政局記録の押収事件を補足的に紹介したい．

1940年12月30日に，上海共同租界工部局警務局長から，「日本当局によっ

---

89) "Memorandum from the Waichiaopu, dated 24.7.1940", in: 前掲 "Shanghai Municipal Council: Land Archives"（FO371/24683/F3367/162/10）．
90) 上海特別市土地局は，1941年1月に「地政局」に改称されている（前掲上海市档案館編『日偽上海市政府』，45頁）．
91) "Report of the Land Bureau of the Municipality of Greater Shanghai to the Mayor Fu Siao-en, of 17.2.1941", in: 前掲「交渉収回前市府寄在工部局之土地図籍巻宗」（R1-9-19）．

て押収された前上海市政府財政局の記録とファイルについて」と題する 12 月 28 日付の警務報告書の写しが，工部局参事会秘書兼事務局長に提出されている[92]．土地記録問題が収束してから間もなく半年になる時期のことである．それによると，1940 年 12 月 24 日付の地元新聞に，フランス租界で旧上海市政府の文書が押収されたとの記事が出たので，調査したところ，以下のことがわかった由である．

> 1937 年の上海における日中両軍の衝突勃発直後，前上海市政府（重慶側）財政局の記録やファイル類が，現在は廃止されている財政局第 1 課の課長の呉乾燊によって，フランス租界ブルジェ通り 360 番 1 号室およびブルジェ通り 54 番西翼室に持ち運ばれた．そして，ブルジェ通り 360 番のドアの外に，カモフラージュのため「Kuo Feng（郭汾）法律事務所」という看板が掲げられた．
>   [1940 年] 12 月 23 日午前 7 時 30 分，呉乾燊と平服姿の 3 人の日本人がモーターカーでブルジェ通り 360 番に到着し，数百束の文書を建物から運び去った．移送には日本軍の軍用トラック 3 台が使われ，虹口を経てシビックセンターに運ばれた．
>   同日午後 3 時頃，呉乾燊と日本人たちはブルジェ通り 54 番にもやってきて，約 200 箱の文書を，トラックを使い，やはり虹口経由でシビックセンターに運び去った．この移送は，12 月 24 日午前 10 時 30 分にようやく終わった．
>   この移送は，フランス警察に通知されることなく行われたが，フランス警察が後にこれを知ってラファイエット通り 1200 番の呉乾燊宅を調査に訪れたところ，同居人から呉が行方不明になっており，おそらく誘拐されたのではないかと知らされた．信頼できる筋からの情報によれば，呉は最近，上海市政府秘書長胡澤吾（ママ）の仲介で汪精衛政権に加わった．そして旧財政局の文書の引渡しに際し，10 万ドルの報酬を受け取ったと報告されている．なお，押収された文書は，現在，江湾の上海特別市政府ビル，シビックセンターにある．

---

92) "Sino-Japanese Conflict: Miscellaneous, Petitions regarding looting, extortion and examination, part 2"（U1-4-1288）（上海市档案館）．

工部局警務局長は，この報告書の写しを参事会秘書兼事務局長に送るにあたり，単に情報提供のためとしていて，工部局参事会の対応を求めていない．今のところ，参事会側が何らかの対応行動を起こした形跡もない．土地記録の場合と異なり，工部局が直接関わっていないからであろう．

　ただ，ここで日本軍に押収された旧財政局記録は，土地記録と性格を同じくする旧上海市政府の行政記録であり，旧上海市政府が1937年の上海からの撤退にあたり，行政記録を日本側に渡さないために，工部局への預託のほか，租界内への隠匿という方法も選択したことを示していて，極めて興味深い．旧上海市政府の行政記録の多くは，おそらく撤退にあたり廃棄されたと想像されるが，土地や財政に関わる重要記録は簡単に廃棄できず，預託や隠匿による保存の道を選んだのだと思われる．そのことは，ほかにも同様の方法で保存された行政記録があった可能性を示唆していよう．

　また，日本と上海特別市政府が，旧上海市職員を金銭で懐柔するなどの手段も用いつつ，土地記録以外の旧市政府記録を積極的に回収しようと努めていたことがわかる点でも興味深い．土地記録とともに財政記録などの行政アーカイブズが，戦時下における行政権の獲得や安定化のために，極めて重要であったことを示す事例であろう．

6. おわりに

　本章の「はじめに」で，筆者は，上海土地記録問題をアーカイブズ史の立場から検討する際に大切だと思われる観点を3点示した．第1に，戦争による統治者交代に起因する行政アーカイブズの承継権問題ないしアーカイバル・クレームという観点からこの事件を見るということ，第2に，上海土地記録が持つ行政の実務資料としての性格と，権力の象徴としての性格との二重性に留意すること，そして第3に，土地問題を中国租界に関わる戦時期の政治的・外交的諸問題全体の中でとらえること，という3つの観点である．以下，これに沿って，まとめの考察を行いたい．

　第1点について，まず日本ならびに日本が設立した上海市の新政府の要求内容を見ると，旧上海市土地局が土地記録を工部局に預託した1937年11月から上海特別市政府が成立する1938年10月までと，上海特別市政府の成立から

1940年7月の土地記録引渡しまでの，前後2つの時期に区分することができる．

前期においては，日本が設立した上海市大道政府，中華民国維新政府督弁上海市政公署の行政基盤が脆弱だったことも理由のひとつであろう，日本が要求の前面に立っている．この時期の要求の特徴は，必ずしも土地記録の引渡しを強硬に主張するのではなく，「日本側当局者が登記簿にアクセスできるのであれば，それでも［土地をめぐる］紛争解決の大きな助けとなるので，当分の間，事態を現状のまま据え置く用意がある」(1938年4月19日，日高総領事）としているところにある．このことから，当時，上海市の租界外地域を占領支配していた日本軍が，土地紛争の解決などのために，旧市政府の土地局記録を緊急調査する必要性にせまられていたことが推定される．また上海の日本軍は，「中支方面敵産処理暫定規程」(1938年1月16日実施）から類推できるように，占領地域の国民政府側不動産の調査，接収を進めていたはずで，そのための基礎資料としても土地記録が不可欠だったと思われる．以上のような事情から，承継権の主張よりも，むしろ日本側の占領行政上の必要性から，土地記録の使用権を前面に出して要求したのが，前期の特徴と思われる．

日本軍が担っていた上海市の土地管理行政は，サンフランシスコ『日米新聞』の報道によれば，1938年5月，当時の督弁上海市政公署に新設された「土地政局」に移管される．しかし，地元政府による本格的な土地行政が再開されるのは，おそらく1938年10月の上海特別市政府の成立，とくに新土地局設置以降のことであろう．これが後期である．

後期の特徴は，日本が影をひそめるのと反対に，上海特別市政府が工部局に対する要求活動の中心となったことである．しかもその内容は，単なる使用権の要求ではなく，上海市行政を実効的に担う正当な公権力としての立場から，旧上海市政府土地記録の，所有権移転を伴う正式な引渡しを求めたものであった．上海特別市政府が公権力として正当性を持っていたか否かの問題はさておき，その主張するところは，旧政権の正当な後継者としてアーカイブズの承継権を主張するという，まさに後にいうアーカイバル・クレームであった．

ところで，前期における占領者としての日本による土地記録の使用ないし引渡し要求は，第1章で検討した戦時国際法や国際慣例から見て，必ずしも違法とは言えないと思われる．また，後期における上海特別市政府による土地記録の引渡し要求は，戦時国際法や国際慣例の対象とならない国内事例かもしれな

いが，考え方としては，新しい統治者に旧政権アーカイブズの承継権を認めた国際法上の原則を当てはめることが可能なように思われる．この事件で英米両国などから表立った反対がなかった理由のひとつに，そのような国際法上，国際慣例上の配慮があった可能性もある．しかし，今のところ，日本や上海特別市政府が，土地記録引渡し要求の根拠として国際法や国際慣例に言及した証拠は見当たらず，工部局参事会や関係各国がそれに触れた形跡もない．あるいは，日中戦争を「事変」と称し，戦時国際法の適用対象外と考えていた日本の姿勢が関係しているのかもしれない．

次に第2点の土地記録そのものの性格の問題である．上海特別市政府が再三主張しているように，土地証書や土地登記簿などが新市政府に引き継がれていないことが「土地事業を実施するのを困難にし」，また「中国人，外国人の財産権にも深刻な影響を及ぼしている」ことは，容易に理解できる．記録引渡しが実現した際に，英国人土地所有者が歓迎の意向を示したとされるのは，そのことの反映であろう．

記録引渡しがなかなか実現しないことに業を煮やした上海特別市政府は，工部局参事会に対し，「もし記録が直ちに引き渡されないのなら，市政府はそれらの記録を完全に無視して全く新しい土地証書を当該地域に関して発行することになる」という「最後通告」を行う予定だったという．これは，日本側の脅しであった可能性もあるが，実際，土地行政の停滞は，それほど切迫していたということであろう．しかし，記録が工部局に預託された1937年11月末から引渡しが実現する1940年7月初めまでの2年7か月，日本と日本支配下の新市政府が，旧市政府の土地記録を欠いた状態で，どのような土地管理行政を行っていたのか，できれば明らかにしたいところである．

なお，当時の上海土地記録が有していたとされる，社会的権威や名声の源泉としての象徴的性格や，土地取引への関与が生み出す利益の源としての実利的性格については，その実態を明らかにできるような史料をまだ見ていない．

最後に，第3点の土地問題を租界政治全体の中でとらえるという観点については，改めて前掲図3-1「上海土地記録問題をめぐる相関関係（1940年）」を眺めながら，簡単にまとめてみたい．

租界行政の中心である工部局参事会の構成は，1937年の日本軍による上海占領以降も大きく変わらず，1940年4月の参事選挙後は，英国人議長をはじめ英

米両国の参事が半数の7人を占め，重慶国民政府側の中国人参事も5人いて，わずか2人の日本は数的に劣勢であった．この体制は，日本の圧力により，1941年4月に暫定協定が結ばれて大きく変わり，日英米3か国の参事数が各3人に均等化されたほか，中国人参事も重慶側参事が2人に削減され，新たに汪精衛政権側から2人の参事が加えられた[93]．しかし，土地記録問題はそれ以前のことであり，工部局参事会の土地記録問題への対処は，英米両国，とりわけ英国側の思惑に大きく左右されたと考えられる．

英国は，上海共同租界では，上海特別市による越界路地区への特別警察隊配置問題や，日本軍憲兵の租界常駐問題に関し，工部局参事会を通じて日本側の要求に対峙しなければならない立場にあった．また天津では，日本軍による英仏租界封鎖問題に直面して，東京で日本側と協議を続けていた．英国が，上海土地記録問題で積極的な行動をとらず，結果的に工部局参事会の記録引渡し決定を遅らせることになった背景には，これら上海租界や天津租界での政治的・外交的諸問題において，片や重慶国民政府との関係に配慮しつつ日本側と駆引きを繰り返さなければならなかった英国の事情があったに違いない．とくに後者のいわゆる天津租界問題は，1939年6月14日の日本軍による天津英仏租界封鎖から，翌1940年7月19日の東京会談妥結によって封鎖が解除されるまで1年余りに及び，英国政府は重慶国民政府との調整に追われつつ，日本との交渉に多くの力を注がざるを得なかったと思われる．ちょうど上海土地記録問題の終盤と時期が重なり，英国は東京会談を通して日本や重慶国民政府の租界政策を見極めつつ，土地記録問題の収束を図ったと思われる．

本章では，戦時期におけるアーカイブズの取扱いをめぐる国際関係の問題を考察するケーススタディのひとつとして，上海土地記録問題をとりあげた．改めて，この事件が格好の素材であることが明らかになったと思う．しかし，焦点である当時の土地記録の内容や，上海市土地行政の実態について，具体的分析はもとより，研究史の検討すら行えなかったため，隔靴掻痒の感は否めない．中国史研究者の関心を得て，上海土地記録問題のアーカイブズ史研究が進むことを期待したい．

---

93) 前掲高橋孝助・古厩忠夫『上海史』，210頁．

第 II 部

植民地支配とアーカイブズ

第4章

日本の植民地支配と「植民地アーカイブズ政策」

1. はじめに

　日本の植民地統治は，1895年に発足した台湾総督府による台湾統治を嚆矢とし，関東総督府（1905年設置）を前身として1906年に設置された関東都督府（1919年関東庁に改組），韓国統監府（1905年設置）の後を受けて1910年に開設された朝鮮総督府などがこれに続く．1932年に関東軍が中国東北部（いわゆる「満洲」）に作った「満洲国」も，事実上，日本の植民地であった．
　欧米の列強諸国がアジア・アフリカを中心に生み出した植民地政庁は，植民地支配体制の確立と維持を図るため，当該地域の歴史や文化から天然資源に至るまで，あらゆる分野の調査・研究に力を注いだが，帝国日本もその例外ではなかった．そして，この植民地調査・研究活動の過程で，旧政権文書や民間記録など現地のアーカイブズ資料が収集された．その中で，収集の規模と植民地経営に果たした役割の大きさから，とくに注目されるのが，朝鮮総督府が旧慣調査や朝鮮史編纂に際して実行した古書・古記録収集事業と，「満洲国旧記整理処」が行った旧記（旧政権期記録）収集事業である．この2つは，調査のための資料収集という域を越えて，それ自体が植民地統治の重要施策となっている．本書では，日本の植民地統治機関が行った，このような現地歴史記録や旧政権文書の組織的収集事業を，仮に「植民地アーカイブズ事業」と呼ぶことにしたい．また，そのような事業の背景には，現地の歴史記録や旧政権文書を何らかの形で活用しようとする日本政府と植民地統治機関の考え方があったはずで，本書ではそれを仮に「植民地アーカイブズ政策」と名づけることにしたい．
　「植民地アーカイブズ」（colonial archives）という用語は，一般に植民地政庁が植民地支配のために自ら作成，蓄積した行政記録の意味で用いられ，その実態

や性格は，アーカイブズ史上の重要な研究課題となっている[1]．しかし本書の用語法はそれとは異なり，もっぱら植民地に残された旧政権記録や地元の歴史文書を「植民地アーカイブズ」の中心に置いて考察している．

また「アーカイブズ政策」(archival policy) という用語も，アーカイブズ学上の定義によれば，ある組織体が，自らの組織体記録のうち「永続的価値を持つ記録を，評価・選別し，受け入れ，編成・記述し，保存し，認証するとともに，利用に供するまでの総合的なプログラム」を立案し，これを「当該組織体の業務を規定する原則として公式に表明したもの」を意味している[2]．そしてこの定義にいうアーカイブズ政策にもとづき，組織体記録の体系的な保存・公開事業として実施されるのが「アーカイブズ事業」(archival enterprise) である．ここで定義づけられているアーカイブズ政策とアーカイブズ事業の前提には，組織体がその活動の過程で生み出す記録は，当該組織体にとって新たな活動の基盤となる組織資源であるとともに，自らの活動について社会的説明責任を果たすための証拠なのであり，その意味で人類共有の情報資源，社会資源である，という近代的なアーカイブズ認識がある．

そもそも，戦前の日本，ならびに日本植民地に，そのような意味での近代的アーカイブズ認識が存在したとは考えにくい．したがって本来，「アーカイブズ政策」「アーカイブズ事業」という用語の使用は適切ではない．しかし少なくとも現地のアーカイブズに対する何らかの取扱い方針が存在し，それに従って，独自の調査収集事業が実行されたことは間違いない．本書ではそこに分析の焦点を当てることを明確にするため，本書独自の限定的な用語法として，あえて「植民地アーカイブズ政策」「植民地アーカイブズ事業」という表記を用い，これを示すことにした．

加藤聖文は，明治期日本政府の文書・記録保存管理制度を，中国の伝統的な档案制度とも欧米の近代的アーカイブズ制度とも異なるという意味で「日本型

---

1) エリック・ケテラール（安藤正人訳）「レコードキーピングと社会的なちから」（スー・マケミッシュ，マイケル・ピゴット，バーバラ・リード，フランク・アップウォード編著『アーカイブズ論――記録のちからと現代社会』明石書店，2019 年），230 頁．ケテラールは例として，Ann L. Stoler, "Colonial Archives and the Arts of Governance", *Archival Science*, 2, 2002; Evelyn Wareham, "From Explorers to Evangelists: Archivists, Recordkeeping, and Remembering in the Pacific Islands", *Archival Science*, 2, 2002 などをあげている．

2) Richard Pearce-Moses, *A Glossary of Archival and Records Terminology*, The Society of American Archivists, 2005. 一部，筆者による意訳を含む．

のアーカイブズ制度」と呼び，日本植民地における文書・記録政策を，「日本型のアーカイブズ制度」が東アジア全域に拡大していく過程と見ている[3]．基本的に賛同できるが，欧米列強の植民地においても植民地主義的なアーカイブズ管理が行われた点は同じだと思われるので，本書では，あえて「日本型」という表現は使わないことにした．

第II部「植民地支配とアーカイブズ」では，「満洲国旧記整理処」が行った旧記収集事業と朝鮮総督府が実施した古書・古記録収集事業を，「植民地アーカイブズ事業」の代表的事例として，それぞれ第5章，第6章でとりあげる．それに対し第4章では，「植民地アーカイブズ事業」を検討する前提として，その背後にある日本の「植民地アーカイブズ政策」と植民地調査事業を概観する．具体的には，第1に，明治期を中心に，記録保存と文書管理に関する日本政府の方針と施策が，どのように変遷してきたかを検討したあと，植民地統治機関の文書管理制度の概要と特徴を述べる．そしてそれらとの関連で，植民地官僚の中から調査活動を重視する考え方が生まれ，さらに朝鮮総督府や「満洲国」の「植民地アーカイブズ事業」につながっていく経緯を明らかにする．

第2に，植民地調査活動の展開過程を，台湾と満洲における戸口調査，土地調査，旧慣調査を中心に見ていき，それを通じて旧政権文書や現地民間記録に対する日本政府や植民地統治機関の取扱い方針，すなわち「植民地アーカイブズ政策」を検証したい．ただし，朝鮮総督府の行った土地調査，旧慣調査等の調査事業については，行論の構成上，第6章の朝鮮史編纂事業とともに論じるのが適切と考え，本章では割愛することにした．

なお，植民地統治機関による調査活動を中心とした「植民地アーカイブズ政策」を検討する場合，念頭に置いておく必要があると思われるのは，軍の情報組織が独自に実施した，あるいは軍以外の組織と共同で実施した情報調査・収集活動である．これら軍による情報調査・収集の対象は，時に活動地域における過去の文書・記録に及ぶ場合があり，植民地統治機関による「植民地アーカイブズ事業」の一環として，あるいは少なくともそれに密接に関連した活動としてとらえられなければならない．しかし，本書では植民地における軍の情報組織や情報活動の問題について，軍事史の観点からこれに取り組む用意がない

---

3) 加藤聖文「開催趣旨」（リレー企画「帝国の拡大とアーカイブズ（1）」，『アーカイブズ学研究』No. 20, 2014年5月），73頁．

ので，本章の後半で，関東軍の兵要地誌調査について触れるにとどめている．

2.「植民地アーカイブズ政策」の背景

2.1 明治政府の文書・記録政策

2.1.1 記録保存から文書管理へ

「王政復古」の号令のもと，古代律令国家にならった国家制度の構築を目指す明治新政府は，維新の歴史を後世に伝える意図もあってか，当初から記録保存事業と修史事業に熱心であった．明治政府の文書・記録政策と，その植民地統治機関への影響を考えるためには，この2つの事業を見ていく必要がある．

近代的なアーカイブズ制度は，1789年のフランス革命を機に創設されたフランスの文書館制度に始まり，19世紀から20世紀にかけて欧米諸国に広がった．明治新政府は，欧米流の近代国家の建設を目指したが，記録保存に関しては，欧米のアーカイブズ制度とは異なる道を歩んでいる[4]．

明治政府は，明治改元翌月の1868年10月に早くも「記録掛」を置き，活動を開始して間もない新政府各部局からの記録収集に着手している．1871年7月には，これを拡充して太政官正院に「記録局」を新設．翌1872年10月に「記録課」と改称し，政府全体の文書事務の統括と，保存記録を「公文録」「太政類典」としてまとめる編纂業務を担当させている．

1873年の「太政官正院記録課章程」第1条が，「夫政務ヲ執ルハ人ニアリト雖モ，其人ノ依拠遵奉シテ典例規則ヲ謬ラス，能ク天下人民ノ信ヲ得テ歴世経国ノ法帙然紊レサルモノ唯記録ノ存スルニ由ル」と記し，為政者にとっての記録の重要性を強調していることは，よく知られるところである[5]．

諸省においても記録部局が設置された．たとえば外務省は，1870年4月に「編輯掛」と「編纂掛」を置き，翌5月には両掛を併せて「文書司」とし，さ

4）　以下，本項の記述は，主として渡邉佳子「明治期中央行政機関における文書管理制度の成立」（安藤正人・青山英幸編著『記録史料の管理と文書館』北海道大学図書刊行会，1996年），ならびに渡邉佳子『近代日本の統治機構とアーカイブズ――文書管理の変遷を踏まえて』（樹村房，2021年）による．

5）　「記録課章程並編纂処務順序」（中野目徹・熊本史雄編『近代日本公文書管理制度史料集　中央行政機関編』岩田書院，2009年，116-117頁）．

らに 1874 年 6 月に「記録局」を設置した．文部省，大蔵省，宮内省，内務省なども，それぞれ「記録課」や「記録寮」などの部局を設置している．

　注目されるのは，当時，大蔵省租税頭兼造幣頭だった伊藤博文の意見である．伊藤は，1870 年 11 月の米国視察後に提出した「大蔵省職制章程草案」で，「凡ソ，日後ノ憑拠ニ供ス可キ約書及ヒ証書ノ類ハ，必ス検査頭之ニ検印シ，記録頭ノ記録ヲ経テ後証ニ備フ，而シテ其本書ヲ主任寮司ヨリ記録寮ニ送付シ，以テ書庫ニ収蔵セシム」と，記録寮設置の目的と意義を明確に述べている．また同じ時期に書かれた大隈重信・井上馨・渋沢栄一宛の意見書に，「会計に係りたる書類の証拠となるべき物は勿論，其簿冊の如きも，之を記録司の庫中に保存し，千百載の後に留め置き，以て当時の状を後世に知らしむべきこと緊要の事務に非ずや」と，国家財政の運営に記録保存が欠かせないことを主張している．さらに「他日開化の進歩大いに拡充し，国民より名代人を出して議院に臨ましめ，以て当時の会計を難議せば，其時に当り，大蔵卿は何の書冊，何の証書を披いて其支払を探知し，国民の問いに答へん歟．今日の政府をして国民に背くの免罪を受けしむけるに至るべし．これ記録正を置くことの急務たるゆえんなり」と，将来の国民への説明責任にまで触れている[6]．一般市民への公開利用にまでは言い及んでいないものの，「記録司」「記録正」といった専門ポストの設置をも提案するなど，記録管理プログラムについて，この時期としては高いレベルの認識を持っていたといえる．

　もう一点，明治前期の文書・記録政策の背景に，欧米近代国家から学んだ記録管理システムやアーカイブズ制度についての知識があったことも見落とせない．伊藤博文が，1870 年の渡米調査で米国政府の記録管理システムに接したと考えられることが，おそらく最も早い例のひとつだが，1871 年から 1873 年にかけて欧米諸国の調査を実施した岩倉使節団も，アーカイブズ施設を視察している．使節団の一員だった久米邦武が，『特命全権大使 米欧回覧実記』にベニスの「アルチーフ」を訪れたときの驚きを記していることは，よく知られている．さらには，海外視察やお雇い外国人などを通じて入手したと思われる「普国記録法」「仏国記録書」「仏国文庫規則」「仏書籍館類編・公文館規則・書籍館」など，海外の記録管理やアーカイブズに関連する法令や規則を，丹念に翻

---

[6]　前掲渡邉佳子『近代日本の統治機構とアーカイブズ』，59-61 頁．

訳しており，制度設計の参考に活用した可能性がある[7]．

次に，各省に設置された記録部局は，基本的に省内で発生した文書の管理と記録保存を任務とするものであったが，内務省記録課は，そのほかに「全国ノ記録ヲ保存スルコト」を職掌としていた．これにもとづいて，同省は1874年3月，府県に対し内務省達乙第27号を発出した[8]．それによれば，「今般当省ニ於テ全国一般官撰私撰ノ別ナク政治典型風俗人情ヲ徴スヘキ古今ノ書類都テ致保存候ニ付テハ，其管轄神社巨刹及ヒ華士族平民ニ至迄各所蔵ノ書目取調，往復日数ヲ除ノ外百日ヲ限リ当省ヘ可差出」とあり，神社・寺院から個人所蔵のものまでを含めた，官民の古書・記録類を調査，収集する意図を持っていたことがわかる．翌1875年4月には，「院省使庁府県」宛に太政官達第68号が発せられ，改めて記録文書の厳重保存と内務省への目録提出が命じられた．

さらに1880年1月，内務省達乙第3号が府県に出され，「各町村公有記録絵図面等」の保存・管理の徹底と目録の提出が指令された．1874年の内務省達乙第27号とは異なり，民間所在記録は対象としていないが，現在も全国各地に残されている当時作成された目録の下書きや写しを見ると，明治以降の町村役場文書だけでなく，名主・庄屋から引き継いだと思われる江戸時代の村政文書や絵図等も多数含まれている．江戸時代の記録が対象になっている背景のひとつに，裁判の証拠として江戸時代の記録を活用したいという司法省の要望もあったといわれる．

内務省の全国記録保存事業は，必ずしも十分な成果をあげられないまま1886年に中止される．しかし，旧政権時代の行政文書や民間記録を全国的に調査し，その収集や保存を意図したこの事業には，本書で検討する「植民地アーカイブズ政策」「植民地アーカイブズ事業」の先例ともいえる性格が含まれていると見ることができる．

以上見てきた明治前期太政官制期における中央政府の文書・記録保存政策について，渡邉佳子は，歴史的沿革を残すことと，行政の参考資料または根拠にすることの2つの目的があったとしている[9]．明治中期以降との比較でいえば，

---

7) 同上，213-227頁．
8) 以下，前掲渡邉佳子「明治期中央行政機関における文書管理制度の成立」，171-173頁，ならびに前掲渡邉佳子『近代日本の統治機構とアーカイブズ』，76-81頁：大藤修・安藤正人『史料保存と文書館学』(吉川弘文館，1986年)，315-318頁，による．
9) 前掲渡邉佳子「明治期中央行政機関における文書管理制度の成立」，191頁．

とくに特徴的なのは前者の目的が大きかったことだろう．

　筆者はそれに加え，明治前期の文書・記録政策が，一定の海外知識を踏まえた高い水準の認識にもとづいていたこと，官公庁文書のみならず，民間記録を含めた旧政権時代の地域資料をも対象にする幅広さを持っていたことなどから，一般市民への公開という近代アーカイブズの理念とそのためのシステムは決定的に欠いていたとはいえ，公私の記録を体系的に保存して，その永続的価値を行政その他の目的のために広く活かすという，アーカイブズ活動の本旨につながる側面を有していたと評価できるのではないか，と考えている．

　しかしながら，このような特徴を持っていた明治政府の文書・記録政策は，1885年12月の内閣制度創設を機に，明治中期以降変化を見せはじめる．当時明治政府は，維新後約20年を経て，行政機構の整理と事務の簡素化，効率化を進めていたが，その柱のひとつとなったのが文書事務の規格統一であった．その先導的役割を担ったのは内務省で，同省は1886年6月に「内務省文書保存規則」と「文書保存細則」を制定し，初めて，永久，1年，6か月という3種の文書保存年限制を導入した．内務省文書保存規則は1888年7月に改正され，文書保存年限は，第1種（永久），第2種（20年），第3種（5年），第4種（1年）の4種となった[10]．改正規則では，保存期限を過ぎた文書の廃棄義務が初めて明確に示され，保存よりもむしろ規則的な廃棄による保存文書の減量化が主なねらいであったことが読み取れる．また第1種永久保存文書の選定基準も，「法律規則ノ制定更正，非常又ハ殊特ノ処分，其他事ノ創設ニ関スル文書」とのみ記され，「国史ノ材料トナルヘキモノ」という注記はあるものの[11]，従来示されてきた記録保存事業の高邁な目的と比べると，限定的な内容となっている．

　内務省文書保存規則は，文書保存年限のほか，保存文書の類別基準や各種の文書様式をも示していることによって，他省庁の文書保存規則のモデルとなった．また内務省の指導により，府県等の地方行政庁にも，保存年限制を取り入れた文書管理規則が広がった[12]．

　こうして，日本の文書・記録政策は，記録保存を重視してきた，ある意味で

---

[10]　同上，187-189頁；前掲渡邉佳子『近代日本の統治機構とアーカイブズ』，202-203頁．
[11]　水野保「明治期地方官における文書管理制度の成立」（前掲安藤正人・青山英幸編著『記録史料の管理と文書館』），219頁表3．
[12]　同上214-235頁，および前掲渡邉佳子『近代日本の統治機構とアーカイブズ』，185-200頁．

アーカイブズ的な方向性を持っていたともいえる当初の姿勢が次第に後退し，明治中期以降，事務効率化を優先する文書管理制度が表に現れてくるようになるのである．それを象徴する2つの政策，すなわち内務省全国記録保存事業の中止と，内務省文書保存規則の制定が相次いで実施された1886年という年は，その画期といえるかもしれない．

2.1.2 修史から史料編纂へ

次に，修史事業について見ると，明治政府は1869年，「修史の詔」を発し，太政官に史料編輯国史校正局を置いて，『六国史』を継承する正史編纂に着手した[13]．同局は1875年に修史局となるが，1877年に廃止され，代わりに太政官調査局，次いで太政官修史館が設置される．修史館では，久米邦武，重野安繹らが中心となって，1882年から『大日本編年史』の編纂事業が開始されるが，1885年に内閣制度が創設されると，翌1886年には内閣臨時修史局に改組され，事業を継続した．2年後の1888年，内閣臨時修史局は帝国大学に移管されて臨時編年史編纂掛となり，久米邦武，重野安繹らも帝国大学に移籍する．臨時編年史編纂掛は，1891年の組織改革で帝国大学文科大学史誌編纂掛に改組される．

大きな変化が起きたのはその後で，1892年に久米邦武が筆禍事件を起こして辞任すると，文部大臣井上毅は翌1893年に，『大日本編年史』編纂の中止と文科大学史誌編纂掛の廃止を決定した．これにより，国家による正史編纂事業は，事実上終焉を迎えることになったのである．

帝国大学には，2年後の1895年に改めて史料編纂掛（のちの史料編纂所）が設置されるが，その主たる業務は，修史事業で行われてきたような歴史叙述ではなく，『大日本史料』を中心とした史料集の編纂であった．史料集の刊行を目的にした史料編纂事業は，当然のことながら，全国的な原史料の調査と収集にもとづく．収集は，原史料を借用して複製を作成することを原則としたが，原史料そのものの収集にも力が入れられた．これにより，史料編纂掛（史料編纂所）の事業は，おのずから日本全国の歴史的文書・記録の保存に深く関係することになったのである．

---

13) 以下，東京大学百年史編集委員会『東京大学百年史・部局史4』（東京大学，1987年）「第19編　史料編纂所」（543-613頁）による．

2.1.3 小　括

　修史事業が，久米邦武ら欧米の記録保存事業にも詳しい専門家とともに，内閣から帝国大学に移管されたのが1888年．これは内務省の全国記録保存事業が中止され，内務省文書保存規則が制定された2年後で，ちょうど内務省文書保存規則が改訂された年にあたる．歴史や記録保存に対する熱意が政府中央から次第に離れていく様子が，ここにもうかがえる．

　明治前期の文書・記録政策の柱であった記録保存の理念と施策は，当初，政府公文書と，民間の記録を含む地域資料の両方を対象にしており，公開利用の観点がなかったとはいえ，記録の保存と活用を本旨とするアーカイブズ的活動につながる方向性を持つものと評価できる．明治中期における文書管理制度の整備は，この方向性に変化が現れたことを意味し，アーカイブズ史の観点から見れば，日本における近代的なアーカイブズ構築への道は，これにより遅れをきたすことになったのである．

　また，1893年に修史事業が中止され史料編纂事業に転換したことは，国の文書・記録政策という観点から見ると，文書や記録の現物保存を重視する考え方が記録保存事業の後退とともに弱まり，現物保存に代えて史料集を刊行することで歴史資料を伝承しようという考え方が有力になった表れだといえるのではないか．

2.2　植民地における文書・記録政策

　日本の植民地統治機関も，本国政府にならう形で文書管理システムを導入した．台湾では，1895年4月に調印された日清講和条約（下関条約）の結果，同年8月に台湾総督府が設置され，文書処理を含む行政手続きについて，数多くの規程類が作成された．台湾に残存する台湾総督府文書については，中京大学社会科学研究所が長年にわたって調査と研究を行ってきたが，その一環として，水野保が台湾総督府の文書管理制度に関する詳細な論文を発表している[14]．それによれば，公文書の保存に関する条項を含む初めての規程は，1896年9月の「民政局文書保存規則」である．この規則は，前項でたびたび言及した本国政府の1888年7月改正内務省文書保存規則をモデルにしているとされ，第1条

---

[14]　水野保「台湾総督府および地方庁の文書管理制度論」（檜山幸夫編『台湾総督府文書の史料的研究――日本近代公文書学研究序説』ゆまに書房，2003年）．

で，文書の保存期間を「第1種永久，第2種15年，第3種5年，第4種1年」の4つに区分することを規定している[15]．第2条から第4条までは，それぞれ，第1種から第3種までの保存期間に区分すべき文書の選定基準を記している．第1種永久保存文書について定めた第2条は次の通りである[16]．

　　第2条　法律命令ノ制定更正，又ハ非常特殊ノ処分，其他例規ノ基トナルヘキ文書及歴史ノ徴考トナルヘキモノハ第一種トス

　内務省文書保存規則と比較すると，保存年限は内務省文書保存規則の第2種が20年なのに対し，台湾総督府の民政局文書保存規則は15年となっていて，その点だけが異なる．第1種永久保存文書の選定基準は，内務省文書保存規則の文章表現と極めて類似しており，それを踏襲していることが明らかだが，内務省文書保存規則では選定基準の参考に注記として書かれていた「国史ノ材料トナルヘキモノ」[17]ということばが，民政局文書保存規則では，第2条の本文に「歴史ノ徴考トナルヘキモノ」として挿入されていることが注目される．些細な違いであり，これだけで評価することはやや乱暴だが，この時期，歴史に重きを置いた記録保存から，事務効率化を優先した文書管理へと文書・記録政策を方向転換しつつあった本国政府に比べ，台湾総督府の歴史記録の保存に対する関心が，なお高いものであったということを示しているように思う．

　いわゆる「日韓併合」によって1910年に設置された朝鮮総督府も，本国政府にならって令規を制定し，行政システムを整備した．文書管理制度については，韓国の研究者による成果がいくつかあるが[18]，とくにイ・キョンヨン（李炅龍）「朝鮮総督府の記録管理制度」が有用である．それによれば，朝鮮総督府は1910年10月1日，開設と同時に「朝鮮総督府文書取扱細則」を制定[19]，翌1911年7月には，「朝鮮総督府処務規定」を制定するとともに，「朝鮮総督府文

---

15) 同上，367頁．
16) 同上，368頁．
17) 前掲水野保「明治期地方官における文書管理制度の成立」，219頁．
18) イ・スンイル「朝鮮総督府公文書制度——起案から成冊までの過程を中心に」（韓国記録学会『記録学研究』，日本語翻訳版第2巻，ビスタピー・エス，2005年）；ペ・スンジョン「朝鮮総督府公文書分類体系の復元」（『同前』，日本語翻訳版第2巻）；イ・キョンヨン「朝鮮総督府の記録管理制度」（『同前』，日本語翻訳版第3巻，ビスタピー・エス，2005年）など．
19) 『朝鮮総督府官報』では未確認．

書取扱細則」を改正した[20]．そこでは文書保存年限が導入され，文書完結後の保存期間が「甲類：永久，乙類：30年，丙類：10年，丁類：3年，戊類：保存不要」の5種に区分された[21]．本規則には，保存年限の類別基準について明確な記述がないため，イ・キョンヨン論文では，朝鮮総督府本庁の監督下にあった道や郡など地方庁の文書管理規則を検討している．そして検討の結果，ほとんどの地方庁文書管理規則が，「歴史的証拠」として有用な文書を，永久保存文書の対象にしているものの，朝鮮総督府全体として見れば，文書保存年限の適用にあたり，文書の行政価値をより重視していると結論づけている[22]．

興味深いことに，台湾総督府文書と朝鮮総督府文書は，比較的多数がアジア太平洋戦争と戦後の混乱期を生き延び，現在，それぞれ台湾と韓国のアーカイブズ機関によって保存されている．しかし，それは多分に偶然的な経緯によるものであった．台湾総督府と朝鮮総督府が，本国政府よりは行政記録の歴史価値に関心が高かったという傾向はあるかもしれないが，この2つの植民地統治機関が，文書・記録の保存について，本来の意味における明確なアーカイブズ政策を持っていたわけではない．

台湾総督府設置37年後，朝鮮総督府設置22年後の1932年に「建国」された「満洲国」政府の文書管理については，ほとんど未調査である．ただし一例として1937年7月1日施行の「産業部文書取扱細則」[23]を見ると，同事案の文書を「一括纏綴」して整理することや，文書を永久保存から1年保存まで5種の保存期限を設けて保存することなどを定めており，すでに日本政府と台湾総督府，朝鮮総督府で定着した文書管理方式にならっていることが明らかである．「満洲国」では，1937年5月の国務院訓令「旧記ノ統一管理ニ関スル件」によって，旧政権期記録を対象にした「植民地アーカイブズ事業」が展開するが，現政権文書については，文書管理規則の導入によって早くから独自の記録管理制度が整えられたことにより，両者が連続，あるいは関連するシステムとして認識されることは少なかったのではないかと思われる．

---

20) 前掲イ・キョンヨン「朝鮮総督府の記録管理制度」，162-163頁．
21) 同上，172-173頁．
22) 同上，177頁．
23) JACAR Ref.: A06031001800,『政府公報』第979号（『満洲国政府公報日訳』康徳4年7月分），152頁（国立公文書館）．

3.「植民地アーカイブズ政策」とその特徴

3.1 「文装的武備」論と植民地調査活動

　日本の植民地調査活動を検討する上で見落とせない考え方に，後藤新平の「文装的武備」論がある．後藤新平（1857-1929）は，岩手県水沢出身の医学博士．内務省衛生局長をつとめたあと，1896 年に，開設直後の台湾総督府で衛生顧問に就任し，1898 年には民政局長（のち民政長官）となって，台湾統治の中心に位置し，調査活動にも力を入れた．1906 年，植民地経営の手腕が買われて，南満洲鉄道株式会社（満鉄）の初代総裁となり，満鉄調査部を創設して，調査活動を中国大陸に拡大することになる．後藤は，のちに逓信大臣，内務大臣，外務大臣，東京市長などを歴任し，関東大震災後の東京復興に功績を残している．

　後藤新平の「文装的武備」論は，軍国主義的な「武装的文備」を排する立場から唱えられた政治理念で[24]，小林英夫は「後藤が満鉄を含む満洲の経営を遂行するに際し，彼の考え方を表現した」もので，「台湾時代からの彼の政治経験の集大成であると同時に植民地官僚から植民地行政官として政治家への道を歩み始めた彼の理念を表現したものとみることができよう」と述べている[25]．

　後藤自身の言葉によれば，「文装的武備とは，一寸言って見ると文事的施設を以て他の侵略に備へ，一旦緩急あれば武断的行動を助くるの便を併せて講じ置く事であります」ということである[26]．これについて，小林英夫は次のように解説している[27]．

> 植民地支配は，単に武力に頼るだけでなく，教育，衛生，学術といった広い意味での「文事的施設」を駆使する必要があり，植民地の人々の間に日

[24) 後藤新平「文装的武備論」（後藤新平『修養の力』東盛堂書店，1918 年），148-151 頁．
25) 小林英夫「後藤新平と満鉄調査部」（小林英夫編『近代日本と満鉄』吉川弘文館，2000 年），14 頁．
26) 鶴見祐輔編著『後藤新平　第 2 巻　植民行政家時代』（後藤新平伯伝記編纂会，1937 年），815 頁．
27) 前掲小林英夫「後藤新平と満鉄調査部」，15 頁．

本に対する畏敬の念が生じれば，いざという場合に他国からの侵略に抗することができるというものであった．そして「文事的施設」の中核をなすものが調査活動に他ならなかった．

元満鉄調査部伊藤武雄の回想録によれば，後藤は別のところで，次のように文装的武備を自ら「文装的侵略政策」であるとも述べている[28]．

植民地政策のことは詰り文装的武備で，王道の旗を以て覇術を行ふ，斯ういふことが当世紀の植民政策であるといふことは免れぬので，それに対して如何なる施設が必要であるか（中略）
中央試験所，現住民教育，其他学術的，経済的関係の文化侵略と云ふものが行はれなければならぬ．侵略主義と云ふ字は面白くないか知らぬが，それは別問題として，之を総称して文装的侵略政策と云ふて可なりと．

いずれにしても，後藤新平の，教育，衛生，学術など，各方面の調査活動を重んじ，「文事的施設」の充実を図ろうとする姿勢は，台湾総督府時代に育まれ，台湾統治政策の土台となったほか，その後，後藤自身あるいは後藤の影響を受けた植民地官僚や学者を通じて朝鮮半島や中国大陸に伝えられ，日本の植民地に共通する性格のひとつになった．

植民地の教育文化政策を重視し，植民地の調査研究に力を入れたのは日本だけではなく，ある意味で世界の植民地主義に等しく存在する特徴だと思うが，日本のそれは後藤の「文装的武備」論に象徴されているといえる．そして，それを最も顕著かつ先鋭的に示したのが，後藤による巨大研究機関，満鉄調査部の設立であった．

後藤の「文装的武備」論と，その影響を強く受けて実施された調査事業については，近年，「文化」や「学知」といった面から注目されており，またそういった観点からの過度の評価に批判的な見解もある[29]．ここでは歴史的評価の問題はさておき，アーカイブズ史の立場から，もっぱら，調査事業に伴う文書・記録の調査や収集が，日本植民地におけるアーカイブズの存在形態にいか

---

[28] 伊藤武雄『満鉄に生きて』（勁草書房，1964 年），16-17 頁．

なる影響を及ぼしたのかという点に関心を絞って，検討を進めたい．

3.2 植民地調査活動のカテゴリー

日本が行った植民地調査活動の概要を具体的に見る前に，調査活動がいったいどのような分野に広がっていたのか，あらかじめ図式化して整理しておきたいと思う．

末廣昭は 2006 年の論文で，「帝国」日本がアジアとくに日本の植民地と占領地で行った調査研究を次の 6 分野に分類し，それぞれの目的と動機を簡単に記している[30]．

（目的と動機）

①文献調査・資料収集
②物産・兵要地誌調査　　　　　→領土の拡大
③旧慣・慣行調査（民族調査を含む）→支配地域の植民地経営と領民の統治
④市場・経済事情調査　　　　　→原料資源の確保，日本製品の輸出促進（政治目的は後退）
⑤経済計画立案のための調査　　→植民地の経済開発や工業化政策に資するためのスポット的な総合的調査
⑥華僑・華人調査　　　　　　　→支配地域の植民地経営と領民の統治

極めて有用な整理だが，この分類を見て感じる疑問の第 1 は，①に「文献調査・資料収集」が入っていることである．文献調査・資料収集は，②以下のすべての分野に共通する基礎的な作業である．それゆえにあえて①として単独の項目を立てたのかもしれないが，あくまで調査方法の問題であり，調査分野とは異なる．第 2 に，地質，天然資源，気象，生物などに関する自然科学的調査

---

29)　松村高夫・柳沢遊・江田憲治「序章　満鉄の調査・研究活動の問題性と本書の立場」第 2 節「日本の植民地調査に関する研究動向」（松村高夫・柳沢遊・江田憲治編『満鉄の調査と研究――その「神話」と実像』青木書店，2008 年）；鈴木慎太郎「後藤新平と岡松参太郎による台湾旧慣調査をめぐる評価――福島正夫論文の検討を中心として」（『名古屋大学法政論集』250 号，「松浦好治教授退職記念論文集」，2013 年 7 月）など．
30)　末廣昭「序章・他者理解としての『学知』と『調査』」（岩波講座『「帝国」日本の学知』第 6 巻「地域研究としてのアジア」岩波書店，2006 年），4-9 頁．

がはっきりとは明示されていないが、これは②「物産・兵要地誌調査」に含まれると思われ[31]。また④「市場・経済事情調査」と⑤「経済計画立案のための調査」の目的に，「原料資源の確保」「工業化政策」があることから，天然資源調査はこれに含まれる可能性もある．

第3に，③「旧慣・慣行調査」がどの範囲まで含むのか，一般にはわかりにくいが，当時の用法からいって，歴史，民俗，慣習はもとより，教育，宗教，文化，芸術から土地制度，法制度に至る人文社会学的調査全般，さらには衛生，医療，人種などに関する医学的・人類学的調査まで，かなり広い分野を対象にしていると理解される．目的が「支配地域の植民地経営と領民の統治」と極めて総合的な表現になっているのは，そのためであろう．

筆者は，アーカイブズ史の観点から，日本植民地ならびに占領地における調査事業を，便宜的に「自然科学的調査」「社会調査」「歴史民俗調査」の3つに分け，それぞれのカテゴリーで，どのような種類の文献や記録，アーカイブズが調査され，収集されたのかを探索していくのが適切ではないかと考える．3つのカテゴリーに含まれる主な調査事業は，明確に切り分けられない事業も少なくなく，とくに社会調査と歴史民俗調査は密接に関連するが，あえて分類するならば，おおむね次のようになろう．

（1）自然科学的調査

　　地下資源調査，農林水産資源調査，生物生態調査，気象調査，医学
　　人類学的調査など

（2）社会調査（「旧慣調査」を含む）

　　産業・市場調査，土地制度調査，戸口調査，法制度調査，教育事情
　　調査，祭祀宗教調査，人種調査，衛生調査など

（3）歴史民俗調査（一部「旧慣調査」と重複する）

　　古典籍・古文書・古物調査，遺跡調査，古建築物調査，民俗調査，
　　芸術芸能調査など

図4-1は，これら3種の調査事業において，調査地域のどのような分野の文献資料や記録，アーカイブズが，調査，収集，利用の対象となったかを示したものである．太い矢印は，資料収集と利用の主たる流れを意味しているが，細い矢印で表現したように，他のジャンルに関わる文献や記録，アーカイブズも，必要に応じて収集され，利用されたと考える．

31）兵要地誌調査については，本章「5.2.3　関東軍の兵要地誌調査」で言及している．

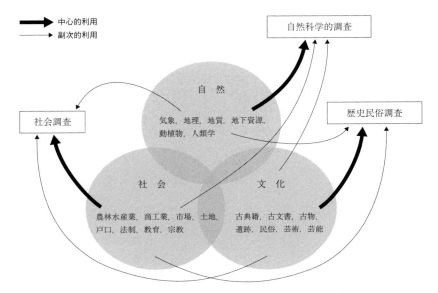

図 4-1　調査事業のカテゴリーと記録・アーカイブズの収集・利用

3.3　植民地調査活動の概観

　植民地調査活動の過程で実施されるアーカイブズの調査，収集の概要を見る場合，本来ならば，筆者の分類にいう自然科学的調査，社会調査，歴史民俗調査の全カテゴリーを対象とすることが求められる．しかし筆者の力量不足から，ここでは，第5章で検討する「満洲国」旧記統一管理事業と，第6章でとりあげる朝鮮史編纂事業に密接に関連する分野，すなわち，土地調査事業や戸口調査事業など社会調査の一部，および旧慣調査や古書・古文書・旧記調査，歴史編纂事業を中心とする歴史民俗調査に焦点を絞り，自然科学的調査については基本的に割愛したい．対象とするのは，台湾，朝鮮，および満洲の3地域で，これらの地域における調査活動の関連性についても，可能な限り考察したい．
　表4-1は，台湾，朝鮮，および満洲について，本書が関心を寄せる土地調査，戸口調査，旧慣調査，古書・古文書・旧記調査，歴史編纂事業などに関係する主な事項を，ひとつにまとめたものである．以下これを参照しながら，第5章，第6章でとりあげる部分はできるだけ重複を避けつつ，節を改め，台湾から順に見ていきたい．

表 4-1 植民地における「調査事業」略年表

台湾	朝鮮	満洲
1895（明治28）	1905（明治38）	1905（明治38）
4　日清講和条約締結	9　日露講和条約締結	9　日露講和条約締結
8　台湾総督府設置．軍政実施	12　韓国統監府設置	10　関東総督府設置
9　民政局『台湾制度考』	1906（明治39）	1906（明治39）
9　「地租調査委員会設置ノ件」	7　不動産法調査会設置	9　関東都督府設置
11　「行政上調査ニ関スル件」	1907（明治40）	11　南満洲鉄道株式会社創設
1896（明治29）	12　不動産法調査会廃止．法典	（初代総裁後藤新平）
4　台湾総督府民政移管	調査局設置	1907（明治40）
8　「台湾住民戸籍調査規則」	1908（明治41）	4　満鉄開業．調査部設置
12　民政局参事官室臨時調査掛	7　臨時財産整理局設置	1908（明治41）
設置	1910（明治43）	1　満洲及朝鮮歴史地理調査部
1897（明治30）	3　土地調査局設置	開設
8　「前政府時代ニ於ケル地方	8　土地調査法制定	11　満鉄東亜経済調査局設置
経済ニ属スル事業費調査ノ	9　朝鮮総督府設置	1911（明治44）
件」	9　朝鮮総督府取調局設置	10　中華民国成立
1898（明治31）	9　臨時土地調査局設置	1914（大正3）
3　後藤新平民政局長就任	－　総督府内務部地方局，古建	5　関東都督府臨時土地調査部
6　「戸籍取扱ニ関スル規則」	築ならびに古蹟調査を所管	設置
7　「台湾地籍規則」	1912（明治45）	1915（大正4）
7　「台湾土地調査規則」	3　取調局廃止．旧慣調査事業	1　『満洲旧慣調査報告』
9　臨時台湾土地調査局設置	を参事官室へ移す	1919（大正8）
9　臨時台湾土地調査局試験調	8　土地調査令公布	4　関東都督府，関東庁に改組．
査開始	1913（大正2）	関東軍創設
1899（明治32）	2　「朝鮮古書並ニ金石文拓本	1927（昭和2）
4　臨時台湾土地調査局本格事	蒐集ニ関スル件」	11　満鉄臨時経済調査会設置
業開始	1915（大正4）	1931（昭和6）
12　岡松参太郎臨時台湾土地調	4　旧慣調査事業を中枢院へ移	9　満洲事変
査局嘱託就任	す	1932（昭和7）
1900（明治33）	4　中枢院，朝鮮半島史編纂着	1　満鉄経済調査会設立
10　台湾慣習研究会発足	手	3　「満洲国」成立
1901（明治34）	1917（大正6）	5　民政部に土地局設置
－　『台湾旧慣制度調査一斑』	4　総督府博物館，古蹟調査事	1933（昭和8）
10　臨時台湾旧慣調査会設置	業を管掌．古蹟調査委員会	1　関東軍特務部「土地制度要
1903（明治36）	発足	項」
3　『臨時台湾旧慣調査会第一	1918（大正7）	1934（昭和9）
部調査第一回報告書』	11　中枢院，編纂課設置	5　「満洲国土地制度の調査及
1906（明治39）	1921（大正10）	整備に関する件」
10　国勢調査（臨時戸口調査）	4　旧慣及制度調査委員会設置	1935（昭和10）
1919（大正8）	1922（大正11）	8　満鉄経済調査会『満洲国土
－　臨時台湾旧慣調査会解散．	12　朝鮮史編纂委員会設置	地方策』
蕃族調査会設置	1923（大正12）	11　臨時土地制度調査会設置
1922（大正11）	5　「朝鮮史編纂ニ付古記録文	1936（昭和11）
5　台湾総督府史料編纂委員会	書等保存ニ関スル件」	3　地籍整理局設置．臨時土地
設置		制度調査会を土地制度調査

－　台湾統治史編纂事業開始	1925（大正 14）	会と改称
1924（大正 13）	6　朝鮮史編修会設置	10　「満洲産業開発五カ年計画」策定
－　台湾統治史編纂事業一時中止	1931（昭和 6）	
	－　朝鮮古蹟研究会発足	10　満鉄経済調査会，産業部に改組
1929（昭和 4）	1938（昭和 13）	
4　台湾総督府史料編纂会設置	－　『朝鮮史』完成	1937（昭和 12）
		1　関東軍「満洲産業開発五カ年計画要綱」決定
		5　「満洲国国務院訓令第 37 号旧記ノ統一管理ニ関スル件」発令．国立奉天図書館に「旧記保管所」を置く
		7　日中戦争勃発
		1938（昭和 13）
		3　旧記保管所，国務院総務庁直属「旧記整理処」となる
		9　東亜研究所東京で設立
		12　興亜院設置
		1939（昭和 14）
		4　満鉄調査部（大調査部）発足．北支経済調査所開設

4. 台湾における調査活動とアーカイブズ

4.1 日本の台湾領有と初動調査

　1895 年 4 月の日清講和条約締結により，台湾の領有権を獲得した日本は，翌 5 月から日本軍を派遣して反日武装勢力の武力弾圧に着手し，8 月には台湾総督府を置いて軍政を開始した．

　台湾領有に際し，日本政府の基本方策を示した「台湾接収時宜」[32]には，「理治ニ関渉スル要略」として 4 つの項目があげられているが，第 1 項で，清国地方官が事務引継ぎ終了後速やかに台湾から退去すべきことを記した後，第 2 項で次のように述べている．

　　一，一切公文案牘租税調書法律訴訟等ニ関スル文書図籍ヲ即時交附セシメルコト．

32）　伊藤博文『秘書類纂　台湾資料』（秘書類纂刊行会，1936 年），1-5 頁．

第 4 章　日本の植民地支配と「植民地アーカイブズ政策」　　　　331

　すなわち，あらゆる公文書，租税調書，司法関係書類など，清国時代のアーカイブズの即時引渡しを求めているのである．国際法上の慣例が念頭にあったかどうかはわからないが，ある意味で当然のことながら，日本の指導層が植民地経営に前政権のアーカイブズが不可欠なことを認識していたことを示しており，興味深い．この項目については，後段で以下のような説明が加えられており，これまた大変興味深い．

　　　唯治政必要ノ公文案牘簿表図書等ハ，厳ニ清国地方官ヲ督シテ数ヲ悉シテ提出セシムベシ．此等ノ書類ハ大抵幕僚胥吏ノ専管ニ帰シ，其家ニ私蔵シ，或ハ衙署ニ存儲スルモ，彼等専有シテ世業ト為シ，地方官ハ彼等ニ頼テ其職務ヲ執行スルニ過ギザルモノ多ク，某幕僚ハ某件ニ関スル文書ヲ管シ，某胥吏ハ某件ニ関スル案牘ヲ有スルヲ知悉ス．故ニ我地方官ヲ厳督シ，地方官ヲシテ厳ニ其幕僚胥吏ヲ督シテ数ヲ尽シテ必要公書ヲ提出セシムベシ．威嚇ノ下尽ク之ヲ提出セシメバ我将来治理ニ益スル真ニ浅カラズ．

　つまり，地方行政に関する公的なアーカイブズは，たいてい「幕僚胥吏」すなわち地元役人が，自宅で「私蔵」あるいは役所で「専有」している．しかも特定の分野の文書を特定の役人が独占して「世業」化しており，清国から派遣された地方官は，彼らに頼って職務を執行しているに過ぎない，というわけである．この記述が事実を反映しているとすれば，日本は台湾領有以前から現地の状況をかなり詳しく把握していたことになるが，いずれにしても，日本側は「威嚇ノ下尽ク之ヲ提出セシメ」て地方行政の土台作りを進めようという強圧的な姿勢を示している．
　清国地方官を通した清朝統治期アーカイブズの収集と台湾総督府への引渡しが組織的に実施されたとすれば，その状況を記した何らかの記録が台湾総督府文書の中に残っている可能性があるが，未調査である．ただ江丙坤によれば，1895 年 11 月という早い時期に，政府の命を受けて現地の財務視察を行った大蔵省主税官吉井友兄が 1896 年 4 月 14 日に提出した「台湾財務視察復命書」の中で，「客年兵馬倥偬ノ際，土地ニ関スル枢要ノ諸簿冊ハ概ネ散逸ニ帰シ，唯僅カニ欠本二三種ヲ存スルニ過キサル」有様であったと記しているという[33]．すなわち，前年(1895 年)の戦乱，つまり日本軍と抗日武装勢力との戦闘によっ

て，重要な土地関係記録が大半失われたというのである．

　1897年1月から2月にかけて自ら各地の民情視察を行った水野遵民政局長も，その視察記録「巡台日記」の中で，「雲林支庁長具シテ曰ク賊匪騒擾ノトキ我支庁ハ兵火ヲ被ムリ諸文書器具悉ク烏有ニ帰シ市街大半亦是兵火ニ罹レリ」と，抗日武装勢力との戦闘による支庁文書焼失の事実を記している[34]．これらから類推すると，清国地方官によるアーカイブズの収集と提出が，日本側の思惑通り順調に進んだと考えることは困難であり，仮に引渡しが行われていたとしても，その後に戦火で失われる場合が多かったのではないかと思われる．

　ちなみに，春山明哲が紹介しているところによれば，1895年9月13日に，台北県知事田中綱常が，「施政の『参照』たるべき『旧政記録』が全く存在しない現状にあっては，徴税事務はもとより各般の制度制定上非常の困難をきたすとし，福建布政使衙門をはじめ清国行政官庁に対し台湾関係の法令，公文書，旧記その他を請求するなどして，台湾関係資料の収集を図るべきであると建議した」という[35]．「旧政記録」，すなわち清国統治期台湾のアーカイブズが台湾総督府の地方庁に引き継がれていない状況を示す貴重な証言だが，建議にあるような清国政府への「台湾関係の法令，公文書，旧記その他」の請求が，台湾総督府によって実行されたかどうかは不明である．

　一方，そのような状況の中でも，台湾総督府は設置直後から台湾全土において，さまざまな調査活動に着手している．栗原純によれば，「統治開始と同時に総督府は地方指導層，読書人層に対して清朝時代の行政組織，徴税，土地制度，隣保組織など多面的な調査を実施し，また清朝時期における地域の指導層を街庄長，保甲の役員などに任命し，地域社会の安定をはかっている」[36]という．総督府民政局が1895年9月に作成した『台湾制度考』は，そのような初

---

33) 江丙坤『台湾地租改正の研究——日本領有初期土地調査事業の本質』（東京大学出版会，1974年），54頁，62頁．江によれば，『吉井主税官台湾財務視察復命書』は大蔵省によって1896年7月に印刷され，大蔵省文庫に所蔵されているという（同書61頁注5）．

34)「水野遵民政局長の巡台日記」（中京大学社会科学研究所台湾史料研究会編『日本領有初期の台湾——台湾総督府文書が語る原像』創泉堂出版，2006年），26頁．

35) 春山明哲『近代日本と台湾——霧社事件・植民地統治政策の研究』（藤原書店，2008年），261頁．初出は，春山明哲「台湾旧慣調査と立法構想——岡松参太郎による調査と立案を中心に」（『台湾近現代史研究』6号，1988年）．

36) 栗原純「ゲスト報告に対するコメント1：台湾史研究所林文凱『台湾近代統治理性的歴史形構：晩清劉銘伝与日治初期後藤新平土地改革事業的比較』」（『近代東アジア土地調査事業研究ニューズレター』6，2015年3月），114頁．

動調査の成果を行政参考資料としてまとめたものと見られるが，ほかにも総督府は地方庁に指示し，旧制度の調査を行わせている．たとえば，1895年11月16日の訓令第39号「行政上調査ニ関スル件」がそれで，清代の行政組織と職務権限，賦課の種類や金額，徴収方法などの調査が指示されている[37]．注目されるのは，調査事項に土地台帳の有無が含まれていることで，土地調査の準備のため，清朝統治期の土地関係記録の収集を意図していることがうかがえる．

総督府はまた吏員や学者を地方に直接派遣し，産業から衛生まで，あらゆる分野の実態調査や民情調査を行っている．その成果は，視察復命書や調査報告書の形で提出され，初期の政策立案に活かされている[38]．

以下，台湾総督府が実施した調査活動を，アーカイブズ問題に焦点を当てながら，戸口調査，土地調査，旧慣調査の順で見ていく．いずれの分野も，調査が本格化するのは，1898年2月末と3月初めに第4代総督児玉源太郎と第3代民政局長後藤新平が相次いで赴任して以降のことなので，それまでの2年半に行われた調査は，領有直後の初動調査を含めて仮に「初期調査」と呼び，後藤新平に主導された1898年3月以降の調査と区別することにしたい．

4.2 戸口調査とアーカイブズ

初期調査のうち，とくに重要な意味を持たされたのは戸口調査であった．戸口調査は，1896年6月に台湾総督府民政局が領有後1年の成果をまとめた『台湾総督府民政事務成蹟提要』によれば，「第五章地方事務」に以下のような記述がある[39]．

（四）戸口調査
清国政府ノ時代ニハ嘗テ精確ナル戸籍調査ナク随テ人口戸数等ヲ知悉スルノ便宜ナシ，且土民ノ乱ヲ避ケテ逃亡セシモノ多ク，加之各地土匪ノ横行スル者アリ，故ニ百種ノ弊害ヲ生シ之カ取締ノ途ナキヲ以テ，明治二十八年以来已ニ開庁シタル各地方庁ヲシテ鋭意戸口調査ニ従事セシメ，又明治

---

37) 同上，116頁．
38) 前掲中京大学社会科学研究所台湾史料研究会編『日本領有初期の台湾』に，そのような復命書や報告書が多数掲載されている．
39) 台湾総督府民政局『台湾総督府民政事務成蹟提要』（台湾総督府民政局，1897年），18頁．

二十九年二月武器捜査ノ際捜査部隊ト共ニ戸口調査ニ従事セシメタルカ故ニ，各地方庁ニ於ケル戸口ノ大数ハ略之ヲ了スルヲ得タリ

　総督府は設置当初から，当時日本が「土匪」「匪賊」などと呼んだ抗日武装勢力の鎮圧を最大の課題としていたが，戸口調査が，そのための住民取締りと武器摘発を第一目的としていたことがわかる．実際，栗原純が紹介している「台湾総督府公文類纂」所収文書によれば，1895年9月23日に台北県知事から民政局長水野遵に報告された「戸口調査仮規程」(台北警第一七号)は，第9条で「調査ノ際ハ家毎ニ銃砲火薬ノ有無ヲ審糺シ私ニ之ヲ蔵匿スルモノアレハ押収シテ其場所月日員数等明細書ヲ作リ適宜取纏メ警察部若クハ支庁ニ送附スベシ」と規定しているという[40]．まさに武器捜索を戸口調査業務の中心に位置づけている．このため，戸口調査は各地方庁が主宰したものの，調査業務自体は憲兵隊と警察署が中心となり，極めて強圧的な形で実施された．

　『台湾総督府民政事務成蹟提要』では，「各地方庁ニ於ケル戸口ノ大数ハ略之ヲ了スルヲ得タリ」としているが，あくまで概数把握のレベルにとどまったと見え，総督府は1896年8月に総督訓令「台湾住民戸籍調査規則」を発し，改めて地方庁に「戸籍」調査を指示している．施行細則の作成は各地方庁に任されたため，調査の方法と精度は地方庁によって違いがあったようである．同じく栗原純が紹介している台南県の「台湾住民戸籍調査細則」(台南県訓令第六八号，1896年9月11日施行)には，住民を「甲種　官吏公吏及資産常識アリテ疑ヒナキモノ」と「乙種　貧民労働者及刑ニ処セラレシ者其他資産常識アルモ平素ノ挙動不審ノ者」の2種に分類する規定があるという[41]．「戸籍」調査の目的が住民監視のための情報収集にあったことがはっきりわかる．

　台湾住民戸籍調査規則にもとづく調査は，1898年2月までに全島からの報告が集まり，台湾総督府による初の人口集計が行われた．後藤新平が民政局長に就任する前月のことである．

　なお，以上のような初期の戸口調査に際し，清朝統治期の住民関係記録がどのように取り扱われたかについては，よくわからない．基隆庁の史料に，「戸

---

40)　栗原純「『台湾総督府公文類纂』にみる戸口規則，『戸籍』，国勢調査——明治38年の臨時台湾戸口調査を中心として」(『東京女子大学比較文化研究所紀要』65号，2004年)，35頁．
41)　同上，38頁．

籍ハ旧庁ノ簿冊アリシモ極メテ不完全ナルヲ以テ一旦各堡ノ人口戸数ノミヲ調査セシモ」という記載があるという[42]。「旧庁ノ簿冊」が残存していることは事実のようだが，「極メテ不完全」という評価なので，調査の基礎資料として積極的に利用されたり保存されたりすることはなかったのではないかと想像される．

1898年3月に第3代民政局長（6月に民政長官に改称）に就任した後藤新平は，6月25日に「戸籍取扱ニ関スル規則制定ノ件」を各知事・庁長へ発し，次いで「戸籍編制規則案」「戸籍取扱手続案」などを作成して，戸籍編制の提案を行っている．以下，栗原純の研究により経緯を略述する[43]．

後藤の提案は，住民監視を目的とした警察官による戸口調査を継続しつつ，戸籍事務については弁務署に担当させるというものであったが，地方庁の賛成を得られず，実施に至らなかった．

その代わり，後藤は翌1899年8月に「保甲条例」を制定している．これは，清朝時代以来の隣保組織である「保甲制」を再編して行政の末端に組み込み，戸口調査簿の整備を担わせようとするものであった．

少し時があくが，1905年10月に台湾で初の国勢調査（臨時戸口調査）が実施されることになり，その準備のため後藤民政長官は，前年の1904年12月，各地方庁に「戸口調査簿整理方」を指示している．1905年5月には，後藤を部長とする「臨時台湾戸口調査部」を設置，6月に「臨時台湾戸口調査規則」「戸口調査評議員会規程」その他の諸規定を定めて，10月1日の国勢調査（臨時戸口調査）に臨んでいる．

後藤の時代に実施された戸口調査において，初期調査の際に報告された「旧庁ノ簿冊アリシモ極メテ不完全」という状況は同じであったと見られるので，清朝統治期のアーカイブズが積極的に活用されたとは考えにくい．隣保組織である保甲制に関する記録が地方庁や地方有力者のもとに残っていたとすれば，収集，利用の対象になった可能性があるが，これも今後の研究にまちたい．

4.3　土地調査とアーカイブズ

台湾総督府にとって，植民地経営を安定させるための，住民支配と並ぶもう

---

42)　同上，34-35頁．
43)　同上，44頁以下．

ひとつの重要課題は，地租収入の拡大による財政の自立化であった．そのため総督府は，設置直後から土地制度と租税制度の再編に取り組んだ．先述のように，大蔵省吉井友兄主税官は，「客年兵馬倥偬ノ際，土地ニ関スル枢要ノ諸簿冊ハ概ネ散逸ニ帰シ」と報告しているが，清朝統治期に作成された土地関係記録は土地調査の基礎であり，総督府は土地調査の実施にあたり，地主に対して土地を所有している証拠書類の提出を求めた．そこでまず，清朝統治期の土地関係記録とはどのようなものであったのか，江丙坤の研究によって簡単に見ておこう[44]．

　台湾には，古くから「一田両主」といって，耕作農民の上に「大租戸」「小租戸」と呼ばれる2種類の地主が存在する複雑な土地所有形態があり，土地台帳や正確な図面なども作られていなかった．これに改革の手を加えたのが，劉銘伝の「清賦事業」である．

　劉銘伝は，清仏戦争（1884-85年）の台湾防衛戦で功績をあげた清国の軍人で，1885年10月に福建省から分離，独立して設置された台湾省の初代「台湾巡撫」（最高統治責任者）に任じられた．劉は殖産興業に力を入れて台湾の近代化を進めたが，なかでも重要なのは，土地権利関係の整理や隠田の摘発によって地租収入を増やし，台湾経営の財政的基盤を拡充することを狙った，「清賦事業」を実施したことである．アーカイブズ史的に関心のある土地関係記録の様相も，この事業によって一変することになったと考えられる．

　清賦事業は，1886年6月8日の「清丈章程」公布によって，基本となる土地調査が開始された．その手順と，作成される記録について説明すると，次の通りである．

　まず実地丈量に際し，地主から土地権利関係の証拠となる「契字」（地租納入証）などの書類を提出させ，田地と一致したものについては「三連単」（3通の証書）を発行して，清賦総局，県，地主が1通ずつ保管する．土地の丈量を行うと，「総図（区図）」（区画ごとの野取図），「散図」（一筆ごとに境界，距離等の詳細を記入したもの），「庄図（部落図）」（総図を部落全体でまとめたもの）の3種の図面を作成する．

　県は，これをもとに，「堡図（郷図）」「県図」を作成するとともに，「魚鱗冊」

44）　以下，前掲江丙坤『台湾地租改正の研究』，35-39頁による．

を編製する．魚鱗冊は，土地台帳と地図を一体化したような基礎書類となるもので，土地境界，地番，等則，面積，地租額，地主名などが記載され，1枚の紙を8区画に分割して使用するため「八筐魚鱗冊」とも呼ばれた[45]．その他，県が作る帳簿に，「簡明総括図冊」（堡単位の田畑甲数，地租額の集計帳）がある．また，土地登記が終了して「業主」（地主）[46]が確定すると，大租戸には「黄紙藍字」，小租戸には「紅紙黒字」の「印単（丈単）」（地券）[47]が「永久管業ノ証」として交付された．

　劉銘伝の清賦事業は，地租増収の成果をあげたが，土地権利関係の複雑さは必ずしも解消されず，新たに作成された土地記録も正確さを欠いた面があるとされている．しかしいずれにしても，台湾の土地記録体系に大きな変化をもたらしたことは間違いない．

　総督府の土地調査が本格化するのは，1898年2月末と3月初めに第4代総督児玉源太郎と第3代民政局長後藤新平が相次いで赴任して以降のことだが，それまでの2年半の間にも土地制度や租税制度の調査が行われた．

　すでに触れたように，地方指導者層からの聞き取り調査による『台湾制度考』の作成（1895年9月），大蔵省主税官による視察調査（同年11月），訓令第39号「行政上調査ニ関スル件」による地方庁への調査指示（同年11月）などが実施されたが，並行して1895年9月12日には「地租調査委員会」が設置され，地租徴収方法の検討が始まっている．

　1896年に入り，4月1日に軍政から民政に移行すると，大蔵省から税務官僚2名が台湾総督府に赴任し，地租徴収規程の策定にあたる．その結果，1896年8月16日に「台湾地租規則」が公布されるに至るが，全3条の簡単なものであり，しかも第1条で，「地租ハ旧慣ニヨリ明治二十九年ヨリ之ヲ徴収ス」とされた．つまり，「旧慣」すなわち清朝統治期の地租を踏襲し，地租額は地主が所有する前年の地租領収書によって決定するということになったのである[48]．

---

45) 「魚鱗冊」については，『臨時台湾旧慣調査報告　台湾私法上巻』（臨時台湾旧慣調査会，1910年），212-214頁に詳しい説明がある．
46) 「業主」については，同上『臨時台湾旧慣調査報告　台湾私法上巻』，229頁以下に詳しい説明があるが，ここでは立ち入らず，とりあえず「地主」としておく．
47) 「丈単」については，同上『臨時台湾旧慣調査報告　台湾私法上巻』，214-218頁に詳しい説明がある．
48) 前掲江丙坤『台湾地租改正の研究』，62-64頁．

地租規則をこのように暫定的なものにせざるを得なかった理由は，大蔵省吉井主税官が嘆いていたように，清朝統治期の公的記録が大半失われていたことと，新たな地租額納税者を決めるための土地調査が，ほとんど行われていないためであった．大蔵省から派遣された官僚のひとりで，のち臨時台湾土地調査局長をつとめ，後藤新平と同じく満鉄総裁や東京市長を歴任した中村是公は，この頃のことを，「［地租に関する］是等の諸帳簿は兵燹に罹つたので，領台当時には，殆んど魚鱗冊などは見られないので，彼方此方に数冊づつ残つて居つたという姿で全てなくなつた」と，書き記している由である[49]．

　また当時の「台湾の真相」と題する『東京朝日新聞』の記事によれば，「更に収税上の不便として当局者の困難を訴ふるもの」として，「占領当時行政の事に無頓着なる兵卒等ハ，有用なる書類も兵火の焼くに任せ雨水の侵すに任せて顧みず，偶々稀れに注意して保存したる者なきにあらねど，有用の書類にハ改竄塗抹の跡あるより，之を反古と心得て水火に投じ」(ママ)ることがあったと，行政に無頓着な兵卒等による人為的な記録破壊の事実が指摘されている[50]．いずれにしても，抗日武装勢力に対する武力弾圧が長引いたことが，記録の破壊と散逸を深刻化させたことは疑いない．

　初期調査の段階は，1898年3月の後藤新平の民政局長就任によって終了し，地租改正に向けた本格的な調査の段階に移行する．7月に「台湾地籍規則」「台湾土地調査規則」などの基本規則が定められると，9月には「臨時台湾土地調査局」が設置され，同月から試験調査がスタートした．調査方法は「台湾土地調査規則施行規則」で規定されているが，それによると，調査の出発点は業主（地主）からの申告書の提出であり，申告書は「其土地ニ関スル証拠書類及参照書類ヲ提出スヘシ」とされ，証拠書類や参照書類を有していない者には，「其土地ニ関スル事由ヲ記載シタル書面」を作成し，申告書に添付することが義務づけられた．また，申告者以外の者が証拠書類や参照書類を所持している場合も提出を拒否できないとされた（第1条の2）．

　業主として申告書を提出できる者は，試験調査から本格調査に移行する1898年4月1日に制定された「改正土地調査員心得」第18条によれば，次の

49）　同上，63頁．同書67頁注8によれば，出典は『台湾土地調査事業概要』（台湾総督府臨時台湾土地調査局，1905年），34頁．筆者未見．
50）　同上，63頁．明治30（1897）年11月14日『東京朝日新聞』，3頁．

3種とされた．これにより，各業主が申告資格の認定を受ける際，何を証拠書類として提出すればよいかが示された[51]．

　一，清丈ノ際其土地ノ業主トシテ魚鱗冊其他ノ官簿ニ登録セラレ又ハ丈単ノ下付ヲ受ケタル者
　二，清丈後土地ノ業主トシテ賦租セラレ現ニ地租ヲ納付スル者
　三，裁判確立ノ上其土地ノ業主トナリタル者

すなわち，第1の「清丈」（劉銘伝の「清賦事業」）により土地所有権を認定された者は，「魚鱗冊其他ノ官簿ニ登録セラレ」ていることが確認されるか，「丈単」（地券）の提出が必要であり，第2の「清丈」以降に地主となった者は地租納付証明書（領収書），第3の裁判によって地主と認められた者は裁判記録の提出が，それぞれ求められたのである．

　土地調査の方法と実態については，江丙坤や小林英夫が詳しく紹介しているが[52]，ここでは証拠書類，とりわけ「魚鱗冊其他ノ官簿」や「丈単」など清朝統治期のアーカイブズがどのように使われたのか，というところに関心の焦点を絞り，本格調査3年目にあたる1901年度の『臨時台湾土地調査局第二回事業報告』[53]によって，概略を見てみよう．

　同事業報告は，第4章「調査方法」で詳細な手順を示しているが，まず，一筆ごとの実地調査に先立つ「準備事務」として，「堡界庄界土名界ノ調査」（郷，村，字の境界調査）のほか，「委員見取図ノ調製，申告書ノ調製及取纏，旧慣調査，紛争調停等」をあげている[54]．

　境界調査の手順は，最初に地方庁に赴いて「地租調定原簿，荒地台帳，旧官租収納原簿ヲ謄写シ，魚鱗冊，実徴戸冊其他参考トナルヘキ書類ヲ借入レ」た上で，「街庄長委員ノ名簿ヲ調製シ，魚鱗冊上ノ街庄名ト行政区域ノ街庄名トヲ対照シ，地方吏員街庄長委員ト共ニ実地ニ臨ミ其境界ヲ踏査」するというも

---

51) 同上，194頁．
52) 同上書，ならびに小林英夫「初期台湾占領政策について（一）」（駒澤大学『経済学論集』8巻2号，1976年9月）．
53) 『臨時台湾土地調査局第二回事業報告』（臨時台湾土地調査局，1903年9月30日）．臨時台湾土地調査局長中村是公から児玉源太郎総督に提出された明治34（1901）年度事業報告である．
54) 同上，39頁．

のである．清朝統治期の地租調定原簿や魚鱗冊など，別の史料で「旧記」と呼ばれている地方庁アーカイブズを，謄写または借用し，基礎資料として利用することになっており，注目される．

準備事務が1庄分終わると，担当の主幹補助は，申告書，証拠書類，預証原符，委員見取図，毎庄略図，地租調定原簿，旧官租収納原簿，荒地台帳写，魚鱗冊，実徴戸冊，業主名簿等12種の書類を取りまとめ，目録を添えて事務監督に引き継ぐ．

次に，実地調査担当者は事務監督から関係書類一式を受け取り，まず現地で一筆ごとに概況図を調製する．次いで，申告書検査，地位等級収穫調査に進むが，申告書検査の手順は次の通りである[55]．

> 本調査ハ申告書表面記載ノ事項ヲ以テ概況図及証拠書類ヲ対照シ，業主タルノ確証アリ若ハ其権利ヲ確認スヘキ者ノ規定ニ適合スルヤ否ヤ検覈シ，其地番地目等則甲数ハ丈単又ハ魚鱗冊ト照合シ，丈単魚鱗冊ナキモノハ地租調定原簿ニ照シ，地租ハ地租調定原簿ニ大祖水租地基租ハ領収証ニ照シ，領収証ナキモノハ証拠書類ニ依リ，官租地ノ名称地番甲数租額ハ旧官租収納原簿ニ照合シ，一々之ニ検印シ，又証拠書類ヲ検閲シタルトキハ直接ニ業主典主タル事実ヲ証明シタル書類ニ検印シ其書類ノ名称及枚数ヲ申告書上欄ニ記入捺印ス（以下略）

このように，提出された証拠書類によって地主資格を認定し，丈単，魚鱗冊，地租調定原簿，旧官租収納原簿など，主として清朝期のアーカイブズとの照合により，土地情報と租税情報の確認を行う手順が示されている．そして，1庄分の実地調査が終了するごとに，「申告書，概況図，地位等級収穫調査表，証拠書類，委員見取図，毎庄略図，地租調定原簿，官租収納原簿，荒地台帳，魚鱗冊ノ字号地目則別甲数及業主名ヲ毎庄毎土名ニ謄写シタルモノ」を取りまとめ，「目録ヲ作リ本局ニ提出スルモノトス」と定められている[56]．

調査の実態がどうであったかについては，上記『臨時台湾土地調査局第二回事業報告』に，調査を担当した土地調査局派出所ごとの状況が記されている．

---

55) 前掲『臨時台湾土地調査局第二回事業報告』，43頁．
56) 同上，41頁．

それによると，ある意味で当然のことながら，あらかじめ決められた通り調査が順調に進んだわけではなかったことがわかる．一例として，新竹地方竹北二堡第六派出所の担当地域では，「魚鱗冊具備セスシテ清丈当時ノ境界ヲ知ルニ由ナキ所多ク」と，地方庁の魚鱗冊が不備であるため，境界調査すらできないところが多くある事実が記されている[57]．

　地方庁の魚鱗冊が不備である理由のひとつは，たびたび指摘されてきたように，抗日武装勢力と日本軍との戦闘にあると思われるが，小林英夫によれば，「抗日ゲリラ軍」の武装闘争は長く各地で続いており，「1900年8月には台中県打蘭地方で三角測量実施中に日本人技師殺害事件が発生」している[58]．また台北地区桃潤堡第六派出所では「派出所ニ提出シタル証憑書類ヲ土匪ニ強奪セラルルノ虞アリト為シ，一時ハ関係各庄ヨリ五名乃至十名ノ壮丁ヲ出シ終夜派出所ヲ警戒セリ」と，抗日武装勢力による書類強奪の動きも伝えられている[59]．

　記録をめぐる困難は，抗日武装勢力との抗争だけが原因ではなく，農民による文書隠匿の事例もあったようである．たとえば，台南出張所所管地区からの報告によれば，土地調査事業の趣旨を納得しない農民が，「徒ラニ疑懼ノ念ヲ懐キ，申告書ヲ提出スルニ当リ兎角証拠書類ヲ隠蔽シ大祖額ヲ不明ナラシメントスル」動きがあったという[60]．

　このように，台湾全体としてなお騒擾状況が続く中，清朝統治期のアーカイブズを積極的に活用したいという臨時台湾土地調査局の意図は，必ずしも満足できる形で実現できなかったと思われる．それに対して，台湾総督府が何らかの対策をとったのか．たとえば，地方庁を対象に清朝統治期アーカイブズの残存状況について，総合的な調査を行ったり，保存措置を指示したりしなかったのか．また，土地調査終了後，調査で使用された清朝統治期の公簿や証拠書類に対しては，どのような保存措置がとられたのか．台湾総督府の「植民地アーカイブズ政策」を考える上で重要な点である．いずれも今後の研究課題とせざるを得ないが，その手がかりとして，2, 3の可能性を記しておきたい．

　第1は，台湾総督府の出版物，とりわけ次に述べる臨時台湾旧慣調査会が刊

---

57) 同上，76頁．
58) 前掲小林英夫「初期台湾占領政策について（一）」，44頁．
59) 前掲『臨時台湾土地調査局第二回事業報告』，60頁．
60) 前掲江丙坤『台湾地租改正の研究』，179頁．

行した調査報告参考書の中に，数多くの清朝期土地関係文書が含まれている点である．内容については次項で紹介するが，土地調査の証拠書類として収集された文書が，調査終了後，臨時台湾旧慣調査会に移管または貸与され，土地権利関係に関する法制史研究資料として再活用された場合がある可能性を示唆している．

第 2 に，上記の臨時台湾旧慣調査会刊行資料を含め，臨時台湾土地調査局が収集した文書・記録類が，組織解散後も台湾総督府の手によって保存され続けた可能性である[61]．

第 3 に，土地調査で利用された地方庁や個人所有の文書・記録が，現地で保存された可能性である．たとえば，土地調査に利用されたかどうかは不明だが，台湾総督府が現地で保存した清朝統治期の地方庁アーカイブズの例として，現在「淡新档案」として知られるものがある．これについては後述する．

4.4 旧慣調査とアーカイブズ

後藤新平が民政局長に就任する以前から，台湾総督府は戸口調査や土地調査に際し，あるいはそれ以外の目的で，法制度や商慣習，社会事業などに関して，旧慣調査を実施している．たとえば，1896 年 12 月には，民政局参事官室に「制度文物風俗慣習等の取調，及び民政に属する各般法令の漢訳を査閲」することを任務とする「臨時調査掛」が設置されている[62]．また 1897 年 8 月には，台湾総督府水野遵民政局長から「前政府時代ニ於ケル地方経済ニ属スル事業費調査ノ件」が発せられ，各県を通じて清朝時代の公共事業について，その種類と財源などの調査が試みられている．調査の概要と各県からの回答を大友昌子が紹介しているが，それには，関係する「旧記」の探索を行ったことなどが記されており，当然のことながら，アーカイブズ調査が主要な方法であったことがわかる[63]．

---

61) 中京大学社会科学研究所台湾史研究センターのウェブサイトに掲載されている「台湾総督府文書一覧」によると，台湾総督府文書の中に「臨時台湾土地調査局公文類纂」や「土地申告書」があり，同局収集文書の原本が含まれている可能性がある（https://www.chukyo-u.ac.jp/research/irss/taiwan/index.htm，参照 2022-08-14）．なお臨時台湾土地調査局文書を扱った研究に，谷口昭「台湾総督府文書の研究——臨時台湾土地調査局文書の形成と明治官僚制」（『名城大学総合研究所紀要』18 号，2013 年 3 月）があるが，この問題には触れていない．

62) 前掲春山明哲『近代日本と台湾』，261 頁．

旧慣調査は，臨時台湾土地調査局の設置に遅れること約2年，1901年10月の「臨時台湾旧慣調査会」の発足により，正式に事業化される．それに先立つ1900年10月，総督府と地方官吏など官民の有志により，私設の「台湾慣習研究会」（会頭は児玉源太郎総督）が作られ，雑誌『台湾慣習記事』を発行している．その第1巻第5号に副会頭後藤新平が，「台湾経営上旧慣制度調査を必要とする意見」を掲載している．後藤はそこで，旧慣調査は「只属吏の観察し来つた所の一時の慣習を集めて以て完成と云ふことは出来ない」とし，専門家の手によって「之を系統的に学術上より分析綜合の実を用ゆるに非ざれば」，台湾経営上役立てることはできないとして，学術的な旧慣調査の重要性を主張している[64]．このような考え方から，後藤は法学者の京都帝国大学教授岡松参太郎を，台湾旧慣調査の指導者に迎え，本格的に旧慣調査事業を進めていくのである[65]．

　岡松は，臨時台湾旧慣調査会発足の約2年前，1899年12月に，まず臨時台湾土地調査局嘱託に任ぜられ，翌1900年2月から活動を開始．臨時台湾土地調査局が収集した資料などを利用して，翌1901年に『台湾旧慣制度調査一斑』をまとめている[66]．台北県を中心にした，本格的旧慣調査事業開始前の，いわば準備研究である．その序文には，材料として，土地調査の過程で収集された証拠書類，裁判所や地方庁の調査書類，総督府発行の調査報告書，その他旧記や聞き取り調査が活用されたことが記されており，岡松の旧慣調査の方法を示すものとなっている[67]．

---

63) 大友昌子「清朝時代における台湾公共事業に関する調査報告書『前政府時代ニ於ケル地方経済ニ属スル事業費調査ノ件』の史料的考察――『旧慣調査』前史として」（中京大学社会科学研究所台湾史研究センター編『台湾総督府文書の史料論』創泉堂出版，2018年）．

64) 関口浩「『蕃族調査報告書』の成立――岡松参太郎文書を参照して」（『成蹊大学一般研究報告』46巻第3分冊，2012年2月），成蹊大学学術情報リポジトリ電子版6頁による．原著は後藤新平「台湾経営上旧慣制度調査を必要とする意見」（台湾慣習研究会『台湾慣習記事』1巻5号，27頁．

65) なお参考までに，「琉球処分」により日本に編入された琉球において，1879年の沖縄県設置直後から「旧慣調査」が実施されており，担当した官僚が後に台湾旧慣調査にも携わったことが知られている．それらのことから，「沖縄の旧慣調査は，近代日本の植民地旧慣調査の先鞭をなした」とする見方がある（平良勝保「近代沖縄における旧慣調査とその背景」，沖縄大学地域研究所『地域研究』5号，2009年3月，27頁）．

66) 臨時台湾土地調査局編『台湾旧慣制度調査一斑』（同局，1901年）．

67) 前掲春山明哲『近代日本と台湾』，264頁．史料は同上『台湾旧慣制度調査一斑』，2頁から引用．

本書ノ編纂ニ当リ専ラ材料トセルモノハ臨時台湾土地調査局ニ於テ蒐集セル証拠書類，台湾覆審法院及台北県庁ノ調査ニ係ル書類等ナリ，又総督府殖産課ノ発行ニ係ル台北県下農家経済調査及同文書課ノ発行ニ係ル台湾蕃人事情ハ本書ニ好材料ヲ与ヘタリ然レトモ尚之ヲ旧記ニ探リ土人ニ訊ネ補充スル所少カラス

1901年10月25日，勅令第196号として「臨時台湾旧慣調査会規則」が発せられ，臨時台湾旧慣調査会が正式に発足した[68]．第1条は調査会の目的を，「臨時台湾旧慣調査会ハ台湾総督ノ監督ニ属シ法制及農工商経済ニ関スル旧慣ヲ調査ス」と定めている．後にまとめられた『台湾旧慣調査事業報告』には，この目的に沿った事業の「計画」が3点記されている[69]．

(一) 台湾ノ各地方ニ行ハル、旧慣若クハ各種族ノ間ニ行ハルル旧慣ニ付キ統一的若クハ類別的ニ調査ノ実ヲ挙クヘキコト
(二) 特設機関トシテ旧慣調査会ヲ組織シ以テ本事業ノ遂行ヲ計ルヘキコト
(三) 公私法上一切ノ旧慣ヲ調査シ以テ台湾ニ恰当スヘキ立法ノ基礎ト為シ又農工商経済ニ関スル旧慣ヲ調査シ以テ台湾永遠ノ福利ヲ増進スヘキコト

とくに重視されたのは「立法ノ基礎」を築くことで，法学者である岡松参太郎がリーダーに選ばれたのはそのためであった．また上記に続いて，「是等ノ目的ヲ達セントスルニハ尚ホ各国殖民地ノ実地ニ就キ制度ノ得失ヲ調査シ其他一般ノ殖民政策ニ関スル外国書ヲ翻訳シ以テ本事業ノ完成ヲ計ルノ要アルコト勿論ナリ」と，旧慣調査にあたって，先行する外国植民地の研究が必要なことを強調している点も，注目に値する．

臨時旧慣調査会には，民政長官後藤新平会長のもと，法制を担当する第1部と農工商経済を担当する第2部が置かれた．岡松参太郎は第1部長に就任した

---

68) JACAR Ref.: A03020509900,「御署名原本・明治34年・勅令第196号・臨時台湾旧慣調査規則」（国立公文書館）．（会規か）
69) 臨時台湾旧慣調査会『台湾旧慣調査事業報告』（同会，1917年），34頁．

第4章　日本の植民地支配と「植民地アーカイブズ政策」　　345

が，実質的に調査会全体のリーダーだったようである．

『台湾旧慣調査事業報告』には，第1部（法制担当部門）の旧慣調査方法が，（い）（ろ）（は）（に）の4項目記されており，岡松の調査手法をうかがうことができる[70]．とくに注目されるのは，次の2項目である．

　（ろ）台湾ハ清朝ノ治下ニ在ルコト二百余年ニシテ清朝ノ法律タル律例，会典，則例，省例等ハ必シモ励行セラレタルモノニ非スト雖モ此等ハ皆台湾民族ニ浸潤スル信条タルヲ失ハス故ヲ以テ本科ノ調査ハ此等ノ規程ヲ参酌スルニ勉メ其他旧記，雑書及ヒ清国政府時代ニ於ケル諭告，碑記，往復公文書等苟モ旧慣ヲ知ルニ価値アルモノハ悉ク之ヲ蒐集スルニ勉メ殊ニ民間ニ授受セル契券，店舗ニ保存セル帳簿ノ如キハ私法的慣習ヲ探求スルニ最好ノ資料タルヲ以テ専ラ力ヲ之カ蒐集研究ニ用ヒタリ
　（は）文献ノ憑徴ノミニテハ台湾全斑ノ慣習ヲ知ルニ尚不足ヲ感セシモノ少カラス於是乎台湾人ニシテ学識経験アル耆老紳民ヲ選択シ必要ニ応シ各地方ニ於テ本会嘱託員ト為シ旧慣ニ関スル疑問ヲ質シ且此等嘱託員ヲシテ調査ノ資料ヲ提供セシメ以テ調査不備ヲ補足スルヲ方針トシ其他老農，老圃，猟兎ノ徒独薨ノ者ト雖モ調査事項ニ関シ特別ノ智識及ヒ経験ヲ有スル者ハ其所説ヲ聴取シ調査ニ遺漏ナキコトヲ期シタリ

　ここに見られるように，（ろ）では収集資料の対象が，清朝期の法規類はもとより，「旧記，雑書及ヒ清国政府時代ニ於ケル諭告，碑記，往復公文書等」から「民間ニ授受セル契券，店舗ニ保存セル帳簿」まで，多様な種類のアーカイブズに及んでいたことが記されている．また（は）では，資料収集に地域の学識経験者や古老の協力を得るとともに，農民，狩猟民，樵夫など，各層からの聞き取り調査を実施したとしている．

　このような台湾旧慣調査の実施方法については，元東亜研究所研究員で後掲の中国農村慣行調査に参加した経験のある福島正夫が，戦後次のように批評している[71]．

---

70)　同上，54-55頁．

調査の実施は，官憲の強制力をもって法慣行の採訪，資料文献の蒐集を行い，また現地の有識者の参加協力をも求めたのであって，領台後の島民の抵抗が完全に終止した後においては，この方法はほとんど完全な成功を収めるべきものであった．私のいう「権力型調査」が，その典型的な形で，実現されたといってよいであろう．もちろん「同志型調査」ではなく，威力を背景に上から臨むのであるから，人民が積極的にこれに協力し，その法意識をあまさず表現したかどうかは，疑問がある．

臨時台湾旧慣調査会は1919年に解散し，第1部法制部蛮族科の業務を引き継ぐ形で，「蛮族調査会」が発足する．それまでの18年間，「権力型調査」の典型と評される臨時台湾旧慣調査会の活動の中で，厖大な数のアーカイブズが，探索され，調査され，収集されたと思われる．その具体的な状況はどうであったのか．現地調査の方法や，収集されたアーカイブズの整理方法はどのようなものであったのか．また，利用のあと元の所有者や保存場所に返還されたり，場合によっては廃棄されたりすることもあったのか．

アーカイブズ史的に重要なこれらの点については，臨時台湾旧慣調査会が刊行した報告書類を丹念に読めば，関連する記述が発見されるのかもしれない．また，現存する台湾総督府文書を分析することによって，多くの事実が明らかになることは間違いないし，すでにこれまでの研究で解明されていることも少なくないと思われる．しかし，筆者はそれらについて不案内で，踏み込む余裕もないため，ここでは前項の「土地調査とアーカイブズ」でも述べたいくつかの可能性に触れ，問題提起とすることで，当面の責をふさぎたい．

第1に，臨時台湾旧慣調査会は，第1部を中心に多くの報告書を刊行しているが，その中に『調査報告書附録参考書』と題する資料集12冊が含まれる．収録資料は，臨時台湾旧慣調査会の調査分野全体に及び，当然のことながら土地制度や租税制度に関わる資料も多い．これには，臨時台湾土地調査局が収集したものも含まれていると考えられる．

資料の掲載様式を示すと，最初に日本語のタイトル行が置かれ，次の例のよ

---

71) 福島正夫「岡松参太郎博士の台湾旧慣調査と，華北農村慣行調査における末弘厳太郎博士」(『東洋文化』25号，1958年3月)，36頁（『福島正夫著作集第六巻　比較法』勁草書房，1995年に再録）．

うに，本文章節ごとの資料掲載番号，資料説明または説明的タイトル，出所地域名が記される．資料説明に発信者・受信者情報や出所情報が含まれる場合もあるが，出所情報が記載されていないものも少なくない．

「第六一　台東直隷州ニ於ケル八筐冊」[72]
「第六三ノ二　宜蘭地方頭囲ニ於ケル天后宮ニ対シ下付シタル丈単」[73]
「第七三　大科崁撫墾総局ヨリ已ニ開成セル田業ニ対スル権利ヲ確認スル
　　為発給シタル諭単（新竹地方竹北一堡）」[74]

タイトル行に続いて，原語の資料原文が掲載されるが，その前に日本語の解説が数行挿入されているものもある．資料は原文書の体裁は崩されているが，魚鱗冊（八筐冊）のように図面形式のものや，丈単のように袋形式の資料については，例外的に原文書の体裁通り表示されている．

以上のような掲載内容から，個々の資料の収集地域や，発信者・受信者などの情報を得ることができる場合が多い．しかし，アーカイブズとしての出所組織や出所個人を特定することは簡単ではなく，まして，保存や管理の状況については全く不明である．『調査報告書附録参考書』として刊行のあと，収録されなかった他の収集資料とともに，何らかの形で保存措置がとられたことを期待し，今後の調査研究にまちたい．

第2に，上記第1点とも関連する可能性があるが，現在台湾において，台湾総督府文書内ではなく，別に所在が確認されている清国統治期のアーカイブズの問題がある．代表的なのは，「淡新档案」として知られるアーカイブズである．これは，1776年から日本の台湾統治が始まる1895年までの120年間にわたる新竹地方の行政・司法記録で，淡水庁時代，台北府時代，および新竹県時代のものが含まれる．日本統治期には新竹地方法院が管理し，覆審法院（高等法院）に移された後，台北帝国大学文政学部に学術研究資料として寄贈された．日本統治期には「台湾文書」と呼ばれたが，戦後，台湾大学法学院で整理が行

---

72) 『臨時台湾旧慣調査会第一部調査第三回報告書・台湾私法第一巻附録参考書（上巻）』（臨時台湾旧慣調査会，1910年3月），153頁．
73) 同上，159頁．
74) 同上，169頁．

われ，淡水庁，台北府および新竹県のアーカイブズであることから，「淡新档案」と名づけられた．1986年に台湾大学図書館に移管されて現在に至っている．数量は，1,163案，19,152件にのぼる[75]．滋賀秀三によれば，1,163案（件）の内訳は，行政関係574件，民事関係224件，刑事関係365件．時代的には咸豊・同治・光緒期のものを主とし，とくに光緒期（1875年以降）のものが圧倒的に多いという[76]．

記録の形態は，「各個の案件ごとに継起する文書を日付順に糊附けして継ぎ合わせ，拡げれば横ながの長大な一連となるものを折畳んで，案件標目等を記した外装紙に包むという形で保存され」ているということであり，明清期公文書に一般的な「巻宗」形式をとっていることがわかる[77]．

淡新档案は，日本軍と抗日武装勢力との戦闘によって，清朝統治期の地方庁記録がほとんど失われたとされる中で，まとまった数量が残存しているアーカイブズ群として，極めて貴重な存在だと思われる．その管理，移管の歴史の詳細はわからないが，おそらく日本統治期初期に，司法記録に加えて新竹県保管の行政記録が新竹地方法院に集中され，その後，覆審法院を経て，台北帝国大学に寄贈されたということであろう．その過程で，臨時台湾土地調査局や臨時台湾旧慣調査会など，台湾総督府の調査機関によって活用されたことは容易に推定されるが，その後，何らかの特別な理由と経緯があって，学術研究資料として台北帝国大学に寄贈されたものであろう．その過程を明らかにすることは，台湾総督府の「植民地アーカイブズ政策」を知る上でも重要であり，今後の課題のひとつである[78]．

4.5 史料編纂とアーカイブズ

臨時台湾旧慣調査会が解散して3年後，1922年5月14日に「台湾総督府史料編纂委員会規程」が制定され，「台湾総督府史料ヲ調査，編纂セシムル」（規

---

75) 台湾大学のウェブサイト「淡新档案学習知識網」に掲載されている「淡新档案簡介」による（http://pinpu.digital.ntu.edu.tw/tanhsin/description/6.html, 参照 2023-01-02）．
76) 滋賀秀三「淡新档案の初歩的知識――訴訟案件に現われる文書の類型」（『東洋法史の探究――島田正郎博士頌壽記念論集』汲古書院，1987年，253頁．滋賀秀三『続 清代中国の法と裁判』創文社，2009年，に再録）．
77) 同上，253頁．「巻宗」については，本書第5章「満洲国旧記整理処」注29を参照のこと．
78) 次項で述べる台湾総督府史料編纂会（1922年設置）の中心となる編纂部長村上直次郎は，台北帝国大学文政学部教授（学部長）なので，「淡新档案」の寄贈に関与した可能性が考えられる．

第4章　日本の植民地支配と「植民地アーカイブズ政策」　　349

程第1条）ことを目的として，「台湾総督府史料編纂委員会」が設置された．同委員会は総督府総務長官を委員長とし（規程第2条），庶務部と編纂部が置かれたが（規程第3条），発足時の陣容は，委員長の賀来佐賀太郎総務長官以下，幹事4名，評議員33名，委員29名の合計67名という大所帯であった．そのメンバーには，学識経験者のほか，局長・知事以下の総督府高等官多数と，台湾軍参謀長らの陸海軍関係者，それに十数人の台湾民間人が含まれている[79]．

　委員会設置の目的は，同じ1922年9月8日に委員長賀来総務長官が本国外務次官宛に送った書簡にも明記されているように，日本による「台湾統治史」を編纂することにあった[80]．1922年7月24日に開催された委員会初会合における告辞で，賀来委員長は，「改隷以来既に二十有七年統治の成績に付ては自ら世評の存する所あり，其の間の治績に関し官衙及民間に於て編述公刊せる著作尠からず，既に相当の史料に富めりと雖，集めて之を大成し以て統治の成績を綜合大観せしむべき著作未だ公にせられたるものなし」と，台湾統治27年の治績をまとめた著作物がないことを慨嘆し，「顧みるに改隷当初事に当りし者は或は既に世を去り，或は本島を退去し，文書に現はれざる史料は空しく闇黒に葬り去られんとするのみならず，既存の関係文書と雖歳月の経過と共に漸く将に湮滅に帰せんとす，是れ台湾統治の史蹟を後昆に垂るゝに於て深く遺憾とする所総督府に於て本事業の計画を見たる所以なり」と，文書を含む統治関係史料の保存が急務であると述べている[81]．

　賀来委員長の告辞を受け，続いて持地六三郎編纂部長が，次のような史料収集方針を提示した[82]．

　　（イ）台湾に関する官，公，私の既刊未刊の著作物の蒐集
　　（ロ）台湾関する外国著作物（支那，英，仏，独，蘭，西等）の蒐集
　　　　（に脱か）

79）　以下，本項の記述は，主として檜山幸夫「解説」（中京大学社会科学研究所台湾史料研究会・校訂『復刻 台湾史料綱文　下巻』，社会科学研究所叢書3，中京大学社会科学研究所，1989年3月）による．
80）　JACAR Ref.: B13080823400「台湾修史資料（統治史），台湾総督府史料編纂会，大正11年」（7-2-1-6）（外務省外交史料館）．
81）　「賀来委員長の告辞　史料編纂委員会に於ける」（『台湾日日新報』大正11［1922］年7月27日，7961号，2頁）．
82）　「台湾統治真意の闡明　史料編纂会議席上持地部長の演説」（『台湾日日新報』大正11［1922］年7月28日，7962号，2頁）．

（ハ）官府保存の文書記録に付必要史料の抜粋
（ニ）当時局に当りし信憑すべき人士に就き質疑及聴取書調製
（ホ）本史料に供すべき文書，写真蒐集

　そもそも目的が日本による「台湾統治史」の編纂にある以上，史料収集の主たるターゲットが1895年以降の台湾総督府文書や軍の記録に置かれ，清国統治期のアーカイブズや地域の民間資料が重視されていないことは，ある意味で当然であろう．ただ，上記（イ）や（ロ）に見られるように，民間資料や海外資料にも一定の関心が及んでいたことに注意しておきたい．これは委員会が，台湾領有以降の統治史を主眼としつつも，「改隷以前の史実を掲記せざれば，前後の関係を知るに由なきが故に，前紀に於て台湾開闢以来の沿革の大要を略叙し，殊に日本と台湾との過去の関係を明瞭ならしめんことを期せんと欲す」[83]という考え方を持っていたことと関係しよう．編纂委員に総督府職員や軍関係者だけでなく，台湾の民間人を加えたのも，民間資料の収集に協力させるためであろう．

　海外資料の収集に関しては，先に触れた1922年9月8日付の外務次官宛書簡で，賀来総務長官が，英，蘭，伊3か国の在外公館に対し，それぞれの国立図書館等が所蔵する台湾関係資料の収集を依頼したいと書いており，それなりに本気で取り組んでいたことがわかる．収集資料の対象は必ずしも日本統治期に限るものではなく，次の英国駐在外交官宛依頼事項に見るように，「織田，豊臣，徳川時代」の古文書を含む広範囲に及んでいる[84]．

　英国ノ分
　一，台湾関係ノ著述，記録，古文書等同地ニテ手ニ入ル物ハ譲受ケ度事
　一，譲受ケ難キ書類ハ関係ノ部分謄写（成ルヘク日本文ニ翻訳）御郵送願度事
　一，日本側ヨリ提出セシ古文書類（織田，豊臣，徳川時代）ノ現物ハ写真ニ撮影御郵送願度事

---

83)　同上．
84)　前掲JACAR Ref.: B13080823400，「台湾修史資料（統治史），台湾総督府史料編纂会，大正11年）」．

一，台湾関係ノ古地図，絵画，写真類ノ蒐集若クハ現物撮影御郵送願度事

なお持地編纂部長は，7月24日の会合で，史料収集方針について説明した後，「最後に一言すべきは，事業の副産物として，台湾図書総目録及台湾図書解題を作製せんこと是なり，又本事業の完成に際し，各方面より蒐集せらるべき史料を甄別，選択，分類，整理して之を保存し置かんこと是なり，是等は本事業の範囲外に属するものなりと雖，本事業の副産物として発生すべき必要事業なるが故に併せて茲に附言す」と述べている．史料編纂後の史料保存について，重要な認識を示したものであり，留意しておきたい[85]．

台湾総督府史料編纂委員会は，最終的に『新台湾史』の刊行を目指し，海外資料や民間資料を含めた史料収集事業も一定の成果を得ていたようだが，組織上の問題や中心メンバーの急死などによって活動が停滞し，台湾総督府における1924年度の行政整理によってその活動を一時中止することとなった[86]．

活動が再開されたのは5年後の1929年である．同年4月26日，「台湾総督府史料編纂会規定」が制定され，新たに「台湾総督府史料編纂会」のもとで，史料編纂事業が開始された．編纂部長に任じられたのは，台北帝国大学教授の村上直次郎であった．

台湾総督府史料編纂会は，編纂委員会時代に比べれば人員規模は縮小されたものの，かなりの期待を持たれて再出発したといわれる．その事業内容について，井出季和太『台湾治績志』は次のように記している[87]．

　　編纂方法は編纂内規に依り，材料は先づ官公衙に蔵する資料を蒐集し，然る後民間に散在するものを採訪し，文書，記録，図書等原本の蒐集し難きものは之を謄写，影写又は模写し，或は複写することにし，文書記録を謄写又は影写したときは，担任の編纂員之を原本と対照して厳密に校正し，（ママ）蒐集した材料は之を整理編纂して史料稿本を作り，稿本は新材料を得るに

---

[85]　前掲「台湾統治真意の闡明　史料編纂会議席上持地部長の演説」(『台湾日日新報』大正11 [1922] 年7月28日)．

[86]　「大正15年12月6日付外務次官宛台湾総督府総務長官書簡」(前掲JACAR Ref.: B13080823400，「台湾修史資料(統治史)」)，ならびに前掲檜山幸夫「解説」，328頁．

[87]　井出季和太『台湾治績志』(台湾日日新報社，1937年)，779-780頁；前掲檜山幸夫「解説」，403頁．

随つて修訂の完成を待ち巻を遂つて印刷し，改隷前の古文書中重要なるものは別に編纂印刷すること、したが，欧文書は之を翻訳したるものを印刷することに定めた．

ここに見られる影写や謄写による史料採訪の手法や，史料集の編纂・刊行の方式は，東京帝国大学史料編纂掛が行っていた『大日本史料』などの編纂事業をモデルにしていると考えられる．ちょうど台湾総督府史料編纂委員会と同じ1922年に設置された朝鮮総督府の朝鮮史編纂委員会（のち朝鮮史編修会）が，『大日本史料』にならって『朝鮮史』を編纂，刊行したのと軌を一にしている[88]．しかし台湾総督府史料編纂会の場合は，『新台湾史』の刊行という当初の目的を達成することなく，『台湾史料稿本』と『台湾史料綱文』という2種類の未刊行成果を残して，1933年5月に解散するに至ったのである[89]．

筆者の関心は，史料採訪の具体的様子，とりわけ前政権記録や民間文書などのアーカイブズが，史料編纂事業の中でどのように収集され，処理されたかにあるが，筆者はその有力な史料となるであろう台湾総督府文書を見ていないので，ここで紹介できる研究成果はない．

いま別の手がかりになると考えられるのは，『台湾史料綱文』である．『台湾史料綱文』は，日本が台湾を領有した1895年から1919年までの25年間を対象としているが，檜山幸夫の詳細な分析によれば，史料綱文は全部で6,435項目，各項目に注記されている出典史料は，47種7,922点に及んでいる[90]．この出典記載が，史料編纂委員会（編纂会）の史料収集活動をある程度反映していると考えられる．最も多く使われているのが総督府の『府報』，次が同じく総督府の『公文類纂』で，この2種類だけで出典総点数の約74％を占める．これに続くのは，『官報』『民政事務成績提要』『陸軍幕僚歴史草案』（鍵の誤りか）『理蕃誌稿』『警察通報』などである[91]．台湾総督府創設後25年間の「統治史料」なので，当然といえば当然かもしれないが，出典の大半が総督府や軍の公的記録で占められている．前政権記録はもとより，海外資料や民間記録はほとんど利用され

---

88) 本書第6章「4．史料編纂事業とアーカイブズ」参照．
89) 前掲檜山幸夫「解説」，409頁．
90) 同上，417頁．
91) 同上，418頁第5表「出典・項目年度別統計」．

ておらず，史料編纂事業が地域のアーカイブズに与えた影響をここから推し量ることは結果的に困難といわざるを得ない．

4.6 小　括

台湾領有は，明治政府にとって初の植民地体験であった上に，初期においては武装抵抗勢力との厳しい戦闘を強いられたため，植民地支配政策の立案と実行は，混乱の中での試行錯誤の繰り返しであったに違いない．植民地統治に不可欠な現地情報の獲得は，当初からあらゆる分野で強力に進められたと思われるが，体系的，組織的といえるような調査活動と情報収集活動が行われるようになったのは，おそらく後藤新平が民政局長に就任し岡松参太郎が調査の中心に座って以降のことではないかと推定される．

本項では，戸口調査，土地調査，旧慣調査，史料編纂に限定して，調査活動を通じて清国期の行政アーカイブズや住民所有の記録類が台湾総督府によってどのように利用され，管理されたかを検証しようと試みた．その結果，武装抵抗勢力との戦闘によって喪失した記録が少なくないものの，戸口調査，土地調査，旧慣調査，史料編纂いずれの場合も，旧政権や住民の記録を積極的に活用しようとした事例は数多く見いだすことができた．しかしながら，その保存・管理がどのように行われたのかに関しては，台北帝国大学に寄贈された「淡新档案」の事例などを除いて，ほとんど判明していない．台湾総督府は，文書管理規則にもとづいて自らの行政記録を数多く残し，幸いなことに現在も台湾で保存されている．台湾総督府が旧政権文書や住民の記録など地元の「植民地アーカイブズ」をどう扱ったかは，台湾総督府文書を研究することによって明らかにできる部分が少なくないと考えるが，今後の課題である．

5. 満洲における調査活動とアーカイブズ

5.1 「満洲国」成立前の調査活動とアーカイブズ

5.1.1　満鉄調査部の設置と初期調査活動

1905年の日露講和条約（ポーツマス条約）によって，東清鉄道南部支線とその付属地，ならびに撫順炭鉱等をロシアから譲渡された日本は，その経営のため，

1906年11月，勅令による特殊会社「南満洲鉄道株式会社」(満鉄)を東京で設立した．初代総裁に選ばれたのは，台湾総督府民政長官の後藤新平であった．後藤は，台湾総督府でのブレーンであった中村是公を副総裁に，岡松参太郎を理事に起用し，1907年3月に，同じく日露講和条約によってロシアから租借権を譲り受けた関東州の大連に本社を移して業務を開始した．
　満鉄の組織は当初，総務，調査，運輸，鉱業，地方の5部で構成された[92]．当時，関東州租借地を除き満洲はいまだ事実上植民地化されるには至っていなかったが，満鉄調査部の設置は，「文装的武備」論の要である調査活動を満洲において本格的に実施することを目指した後藤の考えによるものだったといえ，理事の岡松参太郎が台湾での経験を買われて調査部長に就任した．
　以下，本章では，満洲における調査活動とアーカイブズとの関係を，満鉄経済調査会と「満洲国」の成立年にあたる1932年を画期として，1907-32年と1932-45年の2つの時期に分け，概略を見ていくことにしたい．

a. 旧慣調査班
　満鉄調査部の開設（1907年．1908年調査課に改称）から1932年に満鉄経済調査会が設置されるまでの前半四半世紀の活動については，井村哲郎が簡潔にまとめているので，引用させていただこう[93]．

　　［満鉄調査部／調査課は］1932（昭和7）年経済調査会の設置に伴ない廃止されるまで，所属する部局は幾度か変更されたが存続．満蒙，中国本部，シベリア等における政治，法律，経済，交通，文化等全般の調査を行なった．主要な調査として，鉄道沿線，主要都市とその背後地の経済事情，旧慣調査，「満洲」に関係する中華民国法規・対外関係条約の翻訳，ソ連邦，シベリアに関する調査等がある．調査結果は『満鉄調査資料』『満洲旧慣調査報告書』『パンフレット』『交渉資料』『露亜経済調査叢書』『露文翻訳労

---

92)　「明治40(1907)年4月23日示達第1号・本社分課規程」第1条（『南満洲鉄道株式会社十年史』南満洲鉄道株式会社，1919年，75-76頁）．
93)　井村哲郎「満鉄調査研究機関とその刊行物――米国議会図書館所蔵資料を中心にみる」（国立国会図書館『参考書誌研究』19号，1980年2月），2頁．なお関係論文に井村哲郎「日本の中国調査機関――国策調査機関設置問題と満鉄調査組織を中心に」（岩波講座『「帝国」日本の学知』第6巻「地域研究としてのアジア」，岩波書店，2006年）がある．

農露国調査資料』『労農露国研究叢書』『露文飜訳調査資料』などとして公刊された.「満州事変」時には関東軍に協力し,軍司令部統治部(のち特務部)に参加,占領地区の政治経済に関する企画,後方工作を行なう調査課員もあり,また1932年の国際連盟リットン調査団に提供する満鉄側資料の作成にも当った.

このように,満鉄調査部(調査課)の調査活動は,中国からシベリアに至る広範囲の地域を対象としており,満鉄経営に資するという本来の目的からいっても,台湾における「植民地調査活動」とは性格を異にしていた[94].しかしながら,その過程で実施された資料収集の手法,とりわけ満洲旧慣調査におけるそれは,第1に,岡松によって台湾旧慣調査の手法が持ち込まれていること,第2に,本書第5章でとりあげる「満洲国旧記整理処」を含め,満洲におけるその後の「植民地アーカイブズ政策」に何らかの影響を与えたと考えられること,の2点において,注意しておく必要があるだろう.

そもそも,満鉄調査部設置当初の1907年4月23日示達第1号「本社分課規程」第8条によれば,調査部の業務は,次のように一般経済調査と旧慣調査に重点が置かれていた[95].

第八条　調査部ニ於テハ左ノ業務ヲ掌理ス
一　一般経済ノ調査ニ関スル事項
二　旧慣ノ調査ニ関スル事項
三　図書ノ保管ニ関スル事項

このうち旧慣調査を担当したのは,京都帝国大学法学部第1回卒業生で,岡松のもとで台湾旧慣調査に従事した宮内季子を中心に,上海東亜同文書院卒業生で,当時,関東都督府嘱託通訳として吉林省長春に勤務していた天海謙三郎,同じく東亜同文書院卒業生の亀淵竜長ら,ごく少人数のグループであった.調

---

94) 台湾と満鉄の調査活動の性格を比較検討した論文に,鈴木一郎「後藤新平と岡松参太郎による旧慣調査(1):台湾の場合」「同(2):満鉄調査部の場合」(『東北学院大学法学政治学研究所紀要』8号・9号,2000年2月・2001年2月)がある.
95) 前掲「本社分課規程」第8条(前掲『南満洲鉄道株式会社十年史』,77-78頁).

査が実施されたのは，ちょうど1911年の辛亥革命をはさんだ清朝終末期と民国初期にあたるが，その間の変化も含め，調査の成果は『満洲旧慣調査報告書』として1913年から1915年にかけて刊行された[96]．

『満洲旧慣調査報告書』の構成は，前篇が土地に関するもので，土地の種目別に「蒙地」（亀淵竜長筆），「内務府官荘」（天海謙三郎筆），「皇産」（天海謙三郎筆）各1巻と「一般民地」（亀淵竜長筆）上中下3巻の計6巻，後篇が不動産権に関するもので，「典ノ慣習」「押ノ慣習」「祖権」各1巻の計3巻となっている．臨時台湾旧慣調査会が刊行した『臨時台湾旧慣調査会報告書』と比べると，巻数が少ないのは，調査体制と調査期間に差があることから当然であるが，記述の構成や体裁はよく似ている．ただ『臨時台湾旧慣調査会報告書』では，『調査会報告書附録参考書』として，資料集が単独で12冊も刊行されたのに対し，『満洲旧慣調査報告書』（以下『報告書』という）の方は，各巻の末尾に「附録参考書」と題する部分が設けられる形になっている．したがって，掲載資料の点数も，台湾に比べるとかなり少ない．以下では，前篇の土地に関する6巻，すなわち「蒙地」「内務府官荘」「皇産」「一般民地」各巻の「附録参考書」の部分を手がかりに，資料収集の方法と成果を探ってみたい．なお「蒙地」とは，蒙古王公が支配権を有していた土地で，内蒙，外蒙，西蒙古と呼ばれる地域に及んでいた．また「内務府官荘」は清朝内務府の管理下にある官荘（官有地）のこと，また「皇産」は，官荘のうち清朝皇室に属する土地を意味した．いずれも清朝期満洲の広大な面積を占めたが，辛亥革命後の中華民国期においても残存し，満洲土地制度の一大特色をなす存在であった[97]．

『報告書』執筆の中心を担った天海謙三郎は，後に「満洲土地文書の理解に関する一関鍵」と題する論文[98]の中で，現地調査の主な対象となった清朝末期から民国初期にかけての満洲土地関係文書について，その特徴を次のように概括している[99]．

　　殊に清末より民国初年にかけては，財源捻出の手段として，連年験契に次

---

96) 南満洲鉄道株式会社調査課編『満洲旧慣調査報告書』（南満洲鉄道株式会社，1913-15年）．
97) 江夏由樹「満洲国の地籍整理事業について――『蒙地』と『皇産』の問題からみる」（『一橋大学研究年報　経済学研究』37号，1996年3月），142頁，155頁．
98) 天海謙三郎『中国土地文書の研究』（天海謙三郎遺稿刊行会編，勁草書房，1966年），所収．
99) 同上，776頁．

第 4 章　日本の植民地支配と「植民地アーカイブズ政策」　　　357

ぐに験契を以てしたる結果，同一官庁の発給に係る地契なるにも拘らず，大照，戸管，官契紙，部照等，様式を同じくせざる照票類氾濫し，正に百花燎乱，之が真偽の鑑別に困惑されざる者鮮き状態である．（中略）甚しきに至りては，地券名義者と実際権利者との参差，地券上の地目，面積，四至と，実際のそれとの不符合，乃至公簿上に存在せざる幽霊業戸の領照等，弊害叢出，殆んど究詰する能はざるの実状に驚嘆せざるを得ぬのである．（中略）之と密接なる関連を有する土地台帳，徴税台帳等，公簿類の無統制，無整序も，亦地券のそれに遜らざる蕪章乱雑を極めて居ることは，呶々を待たざる事実である．

　すなわち，清朝末期から民国初期の混乱期に，度重なる「験契」（土地証書の検査）が行われた結果，「大照」「戸管」「官契紙」「部照」など各種の照票類（地券）が氾濫し，真偽判定が困難になっていること，また土地台帳や徴税台帳の公簿類も「無統制，無整序」に陥っていることを慨嘆している．このような状況を反映しているのであろう，『報告書』では，歴史書や史料集，新聞，公報類などからの引用や，各種地券類の紹介，分析はあるものの，管見の限り土地帳簿の種類や内容については詳しい説明がない．
　『報告書』作成のために収集された主な資料は，巻末の「附録参考書」から知ることができる．資料の掲載様式は『臨時台湾旧慣調査会報告書附録参考書』に類似している．すなわち，本文の章節の順に数点から数十点の資料が並べられ，各資料は 1 行目に資料掲載番号と，出典ないし所蔵者名などの出所情報が掲げられている．資料タイトルは基本的に付けられず，2 行目以下に，日本語による資料説明が数行にわたり記述されている．日本語説明に続いて原語の資料原文が掲載されるが，袋形式の証文などに限り原文書の形態が図示されている点は『臨時台湾旧慣調査会報告書』の場合と同じである．
　各資料 1 行目に記された出所情報を見ると，『諭摺彙存』（清末の官報）をはじめ，『吉林公報』『奉天公報』などの官報，公報類からの引用が目につく（とくに一般民地の場合）ほか，『東三省日報』『盛京時報』など新聞に掲載されたものの引用も少なくない．また，『十朝東華録』『大清会典事例』など清朝に関する歴史書や史料集も活用されている．
　天海謙三郎は 1957 年の座談会で，新聞や公報類に掲載された裁判記録，告

示などを積極的に利用した事情について，次のように話している[100]．

　(前略) 私らが満洲で集めたものでは，日本人の発行していた「盛京時報」という漢字新聞に奉天や撫順あたりの地方審判庁とか，高等審判庁などの判決を，いわば新聞の埋草の扱いで全文のまま掲載してくれた．それを丹念に切抜きまして利用できるだけは利用しました．（中略）しかし，これらの判詞の三分の二くらいは刑事裁判で利用価値のあるものはごく一小部分でした．典限とか典価に関するものは相当あったので宮内さんは始終注意されて随分よく引用されていたように覚えます．それから次に利用したのは上は東三省の総督，奉天巡撫，度支司から，下は府，庁，州，県などの批（下級官庁の伺に対する指令）とか人民に対する告示，通達などですね．殊に批文は毎日，新聞にたくさん掲載されました．そういうものをかなり利用しました．

「附録参考書」には，地券類や地税領収書などアーカイブズ資料に属する文書・記録も数多く掲載されている．その中には，個人所蔵の資料と見られるものも少なからず含まれる．「内務府官荘附録参考書」を例にあげると，「遼陽西三里荘　耿悦賢所蔵」（参照第20），「海城県西柳公屯　趙乗盛所蔵」（参照第23）のような出所記載がある文書がそれにあたる．

他方，満鉄の旧慣調査班メンバーが調査の過程で購入その他の方法で取得したと推定される資料も散見する．たとえば，資料1行目の出所情報個所に「承徳県下水泉ニテ得タルモノ」（参照第45ノ3）のように記載されているものがそれである．ただ，数は多くないので，満鉄調査部（調査課）による資料の現物収集は小規模にとどまったと考えられる[101]．

天海は，台湾旧慣調査に比べ資料の現物収集が困難であった事情と，当時の資料収集状況の一端を，次のように語っている[102]．

---

100)　「中国旧慣の調査について――天海謙三郎氏をめぐる座談会（1957年7月6日）」（『東洋文化』25号，1958年3月，前掲天海謙三郎『中国土地文書の研究』に再録，848頁）．
101)　以上の事例は，前掲『満洲旧慣調査報告書』前篇の内『内務府官荘附録参考書』，25，28，53頁．
102)　前掲「中国旧慣の調査について――天海謙三郎氏をめぐる座談会」，789，797頁．

［満洲の土地慣行調査は］台湾の土地慣行に関する調査を満洲まで延長しようというわけだったのですかね．けれども台湾とは全然事情が違っています．台湾は日本の版図ではある，一方では中村是公さんあたりが局長として大々的に土地の清丈事業をやってるし，従っていろいろ文献が現われる．証文類も自由に蒐集できる．いわば，土地清丈事業の副産物として旧慣調査があのようにやれたのである．満洲ではそうはいかない．唯ロシアが東清鉄道——鉄道はその一部分——を敷設した当時買収した土地の所有者から取上げた土地の文書類ですね．それが相当会社の地方部といって附属地行政を管掌する部局の引継書類のなかにあった．

（前略）蓋平とか遼陽とか目的地に行き，先ず城内の，なるたけ人の出入りの多い旅館（店または客桟という）に投宿し，そこを拠点として，主人（掌櫃的）とか，同宿の地方民とか，又は他県管内から来た中国人など，できるだけ物知りらしい故老をつかまえて世間話から次第に土地の問題に焦点をよせつつ調査を進め，耳寄りな話があれば，その聞きこみに基づいて，五里でも十里（向うの里数で三十里ないし六，七十里）でも，早速出向いて，その地方地方の物知りや老人——といっても一面識もない初対面の人——に関係の事項を根掘り葉掘り尋ねるわけですね．夕方帰るとまた宿の掌櫃的(ジャングイデ)をつかまえたり，近所の故老を呼んでもらって，用意してある調査項目につき話を聞く．そんな具合でいわばほんとうの聞きとり調査に終始する外，手が無かったのが実情でした．

　運のよい場合には，素朴な農民であるから，話の最中に自分のもっている土地の文書類を出して見せてくれる．謄写の承諾を得たものは急いで写した．但し応諾されなかった場合が相当あって，貴重な文書だからぜひとも写したいと思っても，写真などもちろん撮らせて貰えず，折角宝の山に入り乍らの憾みを抱いたことも稀ではなかった．そんなわけで，見た文書類はできるだけ写せるだけは蒐集に努め，問題のある点は理解できる限り質問して，一カ月ないし一カ月半の出張をして帰社する．それでも一回旅行すると相当の文書類が集まる．これをその都度分類整理して謄写のまま製本し（勿論，仮綴じです），「契字集」と題して大事にしていました．

天海の回想からも，台湾総督府のもとで強権的な資料収集が可能だった台湾に比べ，満鉄による満洲での初期慣行調査では，現地での資料収集が困難で，結果的に公報や歴史文献により多くを頼らざるを得なかった事情が垣間見える．

　『満洲旧慣調査報告書』の刊行後，1910年代後半から1920年代にかけて，満鉄調査部門は職員の増加など拡大傾向にあり，満鉄北京駐在事務所の開設（1921年），臨時経済調査会の設置(1927年)など活発な動きも見せているのだが，満洲の旧慣調査や土地制度調査に関していえば，目立った成果をあげていないように見える．後述のように，1912年に成立した中華民国政府の奉天・吉林・黒龍江各省政府が，それぞれ独自の土地整理事業を展開していた時期にあたることと関係があろう．満鉄調査機関がこれらの分野で，再び現地調査を含む調査活動を本格的に展開するようになるのは，1930年代のことである．

b. 東亜経済調査局

　後藤と岡松は，本社調査部に加え，1908年11月に「東亜経済調査局」という調査組織を満鉄東京支社に設置した．この組織は，「企業経営者に対する知識の供給機関」「文書の整理保存」「専門図書館」としての機能とともに，「内外の諮問並びに仲介機関」としての役割をも果たすべく生まれたものである[103]．東亜経済調査局は国内では初めての本格的な調査機関であったとされ，1919年以降，調査関係の新入社員の養成にもあたった．1939年に満鉄調査部（いわゆる「大調査部」）に統合されるまで，主として中国本土，東南アジア，南アジアに関する調査を行い，『経済資料』『世界製鉄業』『南方交通調査資料』『東亜』（月刊）『新亜細亜』（月刊）などを刊行した[104]．

　東亜経済調査局が力を入れていた活動のうち，とくに注目に値するのが「文書の整理保存」機能と「専門図書館」としての機能である．同調査局は，図書，雑誌，新聞切抜など厖大な文献資料を収集し，最終的に十数万冊に達したといわれるが，岡松はその整理と情報活用システムの開発のため，ドイツのダンチヒ工科大学からカール・チース博士を調査局のリーダーとして招聘した[105]．

---

103) 小林英夫『満鉄調査部の軌跡 1907-1945』（藤原書店，2006年），40頁．
104) 前掲井村哲郎「満鉄調査研究機関とその刊行物」，3頁．
105) 前掲小林英夫『満鉄調査部の軌跡』，41頁；井村哲郎編『満鉄調査部—関係者の証言—』（アジア経済研究所，1996年）所収「満鉄調査関係者人名録」，720頁．

東亜経済調査局の活動は，満洲のアーカイブズに直接大きな影響を与えるものではなかったと思われるが，チース博士とその後継者たちが開発した文献情報の整理・活用方式は，満鉄の記録管理システムに何らかの影響を与えた可能性もあり，留意しておきたい．

c. 満洲及朝鮮歴史地理調査部

　東亜経済調査局設置約10か月前の1908年1月，同じく満鉄東京支社に設置されたもうひとつの調査組織に，「満洲及朝鮮歴史地理調査部」がある[106]．リーダーとして東京帝国大学文科大学教授の白鳥庫吉が迎えられ，白鳥の弟子で後に著名な歴史学者となる津田左右吉や，後日，朝鮮総督府朝鮮史編修会の中心となる稲葉岩吉らが調査員として加わり，満洲班と朝鮮班に分かれて資料調査と歴史研究を行った．この組織の第一目的は，必ずしも満鉄の事業経営に資するというところにはなかったようで，むしろ，満鉄調査部とは一線を画した学術研究組織としての性格が強かった．それが主な原因であろうか，わずか6年後の1914年には満鉄から切り離され，東京帝国大学に移管されている．ただ見過ごせないのは，この組織が満鉄の豊富な資金力を使って，満洲や朝鮮で大量の資料を収集したとされることである．中見立夫によれば，白鳥らによって収集された史料・文献類は「白山黒水文庫」と名づけられ，1914年の満洲及朝鮮歴史地理調査部廃止時には，865件，約5,000冊が東京帝大に寄贈されて，その後1923年の関東大震災で被災したという[107]．詳細は不明だが，収集資料には古文書・古記録を含む多くのアーカイブズが含まれていた可能性がある．

5.1.2　関東州における調査活動

　1910年から1918年まで，満鉄調査課在籍のまま関東都督府嘱託として関東州の土地調査事業に関わった天海謙三郎は，関東都督府が土地旧慣調査に着手する初期の事情について，のちに次のように話している[108]．

---

106)　同上，42頁．
107)　中見立夫「後藤新平と草創期日本の"東洋史学"」（御厨貴編『時代の先覚者・後藤新平 1857-1929』藤原書店，2004年），144頁．
108)　前掲「中国旧慣の調査について――天海謙三郎氏をめぐる座談会」，805頁．

私らは［満鉄］旧慣調査班の設置後間もなく関東都督府民政部の旧慣調査事務嘱託を委嘱されていて，必要の場合にはいつでも旅順に呼出されて社務以外の調査を仰せつかるという立場におかれていた関係上，当時民政部の財務課長に蠟山（長次郎）という大蔵省出身の能吏がおり，その人が関東州の地籍調査を十年間でやることを計画し，これに従事する調査員の養成のために，関東州の土地に関する基礎的常識を盛った教科書を編述してもらいたいとの依頼を受けました．これは宮内さんがすでに満鉄を退社して再び台湾に赴任されたあとの話ですが，その後任の眇田（熊右衛門）さんと亀淵君と，私と三人で手わけをして，約二カ月位で書き上げたように思います．それが例の「関東州土地旧慣一斑」です．

　関東都督府の委嘱で作られたこの『関東州土地旧慣一斑』は，満鉄から1915年に発行されているが[109]，関東都督府はその前年，1914年5月11日勅令第88号によって「臨時土地調査部」を設置し，台湾，朝鮮における植民地土地調査事業に範を得て，準備調査や一筆地調査等を開始している[110]．また同年12月には，調査体制確立のため，「臨時土地調査部職員講習所」を設立している[111]．
　1918年には，臨時土地調査部から『関東州土地旧慣提要』が刊行されている[112]．これは，序文によれば，臨時土地調査部部員の執務参考書として作成されたもので，付録として「文契類集」が収録されており，関東州に残存している土地関係証書の全体的な概要を知ることができる．この『関東州土地旧慣提要』を編述したのは，関東都督府民政部財務課員，臨時土地調査部員，臨時土地調査部職員講習所講師を兼任していた杉本吉五郎である．杉本は臨時台湾土地調査局での勤務経験があり，関東州の土地調査事業で中心的役割を果たした後，1918年に満鉄調査課に移り，天海の仕事を引き継いでいる[113]．
　関東都督府（1919年から関東庁）が実施した土地調査事業の概要は，1924年

---

109)　南満洲鉄道株式会社総務部事務局『関東州土地旧慣一斑』（南満洲鉄道株式会社，1915年）．
110)　関東庁臨時土地調査部『関東州土地調査事業報告書』（関東庁臨時土地調査部，1924年），59頁．なお，臨時土地調査部の事業については，江夏由樹「関東都督府，及び関東庁の土地調査事業について——伝統的土地慣習法を廃棄する試みとその失敗」（『一橋論叢』97巻3号，1987年3月）が詳しい．
111)　前掲関東庁臨時土地調査部『関東州土地調査事業報告書』，425頁．
112)　関東都督府臨時土地調査部『関東州土地旧慣提要』（関東都督府臨時土地調査部，1918年）．
113)　前掲井村哲郎編『満鉄調査部』，795頁．

に刊行された『関東州土地調査事業報告書』により知ることができる[114]．土地関係アーカイブズの調査，収集状況がどうであったかという点に焦点を絞って見ていくと，まず「第一章　総説」の冒頭に次のような記述がある[115]．

　　関東州の地籍は前清時代に於て累次の調査を経，土地台帳に類する魚鱗冊又は部頒冊の如きものありたりと雖，日清日露の役に於て其の簿冊の大半を散逸したり．我租借地となるや民有地を申告せしめ其の申告書を以て土地台帳に充用したりと雖，唯賦課畝数を察するに止まり土地台帳として完備せるものと云ふを得さるは言を俟たす

このように，信頼できる土地台帳が欠けている状態で土地調査を進める際にとくに重要となったのは，主として個人の手元に残る土地証書類であった．『関東州土地調査事業報告書』によれば，一筆地調査で土地所有者の確認を行うため，見取図および申告書にもとづく実地調査の終了後，証拠書類の調査に移行したとして，その際提出を求めた証拠書類を，5分野，計16種類列挙している[116]．すなわち，「一　所有権利を認むへき証拠書類」として「売契杜絶売契の類（業主権を有せし土地の売渡証書）」など3種類，「二　所有権利の移転を証明すれども権原証書の調査を要するもの」として「過継単の類（養子の相続証書）」など4種類，「三　所有権利の証明とならさる証拠書類」として「租帖租契の類（小作等に係る借地証書）」など4種類，「四　典権を証明すへき証拠書類」として「典契（質権設定証書に類す）」など2種類，「五　証拠書類の調査上内容を申告書に記載すへきもの」として「憑帖約字の類（契約証書）」など3種類，の合計16種類である．またその後に，「六　証拠書類なき土地」として「佔山戸の所有地及祖先遺地，当初占有者か開墾したる土地にして爾後移転的文契の作成なかりしもの」など2種の土地があげられている．

ここに列挙されているような文書が，実際にどの程度提出されたのか，また，調査後どのように処理されたのかが重要な点だが，それについてはさらなる追跡が必要である．ただ江夏由樹は，土地に関する官簿の多くが散逸し，地籍図

---

114)　前掲関東庁臨時土地調査部『関東州土地調査事業報告書』．
115)　同上，1頁．
116)　同上，117-119頁．

も存在しない状況下での証拠書類調査は困難を極め，とくに，伝統的な土地慣習である「典」[117]をめぐって，典主が典の契約書である典契の存在を隠して業主権を主張するなど[118]，各地で紛争が絶えず，そのため関東州の土地調査事業は，結局事業半ばで頓挫したとしている．事業中止の背景には，江夏も示唆しているように，1918年に関東都督府から満鉄調査課に移った杉本吉五郎が，典の処理に関し1921年に『満洲日日新聞』紙上に発表した論文「関東州土地制度の改正に際し慣習法の尊重を望む」[119]の影響があったと見られる[120]．いずれにしても，以上の経緯から類推すると，民間に所在する土地証書類の存在状況は，関東都督府および関東庁の土地調査事業によって，それほど大きな影響は受けなかったのかもしれない．

5.2 「満洲国」成立後の調査活動とアーカイブズ

5.2.1 満鉄経済調査会の活動と「満洲産業開発五カ年計画」

1919年に関東都督府が関東庁に改組されたとき，関東都督府陸軍部が独立して成立した関東軍は，1931年9月に「満洲事変」を起こした後，傀儡国家「満洲国」の「建国」に向けて，急速に動きを強めていく．その一環として，1932年1月，満鉄に働きかけ，満鉄調査課を母体にした新たな調査機関「満鉄経済調査会」を設立させる．関東軍がこの新組織に求めたのは，関東軍との密接な協力のもとで，2カ月後の1932年3月に成立することになる「満洲国」の経済建設計画を調査・立案することであった．満鉄の社内組織でありながら，満鉄経済調査会は，事実上，関東軍の傘下で「満洲国」国策提言組織として活動することを期待されたのである[121]．

設立時の「経済調査会各部事務分掌内規」によれば，同調査会には，経済一

---

117) 江夏由樹の説明を借りると，「典は当とも呼ばれ，土地の業主（原主あるいは原業主とも呼ぶ）が自己の土地を相手方（典主あるいは現業主と呼ぶ）に提供して使用収益せしめ，この典主より金銭の融通を受け，一定期間後に業主がその金銭を典主に返給して典主の土地の使用収益を終了させる行為を言う」（前掲江夏由樹「関東都督府，及び関東庁の土地調査事業について」，91頁）．
118) 前掲江夏由樹「関東都督府，及び関東庁の土地調査事業について」，88頁．
119) 南満洲鉄道株式会社社長室調査課『関東州土地制度論──関東州土地制度改正に際し慣習法の尊重を望むの論』（南満洲鉄道株式会社，1922年）として刊行．
120) 前掲江夏由樹「関東都督府，及び関東庁の土地調査事業について」，93-95頁．

般に関する調査と立案を担当する第1部，産業・植移民・労働を担当する第2部，交通を担当する第3部，商業・金融を担当する第4部，法政一般・文化を担当する第5部，の5部門が置かれた[122]（のち東亜経済を担当する第6部が設置される）[123]．

満鉄経済調査会は，1936年10月までの4年半余り，多数の調査報告や政策立案を行ったが，各部による調査に加え，特殊調査と称される調査も実施した．それには，興安省国防資源調査，吉林省森林調査などの資源調査のほか，満洲農村実態調査，冀東地区農村調査などの農村調査も含まれていた[124]．また関東軍に協力し，極東ソ連や外蒙古など満洲周辺部を含めた広い範囲の兵要地誌調査も行っているが，これについては5.2.3「関東軍の兵要地誌調査」で後述する．このように，満鉄経済調査会は活発な調査活動を展開しているが，後半期の1935年頃になると，調査の中心は華北に移り，「満洲国」に対する国策立案機能は次第に低下していったという[125]．

経済調査会の調査活動の中で，資料，とりわけ満洲や華北，華中の地域アーカイブズがどのように調査，収集されたかについては，満鉄調査部（調査課）の他の時代と同様に，詳細な情報はない．ただ，1934年，1935年に特殊調査のひとつとして実施された満洲農村実態調査について，元経済調査会の野間清は，1982年の座談会で次のように語っている[126]．

　　満洲国の農村実態調査の場合には，調査表を持って農村に入りました．そのほかに，聴き取り調査項目というものがありました．調査項目の一つ一つについて，この項目についてはこういうように尋ねなさい，といった説明を加えてある分厚い聴き取り調査のためのテキストのようなものです．

---

121) 満鉄経済調査会については，前掲小林英夫『満鉄調査部の軌跡』のほか，小林英夫「解題　満鉄経済調査会小史」（遼寧省档案館・小林英夫編『満鉄経済調査会史料』第1巻，柏書房，1998年）参照．
122) 「経済調査会各部事務分掌内規制定ノ件」（1932年1月26日）（同上遼寧省档案館・小林英夫編『満鉄経済調査会史料』第2巻，127-129頁）．
123) 「経調第六部設置並東亜課設置」（1935年2月25日）（同上書，152-155頁）．
124) 前掲井村哲郎「満鉄調査研究機関とその刊行物」，3頁．
125) 前掲小林英夫『満鉄調査部の軌跡』，135-138頁．
126) 前掲井村哲郎編『満鉄調査部』，134-135頁．野間は経済調査会では第5部諸税班主任，新京駐在幹事室を歴任（井村哲郎編同前書，773頁）．

(中略)調査表に書き込んでそれをまとめて終わるというやり方でした．そのような調査のやり方ですと，調査表に記入された数字なり回答内容を聞き出すまでの経過は分かりません．経過が分からないと，回答の背景，回答内容について留保すべき点の有無が分かりません．

満洲農村実態調査は，「満洲国」国務院実業部臨時産業調査局が主宰した調査で，「一つの集落内の全農家についての悉皆調査であるということ」が大きな特徴だという[127]．野間の話にあるように，マニュアルにもとづく調査表中心の，より統計的な調査方式であり，のちに興亜院が実施した華北工場調査の調査方式などにも通じるものがある[128]．こうした調査方式は，満鉄初期の農村旧慣調査などと比べると，文献や記録類の収集は，一般に後回しにされる傾向があったのではないかと想像される．しかしながら，経済調査会解散間近の1936年6月8日に改定された同会の事務分掌規程では，第6部に「資料班」が置かれ，「亜細亜北部地方ノ資料蒐集，整理保管」を掌ることが定められている[129]．調査の重点を移した華北では，資料の収集と保存を重視する姿勢が持続していることの表れであろう．その一環といえるだろうか，同じく野間清の回想によれば，この頃満鉄創立30周年記念事業のひとつとして，嘉業堂文庫[130]や明朝史料を満鉄が購入する案が持ち上がり，前者については実現しなかったものの，明朝史料の購入は「ある程度実現し，大連図書館に入ったと聞いています」ということである[131]．少なくとも，購入という方法で，図書や史料の収集を行っていたようである．また経済調査会解散後の話ではあるが，元満鉄

---

[127] 満鉄上海事務所調査員などをつとめた新居芳郎の1983年の座談会における報告（前掲井村哲郎編『満鉄調査部』，193頁）．

[128] 久保亨「興亜院の中国実態調査」（本庄比佐子・内山雅生・久保亨編『興亜院と戦時中国調査』岩波書店，2002年），同「戦時華北の工場調査について」（Discussion Paper No. D98-10,『一橋大学経済研究所』，1998年9月）．いずれも久保亨『20世紀中国経済史論』（汲古書院，2020年）に収録．

[129] 「経済調査会事務分掌内規中一部改正ノ件」（1936年6月8日）（前掲遼寧省档案館・小林英夫編『満鉄経済調査会史料』第2巻，194頁）．

[130] 嘉業堂文庫は「嘉業堂蔵書」とも呼ばれ，劉承幹（1881-1963年）によって収集された最盛時1万450部，60万巻以上と言われた民国以降最大級の個人蔵書であったが（前掲井村哲郎編『満鉄調査部』，207頁注10による），満鉄による購入は実現しなかった（井村哲郎編同前書，205-206頁）．

[131] 前掲井村哲郎編『満鉄調査部』，118頁．

調査部資料課の石堂清倫も,「档案(文書)類」を含む各種の資料が満鉄大連図書館に入ったことを証言している[132]．

> 名門，旧家がみんな零落して，彼らが持っている貴重な資料が二束三文で売られるからというので，松崎先生[133]が，死馬の骨を買うのだと言って，丁士源[134]のところで『永楽大典』や，丁士源がロンドン時代に買った British Blue Books なんかを買って，三万円だか四万円だかを払ったのです．それで，満鉄はなんでも高く買ってくれるというので，いっぺんに有名になってしまった．これはほんとに死馬の骨だったのですけれどね．しかし，そのときは北京，天津，それから満洲では奉天の旧家が中心で(中略)档案(文書)類も大連図書館にかなり入りました．未整理のままで終戦になってしまいましたけれども．

次に，のちに「満洲国」が実施する「植民地アーカイブズ事業」との関わりで注目されるのは，満鉄経済調査会がいわば置き土産として残したともいえる1936年10月策定の「満洲産業開発五カ年計画」である．満洲産業開発五カ年計画については，多くの研究があるが，ここでは小林英夫の研究により，成立の経緯を簡単にまとめておく[135]．

満洲産業開発五カ年計画の策定に向けて，本格的に道筋をつけたのは，満鉄経済調査会設置の立役者でもあった，同会第1部主査の宮崎正義である．宮崎は，「満洲事変」の首謀者で当時関東軍参謀であった石原莞爾と親しく，石原らとともに，日本と満洲に計画経済・統制経済体制を確立することを目指していた．そして第1ステップとして，「満洲国」成立3か月後の1932年6月，「満洲国」の経済建設方針を決定するため奉天で開催された第1回満鉄経済調査会・関東軍合同会議に，宮崎を中心に経済調査会第1部が作成した「満洲経済統制策」を提示する．この「統制策」に対し，満鉄は重役会議で社議として

---

132) 同上，206頁．石堂清倫は，満鉄調査部で資料課第1編纂係，同第1資料係主任などを歴任している(同上，738頁)．
133) 元満鉄大連図書館司書松崎鶴雄(同上，758頁)．
134) 北洋軍閥安徽派の中心人物のひとり(前掲井村哲郎編『満鉄調査部』，207頁注11による)．
135) 前掲小林英夫『満鉄調査部の軌跡』，99-156頁，206-209頁，ならびに小林英夫『「日本株式会社」を創った男——宮崎正義の生涯』(小学館，1995年)，99-143頁．

これを承認，関東軍は「統制策」を要約した「満洲経済統制根本方策案」を軍の正式案として採用，さらに「満洲国」政府は，翌1933年3月の「建国一周年」記念日に「統制策」をもとにした「満洲国経済建設綱要」を発表する，という形で応えた．「満洲経済統制策」は，3者共通の基本方針として認められたわけである．

　第2ステップは，舞台が東京に移る．満鉄経済調査会東京出張所に移った宮崎正義は，1935年8月，参謀本部作戦課長になったばかりの石原と再び計らって，東京に「日満財政経済研究会」を設立する．この研究会は，日本・満洲一体的な統制経済体制の構築を目指す政策研究組織で，「一般経済国策の研究」「生産力拡充五カ年計画に関する研究」などを目的に掲げ，軍部，官界，政財界，学界の有力者が協力した．その結果，1年後の1936年8月に発表されたのが，「昭和十二年度以降五年間歳入及歳出計画，付緊急実施国策大綱」である．宮崎は，翌9月，さらにこの「大綱」をもとに満洲に焦点を絞った「満洲ニ於ケル軍需産業建設拡充計画」を作成，「大綱」とともに陸軍省，参謀本部，関東軍に説明している．

　第3ステップは，関東軍，満鉄，「満洲国」政府の3者による，1936年10月の「満洲産業開発五カ年計画」案の策定である．たたき台になったのは，陸軍省軍務課課員らが宮崎の「満洲ニ於ケル軍需産業建設拡充計画」を下敷きにして作成した案であった．これをもとに，1936年10月，関東軍，満鉄経済調査会，「満洲国」政府の関係者が奉天省の湯崗子温泉で協議を行い，合意を見た．

　合意された「満洲産業開発五カ年計画」案の具体的内容は，満洲における主要産業生産物の五カ年増産計画で，鉄鋼業4品目，液体燃料3品目，石炭，電気，車両，アルミニウム，パルプ，塩，畜肉加工，自動車，兵器，飛行機など，合計25品目に及ぶ．関東軍司令部は，これにもとづいて1937年1月に「満洲産業開発五カ年計画要綱」を決定し，以後，これが「満洲国」の経済建設目標となって，実行に移されていくのである．

　付言すると，中国のアーカイブズ学界には，本書第5章で詳しく検討する1937年5月の「満洲国」国務院訓令第37号「旧記ノ統一管理ニ関スル件」（以下「旧記統一管理令」と略称）と「旧記整理処」による大規模アーカイブズ収集事業を，「『満洲産業開発五カ年計画』を実行に移すにあたり，中国東北の政治，経済，国防，社会，歴史等各方面の状況を知る材料とするために画策された略

奪策であった」とする考え方がある[136]．もちろん両者の間に政策上何らかの関連性があることは十分に推察可能である．しかし，旧記統一管理令の発令は満洲産業開発五カ年計画策定のわずか4か月後のことであり，事前準備が行われていたとしても，この短い期間に五カ年計画の実行支援を主目的として旧記統一管理令が具体的に立案され，発令に至ったとまでは考えにくい．

5.2.2 関東軍，「満洲国」の土地調査
(1) 経　　緯

「満洲国」が直面した大きな政策課題のひとつに，土地制度改革の問題があった．関東軍は当初，これについても満鉄経済調査会に政策立案を求めたが，やがて自ら「満洲国」の土地制度の確立に向けて，積極的な動きを見せるようになる．この問題については，広川佐保や江夏由樹の詳細な研究がある[137]．以下，主としてこれらの先行研究に依拠しながら，満鉄経済調査会『満洲国土地方策』[138]，満洲国地籍整理局『土地局史』[139]などの史料で補って，関東軍と「満洲国」の土地政策の流れを概観してみたい．

広川や江夏の研究を見ると，「満洲国」における土地政策の動向は，1932年5月-1936年3月の土地局時代と，1936年3月以降の地籍整理局時代の前後2期に分けることができるように思う．前期の土地局時代は，「満洲国」成立約3か月後の1932年5月23日，「土地局官制」公布により民政部に土地局が設置されたことに始まる[140]．いわば初期の政策立案・事業準備期である．

土地局には総務処，審査処，測量処が置かれたが，当初，満鉄経済調査会が土地政策の立案にあたり，1932年8月に「満洲国土地制度案」が策定された[141]．その内容は，伝統的な永租権の存続を認めるなど，全般的に「土地制度の旧慣保護や現状維持に重点を置き，かつ，一定の土地整理を実施しようとするもの

---

136) 周雪恒編『中国档案事業史』（中国人民大学出版社，1994年），470頁．
137) 広川佐保「『満洲国』初期における土地政策の立案とその展開」（『一橋論叢』132巻6号，2004年12月）；広川佐保『蒙地奉上――「満洲国」の土地政策』（汲古書院，2005年）；前掲江夏由樹「満洲国の地籍整理事業について」．
138) 南満洲鉄道株式会社経済調査会『満洲国土地方策』（立案調査書類第4編第1巻，南満洲鉄道株式会社経済調査会，1935年）．
139) 満洲国地籍整理局編『土地局史』（満洲国地籍整理局，1937年）．
140) 同上，21頁．
141) 前掲広川佐保『蒙地奉上』，46頁；前掲『満洲国土地方策』，117頁．

表 4-2 『満洲国土地方策』掲載の「満洲国」初期土地政策立案書類＊

作成月		表題	執筆者／所属
第一　決定案			
軍関係			
1934.6		満洲国土地制度の調査及整備に関する件	特務部発743号／関東軍司令部
第二　立案			
A 軍関係			
1933.1	1	満洲国土地制度に関する件	関東軍特務部
1934.4	2	満洲国土地制度確立方針（其一）	第5委員会／関東軍特務部
同	3	満洲国土地制度確立方針（其二）	同
同	4	満洲国土地制度確立方針（其三）	同
—	5	土地の種別に関する件	関東軍特務部
1934.4	6	満洲国地政略目	第5委員会／関東軍特務部
1934.5	7	満洲国中央地政機関整備に関する件	同
同	8	地政委員会設置案	同
—	9	地政会議官制	関東軍特務部
1934.5	10	満洲国土地制度確立に関する件	同
同	11	満洲国土地調査大綱	第5委員会／関東軍特務部
同	12	満洲国土地制度の調査及整備に関する件	同
—	13	地籍調査計画書	関東軍特務部
—	14	長春県第一及第二区地籍調査事務試案	同
1934.3	15	長春県第四区地籍調査に関する件	第5委員会／関東軍特務部
B 経済調査会関係			
1932.8		満洲国土地制度案	板倉眞吾／第5部第3班

注)＊ 「目次」原文は縦書きで，各表題の下に「執筆者」「所属」「年紀」「分類番号」「頁」が記載されている．ここでは「分類記号」と「頁」を省略し，見やすい表形式に作り替えた．表題番号と掲載順は元のままである．

であった」とされる[142]．

しかしその後は，もっぱら関東軍特務部が，政策立案の機能を担うようになっていく．1935年8月発行の前掲『満洲国土地方策』は，第1部にあたる「満洲国土地制度確立対策」において，1932年8月から1934年6月までの2年足らずの間に作成された，土地政策の「決定案」1点と「立案」16点の合計17点を掲載している．その目次を転載したのが表4-2である．この表に見られる通り，経済調査会が作成したのは，「立案」の最後にあげられている前記の1932年8月満洲国土地制度案だけで，あとはすべて関東軍特務部ないし関東軍特務部第5委員会が作成したものである[143]．

---

142) 同上広川佐保『蒙地奉上』，48-49頁．
143) 前掲『満洲国土地方策』「満洲国土地制度確立対策」，1-140頁．

関東軍特務部の諸提案は重複する部分も多いが，最後に要点が「満洲国土地制度の調査及整備に関する件」としてまとめられ，同特務部が主催して1934年5月28日に開かれた「満洲国土地制度調査及整理に関する連合研究会」で承認，採択された．表に「決定案」として掲載されている，1934年6月の「特務部発743号」がこれである[144]．

　「満洲国土地制度の調査及整備に関する件」は，「第一　方針」で「速かに土地の権利関係を整理し，慣習を整頓し，種目及積量を明確ならしめて地税負担の衡平を図り，土地の利用を促進し，もって国民経済の進展に順応せむことを期す」と，土地制度改革の目的を，伝統的慣習による複雑な土地権利関係を整理することに置いていた．経済調査会の「満洲国土地制度案」に比べ，慣習に否定的な立場で，より徹底した土地整理を目指していたといえる．そして「第二　要綱及処置」では，まず「一．中央地政機関として中央に地政局（仮称）を置き地籍の調査，整理，審定，測量其の他の土地行政に関する事務を掌らしむ」と，土地局に代わる新しい中央地政機関の設立をうたい，組織の事務分掌を定めている．後に「地籍整理局」として実現する機関である．続いて，土地調査を「第一次調査」と「第二次調査」に分け，前者は「緊急の事項を調査して第二次調査の基本となし併せて土地行政に関する過渡的処置を行ふ」ものとし，3か年計画で「地籍仮原簿図及租冊の作成」や「験契事業」など4項目を実施するとしている．また後者は10か年を予定し，「土地の確定的整理を実施するものにして満洲国土地制度の根本を確立するものとす」としている．土地調査計画案と実施要領案については，上記表4-2の「11　満州国土地調査大綱」や「13　地籍調査計画書」でより詳細に示されている．

　土地局時代の後半に入ると，関東軍は「満洲国土地制度の調査及整備に関する件」で決定された土地整理事業計画案をさらに具体化すべく，より積極的な関与を進めていく．その際，関東軍が「速かに土地の権利関係を整理し，慣習を整頓」するとして，土地整理事業の主要なターゲットと考えたのは，「蒙地問題」と「皇産問題」であった．蒙地には清朝期に漢族農民が入植した結果，蒙古王公，蒙古旗人（満洲民族，蒙古民族の軍事・行政組織である「旗」の構成員）と，漢族農民等との間に，複雑な重層的土地権利関係が生まれていた[145]．こ

---

144)　前掲広川佐保『蒙地奉上』，52頁；同上『満洲国土地方策』，1-4頁．
145)　前掲江夏由樹「満洲国の地籍整理事業について」，142頁．

れが「満洲国」の土地整理事業が直面した「蒙地問題」である。

また清朝皇室所属の各種官荘地等である皇産は，辛亥革命後も旧清朝皇室の家産とみなされ，旧清朝皇室の上級所有権と，実質的にそれらの官荘地等を占有していた旧荘頭，佃戸等の下級所有権が重層的に存在していた[146]。これが「皇産問題」である。関東軍は，これら蒙地や皇産の重層的権利関係を解消し，土地所有権の一元化を目指したのである。

中心となったのは，1934年9月に関東軍司令部付調査課長から「満洲国」土地局に顧問（のち総務処長）として送り込まれた加藤鉄也である。加藤は土地局を指導して，翌1935年4月に「土地問題研究会」，同年6月に「第1回全国土地科長会議」を開催するなど，関東軍の考え方の普及に努めている[147]。

1935年8月には，国務院会議の議決にもとづき，「満洲国」政府のもとに軍・官・学の有力メンバーを集めて「臨時土地制度調査会」が設置され，土地政策の中心的な検討・推進母体となった[148]。そして，同年8-10月にかけて開催された6回にわたる同調査会幹事会や「在京委員第1回打合会議」などを通じて，加藤らが打ち出した土地所有権一元化論は，「満洲国」土地政策の要として浸透していった[149]。

臨時土地制度調査会は，上記の幹事会や在京（新京）委員打合会議で，新たに「地籍整理事業要綱」と「地籍整理事業並土地制度確立の為の臨時機関構成要綱」をとりまとめ，1935年12月の第2回委員会で決定した[150]。地籍整理事業要綱は，関東軍特務部の「満洲国土地制度の調査及整備に関する件」（1934年6月）に準じ，事業を第1期（応急的調査）と第2期（本格的調査）に分けているが，第1期の事業予定期間を3年から5年に変更している。

次いで，1936年3月26日に公布された「地籍整理局官制」（勅令第15号）によって，民政部土地局が廃止され，国務総理大臣の管理下に「地籍整理局」が新設された。関東軍特務部がかねて設置を意図していた中央地政機関にあたる。

---

146) 同上，155頁。
147) 前掲広川佐保『蒙地奉上』，53-54頁；前掲江夏由樹「満洲国の地籍整理事業について」，131頁；前掲満洲国地籍整理局『土地局史』，1頁，33頁，38-43頁。
148) 同上広川佐保『蒙地奉上』，54頁；同上『土地局史』，27-34頁。
149) 同上広川佐保『蒙地奉上』，55-56頁。但し前掲満洲国地籍整理局『土地局史』によれば，「在京委員第1回打合会議」の名称は「在新京委員会」となっている（28頁）。
150) 前掲満洲国地籍整理局『土地局史』，28頁。

また同時に「土地制度調査会官制」（勅令第 16 号）が発令され，臨時土地制度調査会が「土地制度調査会」と改称された[151]。

地籍整理事業の開始に備えて，法令や規程の整備も進み，地籍整理局の設置と同時に，「土地審定法」が公布された[152]。さらに 6 月には，「土地審定法施行令」と「地籍整理業務規程」も制定された[153]。

地籍整理局は，当初 1936 年度からの事業開始を計画していたが，『満洲国現勢・康徳 5 年版』によると，関係法令の公布の遅れ，職員補充の困難，「試験的意味に於ける事業分担の僅少」などの理由で延期され，新たに 1937 年度から第 1 期 5 か年計画として，約 19 万平方キロ，2,900 万筆の主要地域を対象に地籍整理を実施することになった[154]。ここには書かれていないが，計画実施が遅れた要因には，蒙地問題や皇産問題の困難性ということも含まれていたのではないかと推測する。しかしその後，「政府の積極的産業開発方針に基く各種国策的事業の実施・地方制度の拡充・治安の回復・都邑計画の拡大等に伴ふ土地利用程度の増大その他新民法及不動産登録法の施行等に依り地籍整理の重要且実施の緊急性愈々昂まり」[155]という状況となり，1938 年 8 月 3 日に地籍整理業務規程が全面改正されて，第 1 期事業計画は 5 か年から 8 か年に延長された[156]。

地籍整理の手順については，広川佐保が詳しく紹介しているが[157]，『満洲国史・各論』によれば，まず（1）準備調査，（2）一筆地調査，（3）等級調査が実施されたあと，土地審定の手続きとして，（1）審定開始，（2）申告および標杭の設置，（3）調査および測量，（4）図簿の調製，（5）諮問および審決，（6）権利確定，という段階を踏むことになっていた[158]。

広川は，これらの実施手順が，1910 年代に関東州で行われた土地整理事業

---

151) 前掲広川佐保『蒙地奉上』，59-60 頁；JACAR Ref.: A06031000200，「『政府公報』第 605 号，康徳 3 年 3 月 26 日」（『満洲国政府公報日訳』康徳 3 年 3 月分），383-386 頁（国立公文書館）．
152) 同上 JACAR Ref.: A06031000200，「『政府公報』第 605 号，康徳 3 年 3 月 26 日」，387 頁．
153) JACAR Ref.: A06031000500，「『政府公報』第 680 号，康徳 3 年 6 月 26 日」（『満洲国政府公報日訳』康徳 3 年 6 月分），372，389 頁（国立公文書館）．
154) 満洲国通信社『満洲国現勢・康徳 5 年版』（同社，1938 年），72 頁．
155) 同上，72 頁．
156) 満洲国史編纂刊行会編『満洲国史・各論』（謙光社，1971 年），53 頁．
157) 前掲広川佐保『蒙地奉上』，75-76 頁．
158) 前掲満洲国史編纂刊行会編『満洲国史・各論』，51-52 頁．

の影響を受けていると見ているが，筆者はそれに加えて，同じ1910年代に朝鮮総督府が実施した土地調査事業との類似性を指摘したい[159]．その際とくに留意すべき共通点は，地主の自己申告制を基本としていることである．その要因は，旧政権期以来の土地台帳が不備で，信頼できる根拠データがなかったことにあろう．この点は，「満洲国」の場合も関東州や朝鮮と同じである．

ただ「満洲国」でも，関東州や朝鮮の場合がそうであったように，地券など民間所在の土地関係記録が，証拠資料あるいは参考資料として利用された．これについては，土地審定法第7条が，「土地ノ調査及測量ヲ為スニ当リ必要アリト認ムルトキハ当該官吏ハ何人ト雖之ヲ実地ニ立会ハシメ若ハ訊問シ又ハ之ニ証拠書類ノ提出ヲ命ズルコトヲ得」としている通りである．付随的な位置づけとはいえ，地籍整理事業の過程で，地券等の民間記録が広く収集され，それを機に喪失あるいは散逸したものが存在した可能性を否定できない．

土地調査の方法は，実際には第1種（農耕地）と第2種（市街地）に区分され，第1種の場合は広大な土地に対処するためであろう，航空写真を利用することが多かったようである．また事業の促進を図るため，1940年2月1日には地籍整理局を改組拡充して「地政総局官制」（勅令第3号）を公布した[160]．その結果，『満洲国史・各論』によれば，1943年末までの整理実績累計は，一般民地面積約41万平方キロ，筆数約2,565万筆，開拓用地，重要林野ならびに保留林野面積約3万平方キロとなった．同書は，「同年度事業をもって一応当面の緊急要請に即応する全満主要地域の地籍整理を完了した」とするが[161]，結局，地籍整理事業は，第2期の本格的事業に進むことなく終了したと見られる．

なお地籍整理事業に関わる重要な施策として，「満洲国」政府は，地籍整理局設置翌年の1937年5月28日に，「旧記統一管理令」（国務院訓令第37号）を発令している．これは，第5章で詳しく見るように，満洲全土の官公署から，土地記録を含む「旧記」（「満洲国」建国以前の旧政権期行政文書）を奉天に送らせ，

---

159) 本書第6章「朝鮮総督府統治下の『植民地アーカイブズ事業』」参照．
160) JACAR Ref.: A06031004800,「『政府公報』第1738号，康徳7年2月1日」(『満洲国政府公報日訳』康徳7年2月分），1頁（国立公文書館）．
161) 前掲満洲国史編纂刊行会編『満洲国史・各論』，53頁．一方同書は，別の箇所で「延べ五五〇万の人員を費して満洲国総面積約一三〇余万方粁のうち約七二万方粁，三,〇〇〇万筆に及ぶ主要民地の地籍整理を実行した」と記している（48頁「概説」）．完成に至らなかった事業面積を加えた数字かとも思うが，詳細は不明である．

国立図書館に設けた「旧記保管所」(のち「旧記整理処」と改称)で集中管理して，「満洲国」の建国事業に活用しようという大事業であった．最終的に，380を超す機関から350万件にのぼる膨大な「旧記」が収集されたと見られ，典型的な「植民地アーカイブズ事業」だったといえる．

仮にこの事業が，地籍整理事業の基礎資料として，官公署が保存する土地台帳等の公的帳簿を収集しようという積極的意図を持っていたとすれば，土地政策上極めて枢要な位置を占めることになる．確かに後述するように，早く1935年6月の第1回全国土地科長会議において，土地局が提案した土地関係記録の中央移管案が検討されており，その可能性はある．しかし，このときの土地局側の意図は，あくまで「土地制度ノ研究上貴重ナル研究資料」としての収集であって，地籍整理事業の基礎資料としての活用は，少なくとも第一目的ではなかった．「満洲国」政府としては，旧来の土地台帳等は，内容的にも保存状況からも，全体的に地籍整理事業の基礎データとして使用できる状態ではない，というのが基本的な認識であり，それがために自己申告制という方法がとられたのだと考える．実際，旧記整理処に移管された土地記録が，少なくとも大々的，組織的に地籍整理事業に活用された形跡は確認できず，『満洲国史』などにも，そのことをうかがわせる記述は見られない．

(2) 土地関係アーカイブズの調査と収集

満洲における土地制度については，既述の通り清朝から中華民国への移行期に満鉄調査部(調査課)による初期的調査が行われ，その結果が『満洲旧慣調査報告書』(1913-15年)として刊行された[162]．同報告書の執筆にあたった天海謙三郎は，当時の土地記録の状況を，地券は「百花繚乱」，土地台帳は「無統制，無整序」と酷評したが，その後は目立った調査が行われなかったようである．

「満洲国」土地局は設置直後から，地籍整理事業の準備作業として，中華民国成立後約20年間の状況を中心に，改めて土地関係法規や，土地に関する慣習，権利関係などの調査に着手し，資料収集を始めている[163]．1935年2月には，国務院統計処主宰の満洲郷村社会実態調査班に土地局職員を派遣し，奉天

---

162) 本章「5.1.1 満鉄調査部の設置と初期調査活動」参照．
163) 前掲江夏由樹「満洲国の地籍整理事業について」，132-134頁；前掲満洲国地籍整理局『土地局史』，35-38頁．

省海城県，同西豊県，吉林省伊通県，龍江省龍江県，熱河省凌源県，興安南省ホルチン左翼中旗などで土地慣行等の現地調査を実施している[164]．また土地所有権一元化政策の参考とするため，1935年頃，ソ連，中欧，東欧諸国の土地制度改革や実施機関についての調査も行った[165]．

現地調査で重視されたのは，地券類や土地帳簿など，清朝期や民国期の地域アーカイブズであった．『満洲国現勢・康徳2年版』は，「土地権利証明証券および旧政権時代における各種土地の丈放［払下げ］沿革の調査研究を遂げ，蒐集された地券其他の参考文献は一方之を省，県，種類，発給官署，発給年月日，地種各別に整理し地券鑑定要領として整備中である」と，地券類の調査・収集が進んでいることを記し，土地関係帳簿についても「各省県の保存する旧清丈清賦簿冊，巻宗等の調査を目的に，奉天省公署および吉林省公署保存の分は既に各局員をして夫々之を調査せしめ，保存清冊，案巻，票照類等の性質，内容を明にした」と，官公庁保存簿冊を中心に調査・研究を実施したとしている[166]．

『土地局史』は，これらの準備的調査研究の成果として，主に1935年に発行された資料のタイトルを36点掲載している[167]．その中に，『満洲国に於ける地籍簿冊の様式』や『満洲国に於ける旧地券に就て』など，アーカイブズ資料収集の成果をまとめたと見られるものが含まれている．

このうち『満洲国ニ於ケル地籍簿冊ノ様式』[168]は，一部清朝末期のものを含む民国期の官公署保管土地帳簿について，概要を知るのに便利なので，主な記載事項を表4-3にまとめてみた．

『土地局史』には，これとは別に，清朝末期と民国期における土地整理事業の概況と担当部局の変遷，「満洲国」建国後における「税契及地券の書換」と「地籍簿冊」の概要，「土地の整理，商租及地券の再下附」の状況について，概説的叙述がある．「満洲国」では省の再編が行われるが，叙述は旧省ごとである．そのうち，土地整理事業担当部局の変遷と，「地籍簿冊」の概要の部分が，後掲表4-3の解説にもなっていると思うので，要点を記しておく[169]．

---

164) 前掲広川佐保『蒙地奉上』，53頁．
165) 同上，54頁．
166) 満洲国通信社編『満洲国現勢・康徳2年版』（満洲国通信社，1935年），158頁．
167) 前掲満洲国地籍整理局『土地局史』，56-59頁．
168) 土地局『満洲国ニ於ケル地籍簿冊ノ様式』（満洲帝国土地局，1935年11月）．
169) 前掲満洲国地籍整理局『土地局史』，1-19頁．

a. 旧奉天省

〔土地整理事業担当部局の変遷〕

 1911（宣統3）年 奉天省に屯墾総局，吉林・黒龍江省に分局を置く

 1912か（民国成立後） 東三省官地清丈局を設立

 1915（民国4）年 奉天官地清丈局と改称

〔「地籍簿冊」の概要〕

 奉天省では，上記のように清朝末期以来，土地整理担当部局を置いて，官有地の開放（払下げ）や清丈（整理）事業を行っている．しかし，「地籍に関する簿冊としては何等権威あるものなく単に徴糧冊あるのみ，地税徴収原簿とも称すべく県財務局之を保管し現行唯一の官簿なるも甚しく粗笨なるものにして等則別，村別に編綴せられ畝數及納税人（地券名義人）氏名を記載するのみ」としている．表4-3に見える民国期の簿冊は，「徴糧冊」が不十分ながら徴税原簿として「唯一の官簿」といえるものの，ほかはいずれも個別的，部分的な帳簿であり，広域の土地台帳システムは整備されていなかったことがわかる．

b. 旧吉林省

〔土地整理事業担当部局の変遷〕

 1912か（民国成立後） 清丈局設置

 1917（民国6）年 清査土地局に改める

 1920（民国9）年 吉林省清理田賦局と改称

〔「地籍簿冊」の概要〕

 「地籍関係簿冊に関しては当省に於ても旧奉天省と仝じく別段権威ある官簿の備あるに非ず，僅に徴糧冊の存するあるのみにして徴糧冊に付ては其の様式，取扱及効用等旧奉天省と大同小異なり」とある．ここでいう徴糧冊は，表4-3にある「大租冊」のことであろう．全体の状況は奉天省と変わらないということである．

c. 旧黒龍江省

〔土地整理事業担当部局の変遷〕

 1914（民国3）年 清丈兼招懇総局を斉々哈爾に，各県に分局を置く

 1919（民国8）年 清丈事務を省政府墾務股（係のこと＝筆者）に移管

表4-3 「満洲国」旧省保管の地籍簿冊

簿冊名称	用途	(上段) 制定機関 (下段) 保管機関	説明*
\multicolumn{4}{c}{1. 旧奉天省}			
奉天省屯墾総局丈放土地図冊	随欠地伍田地ノ払下	奉天省屯墾総局	官有地の民間払下の際作られる土地台帳
		屯墾総局 (現在奉天省公署), 県公署各一部	
奉天全省官地清丈局土地清丈図冊	内務府官荘地, 王公荘地, 陵産, 官荒地, 山荒地, 淤荒地, 荒山, 蒙荒地ノ払下	奉天全省官地清丈局	屯墾局図冊と同内容
		官地清丈局 (現在奉天省公署), 県公署各一部	
奉天省城工業区永租土地清冊	奉天省城西北方ノ官有地ノ払下	奉天瀋陽市政公署	民国10年頃元練兵場民間払下の際作成
		奉天瀋陽市政公署	
徴糧冊	民有地及村屯有地ノ徴税	各県公署	簡単様式の徴税原簿でほぼ2年ごとに作成
		各県公署	
\multicolumn{4}{c}{2. 旧吉林省}			
吉林省清理田賦局地畝清冊	官荒地及旗署官産地ノ勘丈及民有地ノ清丈	吉林省清理田賦局 (現在吉林省公署)	官荒地等の勘放, 民有地の清丈の際に作られ, 清丈の後, 承領人より経費等を納めてから位置面積・承領人氏名等を記入する簿冊.
		清理田賦局 (現在吉林省公署), 県公署各一部	
吉林省清理田賦局清理地賦冊	珠玉葦河二県官荒ノ清理	吉林清理田賦局	民国16年頃2県の既開放官荒地を再清丈
		清理田賦局 (現在吉林省公署), 県公署各一部	
浜江県土地清丈分局勘放街基図冊	哈爾浜特別市伝家甸街基ノ開放	浜江県土地清丈分局	民国5年頃開放の際作成
		吉林省清理田賦局 (現在吉林省公署), 浜江県公署 (現在ハ哈爾浜特別市保管) 各一部	
北満特別区公署地畝管理局租戸台帳	北満特別区内土地ノ貸下用	北満特別区公署地畝管理局	北満特別区内国有地の民間貸下げ台帳
		北満特別区公署地畝管理局	
大租冊	民有地ノ徴税	各県公署	奉天省の徴糧冊と同内容
		各県公署	
\multicolumn{4}{c}{3. 旧黒龍江省}			
黒龍江省土地毘連図冊	官荒地開放ノ台帳	黒龍江省公署	官荒地開放時に作成する土地台帳
		省公署, 県公署各一部	
黒龍江省土地根簿	官民有地ノ権利移転台帳	黒龍江省公署	各県の官民有地数目・状況を記載
		省公署, 県公署各一部	

黒龍江省土地登記簿［登記冊］	土地権利移転ノ証明	黒龍江省公署	黒龍江省註冊章程による官民有地権利移転の帳簿
		省公署，県公署各一部	
黒龍江省徴租根簿	民有地ノ徴税	税務監督署	奉天省徴糧冊，吉林省大租冊と同内容
		税務監督署，県公署各一部	
黒龍江省旧毘連図冊	荒地ノ開放	弁理通肯等処荒務副都統署	清朝期黒龍江省の荒地開放時に使用する土地台帳
		黒龍江省公署	

出典）土地局『満洲国ニ於ケル地籍簿冊ノ様式』（満洲帝国土地局，1935年11月）による．なお原史料には各簿冊の様式を示した図が付されている．

注）＊必要に応じ原文を要約した．

〔「地籍簿冊」の概要〕

旧黒龍江省の地籍簿冊に対しては次のように高い評価が記されている．

> 旧黒龍江省に於ける地籍簿冊は他省に徴糧冊の存するあるのみに比し遥に完備し，県には註冊簿，毘連冊及毘連総図ありて共に地籍並其の異動関係を明にし別に徴租根簿の備ありて徴税に便す．省には毘連冊，註冊簿写，税務監督署には徴租根簿，註冊簿写ありて夫々地籍の監督に備へ他省と異り其の制度相当完備の域に達せるを見る．

ここにいう「註冊簿」は，表の「登記冊」のことと思われるが，『土地局史』は，旧黒龍江省の土地行政について，「当省註冊事務は専ら土地註冊章程に拠り処理せられ地籍統制上大なる成果をあげつゝあり」と総括している．

以上をまとめると，土地局時代の土地関係記録は，旧黒龍江省を例外として，全体としては天海謙三郎が「百花燎乱」，「無統制，無整序」と慨嘆した1910年代の状況と大きく異なるものではなかったと見られる．

土地局時代における各省の土地関係アーカイブズ保存状況を知ることのできるもうひとつの有力な手がかりとして，先に触れた第1回全国土地科長会議（1935年6月）の議事録がある[170]．その中に含まれる「各省答申事項」は，土地問題に関する土地局からの諮問事項に対する10省の答申内容を掲載したものである．これにより，各省の土地行政職員の構成と事務分掌，業務実績，土地紛争の状況などが詳しくわかるだけでなく，土地調査や土地制度改革につい

170）『第1回全国土地科長会議議事録』（満洲国民政部土地局，1935年），19-178頁，「各省答申事項」．

ての意見も細かく記述されている．先に見た『満洲国ニ於ケル地籍簿冊ノ様式』や『土地局史』も，実は土地局自らの現地調査以上に，この「各省答申事項」に依拠しているところが大きいようである．

多岐にわたる答申事項のうち，旧政権期の土地関係アーカイブズに関わる項目は少なくない．とくに，「地券」，「土地台帳」の見出しがある項目は「満洲国」内10省の記録保存状況がわかって興味深い．ただ，上で紹介した『満洲国ニ於ケル地籍簿冊ノ様式』ならびに『土地局史』の記述がその要約にあたると見て，ここでは引用を省略する．代わりに以下で紹介したいのは，次の2つの質問に対する各省の回答である（番号は筆者が仮に付けたもの）．

(1) 建国以前ノ案巻ニシテ土地ニ関スルモノ尠カラス　之等ハ現行法規ノ基礎ヲナセルモノニシテ且今後土地制度ノ研究上貴重ナル研究資料タルモノト思料ス　当局トシテハ其ノ重要ナルモノハ成ル可ク一括保管転換ヲ受ケ度キ意向ナルカ右ニ関スル貴見如何（質問事項十の五）．

(2) 建国当時各地方ニ於ケル匪災変乱ニ依リ各県ノ保管ニ係ル土地案件図冊ニシテ焼失又ハ紛失セルモノアリ其ノ程度及取リタル善後策如何（質問事項十の七）．

最初の質問は，土地に関する各省保管の「建国以前ノ案巻」（文書と帳簿）を土地局に一括移管するという提案について意見を聞いている．土地記録に限定してはいるが，明らかに，第5章で検討する1937年5月28日の旧記統一管理令の趣旨と一致しており，その準備作業の一環とも考えられる．ただここでは，「現行法規ノ基礎ヲナセルモノ」とはしているが，あくまで「土地制度ノ研究上貴重ナル研究資料」としての側面を強調しており，地籍整理事業の基礎資料として組織的に使用する意図は読み取れない．

また2つ目の質問は，「満洲国」建国時の「匪災変乱」による土地関係の「案件」（文書）と「図冊」（図面と帳簿）の喪失状況と対処について尋ねている．以上2項目の質問に対する各省の回答は，地方官公署における土地関係記録の保存状況と管理方針をよく示しているので，要約して表4-4に掲げておきたい．なお，この2事項への回答のほか，とくに注目すべき記述がある場合は，[付記]として書き加えた．

表 4-4 『第 1 回全国土地科長会議議事録』「各省答申事項」(抄)

省名	(1) 建国以前案巻の中央移管提案	(2) 建国当時の被災状況と善後策
吉林	土地局の意見に賛同.	省の土地案件図冊は整理中. 永吉, 九台, 舒蘭など 7 県の案巻は保管. 雙陽, 楡樹, 扶餘など 7 県は匪害により殆ど又は一部喪失.
龍江	土地案巻は土地弁理の根拠なので移管は不便. 貴局で必要な場合は総合目録により選択し随時送付可能. 移管を強く希望の場合は目録による通知があれば考慮する.	旧黒龍江省 11 県が匪害により記録を喪失. 図冊は省保存の畢連図底冊を抄写して各県に送付. 案件は県から省公署に申請し抄写送付.
黒河	建国後の巻宗と土地関係図冊は前黒龍江省公署から引継ぎを受けたが, 建国前の案巻は龍江省公署に引継ぎを要求中. 土地局への重要案巻の移管は相当の障害となる.	本省県保存の土地案件図冊は建国後の匪災変乱により焚毀または損失.
	[付記] 土地図冊は「人民ノ産権ニ関係シ土地事務取扱ノ根本的標準ナリ」として, 省・県保管図冊の調査整理と数目照合を具申.	
三江	(回答なし)	(回答なし)
浜江	土地事件が繁雑で随時旧案巻の調査が必要なため移管は不便. 貴局で必要なときは, 抄出送付あるいは原件貸出で対応したい.	賓, 珠河, 葦河など 12 県から匪害報告. 県派遣員による抄出, 証拠書類持参申請による分別登記で対処.
	[付記] 新設省として旧黒龍江省各県分の土地畢冊及根連図冊 4,582 冊, 照根 74 箱約 10 余万枚, 合計 79 箱を受け取り慎重に保管. 旧吉林省各県分の「照根地冊図表及建国以前ノ案件」は吉林省が保存しており現在引継ぎを交渉中.	
間島	現行法規の基礎をなす資料は地方的特殊事情によるもの多く原本を存置する要あり.	安図県の土地関係書類が匪災により全部焼失. 申告書提出と実地調査を実施中.
安東	土地案巻の移管は妥当だが何年から何年までと期限を示されたい.	匪患損失を受けたのは 3 県だけで, すでに実地調査を実施.
奉天	保管転換はほぼ支障ないが, 旧清丈局雑務事務未了につきこの分は直ちに移管するのは困難.	事変による文件損失は, 金川県:図冊 108 冊, 康平県:図冊 311 枚, 収拠存根 24,858 枚, 新民県:文巻 296 宗, 各種冊簿 408 冊, 収拠存根 2,749 枚, 三陵収租収拠 1 冊, 収発大照簿 3 本, 濛江県:殆ど全部. 前 3 県の損失文件は旧清丈局関係書類なので省保管原本を複写.
錦州	とくに意見はないが, 処理未決の旧案は, 査巻上必要な場合要求に応ぜられたし.	盤山, 台安, 錦西の 3 県は匪災変乱により一切の土地案巻図冊を焚失. 盤山県は奉天省公署で図冊を抄写.
熱河	承徳県:重要案巻を中央に移管し, 分類編纂, 継続刊印して各省各県に頒布すべし. 瀛平県:土地紛争解決上, 案巻の一括移管は障害多大. 研究上の重要資料は摘録を送付. 隆化県:建国以前の土地案巻なし.	承徳県:案件図冊の紛失少数. 失落地照は人民の呈報により営業証書発行. 瀛平県:厳重保管により土地案件図冊の焼毀散逸なし. 隆化県:建国時県長逃走し土地案件巻宗図冊すべて紛失. 現在土地清理中.

豊寧県：前年3月匪乱で焼失し移管案巻なし． 赤嶺県：重要案巻を選別移管し土地制度研究資料とすることは有益であり何ら意見なし． 平泉県：（赤嶺県とほぼ同じ） 建平県：事変時に案巻を全部焼失． 凌源県：土地関係重要案巻なし． 凌南県：土地関係案巻はすべて現行法規と関係ある重要資料なので全部移管すべし．	豊寧県：土地巻宗は前年3月匪乱で完全焼失．人民の遺失地照は申告により実地調査して一面管業執照補発計画を熱河税務監督署に呈請． 赤嶺県：記録の焚毀紛失なし． 平泉県：土地案件図冊帳簿など土匪により多数焼失．適当な善後策なし． 建平県：案巻焼失．策なし． 凌源県：匪災により巻宗は焼失したが土地畝捐冊に被害なく善後策は不要． 凌南県：案巻は焼失．民戸捐冊は財務局保管し無事． 寧白県：匪災で殆ど焼失．
[付記] 各県の土地台帳は従来魚鱗清冊をもって根拠と為す．すでに新式魚鱗清冊の使用が開始されているが，将来新式帳簿を改用し土地整理後画一化したい．	

上表の（2）欄を見ると，満洲事変前後の時期以降に受けた土地関係記録の戦乱被害には，地域によりかなりの差があることがわかる．ただ全体として，地籍整理事業の基礎資料として組織的に利用できるような保存状況ではない．

興味深いのは（1）欄の回答である．土地局が諮問した旧政権期土地関係記録の一括移管提案に対し，龍江省，黒河省，浜江省，間島省など，旧黒龍江省に属する省を中心に，少なからぬ省が反対意見を述べている．反対理由は，土地関係の旧政権期記録は，紛争解決を含む土地行政に必要な資料であり，中央に移管されると支障が生じるということである．これらの省では，旧政権期の土地関係記録が，他省に比べてよく保存され，かつ日常行政に継続的に活用されていることを意味している．この点は，前掲表4-3で，旧黒龍江省における地籍簿冊保存状況への高い評価を確認したことと符合する．それにもかかわらず，1937年5月に旧記統一管理令が発令され，土地関係記録を含む旧政権期記録の一括移管が実行されるわけだが，その理由については第5章で考えたい．

5.2.3 関東軍の兵要地誌調査

上で見た土地制度等の調査のほか，関東軍が実施した活動の中でアーカイブズとの関連性が推察されるものとして当然考えておかなければならないのは，軍事情報の獲得を目的にした情報活動である．有賀傳によれば，関東軍の情報組織は，日本陸軍の中で一番整備されており，支那派遣軍がこれに次ぐという[171]．関東軍は，当初，情報活動の多くを満鉄に依存していたが，満洲事変

第 4 章　日本の植民地支配と「植民地アーカイブズ政策」

以降，活動を統轄する関東軍司令部第 2 課を中心に，各兵団，機関等の情報組織の整備，拡充を進めた[172]．1940 年 4 月には，特務機関の改編を実施．ハルビン特務機関を本部とする関東軍情報部を創設して，各地の特務機関をその支部とした[173]．

関東軍司令部第 2 課は，軍情，兵要地誌，宣伝謀略，防諜の 4 部門を置いて，情報活動の統轄と情報分析を行った．あらゆる種類の情報が活用されたが，兵要地誌の情報源は，大半が文書であったとされる．また，軍情班が扱う情報のうち，文書情報は主として関東軍情報部が担当し，「人名，編制装備，兵器，軍内情，民内情，兵要地誌資料等に関して収集したが，その成果はかなりのものがあった」という[174]．ただ，有賀が具体的にあげている，関東軍情報部が収集した「文書情報（文書諜報）」を見ると，ソ連国内で発行されている新聞，軍事誌などのほか，「在外者から特別のルートで購入したり，あるいは越境者，とりわけ軍人の携行して来た典範令，単行本その他の記録」，それに，「音秘（ネヒ）」と呼ばれる「生文の無線電話の傍受資料」や「音情（オンジョウ）」と称する「高速度モールス電報の生資料」などであり，公的機関や民間の文書，記録については，触れるところがない[175]．そこでここでは，関東軍の情報活動全般ではなく，文書情報に負うところが多いとされる兵要地誌調査に的を絞り，その状況を簡単に見ていきたい．

そもそも兵要地誌とは，文字通り軍事作戦に必要となる地誌情報で，作戦地域ごとに地理，水利，交通，気象，資源などの情報を調査，編纂し，対応する説明地図を付すものである．兵要地誌調査は軍にとって極めて重要な情報活動であるが，前述のように，末廣昭はこれを物産調査とともに，「領土の拡大」を目的にした植民地・占領地調査活動の一分野と位置づけている[176]．ここでは，兵要地誌調査を正面からとりあげる用意はないが，関東軍による調査活動の一環として，補足的に見ておくことにしたい．

1932 年 10 月に関東軍参謀部が作成した「大興安嶺地帯ヨリ呼倫貝爾地方ヘ

---

171)　有賀傳『日本陸海軍の情報機構とその活動』（近代文藝社，1994 年），84 頁．
172)　同上，86-87 頁．
173)　同上，94 頁．
174)　同上，86-89 頁．
175)　同上，98-100 頁．
176)　前掲末廣昭「他者理解としての『学知』と『調査』」，4-9 頁．

ノ作戦資料抜萃」によれば,「本作戦資料ハ主トシテ昭三,三(三月)参謀本部調製北満洲兵要地誌,昭四,十一月参謀本部調製北満洲中部兵要地誌並昭和六年三月調製満蒙兵要地誌概説及昭和六年二月迄ノ実地調査報告ニ基キ調製セルモノナリ」とあり[177],「満洲国」成立以前における兵要地誌編纂の一端がうかがえる.

1934年12月25日に関東軍参謀長西尾寿造が陸軍次官橋本虎之助に送った「関東軍兵要地誌的作戦準備ノ現況」と題する報告書には,次のように記されている[178].

　第一,概況
　兵要地誌的作戦準備ハ昭和八年六月北支作戦ノ終了ト共ニ本格的ニ調査ヲ開始シ軍ノ担任区域タル満洲国,察哈爾省,外蒙古,極東蘇領並其外方接壌地ニ於テ兵要地理,資源,気象,給水,運輸交通,通信,人,馬衛生ノ各般ニ亘リ軍部内各調査機関ノミナラス在満,日満関係機関ヲ統制指導シ其異常ナル努力ト熱心ナル協力トニヨリ概ネ予定ノ如ク進捗シ本年度末迄ニハ満洲国内ニ於テハ概ネ所要ノ作戦資料ヲ整備シ得ルノ状況ニアリ

すなわち,1933年6月,「北支作戦」(熱河省侵攻作戦のこと)が終了[179]するとともに,「軍部内各調査機関」と「在満,日満関係機関」による「満洲国,察哈爾省,外蒙古,極東蘇領並其外方接壌地」の兵要地誌調査が開始され,少なくとも「満洲国」においては,1935年3月末までに終了の予定であるとしている.これにより,1935年4月以降,関東軍参謀部から陸軍次官宛に兵要地誌資料が順次提出されたことがわかっている.たとえば,同年6月24日に送付された『満洲西北部兵要地誌資料 第四号 北黒線ニ沿フ地域』『満洲西北部兵要地誌資料 第十二号 濱洲線,洮温線間ノ地域』[180]などがそれである.また,「満洲国」だけでなく極東ソ連や外蒙古等についても,一連の『極東蘇領及外

---

177) JACAR Ref.: C01002830900,「呼倫貝爾地方の作戦資料抜粋」(昭和7年「陸満密大日記」陸満密受第1857号,関参調第70号)(防衛省防衛研究所).
178) JACAR Ref.: C01003048600,「兵要地誌的作戦準備に関する件」(昭和10年「陸満密大日記」陸満密受第2号,関参地発第264号)(防衛省防衛研究所).
179) 1933年5月31日の塘沽停戦協定で停戦になったことを指す.
180) JACAR Ref.: C01003075200,「兵要地誌資料提出の件」(昭和10年「陸満密大日記」陸満密受第604号,関参地発第332号)(防衛省防衛研究所).

蒙古兵要地誌資料』が同じ時期に提出されている[181]．

　関東軍を中心とした兵要地誌調査は，次に見るように，1936年に調査規程や調査参考書が整備され，再調査あるいは補充調査が継続される．上記の『満洲西北部兵要地誌資料　第十二号　濱洲線，洮温線間ノ地域』についても，1937年9月3日に，関東軍参謀長東條英機から陸軍次官梅津美治郎宛に，『満洲西北部兵要地誌資料　第十二号　補修訂正再印刷，昭和12年5月，濱洲線洮温線間ノ地域』が提出されている[182]．

　さて関東軍は，1936年2月に関東軍司令部が「関東軍兵要地誌資料調査規程」を，同年6月に関東軍参謀部が「関東軍兵要地誌調査参考書」をそれぞれ作成しているが[183]，いずれも全く新しいものではなく，それ以前に実施した兵要地誌調査を土台にしていると考えられる．ただ，兵要地誌調査の目的や調査体制，調査方法などの全体が示されており，史料として貴重である．源昌久の研究[184]などを参考にしながら見ていきたい．

　「関東軍兵要地誌資料調査規程」（以下「規程」という）は，まず「第一　総則」で，「本規程ハ関東軍ニ於テ実施スヘキ満蒙及其接壌地域（朝鮮ヲ除ク以下同シ）ノ兵要地誌的作戦準備ニ関シ所要ノ事項ヲ規定スルモノトス」と述べ，調査事項として次の11点をあげている[185]．

　　1 兵要地理，2 国防用資源及経済状態，3 兵要航空，4 兵要気象，5 兵要給水，6 兵要運輸，交通，通信，7 兵要衛生，8 兵要獣医衛生，9 満洲国接壌地域ノ兵要地誌，10 兵要地誌ノ見地ニ基ク用兵上ノ実験資料，11 作戦用地図ノ整備

---

181)　JACAR Ref.: C01003084300,「極東蘇領及外蒙古兵要地誌資料の件」（昭和10年「陸満密台日記」陸満密受第789号，関参地発第423号）（防衛省防衛研究所）ほか．
182)　JACAR Ref.: C01003296400,「兵要地誌資料提出の件」（昭和12年「陸満密大日記」陸満密受第1288号，関参地発第462号）（防衛省防衛研究所）．
183)　JACAR Ref.: C01003113100,「関東軍兵要地誌調査規程改正の件」（昭和11年「陸満密大日記」陸満密受第318号，関参地発第117号）（防衛省防衛研究所）；JACAR Ref.: C01003167200,「兵要地誌調査参考提出の件」（昭和11年「陸満密大日記」陸満密受第1041号，関参地発第392号）（防衛省防衛研究所）．
184)　源昌久「関東軍の兵要地誌類作成過程に関する一考察──書誌学的研究」（『淑徳大学社会学部研究紀要』38号，2004年）．
185)　前掲 JACAR Ref.: C01003113100,「関東軍兵要地誌調査規程改正の件」．

調査の中心が，軍事作戦に直接的な影響を及ぼす自然環境や交通設備に関連する事項に置かれているのは当然であるが，本章の関心から留意しておきたいのは，経済状態や住民の生活状態など，地域の社会環境が調査対象に含まれていることである．関連する箇所をあげると，「規程」「第二　調査」の「八　調査ノ目的」に，第2項，第4項として次のような記述がある．

　　2　（前略）経済状態ノ調査ハ一国又ハ一地方ニ於ケル経済状況ヲ知得シ軍事的諸工作ノ樹立，資源ノ蒐集利用，占領地統治等ニ必要ナル資料ヲ得，併セテ戦争遂行力並国際情勢等ノ判定ニ資ス
　　4　占領地統治資料調査ハ占領地域内ニ於テ速ニ治安秩序ヲ恢復シ民心ノ安定ヲ得セシメ以テ作戦軍ノ便宜特ニ警備兵力ノ節約ヲ図ル為必要ナル資料ヲ蒐集ス

また，「関東軍兵要地誌調査参考書」（以下「参考書」という）では，「第四編　兵要地理調査要目」に，「第三章　主要都市，住民地及住民」が含まれ，次のように記されているのが注目される．

　　作戦ノ見地ニ基キ左ノ件ヲ記述ス
　　一，住民ノ種類，職業
　　一，性情，特質，思想

このように，兵要地誌調査は，一面において住民を対象とした諜報活動，情報活動としての側面を持っていたことが明らかである．

次に，兵要地誌調査の組織と分担について述べると，「規程」の「第一　総則」に「三．調査ハ軍司令部，軍司令官隷下部隊，同特務機関並軍政部顧問部之ヲ担任ス」となっており，関東軍をあげて実施することになっている．軍政部顧問部とは，満鉄のほか，日本政府の諸機関（たとえば外務省）や満洲中央銀行等も関わっていたとのことである[186]．調査事項の分担については，詳細は省略するが，「規程」の「附表　兵要地誌的作戦準備ノ担任区分表」で，調査

---

186)　前掲源昌久「関東軍の兵要地誌類作成過程に関する一考察」，205頁．

第 4 章　日本の植民地支配と「植民地アーカイブズ政策」　　387

要目ごとに「資料ノ蒐集整理」と「地誌編纂」の担当組織が示されている．
「資料ノ蒐集整理」の分担について例示すると，「所要地理」（兵の誤りか）と「国防用資源」
は軍司令部，各兵団，所命部隊の 3 者が担当し，「兵要航空」は飛行集団司令
部が，「兵要気象」と「兵要給水」は軍司令部と所命兵団が，「兵要鉄道並水
運」は線区司令部が，「満洲国接壌地域兵要地誌」は軍司令部，所命兵団，所
命部隊，同特務機関の 4 者が，それぞれ担当する定めになっている．これらの
調査，報告にもとづく「地誌編纂」は，いずれの調査要目においても，軍参謀
部がこれを編纂することになっている．

　なお，外部組織である満鉄は，関東軍兵要地誌調査に多大な役割を果たした
ようで，とくに極東ソ連や外蒙古の調査に関しては，新京に兵要地誌専門の調
査員を配置するなど力を入れている[187]．この地域の兵要地誌調査が，1933 年
の熱河省侵攻作戦終了後に「在満，日満関係機関」の協力のもとで開始され，
その成果が一連の『極東蘇領及外蒙古兵要地誌資料』として参謀部から陸軍次
官に提出されていることは前述した．この『極東蘇領及外蒙古兵要地誌資料』
は，満鉄経済調査会（1936 年 10 月以降は産業部）や満鉄ハルビン事務所がまと
めたもので，関東軍参謀部はそれを兵要地誌資料として転用した形である．ち
なみに，当時の満鉄経済調査会委員長は，張作霖爆殺事件の計画立案者として
知られる元関東軍高級参謀河本大作で，両者の結びつきの深さがうかがえる．

　ところで，兵要地誌調査活動の中心が「資料ノ蒐集整理」にあったことは間
違いないが，対象となる「資料」とは具体的にどのようなものなのか，現地の
生の文書や記録，すなわちアーカイブズを資料として直接収集したり，あるい
は，少なくとも活用したりすることはあったのか．この点については，「規程」
「参考書」のいずれにも明確な「資料」定義はなく，類推に頼らざるを得ない．

　まず，「規程」の「第二　調査」に，「九，調査ハ実査ヲ本則トシ已ムヲ得サ
ルモノニ限リ諜報，文献等ニヨル外，軍部外調査機関等ノ利用ニヨリ其目的ヲ
達成スルモノトス」とある．また，「第四　報告」では，「蒐集資料ノ報告」の
手順を，「蒐集資料ハ其ノ都度報告スルヲ本則トシ綜合報告ハ該年度十二月末
迄ニ提出スルモノトス」と定めている．これによれば，「資料」とは「実査」
（実地調査か）によって現地で入手するのが原則であり，やむを得ない場合は諜

187）「極東蘇領兵要調査ノ為新京ニ調査員配置ノ件」（昭和 10 年 5 月 29 日）」（前掲遼寧省档案館・
　　小林英夫編『満鉄経済調査会史料』第 2 巻，206 頁）．

報情報や文献（出版物か），軍部外調査機関作成資料を利用してもよいこと，また収集資料は，入手次第報告する定めであったことがわかる．これを見ると，「蒐集資料」とは現地で取得した実物資料や記録資料のように思えるのだが，実際はどうか．

　これについては，各調査組織から提出された月ごとの収集資料報告を，参謀部が一覧表にまとめた1938年以降の『兵要地誌資料目録月報』が十数点残っており，手がかりになる[188]．

　この資料目録は，1938年の『兵要地誌資料目録月報（七月分）』[189]を例にとると，「極東『ソ』領及外蒙古関係ノ分」と，「極東『ソ』領及外蒙古関係ヲ除ク」分とで記載様式が若干異なっている．前者は，関東軍各機関からの報告資料をまとめた「部内資料」と，軍外組織からの報告資料をまとめた「部外資料」の2部から構成され，部外資料はさらに「満鉄ノ部」と「満洲国其他ノ部」に分かれている．資料目録は，横軸を地域または調査要目で分け，縦軸に「資料名」「調製年月」「調製者」「摘要」の4項目が設けられている．部外資料の「満鉄ノ部」だけは，これに「調製番号」の項目が加わる．部内資料，部外資料の具体例を抄出すると次の通りである（原文は縦書き）．

一．部内資料

	資料名	調製年月	調製者	摘要
東ソ	「ローゼンガルトフカ」付近ノ状況	昭13.6	富機	地誌一般
北ソ	自五月六日至五月二十日 黒河省対岸蘇連一般状況	昭13.5	河村部隊	地理，航空，運輸
陸運	蘇連鉄道車輛修繕工場三月及四月分業績	昭13.6	鉄司	
	「ダウリヤ」附近鉄道偵察旬報	昭13.6	佐久間部隊	

二．部外資料　其ノ一　満鉄ノ部

	資料名	調製番号	調製年月	調製者	摘要
気象	ソ連極東地方ノ航空気象資料	北経ソ連資料第一一六号	昭12.10	北経調	

188) JACAR Ref: C01003372900,「兵要地誌資料目録月報提出の件」（昭和13年「陸満密大日記」陸満密受第1096号，関参地発第521号）（防衛省防衛研究所）など．なお，前掲源昌久「関東軍の兵要地誌類作成過程に関する一考察」が，1938-40年の『兵要地誌資料目録月報』15冊を対象に，書誌学的検討を行っている．
189) 同上 JACAR Ref: C01003372900,「兵要地誌資料目録月報提出の件」．

（部外資料）其ノ二　満洲国其他ノ部

	資料名	調製年月	調製者	摘要
資源	一九三八年（第三次五ケ年計画第一年）第一，四半期ソ連各部門別実績	昭13.6	外務局（赤領）	
	ソ連政権廿年ノ成果	昭13.6	経済部	ソ連経済躍進事情（経済問題誌1937年5，6月号ニヨル）
	ソ連空軍ノ演習ト石油類ノ輸送ニ関スル件	昭13.7	保安局	

　次に，後者の「極東『ソ』領及外蒙古関係ヲ除ク」分では，まず全体を「満洲東部」「満洲東北部」「満洲北部」「満洲西部」「軍用資源」「気象」の6つに分けた上で，それぞれ，「資料名」「調製者」「調製年月」「摘要」の4項目からなるリストを掲載している．2, 3の具体例をあげると次の通りである（原文は縦書き）．

一，満洲東部

資料名	調製者	調製年月	摘要
結氷期ニ於ケル東寧—白刀山子—老黒山間兵要衛生調査資料	上村部隊	昭13.3	
莫和山—三稜通進路偵察要図	山田部隊	昭13.5	

六，気象

資料名	調製者	調製年月	摘要
六月二十四日彰徳地方ニ於ケル降雹調査報告	徳川兵団	昭13.7.1	
満洲国水路報（航期ニ於ケル北氷洋ノ気候）	海軍測量隊	昭13.5.20	翻訳

　資料名からだけでは判断できない点もあるが，この『兵要地誌資料目録月報』にリスト化されている資料は，「規程」の「蒐集資料ハ其ノ都度報告スルヲ本則トシ」という表現から類推したように，現地で取得した実物資料や記録資料をそのまま提出したものではなく，各機関が情報を分析，整理，翻訳，要約するなどして新たに作成（文字通り「調製」）して提出したものと考えられる．すべての目録月報を確認していないので断定はできないが，資料が基本的に日本語であり，現地語の資料が含まれていないのもそのためであろう．ただそうだとしても，資料の中には現地の記録や文書なくしては作成しえないと思われるものも少なくない．「参考書」で「気象ニ関スル報告ハ努メテ長期ニ亙ル統

計ヲ基礎トスルヲ要ス」と指示されている気象情報や，上記の具体例にもある工場の稼働実績や生産物の生産実績，先にも触れた住民の職業や経済状態に関する情報などはとくにそうである．確証は示せないが，兵要地誌調査にあたっては，アーカイブズの調査や収集が行われたと推測する．

5.2.4 華北・華中における調査とアーカイブズ

　中国における日本の調査活動は，軍や満鉄を中心に，満洲の範囲にとどまらず，早くから華北，華中などの地域に拡大していた．とくに「満洲国」成立後，さらに日中戦争開始後は，満鉄のみならず東亜研究所（1938年9月設置），興亜院（1938年12月設置）などによる調査事業が開始され，満鉄の調査組織もそれらに協力する形をとることが多くなった．

　華北や華中における調査は，植民地調査活動とはいえないので，本章でとりあげるのは必ずしも適切でないかもしれない．しかし，華北や華中における調査活動は，それを担った人や組織の面で，台湾，満洲，朝鮮における旧慣調査をはじめとする調査活動と密接に関連性がある．また何よりも，帝国日本のアジア支配政策を考えるとき，植民地における調査活動と，華北・華中等の軍事作戦地域ないし占領地における調査活動は，一連のものとしてとらえる視点が重要である．当時の満鉄調査部門関係者からも「日本の植民政策の前提としての旧慣調査というものを考える場合には，（中略）台湾旧慣調査，満洲の旧慣調査，『支那慣行調査』を一貫した流れの中で見る必要がある」という指摘が出ている[190]．ここで言及されている「支那慣行調査」は，興亜院からの委嘱によって東亜研究所が満鉄とともに1940年から実施した調査事業のことで，華北農村慣行調査，華中商事慣行調査，華北・華中都市不動産慣行調査などからなっていた．本章では，このうち華北農村慣行調査と華北・華中都市不動産慣行調査をとりあげ，後段で検討する．

　さて，満鉄経済調査会の調査活動は，先に述べたように，後半期の1935年頃になると，華北・華中に調査の中心が移っていき，「満洲国」国策立案機能は実質的に失われていった．具体的には，冀東地区農村調査や北支経済調査が

---

[190] 1983年6月17日の「（満鉄）調査課時代」をめぐる座談会における原覚天の発言（前掲井村哲郎編『満鉄調査部』，33頁）．原は調査部資料課，東亜経済調査局資料課に勤務（井村同前，728頁）．

あげられる[191]．北支経済調査は，支那駐屯軍司令部からの委託調査で，甲乙丙の3班が作られ，甲班は「満洲国」政府から，乙班は経済調査会を含む満鉄各部局からそれぞれ要員が派遣された．丙班は経済調査会第6部部員のみで編成された．

日中戦争が開始されると，満鉄は華北や華中における調査活動に一段と力を入れることになる．開戦直後の1937年7月18日に，天津事務所を「臨時北支事変事務局」に改組し，さらに8月27日には，臨時北支事変事務局を廃して「北支事務局」を開設し，活動拠点とした[192]．さらにその後，1939年4月に満鉄調査部（いわゆる「大調査部」）が再設置されると，新たに「北支経済調査所」を北京に新設する．1940年以降，興亜院の委嘱により東亜研究所とともに支那慣行調査の一部である華北農村慣行調査を担ったのは，この組織である[193]．

なお，以上のような満鉄を中心とした調査事業とは別に，1937年7月の日中戦争勃発以降，日本軍による情報収集を目的とした資料の接収が占領地において活発化し，満鉄の調査員がそれに協力させられる事例も報告されている．当時，北支事務局調査室にいた真鍋藤治[194]は，日本軍占領地での公的施設接収行動に協力し，記録の調査を行っていた事実を次のように証言している[195]．

（前略）私は日中戦争下での日本軍の占領地行政にも，なにかあるとしょっちゅう引っ張りだされていました．（中略）たとえば昭和12（1937）年10月の日本軍による［河北省］石家荘の接収の際には，瀧川政次郎先生[196]と私の二人で砲煙のなかを法院（裁判所）の接収を手伝い，登記所がどうなっているかを見たりしました．

日本軍による兵要地誌調査をはじめとする華北・華中での情報活動，資料押収行動は，日中戦争開始以前から行われている．また，日中戦争開始後の1937

---

191) 前掲井村哲郎「満鉄調査研究機関とその刊行物」，3頁．
192) 前掲小林英夫『満鉄調査部の軌跡』，220-221頁．
193) 前掲井村哲郎「満鉄調査研究機関とその刊行物」，5頁．
194) 真鍋藤治は，のち北支経済調査所第2部，上海事務所調査室第2係主任，同法制慣行班主任などを歴任（前掲井村哲郎『満鉄調査部』，754頁）．
195) 前掲井村哲郎編『満鉄調査部』，212頁．
196) 瀧川政次郎は法学者．満鉄嘱託として北京在住．北支那派遣軍（北支那方面軍か）特務部嘱託もつとめていた（前掲井村哲郎編『満鉄調査部』「満鉄調査関係者人名録」，801頁）．

年12月には，上海派遣軍特務部が，満鉄上海事務所，東亜同文書院，上海自然科学研究所の3機関を指揮して「占領地区図書文件接収委員会」と「占領地区学術資料委員会」を設置し，華中諸都市で図書やアーカイブズの組織的かつ大規模な接収を行った．これらについては，改めて第2巻第1章で検討する．

　日中戦争開始後，中国占領地を拡大していった日本は，1938年12月，「支那事変ニ当リ支那ニ於テ処理ヲ要スル政治，経済及文化ニ関スル事務」を処理，統括する戦時組織として「興亜院」を設置した[197]．興亜院は，設立当初より「不足重要国防資源」の獲得などを目的にして調査活動を重視し，企画院管轄下の国策研究機関として1938年9月に設立された「東亜研究所」（略称「東研」，初代総裁は近衛文麿首相）に「支那慣行調査」を委嘱する[198]．興亜院が1940年8月31日に作成した「支那慣行調査実施要領」[199]によれば，「支那慣行調査」として企図されたのは，「農村ニ関スル慣行調査」以下，「商取引」「鉱工業」「不動産」「外国行政地域」「治外法権」の計5分野の慣行調査であった．東亜研究所は，これら各分野の現地調査を満鉄に委嘱し，東研と満鉄の共同事業という形で調査を実行に移していった．満鉄側では，華北を対象にした「北支慣行調査」を主として北支経済調査所が，華中を対象にした「中支慣行調査」を上海事務所調査室が分担して調査に参加した．以下では，各分野にわたる調査のうち，「華北農村慣行調査」と「都市不動産慣行調査」の2つに絞り，アーカイブズの取扱いに関心の焦点を置きながら見ていきたい．

a. 華北農村慣行調査

　華北農村慣行調査（中国農村慣行調査ともいう）は，北支慣行調査の主要な事業として，1940年に着手され，満鉄北支経済調査所が現地調査の中心を担った[200]．

　現地調査の方法については，先にも触れた1982年の座談会で，野間清が次

---

197) JACAR Ref.: A03022243600,「御署名原本・昭和13年12月15日勅令第758号・興亜院官制」（国立公文書館）．
198) 前掲久保亨「興亜院の中国実態調査」, 78頁ならびに井村哲郎「東亜研究所『支那慣行調査』関係文書――解題と目録」（『アジア経済資料月報』29巻1, 4号, 1987年1月, 4月. のち訂正増補してアジア経済研究所より刊行. 刊行日記載なし）, 訂正増補版, 2頁．
199) 興亜院「支那慣行調査実施要領」（昭和15年8月31日）（「東亜研究所支那慣行調査関係書類綴」所収, アジア経済研究所蔵. 本書では同研究所図書館提供の電子複写版を利用した）．
200) 前掲井村哲郎『東亜研究所「支那慣行調査」関係文書――解題と目録』（訂正増補版）, 4頁．

のように説明している．すなわち，1934年，1935年に実施された満洲農村実態調査が，「調査表に記入された数字なり回答内容を聞き出すまでの経過」を記録していないため，「回答の背景，回答内容について留保すべき点」がわからなかった，という反省から，華北農村慣行調査の調査表には「農民との質疑応答をそのまま書き取り，それを東研に送り，また調査部自体の本報告書作成のための素資料としてはどうかと考えて」提案し，そのような形式になったということである[201]．こうして北支経済調査所慣行班が現地調査により作成した「質問応答」記録は，アジア経済研究所図書資料部編『旧植民地関係機関刊行物総合目録──南満洲鉄道株式会社編』によれば，東亜研究所が1941年に再印刷，刊行した『満鉄現地調査資料』シリーズの中に収録されている[202]．

現地調査では，聞き取り調査のほか，文献や記録の収集も積極的に行われた．戦後の関係者座談会では，地域のさまざまな記録類を調査した様子が具体的に語られている．その中には，水利組織が保管していた「水簿」と呼ばれる「乾隆時代よりの水の配分を書いた台帳」や，碑文調査の話なども含まれる．これらは基本的に筆写によって収集し，厖大なノートが作成されたという[203]．

前記『旧植民地関係機関刊行物総合目録』には，北支経済調査所慣行班が作成した（一部，北京事務所作成分を含む）『北支慣行調査資料之部』第1-114輯が掲載されている[204]．村ごとに，「所有権篇」「土地売買篇」「小作篇」「公租公課地籍公証篇」「農村金融及取引篇」「家族制度篇」「村落篇」などがそれぞれ一冊仕立てになっており，資料収集の成果を反映したものと見られる．以上のような華北農村慣行調査の成果は，戦後刊行された『中国農村慣行調査』[205]に収載され，広く利用されるようになった．

資料収集は，現地での筆写のほか，購入や借用，また場合によっては接収による現物収集も少なくなかったと推測される．その一端が垣間見えるのが，東

---

201) 前掲井村哲郎編『満鉄調査部』，135頁．
202) アジア経済研究所図書資料部編『旧植民地関係機関刊行物総合目録──南満洲鉄道株式会社編』（アジア経済研究所，1979年），459-462頁．『満鉄現地調査資料第1-14号』と『満鉄現地調査資料A第1-12号』という2つのシリーズが掲載されている．
203) 「中国農村慣行調査に関する座談会 第1回（1957年3月2日）」（中国農村慣行調査刊行会編『中国農村慣行調査』岩波書店，1952-58年，1981年再刊，第6巻），475-476頁．
204) 前掲アジア経済研究所図書資料部編『旧植民地関係機関刊行物総合目録──南満洲鉄道株式会社編』，451-459頁．
205) 前掲中国農村慣行調査刊行会編『中国農村慣行調査』（全6巻）．

亜研究所から調査に参加した福島正夫の証言である[206]。

> 私は中国農村慣行調査のときに、順義県公署の裁判記録を見て、後でその一、二を東京に送ってもらいました。巻物みたいに一切の書類を貼り合わせて、十メートルもはじめから終りまで続いているようなもので、訴状から調書から書証まで一切綴じこんだおもしろいのがあったのですが。

福島の証言にある順義県公署の裁判記録を東京に送った件については、別の座談会で、福島のほか元北支経済調査所の小沼正や安藤鎮正らが次のような興味深いやりとりを交わしている[207]。

> 小沼　文献の方は十六年［1941］二月、三月の二回目の調査のとき手のあいている者で集めようじゃないかということになりました。東京から福島さんがいらっしゃったときに見られた裁判資料はそのとき順義で借りたものですね。それから、獲鹿山の県公署に資料があったわけです。これは清朝の終りまで続いた档案です。県公署に鼓楼というかなにかあるのですよ。その中に康熙以後の档案とかいろいろあったわけです。当時満鉄に俵さんという人がいたのですが、その人の紹介で借りる形で、北京から行った。そのほかにも資料のあるところは昌黎とか保定とかやりたいと思ったのですけれども、そんなことに手をつけかけておしまいになってしまったのです。
> 安藤　ぼくが京奉沿線の概況調査に行って臨楡県（山海関）の顧問の小倉さんと話したとき、ここにもそういう資料があると聞いたので、次に改めて借りに行った。行李に三つか四つ持って帰りました。
> （中略）
> 安藤　順義の裁判資料を内田先生と黄塵万丈の日にトラックで持って来たという覚えはありますが……

[206) 前掲「中国旧慣の調査について――天海謙三郎氏をめぐる座談会（1957年7月6日）」、849頁。

[207) 前掲「中国農村慣行調査に関する座談会　第1回（1957年3月2日）」、475頁。なお小沼正については、同書456頁参照。

福島　順義の裁判資料は二つ三つ東京の方へ送ってもらった．
小沼　そうだ．あのまま返さない．（笑）
福島　いや，返しましたよ．あれは返さなければ貴重な資料となったけれ
　　ども．

　これを見ると，調査表を使用した聞き取り調査が中心的な手法だったと思われる華北農村慣行調査においても，アーカイブズの調査，収集が行われており，一部は東京に送られていたことがわかる．それにしても，資料を中国に返したか返さなかったかを，笑いながら話題にしたり，返したとする福島も，「あれは返さなければ貴重な資料となったけれども」と，返却を残念がるような口ぶりであったりすることは，購入・接収の如何を問わず，図書やアーカイブズの国外持ち出しが極めて大きな問題をはらむ行為であったことについて，戦後十数年を経てもなお，関係者の中に十分な認識がないことを示唆している．
　華北農村慣行調査に関わるアーカイブズの現物収集については，当時満鉄調査部第2調査室に所属していた天海謙三郎の文章からも，様子を知ることができる．天海は1940年に，北支経済調査所慣行班に対する調査支援のため，「土地文書に関する解説」という論文の執筆に着手し，1943年7月に脱稿している[208]．天海はこの論文で，河北省所在の旧「礼部官地」（清朝官制の一部門である礼部の公有地）に関わる多数の土地関係公文書（主に地券類と帳簿類）を分析しているが，それらの資料について，「例言」で次のように書いている[209]．

一，本書は南満洲鉄道株式会社北支経済調査所の所蔵に係る河北省所在旧礼部官地の関係文書類を経とし，東亜研究所（第六・調査委員会）蒐集の同種資料を緯として，綜合検覈の上，専ら中国に於ける土地制度の研究要具たる契券簿冊等に関する攷究方法につき，概括的解説を試むるとともに，それらの文書類を通じて観察・究明せらるべき同官地の沿革地目としての制度的特質に関し一応の基礎的文献攷証を行ったものである．
二，本書の研究対象に供した旧礼部官地関係文書中，満鉄所蔵のものは，発照簿（二種），地畝冊（十三種），北支経済調査所の直接蒐集に係る分

---

208)　「中国土地問題の研究」前篇として，前掲天海謙三郎『中国土地文書の研究』に所収．
209)　同上，「例言」1頁．

を除き，爾余のもの即ち地券類（執照，存根とも六五三枚），及雑資料（佃戸名冊一種，査地単五種，判詞及批単各一，換照申請文書計四六二通）等は，最初同社の上海事務所調査室渡邊幸三氏が，中支地方に於て購入したものを，社業担当の関係から，後之を北支経済調査所の所管に移譲するに至ったもの，又東亜研究所所蔵のものは，同所研究員仁井田陞博士が，昭和十五年，北京に於て親ら蒐集されたものを，私がその翌夏，社用により東京に出張した際，僥倖にも同所の書架上に之を発見して借覧し得たものである．而もこの両資料は，其の間に全然差別を認め得ざる一連同彙の姉妹記録に属し，恐らく事変に因る官公档案の移管転輸，若くは廃棄等の結果，端なくも巷間に離散遺佚せるものが，偶ま時と処とを異にして，夫れぞれ両者の分別蒐蔵に帰するに至ったものかと推察される．

これを読むと，旧礼部官地文書は，「事変に因る官公档案の移管転輸，若くは廃棄等の結果，端なくも巷間に離散遺佚」したものの一部と推定されており，それが偶然，北支経済調査所と東亜研究所に別々の経緯で収蔵されることになったようである．上海事務所調査室渡邊幸三による購入分以外は，具体的な収集経緯がわからないが，土地関係アーカイブズの現物収集と東京移送の事実を示す事例のひとつとして注目される．

b．都市不動産慣行調査

都市不動産慣行調査については，井村哲郎，加藤雄三，荒武達朗らの研究がある[210]．それによると，満鉄は華中と華北の主要都市で不動産慣行調査を実施するため，都市不動産慣行調査委員会を置いた．現地調査は，本社調査部法制班が北京，天津，青島を中心に，張家口，石門，太原，塘沽など華北の諸都市を担当し，上海事務所調査室が，上海のほか，杭州，蘇州，南京，漢口など華中の諸都市を担当した[211]．

満鉄上海事務所調査室主任として華中における都市不動産慣行調査の総括役

---

210) 前掲井村哲郎『東亜研究所「支那慣行調査」関係文書――解題と目録』（訂正増補版）；加藤雄三「東亜研究所第六調査委員会支那都市不動産慣行調査概観」（『比較法史研究』11，2003年）；荒武達朗「満鉄上海事務所調査室の南京不動産慣行調査」（『近代東アジア土地調査事業研究ニューズレター』5，2014年3月）．

をつとめた真鍋藤治は，1983年の座談会で，「不動産慣行調査というのは，その名称から常識的に受ける印象と，実際の内容とまったく異なっていて，実は，外国権益の調査なのです．外国権益というのは，ほとんどの場合，不動産に関する権益でした．しかし，外国権益に関する調査とストレートに言ったのでは，いかにもまずいのです．そこで，現地調査がスムースに行えるということも考慮にいれて，不動産慣行の調査としたのです」と証言している[212]．

日中戦争の激化で，日本軍占領地が租界を含む中国主要都市に拡大すると，都市不動産慣行調査，とくに不動産に対する外国権益についての調査は，敵産処理問題とも関わり，現地の日本軍や日本の在外公館，ならびに占領地行政を統括する興亜院にとって緊急の課題となった．

都市不動産慣行調査と占領地の敵産処理問題との関係について，真鍋は，「軍の占領地区対策という面もなかったわけではありませんが，慣行調査ですから占領政策の立案にはただちには関係しておりません」と，否定的な発言をしている．しかし，井村哲郎が紹介している「上海地区不動産慣行調査ニ関スル軍官民第一次打合会議概要」という史料によると，1942年5月11日に開催されたこの打合会議には，興亜院華中連絡部と満鉄関係者のほか，上海総領事館，陸軍，特務機関からも代表が出席し，席上，興亜院華中連絡部平井庄壱事務官は「特ニ大東亜戦争後ニ於ケル上海性格ノ変貌ト不動産問題，敵産処理ト不動産問題ニ付力説シ，軍官民ノ共同調査ヲ提唱シ特ニ満鉄調査ヘノ協力ヲ主張」して，「本件調査ヲ最モ重大且緊急ヲ要スル事項」と述べた由である[213]．都市不動産慣行調査が，とりわけアジア太平洋戦争開戦後において，外国権益を含む敵産処理問題など，日本の占領地行政と深い関わりを持っていたことは明らかである[214]．

都市不動産慣行調査の調査方法について，加藤雄三は，「中国人間および外国人関連の不動産慣行につき情報が集中する領事館（領事裁判所），軍，法院，地方官庁，日系企業，居留民団等に出向き，裁判資料や契約文書を蒐集し，不

---

211) 井村は前掲『東亜研究所「支那慣行調査」関係文書——解題と目録』（訂正増補版）で，北京・天津・青島の担当を北支経済調査所としているが（10頁），真鍋藤治の証言や報告書の発行記載によると，調査部法制班の担当である．
212) 前掲井村哲郎編『満鉄調査部』，215頁．
213) 前掲井村哲郎『東亜研究所「支那慣行調査」関係文書——解題と目録』（訂正増補版），11頁．
214) 占領地の敵産管理については，本書第1章補論1で検討している．

動産取引を専門に扱う業者や司法関係者から聴取をし，資料作成の材料としたのである．この点は，北支農村慣行調査と完全に異なる」としている[215]．公的機関の公文書記録に置かれた比重が小さくなかった様子がうかがえ，そのことは後述する報告書にも表れている．

都市不動産慣行調査においても，華北農村慣行調査の場合と同じく，現地調査による資料収集の成果が印刷物になっている．前掲『旧植民地関係機関刊行物総合目録』によれば，華中については，『中支都市不動産慣行調査資料』全50輯のほか，『上海ニ於ケル不動産慣行調査資料』(其ノ1)(其ノ2)の2冊が単独で作成されている．また華北に関しては，『支那都市不動産慣行調査資料』全15輯がある[216]．

以上は，満鉄が作成した現地調査の成果であるが，東亜研究所はこれらの資料をもとにして報告書をまとめ，興亜院に提出しようとした．報告書は完成しなかったが，その稿本と見られる『支那都市不動産慣行調査報告書』が残存しており，井村哲郎が目次とともに紹介している[217]．

上記の4種の資料集と報告書は，タイトルが類似しているものもあるので紛らわしいが，以下順に要点をまとめておきたい．

① 『中支都市不動産慣行調査資料』第1-50輯[218]

『旧植民地関係機関刊行物総合目録』によれば，著者表示は「上海事務所調査室」，発行年は1941-43年である．同目録では第3-6輯，第31輯の5輯を欠いているが，掲載45輯は1輯1冊，「中支ニ於ケル敵産ニ関スル調査」(第2輯)を除いて，杭州(11冊)，南京(9冊)，蘇州(6冊)，無錫(8冊)，漢口(9冊)，上海(1冊)の華中各都市に割りあてられている[219]．内容の詳細は未調査だが，南京分の『南京ニ於ケル不動産慣行調査報告』全9冊を分析した荒武達

---

215) 前掲加藤雄三「東亜研究所第六調査委員会支那都市不動産慣行調査概観」，324頁．
216) 前掲アジア経済研究所図書資料部編『旧植民地関係機関刊行物総合目録——南満洲鉄道株式会社編』，471-476頁．
217) 前掲井村哲郎『東亜研究所「支那慣行調査」関係文書——解題と目録』(訂正増補版)，11-13頁，及び第III部．
218) 前掲『旧植民地関係機関刊行物総合目録——南満洲鉄道株式会社編』によれば，タイトルは，第1-8輯が『中支不動産慣行調査資料』，第49輯が『中南支都市不動産慣行調査資料』と異なる．なお本資料は影印版が刊行されている(井村哲郎・貴志俊彦監修『戦前・戦中期アジア研究資料8 中国占領地の社会調査III』第1-15巻，近現代資料刊行会，2016年)．但し，これには『旧植民地関係機関刊行物総合目録』に含まれていない第51-57輯が掲載されている．

朗の研究が手がかりになる[220]．それによれば，『南京ニ於ケル不動産慣行調査報告』9冊の構成は，「其一　領事館及軍保管資料」，「其二　土地制度」，以下順に「土地測量」「土地徴収」「外国人ノ不動産権益」「典及抵押」「貸借」「売買」「公有地制度」となっている．また記述内容は，「其一　領事館及軍保管資料」は，「日本領事館，軍特務機関，民団などから収集した資料，主に日本人の関係する土地権利確認，借地借家，土地収用その他の資料を収録する資料集」[221]だが，「其二　土地制度」以降は比較的簡単な概説的叙述で，素材となった資料は，「関係機関に対する書面・聞き取りによる調査，官庁の提出書類，日本関係機関の文書を主とし，地券など購入した資料もまた一部使用するというものであった」[222]．たとえば「其四　土地徴収」（伊藤源蔵執筆）は，「南京市地政局での聴取，ならびに提供された資料，および国民政府図書整理委員会所管資料に基づいて分析を行っている」ということである[223]．

② 『上海ニ於ケル不動産慣行資料』[224]

　筆者が利用した国立国会図書館所蔵のマイクロフィルム版は，表題が『上海ニ於ケル不動産慣行資料 其一』，『同 其二』となっており，前掲『旧植民地関係機関刊行物総合目録』記載の表題と一部異なるが，内容注記が一致するので，同じものと思われる．

　本資料の発行日は，「其一」「其二」とも1943年4月．発行者は南満洲鉄道株式会社調査部となっているが，「内容梗概」は都市不動産慣行調査委員会の名前で書かれている．「其二」の「内容梗概」に本資料作成のいきさつが「都市不動産慣行調査中上海ノ実施ハ現地側手不足ノタメ，大連ヨリ協力スルコトニナッタ」と記してあり，華中担当の上海事務所調査室の人手不足を，本社調査部が補助したものだということがわかる．

---

219) 前掲アジア経済研究所図書資料部編『旧植民地関係機関刊行物総合目録──南満洲鉄道株式会社編』，471-474頁．なお，注218の影印版資料に，上海に関する報告書の続編が第51-57輯として掲載されている．
220) 前掲荒武達朗「満鉄上海事務所調査室の南京不動産慣行調査」．
221) 同上，11頁．
222) 同上，13頁．
223) 同上，14頁．
224) 『上海ニ於ケル不動産慣行資料』（Ghushi fudosan kanko chosa shiryo, 1941-42, 別タイトル『中支都市不動産慣行調査資料』所収，米国議会図書館作成マイクロフィルム，1970年）（M0J-51）（国立国会図書館）．

本資料の内容は,「其一」が「上海ノ地産」(楊藤溥),「支那ニ於ケル土地永租権」(中支那振興株式会社調査部),「中支ニ於ケル金融取引上ノ担保設定方法ニ付テ」(岡本乙一)の3件の論考からなり,「上海ノ地産」は新聞掲載論文からの翻訳である.「支那ニ於ケル土地永租権」には,地券など若干の資料が現物通り転写されている.

「其二」は,前編「権柄単(Declaration of Trust)制度」(工藤義男),後編「外国人ノ不動産権利」(秋山眞一郎,大原睦一)の2つの論考からなり,かなりの数の原史料が印影なども含めて転写されている.

③『支那都市不動産慣行調査資料』第1-15輯[225]

華北における都市不動産慣行調査の成果で,『旧植民地関係機関刊行物総合目録』による著者表示は「調査部附法制班担当 支那都市不動産慣行調査委員会 調査部刊」,発行年は1941-43年である.1輯が数冊に分かれている場合と,無番号,重複番号のものが各1冊,それに第5輯が欠けているなどの錯綜があるので,掲載総数は31冊になる.

構成は,前半の第7輯までは,法制班担当らしい法制関係資料で,『関係法令集』(第1輯),『不動産関係条約』(第3輯),『最高法院判例不動産部分英訳』(第4輯),『北京領事裁判民事事件記録』(第6輯)などの表題が並んでいる.第2輯には表題がないが,「在北京某機関保存記録ヨリ其ノ内容ヲ抄録シタルモノト支那文ヲ其ノママ筆記シタルモノヲ含ム」という興味深い注記がある.

第7輯其ノ4以降は,都市別の調査報告となっており,北京(裁判記録を除き4冊),青島(5冊),天津(2冊),張家口(1冊),北京公使館区域(1冊),塘沽(1冊),済南(1冊),石門(1冊),太原(1冊)の順となっている.内容については,表題から類推することは困難だが,後述の関係者の証言などから推測すると,前述の『南京ニ於ケル不動産慣行調査報告』其二以降の内容と類似した,叙述に重点を置いた論文形式の報告書のようである.

④『支那都市不動産慣行調査報告書』(草稿)

『支那都市不動産慣行調査報告書』は,井村哲郎によれば,おそらく興亜院に提出する目的で,東亜研究所特別調査部第4部によって企画され,1943年7

---

225) 前掲アジア経済研究所図書資料部編『旧植民地関係機関刊行物総合目録——南満洲鉄道株式会社編』,474-476頁.なお同目録によれば,第1-第7輯其ノ2のタイトルは,『都市不動産慣行調査資料』となっている.

第 4 章　日本の植民地支配と「植民地アーカイブズ政策」　　401

月の「支那都市不動産慣行調査報告書予定表」に従って分担執筆が進められた．報告書は結局完成に至らず，本史料が稿本として残されたと思われる．内容は，「青島の部」「北京の部」「天津の部」「杭州・蘇州・南京及漢口の部」の 4 部からなるが，済南と上海の分を欠いている．各部とも，(1) 中国人間の権利関係，(2) 条約および国内法上認められたる外国人の不動産権益，(3) 外国人の不動産権益の発展，について，制度，取引，権益の法的形式などが詳細に記述されており，華北，華中の満鉄調査機関から提出された都市不動産慣行調査資料と報告を活用して執筆されたと思われる[226]．

興味深いのは，荒武達朗が，「『天津之部』には土地公簿，不動産権利証明書，登記関係書類，地券，法令，地図など満鉄の不動産慣行調査報告書に見られない資料が添付されている」と書いていることである[227]．加藤雄三も，「青島の部のように公印が捺された判決原本がそのまま挟み込まれているものもあり，時に第四部の報告書自体が貴重な資料としての意味を持っている」としている[228]．

都市不動産慣行調査において，公的機関などに対する書面や聞き取りによる調査のほか，文書，記録等の現物資料が収集され，その一部が東京に送られていたことの証左であろう．現地におけるアーカイブズの現物収集や日本への移送については，次のような証言もある．

上海事務所調査室で華中都市不動産慣行調査の総括役を担った真鍋藤治は，華中と華北で調査の方法が異なっていたと，次のように話している[229]．

　　華北の調査は，調査部付法制班の副参事であった工藤義雄君と村田久一君が中心でした．工藤君は，私とは調査の方法論や進め方をめぐって，まったく対照的なやり方でした．工藤君のやり方は，ある程度現地資料を集めると，その地域の慣行について論文形式にまとめて報告書とするというやり方でした．しかし，私のほうは，毎日のデスクワークに追われて時間もないし，報告書をまとめる能力を持ったスタッフも揃っていないというこ

---

226)　前掲井村哲郎『東亜研究所「支那慣行調査」関係文書――解題と目録』(訂正増補版), 12 頁.
227)　前掲荒武達朗「満鉄上海事務所調査室の南京不動産慣行調査」, 10 頁.
228)　前掲加藤雄三「東亜研究所第六調査委員会支那都市不動産慣行調査概観」, 329 頁.
229)　前掲井村哲郎編『満鉄調査部』, 216 頁.

ともあって，集めることのできた生の一次資料をそのまま東研に提出するという形をとりました．私のほうで，あらかじめ布教権や租界や内水航行権などについてまとめた，走り書きのメモを作り，それにしたがって現地調査をまず行いました．報告書をまとめるのはあとでも誰でもできるということで，現地調査では集められるだけの資料を集めたのです．

　ここで述べられているような華中，華北の「調査の方法論や進め方」の違いが，先に見たような①『中支都市不動産慣行調査資料』と③『支那都市不動産慣行調査資料』の違いに反映しているということであろう．それにしても，華中調査では「生の一次資料をそのまま東研に提出するという形」をとり，「現地調査では集められるだけの資料を集めた」という証言は見逃せない．真鍋は，さらに次のように続けている[230]．

　不動産慣行調査は，非常にお金のかかるものでした．どんな資料を手に入れるにしても，誰もただでくれるわけではありません．権力でもってとやかくできるものでもないのです．一緒にお茶を飲み，ご飯を食べて仲良くなって，そういったところからわたりをつけて，最終的に書類を見せてもらい，写させてもらいます．今のようにいいコピーの機械はありませんから，たいがい書き写します．ときには写真にも撮ります．それからいろんな資料のうちで買えるものは買いました．契約書でも古い証文でも，ずいぶん高額のお金を出して買ったものです．
（中略）非常な苦心を払って集めた厖大な資料を東研に送ったのですが，これらの資料がその後どういうふうに処理されたのかはっきりしません[231]．
（中略）東研側では，上海で集めて送った資料というものは中国語のものばかりですから，送ってもらっても分類のしようもないとおっしゃる．当時

---

230) 同上，216-217頁．
231) この箇所に井村哲郎により次のような注釈が付されている．「真鍋氏などによって収集された資料の一部と考えられるものが，東京大学東洋文化研究所図書室［1982］（『我妻栄先生旧蔵アジア法制関係文献資料目録』のこと―安藤）に収録されている．また井村［1987］（井村哲郎「東亜研究所『支那慣行調査』関係文書――解題と目録」のこと―安藤）に目次が収録されている『支那都市不動産慣行調査報告書』にはこれらの収集資料が利用されている」（前掲井村哲郎編『満鉄調査部』，221頁注22）．

第4章　日本の植民地支配と「植民地アーカイブズ政策」

東京の先生方には中国語のできる人は非常に少なかったので，収集した資料を整理したうえで論文形式のものにまとめてほしいという意向でした．けれども，上海現地の方針は，先ほども言いましたように，とにかく資料収集が一番大事なので，集めたものを送ってさえおけば，あとでどうにでも利用できるだろうということでした．
（中略）当時，この魚鱗冊[232]を入手するということは，世界中の中国学者の大変な願望でした．その魚鱗冊も入手しましたし，文盲の多かった時代の庶民の間で交わされていた契約書も沢山集めました．
それから地券というものがありました．土地の譲渡には，必ず地券が必要でした．日本にも昔はあったようですが，当時の中国では，地券が土地の所有権を確認する最高のものでした．この地券は大きなものは1メートル四方もあり，地番や区割が入っています．土地を売るときには，売った土地にあたる部分を地券から切り取って，買い手に渡すのです．そして切り取ったところに白紙を貼ります．いい土地は売り買いも多いので，自然いい地券はつぎはぎだらけでした．こういう地券もずいぶん集めて，東京に送ったはずです．ほかには帳簿や登記簿もありました．こういうものは，お金を出せば集まります．たぶん盗み出したのだろうと思われるものもありました．とにかく厖大な量を東研に送りましたが，今はいったいどうなっているのか分からない．布教権益関係の資料も生の資料をまとめて印刷して出しましたが，今はどうなっているか知りません．

　以上から，地券や土地台帳など，都市不動産慣行に関する厖大なアーカイブズが，主として購入によって収集され，東亜研究所に送られたことがわかる．なお，例外的だろうと思うが，収集した資料を調査関係者が個人的に保有する場合もあったようである[233]．
　また，華北・華中調査に関連して付言すると，興亜院が中国関係の調査機関

232）「魚鱗冊」については本章「4.3　土地調査とアーカイブズ」などを参照のこと．なお，元満鉄上海事務所調査室法制係の伊藤源蔵が，1940年秋に不動産慣行調査のため蘇州に出張し，領事館，特務機関，在住日本人などの協力で県政府などを訪れて資料収集を行っていた際，古本屋で魚鱗冊の束を見つけたので一括購入して上海事務所に運び，コピーを関係各方面に配布した上，原本は大連の満鉄図書館に送ったことを記している（伊藤源蔵「上海勤務の回顧」，上海満鉄会編『長江の流れと共に――上海満鉄回想録』上海満鉄回想録編集委員会，1980年，126頁）．

に対する指導を強化し，整理統合を図るため，1939年度に「支那関係調査機関協議会（本院）」，「中支調査機関連合会（華中）」，「武漢地方ニ於ケル調査事務統一連絡会議（漢口）」を設け，さらに1940年10月に「支那調査関係機関連合会」を設立したことが知られている[234]．資料収集の問題について，何らかの協議や指導，調整が行われた可能性はあるが，詳細な検討は他日を期したい．

5.3 小　括

以上，満洲における調査活動について，補足的に華北，華中調査を加えつつ，地域アーカイブズへの影響という問題に関心の焦点を当てて見てきた．「満洲国」の成立から日中戦争，そしてアジア太平洋戦争へと向かう，植民地統治と占領地支配の拡大，強化の流れの中で，調査活動の重要性が高まり，満鉄を中心とするさまざまな調査事業が実施された．

調査では，現地調査が重視され，図書や記録，文書などの資料収集に力が注がれた．資料収集は，筆写や写真撮影のほか，購入による現物収集が多かったようであるが，それらのうち東京に送られたものも少なくなかったことは，戦後の座談会で多くの関係者によって語られている通りである．しかし，調査実施要領や調査の目的と調査事項が詳細に定められることはあっても，資料収集の方針や方法が具体的に示されることはほとんどなく，現地での資料収集は，基本的に調査員の学術的関心や経験，能力に任されたようである．そのため，実際に行われた資料収集の方法や成果には精粗があり，調査活動に伴う現物資料の取得や国外移送についても，断片的な事実はいくつかわかるが，全体像を推し量ることは，極めて困難だと言わざるを得ない．

この点に関連して興味深いのは，久保亨が紹介している，北支経済調査所で華北農村慣行調査に携わった旗田巍の次のような文章である[235]．旗田は，1945

---

233) 上海事務所調査室の渡邊幸三が，南京の紙屑屋で，1933年「南京市不動産登記条例」公布で無効となり市中に流出したという売契（不動産売買契約書）を購入し，調査終了後も約20点を私蔵した例を，荒武達朗が紹介している（前掲「満鉄上海事務所調査室の南京不動産慣行調査」，「補記」16-18頁）．荒武は，これら旧売契と台湾国史館所蔵南京市政府土地記録との関係についても言及している．

234) 前掲久保亨「興亜院の中国実態調査」（『20世紀中国経済史論』第IV部第1章），326-327頁；JACAR Ref.: B020305900，「29. 支那関係機関協議会」（「支那事変関係一件」第19巻）（A1-1-0-30_019）（外務省外交史料館）．

年にまとめられた『華北調査研究機関業績綜合調査』に寄せた「社会文化調査ニ就テ」という文章の中で、戦時に華北の研究機関が発表した社会文化調査分野の研究業績を、「事変前ノ華北学界及ビ日本ソノ他ノ諸外国ノ学界ノ水準ニ匹敵出来ル研究ハ殆ドナイ」と痛烈に批判し、最後に「華北各地ニアル官庁ノ档案、村公所ノ帳簿、個人ノ記録、碑文等ハ（中略）各方面ノ研究ニ役立ツ貴重資料デアリ、ソノ蒐集ト整理ガ望マシイ」と提言しているという。

　注目されるのは最後の提言で、「各地ニアル官庁ノ档案、村公所ノ帳簿、個人ノ記録、碑文等」は、本書が最も関心を寄せる地域アーカイブズの主要部分を言い当てている。本章で見た座談会での発言から、これらの資料の収集に力を入れていた調査員が少なくなかったことは十分にうかがえたが、当事者のひとりでもある旗田が改めて「ソノ蒐集ト整理ガ望マシイ」と書いているということは、少なくとも社会文化調査の分野において、また旗田が認識する限りにおいて、地域アーカイブズの収集と整理が十分に行われなかったことを意味していよう。ただし、旗田の提言も、あくまで「各方面ノ研究ニ役立ツ貴重資料」という観点からの提言であり、資料を地域アーカイブズとして現地保存することの大切さについては、ほとんど考えが及んでいない。当時の事情からやむを得ないこととはいえ、問題点として確認しておく必要がある。

　調査活動に伴う資料収集が、上記のように個別的であったのに対し、1937年の「満洲国旧記統一管理令」は、旧政権期アーカイブズの集中管理を意図した大規模なもので、日本の海外統治地域の中では例外的ともいえる組織的な「植民地アーカイブズ事業」であった。この稀有な事業の背景には、関東軍や「満洲国」の特別な軍事的、政治的要請があった可能性があるが、直接的には、旧慣調査や土地調査など調査活動の延長線上で、とりわけ「5.2.2　関東軍、『満洲国』の土地調査」で触れたように、土地調査事業との関わりで立案、実施されたと考えられる。詳しい検討は第5章に譲りたい。

---

235)　久保亨「『華北調査研究機関業績綜合調査』(1945年)」(本庄比佐子編『戦前期華北実態調査の目録と解題』東洋文庫、2009年)。久保亨『20世紀中国経済史論』(汲古書院、2020年)に、「第3章　日本の戦時華北調査──『華北調査研究機関業績綜合調査』(1945年)をめぐって」として収録。引用は、『20世紀中国経済史論』、391頁による。なお旗田巍は、北支経済調査所のあと同調査所燕京支所に所属（前掲井村哲郎編『満鉄調査部』、728頁）。

6. おわりに

　本第 II 部の目的は，植民地における調査活動に焦点を当て，調査活動の中で旧政権期の官公署文書や民間所在記録がどのように収集され，管理されて植民地統治に活用されたのか，その実態を明らかにすることにある．また第 II 部の総論的位置を兼ねる本章は，植民地調査活動の前提に，旧政権期の官公署文書や民間所在記録に，学術的価値とともに植民地行政上の価値を認める，日本政府ならびに各植民地統治機関に共通した姿勢ないし理念があるという仮説を立て，あえて通例とは異なる「植民地アーカイブズ政策」という名称を与えて，その実態を浮かび上がらせようと試みた．

　本来なら仮説に対する何らかの結論を述べるべきだろうが，ここはその場として適当でない．朝鮮総督府の調査事業についてまだ触れていないし，「植民地アーカイブズ事業」の典型的事例と考えられる「満洲国旧記整理処」の検討もまだ行っていないからである．これらの問題は，次の第 5 章，第 6 章でとりあげられる．したがって，本章に対応する一定の結論は，第 2 巻の終章で記すことにしたい．

　その限りで述べるならば，本章で見た台湾から満洲への植民地拡大の流れにおいて，後藤新平の「文装的武備」理念を背景にした調査活動が日本の植民地統治に占めた役割の大きさは，改めて確認するまでもなく明白である．実質的にも象徴的にも，それを代表するのが満鉄調査部であったこともいうまでもない．

　本章で見た調査活動は，兵要地誌調査の一部に気象などを対象とする自然科学的調査が含まれているのを除いて，土地調査，戸口調査，旧慣調査など，ほぼ筆者の区分にいう社会調査と歴史民俗調査に限定されていたが，これらの分野の調査では，いずれも前政権の官公署文書や民間所在記録など植民地固有のアーカイブズ資料が探索と収集の重要なターゲットとなった．ただ，旧政権の官公署文書については台湾の場合も満洲の場合も戦火などによる喪失事例が数多く報告され，その結果，民間の文書・記録に調査の重点が置かれる傾向が見られるように思う．もっとも，1937 年 5 月の「旧記統一管理令」による「満洲国旧記整理処」の旧記収集事業は，旧政権官公署記録を対象にした例外的な

大規模「植民地アーカイブズ事業」で，これについては次の第5章で詳しく検討する．

　植民地統治機関によって収集されたアーカイブズの保存と管理については，予想した通り史料や証言が少なく，台湾の「淡新档案」や上記の旧記整理処収集資料などを除いて，まとまった量のアーカイブズ群の伝存情報は多くない．調査関係者の証言から，日本に移送されたアーカイブズ資料も少なくなかったことがうかがえるが，いずれも断片的な情報にとどまっている．このように，植民地調査活動による資料収集が，植民地のアーカイブズ状況に与えた影響は否定できないが，その実態を具体的に示すためには，さらなるアーカイブズ史的研究が求められる．台湾総督府文書や朝鮮総督府文書，それにまだ十分全容がわかっていない中国の「満洲国」関係文書など，植民地統治機関の文書がかなり残存していることを考えると，研究の進展は十分に期待できよう．

第5章

「満洲国旧記整理処」
—— 望まれざる「植民地アーカイブズ事業」——

1. はじめに

1937年(「満洲国」年号康徳4年) 5月28日, 「満洲国国務院訓令第37号」として「旧記ノ統一管理ニ関スル件」が「各官署ニ令ス」として発令された. 内容は以下の通りである[1].

　国務院訓令第三七号

　　　　　　　　　　　　　　　　　　　　各官署ニ令ス
　　旧記ノ統一管理ニ関スル件
　凡ソ旧記(建国以前ノ文書資料)ハ過去ニ於ケル制度, 慣習, 施政等ニ付国家社会各般ノ歴史的現象ヲ観察シ其ノ発達消長ノ跡ヲ察知シ得ベキ記録ニシテ将来国家経営ヲ策スルニ当リテ常ニ必要ナルベキ施政ノ参考ニシテ民力ノ興隆ト国運ノ発展トハ過去ノ状勢ヲ探求シ得テ始メテ不動ノ指針ヲ樹立シ得ベク又学術研究ノ基礎タルベキ貴重ナル資料尠カラズ然ルニ現在各官署等ニ於テ保管セル旧記ハソノ数量莫大ニシテ而モ此ノママ放置スルニ於テハ自然散逸廃棄等ノ虞アルヲ以テ茲ニ之ヲ全国的ニ統一蒐集シ一元的管理ヲナシ以テ保存ノ完璧ト利用ノ増進ヲ期セントシ国立奉天図書館ヲシテ統一管理セシム
　各官署及地方自治団体ハ其ノ保存スル旧記ニ付速ニ左記弁法ニ依リ之ガ処置ヲ為スベシ
　　康徳四年五月二十八日

　　　　　　　　　　　　　　　　　国務総理大臣　張　景　恵

この「旧記ノ統一管理ニ関スル件」（以下「旧記統一管理令」と略称する）にいう「旧記」[2]とは，「満洲国」の領域に組み込まれた中国東北地方の「各官署及地方自治団体」が保存する「（満洲国）建国以前ノ文書資料」，つまり 1932 年以前の旧政権期記録を指している．中国でいうところの「档案」であり，公的アーカイブズである．詳細な検討は後で行うが，旧記統一管理令は，過去の行政記録が持つ「国家経営ヲ策スルニ当リテ常ニ必要ナルベキ施政ノ参考」としての価値と，「学術研究ノ基礎タルベキ貴重ナル資料」としての重要性の両面を強調し，「散逸廃棄等ノ虞」から守るため「国立奉天図書館」に収集して，統一的に管理することを令したのである．これにもとづき，国立奉天図書館に「旧記保管所」（のち「旧記整理処」と改称）が設けられ，大々的な収集事業が実行に移された．

この事業は，日本が海外植民地で実施した「植民地アーカイブズ事業」として最も典型的であるだけでなく，日本国内でも例を見ない組織的かつ大規模な記録収集事業であった．「満洲国」の「国家経営」に資するという目的と，奉天での統一管理という強権的な実施方式には，極めて露骨な植民地主義が表れているが，筆者のいう「植民地アーカイブズ政策」が，形として現れた象徴的事例である．

それにしても，なぜこのような「植民地アーカイブズ事業」が立案され，どのように実行され，そして歴史的にどのような意味を持ったのか．「満洲国」だけでなく日本の植民地統治政策全体を考える上で，興味深い研究課題である．またアーカイブズ史の観点からは，この事業が中国東北地方のアーカイブズ状況に，どのような影響を与えたのかが問題となる．

旧記統一管理令と旧記整理処に関しては，これまでも植民地図書館史の中で言及されており，とくに大場利康の研究は詳しい[3]．ただ，原史料の発掘が必ずしも進んでいないこともあり[4]，本格的な研究はまだまだこれからの課題で

---

1) JACAR Ref.: A06031001700,「『政府公報』第 950 号」（「『満洲国政府公報日訳』康徳 4 年 6 月分」），1 頁（国立公文書館）．
2)「旧記」は『日本国語大辞典』第 2 版（小学館，2001 年）によれば，「昔の事柄を記録した文書．古い記録」等を意味し，『続日本紀』天平勝宝 5(753)年，『中右記』嘉承元(1106)年の条などにも出てくる古い用語である．江戸時代には広く使われ，明治政府も公文書の中でこの用語を多用している．いずれも多くの場合，保存されている過去の文書・記録を意味している．中国では「旧記」ではなく「档案」という用語を使うことが多い．ちなみに，現代中国では，「档案館」「電子档案」などのように，「档案」は英語の archives とほぼ同義に使われている．

ある．本章も，これまでの研究に加えられるものはあまりないが，あくまでアーカイブズ史の観点から，いささかなりとも独自の考察を試みたい．

なお，この件について，中国ではそれなりの研究が進展していると推定され，アーカイブズ史の概説書『中国档案事業史』では，下記のように，日本の侵略行為のひとつとして批判的にとりあげられている[5]．

> 1937年1月，偽満洲国の経済的「開発」を目的として「五年計画」［満洲産業開発五カ年計画］が策定されると同時に，中国東北の政治，経済，国防，社会，歴史等各方面の情況を掌握する材料とするため，档案集中問題が提起された．（中略）日本の侵略者は軍事侵略と東北資源の掠奪を目的として，集中整理された档案を利用した．関東軍参謀本部，偽満司令部は，警政，民情，地理，国際関係等の方面の材料として档案を調査し，南満洲鉄道株式会社，満洲開発株式会社なども東北経済資源関係の档案，文書を利用した．また御用学者はこれらの档案を利用して『満洲史』の編纂や東洋史の研究を行い，史実を捏造し，歴史を歪曲することによって，わが国の民族関係を破壊し，日本占領軍の侵略行為を正当化した．

旧記統一管理事業の歴史的評価については，最後に考えるとして，上の文章で，旧記統一管理令発令の契機が，「満洲産業開発五カ年計画」の策定にあるとしている点や，関東軍，満鉄などによって档案が活用されたとしている点は，

---

3) 松本剛『略奪した文化——戦争と図書』（岩波書店，1993年）；岡村敬二『遺された蔵書——満鉄図書館・海外日本図書館の歴史』（阿吽社，1994年）；大場利康「満洲帝国国立中央図書館籌備処の研究」（『参考書誌研究』62号，2005年3月）；加藤一夫・河田いこひ・東條文規『日本の植民地図書館——アジアにおける日本近代図書館史』（社会評論社，2005年）など．この中では，大場のものが最も詳しく，本章でも多くの部分をこれに依拠している．

4) 主要な史料として，『満洲国政府公報』；国立中央図書館籌備処『資料戦線』；同『資料公報』；外務省外交史料館所蔵「日満文化協会関係件」；元国立奉天図書館長兼旧記整理処長弥吉光長著作などがある．本章ではこれに加えて戦後の関係者座談会記録などを利用した．旧記整理処を含む国立奉天図書館のアーカイブズ資料は，瀋陽の遼寧省档案館に保存されている可能性がある．筆者は1999年8月2日に訪問調査を行ったが，成果を得ていない．これについては後述する．なお，「満洲国」関係資料の概況と中国における資料公開状況については，さしあたり井村哲郎「「満洲国」関係資料解題」，同「中国の「満洲国」関係資料」（山本有造編『「満洲国」の研究』緑蔭書房，1995年，第13章，補章）を参照のこと．

5) 周雪恒『中国档案事業史』（中国人民大学出版社，1994年），470-471頁．一部意訳を含む筆者仮訳．なお，文中「満洲開発株式会社」とあるのは，満洲重工業開発株式会社のことかと思われる．

注目に値する．ただ，旧記統一管理令が「満洲国」における日本の植民地統治体制を確立，強化するための政策の一環であったことはその通りだとしても，「満洲産業開発五カ年計画」との間に直接的な関連性があったのかどうか，また関東軍や満鉄が実際にどのように旧記を活用したのか，などの点については，検証が必要である．それらの課題を念頭に置きながら，まずは，旧記統一管理令がいかなる背景をもって立案されるに至ったのか，その点の考察から始めたい．

2. 旧記統一管理令の背景

旧記統一管理令については，立案から制定に至る過程を公的史料によって明らかにすることができない．ただ，制定のきっかけとなった可能性のある提案が，これまでに 2 件見つかっている．それについて述べる前に，まずは，旧記統一管理令の柱となっている記録認識，すなわち過去の公文書記録が，「国家経営」資源としての側面と，「学術研究」資料としての側面の二面的価値を持っている，という考え方に着目し，そのような記録認識が，どのようにして生まれ，旧記統一管理令の中に持ち込まれるに至ったのか，その背景を考えてみたい．また，旧記の統一管理業務を可能にした国立奉天図書館の資料受入れ体制が，どのような経緯で準備されたのかという点についても，あらかじめ検証しておきたい．

2.1　調査活動と記録認識

そもそも，公文書記録の重要性を，国家経営資源（本書「序章」のアーカイブズ定義でいうところの「組織資源」）と，学術研究資料（同じく「文化資源」）という 2 つの側面からとらえる考え方は，旧記統一管理令が初めてではない．本書第 4 章で見たように，明治政府は成立当初から，行政運営の参考資料としての，また明治維新の偉業を後世に伝える歴史資料としての公文書記録の重要性に着目し，記録部局と修史部局とを設けて，公文書記録の保存と編纂に力を入れた[6]．明治政府の「能ク天下人民ノ信ヲ得テ歴世経国ノ法秩然紊レサルモノ唯

---

6)　本書第 4 章「2.1　明治政府の文書・記録政策」参照．

記録ノ存スルニ由ル」(1873年「太政官正院記録課章程」第1条)ということばに込められた理念は，旧記統一管理令の，「凡ソ旧記ハ（中略）将来国家経営ヲ策スルニ当リテ常ニ必要ナルベキ施政ノ参考」であり，「民力ノ興隆ト国運ノ発展トハ過去ノ状勢ヲ探求シ得テ始メテ不動ノ指針ヲ樹立シ得ベク（後略）」という表現に通じるものがある．

また明治政府は，1880年1月，内務省達を各府県に発し，「各町村公有記録絵図面等」の保存・管理を指示している．「全国記録保存事業」と呼ばれており，中途半端な形で終わりはしたが，明治政府が地方官庁の公文書記録についても，中央の公文書記録と同様，その重要性を認識していたことを示している．この内務省全国記録保存事業は，1か所で集中管理することは意図していないが，全国の地方官庁記録を現地で保存，整理した上で，政府が掌握することを目論んだものであり，旧記統一管理令と類似している面がある．もしかすると，先例として参考にされたかもしれない[7]．

ただ注意しなければならないのは，明治前期の文書・記録政策が，旧政権たる江戸幕府時代の記録に加え，むしろ明治政府自身の中央・地方官庁文書を主たる対象にしていたのに対し，旧記統一管理令は，あくまで旧政権時代の公文書記録が対象であり，「満洲国」自身の公文書は基本的に眼中になかった点である．

旧記統一管理令の立案者の念頭に，明治前期の日本の文書・記録政策があったかどうかは確認できない．しかし，第4章で詳しく検討した台湾や満洲での調査活動と，第6章で検討することになる朝鮮植民地での調査活動の経験が，旧記統一管理令の考え方に，直接，間接の影響を与えたのではないか，という推定は可能であろう．

台湾，満洲，朝鮮での調査活動を担ったのは，主に専門の研究者であったから，彼らが旧政権の公文書記録や地域の民間文書について，もともと学術資料，文化資源としての重要性を認識していたことは，十分に推察できる．しかし，植民地統治政策の立案と実施のための基礎資料，すなわち組織資源としての重要性については，実際に調査に参加し政策立案に関与することによって，初めて実感され，徐々に共通認識として定着していったのではないかと考える．

---

7) 全国記録保存事業については，本書第4章「2.1 明治政府の文書・記録政策」，ならびに大藤修・安藤正人『史料保存と文書館学』（吉川弘文館，1986年），315-318頁参照．

この点，改めて第4章で述べたことを簡単に振り返ると，台湾では，植民地化初期に現地視察を行った大蔵省主税官吉井友兄や，同じく大蔵省官僚で，のちに臨時台湾土地調査局長や第2代満鉄総裁をつとめた中村是公の報告によれば，抗日武装勢力と日本軍の戦闘で，清朝統治期の「土地ニ関スル枢要ノ諸簿冊」が大半失われた．そのため，台湾総督府が実施した土地調査や旧慣調査では，わずかに残った地方庁の旧帳簿のほか，民間から提出された証書等の記録に依拠して，調査が進められた[8]．

満鉄調査部による初期の満洲旧慣調査では，台湾のように植民地統治下でなかったこともあり，新聞や公報に掲載された裁判記録や告示などを積極的に利用し，公的機関のアーカイブズを直接収集，利用することはほとんどなかったようである．一方，同時期，日本の統治下に置かれた関東州で実施された土地調査では，清朝統治期の土地台帳である魚鱗冊やその他の公的記録が求められたが，日清・日露戦争で失われたものが多く，民間に所在する証書類に頼らざるを得なかったことが報告されている[9]．台湾と似た状況だったわけである．

台湾や関東州での調査活動を通じ，調査担当者や植民地統治当局は，旧政権時代の公文書記録が組織資源として重要なことを，その活用によってではなく，逆にその多くが失われているという事実によって，より深く認識することになったのではないかと推測する．

1932年3月に成立した「満洲国」では，民政部に置かれた土地局が，地籍整理のための準備的な土地調査に着手した[10]．「満洲国」は当初，政策立案機能の多くを満鉄経済調査会に頼っていたが，土地政策に関しては，関東軍特務部が早くからこれを主導した．同特務部は，1934年に「満洲国土地制度確立方針」や「満洲国土地調査大綱」などの諸案を矢継ぎ早に発表し，その要点を「満洲国土地制度の調査及整備に関する件」にまとめて，1934年5月28日開催の「満洲国土地制度調査及整理に関する連合研究会」で採択させた．また1935年6月24日から3日間新京で「第1回全国土地科長会議」を開催し，関東軍特務部の土地政策の普及に努めた．注目されるのは，すでに第4章で触れた通り，この会議の中で，「満洲国」建国以前の土地関係記録の重要性について注

---

[8] 本書第4章「4.1　日本の台湾領有と初動調査」参照．
[9] 本書第4章「5.1.2　関東州における調査活動」参照．
[10] 以下，本書第4章「5.2.2　関東軍，『満洲国』の土地調査」参照．

意が喚起され，旧記統一管理令の発令につながるような議論がなされていることである．それについては後の項目で改めて述べる．

また2か月後の1935年8月には，地籍整理事業の実施のため「臨時土地制度調査会」が設置されるが，当時満鉄経済調査会にいた天海謙三郎も，満洲旧慣調査の経験を買われたのであろう，委員を委嘱されて参加している．そして彼の回想によれば，この調査会の活動を通じて，旧政権時代の档案，すなわち官公庁記録の保存の重要性に気づかされ，「満洲国」政府に旧記の統一管理を提言したという．この件も詳しくは後述する．

こうして，台湾以来の土地や旧慣をめぐる植民地調査活動の蓄積が，旧政権期記録に対する組織資源としての認識を育み，旧記統一管理令の提案につながっていくのである．

2.2 文化政策と記録認識

次に，国立奉天図書館に旧記保管所（のち旧記整理処）を設けて旧記の統一管理を可能にした背景については，満洲における資料保存施設としての図書館の整備過程と，関東軍，満鉄ならびに「満洲国」の，「文化資源保存」を中心とした「文化政策」（文化工作）について見ておく必要がある．

満鉄は，1907年の業務開始当初から調査部に図書室を有していたが，1918年に地方部の管轄下に入って南満州鉄道株式会社図書館となり，さらに1919年には大連の本社近くに独立の建物が完成して，満鉄大連図書館と呼ばれるようになった．その後，奉天など各地に図書館が設けられ，分館を含めて31館にのぼった．31館のうち大連，奉天，哈爾濱の3館を除く大半の館は，満鉄沿線の日本人住民を対象にした公共図書館として設置されたもので，のち1937年の「満洲国ニ於ケル治外法権ノ撤廃及南満洲鉄道附属地行政権ノ移譲ニ関スル日本国満洲国間条約」を機に，「満洲国」に移譲されることになる[11]．

これに対し，最後まで満鉄に残ることになる大連，奉天，哈爾濱の3館は，もともと調査事業など満鉄の組織活動をサポートする参考図書館として設置されたものだが，同時に，調査活動を通じて入手した資料の収蔵施設としての役割も，初めから持っていたと見られる．とくに本社の大連図書館へは，満洲や

---

11) 以上，前掲大場利康「満洲帝国国立中央図書館籌備処の研究」，16-20頁による．

華北で，購入その他の方法により収集した档案資料など，多数の文書，記録類が送られたことが知られている[12]．

1932年の「満洲国」成立後間もなく，奉天城内の旧張学良邸を接収して設立された「満洲国立奉天図書館」は，このような満鉄図書館の活動を背景に，満洲の古文献や档案資料に重点を置いた，新たな資料収蔵施設として発展していく．その経緯について，先行研究[13]と，1932年の『(大同元年)満洲国立奉天図書館之概況』[14]および1933年6月の『大同二年六月二十二日 満洲国立奉天図書館概況 自創立至現在』[15]によりながら見ていきたい．

1931年9月に満洲事変が勃発すると，満鉄奉天図書館長の衛藤利夫は，情報収集などで関東軍に協力するとともに，奉天城内の文溯閣四庫全書の保全を，関東軍司令部付奉天特務機関長から奉天市公署臨時市長に就任した土肥原賢二大佐に働きかけ，事変が拡大する前の9月26日に，四庫全書を，日本軍と中国側の地方維持委員会の監督下に置くことに成功した．衛藤館長は，「満洲事変というのは文化史的価値の極めて豊かな一つの文化現象であると，位置づけて，事変こそ図書館本来の使命を果たすべき千載一遇の秋だとの信念をもって，軍への協力と事変（戦争）支持を満鉄の全図書館に呼びかけた」という[16]．

おそらくこれがきっかけになったのであろう．関東軍は大規模な文化財収蔵・研究施設の設立を構想している．以下，1933年6月『大同二年六月二十二日 満洲国立奉天図書館概況』を引用しながら，経緯を見ていきたい[17]．

1932年3月に「満洲国」が成立した直後，関東軍は「予ての意図に基き，其

---

12) 本書第4章「5.2.1 満鉄経済調査会の活動と『満洲産業開発五カ年計画』」参照．なお，関係者の証言によれば，1939年のいわゆる満鉄大調査部設置以降の話として，大連図書館とは別に調査部資料室（Archives & Library of SMR Co.）があり，文書館兼図書館として会社の書類を収蔵していたという（井村哲郎編『満鉄調査部——関係者の証言』アジア経済研究所，1996年，所収の石堂清倫「調査部資料室と大連図書館」における石堂の発言，438-439頁）．ただ，重要書類は総裁室文書課が管理し，文書課廃棄文書は大連図書館が引き受けたとも言っており，調査部資料室と大連図書館の役割分担については必ずしも明確でない．

13) 前掲岡村敬二『遺された蔵書』；前掲大場利康「満洲帝国国立中央図書館籌備処の研究」；前掲加藤一夫・河田いこひ・東條文規『日本の植民地図書館』．

14) JACAR Ref.: B05016060300，「奉天図書館概況報告 昭和八年(1933)三月」（「日満文化協会関係雑件／満洲国立図書館関係」）（H-6-2-0-29_6）（外務省外交史料館）．

15) JACAR Ref.: B05016060600，「奉天図書館事業報告 昭和九年(1934)五月」（「日満文化協会関係雑件／満洲国立図書館関係」）（H-6-2-0-29_6）（外務省外交史料館）．

16) 前掲加藤一夫ほか『日本の植民地図書館』，162-163頁．なお前掲大場利康「満洲帝国国立中央図書館籌備処の研究」，21-23頁を参照．

17) 同書第1節「沿革」，第2節「蔵書」による．なお同書は原文が漢字ひらがな文である．

保護の下にある旧張学良官邸を以て文化的施設に充当し永く記念存続すべく満洲国の文化開発の機関として国立文化院設立に斡旋尽力」した．この「国立文化院」設立計画は，「研究所，図書館，博物館を包含する頗る大規模のものにして満洲国内一般文化的施設の基幹たらしめんことを期した」もので，関東軍司令部が推進し，第3課の森参謀[18]が中心となって企画にあたった[19]．しかし，予算の問題や計画に参加した学者間の意見の違いなどから，やむを得ず「計画を縮小し研究所の意味をも含む図書館を創立し依つて以て所期の目的を達成することに決定」した．こうして，1932年6月18日に暫定名を「満洲国立奉天図書館」として新図書館が業務を開始し，7月7日に「満洲国」に引き渡され，正式に国務院文教部直轄の国立図書館となった．

関東軍は「満洲国」成立後，前年に接収した文溯閣四庫全書36,300余冊に加えて，「張学良が権力を擅［ほしいまま］にして各所に散逸せしめたりし奉天宮殿内の貴重記録（書籍，地図，絵画，碑録）」，ならびに「前清時代の文献にして各所に散逸せる莫大なる図書」の接収に着手した．1933年『満洲国立奉天図書館概況』によれば，接収後同図書館に移管された資料は表5-1の通りである．

接収資料のほか，1933年3月14日の新聞記事には，「文献に映ゆる満洲の底光り 碩学羅氏が保存した秘文書近く奉天図書館へ」という見出しで，元「満洲国」参議府副議長羅振玉が所有する「元，明，清三朝六百余年間の公文官書二千余包」が，国立奉天図書館に寄贈されることが報道されている[20]．この結果，1933年6月の『大同二年六月二十二日 満洲国立奉天図書館概況』は，蔵書総数が約20万冊に達したとし，「軍部の絶へさる支援の下に各方面よりの捜蒐に努めたる結果直接現金を以て購入する事無くして楽に厖大なる蔵書を有するに至れり」と，手放しで軍への感謝を記している[21]．なお，この厖大な資料の整理のため，日本政府外務省は，これを「対満文化事業」のひとつに加え，財政援助を行っている[22]．

---

18) 大場利康は森赳と推定している（前掲大場利康「満洲帝国国立中央図書館籌備処の研究」，153頁注33）．
19) 前掲岡村敬二『遺された蔵書』，138頁．
20) JACAR Ref.: B05016060700,「雑信　自昭和七年」(「日満文化協会関係雑件／満洲国立図書館関係」)（H-6-2-0-29_6）（外務省外交史料館）．なお羅振玉は，正しくは元参議府参議．
21) 前掲 JACAR Ref.: B05016060600,「奉天図書館事業報告 昭和九年五月」所収．
22) 井上直樹「満洲国と満洲史研究――アジア歴史資料センター所蔵文書の分析を中心に」（『京都府立大学学術報告．人文』70号，2018年12月），159頁．

表 5-1　満洲国立奉天図書館への主な接収移管資料（1933 年 6 月現在）

資料名	数量	移管／接収日
馮庸大学図書	54 種　2,950 冊	1932.6.18　移管*1
遼寧東北大学図書	46 種　8,300 冊	1932.6.25　移管 （第 1 次）
盛京故宮殿版	281 種　934 包，未装釘 5,600 余冊	1932.7.7　移管
萃升書院	435 種　12,300 冊	1932.7.10　移管
旧張学良邸原存図書	393 種　10,700 余冊	（1932.8.20）
遼寧東北大学図書	94 種　5,850 冊	1932.8.20　移管 （第 2 次）
文溯閣四庫全書	36,300 余冊	）1932.9.1　接収*2
殿版古今図書集成	5,600 余冊	）仍存原処*3
盛京故宮老档案*4	60 箱　冊数未定	1932.10.5　移管
遼寧東北大学図書	430 種　4,800 冊	1933.4.24　移管 （第 3 次）
其他清朝実録聖訓	11,200 冊	

出典）前掲「大同二年六月二十二日　満洲国立奉天図書館概況」（JACAR Ref.: B05016060600，「奉天図書館事業報告　昭和九年五月」），「第二節　蔵書」．
注）＊1　前掲 1932 年『（大同元年）満洲国立奉天図書館之概況』（JACAR Ref.: B05016060300，「奉天図書館概況報告　昭和八年三月」所収）では「参入」と表記している．
　　＊2　同上では「引継」と表記している．
　　＊3　同上では「原地保管」と表記している．
　　＊4　同上では「満文档案」と表記している．

　また，研究図書館としての研究事項として，『大同二年六月二十二日　満洲国立奉天図書館概況』は，(1) 史蹟調査及拓本採取，(2) 四庫全書，書前提要の作成，(3) 満文档案の研究，(4) 古物の蒐集，をあげ，(3) については，所蔵する盛京故宮満文档案を基礎とするが，まず他の満文档案の収集に力を入れるとしている（「第四節　研究事項」）．

　以上のように，国立奉天図書館は，当初の国立文化院構想を反映して，収蔵資料の内容，資料蓄積の経緯，研究事項などにおいて，一般の図書館とはかなり異なる性格を有しており，自らも次のように記している[23]．

　　本館は其創立の動機に於て特異の由来を有し其設立主旨には深遠なる意義を包蔵し其管理する蔵書は東洋文化の精粋とも称すべき貴重なる文献甚だ多し．故に本館の使命は極めて大にして任務甚だ重し．決して一般公開の図書館と同日を以て論ずべからざるなり．

23）　前掲「大同二年六月二十二日　満洲国立奉天図書館概況」（前掲 JACAR Ref.: B05016060600，「奉天図書館事業報告　昭和九年五月」所収），「第一節　沿革」．

国立奉天図書館が，古書籍や档案資料に重点を置いた，文化資源収蔵・研究施設としての特色を持たされたことは，旧記統一管理令の施行にあたり，その受入機関として選ばれる大きな理由になったと考えられる．しかしそれにしても，関東軍が大量の古書籍や档案資料を接収し，国立奉天図書館創設の立役者となった意図は，いったいどこにあったのだろうか．

日本軍による類似の行動として想起されるものに，1937年12月に，上海派遣軍特務部が，満鉄上海事務所，東亜同文書院，上海自然科学研究所に呼びかけて設置した，「占領地区図書文件接収委員会」と「占領地区学術資料委員会」の活動がある．本書第2巻第1章で検討するように，この2つの委員会の名で行われた接収活動は，軍事作戦と占領地行政に直接役立つ情報の収集という目的と，占領地の文化統制（文化工作）に資するという目的とをあわせ持っていたと考えられる．それに対し，関東軍による上記の接収活動は，主として古書籍や档案資料を対象にしており，軍事情報として活用する意図があったとは考えにくい．この点，大変興味深い研究課題だが，ここでは深入りする余裕はないので，とりあえず，「満洲国」の文化的統合を図るための，関東軍を中心とした植民地文化政策（文化工作）の一環であり，その意味で，後藤新平の「文装的武備」論の系譜を引く施策でもあったと考えておきたい．

2.3 「満洲産業開発五カ年計画」と旧記統一管理令

『中国档案事業史』が指摘する，旧記統一管理令と満洲産業開発五カ年計画との関係についても，一応の検討を加えておこう．

関東軍が「満洲産業開発五カ年計画要綱」を決定して，計画が実行に移されるのが1937年1月，「満洲国国務院訓令第37号　旧記ノ統一管理ニ関スル件」が発令されるのが，同年5月である．かなり近いので，五カ年計画決定を機に旧記統一管理令が発案されたとは考えにくいが，両者の間に何らかの関連があることは十分に推定できる．第4章で述べたように，満洲産業開発五カ年計画は，満洲における主要産業生産物の五カ年増産計画で，鉄鋼業4品目，液体燃料3品目，石炭，電気，車両，アルミニウム，パルプ，塩，畜肉加工，自動車，兵器，飛行機など，合計25品目について，具体的な増産目標を数字で示すというものであった．その実施にあたって，増産目標の対象となったそれぞれの品目について，従来の生産地や資源量，生産体制，生産方法など，過去の状況

を知ることが必要だったはずである．したがって，五カ年計画策定中，関係者から「満洲国」成立以前の官公署行政記録を求める声があがったとしても不思議はない．また実際，旧記整理処が設立されたあと，収集された旧政権期の記録類が，結果的に満洲産業開発五カ年計画の実行にあたり，さまざまな形で活用されたことも十分に考えられる．しかし，満洲産業開発五カ年計画と旧記統一管理令を直接結びつける証拠は，今のところ確認できない．改めて旧記統一管理令を読むと，五カ年計画による物資増産というような具体的政策を発令目的として掲げることは一切なく，「過去ニ於ケル制度，慣習，施政等ニ付国家社会各般ノ歴史的現象ヲ観察シ其ノ発達消長ノ跡ヲ察知シ得ベキ記録」としての旧記の価値を指摘した上で，「将来国家経営ヲ策スルニ当リテ常ニ必要ナルベキ施政ノ参考」として，むしろ将来的な活用をうたっている．後段で学術研究資料としての重要性に触れていることもあわせ考えると，満洲産業開発五カ年計画は，発令者の念頭にはあったかもしれないが，それが発令の第一目的であったとは考えにくい．

3. 旧記統一管理令の発令

3.1 旧記統一管理令の提案

旧記統一管理令の背景について，いくつかの側面から考察したが，発案から発令に至る過程に関しては，これを具体的に示す確たる史料が見つかっていない．しかし，発令のきっかけになったのではないかと思われる事実が，土地調査事業の中に2件見つかっている．

1つは，前述の1935年6月「第1回全国土地科長会議」である．この会議は，関東軍特務部が主催し，「満洲国」各省の土地事務担当科長，行政科長，庶務科長，主務科員，県参事官のほか，政府各部局，各関係機関の代表者など，100名以上が参加した，3日間にわたる大規模な会議であった．以下，本書第4章で述べたことの繰り返しになるが，『第1回全国土地科長会議議事録』の中に，「各省答申事項」という章がある[24]．1934年12月1日の行政区画改正で再編・成立した吉林，龍江，黒河，三江，浜江，間島，安東，奉天，錦州，熱河の10

---

[24] 『第1回全国土地科長会議議事録』(満洲国民政部土地局，1935年)，19-178頁，「各省答申事項」．

省に対し，中央政府が土地問題に関する種々の質問・諮問を発し，各省がそれに回答した内容を詳細に記したものである．その中に，諮問事項十の（五）として，「建国以前ノ案巻ニシテ土地ニ関スルモノ尠カラス之等ハ現行法規ノ基礎ヲナセルモノニシテ且今後土地制度ノ研究上貴重ナル研究資料タルモノト思料ス　当局トシテハ其ノ重要ナルモノハ成ル可ク一括保管転換ヲ受ケ度キ意向ナルカ右ニ関スル貴見如何」という質問が含まれている．質問の対象になっているのは「土地ニ関スルモノ」だけであり，「旧記」という用語も使われていないが，「建国以前ノ案巻」は「現行法規ノ基礎」であり「貴重ナル研究資料」でもあるので，「当局」（土地局）として「一括保管転換ヲ受ケ度」いとする趣旨は，旧記統一管理令のそれと極めて類似している．旧記統一管理令発令の2年前にあたるが，両者に何らかの関連性を推定せざるを得ない．

　もともとこの諮問事項が提起されたのは，第1回全国土地科長会議に先立つ「第1回省長会議」だったようだが，日付を確認できていない．10省が再編され，新省長が任命されたのが1934年12月1日なので，その後間もなくの1934年末か1935年初めだろうと思われる．そのような時期に，誰がどのような事情で土地関係記録の一括移管を着想したのか，大変興味深いが，今のところ明らかにできない．ただ質問文からは，土地関係記録を全国的な地籍整理事業の基礎資料として利用しようという意図は読み取れず，むしろ土地制度に関する研究資料としての重要性が強調されている．その点でも旧記統一管理令との近似性が強いのだが，全国土地科長会議開催の第一目的が地籍整理事業の準備にあったことを考えると，なぜその問題に触れないのか，質問の趣旨にはやや違和感を覚えるところがある．

　各省の回答内容は，第4章表4-4にまとめたので，改めてそれを見ていただきたい．そこでも述べたように，注目されるのは，龍江省，黒河省など，旧黒龍江省に属する省を中心に，建国前の土地関係記録を土地局に一括移管すると，土地紛争への対処など土地行政に大きな支障をきたすという厳しい反対意見が表明されたことである．これは，同じく第4章表4-3で見たように，旧黒龍江省の土地関係記録保存状況が，旧吉林省や旧奉天省に比べてはるかに良好で，行政利用の頻度が高かった事実を反映している．逆にいうと，諮問した土地局側には，建国以前の旧記録が土地行政の資料として地方で継続利用されていることについて，十分な理解がなかったことを意味していよう．それはおそらく，

土地局など中央政府機関の所在地である旧吉林省や旧奉天省の土地記録保存状況が，旧黒龍江省と比べ極めて劣悪であったこととも関係している．研究資料としての側面が前面に出てくるのも，それが理由ではないか．そして，中央政府所在地の事情が優先されたものか，あるいは土地関係記録以外の旧記の状況がより重視されたのか，旧黒龍江省系諸省などの反対意見にもかかわらず，「満洲国」政府は旧記の統一管理事業の実施に踏み切ることになるのである．

発令のきっかけとなった可能性のあるもう 1 つの事実は，満鉄調査部で豊富な調査経験を持つ天海謙三郎の証言に見いだされる．天海は，創設期の満鉄調査部で満洲旧慣調査に参加した後，1918 年にいったん満鉄を退社．1934 年に復帰して経済調査会に所属し，1935 年 8 月に「満洲国」土地局が地籍整理事業のために設置した「臨時土地制度調査会」に，委員を委嘱されて参加した．以下にあげるのは，天海のその頃についての回想である[25]．

> 天海　（前略）そのうちにいよいよ満洲国の臨時土地制度調査委員会ができまして，私にも委員委嘱の話があり，会社の上司が受諾されたので，結局満洲の地政調査に正式に関係することとなり，第一回の委員会の際我妻さん始め内地から来られた委員たちと一緒に例の大名旅行をやったわけです．この旅行の時，吉林，哈爾濱，斉々哈爾等の省や県公署内に大切な文献が放置されているのを発見しました．それをそのままにしておいては，今までしばしば経験したようなストーブの焚きつけなどにされる心配がある．そこでガラクタと一緒に倉庫などに乱雑に放りこんであるものなどは，県の参事官や理解ある方々に注意して，大切にし保存して下さいと依頼するようなことで……．
>
> 　それから意見書を出して，旧記档案整理処を奉天に作ってもらい，各省，県，旗公署その他の衙門に在った資料を整理処に集めてもらいました．それから自分でも目ざす地方を歩いて関係の資料を確かめたり，集めたり，土地局から依頼されればそこに行って踏査をしたりして，ぼつぼつ仕事をやっていたわけです．

---

25)「中国旧慣の調査について——天海謙三郎氏をめぐる座談会（1957 年 7 月 6 日）」(『東洋文化』25，1958 年 3 月．天海謙三郎『中国土地文書の研究』，天海謙三郎遺稿刊行会編，勁草書房，1966 年に再録)．引用は後者，833 頁．なお文中の「我妻さん」は，東京帝国大学法学部教授我妻栄．

この証言によれば，臨時土地制度調査会の第 1 回委員会後と思われる調査旅行のときに，吉林，哈爾濱，斉々哈爾などの省や県の公署で，劣悪な資料保存の現状を見たのがきっかけで，意見書を提出し，その結果「旧記档案整理処」が創設された，ということである．別の箇所では，「[旧記档案整理処は] 私などが総務庁に進言して，各県旗公署あたりに残っていたあらゆる旧記档案を一個所に集めて整理することにしたのです」とも述べている[26]．天海のいう「旧記档案整理処」は旧記整理処のことに違いなく，その設立は天海の働きかけがきっかけだったということになる．なお天海は，1936 年 4-5 月にも，臨時土地制度調査会から改称した土地制度調査会の委嘱を受け，蒙地に関する小委員会委員として，土地局顧問の杉本吉五郎とともに熱河，東寧地方の実地調査を行っている[27]．「満洲国」の土地調査事業への深い関わりから見ても，天海の意見が旧記統一管理令の発令に影響したことは十分に考えられる．

　旧記統一管理令発令のきっかけとなった可能性のある 2 つの事実，すなわち全国土地科長会議での議論と天海の意見書提出の間に，何らかの関係があるのかどうかはわからない．天海は 1935 年 6 月の全国土地科長会議議事録に名前が見えないので，会議には出席していないと思われるが，その後，臨時土地制度調査会委員として，全国土地科長会議の議事内容を詳しく知る立場にあった．したがって，本人はそれに触れていないが，意見書の提出が土地科長会議の議論に触発された可能性もある．いずれにしても，1937 年の旧記統一管理令の構想は，土地調査事業に関わった行政担当者内の議論と，天海ら土地問題研究者の提言とが，どこかの時点で結びついて，発令の方向に進んでいったのではないかと推定する．ただ，このように土地調査事業と深く関わって登場したと考えられる旧記統一管理令ではあったが，地籍整理作業の基礎資料として組織的，行政的に旧記を活用しようという意図が表立って見られないことは，繰り返し確認しておく必要がある．実際，後で一部を紹介するが，上記の座談会で旧記整理処について天海が話しているのは，収集された旧記類が学問的にいかに重要で，興味深いものであるかということばかりである．

　なお付言すると，天海は「旧記档案整理処」といっており，実際にそのよう

---

26)　同上，803 頁．
27)　広川佐保『蒙地奉上――「満洲国」の土地政策』（汲古書院，2005 年），82 頁，93 頁．

な名称が使用された可能性もある（本章注71参照）．しかし正式名称として，結果的に中国で一般的な「档案」という用語が使われなかった理由としては，日本人官僚になじみがなかったためということも考えられるが，むしろ逆に，「档案」という用語が，「満洲国」において文書管理上の行政用語として現に使用されていたため，それとの混用を避けた可能性がある．その根拠となる事例として，旧記統一管理令に極めて近い1937年5月7日に発令された司法部訓令民字223号「工場抵押法ノ施行ニ伴フ不動産登記処理ニ関スル件」に，次のような箇条があることを紹介しておきたい[28]．

　　一，申請書ノ档案
　　申請書，嘱託書，通知書，許可書，管轄転属ニ因リ移送ヲ受ケクル登記簿謄本其ノ他ノ附属書類ハ受附番号ノ順序ニ依リ之ヲ声請文件档案巻ニ編綴スベシ

すなわち，不動産登記申請手続き関連書類を，受付番号順に档案巻に編綴して保存することを指示しているのである．ここでいう「档案巻」は，中国の伝統的な公文書保存形態である「巻宗」を意味していると思われ，その形態を「満洲国」の政府機関が踏襲していることは興味深い．「巻宗」については，天海のわかりやすい解説があるので，参考のため注に記しておくことにする[29]．

3.2　旧記統一管理令と関連指令

1937年5月28日に発令された旧記統一管理令は，前掲の本文に続けて，次のような「旧記整理弁法」を提示している[30]．

　　旧記整理弁法
　　一，各官署及地方自治団体ニ於テ保存スル旧記（建国以前ノ文書資料）ハ漏レナク之ヲ取纏メ直接国立奉天図書館長宛送付スベシ　但シ常時執務上ノ参考ニ資スベキモノハ此ノ限ニ在ラズ
　　二，前項ノ旧記ハ此ヲ重要文書（甲）及普通文書（乙）ノ二種ニ大別シ甲

---

28) JACAR Ref.: A06031001600,「『政府公報』第932号」(「『満洲国政府公報日訳』康徳4年5月分」), 148頁（国立公文書館）．

第 5 章 「満洲国旧記整理処」　　　　　　　　　　　　　425

類ニハ其ノ目録ヲ添附スベシ

　すなわち，「満洲国」建国以前の官公署・地方自治団体文書は，常時業務に使用中のものを除き，すべて国立奉天図書館に送ることと，ならびに送付文書は甲種（重要文書）と乙種（一般文書）の 2 種に分け，甲種には目録を添付することを指示している．これは，旧記を送付する官公署・地方自治団体側にとっては，かなりの負担であったろうと思われる．

　旧記統一管理令は，総務庁長（のち総務長官）星野直樹の主導のもと，具体的かつ強力な形で進められることになる．まず，旧記統一管理令と同日の 1937 年 5 月 28 日，国立奉天図書館長宛に，国務院総務庁公函第 1523 号「各官署等保存旧記ノ蒐集整理ニ関スル件」を送り，①各官署および地方自治団体保存の旧記の統一収集と整理保管をすること，②収集整理，保管利用に関する要領について総務庁長の指示を受けること，③収集状況を随時総務長官に報告すること，④整理完了の分について分類目録を作成し総務庁長に提出すること，⑤館外貸出については総務庁長の承認を得ること，を指示している[31]．

　次いで星野総務長官は，7 月 9 日に，各部次長，参議府秘書局長，所属各局院長，各省次長，興安各省参与官，新京特別市長，警察総監に対し，「旧記ノ整理送付ニ関スル件」と題する公函，総官文第 50 号 17-16 を発し，その中で

---

29)　「一体中国の役所の書類整理というものは，各案件別に『〇〇〇〇巻宗』と題記した棉紙見たいな頑丈な表紙に包んで括ってある．即ち例を裁判にとると，一番最初の訴訟状から之に対する所管衙門の批示を始め衙門相互間の往復照会文件，さては証人の召喚状（伝単），数次に亘る調書，その他，ありとあらゆる一切の関係文書類を呈訴または作製の順に次から次へと順序を立てて貼付しつつ，丁度一巻の巻物のように折畳み式に整理して行く．そしてその互に連接している甲乙両文書間の貼付個処には『騎縫印』と呼ぶ割印を少なくも上下二個所位押して，抜き取ったり，さし換えたりすることのできないようにしてある．また各文書の末尾には必ず当事者とか関係人などの『具結』『甘結』と呼ばれる事実証明書または認諾書と看做すべき書類を徴して，之に拇印乃至は『十』，『実』，『押』等の文字を自署させているのが例である．控訴審や移管改審等の場合は，唯これが複雑錯綜して文件の数量を増加しているだけのことである．要するに一つの案件の関係書類は，始めから終りまで，皆こう云った様式で一連の巻宗──巻物として整理按排されるのが慣例で，呈訴状や事実調書などは，殆んど想像以上に大切にまた厳重に保管されていたのが実情であります．（中略）この『巻宗』型の文書整理は，恰かも現在我国などで盛んに採用されている『ファイル式整理』方法に酷似したもので，私らが調査した頃は，一案件一巻宗ごとに麻紐で結束し，之に件名を墨書した白の細長い布片を垂れて，容易に索出できるようにし，欄子と称する木製の棚の上に，一定の順序（多くは年月順）で配置されていたものです．」（前掲「中国旧慣の調査について──天海謙三郎氏をめぐる座談会」，849-850 頁〔補記〕）．
30)　前掲 JACAR Ref.: A06031001700，「『政府公報』第 950 号」，1 頁．
31)　前掲 JACAR Ref.: A06031001700，「『政府公報』第 950 号」，6 頁．

「旧記ノ整理送付ニ関スル要項」を示した．以下の通りである[32]．

　　　旧記ノ整理送付ニ関スル件
　　康徳四年五月二十八日附国院訓令第三七号（政府公報第九五〇号所載）旧記（建国以前ノ文書資料）ノ統一管理ニ関スル件ニ付テハ其ノ整理送付ニ当リ別紙要項参照ノ上至急処理相成度
　　尚所管各機関ニ対シテ周知徹底方可然御取計相願度
　　旧記ノ整理送付ニ関スル要項
一　各官署及自治団体等ノ保存旧記ハ此ノ際一括取纏メ至急之ヲ送付スルコト　特ニ当時事務上緊要欠ク可カラザル旧記ニシテ直ニ送付シ難キモノニ付テハ別ニ詳細ナル目録ヲ作成シ理由並ニ期限ヲ附シテ総務長官ノ許可ヲ得ルコト
二　各官署及自治団体等ノ保存旧記ハ現地各機関ニ於テ連絡協議シナルベク同一箇所ニ取纏メ送付スルコト
　　例ヘバ省公署所在地ニ於テハ省公署，県公署所在地ニ於テハ県公署ニ於テ取纏メ送付スルコト　但シ独立シテ多数旧記ヲ保存スル箇所ニ在リテハ別途送付スルモ差支ナシ
三　各官署及自治団体ノ範囲ハ中央地方ニ於ケル政府関係各官署並ニ諸学校，公立図書館，農商工会等ヲ含ムモノトス
　　尚寺院，教会，各種組合，民会，銀行等保管ニ係ル旧記ニシテ其ノ好意ニ依リ可能ナルモノハ可成此ノ際一括蒐集スルモノトス
四　現地各機関ニ於ケル旧記ノ整理ハ訓令ニ示ス通ナルモ甲種，乙種等ノ整理区分ニ付テハ現地各機関ノ実情ニ即応シ必ズシモ詳密ナル整理ノ要ナキハ勿論目録作成ヲ要セズ要ハ旧記ノ紛失ヲ防ギ完全ナル送付ヲ期センガ為ニシテ旧記ノ一般ノ取扱並ニ送付方法ヲ示セルモノナリ
五　旧記ノ鉄道運送ハ左記鉄道総局トノ旧記運送特約ニ基キ励行処理スルコト　此ノ特約期間内ニ於ケル鉄道運賃ハ総テ奉天駅到着後払ヒトシテ国務院総務庁ニ於テ負担ス
　　○運送特約（主ナル事項）

32）　JACAR Ref.: A06031001800，「『政府公報』第989号」（「『満洲国政府公報日訳』康徳4年7月分」），367頁（国立公文書館）．

1　旧記ノ鉄道運送ハ同封総務長官ノ旧記証明書ヲ添付スルコト
　本証明書ハ発送貨物一口（若干数）ニ対シ一枚使用スルモノナルニ付適宜各機関ヘ配付スルコト
　尚各機関ヘノ配付不足ノ場合ハ申越次第急送ス
2　旧記ノ送付期間ハ康徳四年七月十五日ヨリ同年十一月十五日迄トシ之ヲ厳守スルコト
3　旧記ノ鉄道運賃ハ一口五十瓩以内ノ貨物ハ小荷物取扱トシテ五割引，又五十瓩以上ノ貨物ハ小口貨物取扱トシテ三割引ナルニ付適宜利用スルコト
4　鉄道運賃以外ニ要スル運搬費其ノ他経費ハ現地各機関ノ負担トスルコト
5　旧記ノ運送荷造リハ麻袋若ハ空箱等ニ詰メ込ミ包装ヲ厳重ニスルコト
6　現在他箇所ヘ貸出中ノ旧記ハ至急回収シ前同様処理スルコト
（以下，昭和12年7月3日南満洲鉄道株式会社新京支社鉄道課長発信，国務院総務庁文書科長宛「満洲国建国資料運送特約ニ関スル件」［鉄道総局長決定の特約条項通知］，省略）

　かなり指示が細かいが，留意すべき点をいくつかあげると，①事務上必要なため留置する旧記について，詳細目録，理由，期限の提示を求めて，総務長官の許可制とし，厳しく制限していること，②対象範囲に，中央地方政府関係官庁のほか，学校，公立図書館，農商工会等まで含め，さらに，寺院，教会，各種組合，民会，銀行等の民間保管記録についても，できる限り「一括蒐集スル」としていること，③満鉄と旧記輸送特約を結び，特約期間中は国務院が運送賃を負担するとしていること，などである．とくに，宗教組織や民間団体，企業まで視野に入れているのが注目される．また，満鉄側が旧記を「満洲国建国資料」と呼んでいる点も興味深い．「満洲国」の建国に役立つ資料という意味だろうが，社内での通りをよくするため，この呼称に変えたのであろうか．

　国立奉天図書館による資料受入れは，上記「要項」の指定期日7月15日よりも早く，6月から始まっているが，その後，移送は思うように進まなかったようで，星野総務長官は，1937年10月20日に再び各部次長，各局院長，各省

次長，興安各省参与官，新京特別市長，警察総監に公函，総官文第 50 号 17-45 を送り，送付を催促している[33]．これには，すでに旧記を送ってきた機関の一覧が付され，強制力を高めようとする総務庁の意図が示されている．

　旧記送付方督促ニ関スル件
　我国建国以前ノ旧文件記録ノ統一管理ニ関シテハ曩ニ本年五月二十八日国務院訓令第三七号（六月一日政府公報第九五〇号）ヲ奉ジ其ノ整理並送付方ニ付本年七月九日総官文第五〇号一七－一六公函（同七月十六日政府公報第九八九号登載）ヲ以テ各部次長等ニ通達セシメ旧記整理事業ノ重要且浩繁ナルニ鑑ミ，特ニ総務庁ニ於テ直接奉天図書館ヲ督励シ全国旧記ヲ一括スル系統的整理ニ着手セリ　各官署ハ此趣旨ヲ体シ左記注意事項ヲ附記シテ所属ニ転飭シ至急所蔵旧記発送方督促シ並ニ処理状況転報セシメラレ度
　注意事項
一　旧記ノ運送特約ハ本年十一月十五日ヲ期限トスルモ旧記保管官署及「自治団体」ニ対シテハ其ノ以後ニ於テモ必ズ之ヲ送付セシムルコト
二　本年十一月十五日以後ノ旧記鉄道運賃ハ発送官署又ハ「自治団体」（総官文第五〇号要項第三項ノ範囲ニ於ケル団体ヲ指称ス）ノ負担タルベキコト
三　既ニ所蔵旧記ノ奉天図書館宛送付ヲ了シ又ハ其ノ状況ヲ具報セル官署別表ノ如シ

　　　　　　　　　　　　　　記　　　　　［原史料は罫線なし］

官署名	受入年月日	官署名	受入年月日
大同学院	（康徳 4）6.6	綏東税捐局	（康徳 4）9.27
遼雙税捐局	6.28	奇克県公署	10.4
営口郵局	6.29	復県公署	10.4
撫順税捐局	7.15	琿春区検察庁	10.9
輯安税捐局	7.15	安東税捐局	10.14
満溝専売局	7.15	熱河省公署	近日到着見込
彰武税捐局	7.19	外務局	8.1
梨樹税捐局	7.26	交通部	8.3
延吉県商会	（康徳 4）9.8	綏中税捐局	8.6

33）　JACAR Ref.: A06031002100，「『政府公報』第 1069 号」（「『満洲国政府公報日訳』康徳 4 年 10 月分」），467-468 頁（国立公文書館）．

錦県公署	9.8	安図県公署	焼失
義県税捐局	9.16	大陸科学院	無
吉林省公署	9.18	興安局	無
呼瑪県公署	9.22	宮内府	無

康徳四年十月十五日現在

　これを見ると，事業開始後まだ半年に満たないので件数は少ないが，中央政府部局，省・県公署，税捐局，検察庁などの公的機関のほか，学校や商会からも旧記送付が始まっていることがわかる．また，詳細な事情はわからないが，「焼失」あるいは「無」と回答している機関の比率が小さくないことは注意を要する．

4．旧記整理処の活動

4.1　旧記整理処の組織変遷

　おそらく，10月20日の催促が功を奏したのであろう．その後，国立奉天図書館への移送量は急速に増加する．それについて見る前に，ここで旧記整理処の組織変遷について，簡単に触れておこう．

　国立奉天図書館は，奉天城内の旧張学良邸にあったが，その一郭を利用した旧記収蔵施設は，最後の旧記整理処長弥吉光長によれば，最初「旧記保管所」と呼ばれた．しかし，事業の急速な拡大を受けて，1938年3月17日に，場所は動かないまま，国務院総務庁直属の「旧記整理処」となった[34]．これが正式組織としての出発点である．

　一方，「満洲国」の首都である新京（長春）では，1937年頃から，国立奉天図書館とは別に，「満洲国」の文化活動の中心を担い，かつ「満洲国」の行政支援を強力に行えるような国立の大規模図書館を作ろうという構想が持ち上がっていた．この新国立図書館構想をめぐっては，関東軍の肝いりで1937年8月に創設された建国大学に置く案と，民政部（1937年7月に文教部の業務を引継ぎ）の直属にする案との2案が対立したが，1938年8月にとりあえず両案を統一す

---

[34]　弥吉光長「東北地方（旧満洲）図書館の回顧史」（『弥吉光長著作集』第2巻，日外アソシエーツ，1981年），92頁．初出は『図書館大道』5, 6号，1979年．

る形で「国立中央図書館設立籌備要綱（康徳五年八月）」がまとまった[35]．その中の「三，措置」において，旧記整理事業は次のように定められている[36]．

　　二，現ニ総務庁ニ於テ実施中ノ旧記整理事業ハ将来国立中央図書館ニ移管
　　　　スルコトトシ差当リ籌備処ノ統制下ニ置クモノトス
　　三，国立中央図書館設立籌備（旧記整理事業強化ヲ含ム）ノ為本年度ニ於テ
　　　　必要トスル経費ハ準備金ヨリ支出シ又ハ追加予算ニ計上ス

翌1939年6月1日には，勅令第127号「国立中央図書館籌備処官制」が公布され，第1条で「国立中央図書館籌備処ハ国務総理大臣ノ管理ニ属シ国立中央図書館開設ノ籌備ヲ為シ併セテ奉天図書館ノ経営並ニ国内旧記ノ蒐集及整理ヲ行フ所トス」と，旧記統一管理事業が正式に国立中央図書館籌備処のもとに置かれることとなった[37]．これにもとづき，同年9月1日の「国立中央図書館籌備処分科規程」では，第1条で，国立中央図書館籌備処に庶務科，司書科，ならびに旧記整理処を置くことが規定され，第4条で旧記整理処の業務が次のように定められた[38]．

　　第四条　旧記整理処ハ左ノ事項ヲ掌ル
　　一　旧記ノ蒐集，整理ニ関スル事項
　　二　旧記ノ保存，編纂ニ関スル事項

こうして旧記整理処は，1939年6月以降，奉天に位置したまま国立中央図書館籌備処に所属して活動を続けたが，国立中央図書館の創設が実現に至らなかったため，旧記整理処は結局このままの形で敗戦を迎えることになる．

---

35)　前掲大場利康「満洲帝国国立中央図書館籌備処の研究」，34頁．以下，国立中央図書館籌備処については，同論文に負うところが大きい．
36)　「国立中央図書館籌備処概要」（国立中央図書館籌備処『資料戦線』創刊号，1940年8月），7頁．
37)　JACAR Ref.: A06031004000,「『政府公報』第1537号」（「『満洲国政府公報日訳』康徳6年6月分」），3頁（国立公文書館）．
38)　JACAR Ref.: A06031004300,「『政府公報』第1615号」（「『満洲国政府公報日訳』康徳6年9月分」），9頁（国立公文書館）．

4.2 旧記の収集と整理

4.2.1 受入数の変遷と「第一期工作」

1937年10月20日に,旧記の奉天送付を催促する指令が全土に出されたあと,送付量は急速に増加した模様である.1943年に公表された旧記整理処の1937年度から1942年度までの旧記受入実績を見ると,表 5-2 のように,初年度の受入れ数は,実に213万件にのぼり,1942年度末までの合計298万件の71.5%が初年度に集中したことになる[39].なお,『中国档案事業史』は,1937年から1940年までの間に,「内政,司法,財政,外交等,380の機関,団体から,248万件に及ぶ档案が収集され」,その「大部分は,1911年から1931年までの間に作成された」ものである,としている[40].

1941年6月に旧記整理処長となる弥吉光長は,おそらく伝聞によるものであろうが,開設初期の頃の様子を次のように記している[41].

> ここに満洲全土から莫大な文書資料が潮のように,奉天をめざして送られることになった.満鉄の協力によって,倉庫と書架をどれだけ準備しても収容しかぬるほどの文書資料が集められた.官庁や地方自治体の外に総商会のような民間団体の記録まで集められた.国立奉天図書館は俄かに新設の旧記整理処分の事業に母屋をとられた形となった.
>
> 最盛期には百二十余人の整理員を集め,単純な所蔵機関別の登録簿による目録を作り,その機関番号で書架に収納するという方法がとられた.それでも最終に登録約百五十万件(ママ)となっていたから,大規模な事業であった.

上の文章で,「単純な所蔵機関別の登録簿による目録を作り,その機関番号で書架に収納するという方法がとられた」としているが,弥吉はこれを「第一期工作」と呼んでいる[42].表 5-2 に,「排架数」として記されているのは,こ

---

39) 弥吉光長「満洲旧記の実績と将来」(国立中央図書館籌備処『資料公報』第4巻第3号,1943年),4頁.
40) 前掲周雪恒編『中国档案事業史』,470頁.
41) 弥吉光長「旧国立奉天図書館の档案始末記」(弥吉光長『東方の書』間雲山房,1977年),35頁.
42) 前掲弥吉光長「満洲旧記の実績と将来」,4頁.

表 5-2　旧記整理処年度別移管資料の量

年度	受入数	排架数
1937	2,130,000 件	—
1938	360,000 件	約 420,000 件 （統計なし）
1939	160,000 件	574,000 件
1940	70,000 件	608,000 件
1941	200,000 件	297,000 件
1942	60,000 件	約 220,000 件 （予想）
合計	2,980,000 件	2,119,000 件

出典）弥吉光長「満洲旧記の実績と将来」（国立中央図書館籌備処『資料広報』第 4 巻第 3 号, 1943 年）

の「第一期工作」によって受入登録を済ませ，書架に収納された旧記件数のことである．弥吉の文章に「登録約百五十万件」とあるのは，弥吉赴任時の排架数累計であろう．なお，1941 年度以降排架数が減少しているのは，弥吉によれば，経費の都合で人事整理を行ったためであるという[43]．

旧記整理処の事業運営に関するアーカイブズ資料の所在が確認されていないいま，弥吉光長の著作は，旧記整理処の具体的活動を知るための数少ない手がかりである．すでに大場利康をはじめ，植民地図書館史研究の中で繰り返し言及されているので，屋上屋を架すことになるが，アーカイブズ史の観点から，ここでも若干踏み込んだ検討を行いたい．

弥吉が，国立中央図書館籌備処司書官から転じて，国立奉天図書館長兼旧記整理処長に任ぜられ，新京から奉天に移るのは，1941 年 6 月 25 日である．したがって，旧記統一管理事業の最初の 4 年間について，弥吉は直接関与していないことになる．弥吉自身，「すでに事業は最終期に入り，整理の完成と，最後の収集を担当することになった．整理済は百二十万件に達していたので，その後三十万件の整理を行った」と述べている[44]．

以下では，弥吉が担当することになった「整理の完成」と「最後の収集」という 2 つの課題を中心に，旧記整理処後半期の仕事について見ていくことにしたい．なお，これに関しては，1943 年に弥吉が発表した「満洲旧記の実績と将来」が，比較的詳しく当時の状況を伝えているので，適宜内容を紹介したい．

まず，第 1 の「整理の完成」であるが，ここにいう「整理」とは，弥吉のいう「第一期工作」のことであり，先述した通り，「単純な所蔵機関別の登録簿による目録を作り，その機関番号で書架に収納するという方法」による初期的な旧記受入作業を意味している．弥吉はこの整理方法について，「図書の整理

---

43) 同上，4 頁．
44) 前掲弥吉光長「旧国立奉天図書館の档案始末記」，36 頁．

方法からみれば，財産登録をしたのみで，何等纏つた整理といふ程のものではない．況や利用といふことから観れば殆んど利用不可能と称する外はない」と記し，「かくの如き哀れむべき原始的な方法」と評しているが，事業開始初年度の厖大な受入資料を処理するため，必然的にとられた整理法であったことは認めざるを得なかったと見え，弥吉自身この初期的整理を「第一期工作」と呼んで，着任以降の旧記受入作業に積極的に適用したのである[45]．

ちなみに，現代のアーカイブズ機関では，資料受入時の初期的処置として，出所機関別かつ受入順に，収納容器単位の受入登録簿（アクセッションリスト）を作成することが，「哀れむべき原始的な方法」どころか，むしろ資料の出所や移管過程を記録として残すための必須作業とされている．旧記整理処では，期せずしてこの処置が実行されていたことになる．この点については後述する．

「満洲旧記の実績と将来」では，「四，将来の方針」の第1として「第一期工作の完了」の項目が立てられ，次のような方針が述べられている（要約）[46]．

①漢文旧記261,000件は，臨時写字生の請負制により来年度中に排架を完了する．

②旧満語および蒙露文旧記は，特殊語学が必要で整理困難のため，本年度に着手し，5，6年を要する．

③旧記の残欠は，数量不明で判読に専門的知識技能を要するため，半永久的な事業となる．

このように方針を示した上で，弥吉は「仮整理が完了すれば光緒時代より建国直前迄の満洲のみならず大陸の政治，経済，社会，文化各方面の生の資料が報告や統計として体系づけられるものと大いに期待している」と記している．

なお『中国档案事業史』によれば，旧記整理処では，整理方法を検討するにあたり，「北京故宮文献館日本史料編纂局，朝鮮修史局の分類方法や，欧米資本主義国家の技術方法を参考にして，『旧記整理方針大綱』，『旧記整理内規案』，『満洲国旧記分類表』等の規則を制定した」としている[47]．いずれも未確認だが，「旧記整理方針大綱」は，あるいは弥吉が示している上記①～③の整理方針にあたるのかもしれない．また，『中国档案事業史』は，旧記整理処におけ

---

45) 前掲弥吉光長「満洲旧記の実績と将来」，4頁．
46) 同上，5頁．
47) 前掲周雪恒編『中国档案事業史』，470頁．

る整理手順を，次のように説明している[48]．「封筒」以下の作業内容がやや詳細だが，弥吉のいう「第一期工作」（機関別受入登録）にあたると思われ，おそらく「旧記整理内規案」に記してあるのであろう．

　　受入（数量を確認して受け取る）
　　保存（档案を指定地点に保管する）
　　開梱（機関ごとに梱包を開ける）
　　封筒（編巻する）
　　蓋印（封筒上に印を捺し番号付けする）
　　登録分配，記入（所属機関の区分，件名，数量を登記する）
　　無件名鑑査（所属機関の件名がない文書を判定する）
　　最終装訂，梱装，収蔵庫に送って排架

4.2.2　補充調査と追加収集

　次に，もうひとつの課題，「最後の収集」に関しても，上記「満洲旧記の実績と将来」の「四．将来の方針」に，第2項として「全国残存旧記の蒐集」があげられている[49]．その趣旨は，旧記統一管理令で「常時執務上ノ参考ニ資スベキモノハ此ノ限ニ在ラス」という例外規程が設けられたため，「漫然旧記に愛着を感ずる輩」が「他日書籍を読む如き気分によって留保」したり，「歴史編纂のためと称して史科と名づけ」，これを「抱へ込んだ」りする事例が数多く発生している．その結果，多くは「倉庫の片隅に虫菌や鼠族の安住所を提供し或は建設材料の下敷に用ひられてゐるのみであって，日々佚亡の途を辿りつゝある」旧記が「全国に三四十万ありと推察せらる」．そのため，康徳10(1943)年度は「之等の旧記を徹底的に蒐集し，出来得べくは年度内に第一期工作を完了する迄に至りたい」としている．

　この方針に従い，弥吉ら職員は，各官署や地方自治団体からの旧記送付を座して待つのではなく，直接出向いて収集するという手段をとっている．これについては，「旧国立奉天図書館の档案始末記」に具体的な記述がある．興味深いので，原文のまま引用したい[50]．

---

48)　同上，471頁．筆者仮訳．
49)　前掲弥吉光長「満洲旧記の実績と将来」，5頁．

第 5 章 「満洲国旧記整理処」　　　　435

　国務院訓令に「常時執務上ノ参考ニ資スベキモノ」を除く但書があるため，史料の提出を惜しむものを集めることができなかった．私は落穂拾いながら困難な事業に向わぬばならなかった．旧奉天，吉林両省は成績がよいが，黒竜江省や東部蒙古関係に遺漏が多かった．私はそれらの地方官公署を巡り，職員にも出張させて収集に努めた．呼倫貝爾，黒竜江将軍衙門，黒河省までも出掛けた．
　双城県公署から送られた文書八万件の大貨物が四十五輛の馬車を連ねて入庫した時の壮観は感激が新たになるを覚える．斉々哈爾を三回訪れたこと，熱河避署山荘で兵隊の焼きかけた文書を収め，その中から文津閣関係の関係文書を発見したこと，呼倫貝爾や三河などロシアとの交渉があった辺境の文書が集ったことなどもある．どのような史料が現われるかは予測もできず，私は数量を覚えているだけで，内容を調査したこともないので，僅か一少部分を偶然にふれたにすぎない．
　政府が故紙回収を唱え出したとき，諸機関でどれほど文書が毀われたか予想できなかった．ただ，奉天高等法院の日記を収め，正に失われんとした奉天地籍整理処の倉庫を引継ぎ，その中から乾隆頃の旧記が現われたことがあった．満鉄調査部の天海謙三郎氏に通知したところ，調査の結果，旗地と民地と民地の布置や旗地設定の旧慣が明かになった．今まで研究者が推定で書いたことも訂正の基礎ができるということを聞かされて，苦心のほどを拝察した．

　まず注意したいのは，「国務院訓令に『常時執務上ノ参考ニ資スベキモノ』を除く但書があるため，史料の提出を惜しむもの」があり，旧奉天，吉林両省に比べ「黒竜江省や東部蒙古関係」に多かった，としている点である．これは，先述したように，旧黒龍江省に属する諸省の土地関係記録の保存・活用状況が旧奉天・吉林両省に比べはるかに良好で，もともと土地関係記録の中央移管に反対していたという事情が，背景のひとつになっているに違いない．弥吉らの補充調査の結果，それらの移管がどの程度進んだかは興味あるところだが，今のところ具体的にわからない．

50）　前掲弥吉光長「旧国立奉天図書館の档案始末記」，36 頁．

次に，この文章で言及されている双城県公署，奉天地籍整理処，奉天高等法院などの文書は，後述する敗戦時のまとめでは，「新集記録」として他の官公署記録と別に集計されており，「第一期工作」の整理において，何らかの別扱いがなされたのかもしれない．

また，「政府が故紙回収を唱え出したとき，諸機関でどれほど文書が毀われたか予想できなかった」と書いている点は，注意を要する．これ以上の記述がないので，詳しいことはわからないが，記録，文書等の史料保存・整理事業や収集事業が行われると，必ずといってよいほど，不要と判断した文書を大量に廃棄したり，整理を面倒がって記録を隠匿したりする事態が発生する．上の記述が，旧記統一管理令下の「満洲国」でも，そのような記録廃棄があったことを示唆しているとすれば，この事業は，保存と廃棄の両面で中国東北のアーカイブズ状況を大きく変えたことになる．

もう一点，奉天地籍整理処の旧記に関して，満鉄調査部の天海謙三郎の名前が出ているが，天海は旧記整理処の創設に関わっただけでなく，設立後の活動にも同処の諮問機関に委員として加わるなど，深く関わっている[51]．戦後の座談会でも旧記整理処の話が各所に出てくるが，そのひとつとして，蒙古資料の収集に触れたところがあり，「蒙旗[52]では私が科爾沁や土黙特などでみただけでも大切なものが沢山ありました（中略）科爾沁旗などでは惜しんで送ってこなかったのも相当ありましたね．大部分は送って一括して旧記档案整理処に蒐集されました．大変な分量でしたよ，あれは……」と述懐している[53]．弥吉着任前の話なのか，着任後の話なのかはわからないが，いずれにしても，次項で示す敗戦時の旧記整理処所蔵資料一覧のうち，「蒙古各旗記録」約12万件とあるものの全部または一部が，これに該当しよう[54]．

---

51) 前掲大場利康「満洲帝国国立中央図書館籌備処の研究」，166頁注109．
52) 「旗」は満洲民族，蒙古民族の軍事・行政組織．ヌルハチの創始とされる．
53) 前掲「中国旧慣の調査について——天海謙三郎氏をめぐる座談会（1957年7月6日）」，837-838頁．
54) なお天海は，これに関連して，「満洲国」から「蒙疆政府」に派遣されて土地管理局副長をつとめていた黒沢隆世と，蒙疆土地制度の専門家である満鉄の安斎庫治の2人がコンビを組んで，綏遠の「墾務資料」を整理した話を語っている．旧記統一管理令の対象地域外であったためかもしれないが，内蒙古において旧記の現地整理が行われた事例として注目される（前掲「中国旧慣の調査について——天海謙三郎氏をめぐる座談会」，837-839頁）．

4.2.3 収蔵旧記の全体像

弥吉「満洲旧記の実績と将来」は,「四,将来の方針」の3つ目の項目として,「分類目録の要望を達成」をあげているが,そこに進む前に,旧記整理処収蔵資料の全体について,概略を知っておく必要がある.これについては,弥吉が敗戦時における国立奉天図書館全体の資料データを示したものがある[55].そこでは,同図書館の所蔵資料を,一,文溯閣,二,本館書庫,三,文書記録,四,旧記整理処書庫,の4つに分けて記している.このうち,旧記整理処が管理していたのは三と四で,その内容は次の通りである.

```
三,文書記録
    内閣大庫档案          67,271 件
    盛京内務府档案        52,594 件
      同   満文冊档         985 件
      同   戸口冊        4,022 件
    継続整理大庫档案      30,000 件  (主として大庫分)
    計                約 154,872 件
四,旧記整理処書庫
    官署記録   巻宗     約 2,300,000 件
    新集記録            約 500,000 件  双城堡,奉天高等法院,奉天地
                                        籍局等重要記録
    蒙古各旗記録        約 120,000 件
    満洲文,露語記録     約 50,000 件
    残欠記録             約 50,000 件
    民国統計報告        約 500,000 件
    計                約 3,520,000 件
```

このうち中心をなすのは,いうまでもなく,旧記統一管理令にもとづいて移管,収集された四の「旧記整理処書庫」資料,とくに「官署記録」約 230 万件

---

55) 弥吉光長「国破れて図書館存す——国立瀋陽図書館前史」(『弥吉光長著作集』第2巻,日外アソシエーツ,1981年),59-60頁.
56) 「巻宗」については,本章注29を参照のこと.

で，弥吉は別のところで，「官公署の往復文書および一件書類を纏めた『巻宗』[56)]と称するもの，官公署の報告，統計，調査書，公式に発表した布告，出版物，帳簿類の四種に大別されます」としている[57)]．また「新集記録」は，注記に「双城堡，奉天高等法院，奉天地籍局等重要記録」とあるので，前項で見た弥吉就任後の追加収集資料を，そう称していることがわかる．これを含め，旧記統一管理令によって収集した旧記の出所は，前述のように，『中国档案事業史』によれば，1940年までの収集分のみで380機関にのぼるという[58)]．したがって，最終的には400を上回ったと考えられる．なお『中国档案事業史』は，その大部分は1911年から1931年までの間に作成されたもの，すなわち民国期の档案であるとしており，それは弥吉の文章からもうかがえるが，民国期以降の地方官公署に引き継がれた，清朝期の行政文書や司法記録も，少なからず含まれていると推測される．

「三，文書記録」にある「内閣大庫档案」と「盛京内務府档案」は，旧記統一管理令に由来するものではないが，資料の性格から，旧記整理処の管理に移されたものと考えられる．ともに，弥吉が旧記整理処の重要な所蔵資料として特筆しているものである．

「内閣大庫档案」は，清朝の書庫である内閣大庫に伝存した档案，史書類で，前述のように，元「満洲国」参議府参議羅振玉が国立奉天図書館に寄贈したもので，「元，明，清三朝六百余年間の公文官書二千余包」である[59)]．この資料は，1909年に内閣大庫が損傷した際発見され，当時清朝学部の参事であった羅振玉が保存を進言した档案の一部で，その後，北洋政府教育部が1913年に設立した歴史博物館に収蔵されていたが，1921年に歴史博物館が経費不足のため約8000袋を紙店に売却し，羅振玉が1922年に買い戻したものである[60)]．羅は一部を手放しているので，国立奉天図書館に寄贈した档案は，購入時の全部ではないが，弥吉は，「羅氏のお陰で我々は内閣大庫中の最もよい部分六万七千

---

57) 弥吉光長「旧記問答　附内閣大庫記」(『弥吉光長著作集』第 2 巻，日外アソシエーツ，1981 年)，73 頁．初出は，国立中央図書館籌備処『資料公報』第 3 巻第 1 号，第 3 号，1942 年．
58) 前掲周雪恒編『中国档案事業史』，470 頁．
59) 前掲 1933 年 3 月 14 日付新聞記事「文献に映ゆる満洲の底光り　碩学羅氏が保存した秘文書近く奉天図書館へ」(前掲 JACAR Ref.: B05016060700, 「雑信　自昭和七年」所収)．
60) 前掲弥吉光長「旧記問答　附内閣大庫記」，72 頁，ならびに，臼井佐知子「中国明清時代以降の文書管理——地域社会における行政と文書管理」(『歴史学研究』No. 984, 2019 年 6 月)，37 頁．

件を所蔵することになりました．明末から清末迄の歴朝の詔勅令，題本，史書等選りすぐったものが揃っています」と高く評価している[61]．

次に，「盛京内務府档案」[62]について，弥吉は次のように書いている[63]．

> 事変当時迄故宮の七内房に在った盛京内務府档案で，三種に分つことが出来ます．第一は往復文書で乾隆時代から民国迄の間に盛京の各官衙や北京の官衙との正式の往復文書で，中には満文老档もあります．文溯閣四庫全書のことも，八旗に関することもあります．総数五万二千件あります．档案の写しの冊档は順治より光緒迄一千冊に近いので殆んど完全に揃っています．満文老档として学界に重んぜられて居ります．戸口冊は四千冊に及んでいます．これは満洲内の戸口冊として最も多数揃ったもので，他に類例がありません．乾隆時代の満洲の戸口は，之によって一端が窺われるのではないかと思います．

本章「2.2 文化政策と記録認識」で見たように，関東軍が接収し，国立奉天図書館に移管した資料の中に，「盛京故宮老档案（盛京故宮満文档案）」60箱（冊数未定）が含まれていたが，これが「盛京内務府档案」にあたると思われる[64]．

4.3 旧記の利用と目録

4.3.1 「分類目録」の要望と構想

前述のように，弥吉「満洲旧記の実績と将来」は，「四，将来の方針」の3つ目の項目として，「分類目録の要望を達成」をあげている．そもそも，旧記統一管理令と同時に出された国立奉天図書館長宛の総務庁公函「各官署等保存旧記ノ蒐集整理ニ関スル件」に，指示事項のひとつとして，「旧記ノ整理完了

[61) 前掲弥吉光長「旧記問答 附内閣大庫記」，72頁．
[62) 「盛京（総管）内務府」は，清朝の副都であった盛京（奉天，現在の瀋陽）に置かれていた清朝の行政機関．
[63) 前掲弥吉光長「旧記問答 附内閣大庫記」，72-73頁．
[64) なお，旧記整理処の旧蔵史料は，後述のように現在約半分が遼寧省档案館に所蔵されていると考えられるが，同館編『遼寧省档案館指南』（中国档案出版社，1994年），28-31頁に，「全宗号JB8 盛京総管内務府」档案の全宗（フォンド）記述がある．総数45,489巻とし，旧記整理処との関係を示す記述もあるので，ほぼ旧記整理処旧蔵分と重なると思われる．

セル分ニ付テハ分類目録ヲ作成シ国務院総務庁長ニ提出ス」と定められており，分類目録の作成は旧記整理処として避けられない課題であった．弥吉自身も，「分類目録なしに管理運用の万全を期することは出来ない」としている．

加えて，弥吉によれば，「利用者たる各機関は調査の必要資料を旧記に仰がずしては完全なる調査を期し難いために，毎年定期的に来訪するものあり，長期間当処に出張するものがある．三百万全部を見ずして調査が出来ぬと思ふのみで調査の意志が鈍るとさへ極言するものがある」と，調査のため定期的あるいは長期にわたって来訪する利用者からも，効率的な資料検索を可能にする分類目録の作成が強く求められているという．その事例として弥吉があげているのは，林野局と満鉄調査部からの要望である[65]．

まず林野局長からは，次の4点が具体的要望として提出された由である．

1　各項目別ニ分類ヲ要ス
2　各旧省政署別ニ分類ヲ要ス
3　一部毎ニ目次ヲ附シ（日文モ加ヘル）頁数記入ヲ要ス
4　一部毎ノ包装ハ紙袋トセズ出来レバ簡単ナル製本トスルコト

これに対し弥吉は，4点ともに賛意を示しつつ，経費上の制約から，第1点，第2点の要望に限って実施の予定であるとしている．

次に，満鉄調査部資料課長からも，「是等各般ノ調査研究ニ於テ夫々必要項目ニ要スル目録作成ノ如キハ至難ニ属スルヲ以テ，既整理ノ資料ヨリ一日モ早ク系統的分類目録ノ刊行アランコトヲ希望ス」と，さまざまな要望に広く応えるのは困難なので，既整理の資料を優先して分類目録の公刊を急ぐよう，希望が出ていることを紹介している．

これらの要望を受け，弥吉は以下のような分類目録作成の考え方を提示している[66]．

（一）旧記そのものゝ分類は行はずして目録上の分類のみを行ふ．
（二）重要機関より順次に機関別に分類目録を作成するものである．

65）　前掲弥吉光長「満洲旧記の実績と将来」，6頁．
66）　同上，7頁．

（三）余り重要ならざる旧記は分類目録に登載せず．
　（四）分類の要綱は当時の行政機関別を第一とし，内容的に政治，経済，社会，文化各方面の事項の細分を表に作成し之によって分類する．
　（五）主件と附件と事項を異にするものは分析記入，重複記入を行ふ．
　（六）編纂を終りたるものは刊行する．
　　かくの如き分類目録の外に機関別索引其他各種専門目録も公表の予定であるが，その大規模のものたるに鑑み第一期，第二期と数期に亙ることゝなる．第一期は奉天省公署外二，三の予定である．

　アーカイブズ学の観点から見ると，行政機関の別を優先している点など，おおむね適切な方針を立てていることに感心する．アーカイブズ整理の基本原則は，よく知られているように，異なる組織の記録を混合させないという「出所原則」（principle of provenance）と，出所組織で行われていた記録管理方式を尊重し，記録の配列をむやみに変更しないという「原秩序尊重の原則」（principle of respect for original order）の2つを主要なものとする．これは，アーカイブズの本質的性格は，発生機関の組織と機能を反映した体系的な秩序，すなわちアーカイブズ学にいう本来的一体構造（archival integrity）を有している点にある，とする考え方にもとづいている．したがって，アーカイブズの場合は，図書のように統一的な分類表にもとづいて1点ずつ主題分類するのではなく，個々の記録がどの部局のどんな任務にもとづいて発生したのかがわかるよう，各機関固有の記録群構造を示すことが，整理の目標となる．こうして作成された各機関のアーカイブズ目録は，決して「分類目録」ではなく，あえていえば「構造目録」ということになる．このようなアーカイブズ整理の考え方は，19世紀末にヨーロッパで体系化され[67]，20世紀に入ると，欧米諸国の文書館，公文書館で広く共有されるに至った．

　次いで「内容的に政治，経済，社会，文化各方面の事項の細分を表に作成し之によって分類する」としているのは，図書館における主題分類を準用したも

67）　代表的なものとして，1898年にオランダ・アーキビスト協会が刊行したS. Muller, J. A. Feith, R. Fruin, and Arthur H. Leavitt, *Manual for the Arrangement and Description of Archives: Drawn up by Direction of the Netherlands Association of Archivists*（アーカイブズの整理と記述，略称「ダッチマニュアル」．原著はオランダ語．英訳版 The Society of American Archivists，2003年刊）がある．

のと思われ，官公署の旧記には必ずしも適切な方法ではない．しかし弥吉は，「旧記そのものゝ分類は行はずして目録上の分類のみを行ふ」としている．多くの場合，奉天に移送される過程で，出所機関におけるもともとの保管形態はわからなくなっていたと想像されるが，旧記そのものを物理的に分類するのでなければ，アーカイブズの原秩序を再編する際の手がかりとなる記録群の配列情報などが残る可能性が高い．その意味で，賢明な措置だと評価できる．

さらに，「分類目録の外に機関別索引其他各種専門目録も公表の予定」と，検索手段を重層的に作成しようとしていることも，理にかなっている．アーカイブズの場合，出所機関の組織と機能を反映した構造的な目録を検索手段として有効に活用するためには，各部局の担当業務やそれに関する記録シリーズの内容について，かなり詳細な説明的記述が必要となる．むしろその記述こそがアーカイブズ目録の主体と言ってもよい．ただし，このような記述目録の利便性を高めるには，目録自体に事項索引や名称索引を付けることが肝要である．利用者は，索引によって特定の主題に関係ある記録が，どの部局のどのシリーズにあるかを探し出すことが可能となり，しかも，個々の記録の性格や背景（コンテクスト）を理解した上で，それを利用できることになるのである．また，弥吉のいう「専門目録」も，現代のアーカイブズ機関では，各分野の特定の関心に応えるための補助的な検索手段として作成されている．

こう見ると，弥吉の分類目録作成方針には，旧記のアーカイブズ的性格を重視した優れた配慮が認められる．弥吉は，国立中央図書館籌備処司書官時代に，欧米の図書館事情を調査しているので，彼自身が欧米のアーカイブズ学的整理論について知識を持っていた可能性もある．先に引用した『中国档案事業史』に，旧記整理処の整理方法が「欧米資本主義国家の技術方法を参考にして」いるとあるのは，そのことを示唆しているのかもしれない[68]．ただ，400近い組織の厖大な旧記を前にしたとき，アーカイブズ学的な知識がなくてもこのような目録編成方法が発想されるのは，ごく自然なことのようにも思える．

では，先に「4.2.1　受入数の変遷と『第一期工作』」で述べた受入登録簿と，本項の「分類目録」は，実際にはどの程度作成されたのだろうか．弥吉は，敗戦時のこととして，次のように記している[69]．

---

68)　前掲周雪恒編『中国档案事業史』，470頁．
69)　前掲弥吉光長「国破れて図書館存す——国立瀋陽図書館前史」，62頁．

第5章　「満洲国旧記整理処」　　　443

　　旧記は台帳作りが一段落していた．新来の双城堡も終り，黒竜江省分が進
　　行し，奉天省新収分も進んでいた．あと数か月で台帳が終って，次の索引
　　にかかることになっていた．
　　　まだ着手していないのは内蒙古（熱河省）の喀喇沁左旗（乾隆初年からの
　　档冊数万件）と右旗（数千）それに吐黙杜左旗，右旗その他の蒙古文，三河
　　地方のロシア語文書であった．
　　　このうち兵隊に焚かれた一室は営口のものらしかった．まとまらない旧
　　記を整理している室は無事だった．
　　　私はソ連兵や中国共産党の兵隊，国民軍の兵隊が来たにしては，被害が
　　局部にすぎなかったことをあきらめることができる．

　ここで「台帳作りが一段落していた」としている台帳とは，先述の「四，将
来の方針」第1項「第一期工作の完了」で，漢文旧記261,000件の排架を，臨
時写字生の請負により1944年度中に完了するという目標を掲げていたので，
第1期工作の受入登録簿のことであろう．だとすれば，「あと数か月で台帳が
終って，次の索引にかかることになっていた」とある「索引」は，「分類目録」
を意味し，敗戦時にはまだ「分類目録」の作成に入っていなかったことになる．
　遼寧省档案館編『遼寧省档案館指南』は，「第一章　档案館概況」の「一，
歴史沿革」の中で，旧記整理処が「登記上架」した档案が，総数220万巻にの
ぼり，作成された目録は720冊と記している[70]．220万巻という数字は，弥吉
が示している「官署記録巻宗　約230万件」とほぼ一致するので，720冊とい
う数字も，敗戦時までに作成された受入登録簿の冊数として，おおむね信用で
きるのではないかと考える．
　旧記整理処に集積された旧記の約半分は，後述のように，現在は瀋陽の遼寧
省档案館が収蔵していると思われる．同館は，旧記整理処自体の組織アーカイ
ブズも保存している可能性がある．筆者は1999年8月2日に同館を訪問し，
事前に提出した閲覧申請にもとづいて調査を行った．しかし，閲覧担当者の勘
違いによって，旧記整理処の関係資料を見ることはできなかった．ただ，あと
で同館の趙煥林副館長に聞いたところによれば，同館所蔵「奉天省長公署档

---

70)　前掲遼寧省档案館編『遼寧省档案館指南』，2頁．

案」と「熱河省公署档案」の中に，旧記整理処作成の目録が合計130巻あり，閲覧担当者にはそれを筆者に見せるよう，あらかじめ指示していた由である．結局，このときは確認するに至らなかったのだが，この目録130巻については，『遼寧省档案館指南』にいう720冊の受入登録簿（推定）の一部である可能性のほか，弥吉が「分類目録の外に機関別索引其他各種専門目録も公表の予定であるが，（中略）第一期は奉天省公署外二，三の予定である」と，奉天省公署档案の優先を明言しているので，この第1期計画で作られた「分類目録」あるいは「機関別索引其他各種専門目録」である可能性も残っている[71]．

4.3.2　旧記の業務的価値と利用

　旧記整理処における資料の利用件数は，初期についてはデータが得られないが，1940-41年については，国立中央図書館籌備処『資料戦線』に掲載された報告を大場利康が紹介している[72]．それによれば，1940年8月の来館者数は約300名，資料貸出は12機関37件，同年9月は閲覧者数約200名，資料貸出は18か所，22件となっており，少なくない数字である．資料貸出先は，同誌の報告によれば，近隣の奉天市公署，鉄嶺県公署から遠隔地の安東省公署等に至る地方行政官署，司法部や錦州高等法院などの中央機関，満鉄や満洲鉱業開発株式会社等の特殊会社など，広い範囲に及んでいるが，未整理のため要求に応じられない資料も多い由である．また個人の閲覧者も多く，その数は正確に把握できていないほどだという．

　ただ，利用件数は次第に減少し，弥吉が旧記整理処長として着任する前月の1941年5月の閲覧者数は60名，資料貸出件数はゼロになっている．この減少について，大場は「強引に各地・各機関から収集した文書資料については，それぞれの機関が必要なものの控えを作成するというニーズが存在したと思われ，それが一段落した結果，残ったのは満鉄調査部など，旧慣調査などに文書資料

---

71)　「1991-93年度科学研究費補助金国際学術研究：清朝の国家形成期をめぐる諸史料の総合的研究」（課題番号03044124，研究代表者細谷良夫）の「1993年度研究成果報告書概要」によると，遼寧省档案館の「官地清丈局档案」の中に「満洲国：旧記档案整理処」作成の「目録」が存在し，档案タイトルは1万件以上で，その一部は「奉天省公署档案」の中に含まれていることを明らかにしたという（KAKEN：科学研究費助成事業データベース，国立情報学研究所 https://kaken.nii.ac.jp/grant/KAKEN）．

72)　前掲大場利康「満洲帝国国立中央図書館籌備処の研究」，92頁．なお上記引用中「満洲鉱業開発株式会社」とあるのは，満洲重工業開発株式会社の誤まりだと思われる．

を必要とする利用者のみだったのではないか」と推測している[73]．なお，その後は，国立奉天図書館全体の利用件数が報告されるようになり，旧記整理処のみの数字は判明しない由である．弥吉は1942年の「旧記問答」の中で，「概して，記録文書は現在の施政に生きて参考になるものであります．毎月一件や二件の地方行政官の調査申込があります．十一月は三件もありました」と書いている[74]．およそ，弥吉着任後の状況を伝えていると思われる．

　減少した利用を回復し，人員と予算を拡大して当面する整理作業と目録作成を推進するねらいもあろう，弥吉は1943年の「満洲旧記の実績と将来」の「五，旧記の利用価値」において，各機関から寄せられた利用希望の声を紹介し，旧記の業務的価値がいかに高いかを強調している[75]．

　第1に，「満洲国」政府外交部調査司長の公文に，「国境ニ於ケル紛争，確定，調整等各種問題ノ発生時ニ於テ速カニ対処シ得ル様可及的速カナル旧記ノ整理方希望ニ堪ヘズ」とあることに触れ，外交部は「重要なる国策上の旧記の価値を高唱してゐる」としている．さらに同公文によれば，「康徳六年度ニ於テハ当部ヨリ事務官〇，属官〇，部外招聘者及臨時現地採用者ヲ以テ約〇個月ノ長期ニ亙リ在奉天国立中央図書館籌備処ニ於テ旧資料ノ整理調査ヲ実施セリ云々」とあり，1939年度に大がかりな旧記調査が行われたことを紹介している．

　第2に，同じく「満洲国」政府林野局から，「建国前の林政事務調査ノタメ康徳八年七月ヨリ同九年現在（七月）迄継続利用ス（延人員ノ局職員百五十人，臨時雇員五百八十人）」という利用状況の報告とともに，今後の旧記利用について，「主トシテ林政ナルモ今後ハ土地開放，税務関係ノ方面ニ利用ノ予定」という希望が寄せられているという．なお弥吉によれば，康徳8(1941)年7月に開始されたという上記の「建国前の林政事務調査」は，1943年も継続している．

　第3に，満鉄調査部の利用状況に言及している．満鉄調査部は，「数年来継続的に旧記を利用しつゝある所」だが，同調査部資料課長は，（おそらく旧記整理処からの照会に対して）次のような回答をよこしたという．すなわち，同調査部は現在，交通史編纂において旧記整理処の旧記を徹底的に利用しようとして

---

73)　同上，166-167頁注112．
74)　前掲弥吉光長「旧記問答　附内閣大庫記」，70頁．初出は国立中央図書館籌備処『資料公報』第3巻第1号，第3号，1942年．
75)　前掲弥吉光長「満洲旧記の実績と将来」，8-9頁．

いるところであるが,「関係資料ノ所在確認ヲ主トスル段階ニアル為未ダ直接資料トシテノ利用ニ至ラズ今月迄ノ処『旧記整理処所蔵旧記(ママ)北満鉄路督弁公署関係文書』[76](二八三頁)及『奉天古典資料考』等ヲ主タル成果トス」という段階である.また交通史編纂以外でも,地理的分野や土地旧慣調査に旧記を利用してきたところであり,今後もさらなる利用を希望したいとして,次のように続けているという.

> 交通史編纂事業ノ進捗ニ伴ヒ資料ノ再調或ハ再確認ヲ通ジ本格的利用ヲ要スルモノト認ム,其他ノ部門ニ於テモ基礎資料トシテ旧記ヲ有効ニ利用スルコトハ当然ニシテ旧慣,地理,歴史等ノ部門以外ニ満洲経済史一般ニ於テモ相当程度ニ利用致シタキ所存ナリ

以上,3機関の業務利用を具体的事例としながら,弥吉は改めて旧記の業務的価値を,「図書と異り天地間唯一の存在なること」,および「今迄の所謂史料と異り,殆んど光緒年間より建国当初に至るもので,現在の各民族の生活に緊密に結付いた資料のみであること」の2点に認めている.アーカイブズの本質をついた,的確な指摘である.

これに加え弥吉は,満鉄の天海謙三郎が,土地制度調査にとって旧記整理処は「天府ノ宝庫」であると評価していることを,旧記の業務的価値を「証明」するものだとして紹介している[77].

> 土地制度ノ調査ニ際シ従来ハ此ノ種旧記ノ保存箇所タル省県旗公署等ヲ一々歴訪シテ必要ナル档案巻宗ヲ査閲スルノ方法ヲ採ル外ナカリシモ,若

---

76) 『奉天国立図書館内旧記整備処所蔵(ママ) 旧北満鉄路督弁公署関係文書目録』(満鉄調査部,1939年4月)〔アジア経済研究所図書資料部編『旧植民地関係機関刊行物総合目録——南満洲鉄道株式会社編』アジア経済研究所,1979年,7頁〕のことと思われる.筆者は中国遼寧省档案館でコピーを入手したが,発行が「昭和十四年[1939]十二月」となっている.巻頭の「旧北満鉄路督弁公署文書目録説明」によれば,旧北満鉄路督弁公署文書は,1935年3月の旧北満鉄路の譲渡接収によって「満洲国」交通部に移管され,さらに国立奉天図書館に再移管されたものである.全体量は大木箱29箱,総件数4,729件で,そのうち本目録には,満洲交通史編纂の見地から3,192件を選んで収録したという.本目録は,旧記整理処が作成したものではないが,同処所蔵資料の詳細な目録として数少ない事例である.
77) 前掲弥吉光長「満洲旧記の実績と将来」,9頁.天海の意見の出典は明記されておらず未確認.

シ旧記整理処ニ於テ目録ノ作成完了スルニ於テハ右手数ヲ省キ直チニ同処
ニ就テ十全ナル古文書類ノ披閲抄録ヲ為シ得ベク其ノ利便実ニ多大ナルモ
ノアリト信ズ，其ノ利用シ得ル資料トシテハ前清時代ノ戸口冊，徴税冊，
清丈冊，地畝冊，契，照類等殆ンド枚挙ニ勝ヘザル程ノ多数ニアリ，土地
旧慣調査トシテハ実ハ天府ノ宝庫ト評スルヲ妨ゲザルベシ

　旧記統一管理令の発令と旧記整理処の設置のきっかけは，先述したように，土地局によって着手された土地調査事業と，その中で行われた天海の進言にあったと考えられるが，その第一目的は土地制度調査のための研究資料の収集であり，必ずしも地籍整理事業の基礎データとして土地関係記録を活用することではなかった．実際，上記の天海の文章は，もっぱら「土地旧慣調査」のための旧記の有効性を語っており，学術的性格が強いものである．もちろん，先述のように旧記整理処開設初期には，近隣の奉天市公署，鉄嶺県公署から遠隔地の安東省公署等まで，地方行政官署への旧記貸出が少なくなかったと報告されており，それらが地籍整理事業に関わる土地関係記録の業務利用であった可能性はある．しかし仮に，比較的豊富に残存していたと見られる旧黒龍江省地域各省の土地関係記録が旧記整理処に移管されたとすれば，もっと大規模かつ継続的な業務利用があってしかるべきだと思われる．実際はどうであったのか，事実解明は今後の課題である．

4.3.3　旧記の学術的価値と利用

　旧記統一管理令が，国家経営資源としての旧記の重要性とともに，「学術研究ノ基礎タルベキ貴重ナル資料尠カラズ」として，その学術的価値を指摘したことは，アーカイブズの行政的経営的価値と歴史的文化的価値の二面性を強調する近代アーカイブズ論に通じるものであり，植民地主義に従属しているという根本的問題はあったにせよ，そのこと自体は正当な考え方であった．

　当時の，日本人学者を中心とした満洲史研究の状況については，井上直樹による紹介がある[78]．それによると，満洲史の本格的な学術研究は，1908年に東京帝国大学教授白鳥庫吉の要望により東京の満鉄支社に設立された歴史調査

---

78)　前掲井上直樹「満洲国と満洲史研究」，158頁．

部(「満洲及朝鮮歴史地理調査部」)に始まるが,東洋史学者の内藤湖南は,それより前の1905年,1906年に奉天を訪問して清朝史や蒙古史関係史料の調査を行い,1907年に京都帝国大学教授になったあと,1912年に同大学の羽田亨らと再び奉天を訪れ,『満文老档』など「奉天宮城内の貴重なる古文書の撮影」を実施している[79].あるいは,のちに関東軍が接収し,旧記整理処の所蔵に帰した盛京内務府档案のことかとも思われる.

満洲史研究が大きく進展するのは,1931年の満洲事変と1932年の「満洲国」成立後のことで,多数の概説書が刊行されているほか[80],1935年には歴史学研究会の『歴史学研究』が「満洲史研究」を特集している[81].また「満洲国」内でも,1931年創立の「遼東学会」が,「満洲国」成立を機に「満洲学会」と改称して『満洲学報』を発刊,奉天でも「満洲史学会」が結成され,1937年に『満洲史学』を創刊するなど,研究が活発化した[82].

1932年10月に,内藤湖南や白鳥庫吉など日本の研究者と,「満洲国」の研究者が参加して「日満文化協会」が設立されると,日本の外務省は,国策として「対満文化事業計画」の立案に取り組み,「満洲国立文化研究院設立援助」「国立図書館援助」「博物館援助」など文化施設への財政支援のほか,満洲研究に対する学術助成も積極的に行った.そのため1933年4月に作られたのが「満蒙文化事業審査委員会」で,評議員の中には白鳥庫吉,内藤湖南の名も見える[83].

1933年度から助成金を受けて開始された10件の「対満文化研究事業」を見ると,「女真民族ノ研究」(指導者内藤虎次郎,羽田亨),「吉林省東京城及其ノ附

---

79) 満洲及朝鮮歴史地理調査部については,本書第4章「5.1.1 満鉄調査部の設置と初期調査活動」参照.
80) 有高巖『満蒙史講話』(南満洲教育科教科書編輯部,1932年);大原利武『概説満洲史』(近澤書店,1933年);南満洲教育会編纂『満洲新史』(満洲文化協会,1934年);及川儀右衛門『満洲通史』(博文館,1935年);稲葉岩吉・矢田仁一『世界歴史大系11 朝鮮・満洲史』(平凡社,1935年);稲葉岩吉『満洲国史通論』(日本評論社,1940年)など(前掲井上直樹「満洲国と満洲史研究」,159頁による[一部変更]).
81) 歴史学研究会『歴史学研究』5巻2号,1935年.
82) 前掲井上直樹「満洲国と満洲史研究」,159頁.
83) 同上,159頁;JACAR Ref.: C04011714900,「日満文化協会成立の件」(「陸満普大日記 昭和8年」)(防衛省防衛研究所);JACAR Ref.: B13081271200,「対満文化事業」(「第六十七回帝国議会参考資料」)(議BK-9)(外務省外交史料館);JACAR Ref.: B05015212100,「対満文化事業日満当事者懇談会ニ関スル件」(「対満文化審査委員会関係雑件」第1巻)(H-3-3-0-1_001)(同前);JACAR Ref.: B05015990400,「対満文化事業審査委員会内規制定委員委嘱ノ件」(「日満文化協会関係雑件/文化研究院関係」)(H-6-2-0-29_4)(同前).

近ノ考古学的調査」（指導者原田淑人）など，民族学，考古学に関するものが目立つが，「明実録抄録」（指導者内藤虎次郎，京都帝国大学所蔵『明実録』の満蒙関係記事抄録事業）のような国内での文献研究も含まれていた[84]．

以上のような状況から見ると，関東軍が接収した歴史文献，档案，ならびに旧記統一管理令によって移管された満洲全土の厖大な旧記が，国立奉天図書館旧記整理処に収蔵されたことは，日「満」両国の学界にとって，極めて大きな関心事であったに違いない．実際，大場利康が紹介しているところによれば，1939年に「満洲文化の秘庫 旧記の研究進む」と題する報道があり，建国大学稲葉岩吉博士，大同学院松浦嘉三郎教授による旧記研究が開始され，「この研究調査完成の暁は約三百年間の満洲の社会百般の実相が明白に成るので考古学者や歴史家等の期待するところも極めて大なるものがある」と記されている由である[85]．

ただ，稲葉岩吉，松浦嘉三郎とも，国立中央図書館籌備会委員をつとめるなど，いわば内部関係者であったし，そもそも当時の学界自体が，外務省の「対満文化事業」に典型的に表れているように，「満洲国」の文化構築を目指す日本の植民地政策のもとにあったといわざるを得ない．したがって，国家経営資源としての業務利用と明確に区別できるような，純粋な学術的関心にもとづく旧記研究が，どの程度可能だったのか，また実際どれくらい行われたのかは，はなはだ疑問が残るところである．そのような限界があったことを念頭に置きながら，以下では，いずれも稲葉，松浦以上に内部の関係者ではあるが，弥吉光長と天海謙三郎が旧記の学術的価値について語っているところを見ていきたい．

弥吉は，「満洲旧記の実績と将来」の「五，旧記の利用価値」において，「他方歴史的史料も亦豊富」であるとして，旧記の学術的価値についても積極的な考え方を述べている[86]．対象としてとくに重視しているのは，内閣大庫档案や盛京内務府档案など，関東軍による接収，あるいは個人からの寄贈を通じて旧記整理処の所蔵に帰した歴史档案で，これらは，明末期から清時代に至る

---

84) 前掲井上直樹「満洲国と満洲史研究」，161頁表2；JACAR Ref.: A15060166600，「対満文化事業審査委員会内規及び同委員会委員並研究事業一覧〔文化事業部〕昭和8年11月17日現在」（「対支文化事業調査会」）（国立公文書館）．

85) 前掲大場利康「満洲帝国国立中央図書館籌備処の研究」，165頁注108．

86) 前掲弥吉光長「満洲旧記の実績と将来」，9頁．

「満蒙の調査の一大宝庫たるのみでなく，亦漢民族，蒙古民族のあらゆる研究の根本史料の宝庫」である，と高く評価している．

盛京内務府档案の戸口冊に触れたところでは，「内務府などの戸口冊七千余冊が書架に詰っていたがあまり厖大な数量でどう調査すべきかに迷った．内容は旗人の大家族の氏名年齢身分が，綿々と続き，家族制度や奴婢の実態を調べるのにこの上ない好史料だと思う．しかし誰一人として巨大な冊子を見ただけで驚嘆し手をつけたものはなかった」と，好史料であるにもかかわらず，量が厖大なために研究利用がなかったことを嘆いている[87]．これもきっかけのひとつになったものか，弥吉は，「旧記を生かす為には之を編纂して見易い形に整へ，研究者や調査者の前に提供し，その研究欲を刺激して自由に之を資料として駆使」できるようにしなければならないと，旧記を学術資料として編纂，出版する必要性を主張している．そして，旧記の編纂は，「満洲の政治，経済，社会，文化に関するあらゆる資料を各方面から検討し，総合して満洲の実相を明かにする為の基礎工作」であり，「この工作の上に出来得る限り学者や調査者を動員して，旧記を基礎とする一大調査研究を起さねばならない」と，学術利用の将来像を語っている[88]．

実際，旧記整理処は旧記の編纂と出版に取り組んでいる．1943年に古満洲語と近代史の専門家である戸田茂喜[89]を招聘し，「専ら奉天総管内務府档案中の満洲語档冊の翻訳に当ってもらった」という[90]．その成果として，1943年12月に『大満洲档案第二部第一冊』と題して，『順治年間档：旧盛京内務府蔵』が刊行された[91]．

戸田が次に着手したのは，同じく盛京内務府档案の中の「黒図档（ヘイトゥダン）」という康熙初年記録であった[92]．この仕事は完成に至らず，弥吉は「刊行に至らなかったのは残念で仕方がない．誰かに着手して貰いたいものだ」と書いてい

---

87) 前掲弥吉光長「旧国立奉天図書館の档案始末記」，38頁．
88) 前掲弥吉光長「満洲旧記の実績と将来」，7頁，「五，編纂，研究への進展」．
89) 前掲大場利康「満洲帝国国立中央図書館籌備処の研究」の「参考文献」によれば「戸田茂樹」．なお招聘年を1943年としたのは大場論文130頁による．
90) 前掲弥吉光長「旧国立奉天図書館の档案始末記」，38頁．なお，弥吉が「奉天総管内務府档案」としているのは「盛京（総管）内務府档案」のことである．
91) 満洲帝国国立中央図書館籌備処編『大満洲档案第二部第一冊　順治年間档：旧盛京内務府蔵』（満洲帝国国立中央図書館籌備処，1943年）．なお弥吉は本書の完成を昭和16(1941)年としているが（前掲弥吉光長「旧国立奉天図書館の档案始末記」，38頁），誤りであろう．

る[93]．

　このほか，内閣大庫档案についても，編纂，出版を試みていたようで，「特に明季の奏稿は天啓以降の第一級史料で，安世琦と邵啓斌に編集して貰うと五百五十余件に達した．稿成って刊行費に苦んでいるうちに敗戦となって万事休した」と書いている[94]．

　次に，満鉄調査部門の天海謙三郎が，戦後の座談会で，旧記の学術的価値について語っている部分を，2，3紹介しておこう．天海は，自ら旧記統一管理令の提案者だと言っており，旧記整理処にも満鉄調査部門を代表し，諮問機関委員として関わっている．また土地制度調査会の委員として「満洲国」の地籍整理事業の一端を担っており，一般利用者とは立場が異なる．天海の話も，基本的に業務に関わる土地制度資料の話で，純粋な学術利用というわけではない．ただ，天海は専門研究者として旧記の学術的価値を深く理解し，満鉄調査員としての職務を離れたところでも，旧記に対する個人的な学問的関心は強かったろうと思われる[95]．

　天海が語っている事例の1つ目は，先に弥吉が，奉天地籍整理処の倉庫を引き継いだときに，その中から乾隆頃の旧記が発見されたので，満鉄調査部の天海謙三郎氏に調査を依頼した，と記していることを紹介したが，そのときのことだと思われる．すでに弥吉も言及しているが，天海が旧記から得た新しい知見は次の通りである[96]．

---

92)　「黒図档」については，前掲遼寧省档案館編『遼寧省档案館指南』26-28頁に，全宗号JB7「黒図档」として全宗（フォンド）記述が掲載されている．説明によれば，康熙から咸豊までの6朝にわたる1149冊の記録で，盛京総管内務府档案とは区別されるべきものであり，別の全宗として記述したという．旧記整理処が盛京内務府档案の一部として管理し，戸田茂喜（茂樹）が翻訳を手がけた資料だと思われる．本資料は，2015-18年に，遼寧省档案館から刊行されている．なお弥吉は，黒図档を「これは下級の満洲旗人の由緒書で，内容は祖先から自分までの武勲を記し日常生活を記し，農業や漁業，狩猟の生計を営むと共に事あれば馬上で馳せ参じたことを述べ，家督を子や孫に譲りたいと願い出でたものである」と説明しているが（前掲「旧国立奉天図書館の档案始末記」，38頁），王天馳「康熙朝『黒図档』からみた盛京地方の内務府包衣」（『史林』103巻4号，2020年7月）は，「『黒図档』は，清朝の故都盛京にあった盛京内務府（その前身は盛京佐領）と北京の総管内務府および盛京の他役所との間の往復文書を集成したものであり」（77頁），「実は『盛京内務府档案』の副本である」（79頁）としている．『遼寧省档案館指南』の説明もほぼ同様である．

93)　前掲弥吉光長「旧国立奉天図書館の档案始末記」，38頁．

94)　同上，37頁．

95)　天海の学問的関心と業績は，1966年に天海謙三郎遺稿刊行会が編集・刊行した前掲『中国土地文書の研究』に見ることができる．

(前略) 終戦直前私が地政総局の了解を得て約半月ほど出張して調べたことがあります．あそこ [旧記整理処] には土地関係の貴重な記録がたくさんありました．清末から民国にかけて，張政権が東三省――特に一番開発の古い土地制度の錯雑してる奉天省の土地整理をやりましたが，その当時の内務府官荘をはじめ，いわゆる旗地，官地と称する国有地の払下げ（丈放）に関する文書類がたくさん集められてあった．それを見まして，如何に荘園が入乱れて各州県に散在していたか，また随欠地，伍田，養贍地などと呼ばれた職田や一般の旗地，民地がその間に入り交って介在していたか，それらの関係が非常によくわかる図面や，丈量冊などもありましたが，あれはいまも奉天に残っていますかね．

もう1つは，漢民族による蒙地の開墾の問題で，旧記整理処に入った旗公署保存の旧記から，従来の説よりもかなり早い清朝初期，あるいはさらに遡って明時代に開墾が始まった可能性があることが判明したという[97]．

(前略) 蒙地の開発でも，文献には清朝の中葉以後開放してそれから漢民族が入植したように見えてますけれども，河北に隣接しているほうの蒙地ですね．旗公署保存の文件を見ますと，蒙文ですから私には読めないので，蒙人に読ませて漢文に翻訳し書取ったのです．そうすると順治の初ごろすでに漢民族が入って開墾した事実を証する資料があった．順治は清朝のはじめで，北京に乗りこんだ世祖の時代ですからね．だから華北に隣接したほうの蒙疆は，もう清朝のはじめ或いはもっと遡って明時代から漢民族が入っており，蒙古人もそれを利用して農墾の先駆をしておったのではないかと思われますが．

以上のような，弥吉と天海による旧記の学術的価値についての指摘と，研究利用の推進に関する提案の背後には，純粋な学問的動機だけでなく，旧記整理処の活動を活性化したいという意図があったに違いない．とくに処長であった弥吉の場合はそうである．弥吉は，「この各方面の研究を各種の施策に織込ん

---

96) 前掲「中国旧慣の調査について――天海謙三郎氏をめぐる座談会（1957年7月6日）」, 803頁.
97) 同上, 838頁.

第 5 章 「満洲国旧記整理処」　　　　453

で行かなければ迅速果敢な政治行政は期し難く，有効適切な経済効果は収め得ない」と，研究成果を行政に活かす重要性を強調し[98]，「満洲旧記の実績と将来」を次のように締めくくっている[99]．

> （前略）満蒙の調査の一大宝庫たるのみでなく，赤漢民族，蒙古民族のあらゆる研究の根本史料の宝庫であつて，これを開発することによつて，満洲自体の建設は勿論，大東亜全体の調査研究に大いなる貢献をするものと信じて努力してゐる．

また別のところでは，旧記を「大東亜の建設の礎石」とまで述べ，「官公署が徒らに旧記を独占し死蔵して他方面の利用を妨ぐるは大東亜の建設の礎石たる旧記の価値を認識せざるものといはざるを得ない」と主張している[100]．どの程度本心なのか，それとも予算と人員の増加を実現して活動拡充を図るためのパフォーマンスも含まれているのか，本当のところはわからないが，いずれにしても，旧記と旧記整理処が，「大東亜の建設」の一翼を担っていた「満洲国」における植民地政策の枠から逃れることができなかったのは明らかである．

旧記の学術利用に関してもう 1 点付け加えると，1939 年 8 月に，朝鮮総督府朝鮮史編修会のメンバーが奉天を訪れ，旧記整理処等で調査を行った事実がある．朝鮮史編修会については第 6 章で詳しく検討するが，1938 年に所期の目的である『朝鮮史』37 巻の刊行を終えたあと，同年 7 月の第 14 回朝鮮史編修委員会で，『朝鮮史』に続く朝鮮現代史の編纂を目指し，新たな史料収集を開始する方針を決定した．8 月の奉天調査は，この方針にもとづく満洲ならびに北支・中支調査の一環であった．植民地統治機関による，官撰史編纂を目的とする調査であるから，これまた純粋な学術的利用とは言えないが，調査記録である「吉林新京奉天旅順大連史料調査復命書」(1939 年 9 月，修史官補田川孝三筆）が，旧記整理処を利用したときの様子をよく伝えているので，簡単に触れておくことにしたい．

上記の「復命書」は，さいわい長志珠絵による紹介があるので，以下これに

---

98)　前掲弥吉光長「満洲旧記の実績と将来」，7-8 頁．
99)　同上，9 頁．
100)　同上，5-6 頁．

依拠する[101]．長によれば，朝鮮史編修会の一行は 1938 年 8 月 16 日に京城を出発，延吉，吉林，新京を経て奉天に入り，7 日間滞在している．途中，調査対象と考えていた吉林省公署や「満洲国」外交部の档案が，すでに旧記整理処に送られたことを聞き，奉天調査に最も長い時間を費やすことになった由である[102]．

「復命書」は，吉林省公署から送られた旧記の量について，「一千五六百麻袋ニシテ巾十二歩，長サ三十七歩ノ建物ニ充積サレ」ているとし，外交部の旧記については，「約三百麻袋ニシテ巾十一歩，長サ十一歩程ノ建物ニ山積サル」と記している．また，外交部の旧記は「事変直後満洲国外交部ガ東三省交渉司ヲ中心トシ各省交渉司ソノ他各機関ヨリ集メシ外務関係ノ文書中，現在必要ナルモノヲ除イテ送リ来リシモノ」であるが，許可を得て档案倉庫に入り調査しようとしたところ，「档案ハ前記ノ如ク送リ来リシママニ天井迄高ク山積ミサレ，手ノ下サン術ナシ」という状況で，取り出しやすいものを一部閲覧したものの，「多ク民国時代ノモノニシテ当方ノ参考トスベキモノハ発見スル能ハズ」という結果だったという[103]．

開設 2 年後の，おそらくは大半の資料が麻袋などに詰められたままのような状態の中で，旧記整理処が，朝鮮史編修会のような日本の植民地関係機関に対しては，業務利用に準じる形で書庫内調査を認めていたことがわかる．

5. 旧記整理処のその後

5.1 旧記整理処の将来構想

敗戦に至る最後の数年，旧記整理処はどのような方向を目指していたのか．これについては，大場利康の研究が詳しく言及しているので，それに依拠して，簡単に記したい．

---

101) 長志珠絵「『朝鮮史』史料採訪『復命書』を〈読む〉――『朝鮮史』編纂と帝国の空間」(『季刊日本思想史』76 号，「特集 植民地朝鮮における歴史編纂――『併合 100 年』からの照射」ぺりかん社，2010 年)．なお，「吉林新京奉天旅順大連史料調査復命書」については，箱石大「近代日本史科学と朝鮮総督府の朝鮮史編纂事業」(佐藤信・藤田覚編『前近代の日本列島と朝鮮半島』山川出版社，2007 年) にも言及がある．
102) 前掲長志珠絵「『朝鮮史』史料採訪『復命書』を〈読む〉」，138 頁．
103) 同上，139 頁．

第5章　「満洲国旧記整理処」

　国立奉天図書館長兼旧記整理処長として奉天に赴任する以前から，弥吉光長は，満洲国立中央図書館を，米国の「議院図書館」のような，調査研究機能を基盤に国家施策の立案と実施を支援する「積極的国立図書館」にしなければならない，という主張を展開していた[104]．旧記整理処長となってからは，前述のように，旧記を「大東亜の建設の礎石」と位置づけ，目録作成が終了した旧記を順次新京に送って，「満洲国」の国家行政に活かすことを構想していた．

　一方，新京の国立中央図書館籌備処は，蔵書の構築が必ずしも計画通りに進まず，創設準備は停滞していた．そのような状況下，1942年5月に国立中央図書館籌備処に理事官兼庶務科長として赴任した和泉徳一は，1943年4月刊行の『資料公報』に「国立中央図書館の構想（一）——調査機関を概観して——」を発表し，満洲国立図書館の将来像を示した[105]．その骨子は，台湾において，学術研究機関として組織された臨時台湾旧慣調査会と，「外郭的官僚機関」としての台湾慣習研究会との「提携型の効用は想像以上の効果を遺した」ことにならい，満洲国立中央図書館を中心とした総合的な官僚錬成・研究組織を設立するというものであった．和泉はその際，旧記整理処の旧記を研究の主たる対象とし，国務総理，総務長官，国立中央図書館長を，それぞれ会頭，副会頭，委員長とする「満洲旧記研究会」を旧記整理処に設ける具体案まで出している．和泉の提案は，さらに機関誌『満洲旧記記事』の創刊，官制による「旧記調査会」の設置と続いている由である．

　和泉の構想は，明らかに，国立図書館の最も重要な役割は国家の施策を支援するための調査研究にあるとする弥吉の「積極的国立図書館」論の影響を受けている．しかも，その調査研究活動の中心に旧記を置き，中央・地方の官僚から大学研究者まで組織して，「満洲旧記研究会」を作るとしている点は，弥吉の旧記活用論の意図をも越えたものといえ，当時としては相当に大胆な提案だったのではないか．しかし，満洲国立中央図書館の設立計画自体が前に進まないまま，敗戦によって「満洲国」は崩壊し，和泉の構想が日の目を見ることはなかった．

---

104)　前掲大場利康「満洲帝国国立中央図書館籌備処の研究」，48-55頁．
105)　以下，和泉徳一についての記述は，同上，108-111頁による．

5.2 旧記整理処の戦後

日本敗戦時，旧記整理処の旧記は弥吉らの努力によって，大半が戦火や略奪から守られた．『中国档案事業史』によれば，これらの旧記は，1946年4月に国民政府が接収し，旧記整理処を「国立瀋陽図書館籌備処档案部」と改称した[106]．その時点の資料内容は，「(1) 清内閣大庫档案64,000余件，明代档案225件（羅振玉が偽満洲国に寄贈したもの），(2) 瀋陽故宮所蔵盛京内務府档案，計4万余件，(3) 日本侵略者が東北から集中した各官公署档案200余万件」であったという．

『遼寧省档案館指南』も戦後の状況を記しているが[107]，それによれば，旧記整理処の档案は，「遼寧省図書歴史文献部」によって保管され，1960年7月7日に国務院が国家档案局に「旧政権档案の集中保管に関する意見」を出したことを受け，中国共産党中央の承認を経て，新たに「東北档案館」が設立された．東北档案館は，中国共産党遼寧省委員会の委託により，国家档案局の指導のもとで旧記整理処旧蔵の歴史档案を集中保管した．その後，1969年11月の遼寧省革命委員会の決定により，東北档案館が閉鎖されることになり，档案のおよそ半分にあたる110万巻（冊）が吉林省と黒龍江省に移管され，残りの半分は遼寧省档案館の所蔵に帰するところとなった．

遼寧省档案館は，これにより，歴史と現代の档案をともに備えた大型の総合档案館になった，としている．旧記整理処から引き継いだ旧記が，遼寧省档案館所蔵資料の重要な一角を占めるようになったことを意味していると思われる．実際，『遼寧省档案館指南』が記述する所蔵資料概要を見ると，旧記整理処旧蔵のものと思われる資料が散見する．とくに，「清代档案」の部の「三．清代設在盛京管理皇室事務機構档案」に含まれる「順治年間档」，「黒図档」，「盛京総管内務府」の3つの記録群がそうである．

「順治年間档」（全宗号JB6[108]，案巻数量1）は，単独の全宗として掲載されているが，「偽満時期」に「影印出版」されたと記しており[109]，「4.3.3 旧記の学術的価値と利用」で触れた，1943年12月刊行の満洲帝国国立中央図書館籌

---

106) 前掲周雪恒編『中国档案事業史』，471頁．
107) 前掲遼寧省档案館編『遼寧省档案館指南』，2頁．
108) 「全宗号」は中国の档案館における記録群（フォンド）番号．
109) 前掲遼寧省档案館編『遼寧省档案館指南』，24頁．

備処編『大満洲档案第二部第一冊　順治年間档: 旧盛京内務府蔵』にあたると思われる.

「黒図档」（全宗号 JB7，案巻数量 1,189）も，同じく翻訳に着手しながら出版に至らなかったとされるもので，旧記整理処では盛京内務府档案の一部として扱っていたが，『遼寧省档案館指南』では単独の全宗として記述されている[110].

「盛京総管内務府」（全宗号 JB8，案巻数量 48,452）は，瀋陽故宮から接収されて旧記整理処が整理したことに言及しており，旧記整理処が行った分類法についての説明も含まれている[111]．この全宗は，旧記整理処の主要歴史档案のひとつであった「盛京内務府档案」と重なるものであることを示していよう.

以上のほか，『遼寧省档案館指南』の「民国期档案，資料」の部には，「東北及遼寧地区政府機構档案」を中心に 50 近くの全宗が記述されているが，その多くが旧記整理処旧蔵の「官署記録」にあたると推定される.

なお，吉林省と黒龍江省への移管については，『吉林省档案館指南』に，館蔵資料の多くが東北档案館に由来することが記されているが[112]，詳細は未確認である．ちなみに臼井佐知子によれば，羅振玉が寄贈した内閣大庫档案は，現在，第一歴史档案館（北京）に保管されているとのことである[113].

最後に，本章の目的とは少し離れるが，旧記整理処の活動が戦後の日本に与えた影響について，推測を交え少し記しておきたい．初めに述べたように，旧記整理処の事業は，日本にとって初の大規模かつ組織的な「植民地アーカイブズ事業」であり，国内でも経験がなかったことなので，関係者によって何らかの「遺産」が戦後の日本に伝えられたのではないかと推測するのは，筆者だけではないだろう.

第 1 にあげられる人物は，最後の処長として旧記整理処の活動の中心を担った弥吉光長である．弥吉は日本敗戦後，中華民国国民政府社会部接収東北事業会に呼び出されて嘱託となり，その後，遼寧省教育庁研究員を経て 1947 年 8 月に帰国．日本図書館協会図書館雑誌編集委員会委員長などを経て，1948 年 8 月に設立されたばかりの国立国会図書館に目録課長として入り，草創期の発展

---

110)　同上，27 頁．なお「黒図档」については，本章注 92 を参照のこと.
111)　同上，29 頁.
112)　吉林省档案館編『吉林省档案館指南』（中国档案出版社，1996 年），2 頁．なお，黒龍江省档案館編『黒龍江省档案館指南』（中国档案出版社，1992 年）には関係する記述が確認できない.
113)　前掲臼井佐知子「中国明清時代以降の文書管理」，37 頁.

を支えるひとりとなった．周知のように，国立国会図書館は米国議会図書館をモデルに，国会議員の議員活動支援をはじめ，国政に資することを目的として設立された．戦時中，満洲国立中央図書館を，米国議会図書館のような調査研究機能を基盤に国家施策の立案と実施を支援する「積極的国立図書館」にしなければならないと主張してきた弥吉にとって，まさに理想的な職場であり，彼は「満洲国」で構想した自らの国立中央図書館構想を活かそうと，力を尽くしたに違いない．

その点で注目されるのは，国立国会図書館に憲政資料室（最初，憲政資料蒐集係）が設けられたことである．憲政資料室の原点のひとつは，戦前の衆議院・貴族院事務局における修史事業にあるとされるが，近代史研究者大久保利謙による1948年11月の国会請願などもあり，憲政史を中心とする現代史研究のための史料収集保存機関として出発した[114]．その後，政治家の個人文書を中心に公文書なども保有する事実上のアーカイブズ施設として充実を見ている．米国議会図書館のマニュスクリプト部（手稿史料部）をモデルにした可能性もあるが，満洲国国立中央図書館籌備処に付属した旧記整理処と類似している点も少なくない．想像の域を出ないが，「満洲国」における弥吉の経験や考え方が，何らかの形で参考にされたのではないだろうか[115]．

もうひとりは，1959年に日本初の公立アーカイブズである山口県文書館を創立したことで知られる，元山口県立山口図書館長鈴木賢祐である．鈴木は戦時中，先進的とされた青年図書館員連盟に加わり，外務省の「対支文化事業」の一環として1937年に開館する上海近代科学図書館（正式名「日本近代科学図書館」）に，準備段階から関与した．帰国して，九州帝国大学図書館，東京帝国大学図書館，日本図書館協会などにつとめた後，1944年12月2日付で「満洲国」国立中央図書館籌備処嘱託となり，1年間の期限付きで奉天に赴任した[116]．敗

---

114) 青山英幸「日本におけるアーカイブズの認識と『史料館』・『文書館』の設置」（青山英幸・安藤正人編著『記録史料の管理と文書館』，北海道大学図書刊行会，1996年），275頁．

115) 参考までに，1983年にユネスコ本部情報企画部専門官のフランク・B・エヴァンズ（当時，米国国立公文書館からユネスコに出向中）が国立国会図書館を視察し，翌1984年に「国立国会図書館文書史料コレクションの拡充と保存」（Frank B, Evans, *Development and preservation of manuscript collections of the National Diet Library*, Unesco, 1984）と題する報告書を出している．そこでは，憲政資料室を米国議会図書館のマニュスクリプト部のような独立性の高いアーカイブズ的施設として拡充することを勧告している（安澤秀一・大藤修・安藤正人「座談会：日本におけるアーカイブズ学の発展」，『アーカイブズ学研究』No. 27，2017年12月，50頁）．

戦までの短い間だが，旧記整理処の最後の活動に参加したと見られる．

戦後，1950 年に山口県立山口図書館長となった鈴木は，1952 年に旧藩主毛利家から受託した「毛利家文庫」や，県から移管された県庁文書を適切に保存し，利用に供するため，欧米文献を翻訳するなどして海外のアーカイブズ制度の研究に着手し，その結果，1959 年に近代的アーカイブズ理念にもとづいた日本初の公立アーカイブズである山口県文書館を創立した．鈴木は 1957 年頃から文書館に関する数々の論文も発表しており，まさに日本におけるアーカイブズの父ともいえる存在である[117]．本人がそう語っている文章を見たわけではないので確証はないが，鈴木の活動の背景のひとつに，旧記整理処での経験があったと考えても，あながち無理はないだろう．

6．おわりに

本章では，1937 年 5 月 28 日の「満洲国国務院訓令第 37 号　旧記ノ統一管理ニ関スル件」(旧記統一管理令) と，それにもとづく旧記整理処の活動について，戦時期日本が行った典型的な「植民地アーカイブズ事業」と見る立場から，検討を行ってきた．最後に，アーカイブズ史の観点から，改めてその歴史的位置を考察し，まとめに代えたい．

第 1 に，旧記統一管理令が，中国の研究者が指摘するように「満洲国産業開発五カ年計画」の実施を直接の契機にしているとまではいえないにしても，「満洲国」の経営，つまりは日本の植民地経営に資することを第一目的にした「国家」事業であったことは，改めて確認しておきたい．ただ，統一管理の対象が，旧記，すなわち旧政権期の記録に限られ，「満洲国」政府自体の記録が，一部の例外を除いて含まれていない点で，欧米列強の植民地アーカイブズ政策とは性格が異なる．その意味で，旧記統一管理事業は，限定された，日本特有

---

116)　前掲大場利康「満洲帝国国立中央図書館籌備処の研究」，167 頁；升井卓弥「鈴木賢祐・反骨の図書館文献学者」(石井敦編『図書館を育てた人々　日本編』日本図書館協会，1983 年)，148-153 頁．

117)　山口県文書館『山口県文書館の 30 年』(山口県文書館，1990 年)；前掲青山英幸「日本におけるアーカイブズの認識と『史料館』・『文書館』の設置」，244 頁；安藤正人「日本のアーカイブズ論の形成」(全国歴史資料保存利用機関連絡協議会編『日本のアーカイブズ論』岩田書院，2003 年)，248 頁．

の「植民地アーカイブズ事業」であった．

　旧記の収集は，「満洲国」政府の強権と満鉄の輸送力を駆使して大々的に行われ，関東軍が旧記整理処設置以前に接収した古書，档案，それに個人からの寄贈資料を合わせ，旧記整理処の収蔵物は厖大なものになった．

　活用については，政府機関や満鉄調査部による利用状況の一端が明らかになっており，旧記整理処設置の目的は一定程度達成されたように見える．しかし，後半期に利用者が減少していることや，処長弥吉光長が利用拡充に向けてさまざまな方策をとっている様子を見ると，旧記を「満洲国」の国家経営の礎にするという当初の企図は，必ずしも目論見通りに進まなかったようである．その理由として，旧記の整理と目録作成が十分でなく利用が困難だったことや，旧記整理処が政府中央機関の集まる新京でなく奉天に位置していたことなどが考えられる．また，政府官僚をはじめとする利用者側の要因としては，土地調査部門などを除いて旧政権期の記録を現実の植民地行政に活かすという認識が必ずしも浸透していなかったことや，現地語読解能力をはじめ，旧記利用に必要な知識や技能を欠いていたことなどが推定される．

　一方，旧記統一管理令がもう1つの柱としていた，旧記の学術研究資料としての利用も，ある程度行われたようだが，利用者の多くは，旧記整理処の関係者や，満鉄調査研究部門，建国大学などに所属する在満日本人研究者，あるいは日本外務省の「対満文化事業」に関係する日本の大学研究者などであったと推測される．そして彼らに期待されたのは，弥吉の表現を借りれば，「満洲自体の建設は勿論，大東亜全体の調査研究に大いなる貢献をする」ことであった．その意味で，旧記統一管理令に示された，学術研究の基礎資料という旧記の位置づけも，「大東亜の建設」を目指す日本の植民地政策の枠組みから逃れることはできなかった．

　第2に，旧記統一管理令がなぜ旧政権期の旧記のみを対象とし，「満洲国」自身の行政記録も含めた，本来の意味での植民地アーカイブズの構築を目指す方向に進まなかったのかという問題を考えておきたい．

　本書第4章ならびに本章「2．旧記統一管理令の背景」で指摘したように，満洲における旧記への関心は，旧慣調査や土地調査など，満鉄を中心とした調査活動，さらに遡れば台湾植民地における調査活動以来の蓄積を背景にしている．旧記統一管理令の発令は，長年の調査経験を踏まえた一部の植民地官僚と

専門研究者の提言がきっかけになったと思われ，その結果，台湾や朝鮮の植民地統治機関も実施しえなかった強力な「植民地アーカイブズ事業」を実現した．

一方，「満洲国」政府自らが生み出している行政文書の管理に関しては，本書では具体的な分析を行うことができなかったが，試みにその一端を1937年7月1日施行の「産業部文書取扱規則」[118]に見ると，次の通りである．すなわち同規則は，「第六章　文書ノ整理及保存」の第47条で，「文書ハ一事件毎ニ其ノ起端ヨリ完結ニ至ル迄同一番号ヲ記入シ且之ヲ一括纏綴スベシ，若シ一括纏綴シ難キモノナルトキハ其ノ旨ヲ欄外ニ記載スベシ」と定め，第50条では文書の保存期限を，永久，20年，10年，5年，1年の5種に分けて，第1種の永久保存に相当するのは，「法規ノ制定，改廃ニ関スル文書其ノ他例規徴証ニ供スベキ重要書類」としている．

このような同規則の内容は，第4章で検討した日本政府ならびに台湾総督府，朝鮮総督府の文書管理制度がモデルになっていることは明らかであり，産業部以外の部局でも，事情はほぼ同じであったろうと推測される．このことから，「満洲国」官僚は，日本本国や台湾・朝鮮植民地の官僚の多くと同様，おそらくは現政権文書の保存は文書管理制度で十分対応できると考えていたのであり，旧記統一管理令の発令にあたっても，その対象を現政権文書にまで拡大するような発想に至ることはなかったのだと思われる．

第3に，旧記統一管理令による旧記収集事業が，満洲各地のアーカイブズ状況にどのような影響を与えたか，という問題がある．つまり，旧記統一管理令の発令時，「満洲国」の地方官公署や地方自治団体に，清朝期，民国期の檔案がどのような状態で保管されており，旧記統一管理事業の結果，その状況がどのように変化したかという問題である．現存する旧記整理処移管資料のほかに，旧記整理処に移送されないで現地に今も残っている檔案があるとすれば，それらの現状を明らかにすることも必要だが，その前提として，清国期，民国期の地方行政庁における文書管理制度を解明することが，アーカイブズ史的に重要な研究課題のひとつである．

清朝期，民国期の地方行政文書の保存については，中国で研究が進んでいると推測されるが，臼井佐知子も，清朝期に「賦役黄冊」，「魚鱗図冊」などの徴

---

118)　JACAR Ref.: A06031001800,「『政府公報』第979号」(「『満洲国政府公報日訳』康徳4年7月分」), 151-157頁（国立公文書館）．

税関係文書や，行政府が直接に裁判調停を行った際の一連の裁判文書などが地方行政機関に保管されたことを指摘している[119]．ただし，それを支えた法制度や記録保存施設には言及していない．また，地域社会には，郷約，里甲，保甲などの行政的組織，家族・宗族などの血縁組織，合会，義荘，義助会，善堂・善会のような経済的互助組織，行会，会館，商会のような同郷者・同業者団体など，さまざまな自治的団体が存在し，公的文書を含む記録を保管していたという重要な指摘もしている[120]．実際，商会の文書が旧記整理処の収集資料に含まれていたように，これらの団体の中には，旧記統一管理令が対象とする「地方自治団体」にあたるものがあると考えられ，注意を要する．

　旧記統一管理令提案のきっかけになったという臨時土地制度調査会の地方調査で，吉林，哈爾賓，斉々哈爾などを回った天海謙三郎は，すでに引用したように，「省や県公署内に大切な文献が放置されているのを発見」し，「それをそのままにしておいては，今までしばしば経験したようなストーブの焚きつけなどにされる心配がある．そこでガラクタと一緒に倉庫などに乱雑に放りこんであるものなどは，県の参事官や理解ある方々に注意して，大切にし保存して下さいと依頼するようなこと」をした，と語っている[121]．また，旧記統一管理令が発令されると，各官公署は，「現在使っている以外の書類を，なんでもかんでも一切お構いなしにちょうど役所の大掃除をする位の気持で，この際一掃してしまえとどしどし送って来た」ともいっている[122]．あくまでも天海の目に映った状況を概括的に話しているので，そのようではない官公署や地方自治団体，すなわち，それなりに整備された檔案保存システムを持っていた官公署や地方自治団体があったことは否定できず，とくに旧黒龍江省の諸省ではその可能性が高い．しかし清朝期，民国期の満洲全体を見たとき，省，県等の地方官公署や地方自治団体は，公文書記録を保存してはいたものの，一般には，持続的で体系化された檔案保存システムを整備するには至っていないところが多かったと考えるのが妥当であろう．

---

119) 臼井佐知子「中国明清時代における文書の管理と保存」(『歴史学研究』No. 703〔増刊号〕, 1997年10月), 180-182頁.
120) 前掲臼井佐知子「中国明清時代以降の文書管理」, 41-42頁.
121) 前掲「中国旧慣の調査について——天海謙三郎氏をめぐる座談会 (1957年7月6日)」, 833頁.
122) 同上座談会, 837頁.

そうであるとすると，旧記統一管理令による奉天への旧記集中が，天海ら提案者が期待したように，放置すれば散逸，消滅する可能性が高かった満洲各地の旧記を救済した面があったという評価も成り立つであろう．しかし，それはあくまで仮定にもとづく評価に過ぎない．客観的評価を下すためには，今後さらに次のような点を検証していく必要があろう．

　1つは，地方官公署や地方自治団体が旧記を奉天に送付する際，文字通りそれを「大掃除」の機会ととらえて，大量の記録を不要文書として選別・廃棄したのではないか，ということである．何事に限らず，ものを整理し保存する行為は，ふつう不要物の廃棄を伴う．文書や記録の場合はとくにそうであり，明治中期に，内務省が日本の各府県に令して，「各町村公有記録絵図面等」の保存と目録作成を指示した「全国記録保存事業」が，町村役場の文書廃棄を促進する契機にもなったことは，その好例である．旧記統一管理令が，送付旧記を重要文書と普通文書に分けて重要文書に目録を添付することを求め，業務の必要上残置する旧記についても，理由を記した目録の提出を義務づけたことは，地方官公署等にとって相当な負担であり，「ガラクタと一緒に倉庫などに乱雑に放りこんである」多くの記録が，十分な点検を受けることなく，不要文書として廃棄されたのではないかと思われる．もっともこれは筆者の想像に過ぎないが，旧記統一管理令が地方のアーカイブズ状況に与えた影響を計る上で重要なことなので，今後史料により事実が検証されることを期待している．

　もう1点は，『中国档案事業史』が，「整理後の档案は大部分が瀋陽旧張作霖師府の書庫に収蔵されたが，かなりの部分が湿度の高い保管条件の悪い臨時書庫内に置かれたため，多数の档案が劣化，損壊した．とくに清朝初期の満文，蒙文档案や康熙年間の古い档案などの損失が大きかった」[123]としている問題である．まずは，この指摘がいかなる史料や先行研究を根拠にしているのか知る必要があるが，旧記整理処に移管された旧記については，現在に至る残存状況を追跡するだけでなく，旧記整理処での保存，管理の実態を明らかにする必要がある．

---

123)　前掲周雪恒編『中国档案事業史』，471頁．

第6章

朝鮮総督府統治下の「植民地アーカイブズ事業」

1. はじめに

　日露戦争に勝利し，1905年9月に調印された日露講和条約（ポーツマス条約）で韓国の保護権を獲得した日本は，11月17日に第二次日韓協約を結んで韓国の外交権を掌握し，12月21日に伊藤博文を統監とする「韓国統監府」を設置して，韓国を事実上の保護国とした．そして4年8か月後の1910年8月22日，「韓国併合ニ関スル条約」が締結され，日本は9月30日に「朝鮮総督府官制」を公布して，以後，1945年の日本敗戦まで35年にわたる植民地支配を開始するのである．

　植民地下朝鮮でも，「土地調査」「旧慣調査」「古蹟調査」「史料編纂」などの名で，調査事業が大規模かつ強力に推進された．その全体的な流れは本書第4章の表4-1「植民地における『調査事業』略年表」に示したので，それを見ていただきたい．本章では，このうち朝鮮半島のアーカイブズ状況に大きな影響を与えたと推測される，「土地調査」，「旧慣調査」，ならびに「史料編纂」事業について，先行研究[1]のほか，朝鮮総督府中枢院が編集した『朝鮮旧慣制度調査事業概要』[2]，朝鮮総督府朝鮮史編修会の『朝鮮史編修会事業概要』[3]，なら

---

[1] 個々の先行研究については各節において触れるが，永島広紀は，1905年の韓国統監府成立後，朝鮮半島における記録物を中心とする文化財の整理と保存に関し，(A)「度支部—学務局ライン」，(B)「宮内府—李王職ライン」，(C)「法典調査局—（朝鮮総督府参事官室）—京城帝大ライン」の3つの系統が生まれると指摘している（「日本の朝鮮統治と『整理／保存』される古蹟・旧慣・史料（第108回史学会大会公開シンポジウム「越境する歴史学と歴史認識」報告）」，『史学雑誌』120巻1号，2011年1月）．本章で検討する土地調査事業，旧慣調査事業，史料編纂事業を全体的に視野に入れた見解であり，極めて参考になる．

[2] 朝鮮総督府中枢院『朝鮮旧慣制度調査事業概要』（朝鮮総督府中枢院，1938年）；復刻版（『韓国併合史研究資料』93所収，龍渓書舎，2011年）．

びに韓国国史編纂委員会が所蔵する朝鮮総督府中枢院や朝鮮史編修会の記録などによりながら，順次検討していきたい．なお筆者は，史料編纂事業を，史料の調査と収集自体が目的のひとつであったことから，第5章で見た「満洲国旧記整理処」ほど典型的ではないにしても，それに類似した一種の「植民地アーカイブズ事業」と考えている．また土地調査事業と旧慣調査事業の中で行われた文書・記録の調査や収集も，それに準じる性格と規模を持っていたので，広く「植民地アーカイブズ事業」の一環として考察することにしたい．なお，これらの事業の背後にある「植民地アーカイブズ政策」の土台は，本国政府のもとで形作られ，植民地統治機関がこれを具体的事業として執行したと考えられるが，日本政府の政策立案の問題については検討が及ばなかった[4]．

本論に入る前に，韓国統監府設置期の動きについて，簡単に述べておきたい．この時期，統監府は伊藤博文統監のもとで，韓国の法制度や土地制度，徴税制度など諸制度の長期的な改革を念頭に，調査活動に着手しているが，後の朝鮮総督府時代のように，土地調査や旧慣調査などがそれぞれ単独に行われたわけではなかった．

最初に設けられた本格的な調査組織は，1906年7月に韓国政府議政府内に置かれた「不動産法調査会」である．同会は伊藤統監が東京から招聘した法学者の梅謙次郎法政大学総理が会長に就任し，伝統的な土地売買慣習を改変して，土地所有権証明のための新たな法制度を整備することを主な目的に，不動産に関する慣習や文書・記録の調査を全国的に実施した．同調査会は1907年末に解散し，新たに設置された「法典調査局」に調査業務を引き継ぐことになるが，その成果は『韓国不動産ニ関スル調査記録』，『韓国不動産ニ関スル慣例』などとして刊行され[5]，解散後にその要点が法典調査局により『不動産法調査報告要録』[6]としてまとめられている．

---

3) 朝鮮総督府朝鮮史編修会『朝鮮史編修事業概要』（朝鮮総督府朝鮮史編修会，1938年）；復刻版（『韓国併合史研究資料』85所収，龍渓書舎，2011年）．
4) 日本政府と朝鮮総督府の政策決定をめぐる関係と記録の所在については，金慶南（キム・キョンナム）「帝国の植民地・占領地支配と『戦後補償』記録の再認識――植民地朝鮮支配・戦後処理の決裁構造と原本出所を中心に――」（『アーカイブズ学研究』No.23，2015年12月）がある．
5) 不動産法調査会『韓国不動産ニ関スル調査記録』（不動産法調査会，1906年）；同『韓国不動産ニ関スル慣例』（不動産法調査会，1907年）．
6) 法典調査局『不動産法調査報告要録』（発行年不詳）；復刻版（『韓国併合史研究資料』89所収，龍渓書舎，2011年）．

1907年12月に設置された法典調査局は，民法・刑法・民事訴訟法などの整備を目的として，民事慣習調査などを行ったが，その内とくに土地の権利関係に関する旧慣調査については，翌1908年7月に設置された臨時財産整理局がこれを引き継いだ．同局は1909年5月から8月にかけて，全国の財務署に調査用紙を配布して回答を求めるとともに，臨時財産整理局の嘱託を派遣し，各地方の財務監督局，財務署や面，洞が保存する李朝時代以来の土地記録について詳細な調査を実施し，その結果を『土地調査参考書』として刊行している[7]．

一方，土地記録に関していえば，以上のような土地の法的権利関係を中心とした旧慣調査の流れのほかに，地税徴収制度の整備を目的とした税務当局による調査活動が存在した．日本は早くも1905年7月，大邱，全州，平壌に財政顧問支部を置いて徴税制度への関与を始めるが，宮嶋博史によると，1905年11月9日付の『皇城新聞』に，「各郡税簿調査」という見出しで，日本が各郡に税簿調査のため役人を派遣することが報じられており，日本による租税徴収台帳の調査が，1905年11月17日の第二次日韓協約の頃から着手されていたことがわかるという[8]．その後，韓国統監府が設置されると，統監府は1906年9月に「管税官官制」を公布して，税務監，税務官，税務主事からなる徴税機構を整備するとともに，税務署，税務分署の設置を進め，郡庁などが保管していた徴税帳簿や土地帳簿などを調査して，これを税務署に移管させる方策をとった．この件については，項を改めて述べることにしたい．

2. 土地調査事業とアーカイブズ

2.1 韓国統監府支配期の土地調査事業準備過程

2.1.1 李朝時代の土地・徴税関係記録

植民地期朝鮮において記録，文書の状況に大きな影響を与えたものとして，まずとりあげなければならないのは，租税制度の改革ならびに，それと密接に関連する土地調査事業である．これについては，宮嶋博史の詳細な研究と崔元

---

[7] 度支部編『土地調査参考書』第2号，第3号（韓国政府度支部，1909年）．
[8] 宮嶋博史『朝鮮土地調査事業史の研究』（東京大学東洋文化研究所報告，汲古書院，1991年），295，311頁．

奎（チェ・ウォンギュ）の史料紹介があるが[9]，以下では宮嶋の研究に多くを依拠しながら，アーカイブズ史の観点から関係がある記録・文書の問題，とりわけ李朝時代の土地関係，地租関係の記録の取扱いに焦点を当てて見ていきたい．

まず，李朝時代の土地関係記録，地租関係記録にどのようなものがあるか，概要を確認しておこう．これには，宮嶋の研究のほか，前掲法典調査局『不動産法調査報告要録』（以下『要録』という）や朝鮮総督府中枢院編『朝鮮田制考』[10]が参考になる．また，前掲『土地調査参考書』にも詳しい説明がある．ここでは，とりあえず『要録』を中心に見ていく．

『要録』によると，不動産法調査会が実施した調査事項は，「第一　土地ニ関スル権利ノ種類，名称及ヒ其内容」，「第二　官民有区分ノ証拠」など，10の項目に分かれていた[11]．『要録』は，この10項目に沿って，不動産法調査会の調査結果を簡単にまとめる形式をとっている．

『要録』には，不動産に関する慣行の中で使われてきた文書・記録について，各所に言及がある．まず調査事項4つ目の「第四項　土地台帳又ハ之ニ類スルモノアリヤ若シアラハ其帳簿ニハ如何ナル事項ヲ記載セルヤ」では，「韓国ニ於テハ高麗ノ時ヨリ量案ナルモノアリ略ホ土地台帳ニ当ルモノニシテ課税ノタメニ設ケタルモノノ如シ」として，「量案」について，記載様式を数例，図で示しながら説明している[12]．

量案は，李朝期を通じて行われた量田（検地）のたびに作成された土地台帳で，対象地の種類によって，邑量案（郡，県全体），宮房・衙門量案（宮房・衙門への収租権分与地），個人量案（個人私有地）の3種類があり，3部ずつ作られて，戸曹（中央財務官庁），道，郡に1部ずつ保管された[13]．もともと20年ごとに量田を実施して量案を新調する定めであったが，大規模な量田は1718-20年の「庚子量田」以降行われなくなり，180年後の1900-04年に「光武量田」が実施され，これが最後の量田となった．庚子量田によって作成された量案を「庚

---

9) 同上書ならびに崔元奎（翻訳：金耿昊，李相旭，監訳：金慶南）「大韓帝国・日帝初期における土地帳簿とその性格」（『アーカイブズ学研究』No. 22，2015年6月）．
10) 朝鮮総督府中枢院『朝鮮田制考』（朝鮮総督府中枢院，1940年）．
11) 前掲法典調査局『不動産法調査報告要録』，「調査事項」1-3頁；前掲宮嶋博史『朝鮮土地調査事業史の研究』，363-364頁．
12) 前掲法典調査局『不動産法調査報告要録』，「調査事項」23-28頁．
13) 同上，ならびに前掲朝鮮総督府中枢院『朝鮮田制考』，332-333頁．

子量案」，光武量田によるものを「光武量案」というが，庚子量案以前の量案と光武量案とを区別するため，前者を「旧量案」，後者を「新量案」と呼ぶことがある[14]．

『要録』によると，量案の記載様式は，たいてい冒頭に作成年月日と地名を記したあと，千字文の字で区域を表し，記載番号，犯別（区分の称呼．犯向ともいう），等級，田種，尺数，面積，四標，所有者または起耕者，元所有者の姓名等を記入し，まれに作人（小作人）の姓名や開墾以来の年数を書くこともあるという．これについて宮嶋は，量案が基本的かつ公的な土地台帳であることは認めつつ，量案が課税のために作成された帳簿ととらえられている点や，旧量案と新量案（光武量案）の違いについて示されていない点など，『要録』の量案に関する認識はごく初歩的な段階にとどまっていると指摘している[15]．宮嶋は残存する庚子量案と光武量案を詳細に分析し，それぞれの歴史的性格を論じている．ここではその詳細に立ち入ることは避けるが，とくに留意しておきたいのは，土地所有者が士族階級の両班である場合，代わりに奴（奴婢）の氏名を記入することなどが少なくなく，その意味で量案は土地所有者の登録台帳ではなかったという指摘である．

一方，地租徴収のための課税帳簿として作成されたのが「衿記」である．衿記は地方によって「類抄」「籌版」など呼称が異なるが，土地所有者ごとに地租を負担する土地を名寄せした帳簿で，地方有力者である郷吏層に属する書吏（書員）が面（村）単位で作成した．国家の公募である量案と違い，面内での免租割当特権を持つ郷吏層が私的に管理できたため，衿記はしばしば一般村民が判読できないような文字で書かれ，「郷吏層が，収租過程に介在して中間利得を得るための武器」になったという[16]．

このほか，個人間の土地譲渡や売買は，「文記」と呼ばれる土地証文の束を授受するという伝統的慣習にのっとって行われた[17]．これについては，『要録』の「第五項　土地ニ関スル権利ノ譲渡ハ総テ自由ナルカ又其条件，手続如何」のところで，売買証書として文記が使用された旨記述されている[18]．文記につ

---

14)　前掲度支部編『土地調査参考書』第3号，103-107頁．
15)　前掲宮嶋博史『朝鮮土地調査事業史の研究』，366頁．
16)　同上，185頁．
17)　同上，197頁．
18)　前掲法典調査局『不動産法調査報告要録』，28-30頁．

いては，調査事項第 1 項目においても，借地権や質権，抵当権の設定に関し，文記が使用されてきたことが述べられている．また，前記『朝鮮田制考』にも，文記についての詳しい説明がある[19]．

さらに，『要録』調査事項 6 番目の「第六項　地券及ヒ家券ナルモノアリト聞ク是ハ如何ナル土地，如何ナル建物ニ付テモ存スルカ又其沿革及ヒ記載事項如何」では，「地券」と「家券」について，次のように説明をしている[20]．すなわち，「地券ハ地契ト称シ之カ発給ハ各国ノ居留地ニ関スル条約ニ基ケルモノニシテ外国人居留地域及ヒ居留地外十（韓）里内ノ地所ニ付キ条約人カ所有権ヲ得タル場合ニ監理署之ヲ発給セシモノ」である．つまり，日本や中国などと異なり，地券は外国人居留地と居留地外 10 里以内の地で外国人が所有権を有する土地に対して発給されるものだということである．1901 年に地契衙門を置き，韓国全土に地契を発行する計画を立てて，1903 年に忠清南道と江原道の一部に実施を試みたが，結局実行されずに終わったという．

家券については，「家券ハ家契ト称シ開港地，開市地等ニ於テ監理署ヨリ発給シタルモノニシテ開国五百二年(1893)頃京城ニ於テ始メテ発給シ後各開港地，開市地ニ及ヒシカ光武九年(1905)十二月其様式ヲ改メ十年(1906)五月更ニ内部令[21]ヲ以テ新ニ其規則ヲ定メアリ」とあり，やはり開港地，開市地に限定して発給される家屋所有権証書であったようである．

2.1.2　地税徴収制度の改革と帳簿システムの改変

李朝時代の主な土地関係記録，地租関係記録はおおむね以上のようなものであるが，韓国統監府の支配下で，これらの記録はどのような運命をたどったのであろうか．

不動産法調査会や法典調査局は，李朝時代の不動産関係記録についての調査を実施したが，法律整備が目的であったことから，それらの記録のサンプルを集めることはあっても，大規模かつ組織的な収集や移管は行わなかったと思われる．それに対し，次に述べる徴税制度改革では，地税徴収に関わる李朝期記

---

19)　前掲朝鮮総督府中枢院『朝鮮田制考』，349-408 頁（第 4 章第 1 節「土地売買と其の文記」）．
20)　前掲法典調査局『不動産法調査報告要録』，30-46 頁．
21)　「家契発給規則」（5 月 22 日）（前掲宮嶋博史『朝鮮土地調査事業史の研究』，巻末年表 64 頁による）．

録の収集が，改革の前提として重視された．

　日本は，韓国統監府を設置したあと，長期的な土地調査事業と土地制度の改革を視野に置きつつ，まずは当面の徴税制度改革に取り組んだ．すなわち，1906年9月に「管税官官制」を公布して，税務監，税務官，税務主事からなる徴税機構を整備するとともに，税務署（税務官駐在所），税務分署（税務主事駐在所）の設置を進め，その数は1907年10月の時点で，税務署50か所，税務分署181か所となった[22]．事業の中心を担ったのは，日本の大蔵省主税局長から韓国政府財政顧問に就任した目賀田種太郎である．目賀田は，「租税ニ関スル帳簿書類並ニ既ニ徴収ニ係ル現金等ハ一切引継ヘキモノナリ」[23]として，従来郡守が郡庁に保管していた租税関係の帳簿，書類を，税務官，税務主事のもとに移管させ，徴税に関する権限を一挙に掌握する方針をとった．

　このときの帳簿類の移管については，1909年に臨時財産整理局嘱託職員が現地調査の結果をまとめた前掲『土地調査参考書』に言及がある．すなわち，同書第2号の「土地ニ関スル帳簿類」「一，官庁設備ノ土地ニ関スル帳簿書類及書式」に，「財務署[24]設置ト同時ニ道及郡衙ニアリタル書類帳簿ハ悉ク之ヲ財務署ニ引継キタルヲ以テ今日ニ於テハ郡衙ニ土地証明台帳アル以外ニハ道及郡衙ニハ土地ニ関スル帳簿書類ハナシ」，「財務署ニ備フル帳簿類ハ量案ヲ初トシ種種ノ名称ヲ有スルモノ頗多シ」とあり[25]，同書第3号も財務署保管の土地に関する帳簿書類の筆頭に新量案と旧量案をあげている[26]．これらの記述から，郡庁から移管された帳簿の中心が量案であったことがわかる．実際，元朝鮮総督府臨時土地調査局職員藤本修三の近年のインタビュー記録によれば，税務署設置当時の量案の取扱いについて，次のように証言している[27]．

---

22) 韓国統監府『韓国施政年報　明治三十九年・明治四十年』（統監府官房，1908年），154-155頁；前掲宮嶋博史『朝鮮土地調査事業史の研究』，295-298頁．
23) 宮嶋博史同上書，353頁注40所載，1907年1月10日付韓国政府財政顧問目賀田種太郎の警務顧問丸山重俊宛照会文．
24) 設置時は「税務署」が正しい．注35参照．
25) 前掲度支部編『土地調査参考書』第2号，89頁．
26) 前掲度支部編『土地調査参考書』第3号，103頁．
27) 「未公開資料　朝鮮総督府関係者録音記録（7）：朝鮮土地調査事業の実態をめぐって」（学習院大学東洋文化研究所『東洋文化研究』8号，2006年3月），261頁．なお，移管した量案を一括焼却したという説があるが，との質問に対し藤本は，焼いた場合もあるかもしれないが，量案は一番大事なものなので，一括焼却するようなことはない，と答えている．

藤本　税務署ごとの地籍倉庫というのをつくって，その中に古いやつ［量案］を二,三郡合わせたときの郡で持っているやつはみんなそこへ入れているわけです．（中略）
　郡庁が倉庫に持っておったのを，税務署ができたときに地籍倉庫をわざわざ非常に立派な倉庫をつくらせましてね，これは非常にやかましかったですよ．各郡ごとにあるはずです．

　藤本証言は内容にやや不正確なところもあるが，税務署設置の際，郡ごとに「地籍倉庫」が作られたという話が事実だとすれば，量案など土地関係帳簿の収集にかなり力を入れたことが推察される．また，後述するように，1908年に大邱財務監督局管内で実施された申告方式による新しい徴税帳簿作成の際に，量案（新量案）との照合が行われたとされるが[28]，このとき使用された量案は，郡庁から税務署に移管された量案であった可能性もある．
　しかし，実際には量案だけで地税の徴収ができたわけではなく，事実上の徴税台帳として機能していたのは，書員層，郷吏層が作成し，私的に管理していた衿記であること，また衿記が書員層，郷吏層による不正の温床ともなっていることは，日本側もよく承知していたと見られる．そこで統監府は，衿記に代わる新たな徴税台帳を作成する方向に動き出すのだが，1907年度についてはとりあえず従来の衿記を掌握し，これを適正に修正することによって徴税を実施することとし，同年7月30日に各道税務監に宛てて訓令を発した[29]．この訓令は，「従来規程不備ノ為メ奸偽ヲ生シ税簿モ粗雑ナルヲ以テ努メテ旧弊ヲ棄テ正ニ就カシメンカ為メ」として，徴税帳簿の作成に関する6点の規則を定め，管下税務署に徹底するよう指示したものである．
　まず第1項では，「衿記及作伕案ニ従来奴号等虚文ヲ一切革去シテ必ス納税人姓名ヲ以テ書ク事」とし，これまで書員層がしばしば行ってきた，納税人の代わりに奴婢の名を記載するような「虚文」を一切排除しようとしている．また第5項では次のように規定し，洞長，知事人が衿記の作成と提出に関わるよう指示している．

---

28)　前掲宮嶋博史『朝鮮土地調査事業史の研究』，320-321頁．
29)　同上，312頁．

一，各該洞長或ハ知事人ヲ以テ該洞前年度衿記ヲ一々収メテ田畓垈址ノ斗，
耕或ハ坪数等ヲ詳ハシク記録シテ指定ノ日ニ税務或ハ分署ニ来リテ考トニ
便ナラシメ何面何洞ハ何日ト順序ニ排定シテ予メ令飭スル事

　宮嶋は,「この訓令は従来書員層が作成・掌握していた衿記を税務（分）署
の管掌に移すとともに，今年度の衿記作成を洞長・知事人→税務（分）署の手
で行い，従来の衿記の記載不備をも是正しようとするものであった」と指摘し
ている[30]．しかし，その目論見は書員層，郷吏層の抵抗にあい，彼らは中間
利益獲得の不正発覚を恐れて，衿記を意図的に隠匿したり，持って逃亡したり
した[31]．たとえば宮嶋が紹介している史料によれば，全南光州郡では，1907
年12月の税務引継の際「諸帳簿ノ検査ニ着手スルヤ郡守ノ提出シタル帳簿ハ
単ニ丙午結税，戸税，摘録ノミナリシヲ以テ当地ノ旧帳簿提出アランコトヲ請
求シタルニ書員中ノ或ル二三ノ者ハ自己ノ負担セル面内帳簿ヲ携帯逃亡セリ，
依テ郡守ハ直チニ郡書員ヲ召喚シ答数状ヲ加ヘ漸ク携帯帳簿ヲ取リ返ス事ヲ得
タリ」という状況であったという[32]．

　このような状況に対し，統監府は徴税書類を一新して，地税徴収方法の大幅
な改革を図ろうと作業を急ぎ，1908年7月18日に大邱財務監督局管内に訓令
第1122号を発して，申告制にもとづく地税徴収を初めて実施した[33]．同訓令
によれば，申告制とは,「結数申告書」[34]という書式を用意し,「人民ハ自己ノ
所有又ハ耕作スル結数ハ洩ナク」これに記入して面長に提出し，面長がこれを
取りまとめて財務署[35]に提出するという方式で，郷吏層など地方有力者の介入
を排除し,「一般人民ヨリ直接財務署ニ申告ヲ為ス」ことをねらいとするもの
であった．土地測量による本格的な地籍整理をすぐには実施できない状況下で
の苦肉の策ともいえるが，一定の成果をあげたため，1909年には全国に広げら
れることになり，7月に各財務監督局長宛てに実施要項が通牒された[36]．

---

30) 同上，312頁．
31) 同上，185頁，315頁．
32) 同上，354頁注48所載，『財務週報』8号，報告及統計，339頁の記事による．
33) 同上，317-318頁．
34) 「結」は朝鮮独特の土地面積表示方式で，1918年の改訂地税令によって廃止されるまで使用
された．
35) 1907年12月財務署官制公布により，税務署から財務署に改称．

全国的実施にあたり，要項で指示された手順によれば，「申告ハ土地所在地ノ里洞長ニ申告」し，次いで「里洞長ハ別紙様式ニ依リ納税義務者毎ニ名寄ヲ以テ連名記入シ一通ハ所轄財務署ニ一通ハ所轄面長ニ提出」し，さらに「申告書ハ一面毎ニ之ヲ綴リ里洞計，面計ヲ附シ結数連名簿ト称シ財務署ニ保存スヘキコト」となっていた．こうして，納税義務者から提出された申告書を名寄せして綴ったものに里洞の合計と面の合計を添付した帳簿が，「結数連名簿」という地税徴収の新しい基本帳簿として作成されることになったのである[37]．

1909年の結数連名簿の作成は，一応年内に終了したが，遺漏や誤記など問題が多々あったようで，再度の作成が行われることになり，1910年6月18日に「結数連名簿完製計画要項」が各財務監督局に発せられた[38]．「韓国併合ニ関スル条約」調印の2か月前のことである．

地税徴収に関する新しい基本帳簿の誕生は，いうまでもなく重要なことがらであるが，それとともにアーカイブズ史の観点から注目したいのは，李朝のもとで作成された旧帳簿の扱いである．この点に関して興味深いのは，1908年の大邱財務監督局管内における申告制の試験的実施，1909年の全国的な結数連名簿の作成，1910年の結数連名簿の再調製と，3年間毎年実施された3回の申告事業において，いずれの場合も，申告内容の正誤判定のため，量案の活用が指示されていることである．すなわち，1908年の大邱財務監督局管内における事業では，申告漏れや隠匿地発見の方法として，面ごとの申告結数と新量案（光武量案）との照合が行われ[39]，1909年の結数連名簿作成の際にも，「申告結数ノ当否ハ旧量案其ノ他ノ書類ヲ参考トシ或ハ実地ニ就キ若ハ其ノ地方ニ於ケル知事者ニ聞キ之ヲ判定スルコト」と定められた[40]．また最後の1910年6月結数連名簿完製計画要項には，「新，旧量案其他従来地税ノ徴収ニ用キタル諸帳簿ヲ蒐集シ之カ集計及現在トノ対照ヲ為スコト」とある[41]．

---

36) （韓国政府）度支部編『韓国財務経過報告（第4回）』（隆熙3[1909]年下半期における韓国政府の財務状況，1910年6月），63-65頁：前掲宮嶋博史『朝鮮土地調査事業史の研究』，323-325頁．
37) 度支部編同上；宮嶋博史同上．
38) 朝鮮総督府度支部編『韓国財務経過報告（第5回）』（明治43[1910]年上半期における旧韓国政府の財務状況，朝鮮総督府度支部長官荒井賢太郎から朝鮮総督寺内正毅宛，1910年11月），39頁，40-44頁；宮嶋博史同上，328-329頁．
39) 宮嶋博史同上，320-321頁．
40) 前掲（韓国政府）度支部編『韓国財務経過報告（第4回）』，63頁；宮嶋博史同上，323頁．

1908年の試行を含め 3 回の結数連名簿作成事業において，照合の対象として指定されている量案は，それぞれ「新量案」，「旧量案」，「新，旧量案」と異なっている．その理由についての考察は宮嶋博史に譲るが[42]，結数連名簿の作成にあたり照合用に利用された量案は，1906 年 9 月の管税官官制施行に際し郡庁から各地の税務署に移管された新・旧量案であったと推測される．ただ，朝鮮総督府度支部『韓国財務経過報告（第 5 回）』に，これと関連する興味深い記事がある．この報告書は，1910 年 11 月に，朝鮮総督府度支部[43]長官荒井賢太郎が朝鮮総督寺内正毅に，「明治四十三[1910]年上半期ニ於ケル旧韓国政府財務」の状況を報告したものだが，「第二章司税　第一節租税」の「一，地税」に，「（一）旧量案ノ整理」という項目があり，次のように記されている[44]．

　　従来本部ニ保管セル旧量案ハ曩ニ不用ト認メラレ二千四百冊余ヲ一旦印刷
　　局ニ引継キタルモ結数ノ調査其他地籍ノ証明上本量案ヲ措テ他ニ求ムルヲ
　　得サル書冊ナルヲ以テ更ニ印刷局ヨリ残存セルモノヽ引継ヲ受ケ之レカ整
　　理ヲナシ左ノ通リ各局ヘ配付シ地税賦課ノ便ニ供セシメタリ
　　京畿道　　二七六冊　　江原道　　　一八冊　　慶尚南道 二一六冊
　　慶尚北道　二九六冊　　黄海道　　　六九冊　　全羅南道 三九三冊
　　全羅北道　三二二冊　　忠清南道　二二九冊　　忠清北道 一一六冊
　　咸鏡南道　　四六冊　　咸鏡北道　　七二冊　　計　　　二,〇五三冊

ここで「従来本部ニ保管セル旧量案」とは，韓国政府度支部（財務部門，戸曹の後継機関）が保存してきた庚子量案以前の量案のことで，量田ごとに作成される 3 部の量案のうち戸曹に保存された 1 部にあたると推定される．一度は不要と判断され，廃紙再利用のためであろうか，2,400 冊余りが印刷局に引き渡されたが，結数連名簿作成にあたり，「他ニ求ムルヲ得サル」貴重な記録であることが再認識され，印刷局から取り戻して整理した上，各財務監督局を通じ各

---

41)　前掲朝鮮総督府度支部編『韓国財務経過報告（第 5 回）』，42 頁；宮嶋博史同上，328 頁．
42)　宮嶋博史同上，324 頁ほか．
43)　「度支部（たくしぶ）」は財務部門．李朝の戸曹が，度支衙門，度支部と改称，朝鮮総督府に
　　名称が引き継がれた．のち財務局と改称される．
44)　前掲朝鮮総督府度支部編『韓国財務経過報告（第 5 回）』，39 頁；前掲宮嶋博史『朝鮮土地調
　　査事業史の研究』，326-327 頁．

道に照合作業用として配布したというのである．1910年上半期における旧韓国政府の施策として記述されているので，同年6月の結数連名簿完製計画要項による再調製時に実施されたと考えられるが[45]，統監府支配期のアーカイブズ取扱い状況の一端がわかる具体的事例として重要である．ただ，中央保存の旧量案をわざわざ地方に送ったということは，道と郡が1部ずつ保存する定めになっていた旧量案が，地方には満足に保存されていなかったことを意味していよう．実際，次項で紹介するように，1909年に臨時財産整理局が行った土地関係旧慣調査の報告によれば，従来郡庁が保管していた旧量案は，1906年に全国に新設された税務署に新量案と共に移管されたものの，その残存状況は，「各地方共多クハ其断片ヲ有スルニ過キスシテ全部完全ニ存在スル所ハ甚タ稀レナリ」というものであった[46]．おそらく，このような報告を受けて，中央から地方への旧量案配布が決定されたのではないかと推定される．

次に，結数連名簿と同時期に導入されたもうひとつの基本帳簿として，「地税徴収台帳」と呼ばれるものがある．『韓国財務経過報告（第2回）』によれば，「従来韓国ニ於ケル地税ノ徴収方ハ之カ基礎タル台帳ノ設備ヲ欠」いているとの認識から，1908年7月16日に韓国政府度支部から「地税徴収台帳調製規程」が発令され，全国に作成が指示されたものである[47]．大邱財務監督局管内に初めて結数申告制の試験的実施が発令された2日前にあたる．

地税徴収台帳調製規程によれば，地税徴収台帳は面ごとに作成され，結価と田，畑などの地種に分けて結数を記載するものであった．またこの新台帳の採用により，従来「納税者ハ所有又ハ耕作ノ土地カ何ノ面ニ在ルヲ問ハス自己居住面ニ納税セル」慣習であったのが，「土地所在面ヲ納税地ト為ス」方式に改められ，住所変更に伴う事務煩瑣や脱税等の弊害の解消が図られた．

いうまでもなく，量案のような測量にもとづく一筆ごとの土地台帳ではなく，宮嶋によれば，「その内容は量案の面摠部分にあたるもの」で，「量案の面摠は

---

45) 宮嶋は，この旧量案の各道配布を1909年の結数連名簿作成事業に対応したものと判断している．なお平安道が含まれていないのは，同道では李朝後期に一度も大規模量田が行われなかったためと推定している（宮嶋博史同上書，326-327頁）．
46) 前掲度支部編『土地調査参考書』第3号，19頁．
47) （韓国政府）度支部編『韓国財務経過報告（第2回）』（隆熙2[1908]年下半期における韓国政府財務状況，韓国政府度支部次官兼韓国統監府参与官荒井賢太郎から韓国統監寺内正毅宛，1909年6月），41-42頁；前掲宮嶋博史『朝鮮土地調査事業史の研究』，321-323頁．

次の量田が行われるまで不変であったのに対して，地税徴収台帳は毎年の変化を記入し，その年の面の負担地税額が判明するようになっている点が大きな違いである」とのことである[48]．

韓国統監府としては，一方で，衿記に代わる個人単位の課税帳簿として申告制にもとづく結数連名簿の作成を準備しつつ，もう一方で，量案の機能の一部を代行する面単位の「基礎タル台帳」として，地税徴収台帳の新調を企図したものであろう．いずれにしても，量案と衿記を中心とした李朝時代の地税徴収帳簿システムが，韓国統監府のもとで，地税徴収台帳と結数連名簿を中心とした帳簿システムへと大きく変貌したのである．

2.1.3　土地調査事業の準備と土地記録

韓国統監府は，当面の徴税制度改革とともに，長期的な計画にもとづいて韓国全土の土地調査事業を実施する意図を当初から持っていた．日本人による韓国人測量技師の育成は，統監府設置前の1905年6月に開始され，1907年12月には測量規程を制定するなど，準備が行われたが，実施に向けて具体的に動き出すきっかけになったのは，1908年12月1日の「韓国施政改善に関する協議会」第62回会議における伊藤博文統監の積極的発言だったという[49]．

翌1909年2月には，大邱財務監督局長川上常郎の手による『土地調査綱要』が提出された[50]．韓国政府度支部次官兼統監府参与官荒井賢太郎の指示によるものであるが，後に朝鮮総督府が実施した土地調査事業と一致する内容が多いことから，宮嶋はこの『土地調査綱要』が事業の骨格を示した指針として活用されたと推定している[51]．

『土地調査綱要』は，「土地調査ノ目的」などを記した総説に始まり，本論は「第一章　土地所有権ノ処分」，「第二章　土地ノ課税的調査」，「第三章　土地ノ測量」，「第四章　業務ノ実施並ニ監督」，「第五章　業務ノ整理」，「第六章　所有権及税額ノ告示並ニ図簿ノ授受」の6章からなっている．極めて包括的な内容であるが，アーカイブズ史の観点から注目したいのは，「第一章　土地所

---

48)　宮嶋博史同上，323頁．
49)　同上，378頁．
50)　度支部『土地調査綱要』（1909年2月）；復刻版（『韓国併合史研究資料』89所収，龍渓書舎，2011年）．
51)　前掲宮嶋博史『朝鮮土地調査事業史の研究』，379-406頁．

有権ノ処分」と,「第五章　業務ノ整理」のうちの「第二節第三目　土地台帳及関係簿冊ノ調製」である.

まず「第一章　土地所有権ノ処分」では,「第三節　土地所有権確認ノ方針」として,「原則トシテ占有ノ状態ニ重キヲ置キ占有ノ事実ヲ標準トシテ所有権ヲ確認セサルヘカラス」と,占有の事実をもって土地所有権を確認するとしている.その具体的方法としては,「第四節　土地所有権確認処分ノ方法」で,「先ツ調査員ヲ各面ニ派シ異議争論ナキ部分ハ所有主ヲシテ実地ニ地目,種類,枚数,住所氏名ヲ記シタル標杭ヲ建設セシメ同時ニ各地主ヲシテ其所有地ヲ列記申告セシム」としている[52].すなわち各地主に,地目,種類,枚数,住所氏名を記した標杭をそれぞれの所有地に建てさせ,かつ所有地を列記した申告書を提出させ,他より異議が出なければ所有権を認めるというものである.ここで注目されるのは,台湾や満洲で日本の植民地当局が実施した土地調査との違いである.第4章で見たように,台湾や満洲では,土地所有権の確認にあたって公簿や地主から提出された証拠書類など,記録との照合が重視された.もっとも戦乱などにより記録が失われている場合も多かったが,記録重視の原則は貫かれていたと思われる.それに対し,『土地調査綱要』にはそのような姿勢が見られないのが極めて特徴的である.その理由は,同じ「第一章　土地所有権ノ処分」の「第五節　土地所有権確認ノ憑証」に次のようにあることで類推できる.この節は,所有権を確認した土地について,その所有権を書類上どのような形で証明するかを論じた部分である.その前半部分に,旧来の土地記録についての認識が示されている[53].

　　元来登記制度ノ具備セル邦国ニ於テハ之ヲ土地台帳ニ登録スルニ止メ其権利ノ保存並ニ移転ニ関シ任意ニ登記ヲ申請セシムルヲ以テ足レリトスト雖,当国ノ如キ土地ノ所有権ハ一切公簿ニ登録セラレス（租税徴収上量案ニ登録セラレタルモノナキニアラスト雖,所有権ノ憑証トシテハ何等ノ効力ナシ）僅ニ当事者間ニ作成セラレタル一ノ私証書タル文記ノ授受ニ依リ権利移転ノ憑証トセル慣行ニ鑑ミ（以下略）

---

52)　前掲度支部『土地調査綱要』, 29-32頁.
53)　同上, 33-34頁.

すなわち，韓国においては所有権登記のための公的な土地台帳がなく，量案もその効力を有していないこと，また権利移転の際，文記を授受する慣行があるが，これはあくまで当事者間で作成されるひとつの「私証書」に過ぎない，という認識である．このような考え方から，『土地調査綱要』では，土地所有権の申告を確認するにあたり，あえて旧来の記録を重視しない方針をとったのではないかと思われる．そして，土地所有権を確認した後の証明としては，完全な登記制度が実施されるまでの当面の措置として，公的証書たる「地券」を発給することを提案し，所有権移転の際は，地券の書換えを申請させることをもって，これに対応するとしている[54]．

以上のような事情を反映し，「第五章　業務ノ整理」の「第二節第三目　土地台帳及関係簿冊ノ調製」では，従来と異なる新しい土地帳簿システムの構築を提案している．詳述は避けるが，地押調査（面内毎地の見取図調製，地位等級の設定，地目所有主の記入，地番の整理など）により作成される地籍調査簿をもとに「土地台帳」を調製し，それを中心として，地税徴収の便のため，地目別，面別に税額の合計を掲げた「地税集計簿」と，各人別の地税簿である「地税名寄帳」の2種類の帳簿を備えるという構想である[55]．

後述するように，1910年8月に制定される「土地調査法」は，『土地調査綱要』の提言をいれたものか，申告制を基調とし，証拠書類の提出には触れない内容となっている．ただ，証拠書類あるいは参考資料としての旧記録の価値が全く無視されたわけではない．むしろ逆に，土地調査事業の中で土地所有権をめぐる紛争事件や不服申立てが多発したことに伴い，証拠書類あるいは参考資料としての旧記録の重要性は，次第に強く認識されるようになったと考えられる．これまた後述するように，1912年8月に土地調査法に代わって施行される「土地調査令」は，そのような変化を反映した内容となっている．

韓国統監府期における土地調査事業準備に関わって，もうひとつ言及しておかねばならないのは，臨時財産整理局の活動である．臨時財産整理局は，1908年6月29日の勅令第39号「宮内府所管及慶善宮所属財産ノ移属及帝室債務整理ノ件」によって宮内府所管の不動産と宮内府が徴収してきた諸税の国有化が発令されたのを機に，臨時帝室有及国有財産調査局に代わって，同年7月28

54）同上，34-35頁．
55）同上，105-106頁．

日に設置された[56]．度支部大臣の監督下に置かれ，度支部次官兼統監府参与官荒井賢太郎が長官に任ぜられた．「臨時財産整理局官制」によれば，同局の所掌事務は，「一，財産ノ調査及整理ニ関スル事項」，「二，土地測量ニ関スル事項」，「三，不動産上ノ権利ニ関スル異議申請ノ審理」，「四，帝室債務整理ニ関スル事項」の4点であった[57]．これにもとづき，臨時財産整理局は，1910年9月の朝鮮総督府官制発布とともに廃局となるまでの2年余り，主に，宮内府から移管された旧帝室所有地を中心とする国有地の調査，整理と，土地の権利関係に関する旧慣調査や試行的な土地測量を実施した．これらは，朝鮮総督府による本格的な土地調査事業の前提条件を整えたと評価されている[58]．

ここでとくに見ておきたいのは，臨時財産整理局が行った事業における記録・文書の取扱いである．まず国有地調査・整理事業に関しては，帝室財産と諸税の国有化を図るための事務引継ぎの第一歩として，宮内府から「引継ヲ受クヘキ書類」の一覧を作成し，設置直後の7月30日に宮内府に対し引渡し交渉を開始している[59]．「財産原簿又ハ之ニ代ルヘキ書類」，「小作料賃貸料漁磯洑税等ノ原簿又ハ之ニ代ルヘキ書類」，「債務処理ニ関スル書類」など，全部で15項目である．ところが，「宮内府ノ事情ニ因リ実行不能ニ了リタルモノモ鮮カラサリシ」という状況で，ようやく引継ぎが終了したのは8月19日であった[60]．「宮内府ノ事情」というのは，「文書編纂ノ系統正シカラサリシニ基クモノニシテ雑然タル各種ノ引継書類ニ就キ悉ク渉猟点綴シテ之ヲ分類シ以テ僅カニ其ノ授受ヲ終了スルコトヲ得タリ」，つまり，宮内府の文書管理が不適切であったため，引継ぎの前に再整理が必要だったということであろう．こうして臨時財産整理局が宮内府から引き継いだ書類は，表6-1の通りであった[61]．

この目録は，前述のように，引取り側の臨時財産整理局が再整理して作成したものである．したがって，当初宮内府側に引渡しを求めた「財産原簿又ハ之ニ代ルヘキ書類」，「小作料賃貸料漁磯洑税等ノ原簿又ハ之ニ代ルヘキ書類」，

---

56) 朝鮮総督府『臨時財産整理局事務要綱』（明治44[1911]年2月）；復刻版（『韓国併合史研究資料』89所収，龍渓書舎，2011年），1頁，ならびに付録2頁．
57) 同上，付録8-9頁．
58) 前掲宮嶋博史『朝鮮土地調査事業史の研究』，349-350頁．
59) 前掲朝鮮総督府『臨時財産整理局事務要綱』，3頁．
60) 同上，4-5頁．
61) 同上，5-7頁．

第 6 章　朝鮮総督府統治下の「植民地アーカイブズ事業」

表 6-1　宮内府からの引受書類および物品目録

家舎及土地ニ関スル簿冊	20 冊	十三道現市直目録	46 帳
往復書類報告訴状綴其ノ他	3,400 冊	已処弁未出給件	143 件
都摠抄軺突摠抄公文指令其ノ他	135 軺	質稟書捧上冊会計秋収冊量案等	566 冊
領収証文記其ノ他	3,289 封	統計表計算書米穀支出収入報告調査其ノ他	31 軺
図面面積計算表	223 帳	文券量案節目指令及図形其ノ他	247 券
家舎及土地ニ関スル未済件	570 件	調査書類契約書其ノ他	10 封
移付移来処弁件	167 件	訴願	5 度
未決参考書類未決緊急事件	73 件	監官舎音姓名成冊	1 冊
各道各年検査冊	23 括	雑書	551 度
地方調査台帳及調査ニ関スル書類	189 冊	印櫃	4 坐
各公文発送来到存案其ノ他	24 冊	印章条及牌	145 顆
請願書類	91 冊	通符	7 部
各導掌文券還収件	4 軺	以上	

出典）朝鮮総督府『臨時財産整理局事務要綱』（1911 年 2 月）

「債務処理ニ関スル書類」など，15 項目の文書が，それぞれ本目録のどれにあたるのかは判然としないのだが，引継書類の大半が宮内府，とくに臨時帝室有及国有財産調査局で作成，授受，保管されてきた業務書類であることは，表題から類推することができる．ただ注意したいのは，実態は必ずしも明確ではないが，目録の中に文記，量案などの記載が含まれていることで，それまでの調査の過程で旧時代の記録が収集された可能性を示している．

こうして臨時財産整理局は，元帝室財産を中心とする国有地の調査，整理を開始したが，着手にあたり，「駅屯土」[62]，「一司七宮並慶善宮庄土」[63] など，土地の種類ごとに作業方針を立てている．注目したいのは次の箇所である[64]．

　　第二，一司七宮並慶善宮庄土
　　　一，（略）
　　　二，土地ノ所在面積等ヲ調査シ台帳ヲ調製スル為此ノ際宮内府ヨリ引継

---

62)　「駅屯土」は宿駅の付属地．
63)　「一司七宮並慶善宮庄土」の「一司七宮」は，内需司，壽進宮，明礼宮，於義宮，龍洞宮，毓祥宮，宣禧宮，景祐宮のこと．
64)　前掲朝鮮総督府『臨時財産整理局事務要綱』，15-16 頁．

キタル書類ヲ謄写シテ財務署ニ引継キ財務署ハ旧舎音等ノ所持セル帳簿等ヲ対照シ至急調査スヘキ旨各財務署ニ命令スルコト
三，（略）
四，旧庄土中投托ニ係ル土地又ハ奪入地ノ類ハ量案若ハ文記等ニ照査シ其ノ権利ノ明カナルモノハ還付ノ手続ヲ為スコト

ここに見られるように，土地の種類によっては，台帳調製のため宮内府からの引継書類を謄写して財務署に照合させることや，権利証明の際，量案や文記等の旧記録と照合することを指示している．元帝室財産という土地の性格の違いによるものであろうか，川上常郎の『土地調査綱要』が量案や文記などの旧記録に重きを置いていないのと対照的であり，注目される．

次に，臨時財産整理局が実施したもうひとつの重要な事業が，将来の本格的な土地調査事業に向けた準備である．『臨時財産整理局事務要綱』は，これに関し，測量技術者の育成や測量規程の制定など，測量に関する事項，1909 年 11 月に京畿道富平郡の一部で実施した試験的土地調査，土地に関する全国的な旧慣調査，各国土地制度の研究，のそれぞれについて記述している[65]．

このうち旧慣調査は，不動産法調査会，法典調査局が行ってきた，土地の権利関係に関する法律整備のための旧慣調査を継承するもので，全国 228 か所の地方財務署に調査を委託するとともに，主要地点には局員を派遣して現地調査を実施した．現地調査の調査項目は，以下の通りである[66]．

（一）行政区画及土地ノ名称，（二）課税地不課税地ノ種類及区分，（三）境界，（四）地位等級別面積及結数査定ノ慣例，（五）斗落及日耕ノ面積，（六）所有権質権抵当権永小作権等ニ関スル慣例，（七）売買価格及賃貸価格，（八）収穫高及収穫物ノ価格並収支計算，（九）土地ニ関スル文書帳簿類

現地調査は，臨時財産整理局嘱託の尾石剛毅が公州・漢城・平壌財務監督局管内を，同じく塩田与助が全州・大邱・元山財務監督局管内を担当して行われ，

---

65) 同上，158-164 頁．
66) 同上，164 頁．

その結果が『土地調査参考書』（以下『参考書』と略称する）第2号，第3号にそれぞれまとめられている[67]．これには，調査事項（九）の「土地ニ関スル文書帳簿類」はもとより，他の調査事項においても土地関係記録に触れるところが多く，貴重な情報源となっている．宮嶋がすでに詳しく紹介しているので[68]，ここでは記録の保存状況に言及している部分を中心に見ておくことにしたい．

　第1に，調査事項（九）「土地ニ関スル文書帳簿類」は，「一，官庁設備ノ土地ニ関スル帳簿書類及書式」と「二，面洞里ニ於ケル土地ニ関スル帳簿書類及書式」の2項目に分かれている．再度の引用になるが，前者について，忠清道，京畿道，平安道など，中部ならびに西北地方諸道を担当した尾石の『参考書』第2号は，次のように記している[69]．

　　一，官庁設備ノ土地ニ関スル帳簿書類及書式
　　財務省設置ト同時ニ道及郡衙ニアリタル書類帳簿ハ悉ク之ヲ財務署ニ引継タルヲ以テ今日ニ於テハ郡衙ニ土地証明台帳アル以外ニハ道及郡衙ニ土地ニ関スル帳簿書類ハナシ（江原道鉄原郡衙ニ光武年間ニ交付シタル地契ノ合綴シタルモノヲ有ス）
　　財務署ニ備フル帳簿書類ハ量案ヲ初トシ種種ノ名称ヲ有スルモノ頗多シト雖モ其内容ヲ見ルトキハ類似ノモノ少カラス
　　（以下略）

すなわち，「財務署設置」（税務署の誤りか．注35参照）と同時に，道庁と郡庁から土地関係記録がすべて財務署に移管され，郡庁には土地証明台帳以外何も残っていないということと，その結果，財務署には量案をはじめとする種々の帳簿書類が保管されているということである．同書は全部で16種の帳簿名をあげて説明しているが，量案については次の通りである[70]．

　　量案　　各種ノ帳簿書類ハ量案ヲ根拠トシテ作成シタルモノ最モ多キヲ以

---

67)　前掲度支部編『土地調査参考書』第2号，第3号．
68)　前掲宮嶋博史『朝鮮土地調査事業史の研究』，407-421頁．
69)　前掲度支部編『土地調査参考書』第2号，89頁．
70)　同上，第2号，90-91頁．

量案ノ土地ニ関スル価値ハ頗ル重要ナリトス　今日土地ノ実際ハ大抵量案記載ノ状況ヲ保持シ農民等ハ土地ニ関スル件ハ第一ニ之ニ由テ決スルノ風ナリ　然レトモ惜イ哉韓国中部及西北部地方ハ一帯日清日露其他ノ騒乱ノ為メ兵燹ニ罹リタルモノ多ク今日之ヲ完備スル地方ハ極テ稀ナリ[71]　幸ニ之ヲ備フル地方アリト雖従来其保存方法極メテ不完全ナリシヲ以テ朽敗シテ閲覧上頗ル不便ヲ感スルノミナラス量案記載ノ土地所有者ノ氏名ハ量案作成当時ノ侭ニシテ爾後訂正セサリシモノ多キヲ以テ此点ニ就テハ更ニ他ノ帳簿又ハ書類ノ力ヲ借ルニアラサレハ実際ノ効益少カルヘシ（以下略）

　ここでは，量案の基礎帳簿としての重要性，日清・日露戦争等による消失や劣悪な保存方法による損傷，記載内容の補訂を前提とした「効益」性などが書かれている．これはあくまで旧量案についての記述であり，新量案については，別の箇所で，保存数は多いものの「新量案ハ杜撰多ク到底此ノ如キ考証トナラスト云フ」と，信頼性が低いことを指摘している[72]．

　全羅道，慶尚道，江原道など南部，東部の諸道を担当した塩田執筆の『参考書』第3号も，ほぼ類似の報告をしている．同書では，「一，官庁設備ノ土地ニ関スル帳簿書類及書式」を，さらに「（一）財務署保管ノモノ」と「（二）郡衙保管ノモノ」に分け，前者では，新量案，旧量案，衿記など7種類の帳簿をあげて詳しく説明している[73]．一方，後者の「郡衙保管ノモノ」は，「現時郡衙保管ノ土地ニ関スル書類ハ土地家屋証明規則ニヨル証明台帳ナリ」と記すのみで，諸帳簿が財務署に移管済みである状況は，『参考書』第2号が対象とした諸道と同様と見られる[74]．

　財務署保管帳簿についての『参考書』第3号の記述は，帳簿記載事項の分析と信頼性の評価に重点が置かれているが，ここでは新旧量案の残存状況に触れている箇所を中心に引用するにとどめておく[75]．

---

71)　別の箇所では「忠清南北道以北平安道地方ハ旧量案ヲ完備スル処少ク」としている（同上，第2号，15頁）．
72)　同上，第2号，15頁．
73)　同上，第3号，103-107頁．
74)　同上，第3号，107頁．
75)　同上，第3号，103-104頁．

第 6 章　朝鮮総督府統治下の「植民地アーカイブズ事業」　　485

（一）新量案　新量案ハ光武二年量地衙門ヲ設ケテ測量ニ着手シタル後同
　　五年ヨリ七年ノ間ニ於テ作成セラレタル土地台帳ニシテ殆ント全国ニ亙
　　リテ存在ス（中略）本量案ハ調成後之ヲ度支部ノ倉庫ニ蔵シテ未タ嘗テ
　　土地台帳トシテ実際ノ用ニ供シタルコトナシ而シテ測量ノ方法モ亦タ甚
　　タ杜撰ナリシヲ以テ該帳簿ノ価値ニ付テハ種種議論アルカ如キモ（中略）
　　故ニ本帳簿ノ真ノ価値如何ハ到底俄ニ之ヲ論定シ難キカ如シ
（二）旧量案　（前略）旧量案ハ新量案ト異リ各地ニ於テ必ラシモ凡テ存在
　　セルモノニアラス又仮令存在スル処ニ於テモ調成後既ニ年ヲ経ルコト久
　　シキ為メ或ハ毀損シ或ハ散乱シテ全部完備セルモノハ殆ント之ナシト謂
　　テ可ナリ殊ニ本量案ハ少数ノ処ニ於テハ土地ニ移動アル毎ニ順次符箋ヲ
　　施シ以テ訂正ヲ加ヘタルモノナキニアラサルモ全国ヲ通シテ概評スレハ
　　其大部分ハ最初調成ノ侭ニ之ヲ放棄シ其後ニ起リタル土地ノ移動ニ付テ
　　ハ何等改訂ヲ施ササルモノ甚タ多シ故ニ本書ハ土地調査ニ干シテハ只タ
　　一部ノ参考トナスコトヲ得ルノミニシテ一般ニハ格別ノ価値ナキモノト
　　云ハサル可ラス（以下略）

　ここで，新量案（光武量案）が「殆ント全国ニ亙リテ存在ス」とする一方，
「調成後之ヲ度支部ノ倉庫ニ蔵シテ未タ嘗テ土地台帳トシテ実際ノ用ニ供シ
タルコトナシ」とあるのは，量案は 3 部作成して戸曹（のち度支部），道，郡で 1
部ずつ保管するという李朝の規程にもとづいて，少なくとも度支部保管分と郡
庁保管分の 2 部が作成され，そのうち郡庁保管分が税務署に移管され，全国の
財務署に保管されていると解釈できよう．また旧量案について，毀損や散乱の
ため「全部完備セルモノハ殆ント之ナシト謂テ可ナリ」としている点は，戦争
を原因としてあげていないとはいえ，『参考書』第 2 号と基本的に同じである．
　第 2 に，調査事項（九）「土地ニ関スル文書帳簿類」のうち「二，面洞里ニ
於ケル土地ニ関スル帳簿書類及書式」について，『参考書』第 2 号は，募音冊，
面田案，洞田案，地税収納簿，など 13 種類の文書名をあげ説明している[76]．
公簿の部分的な謄写や，面長，洞長の覚書のようなものが多く，同種異名のも
のも含まれる．面長や洞長の交代によって引き継がれない場合も少なくないの

---

76)　同上，第 2 号，95-96 頁．

で,「嘗テ面長又ハ洞長ノ職ニアリタル者等ノ諸書類ヲ悉ク得ルトキハ頗ル参考資料ヲ得ヘシト云フ」としているが,土地調査に際し証拠書類としての価値を有するか否かには触れていない.同じ事項について,『参考書』第3号は次のように記し,やはり面や洞には活用できる記録がほぼ存在しないと結論している[77].

> 面洞ニ於テ保管スル土地ニ関スル書類ハ量案写衿記及名字冊ノ写等ナリ然レトモ現今ハ此等ノ書類モ凡テ各面洞共ニ之ヲ所有スルモノニアラス尚此ノ外ニ洞ニ於テハ土地家屋証明規則ニヨル認証簿ナルモノアルヘキ筈ナルモ之ヲ備ヘサル処又ハ備フルモ何等記入ヲ為ササル所多シト云フ

第3に,郡庁や面,洞以外の民間に所在する記録については,『参考書』第2号,第3号とも,土地の譲渡,売買,相続等に際し作成される文記について,多くの紙幅を割いて記述している.代表して第2号の評価を示す[78].

> 土地所有権証明規則ニ依ル証明ヲ除キテハ先ツ各人ノ所持スル文記ニ依ル外ナシ文記ナルモノハ純然タル私書ニシテ其作成ノ如キモ一ニ当事者ノ随意ナルヲ以テ吾人ノ目ヨリ之ヲ見ルトキハ決シテ完全ナル証明力ヲ具備スルモノナリトハ認メ難キ観ナキニアラサルモ而モ韓人ハ因襲ノ久シキ数百年来之ヲ以テ唯一ノ証拠書類ナリト思為シ官庁モ亦紛争地ニ対シ「従文施行」ト云フカ如キ裁決書ヲ与ヘ凡テ文記ニ由テ権利ノ所在ヲ決定スル慣例ナルヲ以テ即官民共ニ文記ニ対シテハ充分ナル証明力ヲ認ムルナリ

要するに,文記はあくまで私文書であり,土地所有権の証拠書類としては完全ではないが,官民ともこれに依拠してきた慣例を尊重せざるを得ない,ということである.土地調査事業において,とくに1912年の土地調査令以降,紛争地などにおいて関係書類の提出が強く求められるようになるが,上記の点から考えて,その主要なもののひとつが文記であったことは間違いない.

臨時財産整理局の業務のうち,土地調査の準備は,嘱託職員の現地派遣によ

---

77) 同上,第3号,115頁.
78) 同上,第2号,39頁.

る旧慣調査と，京畿道における試験的土地調査の実施を以てほぼ終了し，のちに第1次計画と呼ばれる具体的な土地調査事業計画を取りまとめたあと，1910年3月，新たに設置された土地調査局に引き継がれた[79]．その際，土地調査関係書類，記録類もすべて同局に引き渡された．土地調査関係以外の文書，記録類は，1910年9月の朝鮮総督府設置に伴って臨時財産整理局が廃止された際，残らず度支部に引き継がれている[80]．土地調査局に引き渡された土地調査関係記録については，残念ながら詳細がわからないが，度支部に引き継がれた文書・記録については，『臨時財産整理局事務要綱』に目録が掲載されており，全容が判明する．主に旧帝室財産を中心とする国有地の調査，整理や帝室債務整理に関する業務文書で，計98種の文書・記録が，「一，帝室債務関係簿書」，「二，導掌及混奪地関係簿書」，「三，土地貸下関係簿書」，「四，家屋貸下関係簿書」など12の項目に分けて記載されている．総数は2,563冊，308封となっている[81]．参考までに最初の2項目の一部を掲げると，次の通りである．

```
一，帝室債務関係簿書           計   127 冊
  一，帝室債務処理関係成冊         11 冊
  一，準単仕払請求一件書類         14 冊
  一，立替金請求一件書類            6 冊
  一，損害賠償請求一件書類          3 冊
  一，慶運宮，豊慶宮，魂殿其他各所
     建築役費材料代金請求一件書類   52 冊
  （中略）
二，導掌及混奪地関係簿書       計 1,518 冊   307 封
  一，導掌及混奪地処理関係成冊     46 冊
  一，公事及謄録冊                  7 冊
  一，井間冊                       54 冊
  一，量案及其他                  893 冊
  （中略）
```

---

79) 前掲朝鮮総督府『臨時財産整理局事務要綱』，164-165頁．
80) 同上，167頁．
81) 同上，167-174頁．

一，文記地契其他　　　　　　　　　307 封
　　（以下略）

　この目録には，表6-1で示した宮内府からの引継書類が，少なくとも部分的に含まれていると思われるが，文書の表題から判断することは難しい．ただ「二，導掌及混奪地関係簿書」の中に，「量案及其他」893冊と「文記地契其他」307封が含まれていることが注目される．導掌は帝室財産である宮庄土の管理者，混奪地は民有地が混入あるいは奪入した土地のことなので，それらの処理に関わって収集ないし使用された量案や文記などの旧記録は，土地調査局に引き継がれなかったということになる．

2.2　朝鮮総督府統治期の土地調査事業実施過程

2.2.1　土地調査事業の開始と土地記録

　韓国全土の土地調査事業計画は，すでに韓国統監府時代の1910年1月，臨時財産整理局の手で，事業実施期間を7年8か月とする第1次計画が立案され，同年3月に設置された土地調査局によって着手されていた．そして，「韓国併合ニ関する条約」締結翌日の1910年8月23日における「土地調査法」の施行，9月30日の朝鮮総督府官制公布に合わせた「臨時土地調査局」の新設によって，土地調査事業は本格的に推進されることになる．事業計画は，1910年1月の第1次計画以降，事業対象地の見積り面積の増加や調査方法の変更などにより，第2次計画（1910年12月），第3次計画（1913年4月），第4次計画（1915年11月）と3回の計画改訂が行われるが，1918年10月，着手以来8年半余りで終了にこぎつけている．この間の経緯と事業内容は，朝鮮総督府『朝鮮土地調査事業報告書』（以下『報告書』という）[82]にまとめられているほか，『朝鮮総督府施政年報』（以下『施政年報』という）にも記述がある[83]．本項では事業そのものの詳細には立ち入らず，土地記録の問題を中心に見ていくことにしたい．

　焦点となるのは，土地台帳を中心とした新しい帳簿システムの導入と，それに伴う旧帳簿の取扱いの問題である．その問題に接近するため，ここでは第1

---

82) 朝鮮総督府『朝鮮土地調査事業報告書』（朝鮮総督府臨時土地調査局，1918年）．
83) 朝鮮総督府『朝鮮総督府施政年報　明治四十三年』（朝鮮総督府，1912年）ほか．

に，土地調査事業関係法規のうち，文書や記録の問題に関わり合いのある法規や通達を概観し，第 2 に，事業の実施過程において，土地関係記録が実際どのように取り扱われたのかを見ていきたい．

まず土地調査関係法規のうち，文書や記録に関連する法規や通達を列挙すると以下の通りである．1913 年までには主要なものがほぼ出そろい，事業の実施方法が固まったと見られている．

 (1) 1910 年 8 月 23 日 「土地調査法」「土地調査法施行規則」
 (2) 1911 年 11 月 10 日 「結数連名簿規則」
 (3) 1911 年 12 月 29 日 「結数連名簿取扱手続」
 (4) 1912 年 3 月 4 日 「課税地見取図作成ノ件」
 (5) 1912 年 3 月 19 日 「課税地見取図作成手続」
 (6) 1912 年 8 月 13 日 「土地調査令」
 (7) 1912 年 8 月 13 日 「朝鮮不動産登記令」
 (8) 1913 年 3 月 3 日 「土地申告書ト結数連名簿相違処理方ノ件」
 (9) 1913 年 8 月 15 日 総督府令第 82 号（結数連名簿登録者より地税徴収）
 (10) 1913 年 8 月 15 日 「結数連名簿規則」改正

土地調査法（全 15 条）と土地調査法施行規則[84]は，地目調査，地番付与，地盤測量など，土地調査事業の骨格を定めた基本法である．記録に関わる条項としては，第 5 条で地主に対し所有地の申告（申告書の提出）を命じているほか，第 10 条において，「土地台帳」と地図を作成して土地に関する事項を登録することを規定し，同時に「地券」を発行することを定めている．土地台帳は，新しい帳簿システムの中心的位置を占めることになるものであるが，実際に作成が開始されるのは 1913 年 1 月とされ（後述），その前提として，宮嶋のことばを借りれば，「結数連名簿の公簿化」が必要であった[85]．

結数連名簿は，前項で見たように，旧来の衿記に代わる地税徴収のための基礎帳簿として韓国統監府が導入したもので，1908 年の一部地域での試行を経て，1909 年，1910 年の 2 回，全国的に作成された．申告制にもとづいて各納税義務者の税額を確認するためのもので，量案など旧来の土地記録が参照されはしたものの，一筆ごとに実地との照合が行われたわけではなく，土地調査法によ

---

[84] （韓国政府）『官報』第 4765 号（内閣法制局官報課，隆熙 4[1910]年 8 月 24 日），131-134 頁．
[85] 前掲宮嶋博史『朝鮮土地調査事業史の研究』，449 頁．

り地主から提出された土地申告書の内容を確認するための台帳としては不十分であった．また，作成の根拠となる法規も整えられていなかった．しかし，土地測量を実施して新規に土地台帳を作成するまでの暫定的な土地台帳として，あるいは新規に土地台帳を調製するための基礎資料としては，結数連名簿を活用することが有効と考えられた．そのため総督府は，1911年11月10日に結数連名簿規則[86]を公布して，結数連名簿に法的根拠を与えるとともに，結数連名簿取扱手続[87]を定めて，3回目となる全国的な結数連名簿調製を実施し，さらに課税地見取図作成ノ件[88]，課税地見取図作成手続[89]により新たに「課税地見取図」の作成を命じ，これと結数連名簿を照合させることによって，結数連名簿を暫定的な土地台帳として公簿化する方針をとったのである[90]．これに伴い，旧来の地税徴収台帳は廃止された．そして，1913年8月15日に，「地税ハ結数連名簿ニ土地所有者トシテ登録セラレタル者ヨリ之ヲ徴収ス」という短い総督府令が出され[91]，結数連名簿は土地に関する公簿として正式に認定された．

また総督府は，結数連名簿公簿化の動きと併行して，土地調査の出発点となる土地申告書の信頼性を確保し，正確な土地台帳の作成につなげるため，1912年2月から「土地申告書ト結数連名簿トノ対照事務ヲ開始シテ土地台帳ト結数連名簿トノ連絡ノ完璧ヲ期」すことにした[92]．1913年3月3日には「土地申告書ト結数連名簿相違処理方ノ件」を発令し，対照の結果相違点が発見された場合の処理方法について定めている[93]．

一方，土地調査事業の基本法である土地調査法は，国有地・民有地区分の問題などに関する方針変更により，1912年8月13日に廃止され，代わりに土地調査令（全19条）が発布された[94]．土地調査法から土地調査令への転換の意味については，宮嶋の考察にゆだね[95]，ここでは記録に関わる箇条に注目する．

86) 朝鮮総督府印刷局『朝鮮総督府官報』第361号（明治44[1911]年11月10日），57頁．
87) 同上，第403号（明治44[1911]年12月29日），219頁．
88) 同上，第453号（明治45[1912]年3月4日），23頁．
89) 同上，第466号（明治45[1912]年3月19日），176頁．
90) 前掲宮嶋博史『朝鮮土地調査事業史の研究』，467頁．
91) 朝鮮総督府官房総務局印刷所『朝鮮総督府官報』第313号（大正2[1913]年8月15日），145頁．
92) 朝鮮総督府『朝鮮総督府施政年報　明治四十五年・大正元年』（朝鮮総督府，1914年），28頁．
93) 朝鮮総督府官房総務局印刷所『朝鮮総督府官報』第174号（大正2[1913]年3月3日），12頁．
94) 同上，第12号（大正元[1912]年8月13日），85頁．
95) 前掲宮嶋博史『朝鮮土地調査事業史の研究』，444-449頁．

まず，土地調査令第4条で，土地調査の出発点として，土地の所有者に申告書の提出を命じている点は土地調査法と同じだが，同条に「但シ国有地ニ在リテハ保管官庁ヨリ臨時土地調査局長ニ通知スヘシ」という但し書きが付け加えられ，新たに「国有地通知書」の提出が管理する官庁に義務づけられた．

　次に第17条で，「臨時土地調査局ハ土地台帳及地図ヲ調製シ土地ノ調査及測量ニ付査定ヲ以テ確定シタル事項又ハ裁決ヲ経タル事項ヲ之ニ登録ス」と定められている．土地台帳と地図調製の原則は変わっていないが，土地調査法にはなかった「査定ヲ以テ確定シタル事項又ハ裁決ヲ経タル事項」という条件文言が加えられている点，また地券発行の記述が削除されている点が異なる．後者は，土地調査令と相まって朝鮮不動産登記令が発布され，地券発給の停止が決定したことに伴う措置である．

　また第7条は，「土地ノ調査及測量ヲ為スニ当リ必要アルトキハ当該官吏ハ土地ノ所有者，利害関係人若ハ其ノ代理人ヲシテ実地ニ立会ハシメ又ハ土地ニ関スル書類ヲ所持スル者ニ対シ其ノ書類ノ提出ヲ命スルコトヲ得」となっている．前半の実地立会の定めはほぼ土地調査法と同じだが，後半の関係書類提出の規定は新たに付け加えられた部分である．関係書類提出の規定は第12条にもある．すなわち「高等土地調査委員会ハ当事者，利害関係人，証人若ハ鑑定人ヲ召喚シ又ハ裁決ヲ為スニ必要ナル書類ヲ所持スル者ニ対シ其ノ書類ノ提出ヲ命スルコトヲ得」とあり，土地査定に対する不服申立ての審査機関である高等土地調査委員会に，書類提出命令権を与えている．さらに第19条では，第7条と第12条の書類提出命令に違反した者に対する罰則まで定めている．このような土地調査法からの変更は，土地調査事業の進行に伴い，土地所有権の認定や不服・紛争の裁定に際し，李朝時代以来の関係書類の重要性が，改めて強く認識されるようになったことを意味していると考える．

　以上のような関係法規の整備により，土地調査事業は1913年には土地台帳の調製も始まって，本格的に進展することになる．そこで次には，事業の実施過程における新帳簿や新図面の作成手順と，李朝時代以来の旧記録の利用状況を見ていきたい．わかりやすくするため，『報告書』の説明を中心に，記録に関わる部分に限定して要点を表6-2にまとめてみた．

　この表を見ると，土地調査事業の実施過程において，いかに多種多様な帳簿や図面などが新規に作成されたかがわかる．また，証拠書類や参考資料として

表 6-2 朝鮮総督府土地調査事業における新旧記録

作業内容（大項目）			
作業内容 （中項目）	作業内容 （小項目）	新旧記録（帳簿，書類，図面） に関する主な作業内容*	
1. 土地所有権調査			
(1) 準備調査	概説	①官公署保存図書類調査借入，謄写（課税地見取図，<u>結数連名簿</u>**，<u>土地証明簿</u>，<u>国有地台帳</u>，<u>駅屯土台帳</u>，<u>民籍簿</u>） ②郡庁，面事務所の<u>結数連名簿</u>正副本照合 ③面長洞里長地主総代名簿調製，謄写	
	面洞里の名称及疆界調査	1912 年 3 月以降，課税地見取図を参照	
	土地申告書の取纏及整理	①民有地は所有者より土地申告書，国有地は保管官庁より国有（地）通知書を提出 ② 1913 年 3 月以降，郡庁備付<u>結数連名簿</u>との対照開始．同年 10 月対照方法を改訂	
	地方経済及慣習調査 特別調査		
	図簿の検査及処理	①土地申告書，国有（地）通知書の検査，整理 ②面洞里疆界略図，面洞里名称調査表の検査，整理	
(2) 一筆地調査	地主の調査 疆界及地域の調査 地目の調査 地番の調査 証明及登記済地の調査 各種の特別調査	土地申告書，国有（地）通知書，<u>土地証明書</u>等の調査	
	図簿の調製及整理	①概況図（疆界および地域の概形に各種調査事項を記載し実地調査簿調製の資料とする．1912 年 11 月以降，実地測量と併施のため廃止） ②実地調査簿（実地測量との併施前は概況図により，併施後は測量原図により，土地申告書を参照して一洞里ごとに調製．査定公示すべき土地調査簿および土地台帳調製の資料）	
	図簿の検査及処理	①申告書（土地申告書，国有（地）通知書，無申告地取調書，通知無き国有地取調書事由書，その他申告書合纂の書類），②概況図，③実地調査簿，④無申告書等	
(3) 紛争地調査	外業班の審査	①当事者の陳述書作成と証憑書類提出命令 ②関係者への書類提出命令，<u>官庁保管文書の調査</u> ③和解成立の場合，和解書提出命令 ④事件終了後の一件記録の作成と紛争地調査の本局進達	
	内業班の審査	①調査不備事項一覧ならびに審査案の作成 ②審査書の作成と審査委員会への回付	

第6章　朝鮮総督府統治下の「植民地アーカイブズ事業」　　493

	調査事項（関係書類の対照）	文記その他権利書類の対照
	調査事項（量案その他参考簿書の調査）	①量案，所轄府郡島庁保管の結数連名簿，課税地見取図　②対国有地・公法人紛争地の場合，各官庁保管古書籍等
2. 地盤測量		
(1) 三角測量	図表の調製	①完成成果表，②網図，③測地用明細表，④地形用明細表
(2) 図根測量	図簿の調製及整理	①図根測量簿，②交会点計算簿，③三角点計算簿，④図根点成果表，⑤図根網図
(3) 一筆地測量	(図表の調製)	①原図，一覧図，②地目別筆数表，謄写図（1913年4月以降）
(4) 面積計算		
(5) 製図	(図面調製)	①地籍図，②地籍略図，③駅屯図
3. 地位等級調査		
(1) 地位等級調査	地位等級調査方法	①道勢一斑，耕地分布状況，水利灌漑状況等の資料提供を道庁に指示　②面長洞里長地主総代小作監督小作人等が所持する秋収記（小作料徴収簿）その他の記録の提供を郡庁を通じ指示　③地方金融組合より参考資料を収集
(2) 図書の調製及整理	地位等級調査	①標準地調書，②等級図，③等級調査簿，④地位等級表，⑤垈等級一覧図
	地価等級調査	①標準地調書，②地価等級図，③地価等級表
(3) 図書の検査及処理		①等級図，等級調査簿の対照，③原図誤記等の訂正と謄写図，地位等級の変更，③等級図誤記等の訂正と地位等級の変更，④標準地調書の検査
(4) 地位等級の決定		
(5) 地価の算定		
4. 帳簿調製		
(1) 帳簿の調製	土地調査簿	土地所有権の査定原簿．一洞里ごとに地番仮地番地目地積申告年月日および所有者の住所氏名を（実地調査簿より）謄写．1911年11月調製に着手
	土地台帳及土地台帳集計簿	土地台帳は一筆地を一葉として一洞里ごとに調製．土地調査簿，等級調査簿，百坪当地価金表を資料として洞里名地番地目地籍査定年月日所有者の住所氏名等を謄写．共有地は別に共有地連名簿を調製．土地台帳は1913年1月に，土地台帳集計簿は1914年1月に着手
	地税名寄帳	異動整理を経た土地台帳のうち民有課税地のみ面ごとに所有者別に所有地を連記し合算．1914年1月調製に着手

(2) 検査及整理		①土地調査簿と実地調査簿（共有地は土地申告書）との検査校合，②土地台帳と地税名寄帳との符合確認など．
5. 異動地整理		
(1) 外業整理 (2) 内業整理		①異動地申告書の提出 ②異動地調書，異動地調査簿，異動地筆数表等の調製と原図等の改訂
(2) 図書の検査及処理		①異動地申告書，②異動地調書，③異動地調査簿，④異動地筆数表，⑤原図等
6. 地形測量		
（省略）		

出典）朝鮮総督府『朝鮮土地調査事業報告書』（朝鮮総督府臨時土地調査局，1918年）
注）＊原本の記述を適宜要約した．
　　＊＊下線を付したのは，証拠書類や参考資料として利用された併合前の記録と見られるものである．

　利用された併合前の記録については，下線をもって示したが，その中心は結数連名簿をはじめとする韓国統監府支配下で導入されたものであり，文記や量案など李朝期以来の旧記録は，一部で利用されてはいるものの，統監府時代の徴税制度改革の場合などと比べると，その利用度は低下していると見受けられる．以下，アーカイブズ史の観点から，とくに旧記録の取扱いの問題に重点を置いて，表のポイントを見ていきたい．
　まず，「1. 土地所有権調査」「(1) 準備調査」で，官公署保存の図書類を調査し，必要に応じて借入，謄写(ずしょ)を行っているが，対象となっているのは結数連名簿，駅屯土台帳など，主として統監府支配期に起源を持つ帳簿である．一方，(3)「紛争地調査」では，外業班が関係者から提出された書類と官庁保管文書の調査を行っているが，「調査事項」にあるように，調査対象文書に文記その他の権利書類や量案，古書籍が含まれていることが注目される．土地所有権をめぐる紛争の審査，裁定に際しては，依然として李朝時代に遡るアーカイブズ資料を参照する必要性があったことを意味している．しかし次の通り，文記など民間に所在する権利書類の信憑性について，総督府の土地調査当局が厳しい評価をしていた点は，統監府時代と同じである[96]．

　　（前略）蓋文記其の他の権利書類は其の土地の表示極て不明確なるを例とし，

---

96) 前掲朝鮮総督府『朝鮮土地調査事業報告書』，183-184頁．

又地目面積及字番号の如きは其の書類の作成後改量等に因りて変更せられ，往往提出書類か目的地と相違するものあり又特に之を奇貨として他の土地に対するものを提出して立証に供せむとするものあり，故に調査の初に於て先是等書類の対照を為し調査の進行上齟齬なからしむることを期せり

　量案については，作成後「数百年を経たる」量案（いわゆる旧量案）については，その正確さを高く評価する一方，新量案（光武量案）については実地との不一致を指摘し，結果的に紛争地調査の資料として利用価値が低いことを述べている[97]．

量案は朝鮮に於ける土地台帳にして其の所在地地目字番号地形状四標面積結負地主小作人及附近土地との調査順序方向等を記載し其の登録事項頗る明確にして数百年を経たる今日に於ても隣地との関係及権利文書との対照を為すときは其の量案の調成当時の所有者及地籍は明に之を認むることを得へきを以て旧文記にして其の当時に作成せられたるものと対照するときは其の権原は極めて明瞭にするを得へし，然るに輓近光武年間に入りて調成せる所謂新量案なるものは実地に就き調査したるものに非すして単に所有者の申告面洞長の指示に基き旧量案を参考として調製したるに過きさるものなるに依り申告の誤謬又は所有者の請託等に因り面積及結負等か著しく実地と適応せさるものあり，甚しきは全然実地と対照して其の所在を認め難きものありて到底之に依拠するに足らす，数十百年以前に於ける事実を以て直に所有権認定の唯一資料に供することの不穏当なるは勿論なるも土地所有権沿革調査に於ては必要の事項なりとす

　さらに朝鮮総督府時代のものを含む結数連名簿と課税地見取図についても，紛争地調査においては信憑性が低いものであったことを述べている[98]．

結数連名簿及課税地見取図は所轄府郡島庁に保管せられ最近に於て所有者と看做すへき者に付納税額其の他の事実を記載したる地籍簿及図面なり，

---

97)　同上，184-185 頁．
98)　同上，185 頁．

量案か其の後使用を中止せられ他に地籍に関する公簿なき当時に在りては一応結数連名簿及課税地見取図に拠り其の所有者の何人たるやを認め得へしと雖，此等の図簿の調製は府郡島庁に於て人民の申告に基きたるに過きすして其の申告者か正当の権利者なりや否に付ては何等調査を為ささりしのみならす実際に於ては面洞長をして之を調製せしめしものありて紛争に係るものの如きは容易に信憑し難きものとす今其の事例を挙くれは（以下略）

また古書籍の参照は，とくに国有地や公法人に起因する紛争地の場合，「往往旧制度又は過去に於ける官庁の処分等を参酌する必要あり此等の場合に於ては各官庁の保管に係るもの其の他の書籍に就て之を取調へたるもの多し」としている[99]．

次に，表中に現れる新規作成帳簿や文書についても，主要なものを選んで『報告書』の説明を見ておくと，まず「1．土地所有権調査」「(1) 準備調査」の「土地申告書」と「国有（地）通知書」がある．土地申告書とは，「土地調査令に依り民有地の所有者より其の住所氏名及所有地の所在地目四標其の他所定の事項を本局に申告する書面」のことであり，また国有（地）通知書とは，「国有地に在りては保管官庁より之［土地申告書］に準したる書面を作成して本局に通知する」もののことである[100]．これらが土地調査の出発点となる．

「(2) 一筆地調査」で作成される主な図簿は，「概況図」と「実地調査簿」である．概況図は，「一筆地の調査を為したる後其の彊界及地域を歩測して概形を描画し之に各種の調査事項を記載し簿書［実地調査簿］調製の資料と為し且測量の際案内に供するもの」である[101]．1912年11月以降，一筆地調査と実地測量を併せて行うことになったため，作成の必要がなくなり廃止されている．

実地調査簿は，「査定公示を為すへき土地調査簿調製の資料に供するものにして調査と測量との分業当時に在りては概況図に依り，併施後に在りては測量原図に依り土地申告書を参照して一洞里毎に仮地番順に之を調製せり」とあり，1912年11月以降，一筆地調査と実地測量を併せ行うようになってからは，測

---

99) 同上，186頁．
100) 同上，63頁．国有申告書を「国有地申告書」と表記している例がある．
101) 同上，111頁．

量原図に依拠して作成されるようになったことがわかる．
「2．地盤測量」の過程で生み出される各種の図面と，最後に製図される地籍図については割愛し，最後に，土地調査事業の最終成果物である新帳簿システムを構成する，土地調査簿，土地台帳および土地台帳集計簿，地税名寄帳について，『報告書』の「4．帳簿調製」の説明を見ておきたい．まず「土地調査簿」は次の通りである[102]．

> 土地調査簿は土地所有権の査定原簿となるへきものにして，一洞里毎に地番の順位に随ひ地番仮地番地目地積申告年月日及所有者の住所氏名を謄写し紛争其の他特殊の事故ある土地は摘要欄に其の要項を記入し冊尾に於て地目別に地積及筆数を集計し更に之を国有と民有とに区分して合計す　又共有地に付ては共有者三名以上に渉るものは別に連名簿を作成して之を冊尾に附し其の二名に止まるものは之を連記し摘要欄に共有地たることを記入す（以下略）

土地調査簿は，一筆地調査で作成される実地調査簿をもとに調製されるもので，『報告書』は1911年11月より調製に着手したとしている[103]．『施政年報』には「明治四十四[1911]年十月ニ至リ初テ土地調査書ノ調製ニ着手」という記述があるが[104]，おそらく土地調査簿のことであろう．
次に，「土地台帳」と「土地台帳集計簿」についての説明を掲げる[105]．

> 土地台帳は一筆地を一葉に登録することとし土地調査簿等級調査簿百坪当地価金表を資料として一洞里毎に調製し約二百葉を一冊と為す　其の調製業務は（一）謄写（二）地価の算出に区分せり
> 一，謄写事項は洞里名地番地目地積査定年月日所有者の住所氏名等にして土地調査簿より之を謄写す　其の共有地に在りては別に共有地連名簿を調製して共有者の氏名及其の所有歩合を明にし各謄写事項は総て精細に

102）　同上，391-392頁．なお，後掲の宮嶋博史作成「土地関係諸帳簿の関係図」によれば，土地調査簿は結数連名簿と土地申告書を対照し1913年から作成されたとしている．
103）　同上，391頁．
104）　朝鮮総督府『朝鮮総督府施政年報　明治四十四年』，20頁．
105）　前掲朝鮮総督府『朝鮮土地調査事業報告書』，392-393頁．

検査し又地積及筆数は地目毎に集計し土地調査簿の洞里計に対照して其の正確を期す
二, 地価の算出は着手に先ち等級調査簿に就き一筆地毎に等級を記入し地目別等級別に区分仕訳して各筆数を計算し等級調査簿の合計筆数に対照して記入の誤謬又は脱漏なきを認めたる後百坪当地価金表に依り民有課税地一筆毎に地価を算出（中略）

土地台帳集計簿は一面毎に国有地民有課税地民有不課税地に分冊し地目毎に地積地価及筆数を掲記し更に之か府郡島計を附するものにして地目別級数別集計表及土地調査簿の合計に対照す

『報告書』によれば, 土地台帳は 1913 年 1 月に, 土地台帳集計簿は, 次に見る地税名寄帳と同時に 1914 年 1 月に調製に着手したとある[106]。

最後に,「地税名寄帳」については次の通りである[107]。

地税名寄帳は異動整理を経たる土地台帳中民有課税地のみに就き面毎に各地番を通し所有者別に連記し之を合計す　其の編冊順序は所有者を五十音順と為し氏の同字なる者多数に亙るときは名の頭字を五十音横列順と為し逐次人別口座の上部欄外に番号を記入し約二百葉を一冊と為す（以下略）

2.2.2　新帳簿システムの構築とアーカイブズ

以上見てきたように, 土地調査事業の遂行によって, 土地調査簿, 土地台帳, 地税名寄帳を中心とする新帳簿システムが構築され, 朝鮮総督府は強力な植民地統治体制のもと, 新帳簿システムによる近代的な土地管理と地税徴収の体制を整えることになった. これにより, 統監府支配期に導入された結数連名簿は, 地税名寄帳に道を譲って「その歴史的生命を終えること」になり[108], 地税徴収台帳も土地台帳にとって代わられることになったのである. ごく単純化していうと, 朝鮮における土地関係記録は, 李朝時代の「量案・衿記システム」→韓国統監府支配期の「地税徴収台帳・結数連名簿システム」→朝鮮総督府統治

---

106)　同上, 391 頁.
107)　同上, 393-394 頁.
108)　前掲宮嶋博史『朝鮮土地調査事業史の研究』, 467 頁.

第6章　朝鮮総督府統治下の「植民地アーカイブズ事業」　　499

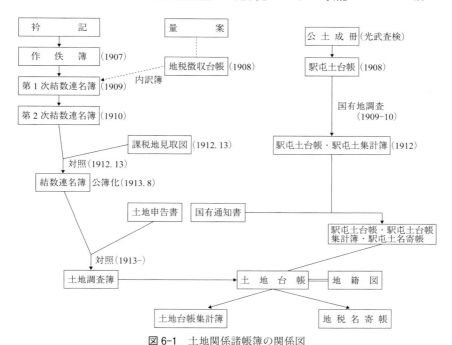

図 6-1　土地関係諸帳簿の関係図

出典）本図は宮嶋博史『朝鮮土地調査事業史の研究』（東京大学東洋文化研究所報告，汲古書院，1991年），546頁掲載の図26を，許可を得て転載させていただいた．

期の「土地台帳・地税名寄帳システム」という3段階の変遷を遂げたのである．この変遷過程を宮嶋博史がわかりやすい図にまとめているので，借用して図6-1として掲げた．

　さて，こうして新たに調製された地籍図，土地台帳，土地台帳集計簿，共有地連名簿，地税名寄帳などの図面・帳簿類は，現場の土地管理業務に供するため，各道府郡島庁に引き継がれた[109]．1914年2月に京畿道，京城府ほか11府17市街に最初の引継ぎが実施された後，4年半にわたって順次引継ぎが行われ，1918年8月に，高等土地調査委員会で使用中の紛争地審査認定書類の一部を除いて引継ぎが完了した．その総量は厖大であるが，主要なものの数字をあげると次の通りである[110]．

109）　前掲朝鮮総督府『朝鮮土地調査事業報告書』，365頁．

製図及面積計算　　　　　　　　　〔引継区分〕
　　地籍図　　　　　812,093 枚　　府郡島
　　面積一覧簿　　　 27,350 冊　　同
　　地籍略図　　　　811,869 枚　　同
帳簿調製
　　土地調査簿　　　 28,357 冊　　道
　　土地台帳　　　　 96,394 冊[111)]　府郡島
　　土地台帳集計簿　　　810 冊　　同
　　共有地連名簿　　 12,794 冊　　同
　　地税名寄帳　　　 21,050 冊　　同

　チェ・ウォンギュ（崔元奎）によれば，これら各地に配布された土地帳簿や図面類は，今のところ少数しか所在が確認されておらず，今後の発見が期待されている[112)]。

　他方，現役を退いた李朝期ならびに統監府支配期の土地関係記録は，その後どのような運命をたどったのか．とくに，量案や衿記，文記など李朝時代の記録の行方が気になるところである．

　これら土地関係記録のアーカイブズ史をたどるひとつの手がかりとして，後段の「4. 史料編纂事業とアーカイブズ」で詳しく検討する朝鮮史編纂事業がある．朝鮮総督府は，1922年に朝鮮史編纂委員会を立ち上げて史料の調査と収集に着手するが，その一環として，翌1923年5月，各道知事に「朝鮮史編纂ニ付古記録文書等保存ニ関スル件」を発するとともに[113)]，「総督府及地方官庁ニ保存サル旧記文書ハ目録ヲ作製シ朝鮮史編纂委員会ニ報告アリタキ旨中枢院ヨリ依頼状ヲ発送」した[114)]．このときに所在調査と目録化が指示された

---

110) 同上，637-639 頁．
111) 同上書序文では 109,998 冊となっている（序文4頁）．
112) 前掲崔元奎「大韓帝国・日帝初期における土地帳簿とその性格」．同論文は，2000年に慶尚南道馬山市庁で発見された昌原郡土地調査事業関係文書を詳しく紹介している．
113) 「大正十二年一月以降朝鮮史編纂関係書類綴　中枢院」（中 B14-64）（韓国国史編纂委員会）；前掲朝鮮総督府中枢院『朝鮮旧慣制度調査事業概要』，153-154 頁；前掲朝鮮総督府朝鮮史編修会『朝鮮史編修会事業概要』，25-26 頁．

「古記録文書」の中に,「量案(量案導行帳,行審録,改量導行帳,改量正案,続降等陳田正案,馬上草,駅田畓案,各様田畓案,許頃陳改量大帳,火田,加耕,査起,還起,陳起等成冊類及事目等ノ類)」と「文記(放売文記,分財文記,典當文記等ノ類)」があげられている。衿記は調査対象として明記されていない。

この要請に応え,全道の知事から,道内の郡庁や寺院などが保存する旧記録,古文書等の目録が,同年のうちに朝鮮史編纂委員会に提出されている[115]。調査期間が短かったことも一因であろうか,内容は概して粗雑なもので,実態とは程遠いと思われるが,それでも,1923年時点での各地のアーカイブズ保存状況について,その一端を知ることができる貴重な情報となっている。試みに,比較的詳しい目録を提出している慶尚北道と京畿道の2道をとりあげ,目録のうち,量案として掲載されている部分を抽出して示すと表6-3の通りである。

この表に見られるように,数冊から数十冊の量案を保管している地方機関が,郡庁を中心に少なからず存在する。しかし前項で見たように,郡庁保管の量案は1906年9月の管税官官制公布の際に各地に設けられた税務署に移管され,1909年の臨時財産整理局嘱託職員による現地調査でも,量案は当時の財務署にあって郡庁には土地関係の公的帳簿はほとんど残っていないと報告されていたはずである。とすると,財務署が保管していた量案は,土地事業終了後に再び郡庁に返還または移管された可能性がある。この点は今後,史料による確認が必要である。

中枢院の前掲『朝鮮田制考』は,上記の点には触れていないが,量案の廃棄について次のように記している[116]。

> 土地改量の際,田案三部を作り,一部は戸曹一部は道,他の一部は各郡庁に保管して徴税及土地台帳として日韓併合の当時迄鄭重に保存され取扱はれて居た。戸曹に在りしものは併合後各地方官庁へ配付して保存されて居たが,大正十三年廃棄されたのである。(中略)現在各地に残存するものは量案の最少部分に過ぎない。

---

114) 「大正十二年六月五日付朝枢第290号・古記録文書蒐集ニ関スル件照会」(「古記録文書蒐集ニ関スル件〔中枢院〕」(911.0091-＊53＊)(韓国国史編纂委員会).
115) 同上「古記録文書蒐集ニ関スル件〔中枢院〕」(911.0091-＊53＊).
116) 前掲朝鮮総督府中枢院『朝鮮田制考』,332-333頁.

表 6-3 慶尚北道，京畿道の旧記録古文書等目録（1923 年）に見える「量案」

道	所蔵機関	名称	冊	備考
慶尚北道	義城郡庁	量案	82	
	安東郡庁	安東郡量案	―	光武 7 年 10 月
		作庁屯田畓案	1	咸豊 4 年 6 月
	安東郡鳳停寺	田畓案	1	光緒 19 年 7 月
	安東郡広興寺	田畓案	1	明治 44 年 2 月（謄写）
	氷川郡庁	土地量案	140	明治 33 年
	清道郡庁	清道量案	32	光武 7 年 11 月
		旧量案	8	不明
	金泉郡庁	量案	2	道光 26 年
	善山郡庁	善山府□□院量田案	10	康熙 60 年 12 月
	栄州郡庁	土地量案	7	明治 44 年 6 月
		栄州郡量案	2	明治 44 年 10 月
		同	2	
	奉化郡庁	量案	2	明治 33 年 11 月
京畿道	仁川郡庁	各様田畓案	20	
		田畓□□地量案	7	
		仁川村屯畓量案	5	
	楊平郡庁	量案	4	
		同	33	
		量田正案	15	
	驪州郡庁	馬上中草	88	
		新量案	48	
		英度位土	4	
		驪州壮使壮男菅量案	1	
		郷杖量案	1	
	驪州郡興川面，外糸里，下大里	田畓案	1	
	龍仁郡浦谷面新院里	量案	4	郷杖量案
		田畓案	2	
	龍仁郡庁	龍仁郡量案	16	
		陽智郡量案	10	
		竹山郡量案	10	

出典）「古記録文書蒐集ニ関スル件〔中枢院〕」（911.0091-＊53＊）（韓国国史編纂委員会）

第6章　朝鮮総督府統治下の「植民地アーカイブズ事業」　　503

　ここで「戸曹に在りしものは併合後各地方官庁へ配付して保存されて居た」とあるのは,「併合後」としている点に疑問が残るが, 前項で述べた, 1910年6月に韓国政府度支部保管の旧量案2,053冊を財務監督局を通じて11道に配布した事実を指していると思われる. それらの旧量案が大正13(1924)年に廃棄されたとしているのが事実とすれば, 財務署から郡庁に返還または移管されたもの, および返還または移管されずに財務署に残っていたものが, 中央からの何らかの指示によって同じ年に廃棄された可能性が出てくる. それが, 朝鮮史編纂委員会のもとで全国的に旧記録等の目録作成作業が行われた1923年の翌年であることは, 偶然なのであろうか. この点についても史料による確認が必要だが, 両者に何らかの関連があるとも考えられる.

　なお宮嶋博史によれば, 現在, 韓国国内には庚子量案などいわゆる旧量案はほとんど残っていないという. 新量案(光武量案)は相当数残存しており, その圧倒的多数がソウル大学校奎章閣の所蔵となっているが, 最も多いのは一般の量案ではなく, 免租地である宮庄土, 衙門屯土に関する量案だという[117]. そのことから考えて, 旧量案はもとより, 新量案についても大規模な廃棄が行われた可能性がある[118].

　奎章閣は, もともと1776年に正祖が創設した朝鮮王朝の図書館兼文書館だったが, 後述するように植民地時代には所蔵文献, 記録類がすべて朝鮮総督府の管理下に置かれ, 1928年以降, 京城帝国大学附属図書館に順次移管された. これが現在のソウル大学校奎章閣の所蔵資料の中核を成している. ひとつの推定だが, 土地調査事業終了後, 道庁や郡庁に保管されていた量案のうち, 旧量案は廃棄, 新量案は中枢院によって収集され, いずれかの時点で選別が行われたのち, 奎章閣の文献, 記録と同じく京城帝国大学附属図書館に移管されたのではないか[119].

---

117)　前掲宮嶋博史『朝鮮土地調査事業史の研究』, 27頁, 538頁注64. なお奎章閣図書室現蔵の量案の目録は, ソウル大学校奎章閣編『修正版奎章閣図書韓国本総合目録(上)』(保景文化社, 1994年)に掲載されている.
118)　なお,『平凡社大百科事典』(平凡社, 1985年)の「量案」(宮嶋博史執筆)によれば, 量案は土地調査事業に参考資料として使用された後, 1938年に廃棄されたとあるが, 典拠は示されておらず確認できていない.

3. 旧慣調査事業とアーカイブズ

3.1 韓国統監府の旧慣調査と図書・記録収集事業

1906年7月に法学者梅謙次郎を会長に迎えて韓国政府議政府内に設置された不動産法調査会は，前述のように，土地に関する慣習を中心に旧慣調査を実施し，『不動産法調査報告要録』にまとめられているように，量案，文記，地券，家券など，主要な土地関係記録について詳細な調査を行った[120]．同調査会は，『韓国不動産ニ関スル調査記録』，『韓国不動産ニ関スル慣例』[121]などを刊行して1907年末に解散し，法典調査局に調査業務を引き継いだ．

1907年12月に設置された法典調査局は，民法・刑法・民事訴訟法などの整備を目的として，主として民事慣習，商事慣習の調査を実施した．具体的には合計206問の調査事項を設定し，1908年5月から各地に調査員を派遣し，1910年9月に法典調査局が廃止されるまで調査を続行した．この間，全道の主要49地域で調査事項全部の調査を終えるなど，調査はほぼ計画通りに進んでいたため，廃止翌年の1911年10月から報告書の編纂など残務整理に着手．12月には報告書編纂が終了し，元法典調査局委員長倉富勇三郎の手により『慣習調査報告書』として寺内総督に提出の上，印刷に付されて一般に配付された[122]．この『慣習調査報告書』は，法典調査局の業務を引き継いだ朝鮮総督府取調局によって，1912年3月に改訂版が作成されている[123]．

1912年の改訂版によれば，序文に「本報告書ハ朝鮮各地ノ慣習ヲ基礎トシ，傍ラ朝鮮ニ於ケル新旧法令ヲ参照シテ編纂」したとあり，本文は「第一編　民法」（5章180問）と「第二編　商法」（5章26問）に分かれて，206問の調査事

---

119) 前掲ソウル大学校奎章閣編『修正版奎章閣図書韓国本総合目録（上）』の「解題」には量案の移管経緯についての記述は見当たらないが，後述のように，朝鮮総督府が管理していた「奎章閣図書」の移管については詳しく述べられている．量案が「奎章閣図書」の一部として，またはそれとともに移管された可能性はある．

120) 前掲朝鮮総督府中枢院『朝鮮旧慣制度調査事業概要』，4-13頁；前掲法典調査局『不動産法調査報告要録』，23-46頁．

121) 不動産法調査会『韓国不動産ニ関スル調査記録』，同『韓国不動産ニ関スル慣例』（不動産法調査会，1907年）．

122) 前掲朝鮮総督府中枢院『朝鮮旧慣制度調査事業概要』，17-19頁．

123) 朝鮮総督府取調局『慣習調査報告書』（明治45[1912]年3月31日，朝鮮総督府取調局長官石塚英蔵から総督寺内正毅宛）．

項の順に調査結果が叙述されている．「朝鮮ニ於ケル新旧法令ヲ参照」とあるように，法令集その他の典籍類も活用したようであるが，中心はあくまで実地調査であった．

調査員から法典調査局に提出された実地報告書は，「調査報告書（安城地域）」，「調査報告書（中山地域）」，「公州ニ於ケル特別調査報告書」などが残存しているが124)，これらを紹介，分析したイ・スンイル（李昇一）の研究によると，調査は1日3人程度に対し直接質問をし，その応答を記録する方法を基本とした．そして，「応答委員に調査の重大さを理解させ，同時に，その答えを慎重にするために『文献備考』，『大典会通』，『大明律』など，昔の文献を参照する努力をした」という125)．しかし，聞き取り調査に際して，応答者に証拠あるいは参考となる文書・記録を持参ないし提出させるという方法をとったかどうかについては，判然としない．

ただ，上記の改訂版『慣習調査報告書』には，参考資料として数多くの李朝期文書が収載されている．文書名だけを一部紹介すると，次のようである126)．

まず，「第一編　民法」では，「第一章　総則」の第6項「住所ニ関スル定アルカ」の箇所で，「己酉弐（開国458(1849)年）大丘府帳籍」，「甲午弐（開国443(1834)年）慶州府江東面戸籍大帳」，「第二章　物権」の第23項「権利ノ設定移転ニ付キ特ニ一定ノ手続ヲ為ス必要アルカ」の箇所では，「量案」，「田畓放売文記」，「家屋放売文記」，「牌旨」など，第43項「質権ノ設定ニ関スル慣習如何」の箇所では，「田畓又ハ家屋ノ典当手票」（京城），「田ノ典当手票」（平壌），「船舶典当手票」，「動産ノ典当手票」（鎮南浦）などがある．また「第二編　商法」「第四章　手形」の第197項「手形ニ関スル慣習アルカ」の箇所には，「於音」，「換簡」という名称の手形が数例掲載されている．ある意味で当然のこととも言えるが，法典調査局の全国的な旧慣調査では，サンプル調査の形で民間に所在するアーカイブズ資料が収集され，その中には謄写でなく現物を収集する場合も少なからず含まれていたのではないかと推測する．

---

124)　いずれも韓国国史編纂委員会所蔵，中枢院資料．
125)　李昇一「日帝の朝鮮慣習調査事業活動と植民地法の認識」（李昇一・金大鎬・鄭昞旭・文暎周・鄭泰憲・許英蘭・金旻榮『日本の朝鮮植民地支配と植民地的近代』明石書店，2012年），24-26頁．
126)　以下の資料は，前掲朝鮮総督府取調局『慣習調査報告書』，23，27，68-72，148-157，389-393頁に掲載されている．

一方，法典調査局の時代には，李朝伝来の古文献や記録の調査・整理事業が開始されている．当初は法典調査局の旧慣調査や制度調査の参考となる資料の発掘が主たる目的だったと思われるが，次第に規模が拡大して図書・記録整理自体が単独の事業となり，のちに朝鮮総督府の取調局，参事官室，中枢院と引き継がれていく中で，この事業は植民地文化政策の重要な一角を占めるようになるのである．

『朝鮮旧慣制度調査事業概要』によれば，李王家歴代の記録その他の図書は，140,800余冊が，韓国宮内府，弘文館，奎章閣，集玉斎，侍講院，北漢山離宮，ならびに江華島の鼎足山，茂朱の赤裳山，奉化の太白山，平昌の五台山の史庫等に保存されていたが，赤裳山，太白山，五台山の3史庫以外の図書・記録類が「併合前宮内府に集め」られ，「一応整理せられたりしも，浩瀚なるを以て未だ以て整備の域に至らさりき」という状況だったと記されている[127]．

『修正版奎章閣図書韓国本総合目録（上）』の「解題」には，もう少し詳細な説明がある[128]．それによれば，大韓帝国政府は1907年11月に宮内府官制を改定して，同府所属の奎章閣の地位を大幅に格上げし，帝室の図書管理と記録管理のみならず，「進講と代撰と宗室に関する事務」や「議諡と祭典への参列などの事務」の管掌など，宗親府（王族諸君が所属する官府）のすべての業務を奎章閣のもとに統合した．1908年9月には，組織を拡充して，典謨課，図書課，記録課，文事課の4課を置き，記録課は官衙の公文書類の編纂，保管，整理のほか，史庫の管理も担当するようになった．こののち奎章閣には，「承政院日記」「備辺司謄録」など厖大な量の官撰記録類のほか，京畿史庫（北漢山行宮）の蔵書と経板閣の板本や鋳字，鼎足山城史庫の蔵書の一部が移管された．その他，太白山城，五台山城，赤裳山城の史庫の蔵書もすべて奎章閣の管掌下に入ったが，経費不足のため現地にそのまま置かれた．奎章閣にはまた，弘文館，集玉斎，侍講院の蔵書も集中され，それぞれ調査と目録化が進められたが，1909年

---

127) 前掲朝鮮総督府中枢院『朝鮮旧慣制度調査事業概要』，25頁．なお，史庫は「朝鮮王朝実録」（「李朝実録」）をはじめとする国の重要記録を保存するための書庫で，王宮内に内史庫，地方に外史庫が設けられた．1592年の「壬辰倭乱」（豊臣秀吉の朝鮮侵略）で3史庫が焼かれたため，新たに江華島の摩尼山（のち鼎足山），平安北道の妙香山（のち全羅北道の赤裳山），慶尚北道の太白山，江原道の五台山の4外史庫が作られた（「史庫」『平凡社大百科事典』第6巻，平凡社，1985年，753頁，吉田光男執筆，その他による）．

128) 前掲ソウル大学校奎章閣『修正版奎章閣図書韓国本総合目録（上）』，「解題」ix頁．

第6章　朝鮮総督府統治下の「植民地アーカイブズ事業」　　507

に奎章閣図書課が管理する「帝室図書」と位置づけられた．

　以上の説明から，『朝鮮旧慣制度調査事業概要』が，図書・記録類が「併合前宮内府に集め」られたというのは，実際には宮内府管下の奎章閣への移管だったことがわかる．法典調査局の主導のもとで，図書・記録の伝統的な保存・管理体系が，奎章閣を中心とする集中的なシステムに改変される方向が定まったということができよう．

3.2　朝鮮総督府の旧慣調査と図書・記録収集事業

3.2.1　取調局

　1910年9月30日に朝鮮総督府が設置されると，同日，勅令第356号をもって「朝鮮総督府取調局官制」が公布された．同官制は，第1条で取調局が掌るべき事務を次のように定めており，法典調査局が行ってきた旧慣制度調査事業は取調局に引き継がれた[129]．

　　第一条　朝鮮総督府取調局ハ朝鮮総督ニ隷シ左ノ事務ヲ掌ル
　　　一　朝鮮ニ於ケル各般ノ制度及一切ノ旧慣ヲ調査スルコト
　　　二　総督ノ指定シタル法令ノ立案及審議ヲ為スコト
　　　三　法令ノ廃止改正ニ付意見ヲ具申スルコト

　これにもとづいて取調局に与えられた調査課題は，次の18項目で，土地制度や商業慣行はもとより宗教，教育，文化などに至る広範囲のものとなっており，文字通り「各般ノ制度及一切ノ旧慣」を含むものであった[130]．植民地統治の開始にあたり，日本が朝鮮社会をあらゆる側面から調査する必要性を認識していたことがよくわかる．取調局は，官制によれば，長官以下職員19人，委員30人以内という比較的小規模な組織として発足したが，将来的には大規模な調査機関を構想していたのかもしれない．

---

129)　前掲朝鮮総督府中枢院『朝鮮旧慣制度調査事業概要』，21-22頁；『朝鮮総督府官報』第28号（明治43［1910］年9月30日），124頁．
130)　同上『朝鮮旧慣制度調査事業概要』，23-24頁．

調査項目
一　土地制度
二　親族制度
三　面及洞の制度
四　宗教及寺院の制度
五　書房及郷校の制度
六　両班に関する制度
七　四色の起因，沿革及政治上社会上に於ける勢力関係
八　四礼制度
九　常民の生活状態
十　朝鮮に於ける救貧制度
十一　朝鮮に行はれたる重要旧法典の翻訳
十二　朝鮮に於ける農家経済
十三　朝鮮の統治に参考すべき欧米各国の属領地及植民地の制度研究
十四　旧法典調査局に於ける調査事項の整理
十五　地方制度
十六　灌漑に関する旧慣及制度
十七　鴨緑江及豆満江に関する調査
十八　朝鮮語辞典の編纂

　ところが，取調局は1912年3月に「事務の都合により」廃止され，業務は総督府参事官室が引き継ぐことになった．この間，地方制度，小作慣行，水利設備などについて，調査結果を印刷物にするなどの成果もあげているが[131]，最も力を入れたのは，古書や古記録の調査と収集だったようである．
　『朝鮮旧慣制度調査事業概要』は，統監府時代に宮内府（奎章閣）のもとで整理が始められていた李朝伝来の図書・記録類について，朝鮮総督府は「此等図書の引継を受くるや，之を取調局の保管に移し，直に調査に著手〔ママ〕」したとしているが[132]，『修正版奎章閣図書韓国本総合目録（上）』「解題」によれば，韓国併合と同時に奎章閣は廃止され，奎章閣図書は一時，李王職図書室の管理下に

---
131)　同上，25頁．
132)　同上，25頁．

置かれた．そして，1911年2月にこれを朝鮮総督府の占有にすることが決定され，同年6月に取調局の管轄になったという[133]．このとき，取調局が李王職から引き継いだ資料の量は，旧奎章閣図書課保管図書が5,353種，100,187冊，記録課保管記録類が11,730冊，鋳字653,921字，71盆，板木9,507板，附属品12種，御製及御筆刻板471板，手帖木刻板53板，額24板などとなっている．これに加え，取調局には太白山城史庫と五台山城史庫の蔵書も運び込まれた[134]．

取調局は，これらの図書と記録類を収蔵するため，本庫と称する書庫を新築し，階上には朝鮮版書籍を，階下には実録・系譜・日記等の記録類を収蔵した．また本庫のほかに東西南北の書庫を備え，東南北の3庫には中国書籍を，西庫には儀軌類を置いたという[135]．一方，取調局は民間に存在する朝鮮図書の収集，整理にも取り組み，朝鮮書図書館の設立計画も持っていたという[136]．

3.2.2 参事官室

1912年3月27日の朝鮮総督府官制改正により，朝鮮総督府参事官の担当職務に「朝鮮ニ於ケル制度及旧慣ノ調査」が付け加えられ，参事官室は取調局の業務を引き継ぐことになった[137]．取調局が掲げた調査対象があまりにも広範囲に及んでいたため，参事官室は，まずは1912年4月に施行された「朝鮮民事令」との関係も考慮して，民事慣行を中心に調査を進める方針をとった．そして，別に「法制調査細目及慣習調査細目」を作成して実地調査と典籍調査を実施することとし，実地調査については，あらかじめ親族，相続，遺言，物権，償権などに関する設問を準備し，全国48か所を選んで調査を行った．また典籍調査については，取調局から移管された李朝伝来の記録，図書類の整理を進

---

133) 前掲ソウル大学校奎章閣『修正版奎章閣図書韓国本総合目録（上）』，「解題」x頁．
134) 同上，x頁．
135) イ・スンイル（李昇一）「朝鮮総督府の『朝鮮図書および古文書』の収集・分類活動」（韓国記録学会『記録学研究』，2001年10月号：原文韓国語．ここでは，安藤正人編『旧日本植民地・占領地におけるアーカイブズ政策と記録伝存過程の研究：平成14-16年度日本学術振興会科学研究費補助金基盤研究（A）（1）研究成果報告書』，2005年4月掲載の日本語訳［訳者・辻弘範］を利用した．164頁）．
136) イ・スンイル（李昇一）同上論文，164頁．
137) 前掲朝鮮総督府中枢院『朝鮮旧慣制度調査事業概要』，33頁；『朝鮮総督府官報』号外（明治45［1912］年3月27日），1頁．

めたほか，民間に所在する資料の収集にも力を入れ，朝鮮図書や中国図書から制度と慣行に関係ある事項を抜萃して編纂する方法をとった[138]．こうして，1915年4月に旧慣調査事業を朝鮮総督府中枢院に移管するまでの3年余りの間に，参事官室でまとめられた調査報告書は，実地調査報告書が123冊，典籍の抜萃資料が83冊に及んだという．またとくに「李朝実録」については，貴重書のため実際には原本利用に至らなかったものの，法典・親族・相続，遺言，戸口，銭幣，号牌，奴婢，良役，諸田，貢賦，税制，冠婚葬祭等に関する事項の索引が作成されたという[139]．このことからも，典籍，記録類を，民事慣行調査に積極的に活用しようとしていたことがよくわかる．

一方，参事官室が取調局から受け継いだ奎章閣旧蔵資料の数量は，移管約2年半後の1914年10月の数字だが，図書，記録類合わせて15,405種119,906冊，五台山史庫旧蔵図書599種4,136冊，太白山史庫旧蔵図書1,216種5,777冊であった．ほかに，保管転換受入図書1,229種22,430冊，新規購入または謄写図書371種1,613冊があり，合計は，18,820種153,602冊にのぼった．参事官室は，参事官分室を設けてこれに対応し，整理作業を進めた[140]．図書については，新規入手分も含めて「奎章閣図書」と命名し，最終的には1921年に『朝鮮総督府古図書目録』が刊行されている[141]．

なお，参事官分室による李朝図書・記録の整理過程では，1913年に五台山史庫の「朝鮮王朝実録」439冊が東京帝国大学に寄贈されるという事態も発生している[142]．典型的な植民地アーカイブズの流出事例であり，その経緯について詳細な検証が必要である．この五台山史庫旧蔵「朝鮮王朝実録」は，1923年の関東大震災で大半が焼失したが，残存分47冊が2006年に東京大学から韓国に返還された．

次に，民間所在資料の収集については，1912年に「本府所蔵以外の民間に残れる朝鮮図書は総べて之を蒐集するの計画を立て，大正二[1913]年より之に著手」した[143]．そして，これを全国的に推進するため，1913年2月に政務総監

---

138) 同上『朝鮮旧慣制度調査事業概要』，34-40頁．
139) 同上，40頁．
140) 前掲ソウル大学校奎章閣『修正版奎章閣図書韓国本総合目録（上）』，「解題」x頁．
141) 同上，x-xi頁．なお，取調局や参事官分室が行った図書整理については，前掲イ・スンイル「朝鮮総督府の『朝鮮図書および古文書』の収集・分類活動」に詳しい．
142) 前掲朝鮮総督府中枢院『朝鮮旧慣制度調査事業概要』，26頁．

第6章　朝鮮総督府統治下の「植民地アーカイブズ事業」　　　511

から各道長官に対し,「朝鮮古書並ニ金石文拓本蒐集ニ関スル件」と題する通牒を発した．通牒の原文は以下の通りである[144]．

朝鮮古書並ニ金石文拓本蒐集ニ関スル件

故ヲ温ネテ新ヲ知リ，物ニ格リ知ヲ致スハ政教上欠クヘカラサルコトナルカ故ニ，文明国一般ニ其ノ社会ニ関係アル文書ハ勿論，其ノ国土ニ存在スル金石ノ類ニシテ，苟クモ史料ニ資スヘキモノハ，零墨断簡ノ微ト雖モ之ヲ尊重シ，其ノ事実ヲ明ニスルト同時ニ，之カ知悉ノ便ヲ図ルカ為書庫ノ設アル所以ニ有之．本府参事官分室ニ所蔵スル旧韓国政府及宮内府ヨリ継承シタル図書並ニ奉化及五台山書庫ノ書籍ハ，浩瀚ニシテ考古ノ材料トヲ為ルヘキモノ固ヨリ尠カラスト雖，史料ノ蒐集ニ付テハ，猶遺憾ノ点多ク，殊ニ高麗朝及三国時代ノ文献ニ至リテハ，現存史上ニ於テ殆ント之ヲ徴スルニ足ルモノナシ．依テ本府ハ茲ニ奎章閣ノ図書ヲ完備シテ，朝鮮ニ関スル完全ナル帝国ノ文庫ト為シ，如上ノ欠陥ヲ補填シ，他日之ヲ公開シテ，汎ク世人ノ溯考ニ供セムトスル次第ニ有之候．蓋シ朝鮮ノ図書ハ正確ニ経・史・子・集ニ分類スルコト能ハサルモノ多ク，子集中ニ於テモ，往往正史ノ欠漏ヲ補フニ足ルヘキ記事アルカ故ニ，苟クモ本府ニ所蔵以外ノ図書ニシテ，民間ニ散在スルモノハ，汎ク之ヲ買収若ハ謄写シ，以テ本府書庫ノ完璧ヲ期スルト共ニ，金石文ニハ頽碑断碣ト雖，亦考古ノ資料タルモノアルヘキカ故ニ，檀君箕聖ノ古ハ之ヲ碑石ニ徴スルコト能ハストスルモ，三国以後ノモノハ，往往旧都古刹ノ遺址ニ残存シ，風餐雨蝕ヲ経テ尚文字ノ痕ヲ留ムルモノ可有之，留意物色セハ，正史ヲ叢裡ノ断碣ニ討ネ，真相ヲ民間ノ雑録ニ発見スルコト決シテ尠カラサルコトト被存候間，本府ハ本年度以降総テ在野ノ図書及古碑ノ拓本ヲ蒐集スルコトト致候ニ付テハ，貴庁ニ於テモ適宜ノ方法ヲ講シ，別紙四項ニ該当スルモノハ汎ク捜査蒐集シ，本府ニ送付可相成此段及通牒候也．

追テ本文捜査蒐集ノ古記文書等貴重スヘキモノハ，其ノ散逸ヲ予メ防遏スルノ注意申迄モ無之相当御処理相成度候

---

143)　同上，27頁．
144)　同上，40-43頁．

別紙
　一　朝鮮図書ノ蒐集
　　　印本ト写本トヲ問ハス，又其ノ種類ノ如何ヲ論セス，寺院・郷校・養士斎・書院・書堂其ノ他民間ニ存スル朝鮮図書ニシテ，開国五百三年（明治二十七年甲午）以前ノ著作，又ハ印刊ニ係リ，別冊図書目録ニ掲ケサルモノヲ調査シ，且左ノ方法ノ孰レニ依ルコトヲ得ヘキカヲ交渉決定ノ上，別紙ノ記載例ニ依リ通報アリタシ．（図書目録及記載例ハ省略ス）
　　　（イ）買入［説明文略，以下同じ＝筆者］，（ロ）寄附，（ハ）寄託，（ニ）謄写
　二　金石文ノ蒐集
　　　碑文・鐘銘其ノ他ノ金石文ニシテ，多少年代ヲ経，史料トシテ参考ノ価値アルモノヲ調査シ，其ノ種類所在及所有者ヲ通報アリタシ．
　　　尚右金石文ハ左ノ区別ニ依リ，拓本又ハ写本ヲ送付アリタシ．［以下，拓本，写本についての説明文略＝筆者］
　三　版木，區額等ノ調査
　　　官衙・郷校・養士斎・寺院・書堂・殿・祠・壇・閣・楼亭其ノ他民家等ニ存スル書籍，経文・地図等ノ版木，柱連等ヲ調査シ，其ノ種類，所在，所有者等ヲ通報アリタシ．
　　　尚區額ノ類ニシテ，其ノ記文史料又ハ建物ノ沿革ヲ知ル材料ト為ルヘキモノハ，其ノ全文ヲ謄写シ添付アリタシ．
　四　経文及記録等ノ調査
　　　寺院其ノ他ノ所蔵ニ係ル経文，記録等ニシテ貴重ナルモノアラハ，其ノ種類・内容ノ梗概・筆者・作成ノ年代・印刊ノ地等ヲ調査シ通報アリタシ

　この通牒は，①寺院，郷校，書院など民間の宗教，文化，教育機関を初めて本格的な対象にしている点と，②図書，文書だけでなく，金石文，版木など記録物全体を視野に入れている点に大きな特徴があるが，さらに，③「奎章閣ノ図書ヲ完備シテ，朝鮮ニ関スル完全ナル帝国ノ文庫」の構築を目指し，「他日之ヲ公開シテ，汎ク世人ノ溯考ニ供セムトスル」としていることが注目される．取調局時代の「朝鮮書図書館」構想を発展させたものだと思われるが，寺内正

毅初代総督の武断政治のもとで植民地統治体制の確立を急いでいた当時の時代背景を考えると，奎章閣を中核にした一種の「植民地アーカイブズ兼図書館」を作り上げることによって，朝鮮固有の伝統的な記録文化を統制，管理しようとする意図を読み取るべきだろう．

付言すると，同じ1913年の9月に，各道長官と各警務部長宛に文書が発信され，「朝鮮金石文，朝鮮図書，朝鮮各郡邑誌，古文書，冊板，参考品」の6件について，再度，収集方の依頼がなされている[145]．

これらによって収集された資料の数量は，『朝鮮旧慣制度調査事業概要』と『修正版奎章閣図書韓国本総合目録（上）』「解題」とで若干異なるが，前者によると，1921年までの約8年間に，借入，謄写，寄附などによって，民間から朝鮮図書7,000種85,000冊，中国図書4,000種80,000冊を収集したとしている[146]．また後者によれば，1915年12月末現在のデータとして，金石文の拓本と写本1,018種，邑誌959種，購入または謄写した図書59種691冊という数字をあげ，その結果，参事官分室が所蔵する図書の総数は，韓国本12,980種70,232冊，中国本6,481種81,927冊の合計19,461種152,159冊に達したとしている[147]．ちなみに『朝鮮旧慣制度調査事業概要』によれば，金石文の種類は，碑，碣，墓誌，墓表，諡冊，石標，石刻，石経のほか，仏像，鐘，石塔，石灯，石幢，幢竿，同柱石，鏡，舎利盒などにおよび，内容も，三国時代から李氏朝鮮時代に至る巡狩，戦跡，忠烈，孝子，節婦，壇，廟，祠院，寺刹，橋梁等の事蹟を記録しており，史料として貴重なものが多いという[148]．

古文書については，『修正版奎章閣図書韓国本総合目録（上）』「解題」には記載がないが，『朝鮮旧慣制度調査事業概要』に，「古文書は其の種類を問はす，苟も参考になるべきものは皆之を蒐集することとし，已むを得ざるものは之を謄写」するという現物収集優先の方針をとったことが記されているが，収集点数は67種と少ない[149]．このほか，版木については，韓国政府から引き継いだ多数の版木の整理を行いつつ，各地に散在する版木の収集や謄写を進め，その

---

145) 同上，44頁．
146) 同上，27頁．
147) 前掲ソウル大学校奎章閣『修正版奎章閣図書韓国本総合目録（上）』，「解題」x頁．
148) 前掲朝鮮総督府中枢院『朝鮮旧慣制度調査事業概要』，45-46頁．
149) 同上，47頁．
150) 同上，53頁．

数は42種8,591枚にのぼったという[150]。

以上のような民間所在資料の調査・収集事業が，どのような形で実施され，それに対する朝鮮の人々の反応がどのようなものであったかについては，筆者はまだ具体的に検証できていない。ただイ・マンヨル（李萬烈）は，李相時の著書を引用しつつ，次のように記している[151]。

> 1910年11月から1911年12月までの1年2カ月の間，日本の憲兵警察や朝鮮人の憲兵補助員などを動員して，「奎章閣をはじめ郷校・書院・書堂・古家・権門勢家などを襲撃し，そこに所蔵され伝えられていた（中略）さまざまな我が民族固有の史書類と，申采浩著の『乙支文徳』（中略）などの愛国書籍約51種20万巻を奪取・焼却し，このような書籍の販売を厳禁するとともに，その所持者と閲読者を処罰した」という。この時に民間に伝わっていた秘記類を含む伝統的な史書が大量に強奪され焼却されたと思われる。

1910年11月から1911年12月までといえば，事業が参事官室に移管される前の取調局が担当していた時期であるが，武断政治の時代に強権的な調査が行われ，植民地統治機関の手に先祖伝来の古書や古記録が渡ることを忌避して，これを隠匿したり自ら焼却したりする者が相次いだことは，後述する朝鮮史編纂事業においても確認されている。そのことから考えると，上記の文章にはやや誇張的な表現も混じっているが，参事官室の担当時代を含めて，このような事態が発生したことは否定できない事実であろう。

また『修正版奎章閣図書韓国本総合目録（上）』「解題」は，奎章閣図書中に人為的な欠本部分が存在することを指摘し，参事官分室が図書・記録管理業務を担当した時期に「日帝官僚たちが図書の内容を点検していた」ことをあげて，この時期に日本人が収集した図書の一部を意図的に湮滅した可能性を示唆している[152]。

---

151) イ・マンヨル（李萬烈）「近現代韓日関係研究史――日本人の韓国史研究を中心に」（日韓歴史共同研究委員会『日韓歴史共同研究報告書』第3分科会報告書，2005年11月），436頁．文中の引用は，李相時『檀君実史に関する文献考証』（カナ出版社，1987年）（『檀君實史에관한文獻考證』，가나출판사），30頁（李萬烈論文436頁脚注82による）．

152) 前掲ソウル大学校奎章閣『修正版奎章閣図書韓国本総合目録（上）』，「解題」x頁．

3.2.3　中枢院

1915年4月30日に「朝鮮総督府中枢院官制」が改正され,「朝鮮総督ハ中枢院ヲシテ朝鮮ニ於ケル旧慣及制度ニ関スル事項ヲ調査セシムルコトヲ得」の1項が加えられた[153]．これにより，参事官室が行ってきた旧慣制度調査事業は，中枢院の管轄に移ることになった．ただ奎章閣図書の管理は，1922年11月に朝鮮総督府学務局に移管されるまで，参事官分室が引き続き担当した[154]．

中枢院が実施した旧慣調査関連事業は，途中1918年9月の「旧慣審査委員会」，1921年4月の「旧慣及制度調査委員会」設置による再検討を挟み，民事慣習調査を中心に，商事慣習調査，制度調査，風俗調査，朝鮮史の編纂などに及んでいる[155]．民事慣習調査と商事慣習調査，それに新たに始まった風俗調査では，典籍調査と実地調査の併用による従来の調査方法を基本的に踏襲し，調査の成果を数多くの報告書に取りまとめた．一例として，民事慣習調査事項のうち「物権及債権」に関する調査成果の一部として編纂された『小作に関する慣習調査書』を見ると，序文に「本府参事官室及び院の職員が，各地に出張蒐集したる資料を基礎にして調査編纂せしめたもの」とあり，本文中に各地の文記などが，多数参考資料として挿入されている[156]．これらの資料が，実地調査の際に収集した現物資料なのか，あるいは謄写資料なのかは明記されていないが，参事官室時代に古文書の収集に関して現物優先の方針をとっていたことを考えると，この場合も現物資料が多く含まれているのではないかと想像される．

これに対し，制度調査では，国制，王室，区域，官職，官員，内務，外交，軍制，裁判，財務，地方自治の11項が調査事項として掲げられ，「旧制度の起源及び変遷を明にせんが為め」，典籍，記録類の調査が中心となった．調査対象としたのは，「李朝実録・承政院日記・日省録・各庁各道各邑事例謄録，その他文書並に記録類，内外国史並に野史類・文集類・雑種類等」である[157]．

---

153)　前掲朝鮮総督府中枢院『朝鮮旧慣制度調査事業概要』, 60頁；『朝鮮総督府官報』号外（大正4[1915]年5月1日）, 1-2頁．
154)　前掲ソウル大学校奎章閣『修正版奎章閣図書韓国本総合目録（上）』,「解題」xi頁．
155)　前掲朝鮮総督府中枢院『朝鮮旧慣調査事業概要』, 60-176頁．
156)　朝鮮総督府中枢院『小作に関する慣習調査書』（朝鮮総督府中枢院, 1930年3月）；復刻版（『韓国併合史研究資料』93所収, 龍渓書舎, 2011年）．
157)　前掲朝鮮総督府中枢院『朝鮮旧慣制度調査事業概要』, 90-98頁．

参事官分室（1922年以降は学務局）が管理する奎章閣図書が主体だが，中枢院が新たに収集した資料も多く含まれていると思われる．

以上のほか，中枢院の実施した重要な事業として朝鮮史の編纂があるが，これについては次節で検討したい．

3.2.4　朝鮮総督府学務局，京城帝国大学附属図書館

参事官分室は，1915年に旧慣調査事業が中枢院に移った後も，奎章閣図書を中心とする図書・記録類の管理と整理を継続し，1921年に『朝鮮総督府古図書目録』を刊行したが，その翌年の1922年11月，朝鮮総督府学務局に資料のすべてを移管した．学務局は分室を置いてこれに対応したが，移管資料に多数含まれていた未整理図書の整理は進まなかった[158]．

これらの図書・記録類は，その後，1928年から3次にわたって京城帝国大学附属図書館に移管され，ここが朝鮮総督府統治下での最終的な落ち着き先となった．朝鮮総督府が構想した「朝鮮ニ関スル完全ナル帝国ノ文庫」の構築が，京城帝国大学に託された形である．第1次は1928年10月で，韓国本を中心に図書2,074種9,553冊が移管された．第2次移管は1930年10月で，図書1,086種15,970冊（中国本12,667冊，韓国本3,303冊）であった．第3次は同じく1930年10月に，未整理分を含む残りの図書と記録類，合わせて13,471種136,038冊が大量移管された．京城帝国大学附属図書館はこのうち2万冊余りを一般東洋図書に分類，編入してしまい，「奎章閣図書」として残ったのは140,913冊だという[159]．

参考までに，戦後これらの資料を継承したソウル大学校附属中央図書館は，1950年の朝鮮戦争勃発時に，「朝鮮王朝実録」（江華鼎足山本，太白山本など）2,113冊，「承政院日記」2,963冊，「承宣院日記」23種483冊，「日省録」2,281冊，「備辺司謄録」278冊，「綸綍」539冊，合計8,657冊を釜山に疎開させた[160]．奎章閣の図書・記録類の中で何が最も貴重なものとして扱われてきたかがわかる．

---

158)　前掲ソウル大学校奎章閣『修正版奎章閣図書韓国本総合目録（上）』，「解題」xi頁．
159)　同上，xi頁．
160)　同上，xii頁．

4. 史料編纂事業とアーカイブズ

4.1 中枢院による『朝鮮半島史』の編纂

『朝鮮旧慣制度調査事業概要』によると，朝鮮史編纂の必要性は，おそらくのちに述べるように寺内正毅総督自身の意向もあったのであろう，1915年4月に旧慣調査事業等が参事官室から中枢院に移管される以前からすでに認識されており，「旧慣調査事務移管に関する理由書中，中枢院職員担当事項の第一に掲げられたるは歴史編纂にして，参事官の副申にも亦朝鮮史の編纂を以て中枢院の事務の第一に掲げられたり」と記されている[161]．これを受けて，中枢院は同年7月に事業に着手．翌1916年1月に15名の担当者を発令したあと，3月には京都帝国大学教授三浦周行，同講師今西龍，東京帝国大学助教授黒板勝美の3人を顧問に起用して，『朝鮮半島史』編纂事業を3か年計画で開始している[162]．

1916年7月には，「朝鮮半島史編成ノ要旨」と題する文章が発表され，『朝鮮半島史』の編纂目的が次のように明示された[163]．

> 百般の制度を刷新して，混沌たる旧態を釐革し，諸種の産業を振作して，貧弱なる民衆を拯済するは，朝鮮の施政上当面の急務たりしと雖も，此等物質的の経営に努むると共に，教化・風紀・慈善・医療等に関し，適切なる措置を執り，斯民の智能徳性を啓発し，以て之を忠良なる帝国臣民たるに愧ぢざるの地位に扶導せむことを期せり，今回中枢院に，命ずるに朝鮮半島史の編纂を以てしたるも，亦民心薫育の一端に資するの旨趣に外ならず（以下略）

このように，「教化・風紀・慈善・医療等に関し，適切なる措置を執り」と，

---

161) 前掲朝鮮総督府中枢院『朝鮮旧慣制度調査事業概要』，137頁．
162) 同上，138，141頁．
163) 『朝鮮半島史編成ノ要旨及順序 朝鮮人名彙考編纂ノ要旨及順序』（朝鮮総督府，1916年）；復刻版『韓国併合史研究資料』85所収，龍渓書舎，2011年），1-5頁；前掲朝鮮総督府中枢院『朝鮮旧慣制度調査事業概要』，141-145頁；前掲朝鮮総督府朝鮮史編修会『朝鮮史編修会事業概要』，4-7頁．引用は『朝鮮旧慣制度調査事業概要』による．

一見後藤新平の「文装的武備」を思わせるような表現をも取り入れながら，極めて露骨にその植民地主義的意図を述べ，続けて，「併合と連絡なき古史，または併合を呪詛せる書籍」に代わる「公明的確なる史書」を提供し，「朝鮮人同化の目的を達する」と，単に新しい「史書」を編纂するのみならず，朝鮮古来の史書や反日的な著作物を摘発，排除する方針をも明確に記している．

キム・ソンミン（金性玟）は，このような朝鮮史編纂開始の背後には，「韓国併合以後の日本帝国主義による朝鮮統治の基本路線」である「民族同化政策」が存在するとして，総督寺内正毅自身の次のような発言に注目している[164]．

> （前略）大和魂と朝鮮魂と混化して，我日本人が彼等に大和魂を植へ付けることが出来なく，彼等が我文明的施設に因て，其の智能を開発され，広く世界の形勢に眼を触るゝの日に至り，こゝに民族的反抗心の燃へ来るが如きことあらば，それは由々しき大事であって，予め日本国民の留意を要する，之れ蓋し朝鮮統治の最大難関にして，予は朝鮮人の徹底的自覚を説くと同時に，朝鮮研究の一日も忽諸にすべからざるを信ずるは之が為である，目前の政治的施設以上に更に永久的，根本的なる事業がなくてはならぬ，それは即ち朝鮮人の心理研究である，歴史的研究である，彼等の民族精神を何処までも徹底的に調査することである，これなくては内鮮同化の真の事業は未だ完全なりとは云ふことが出来ない．（中略）
> 即ち朝鮮人の民族心理，精神生活に就て理解する所の域に達せなければ駄目ぢや，植民政策の根本は必ずそこに基礎を置かねばならぬ，故に予は世人が迂遠なりとして軽視しつゝある学術的調査は，絶対の必要と認めて調査の歩武を進めて居る（下略）

この発言が正確だとすれば，朝鮮半島史の編纂が構想された背景に，植民地主義的な観点から「朝鮮研究」「学術的調査」を重視する寺内総督自身の考え方が存在したことが明らかである．

---

[164] 金性玟（金津日出美訳）「朝鮮史編修会の組織と運用」（『季刊日本思想史』76号，特集「植民地朝鮮における歴史編纂——『併合一〇〇年』からの照射」，ぺりかん社，2010年），11，37頁．寺内の発言の出典は，青柳綱太郎『総督政治史論』（京城新聞社，1928年），262-263頁，267頁．ここでの引用は青柳の原著によった．なお金論文は同書を寺内と青柳の対談録としているが，実際は青柳が寺内の発言を一人称で叙述したものであり，青柳の脚色が入っている可能性がある．

「朝鮮半島史編成ノ要旨」とともに公表された「朝鮮半島史編纂ノ順序」によれば，「編纂ノ形式ハ年次ヲ逐ヒテ記述シ筆ヲ上古ニ起シ併合ヲ以テ終末トスルコト」（第3項）と定められ，「記述ノ資料ハ主トシテ朝鮮，支那，日本ニ於ケル史乗，地誌，記録，随筆等ニ取リ古文書，金石文，遺物，遺跡其ノ他ノ考事資料ニ対照シ又欧米ノ文書ヲモ参照スルコト」（第5項）となっていた[165]。

これにもとづき，中枢院は「編纂資料の書目」として，朝鮮史類18種，朝鮮地誌類17種，朝鮮文集類11種，朝鮮記録及雑書類118種のほか，中国史書・記録及雑書類560種，日本史書・記録及雑書類100種，ならびに英仏独3か国の朝鮮関係書60種の，合計884種をリストアップし，「此の内より適当のものを選びて資料を抜萃すること」とした[166]。1917年は専らこの方法による資料の抜萃と新たな史料収集に費やされたようだが，作業は必ずしも順調に進捗しなかったらしく，1918年度末に至っても，「蒐集抜萃したる史料」は，朝鮮図書46種，中国図書72種のほか，顧問に委嘱して抜萃した史料が28冊と報告されているに過ぎない[167]。このような事態に対応するためであろう，1918年11月には「朝鮮総督府中枢院事務分掌規程」を改正して新たに編纂課を設置し，「編纂課ニ於テハ史料ノ蒐集編纂ニ関スル事項ヲ掌ル」（第3条）と体制の強化を図っている[168]。しかし，『朝鮮半島史』の編纂は，その後も事業の進捗が思わしくなく，1924年末をもって事業打切りとなり，すでに1922年に設置されていた朝鮮史編纂委員会に道を譲ることとなる。ただ『朝鮮旧慣制度調査事業概要』は，「朝鮮史編纂委員会に於て編纂する朝鮮史とは，其の目的・記事・形式を異にするを以て本事業は，機をみて他日完成すべきものなり」と，完全に断念したわけではないことを強調している[169]。

なお，『朝鮮半島史』編纂事業の過程で，民間アーカイブズの調査や収集がいかなる形で実施されたかについては，判然としない。「朝鮮半島史編成ノ要旨」に記された「併合と連絡なき古史，または併合を呪詛せる書籍」排斥の意図や，次項で見る朝鮮史編纂委員会の史料収集活動に対する朝鮮民衆の根深い不信感から類推して，併合後の早い時期から取調局や参事官室のもとで行われ

---

165) 前掲『朝鮮半島史編成ノ要旨及順序　朝鮮人名彙考編纂ノ要旨及順序』，6-7頁．
166) 前掲朝鮮総督府中枢院『朝鮮旧慣制度調査事業概要』，144頁．
167) 同上，147頁．
168) 同上，144-145頁．
169) 同上，148頁．

ていたと考えられる強権的な民間アーカイブズ調査が,『朝鮮半島史』編纂事業においても繰り返されていた可能性があるが,検証は今後の課題としたい.

4.2 朝鮮史編纂委員会による図書・記録の調査と収集

植民地下朝鮮では1919年に「3.1独立運動」が起こり,8月に第2代朝鮮総督長谷川義道が更迭されて,斎藤実海軍大将が第3代総督に任命された.斎藤は,それまでのいわゆる「武断政治」を改めて「文化政治」を推進した.1922年に開始された新たな朝鮮史編纂事業は,その一環と見ることができる.

すなわち,1922年12月4日に発令された朝鮮総督府訓令第64号「朝鮮史編纂委員会規程」によって,中枢院の『朝鮮半島史』編纂事業はそのままに,新たに「朝鮮総督府ニ朝鮮史編纂委員会ヲ置ク」ことが定められ,「委員会ハ朝鮮史ノ編纂及朝鮮史料ノ蒐集ヲ掌ル」とされた(第1条)[170].委員会は,「規程」第2条により朝鮮総督府政務総監有吉忠一(中枢院議長)を委員長に起用し,中枢院副議長李完用ら3人を顧問,中枢院書記官長長野幹,同小田幹治郎,総督府編修官李能和,京都帝大助教授今西龍ら15人を委員,中枢院嘱託稲葉岩吉ら2人を幹事にそれぞれ任命し,中枢院において業務を開始した.事業実施期間は10年とされた[171].

1923年1月8日にはさっそく第1回編纂委員会が開催され,斎藤総督が次のように挨拶している[172].

> (前略)吾が朝鮮の文化は其の淵源甚だ遠く,文芸,産業等各其の特色を発揮して居るのであります.今日まで修史事業の観るべきものが無いではありませんが,全土に散在する幾多の資料を集大成して,学術的見地の上に,極めて公平なる編纂を遂げたものゝ無いのは甚だ遺憾に存じます.しかも資料はだんだん湮滅に帰し,一日後るればそれだけ貴重なるものが散逸して,文化の跡を失ふやうになる現状であります.

---

170) 同上,148頁;『朝鮮総督府官報』第3094号(大正11[1922]年12月4日),35頁.
171) 前掲朝鮮史編修会『朝鮮史編修会事業概要』,8頁,123-126頁.
172) 前掲朝鮮総督府中枢院『朝鮮旧慣制度調査事業概要』,149-151頁;前掲朝鮮史編修会『朝鮮史編修会事業概要』,9-10頁.原史料は「大正十一年ヨリ大正十二年マデ 委員会議事録 朝鮮史編纂委員会」(中B14-50)(韓国国史編纂委員会).原文は漢字カタカナ表記.引用は『朝鮮旧慣制度調査事業概要』による.

第 6 章　朝鮮総督府統治下の「植民地アーカイブズ事業」　　521

吾が総督府は従来も力めて文化方面の施設に心を用ひ，旧慣調査を始め，古蹟調査等諸般の事業を進めて居るのでありまして，既に歴史に関する編纂等にも力を尽して参りましたが，今回また委員会を組織し，新に計画を立てて修史事業を開始することに致しました．（以下略）

　この挨拶は，あるいは黒板勝美が起草したのではないかと思えるが，斎藤の「文化政治」方針を反映して，「朝鮮半島史編成ノ要旨」のような朝鮮民族に対する露骨な蔑視表現は影を潜めている．しかし，歴史編纂を植民地統治のための文化工作の一環ととらえる「文装的武備」的発想は，何ら変わっていないと思われる．注目されるのは，「資料はだんだん湮滅に帰し，一日後るればそれだけ貴重なるものが散逸して，文化の跡を失ふようになる現状であります」と，資料の「湮滅」「散逸」に強い憂慮を示している点である．この発言が，直ちに今日的な意味での史料保存への関心を意味しているとは思わない．しかし，本事業が斎藤のこのような発言にもとづいて，編纂委員会規程第 1 条にいう「朝鮮史料ノ蒐集」，すなわち過去の文書・記録類の調査と収集に重きを置く方向へと進んでいったことは確かである．その意味で，修史事業，史料編纂事業と銘打ちながら，本事業は筆者のいう「植民地アーカイブズ事業」としての性格を強く持っていたと考えることができる．

　1923 年 1 月 8 日の第 1 回朝鮮史編纂委員会は 10 日まで 3 日間開かれ，編纂綱領が決定された[173]．その主な点を，委員長に代わり趣旨説明を行った黒板勝美の発言と合わせて紹介すると，まず編纂の形式は編年史とし，史料から作成した綱文と史料原文とを年月日順に配列するという体裁を採用することとした．これは黒板が所属した東京帝国大学史料編纂掛の『大日本史料』『大日本維新史料』をモデルとしたものである．また編纂対象とする時代は，三国時代以前から李氏朝鮮時代後期の甲午改革（1894 年）[174]までとするが，史料収集の範囲は「必要に応じ現代に及ぶ」とした．その理由について，黒板は委員会で次のように説明している[175]．

---

173)　同上朝鮮史編修会『朝鮮史編修事業概要』，12-19 頁．原史料は前掲「大正十一年ヨリ大正十二年マデ　委員会議事録　朝鮮史編纂委員会」（中 B14-50）．
174)　1894-95 年の政治改革．甲午農民戦争弾圧に出兵した日本軍の圧力が背景にあったとされる．
175)　前掲朝鮮史編修会『朝鮮史編修事業概要』，16 頁．原史料は前掲「大正十一年ヨリ大正十二年マデ　委員会議事録」で，原文は漢字カタカナ表記．

（前略）此の度の朝鮮史は甲午の改革までにしたいのであります．尤も甲午の改革と申しましても史料蒐集の範囲は現代に及ぶことに致したいのでありまして，史料は一日後るればそれだけ湮滅し易いものでありますから，甲午以後の材料も勿論蒐集して後世に遺したいと思います．

　黒板は，斎藤総督の挨拶と同じ表現を用いて史料の湮滅を危惧しているが，「甲午以後の材料も勿論蒐集して後世に遺したいと思います」と，編纂対象とならない現代記録を収集，保存して将来に残すことの重要性をも明言しており，注目に値する．もっとも黒板にあっては，それも将来の編纂事業に備えてのことであり，最終目的は史料保存そのものではなく，あくまでも史料の編纂と出版にあったと思われる[176]．しかしながら，現代記録をも重視する考え方は，編纂綱領の御墨付を得たこともあって，実際の史料調査，史料収集活動に大きな影響を与えたと見られる．

　史料の調査と収集は，第1回朝鮮史編纂委員会のあと，官公庁が保存する公文書と民間所在記録の両面にわたって積極的に推進されたようだ．まず1923年5月19日，道知事会議に合わせて「朝鮮史料保存ニ関スル協議会」を開催し，朝鮮史編纂委員会から各道知事に「民間幷ニ官公署ニ属スル古記録文書等」の保存要請がなされている．興味深い内容なので，議事録の一部を掲載しておこう[177]．

　　長野書記官長[178]
　　（前略）資料ノ蒐集トイフコトニ付テハ委員会ニ於テモ極力調査シテ居ルトコロデアリマスケレドモ地方ニ於テモ有益ナル史料ガ随分アルコトト思ヒマスカラ民間幷ニ官公署ニ属スル古記録文書等ハ出来得ル限リ保存ノ途ヲ講ゼラレンコトヲ折入ツテ御願致シタイノデアリマス

---

176)　黒板が朝鮮史編纂事業に導入した方法の評価については，後述する．なお，『朝鮮史編修会事業概要』によれば，黒板は1924年11月30日に嘱託に就任しているので（126頁），第1回編纂委員会時点での身分は不明．
177)　前掲「大正十二年一月以降朝鮮史編纂関係書類綴　中枢院」（中B14-64）；前掲「大正十一年ヨリ大正十二年マデ　委員会議事録　朝鮮史編纂委員会」（中B14-50）．引用は前者による．
178)　中枢院書記官長，朝鮮史編纂委員会委員，長野幹（前掲朝鮮史編修会『朝鮮史編修会事業概要』，124頁）．

中野［太三郎］咸鏡北道知事

　古記録文書類ヲ一所ニ寄セ集メテ保存スルコト、ナレバ経費ノコトモ考ヘナケレバナリマセンガ此ノ点ハ如何ナモノデセウカ

長野書記官長

　史料トナルベキモノガアリマシタナラバ唯ダ保存ヲシテ置イテ頂イテ委員会ノ方カラ調査ニ参リマシタル節ハ出来得ル限リノ便宜ヲ御与ヘ下サランコトヲ御願致ス次第デアリマス

金書記官[179]

　先日京畿道庁カラ廃棄処分ヲスル古文書類ガアルガ中枢院ニ入用ノモノハアルマイカトノ親切ナル通知ニ接シマシテ早速其ノ文書類ヲ調査シテ見マシタ所史料タルベキモノガ多クアリマスノデ之ヲ譲受ケタコトガアリマスガ各官公署ニ於テハ不用トシテ廃棄セラル、文書類デモ歴史編纂ノ方ニハ大ニ参考トナルベキモノガ相当アリマスカラ今後ハ苟モ古記録文書等ハ先ヅ史料トシテ是非御保存ヲ願ヒタイト思ヒマス　尚ホ朝鮮人ヲシテ歴史観念ヲ去ラシムベク過去ノ文化ヲ誇ルベキ貴重ナル史料ハ可成没収セントシツ、アルガ如ク誤解スルモノ尠カラザル状態デアリマス此ノ朝鮮史編纂計画ハ只今長野書記官長カラノ御説明ノ通リデアリマシテ最モ主眼トスル点ハ漸次湮滅シツツアル史料ヲ一日モ早ク完全ニ蒐集シテ永ク保存ノ途ヲ講ゼントスル学術的修史事業デアリマスカラ古記録其ノ他史料トナルベキモノハ自ラ進ンデ提供シテ呉レルヤウ此ノ趣旨ヲ十分御宣伝下サランコトヲ特ニ御願致ス次第デアリマス

澤田［豊文］慶尚北道知事

　総督府デ本道安東郡ノ某両班家カラ古記録ヲ借リテ置イテ遂ニ返ヘサナカッタトイフ事ヲ聞イテ居リマスガ此ノ点ニハ特ニ充分ノ注意ヲナサラナイト民間ニ折角ノ史料トナルベキモノガアリナガラ其レヲ借リ入レルコトノ出来ナイヤウナ不結果ヲ来スコトニナリマスマイカト思ヒマスカラ一寸御参考マデニ申シ上ゲテ置キマス

　　（中略）

---

[179]　中枢院通訳官兼書記官，朝鮮史編纂委員会幹事，金東準（前掲朝鮮史編修会『朝鮮史編修会事業概要』，125頁）．

金［寛鉉］忠清南道知事

　現ニ民間ニ李朝時代ノ史料トナルベキ古記録文書類ガアリマスケレドモソレヲ隠蔽シテ出サナイヤウナ有様デアリマスカラ一般ノ誤解ヲ招カヌヤウ宣伝ビラデモ各地ニ配付サレタナラバ必ズ効果ガアルデアラウト思ヒマス

　（以下略）

　上記のやりとりの後半部分で，史料収集事業に対する朝鮮人の「誤解」の問題が議論されているが，その点は後述することにして先に進むと，この会議の席上で「朝鮮史編纂ニ付キ古記録文書等保存ニ関スル件」という文書が配付されている．「各官公署ノ保管ニ係ル古記録・文書中，史料トナルベキモノ」，ならびに「民間ニ散在スル史料」について，具体的な文書名をあげて保存を指示したものである．これも重要なので，全文掲げておきたい[180]．

　　　　　　　　朝鮮史編纂ニ付古記録文書等保存ニ関スル件
　朝鮮ノ文化ハ其ノ淵源甚ダ遠ク，政治，経済，文学，芸術，風俗，歌謡等各其ノ特色ヲ有スルモ未ダ修史事業ノ観ルベキモノナキヲ遺憾トシ本府ハ現代ニ適応スル朝鮮史ノ編纂ヲ急務トシ昨年十二月訓令第六十四号ヲ以テ朝鮮史編纂委員会ヲ設ケ本年一月第一回委員会ヲ開キ向十ケ年間ニ於テ修史事業ノ完成ヲ期セリ　現下総督府学務課ノ室ノ古記録文書等ヨリ史料（学務局の誤か）ヲ蒐集中ナルモ更ニ百般ノ事物ニ亘リ苟モ史実ニ属スル資料ヲモ集メ其ノ内容ヲ充実セザルベカラズ　各官公署ノ保管ニ係ル古記録文書中史料トナルベキモノ尠カラズ　是等ハ時日ヲ経ルニ従ヒ散逸スルノ憂アリ　仍ッテ左記古記録文書等ニシテ現存スルモノハ之ガ保存ノ途ヲ講ジ尚進ンデハ民間ニ散在スル史料ニ付テモ出来得ル丈ケ保存ノ途ヲ講ゼラレンコトヲ望ム
　イ，量案　量案導行帳，行審録，改量導行帳，改量正案，続降等陳田正案，馬上草，駅田畓案，各様田畓案，許頉陳改量大帳，火田，加耕，

――――――――――――
180）前掲「大正十二年一月以降朝鮮史編纂関係書類綴　中枢院」（中 B14-64）；前掲「大正十一年ヨリ大正十二年マデ　委員会議事録　朝鮮史編纂委員会」（中 B14-50）．本史料は前掲『朝鮮旧慣制度調査事業概要』153-154 頁ならびに『朝鮮史編修会事業概要』25-26 頁にも掲載されているが，若干の誤植が認められるので，ここでは「大正十二年一月以降朝鮮史編纂関係書類綴」によった．

査起，還起，陳起等成冊類及事目等ノ類
- ロ．戸籍　　式年大帳，軍案，僧籍，賤人案，戸籍事目等ノ類
- ハ．題決　　所志等ニ関スル題決殺獄文案及検題等ノ類
- ニ．立案　　完文，完議，立旨，節目等ノ類
- ホ．文記　　放売文記，分財文記，典当文記等ノ類
- ヘ．徴税　　作夫成冊，捧税冊，災結成冊，俵災成冊，降結徴収正案，年分粢状，屯土徴収正冊，上納案，陳省案，尺文，磨勘成冊，貢案，進献及進上関係書類等ノ類
- ト．謄録　　邑事例等ノ類
- チ．邑誌
- リ．礼儀制度上ノ器物　　号牌，軍器，楽器，祭器，祭服，軍服，鍮尺等ノ類
- ヌ．其ノ他史料トナルベキモノ

　上記のうち，「イ」から「チ」にあがっているのは，「ホ」の文記が多く民間で使用された土地関係証書である以外は，いずれも李朝のもとで作成された公的な文書・記録類だと考えられる．すなわち，イ「量案」は既述のように土地台帳であり，ハ「題決」は司法記録，ニ「立案」は一般行政記録，ト「謄録」は公文書の謄本，チ「邑誌」は県や郡などによって編纂された史誌である．このように，この要請は主として地方官公署所蔵の旧政権アーカイブズを対象にしたものであったが，文書・記録名称をかなり細かく列挙して保存要請を行っているのは，同委員会が地方官公署の記録保存について，事前に状況を把握していたためではないかと思われる．前記「朝鮮史料保存ニ関スル協議会」において金書記官が，京畿道庁の求めに応じて同庁保存文書の調査を実施したと語っていることもそう推定する理由のひとつだが，別の根拠としてあげうるのは，朝鮮史編纂委員会委員栢原昌三が，「朝鮮史料保存ニ関スル協議会」開催前の1923年3月1日に提出した「慶尚南道史料採訪復命書」の存在である[181]．

---

181)　「慶尚南道史料採訪復命書」（B17B-6）（韓国国史編纂委員会）．韓国国史編纂委員会所蔵の朝鮮史編纂委員会・朝鮮史編修会関係史料は，国史編纂委員会のウェブサイトで「中枢院調査史料」として順次画像公開されているが，2023年2月26日現在，本史料は未掲載．ここでは注182の長志珠絵論文によった．

朝鮮史編纂委員会と後継組織である朝鮮史編修会が残した数多くの「史料採訪復命書」については，長志珠絵の詳細な研究がある[182]．長が作成した一覧表によれば，栢原昌三の1923年「慶尚南道史料採訪復命書」は，朝鮮史編纂委員会設置後最も早い時期に作成されたものに属するが[183]，「道郡庁が保管する史料の『採集状況』調査を出張目的とし」，「成果として（中略），道庁機関がどのような文書や記録をまとめ，所蔵しているのか，目録化している」という．そしてその目録には，「咸安郡庁・慶尚南道庁の記録としての府邑誌・郡邑誌・邑誌のほか，金石文の碑文，壬辰倭乱の際の遺物（大砲）（以下略）」などが含まれ，ほかにも「晋州郡庁・泗川郡庁には『地税台帳』『結税査完原簿』など朝鮮王朝時代の『結（負）』の基礎台帳と想定される，土地制度の基礎となる書面の所在が列記されている」由である[184]．この情報は，朝鮮史編纂委員会が道知事に対する「古記録文書等保存」の要請文を作成する際，有力な材料として活用された可能性が高い．

さて，「朝鮮史編修会事務報告書」によれば，上記の道知事会議における「古記録文書等保存」要請は，一時的なものにとどまらず，翌月，「総督府及地方官庁ニ保存サル旧記文書ハ目録ヲ作製シ朝鮮史編纂委員会ニ報告アリタキ旨中枢院ヨリ依頼状ヲ発送セリ」と，各官公署に対し文書目録の作成と送付を依頼するという具体的な動きに発展した[185]．1923年6月5日付朝枢第290号「古記録文書蒐集ニ関スル件照会」と題する各道知事宛の中枢院書記官長依頼書がそれである[186]．

この依頼に応じ，1923年8月7日から同年12月10日にかけて，全13道の知事から中枢院宛に文書目録が順次送られてきている[187]．これらの目録の一部は，本章「2.2.2　新帳簿システムの構築とアーカイブズ」で，表6-3「慶尚北道，京畿道の旧記録古文書等目録(1923年)に見える『量案』」として紹介したところだが，改めて全体を見ることにしたい．

---

182) 長志珠絵「『朝鮮史』史料採訪『復命書』を〈読む〉――『朝鮮史』編纂と帝国の空間」（前掲『季刊日本思想史』76号，特集「植民地朝鮮における歴史編纂」所収）．
183) 同上，126頁．なお本文中で長は1923年3月1日「慶尚南道史料採訪復命書」を「1922年3月」と記しているが (128頁)，誤まりであろう．
184) 同上，128頁．
185) 「朝鮮史編修会事務報告書」（中 B14-62）（韓国国史編纂委員会）．
186) 前掲「古記録文書蒐集ニ関スル件〔中枢院〕」(911.0091-＊53＊)．
187) 同上．

提出された目録は，全羅北道の「古記録文書目録」のように，わずか2頁のものがある一方，慶尚北道の「旧記録古文書並古器物目録」は103頁に及んでおり，精粗の差が大きい．試みに，慶尚北道の目録を少し詳しく見てみよう．まず全体の構成は，最初に慶尚北道庁の保存旧記録古文書目録があり，そのあとに各郡庁が作成した郡内の保存旧記録古文書目録と，書院[188]など民間施設から個別に提出されたと思われる目録が続いている．郡庁作成の目録は，達城郡，軍威郡，義城郡，安東郡，青松郡，英陽郡，盈徳郡，延白郡，慶州郡など全部で19郡庁分，また民間機関ないし個人から提出されたと思われる目録は，玉山書院，亀岡書院，江東面良洞里孫明錫など7件である．

目録の内容について，最初の慶尚北道庁分のほか，郡庁作成分については，19郡の中から比較的特徴的な義城郡庁と安東郡庁の2郡の目録を選んで表6-4にまとめてみたので，これを検討したい．

最初の慶尚北道庁保存旧記録古文書目録は，「朝鮮史料保存ニ関スル協議会」での要請文に示された文書種別に沿って資料を配列しており，「量案」が全くない，「徴税」が1冊しかないなど不自然な点もあるが，同庁が保存している「旧記録古文書」がおおむねどのようなものであったかを知ることができる．義城郡庁と安東郡庁の目録も，点数が少なく，これが全部であるとは思えないが，備考欄に説明を入れるなど比較的丁寧に作成されており，興味深い．また安東郡庁の目録は，寺院など民間所在資料にも触れている．義城郡庁と安東郡庁以外の17郡庁の目録も，おおむね類似した内容であるが，慶州郡庁から提出された目録は，27頁に及ぶその全部が「平山書院分」の古書，記録類約340種で占められており，郡庁保存文書が全く含まれていない．

なお，郡庁作成目録以外に民間から提出された目録は，前述のように，玉山書院，亀岡書院，江東面良洞里孫明錫など7件が収載されているが，大半は史書等の古典籍や日記類であり，古器物も多く含まれる．民間所在資料については，後述のように，朝鮮史編纂委員会と朝鮮史編修会の委員による「史料採訪」が行われることになるが，本目録に収録されている民間所在資料は，それとは別に（多くはそれ以前に），道庁からの依頼あるいは道庁による調査によって，それぞれ機関ごとに目録が作成されたものと思われる．

---

188) 書院は李氏朝鮮時代における一種の民間教育機関．本項で触れる玉山書院，陶山書院，屏山書院はいずれも現存し，ユネスコの世界遺産に登録されている．

表 6-4　慶尚北道「旧記録古文書並古器物目録」(1923 年)(抜萃)

官公署名又ハ記録者	旧記録又ハ古文書名	冊数	作成年月日　備考
慶尚北道庁			
	○題決		
	殺獄文案	289	
	比安郡安召史呈議送承秘訓査案	1	光武 3 年 12 月 9 日
	○立案		
	刑報関	2	光緒 13 丁亥 6 月, 同 16 庚寅正月
	礼京関	2	同 (光緒) 11 乙酉正月, 同治 2 甲子 2 月
	吏京関	3	光緒 7 辛巳 2 月, 開国 3 甲午 5 月, 光緒 16 庚寅 7 月
	戸報関	2	同 (光緒) 14 戊子 8 月, 光緒 12 丙戌正月
	戸京関	4	同 (光緒) 8 壬午 9 月, 同 5 己卯 8 月, 同 7 辛巳 12 月, 同 11 乙酉 12 月
	内部訓指令	1	建陽元年 9 月
	京訓府報存案	1	自建陽元年 10 月至光武 2 年 9 月
	訓令存案	2	光武 6 年 8 月, 光武 5 年
	報告存案	1	同 (光武) 4 年 9 月
	兵報関	2	同治 3 年甲子 9 月, 光緒元年乙亥 7 月
	仁同郡民擾初査文案	1	光武 10 年 4 月 15 日
	仁同郡民閙査案	1	同 (光武 10 年) 陰 2 月 26 日
	仁同郡民擾覆査文案	2	同 (光武 10 年) 3 月 19 日
	仁同郡査案	1	同 (光武 10 年) 5 月
	賑恤啓草冊上	1	甲午正月
	大同追節目	1	乙丑 5 月
	南営謄録　第一	1	光緒 13 年丁亥正月初
	昌原水陳庁三監宮革罷節目	1	戊子 6 月
	黄山道都馬價革罷節目	1	光緒 9 年癸未 9 月
	道内各邑戦兵津漕船改造槊年条開録成冊	1	乙未 5 月
	○徴税		
	賑資取用上納執留錢成冊	1	甲午
	○邑誌		
	大邱郡邑誌	1	
	高霊郡邑誌	1	

第6章 朝鮮総督府統治下の「植民地アーカイブズ事業」

	清河郡邑誌	1	
	延白郡邑誌	1	
	（以下、邑誌 29 件 31 冊、邑誌地図 4 冊省略）		
	○史料		
	鴻史	6	自巻 3 至巻 14
	○雑		
	庶務課接受冊	2	光武 6 年、同 11 年
	会計課接受冊	2	同（光武）10 年、同 11 年
	詞訟課接受冊	2	同（光武）3 年、同 10 年
	各郡訓指発送冊	1	隆熙元年
	出勤簿	1	同（隆熙元年）
	訴状接受冊	1	同（隆熙）3 年
	支撥簿	1	光武 10 年
	京都字号冊	1	同（光武）4 年
	賑恤磨憑	1	甲午 6 月
	賑恤謄録	1	開国 503 年 10 月
	放未放目録	1	己丑 7 月
	道内各官軍作穀癸未歳未磨勘単挙成冊	1	甲午 5 月
	戊寅新捧抄冊	1	丁丑 7 月
	移貿銭抄録冊	1	己卯 5 月
	索下題名記	4	
	礼安県新定事例	1	
	襃貶状	4	開国 503 年 12 月
	詔書	18	光武元年～隆熙元年（月日省略）（原文は 1 点 1 行）
義城郡庁			
義城郡	受教謄録	1	年月日不明 自雍正至道光ノ間暦代帝王ノ伝教ヲ抄録シタルモノ
同	陵亭謄録	1	戊辰 10 月日 当郡召文面ニアル景徳王陵ノ祭亨ノ式順及器物ヲ記シタルモノ
同	砲手料布米節目	1	癸酉正月日 砲手給料ヲ定メタル記録ナリ

同	三一斎実蹟	1	年月日不明 元三一斎（両班ノ会合所ニシテ今廃シタリ）ノ実蹟ヲ記シタルモノ
同	旧謄録	1	同 元刑吏庁ノ料賄ヲ定メタル記録ナリ
同	祭儀各案	1	同
同	祭亥笏記	1	癸亥年改備 延命儀，迎観察使儀謁聖儀順序ヲ記シタルモノ
同	量案	82	
同	行審録	85	
義城郡比安面	邑誌	2	

安 東 郡 庁

安東郡庁	安東郡量案	—	光武7年10月
同	作庁屯田畬案	1	咸豊4年6月
鳳停寺	田畬案	2	光緒19年7月
広興寺	田畬案	2	明治44年2月 古代ニ於テ編輯シタルモノヲ明治四十四年謄写セルモノ
安東郡庁	安東郡甲辰式籍表	1	光武8年
同	安東郡丁未僧戸成冊	1	同（光武）11年1月
同	慶尚道安東府別砲手都案	1	同治10年10月
同	殺獄文案	1	綴目汚損シテ年代不詳ナルモ距今凡五十四年前頃ト推定セラル
江陵府使	題決	1	嘉靖13年3月
行使	節目成冊	2	嘉慶15年5月
同	完文	2	道光元年二月
宣禧宮	完文	3	光武9年11月
旨間	完議	1	乾隆庚寅9月
安東郡庁	安東郡会所封進上陪持吏幷間冊	1	同（乾隆）51年8月
同	安東郡雲山駅田畬字号ト数永定賄税作人姓名成冊	2	光武9年五月
権紀	永嘉誌	4	皇明万歴戊申正月
李成全	豊山県誌	1	年月日未詳 李朝粛廟朝
礼安県	礼安県邑誌	1	年月日未詳
	○古器物目録		

安東郷校	真鍮製茶稜器	133	開国初 未詳ナルモ凡ソ距今五百年前
	（以下省略）＊		

出典：「大正十二年十一月調査　旧記録古文書並古器物目録　慶尚北道」（前掲「古記録文書蒐集ニ関スル件〔中枢院〕」，韓国国史編纂委員会所蔵，911.0091-＊53＊，所収）．

注）　同種，同名の史料は適宜ひとつにまとめたり省略したりした．冊数と年月日はアラビア数字に直した．

＊以下，安東郷校，礼安郷校，陶山書院，屏山書院などの古器物が多数記載されている．

以上見てきた慶尚北道「旧記録古文書並古器物目録」は，不備な点も多く，必ずしも道内の所在資料を悉皆調査した結果とは思えない．しかし，他の12道が提出した目録は，大半が10頁に満たない簡単なものであり，それに比べればはるかに詳細な内容といえる．比較のため別の事例として，黄海道の「古記録文書目録」に含まれている海州郡庁提出目録の部分を表6-5に掲げておきたい．表題によって細かく分けてはおらず，年代の記載もないが，郡庁保存記録の数量が比

表6-5　黄海道「古記録文書目録」（1923年）（抜萃）

保管官公署	名　　称	部数
海州郡庁	量案	92
同	結教申告書	80
同	結土調書簿	50
同	査数日記	65
同	査結禁記	38（カ）
同	踏験日記	16
同	田政鄒案	923
同	田政差紋	20
同	平父税台帳	13

出典：「古記録文書目録　黄海道」（前掲「古記録文書蒐集ニ関スル件〔中枢院〕」，韓国国史編纂委員会所蔵，911.0091-＊53＊）．

較的多い事例で，「結教申告書」のように韓国統監府支配期以降の記録が含まれているのが特徴である．

朝鮮総督府が1923年5月19日の道知事会議に合わせて「朝鮮史料保存ニ関スル協議会」を開催し，「朝鮮史編纂ニ付キ古記録文書等保存ニ関スル件」を発して，地方官公署に保存されている古記録文書等の調査と目録作成を指示したことは，日本の内務省が明治期に実施した全国的な史料保存事業を思い起こさせる[189]．

明治政府は，かなり早い時期から全国の官民所在記録の保存に熱心であった．まず1874年3月，府県に対し内務省達乙第27号を発出し，「今般当省ニ於テ全国一般官撰私撰ノ別ナク政治典型風俗人情ヲ徴スヘキ古今ノ書類都テ致保存候ニ付テハ，其管轄神社巨刹及ヒ華士族平民ニ至迄各所蔵ノ書目取調，往復日

189）　以下，本書第4章「2.1.1　記録保存から文書管理へ」を参照のこと．

数ヲ除ノ外百日ヲ限リ当省ヘ可差出」と，神社・寺院から個人所蔵のものまでを含めた，官民の古書・記録類の調査と報告を指令した[190]．翌1875年4月には「院省使庁府県」宛に太政官達第68号が発令され，改めて記録文書の厳重保存と内務省への目録提出が指示された．さらに1880年1月，内務省達乙第3号によって，「各町村公有記録絵図面等」を太政官達第68号に準じて厳重に保存し，「目録二通ヲ作リ，一ハ之ヲ各町村ニ留メ，一ハ之ヲ郡区役所ニ備ヘ」ることが，府県に命じられた．この「各町村公有記録絵図面等」目録作成事業は，実際に全国的規模で強力に推し進められたと見られ，今でも地方の旧家や役場の史料調査を行うと，このときに作成されたと思われる目録の下書きや写しが各地で発見される[191]．

「全国記録保存事業」として知られる，この「各町村公有記録絵図面等」目録作成に至る事業は，1886年に中止されるが，町村役場の文書保存状況をかなり大きく変えたと考えられる．一般に，町村役場の過去の文書・記録類は書庫や倉庫に収蔵されているのが普通だが，目録化のためには当然その前提として整理作業が必要となる．その結果，重要と考えられた文書が目録に掲載される一方で，重要でないと判定された文書は，そのまま放置されるか，不要文書として廃棄されることになる．文書の整理と保存は，文書の選別と廃棄を伴うことが多いのである．そのことの適否はともかく，明治期の全国記録保存事業が，各地の町村役場などにおける，江戸時代の文書を含む地域アーカイブズの保存状況を変化させるきっかけのひとつになったことは間違いない．

これに比べると，朝鮮史編纂委員会の官公署所蔵古記録文書の目録化事業は，期間が半年前後と短く，各道から提出された目録も概して内容が乏しいことから，必ずしも徹底して実施されたとは思えない．しかしながら，次に見る民間所在資料の採訪活動とともに，朝鮮半島のアーカイブズ状況に対して一定の影響を与えたのではないか，少なくともその端緒となったのではないかと推定される．その際，留意しておきたいのは，この時期いくつかの道庁で，新しい行政文書編纂保存規程が制定されている事実である[192]．朝鮮史編纂委員会の官

---

190) 以下，渡邉佳子「明治期中央行政機関における文書管理制度の成立」（安藤正人・青山英幸編著『記録史料の管理と文書館』北海道大学図書刊行会，1996年），171-173頁，ならびに渡邉佳子『近代日本の統治機構とアーカイブズ――文書管理の変遷を踏まえて』（樹村房，2021年），76-81頁による．

191) 大藤修・安藤正人『史料保存と文書館学』（吉川弘文館，1986年），315-316頁．

公署所蔵古記録文書目録化事業を機に，地方庁において文書管理システムの改善が図られている可能性があり，影響のひとつとも考えられる．

なお一点付言すると，朝鮮史編纂委員会による官公署所蔵記録の調査と目録化事業は，もちろん各道からの一方的な1回の報告で終わったわけではなく，後述する朝鮮史編纂委員会職員による地方出張調査に際して，適宜フォローアップが行われていた模様である．一例をあげると，1924年10月に咸鏡北道の史料調査を実施した朝鮮史編纂委員会幹事稲葉岩吉は，出張中，吉州郡庁に保存記録の目録作成を依頼し，その目録が1924年11月24日付で中枢院に送付されている[193]．咸鏡北道は，1923年10月3日にわずか2頁の「記録並ニ古文書目録」を朝鮮史編纂委員会に提出しており，その中には量田正案6冊など吉州郡庁の保存文書も数件含まれていたが，稲葉はそれ以外にも記録類があることを発見し，目録送付を依頼したのだろうと思う．新しい目録に記載されている史料は，先生案1冊，丙午大帳51冊など5種55冊で，決して多くはないが，いずれも「郡庁文庫ニ保存ス」とあり，期せずして1923年の目録化事業が郡庁の文書庫すら満足に調査できていない，極めて不十分なものであったことを証明する結果になっている．

次に，朝鮮史編纂委員会が行った民間所在資料の調査，収集に話を移すと，民間資料の調査は，基本的に委員による出張調査によって目録を作成し，重要なものは現物を借り入れるという方法をとっている．出張調査は，朝鮮史編纂委員会が設置された1922年に開始され，前述のように早いものは1923年3月に史料採訪復命書が提出されている．筆者は復命書を未見なので，ここでは「大正十二年一月以降朝鮮史編纂関係書類綴」に綴られた公文書を手がかりに，朝鮮史編纂委員会が行った民間所在資料の調査，収集の一端を見ておきたい．

朝鮮史編纂委員会委員の栢原昌三と洪憙は，1923年10月に慶尚北道安東郡に出張し，10月24日から27日にかけて4家から史料を借用したことが，仮借

---

192) 1922年2月4日「忠清北道文書編纂保存規程」（『朝鮮総督府官報』第2864号，大正11年3月3日），1923年2月15日「平安北道文書編纂保存規程」（『同』3156号，大正12年2月20日），1923年5月10日「忠清南道文書編纂保存規程」（『同』第3227号，大正12年5月16日）など．
193) 「吉州郡保管古記録目録送付ノ件」（前掲「大正十二年一月以降朝鮮史編纂関係書類綴　中枢院」，193-194頁）（中B14-64）．なお，前掲長志珠絵「『朝鮮史』史料採訪「復命書」を〈読む〉」によれば，1924年10月の咸鏡北道調査に関する稲葉岩吉の史料採訪復命書は残っていないようである．

用書の存在からわかる．すなわち，同郡豊南面河回洞柳時一から「雲巌雑録」「名相列伝」など3種4冊，同郡豊南面河回洞柳承佑から「乱後雑録」「大統暦」「懲毖録原本」など5種7冊，同郡陶山面温恵洞李忠鎬から「明偽録」(カ)6冊，同郡陶山面土渓洞李尚鎬から「退渓先生遺墨李氏分衿記」1冊を借り入れている[194]．郡庁から職員が同行したかどうかは不明である．ただ，中枢院書記官長から安東郡守に対し，豊南面河回洞柳承佑所蔵資料のうち，10月25日に借用した5種7冊とは別の，「軍門謄録」「唐将古帖」など8種（16冊，1通）の史料について，所蔵者から追加借入れの内諾を得ているので，中枢院に送るよう11月28日付で依頼が出ており，安東郡守は12月13日に鉄道で発送している[195]．郡庁が調査に協力していることは明らかである．

朝鮮史編纂委員会に史料が寄贈される例が少なからず存在したことも，寄贈者への礼状下書や寄贈史料リストが散見することから確認できる．たとえば，上記の1923年10月慶尚北道調査に関わると思われる一連の文書の中に，日付のない史料リストが4通見いだされる[196]．いずれにも「委員会ヘ寄附持帰リ」「寄附持帰リ」「寄附ヲ受ケタル文書目録」といったメモが記されているので，調査時に史料所蔵者宅で寄贈を受け，その場で作成されたと推定される．リストから判明する寄贈者と史料名は次の通りである．

　　安東郡豊南面河回里柳承佑，「盧江志」2冊
　　安東郡陶山面土渓洞李尚鎬，「恩津県江景浦舩雑物収税節目」等4種5冊
　　尚州郡外西面忠山洞鄭在鵬，「大統暦」3冊
　　安東郡豊南面河回里柳伍翠，「状巻原稿」「朝報」等5種15通

これだけでは詳しい経緯はわからないが，李朝期の地方行政記録と見られるものを含む種々の文書・記録が寄贈されており，朝鮮史編纂委員会が，借覧に

---

194) 前掲「大正十二年一月以降朝鮮史編纂関係書類綴　中枢院」，123-131頁（中B14-64）．なお参考までに，豊南面河回洞柳承佑から借用した「乱後雑録」は，後述の朝鮮史編修会編『朝鮮史料叢刊』第9に掲載されている「乱後雑録」（豊山柳氏家蔵本）がこれにあたると推定される．なお『朝鮮史料叢刊』では，「河回洞（里）」は「豊南面河回洞」「豊山面河回洞」と2様に記述されている（表6-7参照）．また同じく「懲毖録原本」は朝鮮史編修会編『朝鮮史料集真』上巻第2輯に掲載されている．
195) 前掲「大正十二年一月以降朝鮮史編纂関係書類綴　中枢院」，110頁，115頁（中B14-64）．
196) 同上，134-137頁．

よる史料収集だけでなく，現物収集も広く行っていたことを示す具体的な事例として興味深い．なお，この4人に対しては，中枢院書記官長から1923年12月15日付で礼状が発送されており，寄贈の事実と時期が確認できる[197]．

以上，朝鮮史編纂委員会の地方調査の一端を見たが，民間所在資料の調査，収集が本格化するのは，1925年6月に朝鮮史編纂委員会が朝鮮史編修会に格上げされ，「史料採訪内規」を制定するなど，体制が整えられて以降のことになる[198]．よって，民間所在資料の調査についての詳しい検討は次項に譲り，ここでは朝鮮史編纂委員会の席上で披歴されている，朝鮮民衆の史料調査に対する認識について，簡単に触れておくことにしたい．

先に紹介したように，1923年5月19日の「朝鮮史料保存ニ関スル協議会」で，朝鮮史編纂委員会幹事の金東準中枢院書記は，「尚ホ朝鮮人ヲシテ歴史観念ヲ去ラシムベク過去ノ文化ヲ誇ルベキ貴重ナル史料ハ可成没収セントシツヽアルガ如ク誤解スルモノ尠カラザル状態デアリマス」と発言し，「古記録其ノ他史料トナルベキモノハ自ラ進ンデ提供シテ呉レルヤウ此ノ趣旨ヲ十分御宣伝下サランコトヲ特ニ御願致ス次第デアリマス」と出席の道知事に希望している．澤田慶尚北道知事も，総督府が以前安東郡の両班家から借り出した古記録を返さなかった事実があり，そういうことが不信を招いていると発言し，これに応じて金忠清南道知事は，「現ニ民間ニ李朝時代ノ史料トナルベキ古記録文書類ガアリマスケレドモソレヲ隠蔽シテ出サナイヤウナ有様デアリマスカラ一般ノ誤解ヲ招カヌヤウ宣伝ビラデモ各地ニ配付サレタナラバ必ズ効果ガアルデアラウト思ヒマス」と提案している．いずれも公的会議における責任ある者の発言なので，単なる憶測や伝聞ではないと思われるが，おそらくは，韓国統監府支配期の旧慣調査から朝鮮総督府中枢院の『朝鮮半島史』編纂事業まで，植民地統治機関が実施してきた強権的な調査が，朝鮮民衆の中にこのような認識を育んだということであろう．

同年6月12日の「第2回朝鮮史編纂委員会会議録」でも，委員から次のように同様の状況が報告されている[199]．

---

197) 同上，132頁．
198) 前掲朝鮮史編修会『朝鮮史編修会事業概要』，89頁．
199) 前掲「大正十一年ヨリ大正十二年マデ 委員会議事録 朝鮮史編纂委員会」（中B14-50）；前掲「朝鮮史編修会事務報告書」（同前）．

五番（洪委員）[200]

（前略）民間ニ所蔵ノ記録及旧記ニシテ日本ニ関係アルモノハ焼棄シ，又ハ祖先ノ著述遺稿或ハ国史ニ関係セル記録等ハ絶対ニ秘蔵シテ，若シ官憲ニ貸与センカ，押収ニデモ遭フカノ如ク考ヘル者ガアリマスカラ，編史ノ趣旨ニハ政策ヲ含マズ真正ノ学術的編纂ニシテ公平無私ナルコトヲ一般人民ニ知ラシメルコトガ有益ト思ヒマス

（中略）

一二番（李委員）[201]

十年以来鮮人ノ歴史熱ガ盛ニナリ出版法ニ依リ歴史ニ著述シテ許可ヲ願ヒ出ルト其ノ中ニ文禄役，倭等ノ記事ガアレバ出版ヲ許可セザルノミナラズ其ノ原稿マデモ押収サレルコトガアリマス故ニ朝鮮人ハ朝鮮史編纂ノ趣旨ニ対シテ疑惑ヲ懐イテ居ルノハ事実デアリマス（以下略）

（中略）

二番（小田委員）[202]

（前略）此ノ間モ自分ガ出張シテ第一ニ感ジタコトハ史料ノ散逸シテ居ルコトデアリマス　大抵古記録古文書ヲ所蔵シテ居ルノハ書院寺刹，地方ノ名門デアッテ書院寺刹ノ所蔵ニ係ルモノニシテ官憲ノ持チ去ッタ例モアリマスノハ甚ダ遺憾デアリマス　名門ノモノハ箇人ノ所有ニ係ルモノガアリマスカラ借入ガ余程六ヶ敷クアリマス　ソコデ借入ノ史料ハ没収スルモノデハナクテ必ズ返還スルコトヲ知悉セシムルコトガ大切デアリマス　又書院寺刹所蔵ノ古記録古文書ハ目録ヲ作成スルコトガ必要デアリ且ツ彼此共ニ便利デアルト思ヒマス

このように，日本人の手にわたることを恐れて，所蔵者自ら伝来の記録文書を焼き捨てたり隠したりする例は珍しくなかったようである．また，「官憲ノ持チ去ッタ例モアリマスノハ甚ダ遺憾デアリマス」と委員が指摘しているように，朝鮮史編纂委員会の活動と直接関係していたかどうかは別にしても，この時期，地方の民間所在資料に対する略奪的な行為が存在したことは否定できな

---

200)　朝鮮史編纂委員会委員，洪熹（前掲朝鮮史編修会『朝鮮史編修会事業概要』，124頁による）．
201)　朝鮮史編纂委員会委員，総督府編修官，李能和（同上）．
202)　朝鮮史編纂委員会委員，中枢院書記官長，小田幹治郎（同上）．

い事実であろう．のちに朝鮮史編修会が「史料採訪内規」を作成し，民間所在資料の調査，借用，返却の手順を明確化して，その徹底を図ろうとした背景には，こうした状況があったに違いない．

4.3 朝鮮史編修会による図書・記録の調査と収集

　朝鮮総督府は，朝鮮史編纂事業の本格的展開を図るため，1925年6月6日，勅令第218号「朝鮮史編修会官制」を公布し，朝鮮史編纂委員会に代わる新たな独立組織として，朝鮮史編修会を設置した[203]．朝鮮史編修会については，実際に同会に勤務した中村栄孝による回想的論考のほか，リ・ソンシ（李成市），寺内威太郎，永島広紀，箱石大，キム・ソンミン（金性玟），長志珠絵らの研究がある[204]．以下，これらを参考に朝鮮史編修会の活動を，民間所在資料の調査と収集活動を中心に見ていくことにしたい．

　朝鮮史編纂委員会は，すでに編纂綱領にもとづいて官公署所蔵史料と民間所在資料の調査，収集を進めていたが，朝鮮史編修会はこれを引き継ぎ，とくに民間所在資料の収集に力を注いだ．その際，改めて「朝鮮史編修会史料採訪内規」と「史料借覧内規」を作成し，調査員に遵守させるよう努めた模様である．その具体的手順については，『朝鮮史編修会事業概要』に簡潔に記されているので，掲げておく[205]．

　　地方史料借入に就きては調査員先づ郡庁を尋ね，管内に於ける史料存在の有無を調べ，郡庁員を同伴して史料所蔵者に面談し，史料を閲覧調査の上目録を作成し，貴重史料に付きては，先づ借入方を交渉し承諾を得て郡庁

---

203)　前掲朝鮮総督府朝鮮史編修会『朝鮮史編修会事業概要』，28-30頁；『朝鮮総督府官報』第3846号（大正14[1925]年6月12日），145頁．

204)　中村栄孝「朝鮮史の編修と朝鮮史料の蒐集」（黒板博士記念会編『古文化の保存と研究――黒板博士の業績を中心として』黒板博士記念会，1953年）；李成市「コロニアリズムと近代歴史学――植民地統治下の朝鮮史編修と古蹟調査を中心に」（寺内威太郎・永田雄三・矢島國雄・李成市『植民地主義と歴史学――そのまなざしが残したもの』刀水書房，2004年）；寺内威太郎「「満鮮史」研究と稲葉岩吉」（同前）；永島広紀「日本統治期の朝鮮における〈史学〉と〈史料〉の位相」（『歴史学研究』No. 795，2004年11月）；箱石大「近代日本史料学と朝鮮総督府の朝鮮史編纂事業」（佐藤信・藤田覚編『前近代の日本列島と朝鮮半島』山川出版社，2007年）；前掲金性玟「朝鮮史編修会の組織と運用」；前掲長志珠絵「『朝鮮史』史料採訪『復命書』を〈読む〉――『朝鮮史』編纂と帝国の空間」．

205)　前掲朝鮮総督府朝鮮史編修会『朝鮮史編修会事業概要』，90-91頁．

員と連名の仮借覧証を作成して史料を借入れ，帰任の上借覧期間を三箇月と定め，本会より正式の借覧証を作成し，関係郡庁を経由して所蔵者へ交付することとし以て借覧の確実を期し，借入史料は期間内に調査を為し謄写及び写真撮影の上謝状を添へ郡を経由して所蔵者に返還し，尚借覧期間内に調査未了の際は，改めて郡を経由し所蔵者に延期の承諾を得る事とせり．

このように，史料の所在調査から借入れ，返却まで，朝鮮史編修会が直接史料所蔵者と接するのではなく，常に郡庁を間に立てて丁寧な手順を踏もうとしていたことが大きな特徴である．借覧の手順自体は，指導者である黒板勝美が東京帝国大学史料編纂掛で経験した日本本国での手法をモデルにしたものであろうが，植民地の史料所蔵者に対しても同様に丁寧な姿勢を示し，かつ郡庁を介して慎重に行動しようとした背景には，先に見たような朝鮮史編纂事業に対する朝鮮民衆の「誤解」と，それによる史料の隠匿や廃棄を何とか避けたいという朝鮮史編修会の思惑があったものであろう．実際，『朝鮮史編修会事業概要』も，上記の文章に続いて，「之従来史料借入に関し種々問題を惹起し，為に史料の提供者に不安を与へ調査に不便を感ぜし例を聞き，万全の用意に出たるものなり」と書いて，暗にそのことを認めている．そして，この丁寧な手順が適切に実行された結果，「斯かる借入方法をとれる為，本会創立以来今日に至る迄十六年間の長日月に互り一点の史料を紛失したる事なく，各地資料所蔵者が喜んで本事業と協力せしは誠に本会の誇とする所にして此の種事業の将来に対して好影響を与ふるものと云うべし」と自画自賛しているのである．

地方における文書・記録の調査と収集が実際にどのような形で実施されたのかを知ることのできる史料に，史料採訪復命書がある．調査の当事者が作成した上申書なので，史料所蔵者をはじめ現地側の対応については必ずしも正確に記されていない場合もあると思われるが，今のところ調査の実情を知るためには最も具体的な史料であろう．筆者は未見だが，さいわい長志珠絵の詳細な論考があるので，以下これに全面的に依拠して史料採訪の様子をうかがうことにしたい[206]．

---

[206] 前掲長志珠絵「『朝鮮史』史料採訪『復命書』を〈読む〉」．

第 6 章　朝鮮総督府統治下の「植民地アーカイブズ事業」　　539

長がまとめた一覧表によれば，史料採訪復命書は，朝鮮史編纂委員会時代のものが，先に紹介した1923年3月1日「慶尚南道史料採訪復命書」（栢原昌三）を含め5点，朝鮮史編修会設置以降のものが，本書第5章「4.3.3　旧記の学術的価値と利用」で触れた1939年9月「吉林新京奉天旅順大連史料調査復命書」（田川孝三）を含め40点ほど残存している[207]。

長によると，朝鮮史編修会が設置された1920年代後半以降の復命書の基本的な叙述スタイルは，「江原道史料採訪復命書」（修史官稲葉岩吉・嘱託朴容九，1927年6月）に典型的なように，「訪問場所とそこにいたる経緯，門中の来歴と『借来』書籍・史料のリストが日誌記録として並ぶ」形式だという．長の「江原道史料採訪復命書」の紹介は，民間所在資料の調査の様子を知るのに好都合なので，少し長めに引用させていただこう[208]．

　　調査は郡守をはじめ，道参与官と嘱託といった朝鮮人官吏から情報を得，「当地ニ永ク根拠ヲ有スル門閥家ノ居所」をわりだしていく．委員会指針に沿ったこのような調査は，郡（道）という植民地行政機関への訪問・接触に始まり，情報収集やコーディネートを委ねることで実現した．調査の初日からその「成果」は目覚ましい．「借来」史料のうちたとえば春川郡新北面粟文里の南相鶴家所蔵の写本『日観記』『日観詩草』は，一八世紀半ば，英祖年間での通信使の記録で，今日の日本では宝暦年間，第一一次通信使製述官として知られる南玉（秋月）の筆による日本見聞記に相当すると思われる．

　　あるいは原州郡庁到着後の翌日，五月二三日付の記事では「郡守ト会見ノ上史料調査進行方法ヲ協議シ案内者ニ郡職員一人ヲ同行」となった．実際に郡の職員を同行しての調査は，連日のように個人の所蔵文書の「借上」を実現させていき，時間に沿って書かれた記録は，「借上」書籍・史料名が並んでいく．寧越郡庁では郡守および庶務主任に「当地ハ門閥ノ旧家ナク……門中族人ニテモ何等見ルベキモノナシ」とされたが，結局「彰廊書院」での所蔵文書を「借来」とある．江陵郡でも郡庁から案内人を伴って同様の「資料ノ発見借来」がなされ，多くの個人所蔵の文書が「借

---
[207]　同上，126頁．これには戦後のものが2点含まれている．
[208]　同上，129-130頁．本文中では，「江原道史料調査採訪書」としている．

上」され，運び出されている．一九二〇年代後半の調査は郡行政から情報を得ることで，李朝期の地方名家の子孫を探索し，所蔵史料を発見し，それらを「借出」した．価値あるものとして「発見」された史料・書籍を「借出」す方針は，所蔵者ではなく，調査する側が決める事項であった．

このように，民間資料の調査と収集は，朝鮮史編修会の立てた指針に従って，郡庁など地方行政機関を介して実施され，その手法が功を奏していたように見える．しかし，すべてがこのように順調に進んだわけではなく，修史官稲葉岩吉は上記復命書の他の箇所で，「各郡当局者ハ朝鮮史編修事業ノ如何ニ大功ナルカヲ充分ニ諒解セズ」と，郡庁担当者の消極性を慨嘆し，また史料所蔵者の応対についても，「民間ニ於テハ今日マテ朝鮮史編修会ノ存在ヲ知ラザリシ為メ，修史ノ趣旨ヲ諒解セズ，反ツテ不安ノ心ヲ抱キ居リ，史料ノ所持シ居ルコトヲ否認スルヲ以テ之ガ諒解ヲ得迄相当ノ艱難ト手数ヲ費セリ」と記している由である[209]．同様の記述は他の復命書にも見られる．たとえば1927年4月の「京畿道史料採訪復命書」（修史官補高橋琢治，嘱託朴容九）のまとめには，「採訪地方ノ人士ニハ未ダ本会ヲ知ラズ本会ノ事業ノ趣旨ヲ解セズ」，「史料ノ借入ヲ以テ之ヲ押収」と疑う者や，「党派的観念ヲ持ツテ本会ノ事業ヲ見，史料ノ借入レヲ喜バザルモノ」が存在する，という記述があるとのことである[210]．統監府支配期から醸成されてきた，植民地統治者の調査活動に対する朝鮮民衆の不信と反感には，極めて根深いものがあることを示している．

一方，上記の「江原道史料採訪復命書」を書いた修史官稲葉岩吉は，朝鮮史研究者として朝鮮史編纂委員会以来の事業中心メンバーであったためか，必ずしも決められた手順によらない独自の調査も行ったようである[211]．たとえば，1928年10月25日の「平安南北道支那史料採訪復命書」（修史官稲葉岩吉，嘱託朴容九）に，「平壌府立博物館で楽浪時代の遺品調査の一方，平安北道内の『郡廟史庫ニ貯蔵シアリシ書籍』を調査・借受けし，あるいは満浦鎮警察署をたずね，旧鎮僉使時代の史料や旧鎮僉使吏属の子孫から史料の行方を聞き，更迭された際にその父が残した『引継目録の一冊を本人の意志により寄付』を得た」

---

209) 同上，130頁．
210) 同上，131-132頁．
211) 稲葉については，前掲寺内威太郎「『満鮮史』研究と稲葉岩吉」がある．

第 6 章　朝鮮総督府統治下の「植民地アーカイブズ事業」　　　　　541

とあるように，稲葉は郡庁などに頼ることなく「さらにその対象を行政権力の最前線でもある『鎮』へと広げ，当事者の子孫と直接交渉に及んで」おり，「朝鮮史の文脈をふまえ，どのような機関に公的記録としての史料が残り，引き継いでいるのか，あるいは破却という事実があるのか」という点にまで踏み込んで調査している[212]。

　残存史料の探索，発見が目的であるにせよ，史料の引継ぎや消滅の経緯に関心を持ち，これを調べていることは，アーカイブズ史的に注目すべき点である．長によれば，稲葉以外の調査員が書いた復命書も，「所蔵者の状況には高い関心を寄せ」，「植民地支配から四半世紀たった社会において，前王朝に関わる記録を保持し『世伝』してきた，あるいは散逸させた門中の状況を多く記録している」．たとえば，1927 年 4 月の「京畿道史料採訪復命書」には，坡州郡にあった世宗時代の重臣，黄喜の宗孫家居宅の史料が，子孫の不行状のためすべて売却されたと伝えられていることや，同じ坡州郡にあった 16 世紀前半中宗時代の碩学，白仁傑の子孫について，一門がすでに離散し，史料が散逸した経緯が記されている由である[213]．

　また，1929 年 6 月の「黄海道史料採訪復命書」(雇員前田耕三) には，松永郡で文廟直員に紹介を受け，面長を伴って著名な儒官層の末裔を訪問した結果が報告されているが，それによれば，「『愈応斗ノ子孫ヲ尋ネタルニ其ノ子孫ハ祖先ノ遺業ヲ蕩侭シ生活ニモ窮シ』て転居し，以後の安否はわからない．載寧郡郡守によれば『門閥の子孫居住するも皆貧弱』で資産家かつ『歴史的観念アリ古文書ヲ沢山保存』と聞いている人物は『京城府ニ移転』してしまった」という状況だったという[214]．

　もう一件，1934 年 11 月の「忠清南道史料採訪復命書」(修史官洪熹，雇員金健泰) にも，「儒学者の末裔の家が史料を残さない例」が紹介されているが，同復命書は，儒学者の末裔が史料を残さない「政治的な要因も書き留めている」．すなわち，「燕岐郡で吏曹に抜擢され，長官である判書をつとめた洪億・貞簡公の世伝の『諸般之記録』は『家乗』一冊が残るのみ」であり，その理由として同復命書は，「当主の先代が『先世手筆，官教影幀等遺蹟ヲ子孫カ永久ニ保

---

212) 前掲長志珠絵「『朝鮮史』史料採訪『復命書』を〈読む〉」，128-129 頁．
213) 同上，131 頁．
214) 同上，131 頁．

表 6-6 「史料借入地方別冊数調」の年別集計

年	点数	年	点数	年	点数	年	点数
1923	35	1927	568	1931	180	1935	481
1924	225	1928	66	1932	163	1936	1,004
1925	139	1929	996	1933	178	1937	38
1926	145	1930	434	1934	298	合計	4,950

出典）前掲朝鮮総督府朝鮮史編修会『朝鮮史編修会事業概要』，93-94 頁．

『存シ能ハザルタメ或ハ他人ノ手ニ入リ或ハ兵焚ニ罹リテ珍重ナル価値ヲ喪失センヨリハ，寧ロ洗草又ハ焼却ス可シト云ヒ』とし，自から処分したことによる」旨を記しているというのである[215]．経済的困窮や不行状による史料散逸事例が多い中で，この場合は，他者の手に渡ることなどを恐れて，所蔵者が自ら意図的に史料を処分した事例であり，単なる伝聞や憶測にとどまらない具体性を持っていることからも注目に値する．長は，このような先祖伝来の記録を自ら処分する行為から，植民地統治者による史料収集に対する「植民地期朝鮮の人々の側の能動的な拒否の対応を読み取るべきだろう」と指摘しているが，同感である[216]．いずれにしても，朝鮮史編修会の史料採訪復命書は，朝鮮アーカイブズ史の貴重な史料であり，さらなる研究がまたれる．

『朝鮮史』の刊行は 1932 年 3 月に開始され，1938 年 3 月に全 35 巻の刊行を終了するが，『朝鮮史編修会事業概要』には，朝鮮史編纂委員会時代の 1923 年から『朝鮮史』刊行終了前年の 1937 年まで，15 年間の史料借入点数が「史料借入地方別冊数調」として道別に表示されている．年ごとの合計数だけをあげると表 6-6 の通りである．

ちなみに，借入点数の多い地域は，京畿道の 1,427 点，全羅南道の 690 点，慶尚北道の 615 点などである．この表で見ると，1936 年の借入点数が最も多く，『朝鮮史』刊行が終盤に近づきはじめても，なお史料収集に努めていたことがわかる．問題は，朝鮮史編修会がこれら借入史料をすべて所蔵者に返却したのかという点である．『朝鮮史編修会事業概要』は，「本会創立以来今日に至る迄十六年間の長日月に亘り一点の史料を紛失したる事なく」と自負しているが[217]，一点も残さず所蔵者に返却したとは明記していない．大半は規則通り返却され

---

215) 同上，134 頁．
216) 同上，134 頁．
217) 前掲朝鮮総督府朝鮮史編修会『朝鮮史編修会事業概要』，90 頁．

たとしても，常識的に考えて，一部の借入史料が寄贈あるいは購入によって朝鮮史編修会の所蔵に帰した可能性は十分にある．実際，朝鮮史編修会で修史官をつとめた中村栄孝は，1953年の回想的論考の中で，「所蔵者の好意によって文書・記録および典籍の寄贈されたもの，商人の手を経て購入された文献類も多数（遺憾ながら今数量をあげる資料をもたない）にのぼっている」と書いている[218]．

『朝鮮史編修会事業概要』は，『朝鮮史』刊行終了までに朝鮮史編修会が収集した資料として，史料4,950冊，写真4,511枚，文記・画像・扁額453点のほか，購入資料として対馬宗家文書（古文書類61,469枚，古記録類3,576冊，古地図類34枚，古画類18巻53枚）をあげている[219]．このうち「史料4,950冊」は表6-6の借入史料合計数と一致するので，仮にこれがすべて返却されたとすれば，購入資料は対馬宗家文書のみということになる．「文記・画像・扁額453点」も多くが寄贈，購入資料である可能性はあるが，それ以外に少なくとも，前項で見たように朝鮮史編纂委員会時代以来の寄贈資料が少なからずあったはずで，それらの点数が出ていないのは理解に苦しむところである．

『朝鮮史』全35巻は，紙幅の関係で史料原文は掲載せず綱文のみとなったが，綱文の下に出典を記しているので，これを丹念にたどれば，朝鮮史編修会をはじめ朝鮮総督府管下の植民地機関の所蔵に帰した文書・記録にどのようなものがあるか，その手がかりを得られる可能性がある．この作業は成しえていないが，その代わりとして，朝鮮史編修会が発行した2種の史料集を試みに見てみよう．

朝鮮史編修会は，1925年12月の第1回編修会委員会での決定にもとづき，まず1932年12月から1938年3月にかけて『朝鮮史料叢刊』第1-第20，合計24冊を刊行した．これは，「本会に於て蒐集せる史料中最も貴重なるもの二十種を択び，其の原本の性質に準じてプロセス版・コロタイプ版，または活版を以て印刷」したものであった[220]．キム・ソンミン（金性玟）は，「『朝鮮史料叢刊』に採択された史料には壬辰倭乱関係史料が圧倒的に多い．これは壬辰倭乱当時の朝鮮社会の悲惨な様相と政府の無能・腐敗を歪曲，強調することで朝鮮人をして自国の歴史に対する嫌悪感を持つようにし，自暴自棄な心情を誘発さ

---

218) 前掲中村栄孝「朝鮮史の編修と朝鮮史料の蒐集」，400頁．
219) 前掲朝鮮総督府朝鮮史編修会『朝鮮史編修会事業概要』，89-90頁．
220) 同上，121-122頁．

せようとする意図からのものであり，史料の採訪も結局そのような史料の蒐集に目的が置かれていた」と批評している[221]．

　筆者が注目したいのは，掲載史料の出所である．試みに全20種の出所を表6-7に示してみた．

　この表に見られるように，李朝蔵書を接収した京城帝国大学所蔵旧奎章閣蔵本や朝鮮史編修会所蔵の対馬宗家旧蔵本など，朝鮮総督府管轄下のものが約半数を占め，残り半分が個人や書院などの民間所在資料である．そのうち，「軍門謄録」「乱後雑録」「草本懲毖録」などは，著者柳成龍の子孫である柳承佑家の蔵本となっている[222]．先述したように，1923年10月の借用記録が残っているものであるが，出所記述の表現から見て，返還されたと思われる．『朝鮮史料叢刊』掲載史料は20種に過ぎないが，朝鮮史編纂事業における史料収集の全体傾向をよく反映していると思われる．

　もう1つの史料集は『朝鮮史料集真』で，1935年3月から1937年3月にかけて，上，下，続の3巻が刊行された．これは「浩瀚にして全巻を印刷するに困難なる史料・文書・画像・筆蹟等二百二十五枚をコロタイプ版に付し」た写真集で，解題が付いている[223]．さいわい上巻と続巻については，目次に各史料の出所が記載されているので，拓本・版木を除く127点について出所別に集計すると，表6-8のようになる．

　個人の史料が8割を占めるが，その中には日本人5人（うち3人は本国居住者）と「満洲国」在住の中国人1人（羅振玉）が提供した計12点が含まれる．日本人のうち，最も多い6点を提供しているのは修史官稲葉岩吉で，稲葉は朝鮮史編修会の業務のかたわら，研究者として個人的にも史料を収集していたということであろう．ほかに注目されるのは，朝鮮史編修会が自ら所蔵する史料を9点掲載していることだが，これはすべて対馬宗家からの購入文書である．

　『朝鮮史料叢刊』と『朝鮮史料集真』を瞥見する限り，朝鮮史編修会が重要と評価するような民間の古記録，古書籍については，京城帝国大学附属図書館（奎章閣旧蔵資料）などの植民地学術機関や稲葉岩吉のような関係研究者の手元に集積されていることがうかがえるものの，朝鮮史編修会自体は宗家文書以外，

---

221)　前掲金性玟「朝鮮史編修会の組織と運用」，28頁．
222)　柳承佑家の所在地表記は，「豊南面」と「豊山面」が混在している．
223)　前掲朝鮮総督府朝鮮史編修会『朝鮮史編修会事業概要』，122頁．

表6-7 『朝鮮史料叢刊』掲載史料とその出所

巻	表題	著者・編者	出所	発行年月
1	高麗史節要		京城帝国大学所蔵旧奎章閣蔵本	1932.12
2	海東諸国記	申叔舟	朝鮮史編修会所蔵宗伯爵家旧蔵本	1933.11
3	軍門謄録	柳成龍	慶尚北道安東郡豊南面河回洞柳承佑家蔵本	1933.11
4	唐将書帖・唐将詩画帖	柳成龍	慶尚北道安東郡豊山面河回洞故柳成龍家蔵本	1934.5
5	政院伝教	柳成龍	慶尚北道安東郡豊山面河回洞柳成龍宗孫家（柳承佑）蔵本	1934.9
6	乱中日記草・壬辰状草	李舜臣	忠清南道牙山郡塩峙面白巌里李種玉（李舜臣宗孫）家蔵本	1935.12
7	事大文軌：一名東国史略		京城帝国大学所蔵旧奎章閣蔵本	1935.3
8	眉巌日記草	柳希春	全羅南道潭陽郡大徳面章山里柳義迪家蔵本	1936.3-1938.3
9	乱後雑録	柳成龍	慶尚北道安東郡豊山面河回洞柳承佑家蔵本	1936.3
10	鎮管官兵編伍冊残巻		慶尚北道安東郡豊山面河回洞柳承佑家蔵本	1936.3
11	草本懲毖録	柳成龍	慶尚北道安東郡豊山面柳承佑家蔵本	1936.3
12	制勝方略	李鎰	京城帝国大学所蔵旧奎章閣蔵本	1936.3
13	陽村集	権近，権蹈	京城帝国大学蔵本	1937.3
14	保閑齋集	申叔舟	宗室朗善君俟旧蔵，朝鮮総督府修史官稲葉岩吉所蔵	1937.3
15	朝鮮賦	董越	慶尚北道栄州郡紹修書院蔵本，京城帝国大学所蔵旧奎章閣蔵本（古活字本），文学博士藤塚鄰氏蔵本（和刻本）	1937.3
16	続武定宝鑑		朝鮮史編修会蔵本	1937.3
17	紹修書院謄録	紹修書院	慶尚北道栄州郡紹修書院蔵本	1937.3
18	高麗史節要補刊		京城帝国大学所蔵旧奎章閣蔵本	1938.3
19	宗家朝鮮陣文書	朝鮮史編修会	朝鮮史編修会所蔵	1937.8
20	正徳期朝鮮信使登城行列図	対馬藩	朝鮮史編修会所蔵	1938.3

出典：前掲朝鮮史編修会『朝鮮史編修会事業概要』「附録」，140-141頁；朝鮮史編修会編『朝鮮史料叢刊』第1－第20，各巻「解説」（朝鮮総督府，1932年-1938年）．

これを所蔵していないように見える．掲載されている個人提供史料がまだ借用中で最終的に朝鮮史編修会に寄贈または売却された可能性は残るが，前述のように，参事官分室が1913年の政務総監通牒「朝鮮古書並ニ金石文拓本蒐集ニ

表 6-8 『朝鮮史料集真』（上・続）掲載史料の出所別内訳（拓本・版木を除く）

個人	107 点	うち日本人所蔵分：京城府稲葉岩吉 6 点，ほか 4 人 5 点
		うち中国人所蔵分：満洲国新京羅振玉 1 点
寺院	2	
書院	1	
朝鮮史編修会	9	宗伯爵家旧蔵　9
京城帝国大学附属図書館	6	
日本本国機関	2	京都帝国大学　1，　内閣記録課　1

出典）朝鮮史編修会編『朝鮮史料集真』上，続（朝鮮総督府，1935 年，1937 年）．

関スル件」によって収集した 8 万点に及ぶ古書など，厖大な民間資料が 1928 年から 1930 年にかけて朝鮮総督府学務局から京城帝国大学附属図書館に移管されたことを考えると，朝鮮史編修会も，あるいは所蔵する民間資料を同図書館に移管したのかもしれない．ただ，『修正版奎章閣図書韓国本総合目録（上）』「解題」には，そのような記述はない．

ところで，朝鮮史編修会が収集した史料の時代傾向についてはデータがないが，編纂の重点が置かれた李朝中期以前が中心だったことは容易に推定できる．ただ，李朝後期以降の新しい時代の記録に対しては，どの程度，調査，収集，保存の目が行き届いたのだろうか．この点について，修史官補をつとめた末松保和は，1963 年 2 月のシンポジウムで次のように証言している[224]．

> 編修会は，比較的古いもので残っている，たとえば高麗末とか朝鮮初期の文書などは，非常に珍重して取りましたけれども，李朝後半の古文書は，集めたらきりがない．そしてまた研究の興味が，ああいう一般的な社会経済史的な面で，朝鮮を見るという所まで行ってないものですから，少なくとも朝鮮史編修会では，近代文書を集めるということはほとんど努力しなかった．

これを見ると，編纂事業が対象としない近現代記録の重要性を唱え，その収集と保存を事業の柱のひとつにしようとしていた黒板勝美の意図は，必ずしも

---

[224] 旗田巍編『シンポジウム・日本と朝鮮』（勁草書房，1969 年）所収「朝鮮史編修会の事業」，87 頁．

貫徹されなかったようだ．ついでながら，末松は続けて「古文書の蒐集で一番有名なのは，朝鮮史研究の草わけの一人である河合弘民博士で，その蒐集は，そのまま今京都大学の図書館にあります」と話している．河合弘民は東洋協会専門学校京城分校教頭，同本校教授などをつとめた朝鮮史研究者で，李朝財政に関する文書・記録や各種の典籍など厖大な資料を収集し，793部，2,160冊が「河合文庫」として京都大学附属図書館で保存，公開されている[225]．稲葉岩吉もそのひとりと思われるが，研究者が個人として文書・記録を原本収集する例は少なからずあったと思われ，今後さらに検証の必要がある．

朝鮮史編修会は『朝鮮史』刊行後も史料収集等の事業を継続した．敗戦間近には収集資料や稿本類を地方疎開させる計画もあったようだが，さいわい戦災に遭うことなく無事に残った[226]．その後，日本敗戦後の混乱や朝鮮戦争の戦火を生き延びたものは，朝鮮史編纂委員会，朝鮮史編修会の事業関係書類とともに，韓国国史編纂委員会によって保存され，同会史料館で公開されている．

4.4 小　括

以上，朝鮮史編纂委員会と朝鮮史編修会の史料編纂事業について見てきたが，最後にアーカイブズ史の観点から，改めて編纂事業当事者の「朝鮮史料」に対する認識と取扱い方法をどう位置づけるかという問題をとりあげ，小括に代えたい．この点に関しては，朝鮮史編纂事業の先導的役割を担った黒板勝美を中心に論じた先行研究がある．

リ・ソンシ（李成市）は，朝鮮総督府が朝鮮支配を正当化するために不可欠であると認識していた朝鮮史編纂事業と古蹟調査事業の両方において黒板勝美が重要な役割を果たしたことに注目する[227]．黒板にとって，この2つの事業は「いわば車の両輪の関係」にあったが，とくに古蹟の調査と保存については日本本国に先駆けて大胆な施策を提案し，総督府に実施させた．黒板の考え方は，「『その地のものはその土地へ』という現地主義」にもとづいており，「朝鮮の文化財を朝鮮国内に保存，展示したことなどをもって，朝鮮と朝鮮人に対

225）　京都大学附属図書館編『京都大学附属図書館六十年史』（京都大学附属図書館，1961年），204-206頁．
226）　前掲中村栄孝「朝鮮史の編修と朝鮮史料の蒐集」，421-423頁．
227）　前掲李成市「コロニアリズムと近代歴史学――植民地統治下の朝鮮史編修と古蹟調査を中心に」，80-82頁．

して永久に誇りうる文化政策であったとさえいわれたことがある」という．しかしリ・ソンシは，「そうした見解は，黒板の古蹟保存政策の背景となっているものに対する知見を欠いた一面的な評価」だと批判する．すなわち，黒板の古蹟保存政策の背景には，欧米の大学研究室，図書館，博物館，文書館やイタリア，ギリシャ，エジプトなどの遺跡を歴訪して学んだ「植民地考古学」がモデルとして存在すると指摘する．リ・ソンシは，ベネディクト・アンダーソンが，植民地考古学のもとで，遺跡は「博物館化され，これによって世俗的植民地国家の勲章として新しい位置をあたえられた」と述べ，具体例としてフランスによるベトナム極東学院設立(1898年)，オランダによるインドシナ博物館・史跡課設立（同年），イギリスによるビルマ考古学課設立(1899年)，オランダによる東インド植民地考古学委員会設立(1902年)，フランスによるシャム・アンコール管理事務所設立(1907年)などをあげていることを紹介している[228]．そして，朝鮮における古蹟保存事業も，これらと同様であり，植民地文化政策としての本質を見逃してはいけないと主張する．

　次に箱石大は，もっぱら朝鮮史編纂事業における黒板の役割について考察しているが，期せずしてリ・ソンシと同じく，黒板がヨーロッパからの学問的影響を受けている点に注目している[229]．すなわち「黒板によって朝鮮に持ち込まれたものは，明治初年以来，太政官正院歴史課・修史局・修史館・内閣臨時修史局と組織を変遷させながら独自の技術と経験を蓄積してきた政府直轄の史料編纂事業が，明治二十一（一八八八）年に帝国大学へと移管された後，新設された国史科と緊密に連携しながら，お雇い外国人ルートヴィッヒ・リースを通じてヨーロッパ近代歴史学（ドイツのランケ流の実証主義史学）の方法論をも導入することによって確立した国家事業としての史料編纂システム」であるとし，これを「近代日本史料学に基づく史料編纂システム」と表現している．ここで「史料学」という用語を採用しているのは，今井登志喜が『歴史学研究法』[230]において「史料学」を歴史学研究法の最も主要な部分に掲げ，これを「何が史料となるのかを考え，それを捜索・蒐集し，分類・整理する職能である」と定

---

228) ベネディクト・アンダーソン（白石さや・白石隆訳）『増補　想像の共同体：ナショナリズムの起源と流行』(NTT出版，1997年)．
229) 前掲箱石大「近代日本史料学と朝鮮総督府の朝鮮史編纂事業」，251-252頁．
230) 今井登志喜『岩波講座日本歴史：歴史学研究法，第十八回』(岩書店，1935年)．

義するとともに，史料編纂掛による『大日本史料』等の編纂事業が史料学の発達を促し，国史学の振興に貢献したと指摘していることに依拠している．そして箱石は，近代日本史料学の構築者のひとりである黒板が，「史料学に基づく編纂事業」を朝鮮史編纂に導入しようとして，『大日本史料』等と同様の「史料の所在確認→蒐集（基本的には借用）→複本作成→分類・整理→稿本作成→印刷原稿作成→出版という手順」を採用し，史料採訪を「基幹的な編纂業務」と位置づけたと指摘している．

リ・ソンシと箱石の見解は基本的に妥当だと思うが，もう一点検討しておきたいのは，史料保存，とりわけ文書・記録の保存に対する黒板の考え方である．まず問題となるのは，リ・ソンシが紹介している黒板の「『その地のものはその土地へ』という現地主義」である．この考え方は，戦後日本の史料保存運動と文書館運動の重要な到達点である「現地保存主義」に極めて類似しており興味深いが，黒板はこれを古蹟調査事業が対象とする文化財だけでなく，朝鮮史編纂事業において調査，収集した文書・記録にも当てはめようとしていたのだろうか．民間所在資料の借覧と返還の手続きを確実にすることによって，事実上「現地主義」を実現しようとしたともいえるが，収集史料の最終的な所在を追跡する上でも重要な問題であり，具体的な検証が必要である．

これと関わって想起されるのは，黒板が 1906 年に「古文書館設立の必要」という文章を発表していることである[231]．1901 年に東京帝国大学史料編纂掛員となって 5 年目にあたる．黒板は，箱石が書いているように，お雇い外国人リースを通じてヨーロッパ近代歴史学に接したといわれるが，そもそもランケ流の実証主義史学を中心とするヨーロッパ近代歴史学は，19 世紀にヨーロッパ各国に広がった近代的なアーカイブズ・システムを基盤にして成立したと考えられる．しかもリースは，ヨーロッパで職業化が進んでいたアーカイブズ専門職（アーキビスト）の養成が日本の急務と考えたのであろう，1888 年に東京帝国大学国史学科の創設を提案するにあたって，設置目的の第一に「政府地方官庁貴族大家ノ記録局ニ於テ記録主任又ハ公文ノ整頓保存主任」，つまりアーキビストの養成をあげている[232]．したがって黒板は，リースを通じてヨーロッパ近代歴史学を学ぶことによって，欧米の近代アーカイブズをも知ることに

---

231) 黒板勝美「古文書館設立の必要」（『歴史地理』8 巻 1 号，1906 年 1 月），全国歴史資料保存利用機関連絡協議会編『日本のアーカイブズ論』（岩田書院，2003 年）に再録．

なったと考えられる．加えて，リースの提案の後，『史学雑誌』や『歴史地理』誌上で欧米のアーカイブズを紹介する記事の掲載が相次いだ[233]．そのこともきっかけとなったのであろう，黒板は史料編纂掛員ならびに古文書学者としての立場から，「古文書館設立の必要」を執筆することになった．その後，黒板は1908年から1909年にかけて自らヨーロッパを訪問し，アーカイブズについての見聞を広めている．

このように，黒板の「史料学」の背景には，欧米のアーカイブズに関する一定の知識があったと思われるが，「古文書館」という訳語に象徴されているように，黒板にとって，最も重要なアーカイブズの機能は，文書・記録を古文書学や歴史学のための史料として保存する学術機関としての機能であり，欧米の近代アーカイブズが持っていた行政や企業，市民のための記録保存施設という機能については，理解はしていただろうが，あえて前面に出して強調することはしていない．また史料保存業務の目的も，欧米アーカイブズのように原本を公開して一般の閲覧に供することより，やはり史料の編纂と出版を通じて古文書学や歴史学に寄与することの方を重視している．

以上のように考えると，黒板が朝鮮史編纂事業において，当面の編纂対象ではない現代記録の保存を重視したり，借入・返却方式の採用によって，事実上，民間所在資料の現地保存を実現しようとしたりした点に，黒板なりのアーカイブズ認識を感じ取ることはできるが，黒板が繰り返し強調する史料保存論は，結局のところ黒板のいう「国史」，つまり「我が国史は我が国土のみの歴史ではない」，「我が国民の雄飛してゐる舞台」全域を地理的範囲とする「皇室と国土と国民との歴史」[234]であると定義づけるところの「国史」研究のための史料編纂と出版が，その最終目的だったといえよう．客観的に見れば，「植民地歴史学」のための史料保存であり，史料学であったということである．

---

232) 青山英幸「日本におけるアーカイブズの認識と『史料館』・『文書館』の設置」（前掲安藤正人・青山英幸編著『記録史料の管理と文書館』），256頁．
233) 以下，青山同上論文，ならびに青山英幸「欧米アーカイブズの紹介」（前掲全国歴史資料保存利用機関連絡協議会編『日本のアーカイブズ論』第1部第1章〔解説〕）による．
234) 黒板勝美『更訂・国史の研究　総説』（岩波書店，1931年），445頁．

5. おわりに

　本章では，韓国統監府支配期に遡り，植民地統治下の朝鮮において，李朝期の政権記録や民間の文書・記録など，朝鮮半島の地域アーカイブズの所在，管理状況にどのように変化が生じたかを探ることを目的に，そのことに大きな影響を与えたと思われる土地調査事業，旧慣調査事業，史料編纂事業の検討を行った．改めて要点をまとめると，以下の通りである．

　第1に，日本統治下の朝鮮で，伝統的な記録システムに大規模な政策的改変の手が加えられた最も早い事例のひとつが，土地関係記録であった．李朝時代の「量案・衿記システム」→韓国統監府支配期の「地税徴収台帳・結数連名簿システム」→朝鮮総督府統治期の「土地台帳・地税名寄帳システム」という3段階の変遷を経て，1918年8月には新しい帳簿の全国配布が終了し，古いシステムの記録の多くが廃棄，散逸の運命をたどった．行政アーカイブズの保存，管理状況が政策的な要因で大きく変化した顕著な事例である．

　第2に，土地関係記録やこれに関わる徴税関係記録以外の前政権記録については，主に旧慣調査事業の中で調査と収集が行われた．初期にはとくに李朝伝来の図書，記録類に重点が置かれ，「朝鮮王朝実録」「承政院日記」「備辺司謄録」等，各地の史庫などに保存されている李朝の記録類が奎章閣に移管されて，統一的に管理された．旧慣調査事業では，1913年2月の政務総監通牒「朝鮮古書並ニ金石文拓本蒐集ニ関スル件」などによって民間所在の古書籍，記録類の収集も進められ，総督府はこれらの民間所在資料もすべて奎章閣に収蔵して，奎章閣を「朝鮮ニ関スル完全ナル帝国ノ文庫」に仕立て上げようと構想した．このように見ると，朝鮮総督府は「満洲国旧記整理処」のような施設は新設しなかったものの，奎章閣を事実上の「植民地アーカイブズ兼図書館」にしようとしていたといえるのではないか．しかしその後，資料は京城帝国大学附属図書館に移管され，この構想は京城帝国大学にゆだねられる形となった．

　旧慣調査事業は，朝鮮総督府のもとで，取調局，参事官室，中枢院へと引き継がれていくが，調査活動を行ったのはこれらの部局だけではなかった．1923年7月に朝鮮総督府総督官房調査課に赴任した善生永助が1963年1月のシンポジウムで語っているところによれば，官房調査課は1922年に政務総監有吉

忠一の発案で生まれ，調査係と統計係があって，「調査係には英・独・仏・中国語のできる専門の嘱託と一般経済社会に関する調査の嘱託がおり，かなり大掛かりな調査組織」だったという[235]．有吉忠一は1922年6月に政務総監に就任したばかりであったが，中枢院議長として中枢院の旧慣調査事業を引き続き推進する立場でもあった．しかもこの年12月には朝鮮史編纂委員会を設置し，委員長に就任している．その直前11月には，奎章閣資料が参事官分室から総督府学務局に移管されるという大きな変化も起こっている．この年，有吉政務総監の主導によって，朝鮮総督府の調査体制の全体的な再構築が図られたのではないかと思われる．善生は，「中枢院の方にやはり調査課があってこれは全然関係ないんです．総督府官房の調査課は直接施政をやる参考或いは朝鮮の紹介ということでいくつも調査係があったわけです」と，各調査組織の任務分担に言及している[236]．その点については詳しいことがわからないが，奎章閣の図書・記録類は，学務局管理のもとで，各調査部局に共同利用されることになったと思われる．

　第3に，斎藤実総督と有吉忠一政務総監のもとで，文化政治の重要な柱のひとつとして開始されたと見られるのが朝鮮史編纂事業であった．この事業は，官公署所蔵記録と民間所在記録，とくに後者の調査と収集，保存に力を入れ，それ自体が一種の「植民地アーカイブズ事業」としての性格を備えていた．1923年5月19日の「朝鮮史料保存ニ関スル協議会」での道知事に対する要請によって実施された官公署保存記録の全国調査と目録化事業では，ほぼ半年のうちに全道から道庁，郡庁のほか道内の寺院，書院，旧家などが所蔵する古記録や古書籍の目録が提出された．しかし，調査期間の短さや調査体制の不備もあってか，全体的に不十分な内容にとどまっているといわざるを得ず，整理と目録化の過程で少なからぬ官公署が不要文書等の廃棄処分を実施した可能性はあるが，この事業が全国のアーカイブズ保存状況にどの程度の影響を与えたかは，総督府側の史料からだけでは測りがたい．

　民間所在資料に関しては，これもまた朝鮮史編纂委員会，朝鮮史編修会など総督府側の史料を見る限り，借覧が中心で，対馬宗家文書など一部の資料を除き購入や寄贈による現物資料の積極的収集は行っておらず，取調局や参事官室

---

235)　前掲旗田巍編『シンポジウム・日本と朝鮮』所収「朝鮮総督府の調査事業」，61-62頁．
236)　同上，67頁．

が旧慣調査事業等でとった方法とは異なっている．史料編纂事業に対する朝鮮民衆の不信や抵抗により，自ら隠匿したり廃棄したりすることによって，どれくらいの民間所在資料が失われたのか，また借覧資料の返却状況と返却後の保存状況はどうであったのか，新たな現地史料調査が待たれるところである．

いずれにせよ，朝鮮史編纂事業は「史料保存」の重要性をうたいながら，実際には複製物の作成や史料集の刊行をもって良しとする傾向が強く，文書・記録の現物を長期的に保存するための具体的施策は示していない．その意味で，「植民地アーカイブズ政策」としても中途半端な性格は否めない．

以上，土地調査，旧慣調査，史料編纂の3事業についてまとめたが，史料編纂事業はもとより，土地調査事業と旧慣調査事業においても旧政権期の文書・記録が重視されたことは明らかである．また，たとえば量案がいずれの事業でも重要な位置を占めたように，文書や記録の収集と保存という点で，3つの事業は相互に密接な関連性を有していた．その意味で，史料編纂事業だけでなく，土地調査事業と旧慣調査事業を含めた全体が，植民地支配の強化という共通意図にもとづく「植民地アーカイブズ事業」としての性格を持っていたと考えることができるように思う．

なお，前政権記録の管理に関連して，朝鮮総督府が自らの植民地行政文書をいかに保存，管理したのかという問題も重要であり，ひとこと付言しておきたい．これについては，本書第4章「2.2　植民地における文書・記録政策」で述べたので詳しくは繰り返さないが，さしあたり重要と思われるのは，1911年7月に「朝鮮総督府処務規程」が制定されて，永久・30年・10年・3年・保存不要の5種からなる文書保存年限の考え方が導入され，それを機に，多くの地方庁の文書規則において，「歴史的証拠」として有用な文書や行政上とくに重要な文書を永久保存の対象とすることが定められた点である[237]．日本本国や植民地の中央庁，地方庁を通して一般にいえることだが，歴史的資料として有用な文書を含む永久保存文書の規程を設定すると，欧米の近代アーカイブズのような保存公開施設を改めて設けようという発想からはかえって遠ざかる傾向がある．朝鮮史編纂事業において官公署所蔵記録の重要性が議論された際に，総督府行政文書の保存問題への言及がとくにないのは，それについては文書管

---

237)　イ・キョンヨン「朝鮮総督府の記録管理制度」（韓国記録学会『記録学研究』，日本語翻訳版第3巻，ビスタピー・エス，2005年），172-187頁．

理規程で保障されているという認識が総督府内にあったからではないかと推測している[238]．

　以上，本章のまとめを述べてみたが，本章の分析で使用した史料は，日本側，すなわち植民地統治者側の史料に限定されており，参照した先行研究もほとんどが日本人によるものにとどまっている．本書第4章と第5章で扱った台湾や満洲の場合も同じことがいえるが，これでは，「植民地アーカイブズ事業」を植民地統治政策のひとつとして総括し，位置づけることはできても，地域アーカイブズの動きを具体的かつ正確に明らかにすることはできず，アーカイブズ史研究としては全く不十分であると痛感している．とくに，植民地統治者による図書・記録類の略奪，没収，焼却等については，本書としても本来最も検証を必要とする問題だが，朝鮮史編纂委員会の史料などからその一端はうかがえるものの，より詳細かつ的確な現地史料を見ておらず，今後の課題である．

　これに関連し，最後にもう一点述べておかなければならないのは，アーカイブズの国外流出の問題について，検討ができなかった点である．周知のように，韓国統監府ならびに朝鮮総督府統治下の朝鮮半島からは，数多くの古書籍や記録類が日本に流出した．もちろんそのすべてが違法というわけではないだろうが，略奪，没収，あるいは強制的な寄贈や購入によって入手したものも少なからず含まれていたと考えられる．よく知られている事例としては，1913年に東京帝国大学に寄贈され，関東大震災で大半が失われた五台山史庫旧蔵の「朝鮮王朝実録」がある．

　近年，韓国政府は日本に流出した文化財の返還要求（記録類に関していえば，いわゆるアーカイバル・クレームにあたる）を強め，その結果，2011年に「日韓図書協定」が結ばれて，宮内庁が保管する朝鮮王朝「儀軌」などが韓国に返還（日本側は「引渡し」と表現）されたことは記憶に新しい．永島広紀によれば，宮内庁書陵部には旧宮内省図書寮から引き継いだ「統監府采収本」「奎章閣本」などと呼ばれる朝鮮半島由来の古書籍が大量に保管されており，今回の「日韓図書協定」に従って，「儀軌」とともに1,000余冊が韓国に引き渡されたとい

---

238) 参考までに，永島広紀によると，『朝鮮史』刊行後に編纂主任として朝鮮史編修会の中心となった田保橋潔は，1937年以降，朝鮮総督府文書課に保管された日本公使館や韓国統監府の公文書を調査，撮影していたといい，同文書課のアーカイブズ保存機能の一端が見える（前掲永島広紀「日本統治期の朝鮮における〈史学〉と〈史料〉の位相」，18頁）．

う[239].これはおそらく氷山の一角であり，日本各地にはまだまだ多くの流出図書や流出アーカイブズが残存していると推測される．本章で検討した「植民地アーカイブズ事業」がこの問題を生んだ主要な原因のひとつであったともいえ，今後それぞれの流出事例について，経緯や現状を究明することが求められる．

---

239) 永島広紀「近代日本は『朝鮮文化財』をいかに〈発見〉〈収集〉〈保存〉したか？（講演）」（東京大学大学院人文社会系研究科韓国朝鮮文化研究室『東京大学コリア・コロキュアム講演記録』，同研究室，2012年），4-5頁；永島広紀「旧宮内省図書寮の朝鮮本蒐集と日韓の文化財問題」（九州大學朝鮮學研究會編『年報朝鮮學』16号，2013年12月）．

図表一覧

図 3-1　上海土地記録問題をめぐる相関関係(1940 年) ………………………… 277
図 4-1　調査事業のカテゴリーと記録・アーカイブズの収集・利用 ………… 328
図 6-1　土地関係諸帳簿の関係図 ………………………………………………… 499

表 1-1　武力紛争時における文書・記録ならびにアーカイブズの取扱いに関係する
　　　　条約，議定書，決議など …………………………………………………… 40
表 3-1　『地政局二十六年十一月前未結案件登録冊』(抜萃) …………………… 270
表 4-1　植民地における「調査事業」略年表 …………………………………… 329
表 4-2　『満洲国土地方策』掲載の「満洲国」初期土地政策立案書類 ………… 370
表 4-3　「満洲国」旧省保管の地籍簿冊 ………………………………………… 378
表 4-4　『第 1 回全国土地科長会議議事録』「各省答申事項」(抄) …………… 381
表 5-1　満洲国立奉天図書館への主な接収移管資料(1933 年 6 月現在) …… 418
表 5-2　旧記整理処年度別移管資料の量 ………………………………………… 432
表 6-1　宮内府からの引受書類および物品目録 ………………………………… 481
表 6-2　朝鮮総督府土地調査事業における新旧記録 …………………………… 492
表 6-3　慶尚北道，京畿道の旧記録古文書等目録(1923 年)に見える「量案」 … 502
表 6-4　慶尚北道「旧記録古文書並古器物目録」(1923 年)(抜萃) …………… 528
表 6-5　黄海道「古記録文書目録」(1923 年)(抜萃) …………………………… 531
表 6-6　「史料借入地方別冊数調」の年別集計 ………………………………… 542
表 6-7　『朝鮮史料叢刊』掲載史料とその出所 ………………………………… 545
表 6-8　『朝鮮史料集真』(上・続)掲載史料の出所別内訳(拓本・版木を除く) …… 546

索　引

人名索引

あ　行

アップウォード，フランク（Frank Upward）　27
アビー，S. G.（S. G. Abbey）　212
安倍晋三　6
天海謙三郎　355-358, 360-362, 375, 379, 395, 415, 422-424, 435, 436, 446, 447, 449, 451, 452, 462, 463
荒井賢太郎　475, 477, 480
荒武達朗　396, 399
有賀長雄　164
有賀傳　382
有田八郎　293
有吉忠一　520, 551, 552
アンダーソン，ベネディクト（Benedict Anderson）　548
安藤鎮正　394
イ・キョンヨン（李炅龍）　322, 323
石川実　224, 225
石堂清倫　196, 367
石原莞爾　367, 368
和泉徳一　455
イ・スンイル（李昇一）　505
井出季和太　351
伊藤武雄　325
伊藤博文　317, 465, 466, 477
稲葉岩吉　361, 499, 520, 533, 539, 540, 541, 544-547
井上馨　317
井上毅　320
井上直樹　447
今井登志喜　548
今西龍　517, 520
イ・マンヨル（李萬烈）　514
井村哲郎　354, 396-398, 400
弥吉光長　429, 431-440, 442-446, 449-452, 455-458, 460
ウィナント，ジョン（John Winant）　251
ウィルバホース，H.（H. Wilberforce）　253
臼井佐知子　457, 461
内山岩太郎　154
梅謙次郎　466, 504
梅津美治郎　356
江夏由樹　363, 364, 369
衛藤利夫　416
尾石剛毅　482, 483
汪兆銘（汪精衛）　19, 149, 274, 277, 309
王寵惠（Wang Chung-hu）　299
大久保利謙　458
大隈重信　317
大島浩　251
オースチン，マック・P.（Mc. P. Austin）　204
太田三郎　202, 203
大場利康　410, 432, 444, 449, 454
大山巌　135, 163, 165
オール，H.（H. Aall）　281
岡松参太郎　329, 343, 344, 345, 353-355, 360
岡本一策　297
岡本季正　245
オクセンシュティールナ，アクセル（Axel Oxenstierna）　47
小田幹治郎　520
オッペンハイム，ラサ（Lassa Oppenheim）　235
小沼正　394, 395

か　行

柿坪正義　219
賀来佐賀太郎　349, 350
栢原昌三　525, 526, 533, 539
ガッブ，T. W.（T. W. Gubb）　281
桂太郎　166
加藤聖文　314
加藤鉄也　372
加藤雄三　396, 397, 401
鎌田與左衛門　219
上村伸一　239, 240
亀淵竜長　355, 356, 362

河合弘民　547
川上常郎　477, 482
ギムソン, A. F.(A. F. Gimson)　273
キム・ソンミン(金性玟)　518, 537, 543
金寬鉉　524
金健泰　541
金東準　535
工藤義雄　401
久保亨　404
久保田貫一　199
久米邦武　317, 320, 321
クラーク, アシュリー(Ashley Clarke)　216, 217, 248, 250
クラーク・カー, アーチボールド(Archibald Clark Kerr)　191, 287, 292, 294, 303
倉富勇三郎　504
栗原純　332, 334, 335
グリムステッド, パトリシア・ケネディ(Patricia Kennedy Grimsted)　12
クレイギー, ロバート(Robert Craigie)　202
グレイトレックス, F. C.(F. C. Greatrex)　211
黒板勝美　517, 521, 522, 538, 546-550
ケズウィック, W. J.(W. J. Keswick)　281, 283
ケテラール, エリック(Eric Ketelaar)　12
ゲント, G. E. J.(G. E. J. Gent)　243
洪憙　533, 541
江丙坤　331, 336, 339
河本大作　387
呉乾燮　305
児玉源太郎　333, 337, 343
呉鉄城　279
後藤新平　20, 324, 325, 329, 333-335, 337, 338, 342-344, 353, 354, 360, 406, 419, 518
近衛文麿　392
小林英夫　324, 339, 341, 367

さ　行

斎藤実　520-522, 552
サトウ, アーネスト・M.(Ernest M. Satow)　234
澤田豊文　523
サンティラン, カルロス・R.(Carlos R. Santillán)　208
サンドストレーム, A. E. F.(A. E. F. Sandström)　103
ジェンキンソン, ヒラリー(Hilary Jenkinson)　26, 27
塩田与助　482, 484
重野安繹　320
渋沢栄一　317
蔦貫武雄　245
蔣介石　270, 277
ジョージ, A. H.(A. H. George)　269, 281, 282, 284, 288, 289, 291, 293, 294, 297, 301-303
白鳥庫吉　361, 447, 448
末廣昭　326, 383
末松保和　546, 547
杉本吉五郎　362, 364, 423
鈴木賢祐　458, 459
スターンデイル-ベネット, J. C.(J. C. Sterndale-Bennett)　243
ステーブルフォード, C. H.(C. H. Stableford)　272
ストゥラング, ウィリアム(William Strang)　251
蘇錫文(Su Xi-wen)　270, 273

た　行

高橋琢治　540
田川孝三　453, 539
瀧川政次郎　391
田中綱常　332
チェ・ウォンギュ(崔元奎)　500
張学良　416-418, 429
張景恵　409
張作霖　387, 463
長志珠絵　453, 526, 537, 538
陳公博(Chen Gong-bo)　276, 304
津田左右吉　361
土田豊　217, 218
坪上貞二　154
鄭在鵬　534
デュナン, アンリ(Jean-Henri Dunant)　61, 65
寺内威太郎　537
寺内正毅　475, 504, 512, 517, 518
テレジア, マリア(Maria Theresia)　48, 51
トーマス, S.(S. Thomas)　243, 244
土肥原賢二　416
東郷茂徳　154, 177, 198, 199, 213, 217, 218, 223-226, 239
東條英機　146, 385
戸田茂喜　450
トラウトベック, J. M.(J. M. Troutbeck)　249,

人名索引　　　　　　　　　　559

251

な　行

内藤湖南（虎次郎）　448, 449
永島広紀　465, 537, 554
中野太三郎　523
長野幹　520, 522, 523
中見立夫　361
中村栄孝　537, 543
中村是公　338, 354, 359
南相鶴　539
仁井田陞　396
西春彦　206
西尾寿造　384
丹羽清治郎　210
野間清　365, 366, 392
ノーブル，A.（A. Noble）　284, 288-292
野村吉三郎　196

は　行

ハースト，C.（C. Hurst）　235, 239
バーナー，リチャード・C.（Richard C. Berner）　60
バイアス，ヒュー（Hugh Byas）　191
ハイド，チャールズ・C.（Charles C. Hyde）　233, 234
箱石大　537, 548, 549
橋本虎之助　384
長谷川義道　520
羽田亨　448
旗田巍　404, 405
パトリック，リチャード・P.（Richard P. Butrick）　284, 294, 295
春山明哲　332
范永増（Fan Yong-zeng）　276
日高信六郎　272, 295, 296, 307
平井庄壱　397
広川佐保　369, 373
フィリップス，ゴドフリー（Godfrey Phillips）　274, 282, 297, 300, 301
フィリップス，ハーバート（Herbert Phillips）　271, 274
フーベリック，チャールズ・ヘンリー（Charles Henry Huberich）　121
フォールズ，L. H.（L. H. Foulds）　282
福島正夫　345, 394, 395
藤本修三　471, 472

傅筱庵（Fu Siao-en）　273-280, 285, 286, 296, 299, 303
フリードリヒ5世（ボヘミア冬王）　42
プレイフェア，E. W.（E. W. Playfair）　252, 253
ブレナン，ジョン・F.（John F. Brenan）　215, 287, 288, 291-293
ベアマン，デイビッド（David Bearman）　26
ヘイター，ウィリアム・G.（William G. Hayter）　294
ベケット，ウィリアム・E.（William E. Beckett）　229, 230, 245, 249
ベダウイ，モハメド（Mohammed Bedhaoui）　114
ヘッペル，R. P.（R. P. Heppel）　240, 244
ベロット，ヒュー・H.（Hugh H. Bellot）　55, 70, 85, 86, 168
ホイットモア，C. E.（C. E. Whitamore）　211
朴容九　539, 540
星野直樹　425, 427
ボッシュナック（VocHNAK）　89
堀内干城　213
本城文彦　219

ま　行

前田耕三　541
マケミッシュ，スー（Sue McKemmish）　26, 27
松浦嘉三郎　449
松岡洋右　196, 198
マッカーサー　241, 243
真鍋藤治　391, 397, 401, 402
三浦義秋　297
三浦周行　517
水野遵　332, 334, 342
水野保　321
港千尋　1
三原英次郎　193, 195
宮内季子　355, 358, 362
宮崎正義　367, 368
宮嶋博史　467-469, 475-477, 483, 489, 490, 499, 503
村上直次郎　351
目賀田種太郎　471
モイニエ，グスタフ（Gustave Moynier）　65
モカッタ，A. A.（A. A. Mocatta）　250, 251, 253
持地六三郎　349, 351
森赳　471
森治樹　242

や 行

矢野往記　198
愈鴻鈞(O. K. Yui)　299, 302
吉井友兄　331, 336, 338, 414
芳澤謙吉　154

ら 行

羅振玉　417, 438, 456, 457
リース，ルートヴィッヒ　548-550
リーバー，フランシス(Francis Lieber)　54, 59-61
李完用　520
李尚鎬　534
李舜臣　545
李相時　514
リ・ソンシ(李成市)　537, 547, 548
李忠鎬　534
李能和　520
柳伍翠　534
柳成龍　544, 545
柳承佑　534, 544, 545
劉銘伝　336, 337, 339
梁延文(花井勝一)　7
リンカーン　54
レーリヒ，ニコラス(Nicholas Roerich)　90, 91
蠟山長次郎　362

わ 行

渡邊幸三　396
渡邉佳子　318

事項索引

あ 行

アーカイバル・クレーム　3-5, 11, 19, 43, 110, 111, 266, 306, 307, 554
アーカイビング　12
アーカイブズ
── (定義)　25-29
── 学　2, 8, 10-14, 25, 26, 28, 60, 314, 368, 441, 442
── 機関　8, 25, 35, 323, 433, 442
── 史　8-15, 22, 24, 25, 143, 264, 266, 267, 306, 309, 314, 325, 327, 336, 346, 407, 410, 441, 432, 459, 461, 468, 474, 477, 494, 500, 541, 542, 547, 554
── 事業　314　→「植民地アーカイブズ事業」も見よ
── システム　8, 20, 28
── 施設　36, 46, 47, 50-52, 96, 255, 317, 458
── 政策　14, 20, 24, 314, 323　→「植民地アーカイブズ政策」も見よ
── 制度　51, 314-317, 459
── 専門職　2, 549
── 登録官 (プロイセン)　48
アーキビスト　1, 2, 7, 8, 10-12, 25, 60, 85, 208, 237, 549
アイデンティティ　113
アカウンタビリティ　27, 28
アジア経済研究所　393
アジア太平洋戦争　2, 5, 15, 18, 19, 22-24, 123, 125, 133, 136, 137, 139, 140, 142, 145, 146, 153, 155, 156, 170-172, 177, 180, 181, 192, 194, 195, 200, 212, 224, 228, 231, 256, 257, 265, 323, 397, 404
亜洲文会 (王立アジア協会)　156
アテネ　34, 188
アメリカアーキビスト協会　12
アメリカ国際法研究所　100, 101
廈門　150, 189, 224-226
荒木商店　125
アルケイオン　34

アルコン　34
アルザス・ロレーヌ　77
アルチーフ　317
アレクサンドリア　36
アレクサンドロフスク　196
荒地台帳　339, 340
案巻　376, 380-382, 421, 456, 457
安徽 (省)　143, 156, 297
安東 (省)　380, 420, 444, 447
慰安婦　6, 7
委員見取図　339, 340
イタリア総領事　273, 275, 274, 286
一田両主　336
一括纏綴　323, 461
移転アーカイブズ　4
移転措置　82-84
移動アーカイブズ　4
イラク国立公文書館　2
イラク戦争　2
岩倉使節団　317
怡和洋行 (ジャーディン・マセソン商会)　156, 157
印単　337
インドシナ総督　227
インド省 (英国)　214, 240, 246
ヴァルロームイー　46
ウィーン　47, 51, 104, 184, 262
ウィーン会議　49, 98, 105-107, 114
ウィーン体制　59
ヴィシー政権　227
ウェストファリア体制　41
ウクライナ　12
内蒙古　443
ウラジオストク　196
営口　221, 428, 443
英国公使　216, 220, 224, 228, 231-233, 258
英国公使館　183-185, 189, 213, 214, 219, 222, 224, 228, 231-233, 237, 239, 257, 262
英国国立公文書館　181, 254
英国総領事　185, 204, 210, 238, 269, 271, 272, 274, 275, 281, 282, 284-286, 288, 293-297, 301,

562　　　　　　　　　索　引

303
英国総領事館　189, 192, 204-206, 208-210, 225-227, 246, 247, 256
英国大使　202, 206, 207, 243, 274, 275, 281, 282, 291-295, 299, 303
英国大使館　18, 182, 184, 188-192, 198, 202-205, 209-215, 217-219, 222, 223, 237, 238, 240, 241, 243-246, 249, 256, 260, 262, 275, 276, 281, 282, 284, 287-294, 299, 301
英国マラヤ軍政部　23, 24
英国領事　182, 184, 223, 224, 230, 233, 262
英国領事館　189, 206-208, 210-212, 214-216, 223, 224, 226-229, 231, 233, 238, 249, 258, 261, 262
永租契　268-270
永租契税　268
英領マラヤ　23
エクス・ラ・シャペル会議　98
越界路　290, 297, 309
エンシスハイム　42
往復公文書　345
大蔵省(日本)　123, 317, 337, 338, 362, 414
──　主税官　331, 336-338, 414
──　主税局長　471
──　租税頭兼造幣頭　317
大阪府警察部　205
オーストラリア国立公文書館　15, 129
オーラル・ヒストリー　13
オシエク歴史文書館　1
オタワ　216
オランダ総領事　275

　　　か　行

海峡植民地　192, 243-246, 258, 262
概況図　340, 492, 496
海軍省アーカイブズ(ロシア)　52
海軍省(英国)　243, 248, 250
外交アーカイブズ　101, 221, 222, 259
外交使節アーカイブズ　184, 216, 231, 243
外交特権　18, 53, 101, 103, 104, 236, 247, 261, 262
外交部　→「国民政府(蔣介石, 南京・重慶)」を見よ
外国人資産管理人(米国)　131
外国人資産管理人事務所(米国)　122, 129, 131, 132
海城　166, 358, 375

外務省(インド)　246
外務省(英国)
──　極東部　215-217, 228, 248, 250, 287, 288, 292
──　記録　19, 181, 232, 287
──　図書館　192, 229, 261
──　文書　291
──　法律顧問　229, 245, 249
外務省(日本)
──　欧亜局　202
──　記録　181, 193, 194, 198, 205, 219, 239, 263
──　記録課　192
──　条約局　142, 143, 147, 153, 177
──　文書　118, 193, 252
──　文書課　112, 194
カイロ　216
嘉業堂文庫　366
学習院大学大学院人文科学研究科アーカイブズ学専攻　14
過継単　363
家券　470, 504
課税地見取図　489, 490, 492, 493, 495, 496, 499
華中興亜資料調査所　23, 156, 157
神奈川県警察部　204, 205
河南(省)　143, 144, 156, 298
華北工場調査　366
華北農村慣行調査　390-393, 395, 398, 404
亀岡書院　527
カルカッタ　192, 245
河合文庫　547
咸鏡南道　475
咸鏡北道　475, 523, 533
官契紙　357
漢口　144, 145, 150, 157, 159, 172, 174, 175, 396, 398, 401
官公档案　396
韓国国史編纂委員会　16, 466, 547
韓国国家記録院　16
韓国政府(大韓帝国)
──　議政府　466, 504
──　宮内府　429, 479-482, 488, 506-508, 511
──　財務監督局　467, 472-477, 482, 503
──　財務署　467, 471, 473, 474, 482-485, 501, 503
──　税務署　467, 471, 472, 475, 476, 483, 501

事項索引　563

―― 税務分署　467, 471
―― 度支部　475-477, 480, 485, 487, 503
―― 土地調査局　329, 487
―― 不動産法調査会　329, 466, 468, 470, 482, 504
―― 法典調査局　329, 466-468, 470, 482, 504-508
―― 臨時財産整理局　329, 467, 471, 476, 479-482, 486-488, 501
―― 臨時帝室有及国有財産調査局　479, 481
韓国統監府　21, 313, 329, 465-467, 470, 471, 477, 479, 488, 489, 494, 499, 504, 531, 535, 551, 554
『韓国不動産ニ関スル慣例』　466, 504
『韓国不動産ニ関スル調査記録』　466, 504
『慣習調査報告書』　504, 505
官署記録　437, 443, 457
巻宗　348, 376, 381, 382, 424, 437, 438, 443, 446
官地　377, 378, 395, 396, 452
関東軍
―― 参謀部　383-385, 387, 388
―― 情報部　383
―― 司令部　355, 368, 370, 372, 383, 385, 386, 416, 417
―― 特務機関　383, 386, 387
―― 特務部　329, 370-372, 414, 420, 355
関東州　134, 207, 354, 361-364, 373, 374, 414
『関東州土地旧慣一斑』　362
『関東州土地旧慣提要』　362
間島(省)　381, 382, 420
関東総督府　313, 329
関東大震災　324, 361, 510, 554
関東庁　313, 329, 362, 364
関東都督府　313, 329, 355, 361, 362, 364
―― 民政部　362
―― 陸軍部　364
―― 臨時土地調査部　329, 362
広東　146, 151, 189, 198, 224, 226, 227, 231
官文殿　34
官簿　339, 363, 377
官有動産　165
官有不動産　165
「儀軌」　554
企業記録　120, 124-126, 128-130, 132, 155-157, 160, 161
記述目録　442

北アイルランド　124
『吉林公報』　357
吉林(省)　355, 360, 365, 376-379, 381, 420-423, 429, 435, 448, 453, 454, 456, 457, 462, 539
吉林省档案館　457
冀東地区農村調査　365, 390
機能上の関連性(functional pertinence)　112
機密アーカイブズ　186, 187, 203, 204, 207, 212, 217
旧官租収納原簿　339, 340
旧記整理内規案　433, 434
旧記整理方針大綱　433
旧記調査会　455
旧記档案整理処　422, 423, 436
旧記統一管理事業　328, 411, 430, 432, 459, 461
旧記保管所　→「満州国」を見よ
旧政権アーカイブズ　308, 405, 525
旧政権期記録　22, 313, 323, 382, 410, 415
旧政権記録　9, 17, 20, 22, 314
旧政権文書　13, 16, 313, 315, 353
旧清丈清賦簿冊　376
休戦戦後委員会　251
旧張学良(官)邸　416-418, 429
旧土地所有者問題アーカイブズ(ロシア)　52
旧法モスクワ国家アーカイブズ(ロシア)　52
旧量案　469, 471, 474-476, 484, 485, 495, 502, 503
業主　337-340, 363, 364
業主権　363, 364
業主名簿　340
行政アーカイブズ　7, 20, 266, 306, 353, 551
行政記録　19, 20, 23, 265, 266, 306, 313, 323, 348, 353, 410, 420, 459, 460, 525, 534
強制徴用(徴用工)　6, 7
行政文書管理システム　129
共同遺産(joint heritage)　43, 44, 51, 113, 116
京都大学　547
京都帝国大学　343, 355, 448, 449, 517, 546
経板閣　506
玉山書院　527
魚鱗冊　336-341, 347, 363, 403, 414
麒麟閣　34
記録課　192, 316-318, 413, 506, 509, 546
記録掛　316
記録官, 記録官補　194, 195
記録管理

――史　9
――システム　10, 16, 317, 361
――制度　263, 322, 323
記録局　192, 316, 317, 549
記録司　317
記録正　317
「記録とアーカイブズの歴史国際会議」(I-CHORA)　12
記録認識　412, 415, 439
記録発生母体　11
記録寮　317
衿記　469, 472, 473, 477, 484, 486, 489, 499-501, 534, 551
錦州(省)　381, 420, 444
金石文　511-513, 519, 526, 545, 551
宮内省(日本)　317, 554
宮内庁書陵部　554
クロアチア国立公文書館　1
クロアチア紛争　1
クローソン委員会　229, 249, 261
クロスターノイブルク　47
郡衙　471, 483, 484
軍事情報　35, 37, 62, 140, 250, 251, 253, 254, 382, 419
軍事法廷評議会アーカイブズ(ロシア)　52
郡守　471, 473, 534, 539, 541
軍政監部　147, 153
軍政総監部　153
軍政調査部　172
郡庁　467, 471, 472, 475, 476, 483, 485, 486, 492, 493, 501-503, 526, 527, 529-531, 533, 534, 537-541, 552
慶尚南道　475, 525, 526, 539
慶尚北道　475, 501, 502, 506, 523, 526-528, 531, 533-535, 542
京畿史庫　506
京畿道　475, 483, 487, 499, 501, 502, 523, 525, 526, 540-542
経済調査会　→「満鉄」を見よ
契字　336, 359
京城　208-211, 448, 454, 470, 499, 503, 505, 516, 541, 544-547, 551
奎章閣　503, 506-516, 544-546, 551
京城帝国大学　503, 516, 544-546, 551
結数連名簿　474-477, 489, 490, 492-496, 498, 499, 551
験契　356, 357, 371

建国大学　429, 449, 460
憲政資料室　458
現地主義　547, 459
原秩序尊重の原則(principle of respect for original order)　441
現地保存主義　459
原爆関係記録　5
ケンブリッジ国際法研究所　100-102
ケンブリッジ大学　253
興亜院　150, 298, 330, 366, 390-392, 397, 398, 400, 403
――厦門連絡部　225
――華中連絡部　150, 151, 156, 267, 288, 397
興安各省　425, 428
興安省　365
興安南省　376
黄海道　475, 531, 541
江華島　506
江原道　470, 475, 483, 484, 539, 540
郷校　508, 512, 514, 531
甲午の改革　522
皇産　356, 371-373
公使館アーカイブズ　183-185, 262
公式議事録　241, 243
紅紙黒字　337
皇史宬　34
杭州　396, 398, 401
膠州湾租借地　169
『皇城新聞』　467
黄紙藍字　337
庚子量案　468, 469, 475, 503
庚子量田　468
江西(省)　143, 144, 156, 298
構造目録　441
江蘇(省)　143, 156, 297
公的アーカイブズ　18, 35, 85, 119, 410
抗日ゲリラ　341
抗日武装勢力　331, 332, 334, 338, 341, 348
『工部局董事会会議録』　281
光武量案　469, 474, 485, 495
光武量田　468, 469
弘文館　506
公文書改ざん　8
「公文録」　316
神戸　206, 208, 210, 211
公有財産　37, 38, 53, 54, 56, 57, 62, 67-70, 73, 86, 87, 89, 90, 93, 95, 117, 119, 147, 148, 171,

事項索引   565

　　　　173-176, 178, 179, 233, 253
公有動産　　45, 55, 56, 58, 68, 118, 119, 145, 148,
　　　　171
公有不動産　　56, 58, 145, 170
郷吏　　469, 472, 473
戸管　　357
国外流出　　4, 10, 11, 17, 19, 40, 110, 115, 116,
　　　　266, 554
国際アーカイブズ評議会(ICA)　　2, 12, 110
国際アーカイブズ円卓会議(CITRA)　　12, 110
国際戦争法　　62, 70, 136, 147, 161
国際図書館連盟(IFLA)　　2
国際博物館会議(ICOM)　　2, 94
国際法委員会(国連)　　46, 100, 103-108, 110,
　　　　113, 114
国際法学会　　40, 61, 65, 66, 100, 165, 169, 175,
　　　　176
国際法協会　　85, 89, 165, 168
──── 日本支部　　100, 169
国際連盟　　40, 99, 100, 105, 255
──── 国際法委員会　　169
──── 博物館委員会　　91
──── リットン調査団　　355
黒図档(ヘイトゥタン)　　456, 457
国勢調査　　329, 335
国文学研究資料館アーカイブズ研究系(旧「史料
　　　　館」)　　9, 14
国民集団　　113
国民政府(汪精衛, 南京)　　22, 149, 175, 274,
　　　　277
──── 図書整理委員会　　399
国民政府(蔣介石, 南京・重慶)　　19, 141, 142,
　　　　144, 145, 148, 156, 268, 270, 277, 279, 280, 287,
　　　　292, 293, 297-299, 302-304, 307, 309, 456
──── 外交部　　276, 298, 299, 302-304, 445, 454
──── 社会部接収東北事業会　　457
国務省(米国)　　73, 275, 294, 295
国有財産　　38, 62-64, 67-70, 72, 86, 87, 117, 119,
　　　　121, 129, 147, 173, 225, 226, 254, 255, 479, 481
国有(地)通知書　　491, 499
国有動産　　62, 63, 65, 68, 70, 72, 87, 96, 102, 108,
　　　　117-119, 139, 143, 161, 170, 200, 211, 254,
　　　　258
国有不動産　　63, 87, 96, 117, 139, 173, 200, 254
国立国会図書館　　399, 457, 458
国立瀋陽図書館籌備処档案部　　456
国立中央図書館籌備処　　430, 432, 442, 444,

　　　　445, 455, 458
国立文化院　　417, 418
国立奉天図書館　　109, 330, 410, 412, 415-419,
　　　　424, 425, 427, 429, 431, 432, 434, 437-439, 445,
　　　　446, 449, 455
黒龍江(省)　　360, 377-379, 381, 382, 421, 422,
　　　　435, 447, 456, 457, 462
戸口冊　　437, 439, 447, 450
古蹟調査　　329, 465, 521, 547, 549
戸曹　　468, 475, 485, 501, 503
古代エジプト　　36
古代ギリシャ　　26, 33
五台山(城)史庫　　506, 509, 510, 554
古代ローマ帝国　　34, 46
国家アーカイブズ　　48, 52, 111, 114-116, 263
国家海軍諮問委員会アーカイブズ(ロシア)
　　　　52
黒河(省)　　197, 381, 382, 388, 420, 421, 435
国家承継　　46, 98, 109, 110, 112-117, 266
国家档案局　　456
国家礼譲　　12, 98
湖南(省)　　144, 156, 298, 448
湖北(省)　　143, 144, 156, 208
古文書館　　459, 550
コモン・ロー　　121
鼓浪嶼　　224, 225
鼓浪嶼租界　　224, 225
コンスタンチノープル　　238
コンテクスト　　10, 11, 26, 442
毘連冊　　379

　　　　　さ　行

在豪日系企業　　14, 15, 125, 129
在豪日系企業記録プロジェクト　　14
サイゴン　　154, 224, 227-229, 231, 245, 246,
　　　　261, 262
済南　　400, 401
裁判記録　　339, 357, 394, 400, 414
裁判資料　　394, 395, 397
在米日系企業　　129, 130, 132
サラエボ　　36
3.1 独立運動　　520
三江(省)　　381, 420
三十年戦争　　39, 41, 42, 47, 48, 117
山東半島　　79, 169
サンフランシスコ　　194, 196, 272
ジェクス　　46

史庫　506, 509, 510, 540, 551, 554
侍講院　506
「四庫全書」　416-418, 439
シサク歴史文書館ペトリンジャ分館　1
史誌編纂掛　320
史資料ハブ地域文化研究拠点プロジェクト　13
史跡・美術品・アーカイブズ部（MFAA）　24, 29
自然科学的調査　326-328, 406
自治領省（英国）　214, 244
執照　382, 396
実証主義　60, 548, 549
実地調査簿　492-494, 496, 497
実徵戸冊　339, 340
支那関係調査機関協議会　404
支那慣行調査　390-392
支那駐屯軍　391
支那調査関係機関連合会　404
『支那都市不動産慣行調査資料』　398, 400, 402
『支那都市不動産慣行調査報告書』　398, 400
支那派遣軍　143-146, 150, 156, 227, 297, 382
支那方面艦隊　146, 150
シベリア抑留者引揚記録　5
司法省（米国）　131, 132
司法省（日本）　318
シマンカス文書館　46, 47
下関　211, 487
ジャーディン・マセソン商会　→「怡和洋行」を見よ
社会資源　28, 314
社会調査　327, 328, 406
シャム・日本合同委員会　232
上海共同租界工部局　19, 155, 265, 269-273, 275, 277, 279, 280, 294, 296, 299, 300, 303, 304
── 工務処　271-273, 281
── 参事会　155, 265, 269, 272-277, 280-287, 289-291, 293-297, 299, 301, 303, 305, 306, 308, 309
上海近代科学図書館　458
上海市政府　19, 265, 268-273, 278, 298, 299, 304-307
── 財政局　270, 271, 304-306
── 地政局　269, 270
── 土地局　19, 265, 268-273, 279, 282, 299-302, 306, 307
上海自然科学研究所　22, 271, 392, 419
上海市大道政府　270, 272, 273, 307

上海総商会　273
上海総領事（英国）　215, 287　→「英国総領事」も見よ
上海総領事（日本）　213, 271　→「日本総領事」も見よ
上海総領事館（日本）　397　→「日本総領事館」も見よ
上海大使館（英国）　192, 291　→「英国大使館」も見よ
上海特別市政府　19, 265, 273-282, 284, 287, 289, 295, 297, 298, 301, 302, 304-308
── 警務局　155, 305, 306
── 地政局　304
── 土地局　273, 276, 300, 302, 307
『上海ニ於ケル不動産慣行調査資料』　398, 399
上海派遣軍特務部　22, 271, 392, 419
上海領事団　265, 273-275, 277, 281, 284, 295
衆議院・貴族院事務局　458
集玉斎　506
私有財産　37, 38, 53-55, 57, 58, 60, 63, 64, 66-70, 73, 74, 81-87, 89, 90, 93, 95-97, 117, 119-121, 128, 143, 145, 148, 155, 158, 160, 161, 169-171, 173-179, 200, 201, 238, 254
修史局　320, 433, 548
修史事業　22, 316, 320, 321, 458, 520, 521, 523, 524
私有動産　70, 72, 87-89, 96, 139, 148, 158, 173, 179, 180
私有不動産　88, 139, 173
重要国防資源　23, 146, 392
儒学者　540
儒官　541
首席領事（上海）　273-275, 277, 281, 283-287, 295-297
出所
── 機関　433, 442
── 個人　347
── 組織　347, 441
出所原則（principle of provenance）　112, 441
順義（県）　394, 395
書員　469, 472, 473
書院　22, 156, 271, 355, 392, 419, 512, 514, 527, 536, 539, 544-546, 552
証拠価値　27, 28
「承政院日記」　506, 515, 516, 551
「承宣院日記」　516

事項索引　　　567

正倉院文書　　9
小租戸　　336, 337
丈単　　337, 339, 340, 347
荘頭　　327
昭南島　　23
昭南博物館　　23
照票　　357
丈放　　376, 378, 452
商務省(英国)　　124
植民地アーカイブズ
　―― 事業　　20-22, 313-315, 318, 323, 367, 375, 405-407, 409, 410, 457, 459-461, 466, 521, 552-555
　―― 政策　　20, 21, 313-316, 318, 324, 341, 348, 355, 406, 410, 459, 466, 553
植民地官庁文書　　13
植民地考古学　　548
植民地主義　　315, 325, 410, 447, 518
植民地省(英国)　　23, 24, 240, 243-245
植民地調査活動　　20, 21, 315, 324, 326, 328, 355, 390, 406, 407, 415
植民地統治機関　　16, 17, 20, 313, 315, 316, 321, 406, 407, 453, 461, 466, 514, 535
植民地歴史学　　550
史料学　　8, 9, 548-550
史料採訪復命書／史料調査復命書／史料調査採訪書　　453, 525, 526, 533, 538-542
史料編纂掛　　320, 352, 521, 538, 549, 550
史料編纂所　　320
史料編輯国史校正局　　320
資料保存　　13, 415, 423
資料保存施設　　415
辛亥革命　　356, 372
シンガポール　　23, 191, 192, 212, 213, 217, 230, 240, 243-246, 258, 262
シンガポール警察　　245
シンガポール総領事(日本)　　245　→「日本総領事」も見よ
新京(長春)　　372, 387, 414, 425, 428, 429, 432, 453-455, 460, 539, 546
人権侵害　　7
人権保護　　7, 27
壬辰倭乱　　526, 543
神聖ローマ帝国　　41, 42, 44, 46, 47
仁川　　208, 502
『新台湾史』　　351, 352
新竹地方法院　　347, 348

新敵産管理委員会　　150, 156
清仏戦争　　336
瀋陽　　208, 378, 443, 456, 457, 463
新量案　　469, 471, 472, 474-476, 484, 485, 495, 502, 503
スイス公使　　177, 207, 210, 214, 216, 221, 222, 226, 240, 241
スイス公使館　　207, 210, 214, 221, 222, 240, 241
　―― 日本権益保護特別部　　214, 240, 241
スイス代理公使　　212, 214, 215, 218, 224, 226
スイス領事　　151, 226-228, 231-233
スイス領事館　　228
スイス連邦公文書館　　182
スウェーデン総領事　　245
スウェーデン領事　　246
枢密国家文書館(プロシア)　　48, 52
スコットランド　　124
ズデーテン　　184
スラブ学院　　253
『盛京時報』　　357
盛京内務府档案　　437-439, 448-450, 456, 457
清丈　　336, 339, 341, 359, 376-378, 381, 447
青年図書館員連盟　　458
清賦事業　　336, 337, 339
セーヌ・エ・オワーズ県　　78
「世界の記憶」(Memory of the World)　　5
石室金匱　　34
赤十字国際委員会　　65, 163
赤裳山(城)史庫　　506
石門　　396, 400
石家荘　　391
石渠閣　　34
積極的国立図書館　　455, 458
ゼッキンゲン　　42
浙江(省)　　143, 156, 297
絶対王政　　46, 51
説明責任　　27, 314, 317
戦区文物保存委員会　　25
全国記録保存事業　　318, 320, 321, 413, 532
全国土地科長会議　　372, 375, 379, 381, 414, 420, 421, 423
戦時国際法　　17, 18, 36, 39, 45, 54, 60, 68, 70, 71, 75, 76, 83, 90, 93-98, 108, 116-120, 161, 163, 164, 166-168, 170, 172, 176, 178, 179, 200, 201, 254, 256, 307, 308
戦時非常措置　　82-84
「戦争書」　　182-186

568　　　　　　　　　　　索　　引

「戦争指令」　183, 185, 186, 197
全体主義　2
汕頭　223-226, 258
戦備品　44, 45
全羅南道　475, 542, 545
全羅北道　475, 527
戦利品　12, 45, 78, 134-141, 143, 144, 149, 160, 164-168, 170
占領地アーカイブズ
　──事業　22
　──政策　22, 23
占領地区学術資料委員会　392, 419
占領地区図書文件接収委員会　22, 271, 298, 392, 419
総商会　273, 431
双城県公署　435, 436
ソウル大学校　503, 516
遡及的主権（retroactive sovereignty）　112
租戸台帳　378
組織資源　26, 28, 314, 412-415
蘇州　396, 398, 401
租帖租契　363
外蒙古　365, 384, 385, 387-389
ソフィア　237, 238
存根　381, 396

た　行

第1軍（日本）　166
第一次上海事変　268
第一次世界大戦　74, 75, 81, 83-85, 89, 90, 93, 108, 117, 119, 121, 122, 132, 137, 168, 169, 177, 178, 192, 193, 229, 230, 236, 237, 258, 262, 285
第一歴史档案館　457
題決　525, 528, 530
太原　396, 400
大使館アーカイブズ　184, 189-192, 210, 214, 215, 218, 219, 223, 240-242, 244, 245, 249, 243, 259, 260
対支文化事業　458
第11軍（日本）　144
大照　357, 381
大租戸　336, 337
大租冊　377-379
対ドイツ・オーストリア中央事務所　252, 253
大東亜省　148, 150, 194, 195, 199, 219
第2軍（日本軍）　135, 165
第二次上海事変　265, 269, 304

第二次世界大戦　2, 3, 6, 9, 11, 12, 14, 17, 18, 24, 36-38, 73, 74, 86, 90-93, 98, 103, 108, 109, 116-120, 122, 123, 131, 133, 162, 164, 171, 177, 179, 181-183, 188, 200, 241, 247, 254, 255, 263
第二次日韓協約　465, 467
第25軍（日本）　147
第23軍（日本）　151, 227
『大日本史料』　320, 352, 521, 549
『大日本編年史』　320
太白山（城）史庫　509, 510, 506
台北帝国大学　347, 348, 351, 353
対満文化事業　417, 448, 449, 460
大連　207, 208, 211, 354, 366, 367, 399, 415, 453, 539
台湾慣習研究会　329, 343, 455
台湾巡撫　336
『台湾史料綱文』　352
『台湾史料稿本』　352
『台湾制度考』　329, 332, 337
「台湾接収時宜」　330
台湾総督府
　──史料編纂委員会　329, 348, 349, 351, 352
　──史料編纂会　330, 351, 352
　──総務長官　349, 350
　──地租調査委員会　329, 337
　──文書　16, 321, 323, 331, 346, 347, 350, 352, 353, 407
　──民政局　321, 322, 329, 332-334
　──民政局参事官室　329, 342
　──民政局長　324, 329, 332-335, 337, 338, 342
　──民政長官　324, 335, 344, 353, 354
　──臨時台湾旧慣調査会　329, 341-344, 346, 348, 356, 357, 455
　──臨時台湾戸口調査部　335
　──臨時台湾土地調査局　329, 338-340, 342-344, 348, 362, 414
　──臨時調査掛　329, 342
『台湾総督府公文類纂』　334
『台湾総督府民政事務成蹟提要』　333, 334
台湾大学　347, 348
『台湾治績志』　351
「台湾文書」　347
太政官修史館　320
太政官調査局　320
「太政類典」　316

事項索引　　569

タブラリウム　34
ダブリン　239
淡新档案　342, 347, 348, 353, 407
淡水　189, 211, 347, 348
地域アーカイブズ　13, 16, 17, 365, 376, 404, 405, 532, 551, 554
地域資料　19, 319, 321
地位等級収穫調査表　340
チェンマイ　233
チェンラーイ　233
地契　357, 470, 483, 488
地券　267-269, 337, 339, 357, 358, 374-377, 380, 395, 396, 399-401, 403, 470, 479, 489, 491, 504
地税徴収台帳　476, 477, 490, 498, 499, 551
地税名寄帳　479, 493, 494, 497-500, 551
地籍図　363, 491, 493, 497, 499, 500
地籍倉庫　472
地畝冊　395, 447
地租調定原簿　339, 340
斉々哈爾(チチハル)　377, 422, 423, 435, 462
知的遺産　35, 36
察哈爾(チャハル)省　384
中央記録保管室　203
中華民国維新政府　139, 272, 307
中華民国国民政府　→「国民政府」を見よ
中華民国臨時政府　139
中京大学社会科学研究所　16, 321
中国共産党遼寧省委員会　436
中国残留日本人孤児　7
中国農村慣行調査　345, 392-394
『中国農村慣行調査』　393
註冊簿　379
中支建設資料整備委員会　23
中支調査機関連合会　404
『中支都市不動産慣行調査資料』　398, 402
中枢院　→「朝鮮総督府」を見よ
忠清南道　475, 535, 541, 545
忠清北道　475
張家口　396, 400
長春　355, 370, 429
『朝鮮王朝実録』　510, 516, 551, 554
『朝鮮旧慣制度調査事業概要』　465, 506-508, 513, 517, 519
『朝鮮史』　22, 329, 352, 453, 542, 543, 547
朝鮮史編纂委員会　→「朝鮮総督府」を見よ
朝鮮史編修会　→「朝鮮総督府」を見よ
『朝鮮史編修会事業概要』　465, 537, 538, 542, 543

朝鮮書図書館　509, 512
『朝鮮史料集真』　544, 546
『朝鮮史料叢刊』　543-545
朝鮮史料保存ニ関スル協議会　522, 525, 527, 531, 535, 552
朝鮮戦争　516, 547
朝鮮総督府
——　印刷局　475
——　学務局　515, 516, 524, 546, 552
——　旧慣及制度調査委員会　329, 515
——　高等土地調査委員会　491, 499
——　参事官室　329, 506, 508-510, 514, 515, 517, 519, 551, 552
——　参事官分室　510, 511, 513-516, 545, 552
——　度支部　475-477, 480, 485, 487, 503
——　中枢院　22, 329, 465, 466, 468, 500, 501, 503, 506, 510, 515-517, 519, 523, 526, 533-535, 551, 552
——　朝鮮史編纂委員会　22, 329, 352, 500, 501, 503, 519-522, 524-527, 532-537, 539, 540, 542, 543, 547, 552, 554
——　朝鮮史編修会　22, 329, 352, 361, 453, 454, 465, 466, 526, 527, 535, 537-540, 542-547, 552, 554
——　取調局　329, 504, 507
——　文書　14, 16, 322, 323, 407
——　臨時土地調査局　329, 471, 488, 491
『朝鮮総督府施政年報』　488
『朝鮮土地調査事業報告書』　488
『朝鮮半島史』　517, 519, 520, 535
徴租根簿　379
徴糧冊　377-379
チロル　42, 43
鎮江　189
青島　169, 396, 400, 401
通信使　539
対馬宗家文書　543, 552
鼎足山(城)史庫　506
敵産管理委員会　143, 144, 150, 156
敵産管理局　126, 128, 129
敵産管理制度　134, 141-143, 145-147, 149, 161, 170, 179
敵産管理人　123-125, 128, 133, 155
デジタル情報社会　8
典　364
典契　363, 364

佃戸　372, 396
典主　340, 364
天津　145, 146, 150, 212, 267, 275, 287, 292, 293, 309, 367, 391, 396, 400, 401
天津租界事件(天津租界問題)　292, 293
天府　34, 446, 447
天禄閣　34
ドイツ休戦協定　241, 247, 251, 253
ドイツ総領事館　230, 244
ドイツ大使館　240
ドイツ領事館　229, 230, 261
東亜研究所　330, 345, 390-393, 395, 396, 398, 400, 403
東亜同文書院　22, 156, 271, 355, 392, 419
档案資料　416, 419
『東京朝日新聞』　338
東京外国語大学　13
東京帝国大学　361, 447, 458, 510, 517, 549, 554
―― 史料編纂掛(所)　→「史料編纂掛(所)」を見よ
道契　268, 269
塘沽　396, 400
『東三省日報』　357
陶山書院　531
動産文化財　95, 97, 98
東寺百合文書　5
道知事会議　522, 526, 531
道庁　483, 193, 503, 523, 525-528, 532, 552
洞長　472-474, 485, 486, 495, 496
東北档案館　456, 459
謄録　487, 515, 525, 529, 530, 534, 544, 545
独裁主義　2
独仏戦争(普仏戦争)　55
特別養子縁組　7
督弁上海市政公署　272, 273, 307
『特命全権大使 米欧回覧実記』　317
独立戦争(米国)　48, 49, 120
都市国家　34
都市の記憶　1
都市不動産慣行調査　298, 390, 392, 396-402
図書館員　13, 458
図書館史　13, 410, 432
『土地局史』　369, 376, 379, 380
土地執業証　268
土地調査事務局アーカイブズ(ロシア)　52
土地申告書　489, 490, 492, 494, 496, 497, 499

土地台帳　1, 33, 51, 143, 157, 225, 268, 298, 333, 336, 337, 357, 363, 374, 375, 377, 378-380, 382, 403, 414, 468, 469, 476, 478, 479, 485, 488-495, 497-501, 525, 551
土地台帳集計簿　493, 497-500
土地代弁者　268, 288
土地調査簿　492-494, 496-500
土地登記システム　269, 293, 301
土地問題研究会　372
取調局　→「朝鮮総督府」を見よ

な　行

内閣制度　319, 320
内閣大庫　437, 438, 494, 451, 456, 457
内閣臨時修史局　320, 548
内務省(日本)
―― 衛生局長　324
―― 記録課　317, 318
―― 警保局　205
内務府官荘　356, 358, 378, 452
中江実業銀行　159
長崎県外事課　206
中支那振興株式会社　156, 400
中支那派遣軍　143, 144, 156, 297
中支那方面軍　143
ナポレオン戦争　49
波集団　→「第23軍(日本)」を見よ
南京事件(南京大虐殺)　6
『南京ニ於ケル不動産慣行調査報告』　399, 400
南方軍(日本)　23, 140, 146-148, 152, 153
南方調査団　23
南北戦争　54, 59, 62
21世紀COEプログラム　13
『日米新聞』　272, 307
日満財政経済研究会　368
日満文化協会　448
日露戦争　136, 167, 168, 414, 465, 484
日韓併合　322, 501
『日清戦役国際法論』　135, 164-166
日清戦争　135, 136, 164-167
「日省録」　516
日中戦争　21, 22, 138, 139, 141, 147, 155, 170, 189, 195, 217, 267, 269, 270, 297, 298, 304, 308, 390-392, 397, 404
日本アーカイブズ学会　14
日本型アーカイブズ制度　314, 315
日本近代科学図書館　156, 458

事項索引　　　　571

日本総領事　　273-276, 283, 284, 295, 297, 300, 301
日本総領事館　　157, 159, 172, 174, 198, 213, 225, 226, 240, 243-246, 256, 258, 262, 300, 301
日本大使館　　196, 197, 214, 217, 218, 223, 239-242, 244, 248, 249, 251-253, 302
日本図書館協会　　457, 458
日本領事　　151, 223, 230, 245, 246, 262, 399
日本領事館　　153, 223, 216, 223, 246, 399
ニューヨーク　　59
寧波　　189
熱河省　　376, 384, 387, 428, 443, 444
『ノースチャイナデイリーニュース』　　276, 278, 280, 299, 302
野澤組　　152

　　　　は　行

バードオインハウゼン　　253
ハーバード国際法研究会　　100, 101, 103, 105-108, 257, 258, 260, 262
売契杜絶売契　　363
ハイフォン　　228
バグダッド　　2, 216, 238
バタビア　　198, 213
八筐魚鱗冊　　337
八旗　　439
発照簿　　395
ハノイ　　154, 227, 228, 231
ハバナ　　99
ハバロフスク　　196
ハプスブルグ家　　48, 51
パリ経済会議　　83, 122, 132, 177, 179
パリ講和会議　　193
哈爾濱（ハルビン）　　197, 199, 415, 422, 423
バンクーバー　　190
バンコク　　154, 216, 231-233, 257-259
万国平和会議　　71, 167, 168
ハンセン病　　7
蛮族調査会　　346
碑記　　345
被ばく者　　7
ピブン政権　　231
「備辺司騰録」　　506, 516, 551
秘密家門文書館（オーストリア）　　48, 51
［秘密］家門・宮廷・国家文書館（プロシア）　　51
ビュジェ　　46
兵庫県警察部　　206

憑帖約字　　363
広島　　5, 7
浜江（省）　　378, 381, 382, 420
フィラデルフィア　　59
ブエノスアイレス　　204, 207, 217
フォロ・ロマーノ　　34
不可侵権　　18, 99-102, 109, 151, 181, 184, 201, 202, 205, 220, 222, 229, 230, 233-236, 238, 239, 247, 250, 255-259, 261, 262
不可侵性　　37, 65, 106-108, 151, 180, 200, 203, 211, 221, 222, 231-233, 236, 237
武漢地方ニ於ケル調査事務統一連絡会議　　404
福州　　189
覆審法院　　344, 347, 348
部照　　267, 270, 357
仏印進駐　　153, 227
不動産文化財　　98
不動産法調査会　　→「韓国政府」を見よ
『不動産法調査報告要録』　　466, 468, 504
部頒冊　　363
プファルツ　　42
プラハ　　183, 185, 189
フランス革命　　47, 49, 51, 316
フランス国立古文書学校（エコール・デ・シャルト）　　194, 195
フランス租界　　155, 270, 271, 279, 293, 305
―― 公董局　　150, 151, 157
ブランデンブルグ　　48
ブリサック　　42
ブリュッセル　　40, 55, 61-75, 77, 118, 136, 165-167
俘虜情報局　　167
ブルーシールド　　98
ブルノア　　78
呼倫貝爾（フルンボイル）事件　　195
ブレス　　46
プレトリア　　216
プロシア国家文書館　　52
プロテスタント陣営　　41, 43, 45
プロテスタント同盟　　42
文化工作　　415, 419, 521
文化財集中地区　　95
文化資源　　22, 28, 58, 64, 66, 70, 74, 90, 117, 120, 412, 413, 415, 419
文化政策　　20, 325, 415, 419, 439, 506, 548
文化政治　　20, 325, 415, 419, 439, 506, 548
文化的記憶　　36

文記　469, 470, 478, 479, 481, 482, 486, 488, 493-495, 500, 504, 505, 515, 525, 543
文事的施設　324, 325
文書管理
── 規則　319, 323, 353
── システム　129, 182, 192, 321, 533
── 制度　16, 315, 320-322, 461
文書記録保存登録官(イングランド)　46
文装的侵略政策　325
文装的武備　20, 324, 325, 354, 406, 419, 518, 521
文溯閣　416-418, 437, 439
文廟　541
分類目録　425, 437, 439-444
平安道　483
米国議会図書館　458
米国国立公文書館　34, 129
米国総領事　275, 283
米国総領事館　208
米国大使　238, 251, 275, 291, 294, 295, 303
米国大使館　237, 299
米国代理総領事　275, 294, 295
屏山書院　531
ヘイトゥタン　→「黒図档」を見よ
兵要地誌　316, 326, 327, 365, 382-391, 406
ベイルート　238
「平和の旗」　91
北京大使館(英国)　191, 192　→「英国大使館」も見よ
ペトリンジャ　1
ベニス　237, 317
ベルリン　59, 184, 248, 251, 253
ベルン　213, 214, 216, 218-220, 222, 224, 228, 231, 239
奉天高等法院　435-438
『奉天公報』　357
奉天市公署　416, 444, 447
奉天(省)　196, 208, 209, 211, 358, 360, 367, 374-377, 410, 415, 416, 420-422, 421, 430-432, 435, 441-444, 448, 452-455, 458, 460, 462, 463
奉天城　416, 429
奉天総領事館(日本)　196　→「日本総領事館」も見よ
奉天地籍整理処　435, 436, 451
法典調査局　→「韓国政府」を見よ
北漢山離宮(行宮)　506
北支経済調査　330, 390-396, 404

北支作戦　384
北漢山離宮　506
保甲　332, 335, 462
ボストン　59
ボスニア紛争　36
牡丹江　197
ホワイトハウス　34
香港占領地総督部　24
本来的一体構造(integrity)　10, 112, 115

ま　行

毎庄略図　340
マサチューセッツ歴史協会　49
マドリッド　184
マニラ　213, 240
マラヤ　23, 24, 147
マレーシア国立公文書館　23
満洲学会　448
『満洲旧慣調査報告書』　354, 356, 360, 375
満洲旧記研究会　455
満洲経済統制策　367, 368
満洲郷村社会実態調査　375
「満洲国」
── 外交部　445, 454
── 旧記保管所(処)　21, 330, 375, 410, 415, 429
── 国務院国務総理　372, 409, 430, 455
── 国務院実業部臨時産業調査局　366
── 国務院総務庁　330, 423, 425-430, 439, 440
── 国務院総務長官　425-427, 435
── 国務院統計処　375
── 参議府　417, 425, 438
── 産業部　323, 423, 451, 461, 462
── 地籍整理局　329, 369, 371-374
── 土地局　229, 369, 371, 372, 375, 376, 379, 380, 381, 414, 421, 422, 427
── 土地制度調査会　329, 372, 373, 415, 422, 423
── 文教部　417, 429
── 民政部　329, 369, 372, 414, 429
── 臨時土地制度調査会　329, 372, 373, 415, 422
── 林野局　440, 445
満洲国旧記分類表　433
『満洲国現勢』　373, 376
『満洲国史』　375

事項索引　　　573

『満洲国政府公報日訳』　　　　　　　　　　　　510, 514, 527, 532, 533, 535-537, 539, 540, 544,
『満洲国土地方策』　329, 369, 370　　　　　　　546, 549-553
満洲産業開発五カ年計画　330, 364, 367-369,　民族間紛争　　1
　411, 412, 419, 420　　　　　　　　　　　　民族浄化　　36
満洲史学会　448　　　　　　　　　　　　　　民族同化政策　518
満洲事変　195, 200, 329, 364, 367, 380, 382, 416　無錫　398
『満洲日日新聞』　364　　　　　　　　　　　　明治政府　21, 316, 319, 320, 353, 412, 413, 531
満洲農村実態調査　365, 366, 393　　　　　　　盟府　34
満洲里　195, 197, 200　　　　　　　　　　　　メトローン　34
満鉄（南満洲鉄道株式会社）　　　　　　　　　メルボルン　216
――経済調査会　329, 330, 354, 364-371, 387,　面長　473, 474, 485, 486, 492, 493, 541
　390, 391, 414, 415, 422　　　　　　　　　　蒙疆　150, 452
――産業部　330, 387　　　　　　　　　　　　蒙古王公　356, 371
――上海事務所　22, 156, 271, 392, 419　　　　蒙古旗人　371
――上海事務所調査室（調査課）　298, 392,　　蒙地　356, 371-373, 423, 452
　396, 398, 399, 401　　　　　　　　　　　　毛利家文庫　459
――大連図書館　366, 367, 415　　　　　　　　文字言語　35
――地方部　359, 415　　　　　　　　　　　　モスクワ外務諮問委員会アーカイブズ　52
――調査課　298, 354, 355, 358, 361, 362,　　　文部省（日本）　317
　364, 365, 372, 507, 551, 552　　　　　　　　山口県文書館　458, 459
――調査部　16, 20-22, 196, 324, 325, 329, 330,　山口県立山口図書館　458, 459
　353-355, 358, 360, 361, 365-367, 375, 390, 391,　山下汽船　125
　393, 395, 399, 406, 414, 415, 422, 435, 436, 440,　両班（ヤンバン）　469, 508, 523, 535
　444, 445, 451, 460　　　　　　　　　　　　ユーゴ紛争　2, 3, 94
――調査部旧慣調査班　354, 358, 362　　　　　邑誌　513, 525, 526, 528-530
――調査部資料課　367, 440, 445　　　　　　　諭告　345
――調査部法制班　396, 400, 401　　　　　　『諭摺彙存』　357
――天津事務所　391　　　　　　　　　　　　ユネスコ　2-5, 11, 40, 43, 44, 94, 110, 111, 115,
――東亜経済調査局　360, 361　　　　　　　　　116
――都市不動産慣行調査委員会　396, 399,　　ヨーロッパ諮問委員会　251
　400　　　　　　　　　　　　　　　　　　　横浜　190, 204, 210
――ハルビン事務所　387　　　　　　　　　　横浜正金銀行　125, 159, 290
――北支経済調査所　330, 391-396, 404
――北支事務局　391　　　　　　　　　　　　　　ら　行
――満洲及朝鮮歴史地理調査部　329, 361,
　448　　　　　　　　　　　　　　　　　　　ラインゼルデン　42
――臨時経済調査会　329, 360　　　　　　　　ラッフルズ博物館　23
――臨時北支事変事務局　391　　　　　　　　蘭台　34
満文档案　418, 439　　　　　　　　　　　　　陸軍省（英国）　249-251, 253
満文老档　439, 448　　　　　　　　　　　　　――軍事情報局　250, 251, 253
三井物産　125　　　　　　　　　　　　　　　――民事局　249
三菱商事　125　　　　　　　　　　　　　　　陸軍省（日本）　136, 138, 141, 163, 164, 168, 172,
ミュンヘン会議　184　　　　　　　　　　　　　227
ミラノ　185　　　　　　　　　　　　　　　　――軍務課　368
民間アーカイブズ　519, 520　　　　　　　　　陸軍省（米国）　60
民間記録，民間所在記録　23, 318, 406, 522　　李氏（李朝）　21, 467, 468, 470, 474, 477, 485,
民間資料，民間所在資料　20, 22, 60, 350, 351,　　491, 494, 499, 500, 505, 506, 508-510, 513, 521,
　　　　　　　　　　　　　　　　　　　　　　524, 525, 530, 534, 535, 540, 544, 546, 551

「李朝実録」　→「朝鮮王朝実録」を見よ
立案　148, 314, 326, 327, 333, 353, 364, 365, 369, 370, 387, 390, 397, 405, 410, 412-414, 448, 455, 458, 466, 488, 507, 525, 528
『六国史』　320
リバプール　216, 239
リバプール大学アーカイブズ学研究センター　12
流出アーカイブズ　4, 555
流出文書　19, 40, 79, 110, 115, 266
龍江(省)　376, 381, 382, 420, 421
量案　468, 469, 471, 472, 474-479, 481-489, 493-496, 498-505, 524-527, 530, 531, 533
　→「旧量案」「庚子量案」「光武量案」「新量案」も見よ
領事アーカイブズ　100, 103
領事館(総領事館)アーカイブズ　103, 182, 184, 189, 192, 205, 207, 210, 211, 213-216, 224, 227-231, 243-246, 249, 260-263
領事機関アーカイブズ　182
領事裁判所　397
量田　468, 469, 475, 502, 533
遼東半島　135, 165
遼寧省档案館　443, 444, 456, 457
遼寧省図書歴史文献部　456
領邦国家　41, 48
臨時財産整理局　→「韓国政府」を見よ
臨時台湾旧慣調査会　→「台湾総督府」を見よ

臨時台湾戸口調査部　→「台湾総督府」を見よ
臨時台湾土地調査局　→「台湾総督府」を見よ
臨時档案整理処　269, 276, 304
臨時土地制度調査会　→「満洲国」を見よ
臨時土地調査局　→「朝鮮総督府」を見よ
臨時土地調査部　→「関東都督府」を見よ
臨時編年史編纂掛　320
「綸綍」　516
ルーバン大学　2, 36, 79
歴史的古文書　60
歴史的連続性(historical continuity)　113
歴史認識　5, 7, 25
歴史民俗調査　327, 328, 406
歴史問題　6, 9
連合国軍最高司令官(SCAP)　118, 241, 243, 247, 251, 253
ローマ　34, 41, 42, 44, 46, 47, 59, 182, 237
呂集団　→「第11軍(日本)」を見よ
ロバーツ委員会　25
ロンドン大学図書館学校　195
ロンドン大学東洋学院(SOAS)　253

わ　行

ワーテルローの戦い　59
ワシントン・ドキュメント・センター(WDC)　25
ワルシャワ　85

条約・法規・指令索引

あ 行

アメリカ合衆国陸戦規則(米国,1914) 55
ウィーン議定書(1815) 39, 40, 49, 51-54, 60, 68
ウェストファリア(ウェストファーレン)条約(1648) 18, 39-41, 44, 46, 47, 50-53, 60, 109, 116, 117
英国軍事マニュアル(英国,1914) 55
英国対敵通商法1914(敵国との通商に関する法律)(英国,1914) 122, 123
英国対敵通商法1939(敵国との通商に関する法律)(英国,1939) 123, 127, 128
エクス・ラ・シャペル条約(1748) 51
押収品処理ニ関スル方針(日本,1939) 138, 139, 170
押収品取扱ニ関スル件(日本,1938) 138, 141
大蔵省職制章程草案(日本,1870) 317
オーストリア・ロシア2国間条約(1815) 50
オスナブリュック講和条約(1648) 41
オックスフォード・マニュアル(陸戦の法規慣例)(1880) 40, 54, 61, 65, 66, 68-71, 74, 75, 85, 86, 89, 118, 136, 165-167

か 行

海軍戦利品等取扱規程(日本,1942) 137
外交関係に関するウィーン条約(1961) 53, 98, 99, 102-104, 106, 108, 109, 119, 181, 200, 255-257, 260, 262
改正土地調査員心得(台湾総督府,1898) 338
外務省機密文書取扱規程(日本,1941) 195, 197, 199
外務省記録保管・保存及廃棄規程(日本,1931) 193, 194
外務省国家機密取扱規程(日本,1941) 195, 197
外務省総動員機密文書取扱規程(日本,1940) 197
外務省文書編纂規程(日本,1931) 193
外務省文書編纂規程施行細則(日本,1931) 193
誡諭(第2軍)(日本,1894) 135, 165
各官署等保存旧記ノ蒐集整理ニ関スル件(「満洲国」,1937) 425, 439
韓国併合ニ関スル条約(1910) 465, 474
関東軍兵要地誌資料調査規程(日本,1936) 385
関東州敵産管理令(日本,1941) 134
旧記整理弁法(「満洲国」,1937) 424
旧記ノ整理送付ニ関スル要項(「満洲国」,1937) 426
旧記ノ統一管理ニ関スル件(旧記統一管理令)(「満洲国」,1937) 21, 323, 330, 368, 409, 410, 419, 459
行政上調査ニ関スル件(台湾総督府,1895) 329, 333, 337
軍事行動地域ニ於ケル鹵獲品,押収品等処分要領(日本,1918) 137, 168
結数連名簿規則(朝鮮総督府,1911) 489, 490
結数連名簿取扱手続(朝鮮総督府,1911) 489, 490
豪州対敵通商法1914(敵国との通商に関する法律)(オーストラリア,1914) 122
豪州対敵通商法1939(敵国との通商に関する法律)(オーストラリア,1939) 125, 126, 128
工場抵押法ノ施行ニ伴フ不動産登記処理ニ関スル件(「満洲国」,1937) 424
公文書の管理に関する法律(公文書管理法)(日本,2009) 8
国外流出文書の返還問題をめぐるユネスコ事務局長報告書(1978) 40, 110
国際情勢急転ノ場合ニ於ケル在支敵国人及敵国財産処理要綱(案)(日本,1941) 145
国防(敵産)規則1939(オーストラリア,1939) 126, 128
戸口調査簿整理方(台湾総督府,1904) 335
戸口調査評議員会規程(台湾総督府,1905) 335
戸籍取扱手続案(台湾総督府,1898) 335
戸籍編制規則案(台湾総督府,1898) 335

国家財産, アーカイブズ, 負債についての国家承継に関するウィーン条約(1983) 110, 113, 114, 117
鼓浪嶼厦門汕頭敵産処理暫定規程(日本, 1941) 225
鼓浪嶼厦門汕頭敵産調査保管要領(日本, 1941) 225
鼓浪嶼厦門敵産処理暫定規程(日本, 1941) 225
鼓浪嶼厦門敵産調査保管要領(日本, 1941) 225

さ 行

在外公館ニ於ケル記録文書整理方ニ関シ訓令ノ件(日本, 1931) 193
在外公館記録整理方要項(日本, 1931) 193
在外公館文書整理手続(日本, 1931) 193
在支敵国人及敵性権益処理要領(案)(日本, 1941) 145, 146
在支敵産ノ処理運営要領(日本, 1942) 149, 157, 201, 227
作戦地域内ニ於ケル敵産処理規程(日本, 1942) 146, 147, 149, 157, 201
産業部文書取扱規則(「満洲国」, 1937) 461
サン=ジェルマン条約(1919) 40, 76, 79-81, 84
サンフランシスコ平和条約(日本国との平和条約)(1951) 128, 132
資産凍結令(外国人関係取引取締規則)(日本, 1941) 133, 201
支那側ノ工場, 鉱山及附属財産等ニ関スル緊急処理要綱(日本, 1938) 141
支那ニ於ケル敵産ノ調査ニ関スル件(日本, 1942) 149, 150, 157
修史の詔(日本, 1869) 320
ジュネーブ条約(傷病者の状態改善に関する第1回赤十字条約)(1864) 40, 163
清丈章程(台湾, 1886) 336
セーヴル条約(1920) 40, 76, 81, 84
前政府時代ニ於ケル地方経済ニ属スル事業費調査ノ件(台湾総督府, 1897) 329, 342
戦争書(英国, 1931, 1937) 182-186
戦争指令(英国, 1939) 183, 185, 186, 197, 204
戦利品規則(日本, 1904) 136-139, 141, 167, 168
戦利品処理要領ニ関スル件陸軍一般ヘ通牒(日本, 1941) 139

戦利品整理規程(日本, 1904) 135, 136, 139, 141, 144, 167
占領地内敵産ノ管理運営ニ関スル基本方策(日本, 1942) 147
占領地域内ニ於ケル敵産管理暫定取扱要領(日本, 1943) 152
租界及敵性権益経営方案(案)(日本, 1941) 146

た 行

対敵取引禁止令(日本, 1917) 122, 132
大統領令 6694 号(外国人資産管理人事務所廃止)(米国, 1934) 131
大統領令 9095 号(外国人資産管理人事務所復活)(米国, 1942) 122, 131
台湾住民戸籍調査規則(台湾総督府, 1896) 329, 334
台湾接収時宜(日本, 1895) 330
台湾総督府史料編纂委員会規程(台湾総督府, 1922) 348
台湾総督府史料編纂会規定(台湾総督府, 1929) 351
台湾地籍規則(台湾総督府, 1898) 329, 338
台湾地租規則(台湾総督府, 1896) 337
台湾土地調査規則(台湾総督府, 1898) 329, 338
台湾土地調査規則施行規則(台湾総督府, 1898) 338
太政官正院記録課章程(日本, 1873) 413
太政官達第 68 号(記録文書保存・目録作成)(日本, 1875) 318, 532
地税徴収台帳調製規程(韓国, 1908) 476
地籍整理業務規程(「満洲国」, 1936) 373
中支経済開発基本要綱(日本, 1938) 141
中支方面敵産処理暫定規程(日本, 1938) 141, 143-145, 156, 157, 297, 298, 307
朝鮮古書並ニ金石文拓本蒐集ニ関スル件(朝鮮総督府, 1913) 511, 551
朝鮮史編纂ニ付キ古記録文書等保存ニ関スル件(朝鮮総督府, 1923) 524, 531
朝鮮総督府処務規程(朝鮮総督府, 1911) 323, 553
朝鮮総督府文書取扱細則(朝鮮総督府, 1910) 322, 553
朝鮮不動産登記令(朝鮮総督府, 1912) 489, 491
朝鮮民事令(朝鮮総督府, 1912) 509

徴発令(日本，1882)　134, 135
帝国軍ノ作戦地域内ニ於ケル敵国及敵国人財産ノ処理運営ニ関スル件(日本，1942)　148, 149, 152, 153, 201
敵国及国交断絶国公館ノ土地建物取扱方要綱案(日本，1942)　176, 201
敵産管理法(日本，1942)　133, 134, 141, 154, 155, 171, 177, 201
敵産管理法(敵国人及敵国財産ニ関スル法律)(タイ，1942)　154
敵産管理法施行規則要綱(日本，1941)　155
敵産管理法施行令(日本，1942)　134, 142
敵産管理令(独逸国等ニ属スル財産管理ノ件)(日本，1919)　132
敵産調査要領(日本，1943)　150, 151, 153
ドイツ休戦協定に関する連合国軍最高司令官への指令案(1944)　247, 251
特殊財産資金特別会計法(日本，1943)　152
土地審定法(「満洲国」，1936)　373, 374
土地審定法施行令(「満洲国」，1936)　373
土地調査法(韓国，1910)　329, 479, 488-491
土地調査令(朝鮮総督府，1912)　329, 479, 486, 489-491, 496
土地登記法(中国国民政府，年不詳)　268
トリアノン条約(1920)　40, 76, 81, 84

な　行

内務省達乙第27号(全国官民古書・記録類保存)(日本，1874)　318, 531
内務省達乙第3号(各町村公有記録絵図面等保存)(日本，1880)　318, 532
内務省文書保存規則(日本，1886)　319-322
中支那地方重要国防鉱産資源ノ確保開発ニ関スル処理要綱(日本，1938)　141
中支那派遣軍直轄地域内(江蘇，浙江，安徽省)敵産処理規程(日本，1939)　143, 144, 156, 297
中支那方面占領地域拡大ニ伴フ経済建設要綱(日本，1938)　141
中支那方面物資配給組織ニ関スル暫定処理要綱(日本，1938)　141
南方軍経済施策要綱(日本，1942)　140
南方取得物資船舶輸送事務規定(日本，1942)　140
南方占領地ニ於テ取得シ内地ニ還送スル物資ノ暫定的処理要領(日本，1942)　140
南洋群島ニ於ケル敵産ノ管理ニ関スル件(日本，1941)　134
日清講和条約(下関条約)(1895)　136, 134, 321, 329, 330
日露講和条約(ポーツマス条約)(1905)　329, 353, 354, 465
日韓図書協定(2011)　554
日泰攻守同盟条約(1941)　153, 231
ヌイイ条約(1919)　40, 76, 81, 84

は　行

ハーグ陸戦条約(陸戦ノ法規慣例ニ関スル条約)(1899/1907)　38, 40, 55, 61, 68, 71, 74-76, 78, 83, 85, 87, 89, 90, 93, 94, 96, 97, 102, 117, 118, 120, 136, 138, 148, 161, 167, 168, 174, 176, 179, 200, 201, 254, 255, 258, 261
ハーグ陸戦条約附属書(陸戦ノ法規慣例ニ関スル規則)(1899/1907)　71, 73, 87, 89, 118, 167, 168, 170-172, 175, 179
パシュー私案(1911)　100-102
パリ条約(1783)　40, 48, 52-54, 60, 68, 120
パリ宣言(海上法要義ニ関スル宣言)(1856)　163
フィオーレ私案(1890)　100
普国記録法(明治期翻訳)　317
仏印及泰ニ於ケル敵産管理要綱(案)(日本，1942)　142, 153
仏国記録書(明治期翻訳)　317
仏国文庫規則(明治期翻訳)　317
仏書籍館類編・公文館規則・書籍館(明治期翻訳)　317
ブランチリ私案(1868)　100, 105
ブリュッセル会議宣言(戦争の法規慣例に関する国際条約案)(1874年)　40, 55, 61-75, 118, 136, 165-167
武力紛争の際の文化財の保護に関する条約(ハーグ文化財保護条約)(1954)　11, 40, 93
米国対敵通商法1917(敵国との通商に関する法律)(米国，1917)　122, 129, 131
ベルサイユ条約(1919)　40, 75-79, 81-84, 89, 90, 117, 118, 132, 169
ベロット規則(占領地におけるベロット戦争規則)(1923)　40, 55, 70, 75, 85, 86, 89, 90, 93, 118, 119, 168, 176, 177, 180, 255
捕獲審検令(日本，1894)　135
保甲条例(台湾総督府，1899)　335

ま 行

満洲国ニ於ケル敵産等処置ニ関スル件(日本，1942) 134
満洲国ニ於ケル治外法権ノ撤廃及南満洲鉄道附属地行政権ノ移譲ニ関スル日本国満洲国間条約(1937) 415
ミュンスター講和条約(1648) 41-43
民政局文書保存規則(台湾総督府，1896) 321, 322

や行・ら行

野外要務令(日本，1891) 135
リーバー規則(リーバー法典)(陸戦における合衆国陸軍の統治規則，1863) 38-40, 54, 55, 58-66, 68, 70-75, 86, 93, 96, 98, 99, 117, 167, 168
陸軍戦利品整理規程(日本，1895) 135, 136, 144
陸戦の慣例(ドイツ，1902) 55
陸戦の法規慣例(オランダ，1904) 55
領事関係に関するウィーン条約(1963) 99, 103, 109, 119, 181, 200, 255, 262
リヨン条約(1601) 46
臨時台湾旧慣調査会規則(台湾総督府，1901) 344
臨時台湾戸口調査規則(台湾総督府，1905) 335
臨時特殊財産取扱令(日本，1942) 152
レーリヒ協約(芸術及び科学施設ならびに歴史的記念物の保護に関する条約)(1935) 40, 90-92, 94
鹵獲品取扱手続(日本，1895) 135, 136
ロシア・プロシア2国間条約(1815) 50
呂集団占拠地域内(江西，河南，湖北，湖南省)敵産処理要綱(日本，1939) 143, 144, 156
ロンドン宣言(敵の占領下または管理下にある領域における略奪行為に反対する連合国共同宣言)(1943) 40, 71, 90, 92, 93

欧文索引

Alien Property Custodian　131
American Institute of International Law　100
Archeion　34
archiv　26
archival
―― claim　3, 43
―― enterprise　314
―― history　9
―― integrity　→ integrity を見よ
―― policy　20, 314
―― science　8, 12
archive studies　8
archiving　12
Archivo de Simancas　46
archon　34
Armistice Post-War Committee　251
Armistice Terms and Civil Administration Committee　248
Banner of Peace　91
Bellot Rules（1923）　85
Bluntschli's draft code（1868）　100
British Blue Books　367
colonial archives　20, 313
context　10, 26
contrarotulare　33
controller of enemy property　128
custodian of enemy property　123
Declaration of
―― Conference of Brussels（1874）　61
―― London（1943）　92
diplomatic
―― archives　101
―― privileges and immunities　101
displaced archives　4
document(s)　29, 106, 107
École nationale des chartes　195
Fiore's draft code（1890）　100
functional pertinence　112
Geheimes Hausarchivs　48
(Geheimes) Haus-, Hof- und Staatsarchiv　51-52

[Hague] Convention
―― respecting the Laws and Customs of War on Land（1899/1907）　71
―― for the Protection of Cultural Property in the Event of Armed Conflict（1954）　93
[Hague] Regulation concerning the Laws and Customs of War on Land（1899/1907）　71
Harvard Research in International Law　100
historical continuity　113
historical manuscripts　60
ICA: International Council on Archives　2
I-CHORA: International Conference on the History of Records and Archives　12
ICOM: International Council of Museums　2
IFLA: International Federation of Library Associations and Institutions　2
inspector　123
Institute of
―― International Law　65
―― International Law at Cambridge　100
Instruccion para el Gobierno del Archivo de Simancas　46
integrity　10, 26, 112, 441
international co-operation and understanding　113
joint heritage　43
Kriegsbrauch im Land-Kriege（Germany, 1902）　55
Laws and Customs of War on Land（The Netherlands, 1904）　55
Lieber Code（1863）　54
Memory of the World　5
MFAA: Monuments, Fine Arts and Archives Branch　24, 92
migrated archives　4
National Security（Enemy Property）Regulations 1939（Australia）　126
Office of Alien Property Custodian　131
Oxford Manual（1880）　65
Paris Peace Treaty（1783）　48
Pessoa's draft code（1911）　100
principle of provenance　→ provenance を見よ

principle of respect for original order   441
Privy State Archives   48, 52
provenance   112, 441
Prussian State Archives   52
Public Record Office   263
record(s)   29
Registratura Archivorum   48
retroactive sovereignty   112
right to historical continuity   113
Riksarkivet   47
Roerich Pact (1935)   90
S.M.C.: Shanghai Municipal Council   299
SCAPIN: Supreme Commander for the Allied Powers' Instruction   242
supervisor   123
Trading with the Enemy Act 1914 (Australia)   122
Trading with the Enemy Act 1914 (UK)   122
Trading with the Enemy Act 1939 (Australia)   122
Trading with the Enemy Act 1939 (UK)   122

Treaty between
—— Austria and Russia (1815)   50
—— Russia and Prussia (1815)   50
Treaty of
—— Münster (1648)   41
—— Neuilly-sur-Seine (1919)   76
—— Osnabrück (1648)   41
—— St. Germain (1919)   76
—— Trianon (1920)   76
—— Versailles (1919)   75–76
—— Westphalia (1648)   39
Vienna Convention on
—— Consulate Relations (1963)   109
—— Diplomatic Relations (1961)   103
—— Succession of States in respect of State Property, Archives and Debts (1983)   114
Vienna Protocol (1815)   49
War Book (UK, 1931, 1937)   182
War Instructions (UK, 1939)   183
WDC: Washington Document Center   25

著者紹介

安藤正人（あんどう まさひと）

1951年愛媛県生まれ．専門はアーカイブズ学，日本近世近代史料学．東京大学大学院人文科学研究科修士課程，ロンドン大学ユニバシティコレッジ図書館・アーカイブズ・情報学大学院修士課程修了．ロンドン大学博士（PhD）．人間文化研究機構国文学研究資料館アーカイブズ研究系教授，総合研究大学院大学文化科学研究科教授（併任），学習院大学大学院人文科学研究科アーカイブズ学専攻教授をつとめ，2017年退職．

著書に『史料保存と文書館学』（大藤修と共著，吉川弘文館，1986年），『記録史料学と現代――アーカイブズの科学をめざして』（吉川弘文館，1998年），『アジアのアーカイブズと日本――記録を守り記憶を伝える』（岩田書院，2009年）など，共訳書にスー・マケミッシュほか編著『アーカイブズ論――記録のちからと現代社会』（明石書店，2019年）などがある．

戦争・植民地支配とアーカイブズ1
――戦時国際法と帝国日本

2024年11月29日　初　版

［検印廃止］

著　者　安藤正人（あんどう まさひと）

発行所　一般財団法人　東京大学出版会
代表者　吉見俊哉
153-0041 東京都目黒区駒場4-5-29
http://www.utp.or.jp/
電話 03-6407-1069　Fax 03-6407-1991
振替 00160-6-59964

組　版　有限会社プログレス
印刷所　株式会社ヒライ
製本所　牧製本印刷株式会社

©2024 Masahito Ando
ISBN 978-4-13-020351-7　Printed in Japan

JCOPY〈出版者著作権管理機構　委託出版物〉
本書の無断複写は著作権法上での例外を除き禁じられています．複写される場合は，そのつど事前に，出版者著作権管理機構（電話 03-5244-5088，FAX 03-5244-5089，e-mail: info@jcopy.or.jp）の許諾を得てください．

著編者	書名	判型	価格
服部龍二 著	外交を記録し、公開する	A5	3,900円
黒沢文貴 編	日本陸海軍の近代史	A5	5,600円
黒沢文貴 編	日本外交の近代史	A5	5,900円
黒沢文貴・イアン・ニッシュ 編	歴史と和解	A5	5,700円
北岡伸一 著	日本陸軍と大陸政策 新装版	A5	6,200円
田中明彦・川島真 編	20世紀の東アジア史	A5	9,800円
川島真・岩谷將 編	日中戦争研究の現在	A5	5,200円
岩谷將 著	盧溝橋事件から日中戦争へ	A5	4,800円

ここに表示された価格は本体価格です。ご購入の際には消費税が加算されますのでご了承ください。